U0957403

社区矫正前沿

(2023)

张桂荣 / 主编　安文霞 / 副主编

中国法治出版社
CHINA LEGAL PUBLISHING HOUSE

图书在版编目（CIP）数据

社区矫正前沿. 2023 / 张桂荣主编 ；安文霞副主编.
北京 ：中国法治出版社，2024. 12. -- ISBN 978-7
-5216-4856-0

Ⅰ. D926. 74-53

中国国家版本馆 CIP 数据核字第 202490D3M2 号

策划编辑：赵宏　　责任编辑：王悦　　封面设计：杨泽江

社区矫正前沿 . 2023

SHEQU JIAOZHENG QIANYAN. 2023

主编/张桂荣

副主编/安文霞

经销/新华书店

印刷/北京虎彩文化传播有限公司

开本/710 毫米×1000 毫米　16 开　　印张 / 30　字数 / 448 千

版次/2024 年 12 月第 1 版　　2024 年 12 月第 1 次印刷

中国法治出版社出版

书号 ISBN 978-7-5216-4856-0　　定价：99. 00 元

北京市西城区西便门西里甲 16 号西便门办公区

邮政编码：100053　　传真：010-63141600

网址：http：//www. zgfzs. com　　**编辑部电话：010-63141831**

市场营销部电话：010-63141612　　**印务部电话：010-63141606**

（如有印装质量问题，请与本社印务部联系。）

前　言

《中华人民共和国社区矫正法》（以下简称《社区矫正法》）颁布实施已近三年，社区矫正专门执法队伍建设中凸显出的诸多问题已成为制约社区矫正事业发展的重要因素。立足新发展阶段，加强社区矫正专门执法队伍建设，对于全面贯彻落实《社区矫正法》，推动社区矫正工作更高水平发展，进一步发挥社区矫正在犯罪治理与社会治理中的作用具有重要意义。为梳理和总结各地在社区矫正专门执法队伍建设过程中取得的实效、面临的困境及完善建议，为推进社区矫正法的正确实施和社区矫正执法队伍建设工作高质量发展提供智力支持，经司法部领导批准，司法部社区矫正管理局与司法部预防犯罪研究所围绕社区矫正专门执法队伍建设共同组织了“社区矫正专门执法队伍建设”主题征文活动。

征文活动受到全国理论界和社区矫正实践部门的大力支持，全国近30多个省、自治区、直辖市的理论工作者和社区矫正工作者参与征文活动。本次征文共收到投稿171篇，经过专家评审，最终评选出近50篇优秀论文。我们将优秀论文成果结集成册，并命名为《社区矫正前沿（2023）》，作为“社区矫正前沿”年度系列文集成果之一正式出版，以期为社区矫正队伍建设提供理论支持，进一步推动社区矫正队伍建设高质量发展。

这些优秀论文从理论和实践层面就社区矫正执法队伍建设的理论和实践问题进行了深入的探讨。本书将论文划分为理论篇、实践篇两部分进行编辑。其中，理论篇重点对社区矫正执法队伍建设的理论依据、建设模式、赋能路径等进行探讨，从法学、管理学、教育学等多元视角提出优化策略与完善建议；实务篇主要介绍了各地在推进社区矫正执法队伍建设过程中的有益实践以及深入思考，生动反映了涉及我国东、中、西部18个省份的社区矫正执法队伍建设现状。

本次征文活动和书籍出版中得到司法部预防犯罪研究所高贞所长、周勇副所长、高文副所长以及办公室、科研处的大力支持。社区矫正工作研究室全体人员对征文活动和书籍出版投入大量心血。张桂荣研究员负责征文主题策划，与相关部门协调沟通，对论文进行多轮评选，确定书稿编排体例，负责对书稿编辑、与作者沟通、校对等工作，安文霞副研究员参与征文方案拟定、论文评选工作、书稿编辑以及出版联络等工作，张露予博士对170多篇投稿进行了收集汇总和初筛，并参与了优秀论文的评选工作和书稿汇总编辑工作。在组织征文和本书编辑出版中得到了司法部社区矫正管理局时任副局长（正局级）刘晔、综合处处长郭健以及其他相关领导的大力支持，中国法治出版社赵宏编辑、王悦编辑为本书出版做了大量工作，在此一并致谢。

本书由张桂荣研究员任主编，安文霞副研究员任副主编。由于水平有限，书中不当之处敬请批评指正。

编　者

目 录
Contents

理论篇

实践篇

理论篇

社区矫正专门执法队伍建设的研究与探索

——“社区矫正专门执法队伍建设”主题征文综述

张桂荣　安文霞　张露予*

《中华人民共和国社区矫正法》（以下简称《社区矫正法》）的颁布实施，将社区矫正工作推进到一个全新的发展阶段。立足新发展阶段，加强社区矫正专门执法队伍建设，对于全面贯彻落实《社区矫正法》，推动社区矫正工作更高水平发展，进一步发挥社区矫正在犯罪治理与社会治理中的作用具有重要意义。在此背景下，经司法部领导批准，司法部社区矫正管理局与司法部预防犯罪研究所以“社区矫正专门执法队伍建设”为主题，面向全国社区矫正机构开展了主题征文活动。此次征文活动受到全国理论界和社区矫正实践部门的大力支持，各地主管部门积极组织和发动学者和实践部门工作人员踊跃投稿，有近30多个省、自治区、直辖市的理论工作者和社区矫正工作者参与征文活动。经过专家评审，我们从171篇投稿文章中评选出近50篇优秀论文。这些文章既有对社区矫正专门执法队伍建设中的关键问题的理论探讨，也有对各地社区矫正专门执法队伍建设的实践总结，呈现出基础理论和应用对策研究并重、理论研究深入、视角复合多维、立足工作实践、汇聚第一手资料的特点。本文梳理和总结了这些优秀成果中的主要观点，以供社区矫正理论研究和实务工作参考。同时，结合征文情况，就社区矫正队伍建设理论研究的现状与未来发展提出了几点思考。

一、理论研究深入，视角复合多维

理论研究文章对社区矫正专门执法队伍建设的重要意义、关键方面等问题进行了深入研究分析，并就不同理论模型、不同背景下和不同需求下如何加强人才队伍建设进行了多维度的探讨，总结了当前社区矫正专门执法队伍建设面临的困境，提出了针对性的完善路径。

---

* 张桂荣，司法部预防犯罪研究所社区矫正工作研究室主任、研究员。安文霞，司法部预防犯罪研究所社区矫正工作研究室副主任、副研究员。张露予，司法部预防犯罪研究所社区矫正工作研究室助理研究员，博士。

（一）社区矫正专门执法队伍建设的基本理论问题

1. 社区矫正专门执法队伍建设的重要性

社区矫正专门执法队伍建设对于社区矫正工作高质量发展具有重要意义。彭磊、张增富认为，提高审视站位，是推进社区矫正专门执法队伍建设的前提。社区矫正专门执法队伍建设要从依法治国的高度来认识，从社会治理的厚度来剖析，从刑事执行的深度来考量，从法律实施的力度来聚焦。高向军等认为，随着我国刑事执行制度的进步，以及非监禁刑事执行规模的不断扩大，社区矫正执法队伍担负的社区矫正监管任务越来越繁重，亟须解决不利于社区矫正工作长远发展的问题。

2. 社区矫正专门执法队伍建设的必要性

范柯薇认为，社区矫正机构和专门执法队伍建设是法律实施之必然需要、刑罚性质之必然要求、刑罚改革之必然需要。范柯薇指出，建立专门的、独立的社区矫正机构和专业、职业的社区矫正执法队伍是实施《社区矫正法》的必然要求；刑事执行是社区矫正的本质属性。那么作为社区矫正执行的主体，社区矫正机构和社区矫正执法队伍当然应当具有统一、独立的刑事执行权，以保障刑事执行的统一性、正确性、独立性；社区矫正对象数量的不断增加、风险程度的不断提高，对我国社区矫正管理的专业化、职业化提出了更高的要求，因此建立专门的社区矫正机构和专业化、职业化的执法队伍，已经成为做好社区矫正工作的必备要件。王红星认为，从当前的执法实践来看，社区矫正执法队伍正规化、专业化程度仍处于较低水平，尚不具备现代化、职业化的现实需求。

3. 推进社区矫正专门执法队伍建设的关键方面

推进社区矫正专门执法队伍建设的关键是要把握短板瓶颈。理论研究者们认为，推进社区矫正队伍建设需要解决以下几个关键方面的问题。

（1）厘清社区矫正的性质之争

加强机构和专门执法队伍建设的首要问题是要明确机构的性质。彭磊、张增富认为，《社区矫正法》对社区矫正的性质采取了模糊的处理。相对于实践探索时期形成的通行做法，代表国家执行刑罚的使命感可能会进一步削弱，社区矫正工作的严肃性、权威性可能进一步降低。当前，社区矫正工作要摆脱试点期间形成的固有思维模式和定位，积极构建包括专门执法队伍建设在内的新发展格局。马昂认为，由于《社区矫正法》调整的4类对象属于不同性质，且在《刑法》和《刑事诉讼法》中规定了较详细的权利和义务，决不能在社区矫正工作中没有区别地予以监督管理和教育帮扶，特别是不能过分强调判处缓刑的社矫对象在刑意识，过分追求刑罚惩罚性。

（2）理顺机构设置与资源配置的关系

彭磊、张增富认为目前尚未处理好机构设置与资源配置的关系，仍需建立起有独立执法权的社区矫正机构及分支机构（矫务所），进一步完善职能配置、人员编制、规范层级关系。高向军等认为，《社区矫正法》未具体规定委托的相关要求，即委托方式、委托机制、委托内容等，不利于准确理解和处理社区矫正机构与司法所之间的关系，导致司法所承担社区矫正工作的路径不清晰。马昂认为，社区矫正执法人员身份和司法所矫正执法定位问题都有类似的法律规定模糊的现象，而且全国范围内县级社区矫正机构的覆盖面与设置标准存在差异。蔡穗宁等认为，社区矫正工作队伍与司法所的双主体设置，使得社区矫正执法活动的内在联系受阻，严重弱化了社区矫正的刑罚执行属性。同时，衔接程序的缺失，也使得社区矫正工作队伍及司法所在社区矫正执法中权力不清、责任不明、权责不对等。

（3）突破人员力量不足的困境

高向军等认为，社区矫正机构及基层司法所工作人员编制数量少、工作人员执法素质有待提高、工作人员流动性大，导致社区矫正执法队伍存在着执法队伍薄弱的情况。彭磊、张增富认为，再犯罪率与专职社区矫正国家工作人员配比率、社区矫正用警数量成反比，与专职社会工作者配比率也呈反向影响。周娅、罗浩生认为，目前社区矫正志愿者的准入条件不够规范，且多为被动接受司法行政部门交与的工作任务，不仅职责不明，而且对志愿者服务的时间和服务内容安排等方面也缺乏合理的机制，无法充分发挥社区矫正志愿者的优势。

（4）解决难以适应执法要求的执法者身份难题

高向军等认为，社区矫正工作人员执法权限和手段不足，没有独立处罚权、独立强制措施和执法手段，造成工作上的被动。同时，延伸管教民警管理体制不够顺畅，表现为延伸管教民警参与社区矫正工作的时间存在不确定性、不连贯性，而且存在岗责不匹配的问题。马昂认为，社区矫正执法人员身份问题争议已久，特别是实务部门主张和支持社区矫正机构配备警察的意愿十分强烈。王红星认为，监禁刑罚执行人员的身份必然是警察，而非监禁刑罚执行人员身份在实践工作中争议不断。为解决这样的矛盾，全国多个省份开始启动借调监狱、戒毒人民警察充实到社区矫正执法工作队伍中，但借调的民警只能协助社区矫正机构工作人员进行执法活动。李旭芳认为，身份界定的模糊导致社区矫正工作人员在遇到危险时，很难维护自身安全，在部分地广人稀、女性工作人员较多的地区只能转变为感化说服。这就导致社区矫正工作在惩罚犯罪的效果上“大打折扣”，刑事诉讼程序的严肃性、公正性在执行阶段被削弱。

（二）社区矫正专门执法队伍建设研究的多维视角

1. 加强高校社区矫正专业人才培养

郑艳、徐祖华提出，《社区矫正法》规定的监督管理与教育帮扶两大工作任务，决定了社区矫正工作是一项需要具备多个学科背景知识，且兼具专业性、法律性和政策性的工作，不同于普通的行政管理工作。根据行业调研结果，我国专业化的社区矫正人才缺口很大，在需求和人才储备方面都有很大的空间。然而，目前社区矫正执法队伍身份定位模糊直接影响了高校专业人才的培养路径。在这样的情况下，专业化人才的培养要从刑事执行一体化的高度整体规划，通过行业院校对专业人才的职业化培养，推动高质量社区矫正专业化执法队伍建设。

2. 基于胜任力模型的人力资源管理优化

邹宇慧认为，作为一项“人管人”的工作，基层社区矫正工作者在执行工作的成效中发挥着至关重要的作用。根据胜任力模型，基层社区矫正工作者的知识技能要素包括具备文书制作、档案制作与归档等文案处理知识；学习、理解与灵活运用社区矫正法律法规；具备良好的沟通协调能力；掌握一定的心理学、教育学等专业知识；面对紧急情况的应急处理能力等。但当前基层社区矫正执法队伍存在机械性执行、附加性执行、象征性执行、选择性执行等执行偏差问题。结合胜任力模式，邹宇慧认为执行偏差原因包括：“做不到”，社区矫正执法队伍综合素质不满足岗位需求；“不会做”，社区矫正执法队伍培训工作不到位；“不愿做”，社区矫正工作人员激励不足。因此，应注重在人才选拔中的科学利用，全面加强社区矫正培训工作，完善工作人员绩效考评机制。

3. 智慧矫正视角下的社区矫正队伍建设

陈雪松提出，随着《社区矫正法》实施的不断加强，信息化支撑社区矫正工作也升级为“智慧矫正中心”建设。社区矫正执法队伍在运用“智慧矫正”开展工作时，不免遇到技术本领恐慌、工作岗位取代担忧、“甲方”权力失衡、驾驭“乙方”能力不足等问题。应当通过分析“智慧矫正”对社区矫正机构、业务、队伍建设的影响，提出“智慧矫正”视域下社区矫正执法队伍的能力素养要求，从政法队伍建设和“智慧法治”建设工作中总结经验并提出解决方案。李凤奎等提出，RNR 是风险（Risk）、需求（Need）和响应（React）的简称，既是社区矫正执法事项的高度浓缩，也代表国际公认的 RNR 罪犯矫正原则。RNR 智慧矫正系统拥有社区矫正风险、需求、响应三个智能模块和一个联通社区矫正全过程的“社区矫正履职考评数据分析模型”，通过新一代信息技术实现智能互联，为社区矫正执法人员提供“多模态风险评估、智能化需求分析、云模式矫正响应”一体化精准矫治方案，同步为社区矫正管理机关提供全流程、全方位、全覆盖的社区矫正执法人员及机构履职考评方案。通过部署“一网四通”推广应用 RNR 智慧矫正系统，对社区矫正执法队伍精准落实履职事项、全程预警履职风险、有效提升履职效能具有重要的现实意义。

4. 心理矫治视角下的社区矫正队伍建设

冯立伟提出，社区矫正工作中的心理矫治工作具有高度专业性和复杂性，心理矫治专职人员需要具备专业的心理理论知识和技能、深入的实践辨析能力、积极的人际沟通技能、良好的自我管理能力，其队伍建设和发展对推动社区矫正工作的规范化和精细化具有重要意义。当前，心理矫治专职人员的职业素养仍然存在较大的不足和欠缺，面对复杂的社区心理矫治工作往往难以胜任，有待通过各种方式和途径加以提升。何庆宇提出，心理矫治作为社区矫正的重要手段，以社区矫正对象的心理问题矫正为切入口，关注有可能导致社区矫正对象再犯罪的心理动因，有助于彻底排除其人身危险性，提升该群体的社会融合度。但传统社区矫正队伍心理矫治工作开展阻碍较大，相关社会力量参与度低，尚未建立完备的制度体系，工作的开展往往基于社区矫正人员的生活阅历、知识积累和矫正经验。因此，仍需建立完善的评估制度与社区矫正对象心理矫治档案，同时加快社区矫正队伍工作理念转变，构建社会力量协同参与机制。

5. 刑罚执行一体化背景下社区矫正专门执法队伍“三化”建设

李朝霞认为，社区矫正专门执法队伍建设应放在刑罚执行一体化的时代背景下考量。她提出，当前我国刑事执行存在执行机构多元化、执行主体身份不统一导致刑罚执行队伍建设达不到正规化、专业化、职业化的要求。社区矫正工作同样存在执法队伍多元化、非职业化、非专业化、执法主体身份非警察化的队伍建设问题，推进高素质社区矫正队伍建设工作机制，是刑罚执行一体化和规范化的重要环节。社区矫正专门执法队伍建设面临社区矫正警察队伍达不到正规化；受委托司法所兼职队伍缺乏专业化；社区矫正机构专门执法队伍很难发挥作用等困境。李朝霞提出应该从立法上突破，建立社区矫正警察制度，做到社区矫正警察队伍正规化建设；推进社区矫正执法队伍的专业化建设，建设社区矫正工作者专业队伍；加强社区矫正专门执法队伍职业化建设，具体要机构职能纯化、机构队伍职业化、人员知识结构专业化。

6. 社区矫正执法者履职责任认定和执法者执法权责的统一

陈泽浩认为，《社区矫正法》及《社区矫正实施办法》的出台并没有使得一直以来困扰社区矫正执法者的追责误区有效化解。考察自《社区矫正法》实施以来人民法院宣判的社区矫正执法者玩忽职守罪案例，发现在实行行为、法律因果关系和减免责事由的认识上仍存在认知偏差。这一现象是由理念与技术上的双重滞后共同造成的。应坚定人权保障的基本价值立场，向科学追责、合理追责、宽缓追责回归，并运用客观归责理论弥补技术上的缺失。刘泽鑫、董晓宇以“比例原则”为视角，就社区矫正执法权责统一进行了反思。他们认为，在中国式社区矫正执法权责统一的过程中存在一些问题，主要体现为社区矫正内部执法、外部执法的标准不一，应推动执法标准规范化，明确权责界限；强化社区矫正执法的协调性；强化社区矫正执法监督和制约机制。

（三）社区矫正专门执法队伍建设的有效完善路径

1. 加快完善顶层设计

马昂认为，加强社区矫正执法队伍建设，至少应通过顶层设计明确规范三个问题：明确社区矫正机构的性质、设置程序、人员配置等内容；进一步明确司法所受委托的性质、委托内容，以及司法所在社区矫正工作中的定位问题；制定统一的刑罚执行相关法律，建立矫正官制度，明确遴选准入、专业培训、职业保障方式。高向军等认为，应进一步细化和完善社区矫正执法依据，包括：制定《社区矫正法》实施细则，对训诫、警告、提请行政处罚以及收监执行的具体条件和标准作出规定；进一步明晰社区矫正机构与公安机关、监狱管理机关或人民法院等社区矫正决定机关的衔接程序；探索实现社区矫正监管与处罚决定权一体化；通过立法创设新的行政处罚措施。彭磊、张增富建议，根据区域相邻、交通便利、团队运作原则，以“根据需要设置”为依据，在一个区县范围内建立3个至5个资源集中、垂直管理的区县社区矫正中心（科级）派出机构——矫务所（分中心），将执法工作与司法所适当剥离（司法所利用地域熟悉等优势参与走访等工作），并按试点及当前的实践经验，对专门执法人员与社区矫正对象按约1∶50、社会工作者1∶20的比例弹性配备，发挥矫务所面向基层、矫正对象的优势，进而形成县中心全面指导、分中心承担主要执法职能、司法所协助的工作格局。

2. 强化队伍体系培养

王红星建议，开展内部“三定”（定人、定岗、定职）对人事制度改革。从岗位需求出发，注重统筹事业发展和干部成长这两个关键性因素，把最合适的人放到最合适的岗位上，打破论资排辈、平衡照顾，切实做到人与岗相适、事与人相促。周娅、罗浩生建议，明确抽调参与社区矫正工作的监狱（戒毒）警察的执法身份，赋予抽调参与社区矫正工作的监狱（戒毒）警察采取强制措施的权力，同时加强与公安机关协作，引入辅警参与社区矫正执法工作。高向军等认为，社区矫正作为刑事执行工作，应建立具有适当学历要求的正规化、职业化、法治化的社区矫正执法队伍，制定并实施社区矫正执法岗位准入和资质认定制度。彭磊、张增富建议，着力构建社区矫正社会力量参与体系建设，建立社区矫正队伍3+X模式：专门执法队伍（矫正官）+刑事执行警察+专职社工（协理员）+X（社会志愿者、村居网格员等）的体系。参照法院检察院经验，设置用警综合系数配比指标，推进用警从单纯数量增长、规模扩张向集约高效和警力“无增长改善”。立足实际，当前按照每百名社区矫正对象不少于1名警察来配备，在比例范围内允许各区县灵活掌握确定。同时要将社会工作者的定位和编制统筹进行考虑。

3. 畅通部门协作，发挥协同合力

马昂认为，社区矫正委员会是《社区矫正法》吸收了社区矫正试点工作中成功的经验和做法并上升至立法层面的特色之一，是中国特色社区矫正的代表特征。能否发挥好社区矫正委员会的职能，在当下司法行政部门社区矫正执法编制难以增加的情况下，就显得尤为关键。彭磊、张增富建议，在专门执法队伍工作中，要坚持“谁执法谁普法”要求，完善矫正委成员单位分工负责、共同参与的普法工作机制，将社区矫正法及其实施办法的普及宣传贯穿执法全过程，使全社会都来关注身边的人、了解行刑社会化进而支持社区矫正工作，为形成全方位深层次的改革新格局提供环境支持。

二、实践探索总结全面，汇聚各地有益经验

实务类的投稿文章通过认真审视和深入调研，对当地社区矫正队伍建设的实践探索和取得的成效进行了全面总结，梳理了当前社区矫正专门执法队伍建设中存在的问题，并积极探求改革对策。

（一）各地的主要做法与成效

针对社区矫正执法队伍专门性欠缺的现实情况，各地积极探索，制定和发布规章制度，推进社区矫正整体工作的规范化，进一步理顺社区矫正机构管理体制，充实和培育社区矫正队伍的专业力量，在专门执法队伍建设中取得了显著成效。

1. 推进社区矫正工作规范化建设

《社区矫正法》已经正式颁布实施，为矫正工作提供了法律依据和制度保障。在此基础上，大部分省市均因地制宜制定了实施细则，明确社区矫正工作人员的工作职责和权限，细化社区矫正工作程序和标准，旨在确保社区矫正工作的科学性、规范性，为具体的矫正工作提供法律依据和制度保障。

一是规范细化执法流程。坚持将制度建设贯穿到社区矫正各项工作中，建立靠制度管权、管人、管事的长效机制。例如，北京市制定《北京市社区矫正实施细则》和100余项配套规章制度，打造了以社区矫正法为总纲、社区矫正实施细则为主体、若干工作制度为补充的“1+1+N”社区矫正工作制度体系，统一全市执法工作标准，明确25项环节、细化69个工作流程，制作51种执法文书，实现了社区矫正执法工作清单化、项目化和规范化。山西省出台《山西省社区矫正实施细则》，对社区矫正调查评估、监督管理、考核奖惩、教育帮扶等关键执法环节进行了细化规定，制定修订分析研判、重大事项报告、突发事件应急处置、督查等工作制度，对执法文书格式进行统一规范。广州市司法局加快建章立制工作，修订出台《广州市社区矫正

工作档案范本》，制定《社区矫正工作流程清单》《广州市社区矫正信息化核查和使用电子定位装置工作指引（试行）》，巩固全市统一的社区矫正执法规范。陕西省编印《社区矫正执法制度汇编》，会同省人民检察院联合下发《关于组织开展社区矫正执行和监督专项督导工作的通知》，进一步规范社区矫正执行行为；会同检察机关、民政、人社、妇联等12家省级部门制定出台《陕西省社区矫正教育帮扶办法》，进一步增强教育矫正效果；修订下发《陕西省社区矫正执法文书格式》和《陕西省社区矫正工作台账范本》，与省档案局联合出台《陕西省社区矫正档案管理办法》，制定《陕西省社区矫正中心制度规范流程指引》，进一步规范社区矫正中心工作制度。

二是规范权力运行。针对基层执法权责不明晰的问题，列举社区矫正权责清单。例如，山西省制定《山西省省市县三级社区矫正机构和受委托司法所执法权责清单》，明确社区矫正各项权责79项，包括社区矫正的管理指导，以及社区矫正调查评估、接收登记、监管审批、奖惩考核、刑事执行变更、教育帮扶等执法各环节全过程。山东省编办、省司法厅联合印发《关于进一步理顺全省司法所管理体制的通知》（鲁编办〔2010〕19号），明确司法所作为县司法局的派出机构，实行县司法局和镇街双重管理、以县司法局为主的管理体制。湖南省司法厅于2021年明确了27项社区矫正规范执法内容，2022年制定了社区矫正执法权责清单，明确执法内容，规范执法行为。云南省各级司法行政机关均建立了社区矫正审核委员会，对社区矫正重大事项进行集体审议，尽可能避免执法不严、执法不公和随意执法、粗放执法等情况的发生。

三是强化经费保障。比如，云南省委办公厅、云南省人民政府办公厅印发了《云南省加强社区矫正工作的意见》，健全了加强队伍建设、强化经费保障等长效机制，推动实现了全省州县两级将社区矫正经费列入同级财政预算。江西省民政厅、省司法厅、省财政厅联合下发《江西省社会组织参与社区矫正工作指引》，明确各级财政部门要立足职能，将社区矫正经费列入本级政府预算，统筹做好经费保障工作，着力推动社区矫正高质量发展；2013年，南昌市率先在全省按照社区矫正对象每人每年2800元的标准，将社区矫正对象管理教育经费列入市县两级财政预算予以充分保障。云南省自2022年起，将矫正对象重新犯罪率、经费保障情况、资金使用绩效、五组数据上传率、“在矫通”App使用率等要素作为考评指标，同时结合强边固防、表彰奖励等情况进行综合评价，形成了具有云南特点的社区矫正经费绩效分配办法，提高了资金使用效益。

2. 规范和理顺社区矫正机构管理体制

鉴于“社区矫正机构+司法所”的工作模式存在委托责任不清晰、执法主体不明确、执法人员不专业、执法程序不规范等诸多问题，严重影响和制约着社区矫正工作的正常开展和高质量发展，各地以《社区矫正法》为依据，基于本地实践，积极探索规范和理顺社区矫正工作机构的新方法，以破解社区矫正工作的现实困境。

一是推进“队建制”改革。“队建制”改革是指推动构建省、市、县、乡四级社区矫正组织网络，将社区矫正的主要工作从司法所业务中剥离出来。具体来讲，即在市、县两级设置独立的社区矫正机构，在市级，经市编委批准成立市社区矫正支队，支队为副县级建制。社区矫正支队作为具有独立行使刑事执行主体资格的市局二级机构，支队长为独立法人。在县级，在各县（市、区）成立社区矫正大队，大队为该县（市、区）司法局直属行政机构，为副科级建制，具备社区矫正主体执法资格。在社区矫正大队下设若干社区矫正中队，由社区矫正执法中队专人、专业、专职承担社区矫正对象日常管理和执法工作。例如，四川省宜宾珙县、泸州古蔺县、资阳安岳县、绵阳游仙区、自贡贡井区等地开展“队建制”建设，通过矫正执法大队下设社区矫正执法中队形式，由社区矫正执法中队专人、专业、专职承担社区矫正对象日常管理和执法工作。陕西全省1318个司法所全部达到科级建制，其中，落实正科级建制司法所216个，落实副科级建制司法所1102个，实现了镇（街道）全覆盖；举办了为期三年的新时代“六好司法所”（组织机构建设好、人员队伍发展好、体制机制完善好、基础设施配备好、经费保障落实好、职能作用发挥好）创建活动。山东省65个县（市、区）探索实行社区矫正“队建制”管理模式。同时，山东省探索开展“矫正官”试点，建立“队长、矫正官、矫务长”三级责任体系，以队长负责制为主，矫正官、矫务长负责社区矫正具体工作实施。江西省南昌市在全省率先开展社区矫正官试点和队建制改革，制定《关于开展社区矫正官和社区矫正辅助执法人员任免考核工作的实施方案》，探索建立社区矫正专门执法人员职业准入、业务培训、执证上岗和考核任免机制，开创性地推动建立社区矫正执法直属大队。同时，市司法局争取编制部门支持，将原安置帮教职能从市级社区矫正机构剥离，实现了市级社区矫正机构队伍的专职化、专业化。

二是建立“一局一中心”模式。山西省针对县区社区矫正机构不健全、人员不规范等问题，全省117个县（市、区）在保留原有社区矫正中心的基础上，全部依法设立县社区矫正管理局，社区矫正局和社区矫正中心两支队伍合署办公，形成了“一局一中心”的县级社区矫正模式。所谓“一局”，即社区矫正管理局，在人员配备上实行“专职+民警+辅助人员”执法队伍模式，即主要由专门机关工作人员和监狱戒毒民警组成，检察院、公安机关人员辅助参与，具体履行调查评估、组织入矫解矫、外出申请审批、考核奖惩审批、变更居住地审批、提请撤销缓刑、撤销假释、收监执行等职责，保障刑事判决、裁定和暂予监外执行决定的正确执行。“一中心”即社区矫正中心。中心按照“事业编制+社工+心理咨询师”的模式配备人员，具体履行对社区矫正对象的日常管理、法治道德教育、心理矫治、职业技能培训、就业就学指导，组织公益活动，申请社会救助、社会保险、法律援助帮扶等职责。江西省东湖区、西湖区、青山湖区、红谷滩区、安义县等县区探索实行“一局一中心”机构管理模式，有效解决了社区矫正专门执法人员力量薄弱的突出问题。

三是全省统一加挂“省市县社区矫正管理局”牌子。目前，天津、上海、重庆、辽宁、山西、江苏、浙江、宁夏、新疆生产建设兵团等地均加挂省、市、县三级牌子，确保各级社区矫正管理局的独立执法主体资格。

四是建立“分中心”模式。“分中心”模式是指根据社区矫正对象动态分布规律，打破行政区域限制，设立“社区矫正分中心”，统筹调配政法专编、地方行政编制、事业单位编制工作人员和社区矫正辅助人员，将社区矫正工作职能职责从司法所剥离，构建专职社区矫正工作队伍，分类别、分职能独立行使社区矫正执法活动。这种模式以四川省成都市青白江区、新都区、简阳市等8个县区以及绵阳市梓潼县为代表。

五是“一体两翼多联”社区矫正工作模式。“一体”是指在社区矫正委员会的指导和统筹下，组织协调司法所形成一个有机整体，具体开展社区矫正执法工作。“两翼”是指由司法行政机关工作人员依法组织开展社区矫正监督管理工作，和由社会工作者对社区矫正对象开展教育帮扶工作。“多联”是指联动各政府相关部门、企事业单位、社会组织、心理咨询师等专业人士、志愿者和矫正对象亲属朋友等多方社会力量，整合各类社会资源，共同参与矫正对象的教育帮扶和救助。这种模式以深圳市龙华区为代表。深圳市龙华区注重社区矫正执法队伍职责清晰、分工明确、协同合作。在专门执法队伍之外，充分发展社区矫正工作的辅助力量，共聘用社区矫正法律专务人员1人、社区矫正社会工作者66人，以及社区矫正志愿者1086人，打造专业化、多元化、社会化的社区矫正工作队伍。

3. 充实和培育社区矫正队伍的专业力量

针对社区矫正专门执法队伍专业力量薄弱的问题，各地积极行动，双管齐下。一方面，通过抽调监狱戒毒民警、招聘协管员、购买社会服务等举措充实队伍力量；另一方面，通过多样的业务培训措施提升社区矫正专门执法队伍的专业素质能力。

（1）综合举措做大队伍总量

一是争取编制，支援力量薄弱县区。云南省持续增强执法力量，以贯彻落实《社区矫正法》为契机，经多方努力，为县级社区矫正机构和基层司法所争取到中央政法编制。山东省编办、省司法厅联合印发《关于加强市县社区矫正机构建设的通知》，要求各市、县（市、区）司法局用于社区矫正工作的政法专项编制不少于3人，下达137个政法专项编制给部分社区矫正任务重、工作力量相对薄弱的县（市、区）司法所。在江西省南昌市委、市政府的政策支持下，南昌市编制部门于2011年为市司法局增设3个政法专项编制，并调剂核拨13个政法专项编制至各县区，组建了一支完整的社区矫正专职队伍。

二是选派监狱戒毒警察参与社区矫正工作。在实践中，参与社区矫正工作的警察主要是监狱警察、戒毒警察，参与的形式为持续派驻警察或直接安排警察协助社区矫正工作。近年来，各地以《关于全面推进刑罚执行一体化建设的意见》为指导，选派监狱、戒毒警察参与社区矫正工作，主要职责包括协助和参与开展社区矫正调查评估工作，开展有关事项审批和相关调查核实工作，对违反监督管理规定或者禁止令的社区矫正对象进行制止、调查取证和处罚工作，开展谈话、训诫和突发事件应急处置工作等。例如，北京市自 2003 年起开始抽调监狱、戒毒民警参与社区矫正工作，实施“一所一警、基础保障用警、专案用警”等警力配备标准，并按照“向基层一线倾斜、向重点区域倾斜、向重点案件倾斜”的原则，目前全市共有 337 名监狱戒毒人民警察奋战在社区矫正工作一线。辽宁省辽阳市制定《刑罚执行一体化建设实施方案》和《刑罚执行一体化选派警察工作方案》，并选派警察延伸至灯塔市、辽阳县，实现监狱警察参与县（市、区）社区矫正工作全覆盖，实现全市平均每个司法所有 1 名监狱警察参与社区矫正工作。

三是公开招考录取社区矫正协管员。当前，协管员已成为社区矫正专门执法队伍中重要的辅助力量，其在社区矫正工作中扮演着重要角色，其地位和作用不可忽视。其主要职责是：协助乡镇、街道司法所所长开展社区矫正工作，主要包括对社区矫正对象开展社区调查评估、接收、管理、监督、考核、解除，组织公益活动、教育帮扶等工作。社区矫正助理员协助社区矫正工作者开展矫正工作，维护社区矫正秩序，促进社会的安定和谐，为社区矫正工作的顺利开展提供了有力保障。近年来，多地积极招录社区矫正协管员，充实到县级社区矫正机构、受委托的司法所，进一步充实了人员力量。例如，辽宁省印发《关于开发公益岗位配备基层司法所社区矫正助理员工作的通知》，每个司法所核定配备 1 名社区矫正助理员，通过招录社区矫正助理员，有效缓解了基层一线司法所开展社区矫正工作的压力。北京市司法局印发《关于进一步规范城市协管员从事社区矫正工作的意见》，从厘清职责、明确纪律和严格考核入手，规范了从事社区矫正工作的城市协管员的工作性质、工作职责、纪律要求、回避情形、业务培训、招聘录用、业务工作考核、保障措施等内容。

四是加强社会力量参与。例如，内蒙古赤峰市巴林右旗创立反哺式回归融合机制。充分发挥教育引导和约束激励功能，提升社区矫正对象对所在社区、帮联组织的认同感、归属感。由基层司法所会同社会专业组织，发布倡议书或自行申报等方式，有针对性地吸纳社区矫正对象等特殊人群参与到社会专业组织中来，实现自我服务、自我完善、自我发展的目标。广州市共有 379 名专职司法社工，在全省名列前茅，基本实现了每个司法所配备 1—2 名司法社工的目标，极大地缓解了基层社区矫正工作人员不足的现状。深圳市龙华区根据《深圳市关于提升社会工作服务水平的若干措施》的政策指引，按照社会工作专业岗位与社区矫正对象人数不低于 1 ∶ 15

的配比，以及与安置帮教对象人数不低于 1∶30 的配比，配备社区矫正社会工作者。截至 2023 年 8 月，龙华区参与社区矫正工作的注册社会志愿者共 1086 人，通过吸纳志愿者参与矫正对象教育帮扶工作，督促和教育矫正对象遵守监督管理规定，对矫正对象定期走访谈话，对长者、妇女、未成年人和生活困难家庭等特殊矫正对象开展救助和教育帮扶等服务。在社区矫正工作实践中，社矫社工不仅为矫正对象提供日常管理、教育帮扶、心理矫治、活动组织等直接服务，更是搭建社会力量整合与资源链接的桥梁，以社工的专业身份联结各政府部门、群团组织、企事业单位、基金会、志愿者等各类社会资源，协同开展社区矫正服务。

（2）通过学习培训提高执法能力

提高社区矫正工作人员专业化水平应当建立一套完备的培训体系。近年来，各地均积极探索开展社区矫正工作人员初任培训、在职培训，加强与社区矫正业务密切相关的刑事法律法规及规章制度、犯罪学、心理学、社会学等理论知识的培训。培训的方式包括邀请高等院校、研究机构或有关单位的专家学者，以及在社区矫正领域工作年限长、经验丰富的工作人员进行讲解授课，也可通过组织外出学习或考察先进地区的经验等方式，切实加强社区矫正工作人员的职业培训，不断提升社区矫正机构工作人员的执法专业化水平。

例如，北京市司法局要求切实加强对从事社区矫正工作的城市协管员的工作培训。根据工作实际，年度内组织不少于 24 学时的专业培训，特别是做好社区矫正工作的岗前培训，确保街道（乡镇）从事社区矫正工作的城市协管员明确社区矫正业务工作任务、工作要求。每年要定期开展社区矫正工作的岗中业务培训和工作交流，培训情况反馈至街道（乡镇），纳入社区矫正工作的考核评价，加强业务培训。广州市不断完善社区矫正机构培训机制，组织基层社区矫正工作人员轮训，熟悉掌握社区矫正有关法律法规、管理制度，加强社区矫正队伍专业化、职业化建设。在持续进行日常培训的基础上，举办延伸管教警察业务培训班，课程涵盖法律法规、执法规范、警察管理和执法风险与职务犯罪预防、智慧矫正实操演练等内容，为延伸管教警察熟悉、精进社矫业务提供平台。山东省与高校开展合作储备专业人才。与山东政法学院开展联合共建，指导山东政法学院、山东司法警官职业学院社区矫正专业学科建设和学生培养、就业，目前在校社区矫正专业学生 234 名，为全省社区矫正事业发展奠定人才基础。福建省厦门市联合检察官共同执法，如集美区邀请检察官结合社区矫正巡回检察，开展针对性的主题授课。以教育培训室、法治图书馆以及人民法院、检察院、社工单位等“蓝色”教育帮扶等多举措提升教育帮扶成效。通过线上构建媒体宣传矩阵、线下开展互动式宣讲等举措多元化开展社矫法规宣传。

（3）加强基层执法工作保障

各地通过规范社区矫正专职工作人员着装、标识，配发专门执法或工作证件，规范配备必要的执法车辆，来保障社区矫正工作的顺利开展，增强社区矫正工作人员的执法权威性与工作认同感。例如，四川省甘孜藏族自治州对执法工作经费全额保障，现配备执法装备、执法证持有者325人，执法服装统一为警用服装、标志为司法，基层执法工作人员工资福利待遇皆按照司法助理员待遇全额发放、依法履职保护机制、纠错容错机制、抚恤优待政策等。陕西省扎实推进社区矫正工作证件申领、使用及管理工作，为市、县两级社区矫正机构工作人员和司法所从事社区矫正工作的人员配齐了工作证件，工作证件全省统一编号、申领、审批、备案。依据《陕西省司法厅关于做好全省司法所工作人员制式服装配发工作的通知》精神，提供统一的制式服装样式。

（二）存在的问题

尽管通过积极的探索和实践，各地在社区矫正机构以及队伍建设方面取得了一定的成效，有效推动了社区矫正工作的发展，但是一些制度、体制、机制问题仍然存在。

1. 机构设置不专

第一，社区矫正专门执法机构设置不专的问题导致社区矫正机构履职效能不高。卢刚、兰万华认为，北京市社区矫正专门执法队伍人事关系分别隶属于市司法局、区司法局、街道乡镇政府，相比采取人事任免垂直管理模式的其他刑事类工作部门，执行力持久弱化，不能满足刑事执行工作高效执行的要求。侯迁广等指出，一些社区矫正机构没有严格依法专门设置的现实状况，导致实践中难以担负起对外履行刑事执行的职能，较大程度上影响了社区矫正执法的权威性和严肃性。例如，湖南省有1个省级、14个市级和86个县级司法行政机关社区矫正机构加挂了“社区矫正管理局”的牌子，还有37个县（市、区）未依法设立或加挂“社区矫正管理局”，仍由司法行政机关内设机构负责执法，有16个经济技术开发区（高新区）等地没有设置司法行政机关或者没有社区矫正机构，暂由当地管委会的政法办等内设机构代管。陈亮、罗维认为，目前“队建制”仍然缺乏统一的标准。比如，自贡市贡井区统一建立“区社区矫正执行局”，由执行局直接统一管理，有的区县通过建立“中心司法所”模式，通过“大所带小所”，片区设置执法中队的模式。在执行文书和审批权限存在标准不统一，缺乏宏观指导性文件，在有关机关衔接配合、队伍力量配备、硬件设施保障等方面缺乏政策支持，特别是争取编制部门的支持时困难较多。

第二，社区矫正专门执法机构设置不专的问题导致社区矫正机构“有名无实”、权责模糊。梁贺莹认为，当前部分地方的社区矫正机构名称不一，或是仅有独立机构之“名”而无独立机构之“实”，且仍是司法行政部门内设机构，职责与法律要求不相匹配，不能合法有效履行社区矫正执法职责，无法以法定身份与公、检、法等部门正常进行衔接配合。彭俊磊等认为，山东省各地各级通过在司法局或其内设机构加挂牌子、对外使用名称形式解决了执法主体资格问题，建立了形式上的社区矫正机构，但并不是具有独立法人资格的实体机构，没有独立核定人员编制，工作力量并没有得到实质性加强。蒋凯、黎浩认为，在市、县级社区矫正机构中挂牌成立“社区矫正管理局”“社区矫正大队”“社区矫正中队”等仍存在内设机构的原生限制，其规格和层级依然是司法行政机关的一个内设科室，并无实质性改变。在与监狱管理机关、监狱对接协调中，仍然以“司法局”名义执行，易造成责任划分模糊，行政级别不对等或行政关系混淆、有歧义。刘举指出，现各地普遍存在司法所的隶属关系不统一、不规范问题，工作人员存在混编混岗情况。

2. 人员力量不足

第一，社区矫正专门执法队伍普遍存在人员力量薄弱、人少事多的问题。刘瑶等指出，山西省省级社区矫正机构只有工作人员 4 人，11 个市级社区矫正机构平均 1.9 人，117 个县级社区矫正机构平均 1.1 人（政法专项编）。特别是县级社区矫正机构作为主要执法主体，承担着 41 项执法职责，而人员配备在 1 人及 1 人以下的县（市、区）就达到 80 个（占 68.4%），社区矫正机构编制和工作人员短缺，特别是县级严重短缺，已成为影响社区矫正工作正常开展的最大问题。梁贺莹认为，大多数基层司法所仅有 1 名至 2 名工作人员，基层“列管人数多、基层任务重、执法力量弱”等问题较为突出。在实际工作中，司法所除需承担司法行政业务，还需根据街（镇）安排落实日常维稳、创卫创文等工作任务，职责繁杂，疲于应付，很难承担起要求高、标准严的社矫工作。蒋凯、黎浩提出，成都市社区矫正机构工作人员与全市在册社区矫正对象配比率平均为 1∶56，即全市平均 1 名社区矫正机构工作人员负责 56 名社区矫正对象，其中，差距最大的区（市）县配比率已达 1∶194；以各区（市）县社区矫正机构工作人员加派驻监狱戒毒民警为统计基础，则全市配比率平均为 1∶40，其中，差距最大的区（市）县配比率已达 1∶91。

第二，社区矫正专门执法队伍普遍存在人员流动大、队伍不稳定的问题。赵磊等认为，司法所隶属于街道办事处管理，人员的任用、晋升、轮换等职权都归属于街道办事处，社区矫正工作队伍的稳定性难以得到有效保障。如近三年中，深圳市龙华区司法所所长变动较为频繁，全区 6 个街道司法所中有 4 个更换了所长，频繁的人员变动不利于本区社区矫正工作的稳定开展。彭俊磊等认为，现有社区矫正专职社工待遇普遍较低（月薪 2000 元左右，经济发达地区月薪为 4000 元左右），职业发展空间有限，缺少晋升通道，流动性较大。吕佩军、晋利力认为，社区矫正工作人员职级较低。除配置少数科级干部外，县级政府工作部门只设 1—3 名科级非领导职务，而乡镇、办事处不设置科级非领导职务，造成相当一部分工作人员直到退休还是科员，提升交流的机会微乎其微，晋升途径狭窄、缺乏流动，工作环境差、待遇低，工作积极性和主动性不强。

第三，边境省份、偏远地区等特殊地域人员力量不足的情况尤甚。郭晋伟等认为，云南省作为边境省份，连接南亚、东南亚的前沿桥头堡，山高水深、村居偏僻、边境线长，周边局势复杂，各种犯罪诱因大量存在，管理控制难度大。相比之下，目前全省三级社区矫正机构管控力量比大大低于全国平均水平。秦书阳认为，四川省甘孜州社区矫正工作点多面广、战线长、任务重、力量弱、敏感时段、重要节点多，矫正对象大多为文化较低的农牧区信教人员，极易被西方反华势力、藏独分裂势力渗透操纵，参与分裂破坏、个人极端、暴力恐怖等案（事）件，风险系数极高，村落交通不便，通信不稳定，集中、走访、查寻都较困难，难以密切管控。但受经济发展水平、社会认知程度等因素制约，缺乏专业的执法工作人员，社区矫正工作志愿者、社会工作者也相当匮乏。

3. 工作人员执法手段受限、履职威慑力不足

张晓认为，社区矫正专门执法队伍的建设，最大的落脚点在“专门执法”四个字上。由于法律上没有明确规定社区矫正工作人员具有执法权和执法身份，这就导致在调查过程中，面对调查对象拒绝配合工作时，难以行使强制权，调查工作不能很好地开展；同时由于没有明确的身份界定，社区矫正工作人员既不能穿着警服工作，也未配备统一的制服，其身份在走访和调查的过程中，常常受到怀疑，工作的严肃性和权威性受到挑战，使得社区矫正对象不重视工作人员，甚至出现辱骂恐吓工作人员的情形，增加了对他们的管理难度。杨华等认为，以司法所为代表的基层社区矫正机构的工作兼具法律工作和社会工作的特点，工作中以法律为切入点，以沟通、调解、宣传为主要手段，管理体制、人员编制带有明显地方差别。司法所的这些特质，与社区矫正执法的统一、规范、严格等刚性需求格格不入，却与社区矫正的日常执法的社会化熟悉十分契合。谢京提出，社区矫正工作者因为不具有警察身份，没有被法律赋予刑事强制措施的能力，在进行一些集体教育及社会公益劳动时，缺乏相应的安全保障及震慑效应。翟凯认为，在实践中，部分社区矫正对象受制于现实条件，难以定期完成集中教育或者其他定期活动，社区矫正机构因受限于工作职责和权力范畴，协调难度大，政策规定不足的情况下只能是“见招拆招”，难以形成长效措施。

4. 基础设施与经费保障有欠缺

蒋凯、黎浩认为，由于有些社区矫正机构仍未突破内设机构的限制，因此在编制、财政、矫务等方面，受制于本级司法行政机关整体规划，社区矫正机构人员编制未按照实际工作量进行合理化配置，甚至个别区（市）县存在挤占编制的情况；社区矫正工作经费预算被缩减，或与其他业务处（科）室共用有限经费；相关矫务装备因经费原因未能足够采购或进行升级换代等。王科威指出，县级司法行政部门

虽然每年均有中央下拨的转移支付经费，但基层同志多数反映经费只是停留在账面上，受经济发展水平不高、营商环境不好等因素影响，财政部门为缓解本辖区的财政压力，对县级司法行政部门申请使用经费不予批准的现象时有发生，导致县级社区矫正机构开展社区矫正工作缺乏充足的经费支撑。例如，有的基层司法所仅有1间办公用房，无其他业务用房，导致组织社区矫正对象落实宣告、报到、开展教育帮扶等工作时，没有充足的场地组织实施，对比发达地区司法所硬件设施建设差距较大。郭晋伟等认为目前执法用车仍保障不到位。例如，云南省矫正对象基数大、居住散、大部分在山区，有的司法所到辖区矫正对象居所单边距离超过70千米。但是，目前10个州、市无社区矫正执法用车，多数工作人员用私家车开展社区矫正执法工作，遇到突发事件无法快速应急响应。史秀峰、王林丽提出，由于我国幅员辽阔，城市和农村经济发展存在较大差异，这就使得法律的适用性和可操作性因地区差异而产生不同，配套工作体制机制建设滞后。

5. 社会力量参与机制不完善

梁贺莹认为，现实中村（居）民委员会参与社区矫正工作的保障机制仍未完善。地方在投入相关经费、完善保障机制上缺乏政策依据，难以将其纳入预算管理。而且，司法社工薪资报酬较少、社会地位偏低、晋升空间有限等因素严重制约着司法社工队伍的稳定和发展。例如，广州市司法社工配比和薪资依然执行2015年的标准，难以满足社区矫正对象数量激增、社区矫正工作要求日趋精细、物价上涨的需求。刘瑶等认为，社区矫正工作社会面宣传不足，社会认同度有待提升。在执法过程中，由于一些企事业单位和群众不了解社区矫正工作的具体内容、目的、意义，加上传统刑罚观念的影响等诸多因素的作用，普遍存在防范心理。一些欠发达地区缺乏稳定、高质量的志愿者资源，无法建立一支真正发挥作用的社区矫正志愿者队伍，难以形成帮教合力。

（三）对策建议

1. 推进社区矫正机构专职化

（1）设置专职机构

侯迁广等认为，可以采取在省、市、县司法行政机关内设社区矫正管理处（科、股）加挂“社区矫正管理局”的牌子；可以比照人社部门设置农业综合执法总（支、大）队的做法，在省、市、县司法行政机关社区矫正管理处（科、股）设置或者加挂社区矫正总队、支队、大队；可以重新调整对监狱、戒毒、社区矫正机构的设置和编制数额，借鉴全国6个戒毒所整体转制为社区矫正机构的先例。蒋凯、黎浩建议，自上而下依法垂直设立社区矫正机构。社区矫正机构如果成为各级司法行政机关的二级独立机构，获得专门的人员编制、专项经费、矫务装备等工作保障，能够更好应对社区矫正对象快速增长的客观事实，加强与本级行政范围内社会力量与社会资源的开发利用。廖承文、陈琳建议，加强开发区（新区）社区矫正机构建设。推动开发区（新区）设立专职社区矫正机构、配备专门执法人员履行社区矫正执法职能，确保社区矫正工作依法规范落实。张玮认为，可以探索跨行政区划设置社区矫正机构。我国地方法院、检察院在多年前就有了建立与行政区划适当分离的司法管辖制度的探索。社区矫正工作可借鉴法院、检察机关和国外相关做法，在两个或两个以上的县域区划共同建立一个社区矫正机构，便于跨区域统筹社区矫正工作，亦能节约行政资源。范柯薇建议，明确独立的县级社区矫正机构的设置，独立于县级司法行政机关，有独立的经费和办公场所，在职能上独立承担社区矫正的日常管理、监督考察和奖惩考核工作，在主体上能对外独立承担相应的责任。

（2）明确专门职责

侯迁广等认为，应通过从国家层面出台社区矫正执法权责清单的方式明晰执法权责，突出社区矫正机构、特别是县级社区矫正机构的执法主体职权，确保社区矫正刑事执行工作主体适格，实体内容和运行程序均依法规范。通过社区矫正机构内部增加专门执法监督职责的方式明确岗位职责，强化规范执法。邹天强、王思洁建议，探索“社区矫正专员+社区矫正辅警”模式，“社区矫正专员”参考法律专务待遇，“社区矫正辅警”参考辅警的执法权限。通过申请员额方式明确“社区矫正专员”“社区矫正辅警”人才薪酬、开通职业晋升途径，建立常态化、稳定的社区矫正专职队伍。

（3）探索矫正官制度

卢刚、兰万华认为，应在参与社区矫正的监狱戒毒人民警察中试点开展矫正官制度。可以探索分为：总矫正官（省部级）、大矫正官（一级、二级，厅局级）、高级矫正官（一级、二级、三级、四级，处级）、矫正官（一级、二级、三级、四级，科级）、助理矫正官（一级、二级，科员级），并将参与社区矫正的监狱戒毒人民警察的晋升、考核，津补贴发放和工作、政治、能力、业绩，与矫正官和警衔评定挂钩。侯迁广等认为，社区矫正官是推动社区矫正职业化的重要抓手，应借鉴四川、浙江、江西等省份开展社区矫正官试点的经验，探索社区矫正官的设立架构、任职条件、岗位职责、职级职务等，逐步建立起科学的社区矫正官制度，建立起分类科学、结构合理、权责明晰、晋升顺畅的社区矫正队伍管理机制。马丹婷建议，从社区矫正执法属性和社会属性两个角度，科学配置社区矫正官，实现社区矫正工作合理分工、专业规范、高效运作。

2. 推进社区矫正机构专业化

（1）加强执法队伍培训

梁贺莹建议，将对工作人员的业务培训日常化、系统化，提高工作人员的综合素质，通过学法规明道理、用实例讲案卷、亮问题抓整改等方式，抓实抓细队伍专业化、规范化建设，切实提升社区矫正工作者业务水平和履职能力。贡太雷建议，进一步完善社区矫正工作人员职业发展培训制度，增长培训时长、丰富培训内容，通过跨学科多维度的培养模式提升社区矫正工作人员能力水平，并注重工作理念与职业价值观的塑造。

（2）统一执法队伍设备

彭俊磊等建议，从全国层面尽快统一规范社区矫正专职工作人员着装或标识，配发专门执法或工作证件，规范配备必要的执法车辆，保证社区矫正工作正常履职需要。加大县级社区矫正信息化建设资金支持，深化智慧矫正建设和应用，整体提升信息化水平，实现以信息化赋能专业化、以专业化提升矫正质量，推进高质量发展。郭晋伟等建议，研究制定县级社区矫正机构和基层司法所社区矫正执法用车保障措施，在县级社区矫正机构配备专门执法执勤车辆，在基层司法所配备摩托、电瓶车等执法交通工具。

（3）培养社区矫正专业人才

梁贺莹建议，从国家层面培养专门的社区矫正人才，根据实际在政法类高校开设社区矫正专业，将社区矫正专业毕业生直接对接到各地各级社区矫正机构，真正发挥其专业优势，源源不断地为社区矫正队伍输送优秀的专业人才。杨华等建议，社区矫正机构可以通过与设置有社会工作、法学专业的高校签订实习计划的方式，推动学生将理论与实践相结合，参与到基层社区矫正所举行的各类活动和培训中，弥补人员力量的不足，同时学生也能发挥专业所学，推动社区矫正机构的专业化。阙秋昌等建议，要大力培养干部，针对表现优秀、有潜力的年轻干部，建立“一人一策”订单式的培养计划，不断提升能力素质，促进干部健康成长。同时，通过转变职能、深化改革和创新管理，配强、配齐基层和一线工作力量，充分挖掘潜力实现人员有效作用的最大化。

3. 进一步探索部门间高效协同机制

张强建议，为了能够更高效率地开展社区矫正工作，解决社区矫正工作中出现的各类紧急突发问题，最大限度地将社会风险降到最低，应当加强社区矫正机构同公、检、法各部门之间的协调沟通，建议公安机关可通过社区民警作为专职联络员的方式，负责社区矫正机构与公安机关之间的衔接工作，从而提高社区矫正应急处突效率。史秀峰、王林丽建议，可以尝试在社区矫正委员会的指导下，建立社区矫正联席会议制度，从而形成更加科学的运作机制，演变为“在党委政府领导下，公、检、法、司共同推进，相关部门大力支持，全社会广泛参与”的工作格局。同时，在《社区矫正实施办法》中完善审前调查的相关内容，明确审前调查的期限、程序和效力等内容，使社区矫正机构和各相关部门各尽其职、依法办案，从而提高社区矫正工作效率。朱莹雪建议，在县社区矫正科设置副科社区矫正执法大队或社区矫正管理局，与社区矫正安置帮教合署一体采取集中办公形式，推动社区矫正与安置帮教信息数据实现线上与线下的结合，对监管等方面出现的新问题，进行快速的沟通和讨论，快速解决问题。蒋凯、黎浩建议，参照律师协会的模式，规范统一新建社区矫正协会，将有助于发挥行业指导作用、参谋助手作用、规范标准作用、行业监督作用、行业准入作用、孵化培训作用。

4. 保障社会力量参与社区矫正工作

赵磊等建议，进一步加大社区矫正工作的宣传力度，联动政府部门、企业事业单位、群团组织等力量，为有需要的矫正对象提供教育基地、就业基地等精准帮扶，同时培育扶助社区矫正社会组织，拓展多元主体参与社区矫正的渠道。陈维杰建议，充分依托村（居）法律顾问制度，整合法律顾问资源，为每个社区矫正对象配备专属法律帮扶员，并将其纳入矫正小组，协助开展社区矫正对象的日常管理和教育工作。梁贺莹建议，制定具体工作细则，明确村（居）委员会协助工作的职责范围、工作程序和相关保障，依法将村（居）民委员会协助开展社区矫正的经费纳入本级财政预算。郭晋伟等建议，按照不低于辖区矫正对象10%的比例，通过政府购买服务等方式，为县级社区矫正机构和基层司法所配备专职社区矫正辅助人员，确保每个县级社区矫正机构不少于2人，每个司法所不少于1人，使社区矫正专门执法人员从繁杂的事务性工作中解脱出来，聚精会神地开展执法工作。

5. 加强社区矫正队伍经济保障、职业保障

刘瑶等建议，加强经费保障，将社区矫正经费单独列入同级财政预算，做到专款专用；进一步明确社区矫正业务经费开展范围，以社区矫正对象人数核定社区矫正经费保障，由省、市、县按比例分级承担；提高基层执法人员工资福利待遇，完善一线执法人员参加工伤保险和人身意外伤害保险机制，提升职业风险保障水平。吕佩军、晋利力建议，通过细化考核标准、增强考核实效、强化考核结果运用，进一步完善考核奖惩激励机制。张玮建议，建立社区矫正专门的政法职业荣誉、资格准入、进出管理、执法奖惩、履职保护、纠错容错、抚恤优待等机制，形成相对独立完备的社区矫正制度体系，充分做好社区矫正执法监督的保障兜底，促进社区矫正工作正规化、专业化发展。贡太雷等认为，应当建立科学的职业保障制度，优化薪酬结构，着手解决社会工作者人员流失问题，提高基本工资增加考核奖励，根据工作完成情况进行考核评估设立专项岗位补贴。

三、立足现实，展望未来

随着《社区矫正法》的颁布实施，社区矫正工作进入法治化、规范化、专业化

时代。有关社区矫正专门执法队伍建设的实践探索在不断深化，相关理论研究也紧紧围绕社区矫正队伍建设的实践需求，以多维度视角提出了社区矫正专门执法队伍建设的路径和方法，为社区矫正队伍建设实践提供了丰富的参考和借鉴，为社区矫正队伍建设规范化发展奠定了良好基础。但是，在看到进步的同时，也要清晰地看到，当前社区矫正机构队伍建设的实践探索还面临许多制度、机制制约，诸如社区矫正机构的性质、地位、建设的规范性、职能定位，社区矫正执法者的执法权限等基本理论问题还需要在理论上进一步澄清和明确。我们认为目前针对社区矫正专门执法队伍建设的理论研究尚存在几点不足，并由此提出未来需要尤为关注的几个要点，以推动社区矫正专门执法队伍建设向更高水平迈进，同时进一步推动社区矫正工作的高质量发展。

（一）不足

1. 理论研究的深度不够

在对百余篇投稿文章进行审读的过程中，最直观的感受便是有相当数量的文章均从权责边界、人员力量、执法难处等方面列举了社区矫正专门执法队伍建设存在的问题，从加强顶层设计、增强人员力量、给予保障支持等方面提出了对社区矫正专门执法队伍建设的建议。诚然，这直接反映出目前社区矫正队伍建设存在的突出问题和需要改进的方面具有普遍性，达成了跨地域的共识。但是，这也表明，目前在理论研究层面，仍然缺乏具有创新性的深度思考、小切口的视角，也缺乏更具可操作性的、可供复制推广的对策建议。

2. 实践调研的广度不足

总体而言，目前针对社区矫正专门执法队伍建设开展的调查研究，仍然存在总体数量与样本量不足，深入度不够，跨地域比较研究较少的现实问题。不少投稿文章已对当地的有益探索和先进做法进行了系统总结，对其他地域的社区矫正实践工作起到了很好的启发和参考作用。但是，为了更加科学客观地归纳实践规律、提炼普适性的做法，仍然需要在更大的范围内收集相关数据、开展比较分析。目前，在社区矫正专门执法队伍建设的主题下，尚缺乏跨地域的、全国性的调查研究。

（二）展望

1. 进一步强化社区矫正基础理论研究

基础理论研究是推动社区矫正工作高质量发展的前提和基础。《社区矫正法》颁布实施后，为社区矫正工作指明了方向，各地依法加强机构及执法队伍建设并取得实效。但目前，对于社区矫正的性质、任务、目的及原则等基本问题仍然存在不同的理解，实践中显露出的队伍专业性与稳定性，部门之间的协调配合与监督，以及民间对社区矫正的理解与积极参与等诸多难点，还需要通过扎实的理论支撑来推动顶层设计完善，并推动实践探索的规范化，进一步检验和修正实务工作的主要做法。

2. 持续推进多维创新研究

一是继续推进社区矫正专门人才培养研究。从刑事执行一体化的高度整体规划行业院校对专业人才的职业化培养，从人才供给量、人才专业度方面为社区矫正专业化执法队伍的建设提供持续动能。二是继续推进人力资源管理优化视角下的社区矫正专门执法队伍建设研究，以综合性思维统筹基层社区矫正工作者的知识技能要素，分析导致社区矫正工作者们执行偏差的原因，进而提出具有科学性、针对性的人才培养选拔举措。三是继续推进心理矫治视角下的社区矫正专门执法队伍建设研究。高度重视社区矫正工作中的心理矫正工作，通过心理矫治专职人员队伍建设工作进一步推动社区矫正工作的规范化和精细化，推动实现社区矫正工作预防和减少犯罪的目标。并在此过程中，引入胜任力模型、RNR 理论等前沿理论研究，不断深化社区矫正理论研究的深度与广度，为社区矫正专门执法队伍建设提供不同的视角与方法，同时也提供十分重要的创新动能。

3. 继续深化实践探索与实证分析

一是持续推进实践探索。目前，在机构建设过程中出现了许多亟待解决的问题，如机构建设的合法性与规范性、建设原则与模式、职能定位、人员配备和场所保障等，这些问题仅仅依靠基层实践部门难以解决，还需要进一步深化调查研究，总结实践探索中的成功经验，加强社区矫正机构建设的顶层设计，为社区矫正机构建设提供依据、支持和保障。二是加大实证分析的力度。目前《社区矫正法》实施已有三年的时间，需要适时对社区矫正专门执法队伍建设开展全国范围内的、全面系统深入的总结分析，并对矫正期间所凸显的问题持续跟进。

社区矫正专门执法队伍建设的几点思考

彭　磊　张增富*

“党中央高度重视社区矫正工作，习近平总书记对社区矫正工作作出重要指示批示，强调‘要持续跟踪完善社区矫正制度，加快推进相关立法，理顺工作体制机制，加强社区矫正机构和队伍建设，切实提高社区矫正工作水平’，为颁布实施和贯彻落实《中华人民共和国社区矫正法》（以下简称《社区矫正法》）指明了方向，提供了根本遵循”①。随着《社区矫正法》的正式施行，社区矫正工作迎来新的发展机遇，要迎接更高的履职要求。立足新时代新征程，准确把握社区矫正工作新的历史定位，推进革命化、正规化、专业化、职业化的社区矫正专门执法队伍（社区矫正机构工作人员）建设，既是实现社区矫正工作法治化、制度化、社会化水平的必然要求，也是提高社区矫正质量的重要保障。

一、提高政治站位，是推进社区矫正专门执法队伍建设的前提

新时代的社区矫正工作，是贯彻宽严相济刑事政策，深入推进平安中国、法治中国建设的重要实践。开展社区矫正专门执法队伍建设，必须以习近平法治思想为根本遵循，努力打造一支能维护国家政治安全、确保社会大局稳定、促进社会公平正义、保障人民安居乐业的坚强队伍，为不断谱写社区矫正事业发展新篇章提供保证。

（一）要从依法治国的高度来认识

党的二十大报告强调，要“在法治轨道上全面建设社会主义现代化国家”。全面推进依法治国的总目标是建设中国特色社会主义法治体系，社区矫正是中国特色社会主义法治体系的重要组成部分，是推进全面依法治国的重要举措。依法做好社区

---

* 彭磊，浙江省司法厅社区矫正管理局局长。张增富，浙江省司法厅社区矫正管理局三级高级警长。

① 《司法部有关负责人就〈中华人民共和国社区矫正法〉施行三周年回答记者的提问》，http：//www.moj.gov.cn/pub/sfbgw/zcjd/202306/t20230629_481685.html，最后访问时间：2023年8月21日。

矫正工作，是新时代平安中国、法治中国建设，实现国家治理体系和治理能力现代化的重要一环，对于健全完善我国刑事执行制度、保障公正司法具有重要意义。社区矫正专门执法队伍是建设社会主义法治国家的重要力量，担负着预防和减少重新犯罪、维护社会和谐稳定等职责使命，必须站在政治性、全局性、战略性的高度来认识并推进专门执法队伍建设。

（二）要从社会治理的厚度来剖析

随着国家宽严相济刑事政策的深入，假释比例的逐步扩大，社区矫正对象不断增多、对象构成日益复杂，并随着被判处危害公共安全罪、妨害社会管理秩序罪等类严重犯罪人数比例提高，社区矫正促进社会治理法治化的任务日益艰巨。要“真正实现社会和谐稳定、国家长治久安，还是要靠制度，靠我们在国家治理上的高超能力，靠高素质干部队伍”①。具体实践中，社区矫正坚持和发展新时代“枫桥经验”，将基层社会治理与其他各项工作深度融合，成为创新社会治理的重要方面。同时，新时代人民群众对法治品质的要求、对公平正义的期待、对安全保障的依赖，向社区矫正专门执法队伍建设提出更高要求。

（三）要从刑事执行的深度来考量

刑事执行的依据是发生法律效力的刑事判决与裁定。社区矫正工作始终牢牢把握“刑事司法末端和社会治理前端”的定位，保障了刑法、刑事诉讼法等有关规定得到有效落实，使人民法院管制、宣告缓刑的刑事判决、假释的刑事裁定，以及人民法院、监狱管理机关、公安机关暂予监外执行的决定得到正确执行。社区矫正既是监督管理与教育帮扶社区矫正对象的实践过程，也是预防重新犯罪的重要措施，确保社区矫正对象依法接受矫正，是一项复杂性、持续性和风险性工作，迫切需要建立起专门的执法机构和专业化、职业化的执法队伍。加快机构及执法队伍建设改革步伐，是做好社区矫正工作的重要基础工程。

（四）要从法律实施的力度来聚焦

我国的《社区矫正法》是世界上第一部由国家立法机关制定的法律，结束了社区矫正试点工作以来缺“法”的状态。经过20年实践，与监狱法一起构成监禁和非监禁刑事执行的核心两翼，通篇贯穿着对队伍建设的素质与能力要求，为制定完整的刑事执行法典奠定了基础。面对当前社区矫正对象多元化多层次的司法需求，社

---

① 《切实把思想统一到党的十八届三中全会精神上来》，http：//cpc. people. com. cn/xuexi/n/2015/0720/c397563-27331317. html？ winzoom=1，最后访问时间：2023年8月21日。

区矫正工作要准确把握新时代的新矛盾，承担起历史重任，全面深入贯彻落实《社区矫正法》，自觉把规范和推进社区矫正工作，提高教育矫正质量作为践行中国式现代化的重要保障和先行力量，不断开创事业新局面。优化职能、合理规划人员配置，积极推动机构与执法队伍建设实践是关键。

二、把握短板瓶颈，是推进社区矫正专门执法队伍建设的关键

《社区矫正法》颁布实施后，各地依法加强机构及执法队伍建设并取得实效。“立法虽为社区矫正指明了方向，但以往实践中显露出的人才培养与稳定队伍，有针对性的科学矫正，部门之间的协调配合与监督，以及民间对社区矫正的理解与积极参与等诸多难点，还需在今后的法律实施中逐一解决，在实践和理论探索中继续摸索、磨合和修正”。①

（一）社区矫正的性质之争影响视野

《社区矫正法》对社区矫正的性质采取了模糊的处理。“在《社区矫正法》颁布之后……人们反而不知道现在的社区矫正究竟是一种什么性质的工作了！对于社区矫正工作者而言，既然说不好社区矫正是什么性质的工作，过去那种代表国家执行刑罚的使命感可能会进一步削弱，社区矫正工作的严肃性、权威性可能进一步降低”②。加强机构和专门执法队伍建设的首要问题是要明确机构的性质。相对于实践探索时期形成的通行做法，社区矫正法从工作理念到工作制度都作出了重大调整，实现了重大立法创新，明确我国的社区矫正是“具有中国特色的非监禁的刑事执行制度”③。当前，社区矫正工作要摆脱试点期间形成的固有思维模式和定位，积极构建包括专门执法队伍建设在内的新发展格局。

（二）机构改革的全面推进值得关注

社区矫正机构建设亟待加强，机构名称不够统一、规范，不具独立执法主体资格及执法权限缺乏，机构工作人员正规化程度不强、没有明确称谓及缺乏职业尊荣感，流动性大等问题依然存在。保障上，社区矫正机构及受委托的司法所存在信息化技术人员缺失、激励保障政策缺失、走访执法车辆及电脑、执法记录仪等设备缺失的难题。力量上，社区矫正机构人少事多，司法所分散且队伍不能集约化，所与

---

① 张荆：《〈社区矫正法〉的立法意义与执法难点》，载《犯罪研究》2020 年第 4 期。

② 吴宗宪：《再论社区矫正的法律性质》，载《中国司法》2022 年第 1 期。

③ 王爱立、姜爱东主编：《中华人民共和国社区矫正法释义》，中国民主法制出版社 2020 年版，第 15 页。

所之间的矫正对象与工作量悬殊，如有的区县社区矫正对象有1500多人，有的只有50多人；有的司法所有社区矫正对象150人，有的却只有1人或无。能力上，有的基层社区矫正机构与司法所执法案卷制作不规范、执法程序不严谨、工作留痕意识不强等问题突出。履职风险的背后，反映出加强机构及执法队伍规范化建设才是首要选择。

（三）政法主体的协同合力尚有差距

社区矫正是个充分体现新理念并蕴含广阔创新和发展空间的新生事物。因为历史很短，全社会还普遍不了解社区矫正执法工作。虽然社区矫正法明确设立了负责统筹指导的矫正委员会，并对公检法司等多个机关和部门细化了操作程序，但实践中有些事情矫正委也很难协调，同时现在社区矫正机构执法队伍的专业化、职业化与其他政法单位之间的差距，都会影响工作的衔接度、配合度，需要推动更高层面的协调机制，包括对社区矫正执法队伍建设等制度的完善。比如，浙江在2023年5月对全省社区矫正执法难点征求意见，收集反馈问题12类53条，须与法院衔接的“调查评估”类就占14条，达26.4%。政法主体之间要寓支持于履职当中，推进执法办案协同共进、信息资源协同共享，才能形成纵横贯通的社区矫正综合治理体系。

（四）人员配备的不足状况亟待加强

社区矫正最终目的在于预防再犯罪。作为承担社区矫正管理主体责任的社区矫正机构工作人员配置不足情况突出。截至2023年7月，全国社区矫正机构工作人员有1.4万人，（援派）警察6100人，社会工作者5.8万人，在册社区矫正对象65.0万人；仅分别占2.2%、0.9%、8.9%。“社区矫正对象在矫期间的再犯罪率一直处于0.2%的较低水平。”① 随着疫情后及宽严相济刑事政策的深化落实，社区矫正对象人数还将增加，如浙江2023年二季度在册4.3万人，比2022年底增加近1900人，达2022年全年增幅的75.8%。根据社区矫正再犯罪率有关因素分析，“再犯罪率与专职社区矫正国家工作人员配比率、社区矫正用警数量成反比关系，与专职社会工作者配比率也呈反向影响”②。

---

① 《贯彻实施社区矫正法　筑牢平安中国“防火墙”》，http：//www.moj.gov.cn/pub/sfbgw/fzgz/fzgzxszx/fzgzsqjz/202307/t20230717_482767.html，最后访问时间：2023年8月21日。

② 司法部社区矫正管理局：《2012—2017年全国社区矫正工作统计分析报告》，法律出版社2018年版，第41—45页。

三、厘清关系脉络，是推进社区矫正专门执法队伍建设的重点

“社区矫正法坚持立足国情和实际，认真总结社区矫正工作实践经验，将可复制、可推广的行之有效做法上升为法律规定，以巩固改革成果，同时处理好确立社区矫正基本法律制度与为今后发展创新留有空间的关系。对于社区矫正的机构设置、监督管理和教育帮扶的方式方法等作了原则性、基础性规定，为实践发展留下空间。”[①] 贯彻比较原则规定，需要对此有比较客观的理解，更需处理好四个关系。

（一）机构设置与资源配置的关系

社区矫正机构与执法队伍建设改革的核心是提高工作效率。社区矫正机构是刑事诉讼法规定的社区矫正的执行机关，社区矫正法规定由县级以上地方人民政府根据需要设置并负责社区矫正工作的具体实施。这一规定，表明司法所不应再是社区矫正的执法主体，同时县级以上人民政府在设置社区矫正机构时，并不排除可以设置分支机构。当前，根据社区矫正机构委托，承担社区矫正相关工作的司法所任务繁重，管理对象人数不均，执行社区矫正的实战能力和专业素质偏弱，“万金油”式的工作模式难以完成刑事执行规定的硬性执法任务。所以处理好机构设置与资源配置的关系，建立起有独立执法权的社区矫正机构及分支机构（矫务所），不断完善职能配置、人员编制，规范层级关系是提高社区矫正工作质量，推进专门执法队伍建设的关键所在。实践证明，基层机构管辖的罪犯越多，该机构的专业化程度就越高。

（二）执法要求与队伍分类的关系

社区矫正工作是专业性、法律性和政策性很强的工作，必须具备涉及犯罪学、心理学、教育学、社会学等方面知识，并能熟练使用相关法律、法规，具有刑事执行职业素养的相关专业人员，经过培训、考核与严格的聘用选拔程序进行科学、合理的配置。当前，社区矫正工作性质与人员配备、分类管理等要求不相称。随着社区矫正对象构成、环境日益复杂，做好接收宣告、训诫警告、应急处突等任务数量不断增多，执法的严肃性、权威性及高质效要求与队伍结构不相称。“建议在我国社区矫正机构设置专职民警承担执法管理，不需增加新警种，与监狱民警同为刑罚执

---

① 王爱立、姜爱东主编：《中华人民共和国社区矫正法释义》，中国民主法制出版社 2020 年版，第 368 页。

行民警；不需要增加司法行政系统的编制和警察总量。”① 矫务所建立后执法人员可叫“矫正官”，并分为三个等级进行晋级综合评定，进而形成矫正官+刑事执行警察+社会工作者（辅助人员）+社会志愿者的社区矫正工作人员体系。综合考虑社区矫正工作的专业性、职业风险，开展队伍分类设置是推进专门执法队伍建设，实现职业化的必由之路。

（三）主职主业与社会力量的关系

社区矫正作为一种有别于传统刑罚执行方式的新型矫正方式，特点就在于借助社会力量及资源开展工作。其社会性不仅在于其执行场所、执行主体的社会性，还在于将社会工作的专业理论与技术实施到犯罪矫治体系中。由此，需要转变理念，从更大的视域审视社区矫正自身工作，既不能将监督管理和教育帮扶任务包揽，还要协调社会力量参与而不是事必躬亲。《社区矫正法》在“总则”中确立了“专门机关与社会力量相结合”的基本原则，并在第 11 条至第 13 条、第 25 条，第 38 条至第 41 条规范了社会力量参与社区矫正的形式与内容，说明社区矫正如果脱离了社区、缺少了民间的参与，就将违背社区矫正的初衷。社区矫正工作要借鉴“枫桥经验”，依法加大政府购买社区矫正社会工作服务力度，鼓励、支持企业事业单位、社会组织等社会力量依法参与社区矫正工作，通过把熟悉当地具体情况的村和社区干部打造为一支开展社区矫正工作的常态化队伍，推进社区矫正工作与基层社会治理深度融合。

（四）监督管理与教育帮扶的关系

在平安考核体系中，重点考核的是社区矫正对象“重新违法犯罪率”。由此工作中容易出现过多依赖刚性执法，对教育帮扶的治本作用不能立即体现且容易偏失，柔性执法有时候没有刚性要求来得直接与管用。另外也有观点认为，惩罚本身也有教育改造功能，也是预防犯罪的手段，足够量的惩罚有利于犯罪人对今后是否再犯能作出理性的选择。这与社区矫正恢复性司法理念不相符，从而容易出现个别地方片面强调从严监管、不必要地限制社区矫正对象正常工作生活，激化矛盾甚至侵犯合法权益的情况。社区矫正立法目的，很重要的一条就是要提高社区矫正的质量，特别是教育矫正的质量，而衡量的根本就是要看社区矫正对象最终是否顺利融入社会，成为守法公民。因此，要尊重和保障人权、提高矫正质量，监督管理是基础、教育帮扶是核心，两者是鱼和水的关系，都很重要彼此不可分割。分清两者关系，才能按照“分类管理、个别化矫正”原则，充分提升专门执法队伍工作内涵。

---

① 刘强：《论我国社区刑罚及社区矫正管理制度的改革与完善——主要基于对俄罗斯的借鉴》，载《中国法治》2023 年第 7 期。

四、积极探索实践，是推进社区矫正专门执法队伍建设的根本

加强执法队伍建设是永恒的主题。新时代，要以习近平新时代中国特色社会主义思想为指导，全面贯彻落实党的二十大精神，深入学习贯彻习近平法治思想，按照打造“革命化、正规化、专业化、职业化”的总体要求，着力构建响应需求、适应实战、全面发展的培养体系，以专门执法队伍综合能力，全面推进社区矫正工作现代化。

（一）坚持革命化方向，把好政治忠诚“方向盘”

1. 要以政治建设为统领

服务保障党和国家工作大局是社区矫正工作的重点和方向。要深入学习贯彻党的二十大精神，围绕总体国家安全观，教育引导执法人员深刻领悟“两个确立”的决定性意义，增强“四个意识”、坚定“四个自信”、做到“两个维护”，切实提高政治判断力、政治领悟力、政治执行力，把政治坚定、忠诚本色始终作为检验执法队伍建设工作的灵魂，确保队伍绝对忠诚、绝对纯洁、绝对可靠，保持政治方向不偏移，不断推动习近平新时代中国特色社会主义思想在社区矫正领域落地生根。

2. 要发挥好矫正委的作用

党的领导是确保社区矫正工作始终沿着正确方向前进、规范顺利进行的根本保证，要深入贯彻落实《中国共产党政法工作条例》，确保“刀把子”牢牢掌握在党和人民手中。社区矫正工作涉及多个部门，事务繁杂，要通过省、市、县、乡分级设立社区矫正委员会，切实发挥统筹协调指导职能，通过不定期会商等机制，进一步形成运行高效的工作领导体系和运行机制，有效解决执法队伍建设工作中存在的问题，增强相关部门参与的积极性和执行力度，确保社区矫正工作顺利开展。

3. 要分级建立基层党组织

以党的旗帜为旗帜、以党的方向为方向、以党的意志为意志，坚持“抓党建带队伍促矫正”，根据实际分级建强基层党组织。要旗帜鲜明地把加强党的政治建设放在首位，严格制度执行，切实把党的宗旨和纪律意识外化于行，内化于心。坚持未雨绸缪谋长远，严肃纠正处理违规违纪违法行为。把打基础作为工作的落脚点，深化社区矫正执法队伍学习全覆盖常态化，将上级“抓基层”理念，通过“基层抓”来有效落实，推进党建与队伍建设工作深度融合。

（二）坚持正规化路径，发挥改革创新“主引擎”

1. 要运用法治思维，将普法宣传贯穿队伍始终

1929 年 12 月，《古田会议决议》明确规定，红军除了打仗消灭敌人军事力量之

外，还要负担宣传群众、组织群众、武装群众、帮助群众建立革命政权以至于建立共产党的组织等项重大的任务。① 我们要学习发扬党的优良传统，在专门执法队伍工作中，要坚持“谁执法谁普法”要求，将社区矫正法及其实施办法的普及宣传贯穿执法全过程，使全社会都来关注身边的人、了解行刑社会化进而支持社区矫正工作，使社区矫正专门机构与执法队伍建设成为可能。通过坚持问题导向，完善矫正委成员单位分工负责、共同参与的普法工作机制，为形成全方位深层次的改革新格局提供环境支持。

2. 要运用创新思维，将矫正机构建设落实落地

根据区域相邻、交通便利、团队运作原则，以“根据需要设置”为依据，在一个区县范围内建立3个至5个资源集中、垂直管理的区县社区矫正中心（科级）派出机构——矫务所（分中心），将执法工作与司法所适当剥离（司法所利用地域熟悉等优势参与走访等工作），并按试点及当前的实践经验，对专门执法人员与社区矫正对象按约1：50、社会工作者1：20的比例弹性配备，发挥矫务所面向基层、矫正对象的优势，进而形成县中心全面指导、分中心承担主要执法职能、司法所协助的工作格局。

3. 要运用导向思维，将队伍体系培养放在关键

人员配备是最核心的能动要素，有的地方虽然解决了机构问题，但不能解决编制，在司法部加强顶层设计的同时，要着力构建社区矫正社会力量参与体系建设，建立社区矫正队伍3+X模式：专门执法队伍（矫正官）+刑事执行警察+专职社工（协理员）+X（社会志愿者、村居网格员等）的体系。参照法院检察院经验，设置用警综合系数配比指标，推进用警从单纯数量增长、规模扩张向集约高效和警力“无增长改善”。立足实际，当前按照每百名社区矫正对象不少于1名警察来配备，在比例范围内允许各区、县灵活掌握确定。同时要将社会工作者的定位和编制，统筹进行考虑。

（三）坚持专业化支撑，启动能力素质“调速器”

1. 不断提升队伍的动员力与协调力

落实社区矫正社会性要求，要始终坚持以人民为中心的发展思想，克服有的执法人员在专门执法中社会组织能力不足、难以有效动员社会力量参与基层工作，部门统筹协调不力、工作难以推进，对社区矫正工作性质、任务和要求理解不透而执行不到位等情况。要强化系统思维、把握规律，在解决矛盾和问题中提高统筹能力，提升社区矫正工作的张力，在提高社会治理创新实践中，不断锤炼“十个指头弹钢

---

① 《中国人民解放军的三大任务》，https：//www. gmw. cn/01gmrb/2007-08/16/content_ 656209. htm，最后访问时间：2024年12月4日。

琴”的本领，提升砥砺知重负重、担当尽责的品格。

2. 不断提高监督管理教育帮扶能力

要坚持忠于司法为民的根本宗旨，做好人民群众最关切的安全稳定、权益保障、公平正义问题。执法中要善于从经验式管理、单向度教育的粗放式发展，向管理能级提升。要破除在实务中，局限于社区矫正内部研究，而忽略与其他政法、社会领域以及刑事执行以外的其他人文社会学的链接，创新推进“信用矫正”建设，融会贯通构建规范化执法体系。要牢牢抓住社区矫正管理教育两大任务，在大力推行岗位练兵、精品案例评选等活动中锤炼和提升队伍专业素能。

3. 不断强化数字赋予应急处突能力

要顺应时代发展趋势，坚持“实战实用实效”导向，积极推动信息技术与社区矫正业务深度整合，构建功能更强大、管理更智能、运行更高效的“人防+技防”新智能监管体系，以数字赋能增强执法的精准度和实效性及系统安全的保障能力。要紧紧围绕政治安全、监管安全、舆情安全和数据安全，增强风险意识，深入排查风险隐患，随时备好执法“拆弹”技能包，在解决复杂多变的实际问题中，展示应急处突能力的自信。同时须坚持心理矫治方式多元化，不断完善心理矫治体系。

（四）坚持职业化标准，升级服务保障“加油站”

1. 在队伍培养机制上下功夫

“职业化”是政法队伍建设的规律性要求，体现着角色和归属，决定着队伍的生机和活力。要完善育选管用全链条机制，实施新时代社区矫正专门执法人才培养计划，建设业务专家库，积极构建覆盖执法者职业生涯的素质能力培养方案。要大力加强队伍教育培训，注重用一线工作中的重点、难点、痛点实施“靶向培训”，不断开拓专门执法队伍的见识面、启动能力阀。要健全执法队伍分类管理、畅通职业发展与人员流通渠道，建立依法履职保护、纠错容错机制，健全制约监督体系，切实提高执法公信力，保持社区矫正专门执法队伍活力。

2. 在队伍文化建设上下功夫

要突出强化专门执法队伍的职业素养和职业道德，从职业价值的实现和内生动力的激发入手，注重发现、树立执法工作中的先进典型，积极推选涌现在一线的优秀人员予以表彰奖励，增强队伍的职业荣誉感和使命感。要讲好社区矫正好故事，建立起价值目标，提炼好团队精神，增强凝聚力。要开展队伍状况调查，落实待遇保障，在落实相关经费和社区矫正工作人员职业装等问题上，研究制定全国性相关措施，并不断建立起较为完善的有效考核评价机制。

3. 在保障履职效能上下功夫

社区矫正专门执法人员不能等同于普通的公务员，要参照其他政法单位建立专门的公务员序列，明确职业的准入条件和晋升机制，解决执法人员特别是一线执法人员的待遇问题，并通过落实执法车辆等措施，不断加强各项职业保障。要注重把执法人员从材料报表堆中解放出来，把精力放在加强日常基础管理上，在实战中强化队伍职业能力。同时，专职社工协理员是执法工作中不可或缺的力量，要注重深化福利保障、晋升制度，通过逐步提升相关待遇来提高工作积极性、归属感。

社区矫正执法队伍建设现状及对策研究

高向军　宋丽红　董亚楠*

根据《中华人民共和国社区矫正法》（以下简称《社区矫正法》），对被判处管制、宣告缓刑、假释和暂予监外执行的罪犯依法实行社区矫正，需要由具有法律等专业知识的专门国家工作人员负责执行，以维护刑事执行工作的严肃性和权威性①。随着我国刑事执行制度的进步，以及非监禁刑事执行规模的不断扩大，社区矫正执法队伍担负的社区矫正监管任务越来越繁重。截至2022年底，全国社区矫正对象达到62.9万人，② 接近全国监狱在押143万人③的二分之一，行刑社会化条件下的社区矫正工作难度较大，这些都对社区矫正执行机构提出更多要求和挑战。反观我国社区矫正执法队伍现状，仍存在不利于社区矫正工作长远发展的问题。本文在分析我国社区矫正执法队伍现状的基础上，提出相应对策，以期对完善未来立法和指导实践有所裨益。

一、社区矫正执法队伍现状

（一）社区矫正机构执法队伍薄弱

我国自2003年社区矫正工作试点开展以来，各地司法行政机关主要通过系统内调剂、轮岗、抽调、地方增编等方式组建社区矫正工作队伍，同时借助司法所力量开展社区矫正日常工作，存在工作队伍流动性大、专业性不够、整体素质有待提高的问题。近年来，全国每年新接收社区矫正对象50万人，每年列管约120万人。④

---

* 高向军，天津市司法局副局长。宋丽红，天津市社区矫正中心研究室主任。董亚楠，天津市社区矫正中心研究室干部。

① 《社区矫正法》第2条、第10条。

② 《〈中国法治建设年度报告（2022）〉要点》，载《民主与法制时报》2023年8月25日，第1版。

③ 参见《2022年全国法院司法统计公报》，载《最高人民法院公报》2023年第4期。

④ 张纯：《20年：社区矫正在探索中前行》，载《民主与法制》2023年第23期。

目前，全国社区矫正工作人员2.4万人，[①]与社区矫正对象比率为1.6%，远不能满足社区矫正工作需要。截至2018年，全国共有司法所40417个，工作人员12.6万人，[②]每个司法所平均3.15人。但是司法所承担人民调解、安置帮教、法治宣传、综合治安、法律服务等9项工作职能及乡镇街道指派的工作任务等，这样的人员配置对于完成社区矫正工作，存在很大困难。由于司法所专职人员太少，不能保障符合要求的工作人员从事社区矫正工作。社区矫正机构及基层司法所专职工作人员缺乏，主要体现在：

一是工作人员编制数量少。社区矫正对象逐年快速增加，县区级社区矫正机构工作人员增加缓慢，从而导致平均每名工作人员管理的社区矫正对象较多。全国范围内乡镇街道司法所的人员编制严重不足，一般仅有1名至2名公务员，有的还配有1名到2名社区工作者，难以做到工作的标准化、规范化。二是工作人员执法素质有待提高。县区级社区矫正机构工作人员有限，一般为2名到4名公务员，虽有法律等相关专业知识，但普遍缺乏对社区矫正对象进行管理与矫正的经验以及风险意识。司法所所长除社区矫正工作外，还有8项职责，导致对社区矫正对象的监督管理力不从心。三是工作人员流动性大。社区矫正工作与司法行政其他工作相比，具有风险大、责任大等特点，职业发展前景也没有优势，导致社区矫正机构及司法所公务员经常调动；社会工作者因职业发展前景不明朗，工作负荷大离职多。

（二）司法所承担社区矫正工作的路径不清晰

自我国开展社区矫正工作试点以来，司法所作为基层司法行政机关在乡镇街道的派出机构，一直承担社区矫正日常工作。2020年《社区矫正法》施行后，司法所由过去的执法主体变成了受委托开展社区矫正工作的机构。[③]各省市制定的实施细则对委托的内容和程序作出明确规定。总的来看，若所有事项均被委托，与《社区矫正法》实施前由司法所具体承担社区矫正工作的状况基本相同。不同的是，委托关系的建立在一定程度上减轻了司法所的法律责任，对社区矫正机构的业务指导提出了更高要求，在委托方与受托方的关系上以及工作的专业性、实效性方面并未得到改善。社区矫正机构以书面委托协议的形式将社区矫正相关事项委托给司法所具体承担，司法所以社区矫正机构的名义在委托事项范围内开展社区矫正工作，这与行

① 《司法部对十三届全国人大三次会议第9023号建议的答复》中提到，目前，全国社区矫正国家工作人员1.2万人。《人民日报政文丨司法部：全国共5.8万名社会工作者参与社区矫正》指出，社区矫正法施行三年来，专门执法力量进一步壮大……累计招录选拔社区矫正专门国家工作人员1.2万人。

② 《全国共有司法所40417个！司法部：确保司法所工作不留空白》，http//nlp.weixin.qq.com/s/twVLTwG8IsYClaeMvRwnhbg，最后访问时间：2023年9月15日。

③ 《社区矫正法》第9条第2款规定：“司法所根据社区矫正机构的委托，承担社区矫正相关工作。”

政执法领域的委托执法类似。但是《社区矫正法》未具体规定委托的相关要求，即委托方式、委托机制、委托内容等，不利于准确理解和处理社区矫正机构与司法所之间的关系。

（三）执法权限和手段不足

基层社区矫正机构因没有独立处罚权、独立强制措施和执法手段，造成工作上的被动。《社区矫正法》第 30 条、《社区矫正法实施办法》第 38 条规定，社区矫正对象脱离监管的，社区矫正机构应当立即组织查找。这一规定赋予社区矫正机构追查权，但是未明确具体的追查权限（包括查阅社区矫正对象的住宿、消费、交通等个人信息）和追查方式。例如，社区矫正机构追查到脱管人员时，能否对其进行人身控制并带回居住地；如果社区矫正机构请求公安机关协助后、警察出警前，脱管人员又逃跑，应如何处置，法律对上述问题均未予以明确。《社区矫正法》第 47 条规定，被提请撤销缓刑、假释的社区矫正对象有逃跑可能时，社区矫正机构可以同时向法院提请决定逮捕。法院应在 48 小时内作出决定。如果在 48 小时内社区矫正对象有逃跑可能，由于法律未赋予其临时羁押权，社区矫正机构会面临棘手难题。

（四）延伸管教民警的管理体制不顺畅

截至 2017 年底，20 个省（自治区、直辖市）共投入 3000 多名监狱（戒毒）民警派驻延伸参加社区矫正工作①。派驻延伸管教民警有丰富的罪犯管理矫正经验，但由于体制机制的原因，难以完全发挥出来。比如，延伸管教民警以借调或抽调方式参与社区矫正工作，其编制、主管单位以及职级待遇均在原单位而不在社区矫正机构，从而导致延伸管教民警参与社区矫正工作的时间存在不确定性、不连贯性。很多民警经过半年、一年或两年就要回原单位，原单位再派新民警接替。在这种情况下，民警的工作理念、工作热情、工作思路及借调目的都会影响其参与社区矫正工作的积极性。延伸管教民警岗责不匹配，对其主动融入社矫工作造成一定程度的障碍。延伸管教民警虽然参与了社区矫正对象的监督管理，但是一旦矫正对象出现脱漏管，有关部门只能追究司法所长的责任，履行工作职责与责任承担上不完全一致。

---

① 司法部社区矫正管理局编：《2012—2017 年全国社区矫正工作统计分析报告》，法律出版社 2018 年版，第 13 页。

二、社区矫正执法队伍建设的完善建议

（一）进一步完善社区矫正执法制度体系

1. 规范司法所承担社区矫正工作的路径

一是明确委托机构。根据《社区矫正法》，结合我国社区矫正工作实际，委托机构应包括区（县）社区矫正管理局（或社区矫正管理支队）和社区矫正执法大队。司法所在接受行政管理方面的委托时，应当由区（县）社区矫正管理局（或社区矫正管理支队）作为委托机关。司法所在接受具体工作方面的委托时，由社区矫正执法大队作为委托机构。社区矫正执法大队在做出委托时，应明确司法所应承担的社区矫正工作内容以及承担方式，包括在开展社区矫正工作过程中司法所与社区矫正执法中队的关系等。

二是明确委托方式和委托机制。委托方式是指委托司法所开展社区矫正工作的具体形式。签署委托协议是较常见的委托方式。在委托协议中，应细化委托方和受托方的权利义务、委托事项、奖惩规定等。为增强委托效果，督促被委托方做好被委托的社区矫正工作，委托协议应每年签订一次，明确委托方在每年年底对委托事项完成情况组织检查，对工作成绩突出的给予奖励等内容。委托机制是指委托方与被委托方的相互利益关系。作为被委托方，司法所除了承担社区矫正工作，也会有自己的利益诉求。委托方应当在委托协议及实际履行中体现相互利益关系。例如，社区矫正执法大队在监督司法所落实委托事项的同时，加强司法所社区矫正工作保障。及时为社区矫正工作人员申办执法证件，确保社区矫正工作人员持证执法；组织社区矫正工作人员开展社区矫正业务培训，着力提升业务素质和履职能力；定期开展社区矫正动态研判分析会，深入分析研判社区矫正监管形势，查找风险隐患，堵塞监管漏洞，提高预测预警预防能力。

三是明确委托事项。根据多年来社区矫正工作的实践经验，司法所协助社区矫正机构开展工作主要体现在调查评估、监督管理和教育帮扶三个方面。由于司法所具有地熟、人熟的天然优势，可以利用有利条件做好缓刑、假释前调查评估，协助做好社区矫正对象的入矫、解矫和日常监督管理工作，结合社区矫正对象的实际情况协助做好帮扶工作。①

2. 细化和完善社区矫正执法依据

一是制定《社区矫正法》实施细则，对训诫、警告、提请行政处罚以及收监执

① 吴宗宪、张锡君、钟卫东：《社区矫正机构探讨》，载《中国司法》2020年第6期。

行的具体条件和标准作出规定。基于《立法法》的基本要求，《社区矫正法》作为专门法未对社区矫正各项执法制度作出细致、具有可操作性的规定。《社区矫正法实施办法》对训诫、警告、社区矫正机构提请撤销缓刑、假释建议以及同时逮捕、暂予监外执行罪犯提请收监建议的适用条件作出规定，① 但未对社区矫正对象违反监管规定或禁止令而提请公安机关适用行政处罚的具体情形、社区矫正机构行使警告权与公安机关适用行政处罚中的警告之间的区别、法院作出最终裁定或决定司法处罚的依据予以明确。

二是进一步明晰社区矫正机构与公安机关、监狱管理机关或人民法院等社区矫正决定机关的衔接程序。从目前情况看，公安机关办案任务繁重、警力紧张，对《社区矫正法》的认识不充分，导致公安机关在予以治安管理处罚、配合查找和抓捕时主动性不强或推诿拒绝，最终影响刑事执行效果。涉及社区矫正工作的不同部门应充分认识衔接程序对社区矫正工作的重大意义，在国家层面适时出台关于衔接程序的实施细则，再由各省市政法委牵头制定省市实施细则。在衔接程序中，应明确不同机关的具体义务、不履行义务的法律责任和后果。例如，《社区矫正法》《社区矫正法实施办法》均未对社区矫正对象的脱管、漏管作出规定。2016 年发布的《最高人民法院、最高人民检察院、公安部、司法部关于进一步加强社区矫正工作衔接配合管理的意见》对脱管、漏管作出区分界定，但未进一步明确脱管的认定主体、认定标准、司法行政机关追查权限以及技术手段的应用等问题。在目前社区矫正工作实践中，由于人员配备、技术手段、经费保障等原因，司法行政机关在查找脱管、漏管人员上难度较大，有必要进一步明确脱管、漏管的具体适用标准。又如，《社区矫正法实施办法》第 36 条、第 38 条均提到对符合法定情形的社区矫正对象，社区矫正机构应提请决定机关予以治安管理处罚或收监执行，但是未对决定机关的后续行为作出规范。为保障社区矫正工作顺畅进行，推进刑事执行一体化，应制定社区矫正机构与社区矫正决定机关之间工作衔接的实体性和程序性规范，明确社区矫正对象应当予以治安管理处罚或收监执行的基本情形、决定机关拒绝予以治安管理处罚或收监执行时的法律责任、答复程序以及救济途径。例如，根据《社区矫正法》第 30 条的规定，社区矫正对象失去联系的，社区矫正机构应当立即组织查找，公安机关等应当予以协助配合。为加强不同部门的沟通与配合，公安机关可以通过社区民警作为专职联络员的方式，负责社区矫正机构与公安机关之间的衔接工作，从而提高社区矫正应急处置突发事件的效率。

三是探索实现社区矫正监管与处罚决定权一体化。实践中，罪犯违反监规或实施违法行为，由监狱管理机关予以惩戒和处罚，这里的惩戒和处罚属于刑事执行活

---

① 《社区矫正法实施办法》第 34 条、第 35 条、第 46 条、第 47 条、第 48 条、第 49 条。

动，不同于公安机关针对社会上一般公民违反《治安管理处罚法》的行为作出的处罚。社区矫正机构对社区矫正对象作出行政处罚，如警告、训诫，是因为在社区矫正过程中，社区矫正对象违反了监管规定，其人身危险性或再犯可能性仍然较高。针对违反监管行为的处罚以及下一步的监管和矫正措施，主要围绕如何消除矫正对象的再犯可能性。从处罚性质、处罚原因、工作职能上看，对社区矫正对象的行政处罚和对公民的治安管理处罚存在差异。有观点认为，目前社区矫正的职能分工是双主体结构配置，司法行政部门负责监管，公安机关行使处罚权。只有归并执行权，社区矫正机构才能有效承担监管职责。若因处罚机关与日常管理机关分属不同行政部门，执法只会更加被动。① 随着经济与社会的发展，公安机关需要承担社会公共安全、治安管理以及刑事犯罪调查等职能，日常工作日益繁重，将涉及对社区矫正对象的除拘留外的其他行政处罚决定权移交给社区矫正机构，有助于减轻公安机关的工作压力。待《社区矫正法》修订时机成熟时，通过法律的形式创设行政处罚方式，符合我国立法权限分配原理。综上来看，社区矫正监管与处罚决定权的一体化不仅符合立法权限的基本原理，而且符合我国社会未来的发展趋势。②

四是通过立法创设新的行政处罚措施。根据《社区矫正法》，社区矫正机构有权作出的行政处罚仅有训诫和警告两种，存在方式单一、与收监执行之间缺乏过渡性措施等问题。对于社区矫正对象违反监管规定或禁止令，社区矫正机构向公安机关提请治安管理处罚的，为避免治安处罚决定作为具体行政行为被申请行政复议或提起行政诉讼，公安机关会对社区矫正机构提交的申请和证据严格审查，对是否作出处罚决定非常谨慎。社区矫正机构也会担心提请治安拘留被驳回而顾虑重重。如果公安机关决定不予治安管理处罚，社区矫正机构只能对社区矫正对象提请撤销缓刑、假释或暂予监外执行。因为一旦进入提请程序，就可以对其使用电子定位装置，社区矫正对象逃跑或再次违规的风险大大降低。但是社区矫正对象的行为可能不足以适用这种严厉的限制人身自由的方式。在缺乏中间性制裁措施的情况下，社区矫正机构的执法行为可能违反比例性原则。因此，如果社区矫正对象较严重违规，但不符合撤销缓刑、假释等司法处罚措施的构成条件时，应选择适用中间制裁措施；如适用中间制裁措施，社区矫正对象仍不能改正的，应当撤销缓刑、假释或收监执行。创设中间制裁措施，可以增强社区矫正机构自身执法力度，减少与公安机关、法院等单位衔接机制的过多消耗与推诿，提高社区矫正执法的效率。

《社区矫正法》规定的行政处罚，建立基础是刑事执行法律关系，但其具有很强

---

① 郑艳：《社区矫正机构刑事执行权探究》，载《行政与法》2022 年第 3 期。

② 王顺安、马聪等：《中国特色社区矫正基本制度问题研究》，中国政法大学出版社 2022 年版，第 355 页。

的行政行为属性，是特殊法律（刑事执行法律）关系下的行政行为。[①] 因此，以《行政处罚法》作为上位法依据，在《社区矫正法》中探索建立保证金制度、家庭监禁、社区服务等中间制裁措施，符合《立法法》要求和实践合理性。

保证金制度适用于被管制、被宣告禁止令或其他再犯风险较高的社区矫正对象，可由本人、近亲属或者保证人向社区矫正机构缴纳[②]。如发生严重违反监管规定或禁止令的情形，则由社区矫正机构扣除或没收保证金。如社区矫正顺利完成，保证金全部退还。建立保证金制度，明确规定保证金的缴纳方式、数额标准、保管方式、退还程序等。

家庭监禁适用于严重或多次未经许可超出活动范围或违反禁止令进入特定区域、场所的社区矫正对象[③]。家庭监禁要求除参加正常工作、学习、治疗、社区服务或者社区矫正机构批准的其他活动外，社区矫正对象在一定时间内不得离开住所。在英美等国的社区矫正理论与实践中，根据罪犯违反监管规定的严重程度不同，将家庭监禁细分为三种类型：宵禁令仅要求社区矫正对象夜间必须待在住处。家庭拘留要求所有时间都要待在家中，只有上班、上学、治疗、医疗急救或进行经过批准的购物活动时，才能离开家中。最严厉的是家庭监禁，要求除了参加宗教活动或者看病之外必须待在家中。家庭监禁一方面依靠社区矫正对象的家庭成员或共同居住的人协助监督，另一方面可以依靠电子定位装置等技术手段监督。

社区服务是指由法院判决犯罪人到社区中进行一定时间无偿劳动或者服务的非监禁刑措施[④]。一般认为，现代意义上的社区服务产生于英国。社区服务适用于被判处轻刑的行政犯或财产犯。社区服务主要是为公共机关或慈善非营利机构进行各类服务，如清理公路、保养和维修公共设施、美化环境等公益服务，或从事与他们个人技能相适应的服务项目[⑤]。我国《社区矫正法》第 42 条、《社区矫正法实施办法》第 44 条采用“公益活动”这一名称，规定社区矫正机构可以组织社区矫正对象参加公益活动。在制定《社区矫正法》实施细则时，可以考虑将参加公益活动情况与遵守监管规定相结合，使其成为具有奖惩性的中间矫正措施。即对认真遵守监管规定且积极参加公益活动的，可以给予一定奖励，违反监管规定的可以增加公益活动种类或延长公益活动时长。

---

① 司绍寒：《社区矫正程序问题研究》，法律出版社 2019 年版，第 184 页。
② 司绍寒：《社区矫正程序问题研究》，法律出版社 2019 年版，第 185 页。
③ 司绍寒：《社区矫正程序问题研究》，法律出版社 2019 年版，第 186 页。
④ 吴宗宪：《社区矫正比较研究》，中国人民大学出版社 2011 年版，第 581 页。
⑤ 武玉红：《社区矫正管理模式研究》，中国法制出版社 2011 年版，第 251 页。

（二）完善社区矫正用警制度

截至2017年底，全国社区矫正用警共计3017人，涉及20个省（自治区、直辖市），用警省份覆盖率为62.5%；全国社区矫正用警平均配比率为0.43%，其中，全国抽调监狱（戒毒）人民警察延伸社区矫正用警平均配比率，即全国抽调参与社区矫正的监狱（戒毒）人民警察数量，与在册社区矫正对象数量的比例为0.29%。从规模上看，北京市社区矫正用警人数最多，达到409人，配比率最高达12.23%；辽宁、黑龙江、上海、广东、广西、云南、江苏7省（市、区）用警数量也分别达到100人以上。① 近年来，全国各地强制隔离戒毒系统面临规模收缩和体制改革，导致戒毒民警队伍的职能转型和分流转业，其中一部分以抽调、借调方式参与到社区矫正工作中。2018年12月，北京市通过实行市监狱管理局与市戒毒管理局的机构体制合并，在大幅收缩戒毒管理工作规模的过程中，及时将部分戒毒民警队伍分流到社区矫正管理工作第一线，社区矫正用警比率达到全国最高水平。同期全国各地社区矫正用警，也多数来自戒毒民警队伍。2022年7月，海南省组织实施省监狱管理局、省戒毒管理局、省社区矫正管理三位一体的机构体制改革，将全省监狱民警队伍、戒毒民警队伍、社区矫正执法队伍融为一体。需要明确的是，《社区矫正法实施办法》第7条规定公安机关依法履行社区矫正工作中的押解、处置突发事件、追捕、限制出境等职责，参与社区矫正的监狱（戒毒）警察，仅是协助开展社区矫正工作，不能以监狱（戒毒）警察身份从事社区矫正执法。为解决目前社区矫正用警中存在的问题，应由各省通过规范性文件形式确立社区矫正机构与监狱、戒毒管理机关的协同工作机制及具体操作细则，明确不同机关应承担的法律责任。

（三）持续推进社区矫正执法力量素质提升建设

1. 建立社区矫正执法人员准入制度

经过一百多年的发展，社区矫正模式在英美等西方国家已较为成熟。按照美国矫正协会的要求，成为缓刑假释工作者应获得刑事执法、社会学、心理学或社会工作专业学士学位，或者具有与缓刑假释相关的工作经历、训练或学分。应聘者在正式入职前须参加短期专业培训，入职后每年参加在职工作培训。在我国台湾地区，管理社区矫正对象的专业人员是观护人，有专门的任职资格和职前录用考试制度。② 党的十八届四中全会决定指出："完善法律职业准入制度，健全国家统一法律职业资

---

① 司法部社区矫正管理局编：《2012—2017年全国社区矫正工作统计分析报告》，法律出版社2018年版，第13页。

② 武玉红：《我国社区矫正队伍专业化建设探究》，载《北京联合大学学报（人文社会科学版）》2016年第3期。

格考试制度，建立法律职业人员统一职前培训制度。”《社区矫正法》第10条规定，社区矫正机构应配备具有法律专业知识的专门国家工作人员。从以上法律规定和实践来看，社区矫正作为刑事执行工作，应建立具有适当学历要求的正规化、职业化、法治化的社区矫正执法队伍，制定并实施社区矫正执法岗位准入和资质认定制度。

社区矫正执法人员包括社区矫正机构、受委托的司法所从事执法的专职工作人员。可以结合本区（县）常住人口数和三年来年均列管社区矫正对象人数确定社区矫正机构和司法所负责社区矫正的执法人员编制。将具备专业背景、实践经验作为重要准入条件，除遵循国家公务员入职考试的基本标准，还需建立专业化和技术性的评价体系，优先考虑具有法律、教育、心理、社会、社会工作以及管理等专业背景的工作人员，并将入职条件限定为本科学历以上。如果没有上述专业背景，对具有执法经验、从事过社区矫正工作的社工、志愿者可以优先考虑录用。

在社区矫正执法人员资质认定方面，一是建立社区矫正官制度。由于社区矫正对象生活在开放的社区中，社区矫正执法人员兼具管理与服务双重身份，日常工作非常繁重复杂，具有不同于普通公务员的社会风险。《社区矫正法》第10条将社区矫正工作人员称为社区矫正机构工作人员，这一名称过长，又容易造成不同类型人员混淆。可以考虑称之为社区矫正官，与法官、检察官并列，都作为政法机关的执法人员。建立社区矫正官制度，可以提升社区矫正执法人员的地位，还有利于向职业化、正规化方向发展，有利于提高社区矫正执法人员的积极性。我国江西、河南等地正在进行社区矫正官的试点，值得进一步推广应用。

二是明确社区矫正官职责和待遇。依据社区矫正官的工作职务和专业技能水平，可分为助理矫正官、社区矫正官、高级矫正官。社区矫正官的主要职责包括：监督管理、教育矫正、考核奖惩、调查建议等。还可以设立类似于员额法官、员额检察官的社区矫正法务官，承担法律文书审查、执法合规审核、执法行为监督、制度机制建设、社区矫正对象教育训诫等职责。深圳市福田区于2021年8月开始实施社区矫正法务官制度，在司法所配备法务官，兼具合规、风控双重职能。借鉴公安、监狱人民警察的待遇和晋升制度，确定社区矫正执法人员的职务序列、级别和专业职称。进一步完善工作保障机制。加大经费投入，提升社区矫正执法人员的工作保障和薪金待遇。强化政策支持，引入激励措施，建立良好的晋升机制，提高基层工作人员的积极性和主动性。

2. 持续加大社区矫正执法人员培训力度

从国际上看，西方国家普遍由具有专业知识和丰富工作经验的缓刑官、假释官专门从事社区矫正工作，担负着执法和教育矫正的双重职能，担任缓刑官、假释官需要具有较高的学历和经过长时间的专门培训。

一是进一步提升并真正实现社区矫正执法人员培训机制的系统性和制度性。省级社区矫正机构应进一步加强社区矫正理论与实务研究，培养和打造既有理论研究能力，又能精准指导实践的师资队伍。不断加强对社区矫正执法技术的研究和矫正社会工作研究，深度融合研究和培训工作，形成系统化的培训体系，最终建立培训所需的梯度和层次。

二是采取有效措施增强培训的精准性。各级社区矫正机构应充分重视培训的重要意义。在国家简政放权的行政体制改革背景下，国家不可能采取大量增加执法人员的方法，在经费上采取有限增加的方式，因此，基层执法力量的增强，主要依靠培训的方式。通过持续不断的培训，提高基层执法力量的执法水平和执法能力，是加强基层执法力量的有效途径。大力开展专业培训，搭建上岗培训、等级评定等专业化平台载体，增加专业化培训的频度与深度。采取案例研讨、现场教学、专题辅导、交流讨论等形式，开展具有针对性、可操作性、实用性的培训，帮助社区矫正工作人员树立社区矫正现代化理念，掌握并学会运用具体矫正技术，如社区矫正执法人员的裁量权、数字化执法方式的应用、监督管理与教育帮扶的关系、发挥基层社区矫正机关主动性等。

（四）充分发挥社区矫正社会工作者的辅助作用

目前实践中，通过政府购买服务、劳务派遣等形式，社会工作者参与社区矫正机构工作并发挥着巨大作用，甚至成为司法所的业务骨干，发挥中流砥柱的作用。作为刑事执行的辅助者，这些专职社工承担了除审核批准、分级管理等执法事务外的所有事务性工作，不少地方专职社工也从事执法活动，包括调查评估、监督管理、组织教育与公益活动等。从事社区矫正的社工通常被称为司法社工。① 从社工参与社区矫正工作的现状来看，一方面大多数社区矫正机构认为专职社工是辅助人员，不是专业人员。另一方面专职社工的薪金福利、晋升机制以及政策保障缺乏，造成离职现象严重、人员非常不稳定。为解决这些问题，应完善社工参与社区矫正相关制度。一是社工应朝专业化、职业化方向发展。根据《社区矫正法》第 11 条的规定，社工是具有法律、教育、心理、社会工作等专业知识或实践经验的具有一定专业性的工作人员。除社区矫正中惩罚性监管和形式化台账外，社工应主要承担入户查访、教育谈话、组织公益活动、心理矫治等工作。二是建立和完善对司法社工的激励机制。加大对社区矫正工作的经费投入，提高司法社工的工作待遇、福利保障，在编制转变②、晋升通道等方面给予政策支持，可以优先考虑司法社工的工作年限和业

---

① 李岚林：《司法社会工作在社区矫正中的功能定位及实现路径》，载《社区矫正机构队伍建设与教育矫正研究：首届浙江台州社区矫正论坛论文集（2016）》，法律出版社 2017 年版，第 239—242 页。

② 2019 年 5 月，中央组织部印发《关于加强和改进城市基层党的建设工作的意见》要求：加大从优秀社区工作者中招录（聘）公务员或事业单位工作人员、选拔街道干部力度。

绩。目前，司法部在部分省市开展的司法协理员制度试点，正是为有效缓解基层法治职能增加与人员配备之间矛盾的重要探索。司法社工与司法协理员在职责上相近，在建立相关制度机制上可相互借鉴。三是加强对司法社工的专业培训。社区矫正工作对司法社工的要求较高，可以制定针对性的专门课程，邀请相关实务专家通过集中授课、问题解答、经验交流等形式开展培训。结合当前社区矫正从业人员现状，特别是一些转岗从事社区矫正的社工，开展刑法、刑事诉讼法以及社区矫正法等法律法规知识和岗位技能培训，促使其树立现代法治观念和刑事执行理念，提高其法律素养，最终提升对社区矫正对象的监管质效。

高校专业人才培养推动社区矫正专门执法队伍建设探索

郑　艳　徐祖华*

《中华人民共和国社区矫正法》（以下简称《社区矫正法》）第10条明确规定，社区矫正机构应当配备具有法律等专业知识的专门国家工作人员（以下称社区矫正机构工作人员），履行监督管理、教育帮扶等执法职责。第11条规定，社区矫正机构根据需要，组织具有法律、教育、心理、社会工作等专业知识或者实践经验的社会工作者开展社区矫正相关工作。由此明确了社区矫正工作的两大类主体：公务员身份的社区矫正机构工作人员和社区矫正社会工作者，而且对两类主体所应具备的专业知识背景做了明确。第16条规定，国家推进高素质的社区矫正工作队伍建设。社区矫正机构应当加强对社区矫正工作人员的管理、监督、培训和职业保障，不断提高社区矫正工作的规范化、专业化水平。这些原则性的规定为社区矫正队伍建设指明了方向，但社区矫正机构工作人员的身份定位不明确，未能体现社区矫正工作职业化的属性，社区矫正机构队伍面临数量少、素质参差不齐的窘境。

习近平总书记强调“全面推进依法治国，建设一支德才兼备的高素质法治队伍至关重要”。① 2015年1月，习近平总书记在《求是》杂志发表题为《加快建设社会主义法治国家》的署名文章指出：“我国专门的法治队伍主要包括在人大和政府从事立法工作的人员，在行政机关从事执法工作的人员，在司法机关从事司法工作的人员。”② 还强调“法治专门队伍革命化、正规化、专业化、职业化”。目前高校既开设了社区矫正专科专业，也开设了本科专业，培养出来的大量的社区矫正专业人才因编制受限、进入门槛、待遇、职业上升通道等原因无法从事社区矫正工作，造成人才培养的资源浪费。造成这一现象的根源是什么？笔者作为某警官院校社区矫正专业负责人，在调研分析社区矫正机构队伍现状和用人需求的基础上，以高校专业人才培养为视角，为探索高素质专业化专门执法队伍建设路径抛砖引玉。

---

* 郑艳，浙江警官职业学院教授、社区矫正专业负责人。徐祖华，浙江警官职业学院副院长。

① 《习近平法治思想概论》编写组：《习近平法治思想概论》，高等教育出版社2021年版，第222页。

② 习近平：《加快建设社会主义法治国家》，载《求是》2015年第1期。

一、社区矫正专门执法队伍现状分析

《社区矫正法》自2020年7月1日实施已经三年有余，从司法部2023年公布的数据来看，社区矫正机构建设有了长足的进步。全国各地采取单独设立、在司法厅（局）或其内设机构加挂牌子等方式，依法设立具有独立执法主体资格的社区矫正机构，全国省、市、县三级人民政府依法设置社区矫正机构分别达到78%、73%、68%。[①] 全国社区矫正机构工作人员的数量未见公布数据，据统计ZJ省截至2022年底，全省县级以上社区矫正机构工作人员共496名，其中县级422名，在册数4.2万人，列管数达到7.1万人，矫正机构工作人员与在册矫正对象比为1.18%，与列管矫正对象比仅为0.7%。[②] 该省通过加强社区矫正社会工作者队伍和志愿者队伍建设，积极推进监狱戒毒民警延伸监管工作，改善社区矫正机构专门执法力量配备不足的问题。同时，通过常态化开展“社区矫正执法技能大比武”、在职培训等方式，提升执法能力和水平。笔者于2023年8月，专门对ZJ全省55个区、县社区矫正机构开展问卷调研，从岗位设置、队伍人数、专业学历背景、职业资格证书持证率、入职条件等多维度展开。

（一）配置的队伍数量绝大部分无法满足岗位分工的需要

调查统计结果显示，一个县区社区矫正机构中配备10名左右工作人员，包括具有公务员身份的执法人员、社区矫正社会工作者（辅助人员）和派驻民警，有的还包括进驻社区矫正中心的社会组织中专职从事社区矫正工作的社会工作者，就已经属于非常好的配置。绝大多数县区社区矫正机构配备了3—5名工作人员，这和社区矫正法出台前作为内设机构的配置相差无几。这也决定了社区矫正机构事实上无法承担对社区矫正对象监督管理和教育帮扶等执法职责，社区矫正绝大多数工作仍委托司法所开展。笔者在调查“贵单位的岗位设置”时，归纳总结主要有以下几种回答：一是无岗位设置，实行全流程管理业务岗位制，社区矫正政法专编和社工均全业务指导、负责。二是无岗位设置，只是把窗口和办公室进行区分，窗口负责入矫报到，三个办公室共同负责监督管理、教育帮扶、安置帮教、远程视频会见等工作。三是设置了综合岗、矫正衔接岗、教育帮扶岗、安置帮教监地衔接岗；设置了接收报到岗、审前调查岗、刑事执法岗。四是设置了窗口和一线管教两个岗位。窗口负责入矫审核办理、入矫谈话、入矫心理测评、执行地变更、案件材料的收发（协调

---

① 《司法部：全国共5.8万名社会工作者参与社区矫正》，http：//baijiahao.baidu.com/s?id=1770656737391140262&wfr=spider&for=pc，最后访问时间：2023年7月6日。

② 数据来源自省社区矫正管理局统计数据。

法院)。一线管教负责审前调查评估办理、入矫和解矫宣告、日常监管、违规查处、执法查访等。五是设置了综合办负责信息报道、党建工作信息报道、党建工作;监管办负责监管执法、考核奖惩;案管办负责制度建设、队伍建设;帮教办负责教育帮扶、安置帮教;大厅窗口负责办理入矫解矫。六是设置了管理岗位、执法岗位和内勤岗位。七是政法专编岗和社工(协理员、专管员)岗。

大多数社区矫正机构回答的是"设置了社区矫正执法人员岗位(政法专编或行政编公务员)和社工(协管员、专管员)岗位",这是根据两类社区矫正工作主体所作的区分,相当于"无岗位设置"。有的还把派驻民警作为一个岗位来对待。在实行"队建制"或工作人员配置较充足的县区社区矫正机构,都有比较明确的岗位设置。

从专业化队伍建设来说,岗位分工是一个基本标志。社区矫正根据工作流程和典型工作任务,从理论上可以分为矫正衔接岗(包括社会调查评估、矫正登记接收)、监管执法岗(包括入矫和解矫宣告、考核请假居住地变更等日常监管考核、奖惩案件办理、信息化监管、走访等)、教育帮扶岗(包括开展集中教育、个别化教育、日常教育、组织公益活动、心理和行为矫治、社会适应性帮扶、监地衔接、安置帮教等)、综合管理岗(党建、档案管理、制度建设、宣传报道、培训、智慧矫正管理平台维护等)。但就目前社区矫正队伍配置来看,绝大多数无法做到岗位分工。受制于司法局的总体编制因素,具有公务员身份的社区矫正执法人员数量严重不足,作为辅助者身份的社区矫正社会工作者因待遇、职业上升通道缺失等客观因素流动性很大,在司法所更是主要由社工承担大部分工作的窘境下,笔者认为,全流程业务岗位模式优于岗位分工模式,然而不利于社区矫正执法队伍的专业化建设。

(二)社区矫正队伍专业化素养与执法高要求不相适应

调查统计结果显示,社区矫正队伍文化水平总体较好,本科以上学历占比高,平均达90%以上,有的社区矫正机构社工的学历也是100%本科及以上。但具有法律专业背景的比例和职业资格证书持证率低,这与《社区矫正法》第10条和第11条的规定存在一定差距。据笔者的不完全调查统计,ZJ全省55个区、县社区矫正工作人员中法学、法律专业占比30%,通过法律职业资格考试的不到5%,[①] 社区矫正社工中获得初级、中级社会工作师证的比例比法律职业资格证书的要高。

占比30%具有法学、法律专业背景的社区矫正工作人员主要集中于司法所具有公务员身份的司法助理员,名义上他们是社区矫正工作专职人员,但他们同时承担着普法宣传、人民调解、法律援助、安置帮教等多项职能,客观上大大削减了社区

---

① 2022年省社矫局统计数据是全省社区矫正工作人员中法律专业占比为48%,通过法律职业资格考试的不到8%。

矫正工作的时间和精力，专职性无法保障。然后，司法助理员的学科背景单一，又缺乏刑事执法的专业知识，离社区矫正工作需具备法学、心理学、教育学、社会学和社会工作等全方位的人才需求还相去甚远，专业性无法保障。

实践中社区矫正的主要工作力量是社区矫正社会工作者，通过公开招聘的辅助人员，有的地方称为社区矫正专管员、司法协理员。这类人员因待遇低、无职业发展通道，在招聘时往往对专业要求不做限定，学历专科以上即可。在待遇没有到位的情况下，很难招聘到矫正法规定的“具有法律、教育、心理、社会工作等专业知识或者实践经验的社会工作者”。ZJ 作为经济发达的省份，各地市因经济发展不平衡，社工的素质差异较大，更何况广大的中西部地区、农村地区。社区矫正社会工作者（辅助人员）待遇明显低于公务员身份的执法人员，一些学历较高、综合素质较好的社工往往将社区矫正岗位作为跳板，流动性大。更有的司法局根据加强社区矫正社会工作者队伍建设等文件精神以社工名义招聘的较高素质的工作人员，被挪用其他岗位。

《社区矫正法》第 5 条规定，国家支持社区矫正机构提高信息化水平，运用现代信息技术开展监督管理和教育帮扶。近年来，智慧矫正中心创建如火如荼，社区矫正领域涌现了大量的智慧矫正产品、智能化应用平台。比如，浙江紧扣数字化改革契机，围绕司法部“规范化、精细化、信息化”要求，开发了“浙里社区矫正”应用，构建“多跨执法办案”“全域动态核查”“多维趋势研判”等子场景。随着智能化技术发展，社区矫正专门执法人员的岗位核心能力要求增加，除需具备刑事法学、心理学、教育学等专业知识外，还应具备相应的信息化素养和现代数智化技术应用能力。从 ZJ 省调查统计结果看，目前社区矫正队伍中拥有信息化技术应用的人才非常紧缺。

（三）派驻民警在社区矫正工作中发挥重要作用

考察人民警察参与社区矫正的历史，可以追溯到《社区矫正法》出台之前，在立法过程中，社区矫正执法人员身份定位以及社区矫正机构是否应配备人民警察成为争议的热点。为解决执法不严格、不规范的问题，全国范围内形成了人民警察参与社区矫正的三种模式：第一种模式是以北京为代表的抽调司法行政系统的监狱和劳教警察到县（市、区）司法局从事社区矫正工作模式。2012 年《社区矫正实施办法》颁布后，江苏、安徽、云南、广西等普遍采用了此种模式。第二种模式是以上海为代表的劳教警察转岗从事社区矫正工作。2013 年劳教制度取消后，转变为戒毒人民警察从事社区矫正工作。第三种模式成立社区矫正执法支队，直接授予警衔模式，以广西钦州司法局、湖北武汉市司法局、四川德阳市司法局为代表。从实践效果看，有人民警察参与社区矫正的省市，执法规范性明显加强，执法严肃性不断彰显、社区安全感有效提升，效果显著。[①]

2017 年 7 月，全国司法厅（局）长座谈会明确要求各地“开展监狱民警延伸监管社区服刑人员试点工作”。[②] 由此，实务界从 2017 年开始了监狱戒毒人民警察借调社区矫正工作。最终颁布的《社区矫正法》未明确规定社区矫正执法人员的身份，而是使用了专门国家工作人员这一模糊表述。但这项工作一直在延续，中央政法委默认了借调监狱戒毒人民警察参与社区矫正的做法。有的省份在矫正法出台后的一两年内有过暂停延伸用警工作，全国有 31 个省（市、区）均开展了借调监狱戒毒人民警察参与社区矫正工作，覆盖面非常广泛。[③]

在立法过程中，司法部社区矫正管理局曾专门编写了一本内部资料案例选编，以证明人民警察参与社区矫正的必要性。案例主要集中在收监执行、日常管理紧急处置、违反禁止令处置等过程中无警察身份所遭遇的各种困难。笔者也采访过几位参与社区矫正工作的派驻人民警察，他们一致认为警察身份特有的威严和震慑力，参与矫正宣告、集中教育、训诫、个别谈话等重要环节，凸显了社区矫正工作的严肃性和权威性；延伸管教民警充分发挥专业知识、警察职业素养、管教经验等优势，通过实务指导和经验传授，创新开展分类管理、个别化矫正等工作，提高了社区矫正执法规范性和教育矫正质量；遇到紧急或突发情况时处置实战经验丰富，有助于成功化解危机。由此实务界关于“社区矫正的执法者身份应该是人民警察”的论断开始重现，且呼声挺高。

二、社区矫正专业人才培养之困境

（一）全国社区矫正专业设置与就业情况概览

自 2003 年社区矫正工作试点以来，作为培养专业人才的高等院校就开始纷纷在相关专业中开设方向，意图培养专业人才以应对社区矫正实践的需要。在本科院校，如中国人民大学、中山大学、中国青年政治学院在社会工作系（专业）中开设专业社区矫正方向；中国政法大学在犯罪学专业中开设社区矫正方向；中央司法警官学院、上海政法学院、福建警察学院在监狱学专业中开设社区矫正方向。在高职院校，如河北司法警官职业学院、山东司法警官职业学院在刑事执行专业中开设方向；河南司法警官职业学院、广东司法警官职业学院在法律事务专业中开设方向；宁夏司

---

① 参见郑艳：《社区矫正机构配备人民警察的现实考察和理想愿景》，载《中国司法》2016 年第 10 期。

② 《安徽省司法厅召开监狱、戒毒所民警延伸监管工作动员会 109 名监狱戒毒所民警到社区矫正机构挂职》，https：//www. sohu. com/a/209777958_660595，最后访问时间：2023 年 9 月 30 日。

③ 吴宗宪：《再论社区矫正的法律性质》，载《中国司法》2022 年第 1 期。

法警官职业学院、福建警官职业学院①在社会工作专业中开设方向。

2009 年，社区矫正工作进入全面试行阶段，对于专业工作人员的需求将进一步放量。根据行业调研结果，我国专业化的社区矫正人才缺口很大，因此在需求和人才储备方面都有很大的空间。通过高等教育，尽快培养出掌握社区矫正专业知识和技能的专业人员充实到社区矫正工作者队伍中，既是符合我国社区矫正现实需要的当务之急，也是维系社区矫正工作未来发展的长远之计，毕业生的就业前景将较为乐观。在此背景下，在主管部门浙江省司法厅的大力支持下，浙江警官职业学院集中刑事执行、法律事务等专业的优秀教师于 2009 年在全国率先成立社区矫正专业并招生［专业代码为 690206K（浙）］，也是省内唯一一所开设社区矫正专业的院校。2015 年，教育部将社区矫正专业（专业代码为 680605）列入高职高专专业目录中。在 2021 年最新公布的职业教育专业目录中，继续保留社区矫正专业，专业代码为 580505，与刑事执行、民事执行、行政执行、司法警务同属于法律执行类，但刑事执行、行政执行和司法警务属于国控专业，② 社区矫正与民事执行属于一般招生专业。根据 2023 年的专业设置备案结果数据检索，全国有 21 所院校开设了 3 年制的社区矫正专业，绝大部分都是在警官类、政法类院校开设，还有一所民办本科院校银川能源学院开设了 3 年制专科社区矫正专业。③ 详见表 1。

表 1　开展社区矫正专业的 21 所院校

序号	省份	学校名称	学制/年
1	河北	河北政法职业学院	3
2	河北	河北司法警官职业学院	3
3	山西	山西警官职业学院	3
4	吉林	吉林司法警官职业学院	3
5	江苏	江苏联合职业技术学院	3

① 2020 年，教育部办公厅公布了本年度省级人民政府审批新设、更名、合并调整、变更办学体制、撤销的专科层次高等学校备案名单。福建警官职业学院被撤销。

② 国控专业是指国家控制的专业。一类是“热门”专业，如财经类、会计、金融等专业，开设的学校非常多，招生数量庞大，学生的就业压力大，需要国家控制高校过多开设这类专业。还有一类是专业性很强，但会涉及国家安全、公共安全、教育卫生等特殊行业，如医学类、师范类、公安与司法大类，学生报考时会有一定的条件与标准，高校申请开设这些专业需由教育部严格审批，同时招生计划数受到严格控制。公安与司法大类的国控与非国控专业区分的标准主要为所在行业是否具有警察的身份。将刑事执行、行政执行、司法警察三个专业确定为国控专业，也是司法部落实党的十八届四中全会提出的“健全从政法专业毕业生中招录人才的规范便捷机制”改革政策的结果。

③ 数据来源：全国职业院校专业设置管理与公共信息服务平台，高等职业教育专科拟招生专业设置备案结果数据检索。

续表

序号	省份	学校名称	学制/年
6	浙江	浙江警官职业学院	3
7	安徽	安徽警官职业学院	3
8	江西	江西司法警官职业学院	3
9	山东	山东司法警官职业学院	3
10	河南	河南司法警官职业学院	3
11	河南	河南检察职业学院	3
12	湖南	湖南司法警官职业学院	3
13	广东	广东司法警官职业学院	3
14	海南	海南政法职业学院	3
15	四川	四川司法警官职业学院	3
16	云南	云南司法警官职业学院	3
17	甘肃	甘肃警察职业学院	3
18	青海	青海警官职业学院	3
19	宁夏	银川能源学院	3
20	新疆	新疆司法警官职业学院	3
21	山西	山西省政法管理干部学院	3

2019年，中央司法警官学院申报社区矫正专业获教育部批准，专业代码为030107TK。根据2023年招生目录，全国有5所本科院校社区矫正专业招生，分别是中央司法警官学院、上海政法学院、山东政法学院、云南民族大学、新疆政法学院。专科社区矫正专业属于一般招生专业，而非国控专业，本科社区矫正专业属于大法学类，特控专业。本科社区矫正虽属于特控专业，但没有司法部的招录便捷机制支持，就业途径和普通专业没有区别，并没有显示出特殊的优势。

根据近十多年的学生就业情况来看，所谓的就业前景好似乎是高等学校的一厢情愿。笔者所在学校的社区矫正专业已经培养了十二届毕业生，根据每年开展的毕业生情况调查数据和专业教师联系学生获得的数据，社区矫正专业的就业对口率一直很低，每届学生中进入司法行政机关工作5名左右，通过公务员招录进入司法行政机关的总共不超过5人，大部分是以社区矫正协理员、社区矫正专管员、社区矫正社工等身份通过与司法局签订劳动协议或劳务派遣等方式进入司法行政机关。近三年来，我院社区矫正专业毕业生几乎100%通过专升本考试以提升自己的学历层次，主要考取法学和社会工作两个专业。

再来考察本科社区矫正专业的学生就业情况，申报该本科专业的中央司法警官学院在当年并未招生，直到2022年招收第一届社区矫正专业本科学生。最早招收社区矫正专业本科学生的上海政法学院，因学历和属法学大类的优势，大部分学生都考研或考取其他部门的公务员，就业对口率也不理想，也就是说社区矫正专业培养出来的学生仍是进不了司法行政机关。

（二）社区矫正专业人才培养困境的原因分析

1. 社区矫正执法队伍身份定位模糊

在社区矫正法制定过程中，社区矫正执法队伍是不是警察身份是争议最大的焦点问题。具体来说有以下几种观点：一是全部人民警察；二是社区矫正官+警察；三是全部社区矫正官。紧随其后的问题是人民警察是增设社区矫正警察新警种还是司法行政系统内延伸用警？

实务部门的同志极力支持社区矫正执法人员的身份定位为人民警察的观点。持该种观点的学者论证的理由主要有：刑罚执行属性的内在要求；维护社会安全稳定的需要；社区矫正执法工作的现实需要，因社区矫正对象罪犯的身份具有潜在和现实的人身危险性；警察身份并不影响对社区矫正对象教育帮扶。① 更有学者提出，“增设社区矫正警察新警种，实现惩罚功能”。② 还有学者认为，“应然的社区矫正官应赋予司法警察的执法身份和执法主体资格，纳入人民警察编制”。③ 目前比较一致的观点是不设新警种，以避免民众混淆“公安警察”与“矫正警察”。同时，警察身份执法所带来的执法风险，如矫正警察权行使的度，特别值得全面的考量。

首先，以吴宗宪为代表的众多学者都认为社区矫正机构需要配备一定数量的人民警察，以满足应急性原则所需实施的强制措施权，维护执法权威和执法威慑力。另外，配备部分人民警察一方面符合中国社区矫正工作的实际情况，另一方面也没有违反联合国的规则。依据联合国规则，警察身份的介入存有可能性与合理性，即社区矫正工作中警察身份不得全覆盖，而应结合社会力量共同开展。其次，联合国其他有关非监禁刑的规则中未见限制或排斥警察参与社区矫正工作的条目。最后，联合国文件中的规则并非全为必须在本国国内有所规定的“硬法”，与之相对的“软法”体现普适原则，有助于成员国国内的法治建设，但不要求一律将其转化或直接适用。除了配备部分人民警察之外的执法人员身份到底是什么，有学者明确提出

---

① 谢超：《我国社区矫正现状及立法建议》，载《法学杂志》2017年第11期。

② 刘政：《论社区矫正刑罚功能与社区矫正警察体制》，载《江西警察学院学报》2019年第4期。

③ 但未丽：《社区矫正官执法身份的实然与应然》，载《首都师范大学学报（社会科学版）》2017年第2期。

“司法助理员名称不适应中国社区矫正工作的情况，也不适应未来发展趋势，应建立社区矫正官制度，以确保社区矫正执法队伍的专业化”[①]。有学者建议在社区矫正法中明确规定：“社区矫正机构工作人员由国家公务员及部分人民警察组成。”[②] 还有的论文语焉不详，只提出“要建立一支专业化、高素质的社区矫正工作者队伍，强调社区矫正队伍在省级以下实行垂直管理，不宜建在司法所”[③]。

反对设置警察的主要理由是：警察身份会改变社区矫正在“社区”矫正的本色；不利于社区矫正对象回归社会；可以由公安机关协助行使警察职责；避免社会上有两支警察队伍执法；警察身份会影响社区矫正官素质的提高等。[④] 有学者指出“当今世界范围内，社区矫正官模式有其成熟先例和完备的法律依据，以社区矫正官专业技术体系为基础而展开的社区矫正能够发挥最大效用”[⑤]。建议中国应建立社区矫正官制度[⑥]，设立社区矫正官制度是最能保证社区矫正执法队伍专业性提升的方法。[⑦]

为了顺利通过立法，立法机关回避了对社区矫正执法队伍的身份定位，最终颁布的《社区矫正法》第 10 条使用了“专门国家工作人员”一词，称社区矫正机构工作人员。这一名称不具有明确的职业属性，不如法官、检察官、人民警察[⑧]那样明朗。根据字义解释，专门国家工作人员并不排斥、否认人民警察，所以目前实践中实际上包括了社区矫正机构中的公务员（有行政编制和政法干警编制两种）和监狱戒毒派驻警察。

2. 社区矫正执法队伍身份定位直接影响高校专业人才的培养路径

社区矫正执法人员不是人民警察身份，社区矫正专业排除了享受国家特控专业的入学即入警的便捷招录机制优惠政策。根据教育部公布的招生专业目录，培养监狱人民警察的刑事执行专业是国控类专业，在我省是提前批录取的专业，按行业需求确定招生人数，毕业时参加一个专门考试，就业率非常高，达 95% 以上，就业岗

---

① 参见吴宗宪：《社区矫正立法中的警察问题探讨》，载《中国司法》2014 年第 11 期；王志祥、李曼：《关于应否赋予社区矫正执法人员警察身份问题的研讨》，载《公安学研究》2014 年第 11 期。

② 陈志海：《社区矫正法应明确规范的几个问题》，载《上海政法学院学报（法治论丛）》2017 年第 2 期。

③ 参见刘强：《论我国社区矫正的立法及机构和队伍建设》，载《河南司法警官职业学院学报》2004 年第 4 期。

④ 参见吴宗宪：《社区矫正立法中的警察问题探讨》，载《中国司法》2014 年第 11 期。

⑤ 参见司绍寒：《我国社区矫正执法队伍建设研究》，载《河南司法警官职业学院学报》2014 年第 4 期。

⑥ 陈和华：《关于建立我国社区矫正官制度的思考》，载《河南司法警官职业学院学报》2011 年第 1 期。

⑦ 王志祥、李曼：《关于应否赋予社区矫正执法人员警察身份问题的研讨》，载《公安学研究》2014 年第 11 期。

⑧ 在《中华人民共和国职业分类大典（2022 年版）》中，法官、检察官、人民警察都有明确的职业代码：法官 2-07-02-00，检察官 2-07-03-00，人民警察 3-02-01-00。这也是国家职业教育设置专业的依据。

位明确。

社区矫正执法人员也不是社区矫正官，国家2022年修订的职业分类大典中就不可能设置这一职业类别，司法行政机关在招录公务员时，只能按照《社区矫正法》第10条规定的社区矫正机构工作人员应具备法律等专业知识，设置的报考专业大概率是法学门类下法学类专业下属的法学专业（专业代码030101K）。社区矫正、监狱学、司法警察学、纪检监察、知识产权等专业属于法学类专业中的专业名称。司法行政机关人事部门很直接地说社区矫正专业面太窄了，这也是本科社区矫正专业就业对口率低的原因。至于专科层次的社区矫正专业，因受学历的限制，连报考公务员的资格都没有。

再者，2018年2月党的十九届三中全会审议通过的《中共中央关于深化党和国家机构改革的决定》和《深化党和国家机构改革方案》，指导思想是精简机构，严格控制机构编制，提高工作效率，全面提高国家治理能力和治理水平……不得擅自增加编制种类，不得突破总量增加编制。① 目前中国绝大部分省、市、县通过单独设立、在司法厅（局）或其内设机构加挂牌子等方式成立了社区矫正机构，以解决执法主体的合法性危机。但是在不得擅自增加编制种类、突破编制总量的大背景下，司法行政机关的编制因2018年机构改革——法制办职责的并入，更是雪上加霜，通过内部调剂的方式解决社区矫正机构的编制落实就异常艰难。带来的连锁反应就是绝大部分地方的社区矫正工作基本沿用立法前的模式，法律规定“司法所根据委托承担相关工作”，现实是“司法所继续承担着大量的日常工作”。社区矫正机构只能依靠自然减员（退休）的方式增加极少量的新鲜血液，每年拿出空编供学生报考公务员的机会非常少。

关于社区矫正辅助人员（社工、协管员、专管员）的配备在很多省份都出台了相关政策，明确社区矫正辅助人员与社区矫正对象的比例，② 从数量上予以保证，以缓解执法队伍不足的困境。社区矫正专业专科毕业生可以参加社区矫正辅助人员的

---

① 《中共中央关于深化党和国家机构改革的决定》，载《解放日报》2018年3月5日，第6版。

② 四川省法院、省检察院、省公安厅、省司法厅和省财政厅联合出台的《关于全面推进社区矫正工作的实施意见》提出，将按照社会工作者与社区服刑人员1∶10的比例配备社区矫正社会工作者。江苏省司法厅于2012年提出扩大专职社会工作者队伍，到2013年实现社会工作者与社区服刑人员1∶15的配备比例，2021年，江苏省建立社区矫正刑事执行警务辅助人员队伍，由公安机关公开招录后，交由司法局管理使用和考核评价。福建省司法厅要求全省所有司法所“社工按照在册社区矫正人员15∶1的比例配备，社区矫正人员不足15人的司法所，至少配备一名专职社工”。2018年，浙江省编办、省民政厅、省司法厅、省财政厅、省人力社保厅五家联合印发了《关于进一步加强社区矫正社会工作者队伍建设的指导意见》。参照专职禁毒社会工作者队伍建设模式，按照在册社区服刑人员一定的比例配备社区矫正社会工作者，实行员额管理1∶20。2021年，河南省司法厅、民政厅、财政厅、人社厅四家联合印发了《关于进一步加强社区矫正专职社会工作者队伍建设的指导意见》，按列管数设立四个配置等级，按1∶15分别配备6—12名，建立一级、二级、三级专职社工岗。

招聘考试。根据调研结果显示，辅助人员的招聘条件中基本没有专业限制、大专以上文化程度，有的司法局根据相关政策，社区矫正专业毕业生优先录用。另外，辅助人员的待遇偏低、几乎没有职业发展通道，学生就业的意愿也不高，这也客观影响了专业人才向社区矫正机构输送。

应否赋予社区矫正执法人员警察身份问题不仅围绕刑罚执行理论展开，更是依托于我国国情和实践操作引发的一场思辨。

笔者曾经也撰文认为社区矫正机构中应配备一定数量的人民警察，数量以满足社区矫正警务执法需要合理确定，一般配备到县一级社区矫正机构，由县一级社区矫正机构统一管理，而不能直接配备给司法所。社区矫正执法人员包括普通公务员身份和警察身份两种，两者职权相对独立、工作上互相配合。① 2019 年颁布的《社区矫正法》对社区矫正执法者身份采用了模糊表述，但明确了社区矫正机构中的公务员是社区矫正执法人员。经过若干年的社区矫正实践和人才培养就业趋势分析，笔者认为，普通公务员身份的社区矫正执法人员因晋升需要，轮岗较为频繁，专业性会随着人员的变动难以保持连续性。社区矫正执法人员的身份一定要明确，“社区矫正官”是目前认可度比较高的，明确单独成为一个职业类别，② 才有助于建设专职化、专业化的社区矫正执法队伍。因为社区矫正工作是一项专业性、综合性很强的刑事执法活动，不同于综合管理类公务员，仅具备法律专业知识不足以完成监督管理和教育帮扶的任务。社区矫正工作的对象是活生生的人，是犯罪了的人，管理和矫正罪犯有着自身的规律，需要具备法律（尤其是刑事法律）、教育学、心理学、社会学、管理学、信息技术等知识，具备开展调查评估、刑事执行、教育矫正、心理分析与矫治、个案矫正、文书制作以及智慧矫正技术与应用等职业核心能力，以及忠诚、奉献、责任等职业素养。此外，考虑到中国的具体国情，“基于民间习惯认同、相信穿制服的管理者的权威”，③ 社区矫正机构应配备一定数量的人民警察，但绝不是增设新的警种，而是和监狱警察一体化建设，统称为刑事执行警察，实现对接和流动，也有助于促进刑事执行工作的一体化。④

---

① 参见郑艳：《社区矫正机构配备人民警察的现实考察和理想愿景》，载《中国司法》2016 年第 10 期。

② 近年来，国家推行综合行政执法改革，由此，在《中华人民共和国职业分类大典（2022 年版）》中就新增了一个职业类别行政执法人员（3-01-03），下设三种职业，行政执法员（3-01-03-01）、劳动人事争议仲裁员（3-01-03-02）、农村土地承包仲裁员（3-01-03-03）。

③ 程杨梅：《西部城市社区矫正工作主体建设困境与对策的实证分析》，载《攀枝花学院学报》2014 年第 4 期。

④ 冯卫国：《我国社区矫正发展的制约因素及其破解路径》，载《河南司法警官职业学院学报》2018 年第 3 期。

三、高素质社区矫正专业化执法队伍建设探索

（一）顶层设计：抓住戒毒警察转型的机遇建立社区矫正官制度

2023年初全国两会期间，全国政协委员、安徽省律师协会监事长周世虹建议戒毒管理改革。他说根据司法行政部门提供的数据，全国现有戒毒民警5.7万名，强制隔离戒毒人员也只有5.85万名，全国平均接近1名戒毒警察管理1名强制戒毒人员。安徽省更是6个警察管1名戒毒人员，全省强制隔离戒毒人员已不足200人，戒毒民警和机构编制数却高达1240名，这是警力资源的严重浪费。① 其实这种情况不是个例，据了解近一年来浙江省的强制隔离戒毒人员也出现断崖式下降。部分戒毒民警已开始转向社区戒毒领域，某市戒毒局设立18个派驻大队，精准后续照管，开展禁毒戒毒宣传、谈心谈话教育、心理健康辅导等帮扶工作。② 还有部分戒毒民警派驻到社区矫正机构、司法所协助开展社区矫正工作，取得比较好的成效。在上述背景下，戒毒管理改革势在必行。戒毒工作与社区矫正工作同属于司法行政系统，人员编制上可以统筹管理，社区矫正专门化执法队伍的现状无论是从数量上还是从素质上均不能满足《社区矫正法》规定的执法要求，而戒毒警察有大量富余，正面临转型的问题。笔者建议，司法部应当做好顶层设计，抓住戒毒警察整体转型的机遇，解决社区矫正机构的编制问题。戒毒警察毕竟有过严格的警察职业素养养成训练、具有较为丰富的管理戒毒人员的经验，戒毒警察转型社区矫正执法队伍，是建设专业化队伍最为便捷、经济的途径。

那么，社区矫正执法人员的身份就是人民警察吗？在特殊的转型时期，原先戒毒领域的警察身份不会改变，但这只是过渡方案，从长远发展来看，国家应创立社区矫正官制度。社区矫正官制度是以社区矫正官为主导，社会工作者、社会志愿者等社会力量共同参与的制度。

首先，实现社区矫正官职业化，逐步建立社区矫正官的准入机制。

大多数国家并没有以“社区矫正官”命名的统一的社区矫正执法人员，一般称为缓刑官、假释官，日本称为保护观察官，他们是罪犯管理系统的核心，具有政府工作人员的身份，享有政府固定的薪金和福利，承担严格的义务和责任，并在法律

---

① 姜博文：《“6个警察管1个戒毒人员”：全国政协委员建议戒毒管理改革》，最后访问时间：2023年3月1日。

② 李倩：《某市戒毒局设立18个派驻大队 精准后续照管 扶上马送一程》，https：//www.sohu.com/a/614264839_ 121443915，最后访问时间：2023年3月1日。

规定的范围内行使明确具体的职权[①]。在英国、美国、澳大利亚、加拿大、日本，他们具有公务员身份；在德国，他们是政府雇员，不是国家公务员。[②] 但这些国家对社区矫正官都设置了基本的准入条件。在美国，准入标准一般都高于一般警察和监狱警察：具有学士学位；有一定的矫治方面工作经历；良好的身体素质；年龄的限制。在英国，缓刑官要求具备缓刑研究资格证书，该证书通常需要两年的大学学习才能获得。[③] 缓刑服务工作者还需持有刑事执法三级资格证书（国家职业资格）。在澳大利亚，缓刑官、假释官需取得社区矫正执业资格证书。在加拿大，将矫正官单独分为 12 级，使用独立的衔级标志，晋升、培训内容也区别于警察，突出了矫正工作的职业特点，加拿大的矫正工作高度专业化，有完善的罪犯风险评估与管理制度。[④] 在日本，专职的保护观察官，都具有一定程度的心理学、医学、教育学、社会学及其他与更生保护相关的知识。培养一名保护观察官一般需要三年时间，而且新任职的保护观察官必须到刑事设施进行实务培训。[⑤]

借鉴国外的经验，社区矫正官的任职条件不同于普通国家公务员，具备专业资格与能力是社区矫正官任职的必备条件。结合中国的国情，笔者认为社区矫正官的基本准入条件包括：一是需具有某方面相关的教育背景和知识，如法学、教育学、管理学、心理学、社会学等；二是需有较强的社会责任感与沟通能力；三是需经过国家统一标准的岗前任职培训；四是学历、体格、年龄等方面的标准，如具有本科学历、身体素质过硬等。在条件成熟后，可以参考法官、检察官的准入机制，任职前必须通过资格考试，同时给予相应的职业保障。故而，社区矫正官制度是最能保证社区矫正执法队伍整体专业性提升的方法。

其次，建立社区矫正官技能等级晋升制度，设立初级、中级、高级三个职业资格等级。技能等级晋升根据其从事社区矫正工作年限、履职能力、考核结果等情况确定，且必须经过一定时间的培训并通过考核。

（二）指导理念：从刑事执行一体化的高度规划专业化人才的培养

监狱矫正与社区矫正同属于对罪犯的刑事执行活动，只是地点不同，工作的理念和方式方法有所区别，两者是相辅相成的矫正模式，并非完全对立和排斥[⑥]。社区

---

① 陈和华：《关于建立我国社区矫正官制度的思考》，载《河南司法警官职业学院学报》2011 年第 1 期。
② 陈俊生、郭华：《国（境）外社区矫正立法》，法律出版社 2013 年版，第 20—28 页。
③ 李明：《国外主要社区矫正模式考察及其借鉴》，载《中国司法》2008 年第 1 期。
④ 姚建龙：《加拿大矫正制度的特色与借鉴》，载《法学杂志》2013 年第 2 期。
⑤ 姬素兰：《浅谈日本的更生保护制度》，载《公安大学学报》1998 年第 6 期。
⑥ 冯卫国、储槐植：《刑事一体化视野中的社区矫正》，载《吉林大学社会科学学报》2005 年第 2 期。

矫正和监狱矫正共同构成了司法行政系统对罪犯的刑事执行体系。为了贯彻落实党的十八届四中全会关于“完善刑罚执行制度，统一刑罚执行体制”的决策部署和中央政法委批准的《关于加快推进司法行政改革的意见》有关要求，司法部于 2018 年 11 月 22 日召开全国监狱社区矫正一体化建设工作电视电话会议。《司法部关于推进刑罚执行一体化建设工作的意见》① 中指出：“有序推进监狱警察支持和参与社区矫正工作。首先，要积极选派监狱警察支持县级社区矫正机构。其次，要推进社区矫正工作人员到监狱挂职或工作。建立刑罚执行深度融合的一体化执法平台。”有的地方创新“互帮共建”模式来推进刑罚执行一体化建设，推进重点执法环节实现无缝对接、教育矫正资源集成集聚、信息联通互用。

刑事执行一体化是储怀植教授自 20 世纪 80 年代末提出的刑事一体化学术思想中的重要内容，是刑事一体化的终局与果实。此论断来源于拉丁法谚：“执行乃法律之终局及果实。”刑事执行一体化首先需要执行主体的一体化，即统一刑事执行机构，改变我国刑事执行权多元分散的权力配置现状②。我国刑事司法体制改革的方向应当建立行刑权与侦查权、检察权和审判权分工制约的刑事司法体系。想一步到位地实现刑事执行机构的统一，存在很多实际的障碍和困难，但在司法行政系统内首先实现监狱矫正和社区矫正的一体化是相对可行的。从刑事执行一体化的高度来规划专业人才的培养，能打通人才培养的壁垒，将社区矫正的用警需求量纳入监狱人民警察培养总量，统筹招生计划数。社区矫正官的培养则积极争取招录便捷机制的政策性支持，实现与监狱矫正人才资源共享。

（三）实现路径：行业院校对专业人才的职业化培养

新的《职业教育法》于 2022 年 5 月 1 日实施，国家越来越重视职业教育和应用型人才培养，完善社区矫正专业人才培养和就业路径正当其时，为社区矫正专业化执法队伍建设提供人才保障和支撑。

高质量的社区矫正效果需要专业化支撑，专业化的社区矫正队伍需要行业院校对专业人才的职业化培养。传统普通本科的培养模式和培养理念不以职业岗位为导向，高等职业教育非常注重专业与产业、行业、职业和岗位的对接。两者在人才培养目标、课程体系设置、实习实训等实践教学环节、教学组织形式等诸多方面存在差异。职业教育始终坚持校行合作、工学结合、教学练战的人才培养模式；根据典型工作任务开发核心技能课程体系；通过校内课程实训与符合认知规律的校外实践教学体系培养学生的职业综合能力和职业素养，强化学生的职业认同感。因为有行

---

① 《司法部关于推进刑罚执行一体化建设工作的意见》（司法〔2018〕11 号），司法厅办公厅 2018 年 12 月 27 日印发。

② 目前我国的刑事执行权由人民法院、公安机关看守所、监狱以及社区矫正机构四个部门行使。

业依托，目前社区矫正专业主要由司法警官类职业院校开设。司法警官类职业院校所特有的政治建校和警字建校优势，使得培养出来的学生在政治素质、组织纪律性、服从意识和敬业精神等方面比普通院校毕业生有着明显的优势。在警体体能、防卫与控制等特色课程的开设上也比普通院校更加便利。

司法警官类职业院校培养出来的社区矫正专业人才经过系统的相关专业知识学习和岗位技能训练，岗位适应度高、职业认同感强，能快速适应并胜任社区矫正工作，几乎不需要岗前任职培训就能直接上岗。但是目前大部分司法警官类院校还是专科层次，学历是成为社区矫正官的一个门槛。在 2021 年公布的高职本科目录中没有新增社区矫正专业，新增了刑事矫正与管理专业。从刑事执行一体化的高度来规划专业人才培养的话，刑事矫正与管理专业培养的人才理应囊括社区矫正领域的专业人才，这就满足了社区矫正官的本科学历要求。

此外，一些专业性非常强的岗位还可以通过社会招考法学类、心理学、教育学、社会学等相关专业毕业生，再组织为期不少于三个月的岗前任职培训，学习培训社区矫正相关法律法规和社区矫正核心技能，考核合格后才能成为社区矫正官。

新时期社区矫正专门执法队伍建设探析*

王红星**

社区矫正执法队伍素质如何，不仅直接影响到社区矫正的质量，还决定着整个司法行政部门工作任务的完成与否，更是关乎国家社会的总体安全稳定。《社区矫正法》第16条明确规定："国家推进高素质的社区矫正工作队伍建设。社区矫正机构应当加强对社区矫正工作人员的管理、监督、培训和职业保障，不断提高社区矫正工作的规范化、专业化水平。"因此，建设一支政治过硬、业务精湛、作风优良、工作高效的社区矫正专门执法队伍，实现执法队伍的正规化、专业化、现代化、职业化，是实现社区矫正价值追求的人力保障和推行初衷的便捷路径。

一、新时期社区矫正工作对专门执法活动提出了较高的实践要求

《社区矫正法》颁布实施以来，社区矫正工作取得了不少的成绩，但是社区矫正执法活动的要求与社区矫正工作实践之间还存在较大的差距。需要我们对执法要求内涵加以厘清，以便规范执法，帮助提升社区矫正工作质效，将社区矫正专门执法队伍打造成为一支过硬的"司法铁军"。

（一）社区矫正执法工作权力划分决定了执法授权性要求

社区矫正执法工作权力的来源多部法律，有宪法、刑法、刑事诉讼法等相关法律的明确规定，也有社区矫正法以及相关配套规章的授权，特别是《社区矫正法》对社区矫正执法提出了明确要求。例如，《社区矫正法》第19条赋予了执法监督管理权；第27条赋予了外出审批权；第29条赋予了使用现代电子定位装置，对矫正对象进行监控权；第47条、第48条、第49条、第50条都赋予了刑罚执行建议权。《社区矫正法实施办法》第4条第6项赋予了对执法人员奖励权，以及第9条第1款

* 本文系湖北省司法厅2023年度法治湖北建设研究课题项目之一《社区矫正对象就业帮扶工作机制研究》（项目编号：FZHBJSYJ2023013）。

** 王红星，武汉警官职业学院警察管理系犯罪预防与罪犯改造研究所所长、副教授。

第5项分别赋予了对矫正对象监督、考核审批权。这些权限都是法律明确授予的，超过这些执法范围的权力是没有的。所以在社区矫正执法过程中，必须严格依照授权范围、程序和要求执法。

（二）社区矫正执法工作性质决定了执法准确性要求

社区矫正的基本属性是非监禁刑，本质上属于保障刑法、刑诉法的执行活动，其根本目的是促进社区矫正对象融入社会，预防和减少犯罪，维护社会和谐稳定。同时，社区矫正还具有司法行政的性质，与监狱狱政管理的性质相似。因此，应当明确社区矫正法是与监狱法处于同一层面的法律，并确认和调整执法产生的各类权利义务关系。特别是要以《社区矫正法》为依据，贯彻落实“宽严相济”的刑事执行工作理念，采取精准化管理措施，做好精准识别、精准矫治、精准教育、精准管理等各个环节的工作，确保社区矫正对象管得住、控得牢、矫正好，包括社区矫正执法工作的过程和细节都要依照法律规定程序与要求进行，如入矫办理的手续，登记核查信息，宣告等执法工作环节都要求准确无误；矫正管理期间的监督管理过程都要依照法律规定、程序准确执行。比如，管制、暂予监外执行对象的刑期管理，缓刑、假释对象的考验期和考察期管理，对这四类对象矫正执行期限、应该办理的手续，都要准确无误。从而确保整个社区矫正执法准确，能够为社会稳定做出应有的贡献。

（三）社区矫正执法法定内容决定了执法规范性要求

社区矫正执法的范围是法律法规严格规定的。不能随意变更和打折扣，社区矫正执法人员也必须做到法定职责必须为、法无授权不可为，确保社区矫正在法治轨道上运行。而要做到社区矫正严格执法就必须符合规范化建设要求。即在社区矫正执法过程中，准确依据法律、法规和执法标准，规范执法行为，在提高执法工作效率的前提下，建立健全社区矫正执法体系，明确执法标准、程序和规范执法行为，建立健全执法监督机制，从而提高社区矫正执法的科学性、规范性和权威性，保障社会公正、稳定和和谐。当前社区矫正执法实践中已经出现不敢管、不愿干的懈怠现象。一些执法工作采取“放散鸭子式”的管理模式，这些都是不规范执法的表现，必须加以纠正。

（四）社区矫正执法人员身份决定了执法限制性要求

社区矫正实践工作中，社区矫正执法人员的身份决定了执法是有限制性要求的。众所周知，执法人员只有获得了法律认定的执法人员身份，获得了法律授权，才能依法执法。按照当前执法的实际要求必须是有执法授权、有执法资格、有执法工作证，以及统一执法标识（制服和肩章）等相关硬性要求的人员才能执法。《社区矫正法》颁布实施三年以来，各地社区矫正工作人员虽然有了司法行政编制，但没有专门的执法身份标识和统一制式服装，未配备统一的执法工作证，同一场所工作，让被执法者和大众很难分清谁是合法的执法者。面对实际上是罪犯的社区矫正对象，执法人员身份限制性是非常重要的。只有有执法身份的人履职执法，才是具有合法性的前提。社区矫正实际执法工作当中有强制到场、强制带离、脱管查找、押送、调查取证，有突发事件的处置、违法犯罪行为的制止等强制措施，这些执法活动中执法权必须由有社区矫正执法身份的人员才能实施。社区矫正机构的其他人，如社工、志愿者、社会力量参与者，其工作性质是非执法类的、辅助性的。他们可以帮助进行社区矫正工作，但其行为不能认定为执法行为。为此，全国各省社区矫正管理局虽然都有在探索社区矫正执法人员管理的新模式的尝试，但由于执法人员身份特殊性，决定了在执法时必须充分考虑到执法主体的限制性问题，防止因主体资格不符导致违法执法问题的发生，从而影响社区矫正执法公信力。

（五）社区矫正执法中国特色决定了执法创新性要求

社区矫正作为中国特色非监禁刑事执行方式，承担着保平安、护稳定、促和谐重要使命职责，是平安国家建设的一道重要的“防火墙”。社区矫正工作自 2003 年试点以来，已经取得了一定成绩。但要发展好中国特色的社会主义特色社区矫正制度，是没有先例可循的，很多东西需要不断探索，需要结合中国的国情，建立具有中国特色社区矫正执法模式。如果我们没有改革现有体制的勇气，没有敢于啃硬骨头的担当，没有创新的精神是无法完成这一神圣使命的。因此，必须按照社区矫正法不断探索创新社区矫正执法形式、执法内容、执法程序和要求。通过不断创新，使社区矫正执法不断符合中国国情，这个制度才会更有生命力。当前，湖北、河南、浙江、江苏等省份已经开展相应改革实践，进行人事管理创新，进行工作形式和模式创新，以期达到设立社区矫正制度的初衷。

二、当前影响社区矫正执法队伍建设探索的困境和障碍

《社区矫正法》颁发实施以来，特别是党的二十大召开之后，社区矫正工作成效明显，但在执法队伍建设方面还是存在一些困难和问题，需要认真加以梳理和分析。

（一）试点社区矫正官制度缺乏保障支撑

试点社区矫正官制度在不少地方有推行，目的是建立与警察、检察官、法官等相对应“身份标识”。社区矫正官作为表明从事社区矫正工作公职人员职业的身份，

便于开展矫正工作。在现实中，社区矫正官既是司法行政工作人员，也是社区矫正工作的执行者，集几种身份于一体。目前，社区矫正官制度只在全国部分省份试点。由于没有法律法规、行政规章制度作支撑，试点中都是仅凭社区矫正官自身力量去打拼，执法工作也存在着缺陷或不足，使得推行矫正官制度困难重重。试点中社区矫正官的称谓和职能都不具有法律效力，使得社区矫正官职业晋升（职级职务）的通道不畅，社会认知度认可度还比较低。而社区矫正官要想获得相对应的“身份标识”，没有法律作为支撑恐怕是难以实现的，正所谓名不正言不顺，因此，社区矫正官制度实施还需要经过全方位论证和上升到法律确认后再加以实施，可能是比较可行的路径。

（二）借调监狱、戒毒人民警察参与社区矫正执法法律争议不断

社区矫正作为非监禁刑罚执行方式，与监禁刑罚执行方式的共同点都是履行国家刑事法律执行活动；不同点是前者仅是限制矫正对象部分的人身自由，后者则完全剥夺罪犯的人身自由。监禁刑罚执行人员的身份必然是警察，而非监禁刑罚执行人员身份，在实践工作中争议不断。为解决这种矛盾，全国多个省份开始启动借调监狱、戒毒人民警察，充实到社区矫正执法工作队伍中，共同完成社区矫正工作任务。借调民警，他们身份编制是监狱、戒毒人民警察，他们是在围墙内执法的，走出围墙进行社区矫正执法必须依法进行，否则会面临很大争议。因为确实还没有哪个法律规定监狱、戒毒人民警察可以直接参与社区矫正执法与管理工作。所以借调的民警只能协助社区矫正机构工作人员进行执法活动。需要在下一步的社区矫正实践中认真加以解决或厘清。

（三）社区矫正执法队伍人员编制不足

从已公布的社区矫正工作各省实际统计数据来看，社区矫正执法队伍编制规模普遍偏小，人员不足，有些“小马拉大车”的感觉，无法满足社区矫正执法的实际需求。具体表现主要是实际工作当中由于各地司法编制有限，工作人员身兼多职，人手少事情多，待遇低，而且人员趋于老龄化，新人又难以进入，导致社区矫正执法队伍整体状况不是很好。比如，某中部省每年列管的社区矫正对象平均4.5万人左右，社区矫正专职国家工作人员只有386人。特别是县级社区矫正机构，平均每个县3名专职国家工作人员，需承担每年300名社区矫正对象的适用前调查评估、交付接收、宣告、事项审批、考核奖惩等多项执法工作，很难保质保量按时完成这么多的执法任务。在社区矫正对象监督管理和教育帮扶中，限制和约束了正常的工作开展。该怎样监督管理这些矫正对象，如何规范执法？因为涉及执行刑法和行政法的问题。为此，哪些人搞行政执法？哪些人搞刑罚执法？社区矫正执法工作都有哪些规定？

这些都必须梳理得清清楚楚。我们知道每所监狱都有刑罚执行部门，工作任务是处理狱内罪犯的减刑、假释等事项的，分工非常明确。社区矫正中这些工作虽有决定机关专门部门协助完成，但社区矫正对象的监督管理、教育帮扶还是需要有执法能力和专业技术的社区矫正执法人员来完成。这些都是摆在我们面前的大难题。

（四）社区矫正执法队伍人员专业素质不高

根据《社区矫正法》第10条的规定，社区矫正机构工作人员应是“具备法律等专业知识的专门国家工作人员”。实践中，社区矫正执法人员距离法律法规的要求还存在很大的距离，执法队伍人员的专业素质有待提高。具体表现在：一是执法队伍年龄结构不尽合理。执法队伍整体年龄偏大，“新鲜血液”供给不足。比如，某省的386名专职社区矫正国家工作人员按年龄分类：35岁以下97人，35岁至50岁154人，50岁以上161人；年龄段主要集中在40岁至55岁这个区间，能力强点的年轻人容易被各地方领导及强势部门“看中”，年龄结构老龄化已逐渐成为制约社区矫正事业发展的瓶颈。二是执法队伍文化素养差强人意。社区矫正队伍文化水平总体较好，工作人员大多具有大专以上文化水平，其中本科学历居多。但具备全日制本科以上学历的占比并不高，队伍整体文化素养呈现参差不齐状态。比如，作为社区矫正工作人员仅有法律知识远远不够，还应该具有法律、教育、心理、社会工作等专业知识或实践经验。比如，制订一份矫正方案，如果没有专业的法律、教育、社会、心理学专业知识，就很难制订出针对性强、科学的矫正方案。由此可见，社区矫正执法工作人员是一个专业性很强，需要具备有综合协调能力的人生导师、心理咨询师、教师、医师等。而我们现有的社区矫正执法工作队伍明显存在专业性上的短板，不仅数量不够，而且人员“进口”来源五花八门，基础背景复杂，专业背景基本没有。这些都影响着社区矫正执法工作推进缓慢与滞后。三是专业素养还有待提升。社区矫正队伍中法律专业人数虽占多数，但精通者为数不多，虽然近几年开展了不少学习培训，但执法人员个人忽视学习的倾向仍在一定程度上存在，不重视知识的积累和技能的更新，宏观分析的能动性不足，业务学习的积极性不高，完善自身知识结构的主动性欠缺，各方面素质难以得到有效提高，离新形势下社区矫正工作要求的信息化、制度化、科学化管理要求还有一定的距离。四是执法工作方式方法陈旧。社区矫正是一项严肃的刑事执行工作，与一般的社会工作是不同的。实践中有许多执法工作人员，对近年的新规定并不熟悉，甚至根本不理解，往往凭经验办事。对信息技术、政策文件、社区矫正法的学习把握理解不够，掌握相关信息变化和采取有效工作措施的能力欠缺。这也在一定程度上制约着社区矫正执法水平和实际效果。

（五）社区矫正执法队伍人员目标管理不严

目标管理是现代专业管理的重要手段，在社区矫正工作中，由于多种因素影响，目标管理考核不到位，导致工作推进不理想。归纳起来主要包括四个方面：一是考核奖惩办法缺乏科学、规范、系统性。这致使实际工作当中大量存在干与不干、干多干少、干好干坏一个样的情况。二是目标考核存在明显短板。特别是目标制定不科学、不结合实际，存有层层套用目标责任书的现象。三是目标管理缺乏信息化手段支撑。由于不同地方信息化建设与经济发展有相当程度的关系，有快有慢、有好有坏很正常。但这非常容易导致统计口径不一，信息化推进困难，致使社区矫正对象情况不明，数据不准且延时缓慢的现象时有发生。四是目标管理与考核奖励脱钩，缺乏相应激励和竞争机制。有的地方对社区矫正工作人员考核流于形式，加之考核小组的打分标准、尺度不一，导致考核结果出现不客观、不公正的情况。

（六）社区矫正执法工作职业保障缺失

社区矫正执法工作人员待遇偏低，社区矫正执法机构因为是司法行政下属部门，现在各省局社区矫正局大多是司法厅机关的一个社区矫正管理处，市县（区）也有的是在司法局加挂一块牌子的社区矫正科。因为没有独立性，工作中相关的执法权益受到很多限制。个人升职晋升通道也不畅，执法人员没有强有力的政策待遇保障，所以导致人员流动性大，开展工作难点多，阻力大。就社区矫正工作与其他司法行政工作相比，具有风险大、责任大等特点，执法环境尚需进一步优化。由于职业发展前景也没什么优势，导致司法行政系统人员谈“矫”色变，纷纷申请调离社区矫正岗位，从事司法行政其他行政性工作。这就容易造成社区矫正工作的“断层”问题，导致工作缺乏稳定性、连续性。基层司法所承担的职能过多，受司法局和当地党委政府双重领导，还需要协助完成党委政府交办的一些中心工作（如征迁、综治、信访等），强大的挤出效应使得个别司法所把社区矫正当作“副业”，严重影响了社区矫正工作的正常开展。再加上社区矫正工作表彰奖励机制不健全，近几年来，国家层面只在2020年法律实施之际，开展了社区矫正工作专项表彰一次，大部分省级层面也因相关因素的限制，没有开展社区矫正专项表彰，《社区矫正法》规定“对在社区矫正工作中做出突出贡献的组织、个人，按照国家有关规定给予表彰、奖励”难以得到有效落实，社区矫正执法人员认同感不强，凝聚力不足。这些都与社区矫正执法工作职业保障缺失密切相关。

三、加强社区矫正专门执法队伍建设的对策措施

面对新时期社区矫正执法工作的新要求以及存在的问题，如何建立一支社区矫

正专门执法队伍，推进专门执法队伍的建设，实现专业人做专业事，提升社区矫正工作的实效。笔者建议从以下五个方面予以研究。

（一）大力加强社区矫正执法队伍内涵建设

《社区矫正法》对社区矫正工作队伍建设提出更高要求。有效开展社区矫正工作队伍内涵建设，是进一步夯实社区矫正基层基础，不断提高社区矫正工作队伍规范化、专业化水平的重要保障。在当前形势下，应该重点抓好以下四个方面的工作：一是加强队伍政治建设，提升政策理解执行水平。要做到提高政治站位，学习好各级各类社区矫正政策，在执法中自觉坚持用习近平法治思想指导刑事执行工作。以习近平法治思想为刑事执行工作的行动指南和根本遵循，使政策真正落实落细落地。二是优化队伍配置，加强执法队伍力量。在充分调研论证的基础上，建立健全具有独立执法主体资格的社区矫正机构，各级社区矫正机构按照专职国家工作人员与社区矫正对象的一定配比率确立工作人员数量。通过行业、部门领导层层呼吁，逐步加大社区矫正执法队伍的编制规模。在当前至少要按照机构管理权限、工作职责和辖区内社区矫正对象数量，配齐配强社区矫正机构和司法所社区矫正工作人员。建立社区矫正专门执法队伍，使辖区内各司法所至少配备政法专编2名以上社区矫正专职执法人员，努力吸收一些法律、教育、心理学等多学科的专业人员加入社区矫正工作队伍，从而优化矫正社工队伍结构，健全科学薪酬体系，打造一支高素质专业化且相对稳定的社区矫正社会工作者队伍以保障《社区矫正法》严格贯彻实施。三是强化学习培训，提升执法履职能力。将业务建设作为实现社区矫正工作队伍建设跨越式发展的突破口，努力营造相互学习、竞争的工作环境，多措并举增强社区矫正工作人员的执法能力和执法水平。加强日常业务培训，以培训班、座谈会、工作例会等形式定期组织学习。深刻领悟、加强学习《社区矫正法》《社区矫正法实施办法》常用法律法规，切实掌握最新业务知识。四是积极岗位练兵，提升实战能力。广泛开展社区矫正岗位练兵活动暨知识竞赛，以赛代练，营造“比学赶帮超”的工作氛围。对从事矫正工作的新手进行“面对面、手把手”教学，进一步提升社区矫正工作人员应知应会。同时加强与社区矫正各单位之间横向联系，互通信息，交流问题、探讨经验，努力拓宽工作思路和视野。努力建立起一支能力强、业务精的矫正执法队伍。

（二）建立健全社区矫正执法队伍保障激励机制

建立起社区矫正专门执法队伍后，必须有良好的物质保障机制、激励竞争机制和执行监督机制作后盾，否则，队伍建设难以持久、延续。在当前社区矫正实际执法过程中，必须做到：一是强化物质技术投入，建立经费保障机制。特别是在加强物质条件的投入的同时，及时更新换代技术设备，以提高社区矫正工作信息化条件下的执法能力。与此同时要建立经费保障机制，司法行政机关要加强请示汇报、主动协调，积极争取有关方面的大力支持，使基层社区矫正工作条件不断得到改善。二是建立激励机制，鼓励准确执法履职。要加强通过对社区矫正表彰先进、挖掘树立先进典型的工作力度，鼓舞队伍士气，进一步增强社区矫正执法队伍的凝聚力和战斗力，实现机关化模式向实战化模式转变。三是深化绩效管理，加强队伍风险防控。要打破旧有制度，建立体现岗位职责和绩效考核的社区矫正执法队伍薪酬制度，根据绩效考核结果进行分配。完善管理制度，实行日常考核与年度考核相结合，各司法所将社区矫正执法工作细化到个人，实行责任管理，防止相互推诿、敷衍了事。同时，注重改进工作作风，结合社区矫正职能岗位和工作实际，排查社区矫正工作执法风险点，制定相应的风险防范措施，有针对性地开展风险案例与警示教育，切实加强执法风险防控，维护社区矫正工作大局。四是完善目标考核，强化执法监督。加强对社区矫正工作目标责任制落实情况的监督检查，明确任务要求，加大督查力度，确保措施到位、责任到位。五是落实优待政策，强化职业保障。通过向基层一线、向执法岗位倾斜的办法，制定专门的优待政策。提高待遇，确保执法队伍的稳定性，从而也顺利提高社区矫正执法工作的质量。

（三）谋划构建社区矫正执法队伍建设培养新模式

提高社区矫正执法队伍的业务水平，提高执法能力，需要通过加大社区矫正工作者职业化、专业化建设力度，把适用《社区矫正法》的好想法、好做法形成统一规范的工作制度和模式，自上而下，以点带面辐射到各地基层工作中，从而推动社区矫正执法队伍的工作不断“提档升级”。一是拓宽社区矫正专门执法队伍培养路径。鼓励支持高校开设社区矫正专业，依托相关大专院校设立社区矫正专业，定向培养社区矫正专业人才队伍，维系社区矫正工作未来发展长远之计。二是建立社区矫正执法人员资格准入制度。制定高素质、具有适当学历要求、稳定的社区矫正执法人员准入标准，通过各省公务员招录社区矫正专业人才队伍的方向，提高对专职人员任职资格和条件的门槛，除了要达到国家公务员的任职资格和条件以外，还应该增加专业背景及实践经验的条件，优先考虑受过法律、教育、心理等专业人员。三是创新在职人员教育培训方式。摒弃以往“一锅炖”的培训模式，开展具有前瞻性、实践性和岗位适配性的精准靶向培训，依托知名高校院所优质教育资源，大力开展创新型业务培训，使社区矫正工作人员通过教育和培训，确实增强法治意识、人权意识、程序意识、证据意识，从根本上提高执法能力和水平。四是开展内部“三定”（定人、定岗、定职）对人事制度改革。通过改革使人岗相适应、向匹配。从岗位需求出发，注重统筹事业发展和干部成长这两个关键性因素，把最合适的人放到最合适的岗位上，打破论资排辈、平衡照顾，切实做到人与岗相适、事与人相促。五是深化社区矫正执法人员身份改革。通过对社区矫正官现有试点工作的经验总结，摸索执法人员身份的突破方向，亦可仿照国家安全部门执法工作人员的执法身份，工作时配发制服，但很少着装。另外，依据我国国情，社区矫正执法工作，确实需要警察身份的工作人员，笔者主张不是所有社区矫正专职工作人员都设置成警察身份，只是需要配备一定比例的警察人员就可以，其负责应对需要强制、采取临时性限制自由措施、处理突发、危机事件等情形，从而创新现有体制，确保执法工作规范、有序、有力。

（四）提升增强社区矫正执法为民的服务水平

要提高社区矫正机构工作队伍的整体素质，落实执法为民的服务水平。就必须在社区矫正执法过程中，针对工作人员在执法薄弱环节，采取刚性措施，加强执法能力建设，全面提升社区矫正机构工作队伍的执法素质和管理服务水平。根据当前社区矫正机构人员执法工作的实践现状，我们认为必须从以下四个方面来加强服务建设：一是高度重视队伍建设，强化执法指导服务。上级社区矫正机构和领导要加强对社区矫正机构执法队伍工作的指导，在基层社区矫正机构执法队伍执法水平得到快速提升，与此同时上级加强定位于单位之间的协调，沟通，可以使基层社区矫正机构与其他部门联系更加畅通，减少工作阻力。二是严格岗位执法标准，提升服务能力。通过制定流程化、科学化的执法标准，提升基层执法能力和水平。坚决把那些执法素质差，无服务意识、无管理水平、缺乏法律常识，不按照基本执法规范执法人通过整训达到执法标准或淘汰出局。三是完善执法审查机制，确保基层执法质量。通过开展执法服务的规范性、清单式审查，确保每一项执法行为能够按照执法流程和基本要求，使执法程序符合规范。要加大对执法不作为，乱作为和趋利执法、选择性执法等突出问题整治力度，有效预防和减少执法问题的发生。四是建立容错免责机制，服务基层大胆执法。建立科学的社区矫正执法工作容错免责机制，明确容错免责范围，一方面是把对待工作认真负责、积极探索创新的社区矫正工作人员在改革创新工作中出现的失误进行甄别，维护他们干工作的热情和积极性，不能仅因社区矫正对象再犯罪而追究法律责任；另一方面对于徇私舞弊违法违纪的，则要依法追究责任，防止容错免责机制成为违法乱纪者逃避追究责任的借口。

（五）锻造锤打社区矫正廉洁执法的行动自觉

社区矫正执法行为依法律进行的，要取得良好的法律效果和社会效果，还不能缺少廉洁执法，不能把“好经典”念歪了。要做好这一点，就必须做到：一是增加社区矫正执法的公开透明度。即把执法和执法的程序、内容、流程清晰地告知社区矫正对象及其他社会大众。消除被执法者的不当心理和群众的猜疑思想，确保执法规范有序，不出现违法空间。二是强化基层党建，厚植廉洁执法组织基础。通过加强社区矫正执法机构的党组织建设，提升社区矫正执法政治业务水平，提升政治判断力、政治领悟力、政治执行力。从政治思想上保证执法的规矩能不折不扣地执行到位，确保民警有清正廉洁执法的思想基础。三是加强党纪国法的教育，强化廉洁执法的自觉性。通过党纪国法的教育，促使执法人员牢固树立起正确的世界观、人生观、价值观，并在工作、生活各方面严格要求自己，防微杜渐，自觉在纷繁复杂形势面前，经受住金钱、权力、人情和各种利益的诱惑和考验，确保清正廉洁，使执法者自身有廉洁执法的高度自觉性。

总而言之，完善新时期社区矫正专门执法队伍的建设，规范社区矫正工作人员执法行为，增强其执法能力，是提高社区矫正工作机构整体执法水平，确保国家总体安全的重要标志。《社区矫正法》《社区矫正法实施办法》已明确了执法标准和流程，各岗位的主要职责、管理权限、关键要求和任职资格，对建立公正高效的执法管理制度，建设高质量的执法队伍具有非常积极的促进作用。面对新时期的新形势新任务，我们应该立即行动起来，瞄准执法过程中的专门执法队伍新要求，果断补齐短板，完善缺陷，采取行之有效的对策措施，力争使社区矫正执法队伍建设能够上新水平，社区矫正工作整体质量能够上一个新台阶。

社区矫正“专门力量+社会力量”执法队伍模式建设探析

周　娅　罗浩生*

一、社区矫正队伍建设的立法沿革

社区矫正是指将符合一定条件的罪犯置于社区之中以执行刑罚，本质上是一种非监禁刑的执行制度。① 社区矫正在平衡犯罪惩治和矛盾化解的问题上，具有独特的制度优势，对此，国家高度重视社区矫正工作。在社区矫正工作中，队伍建设是关键，也是我国社区矫正工作中亟待解决的难题。

相较于传统的监所队伍来说，社区矫正队伍建设综合性较强，涵盖的人员类别多样，因此也更为复杂。在以往的实践中，管制、缓刑、假释、监外执行等非监禁刑由公安机关负责执行，而随着 2003 年《关于开展社区矫正试点工作的通知》的发布，其中规定社区矫正的日常工作由基层司法所负责，原本由公安机关负责的非监禁刑服刑人员管理工作则逐步转移至司法行政机关，该做法推进了刑罚执行一体化的建设。2011 年出台的《刑法修正案（八）》规定对被判处非监禁刑的犯罪分子依法实行社区矫正，由此我国正式确立了社区矫正制度。2012 年出台的《社区矫正实施办法》进一步规定，社区矫正人员的监督管理和教育帮助工作由社区矫正机构负责，社会工作者和志愿者在社区矫正机构的组织指导下参与社区矫正工作，推进了社区矫正队伍的法治化建设。而之后出台的《刑事诉讼法》以法律形式明确了社区矫正机构为社区矫正的执行机关，对于社区矫正队伍的专业化建设具有重要意义。此外，在实践中部分地方还尝试抽调监狱警察或者戒毒警察延伸管教，参与社区矫正工作。司法部在 2018 年发布的《司法部关于推进刑罚执行一体化建设工作的意见》中肯定了该做法，进一步提出要有序推进监狱（戒毒）警察支持和参与社区矫正工作。

* 周娅，深圳大学法学院副教授，中国犯罪学研究会理事，广东省犯罪学研究会常务理事。罗浩生，深圳大学法学院 2021 级硕士研究生。

① 参见吴宗宪主编：《社区矫正导论》（第二版），中国人民大学出版社 2020 年版，第 5 页。

2020年出台的《中华人民共和国社区矫正法》（以下简称《社区矫正法》）总结了我国社区矫正工作的实践经验，为社区矫正队伍建设的制度化和规范化提供了保证，具有重大意义。此后，各地成立了各级社区矫正委员会，出台了社区矫正工作细则，推进了社区矫正机构的建立和健全，进一步加强了社区矫正队伍的建设，但仍存在一些不足。

二、社区矫正队伍建设存在的问题

《社区矫正法》第3条明确规定，社区矫正工作应坚持专门机关与社会力量相结合。随着立法的逐步推进，实践中，我国社区矫正逐步形成“专门国家工作人员+社会力量”的队伍建设模式，其中主要包括了司法行政部门公职人员、抽调参与社区矫正工作的监狱（戒毒）警察、社区矫正社会工作者、心理咨询师等社区矫正编外辅助人员和社区矫正志愿者。在队伍建设过程中，每类人员均存在各自的不足。

（一）司法行政部门公职人员

在社区矫正实践中，司法行政机关公职人员数量偏少，所发挥的力量较为薄弱，专业化水平也不高。市县（区）一级的司法行政部门负责社区矫正工作的公职人员比较固定，但数量偏少，一般仅为1人至2人。而受委托的司法所专职负责社区矫正的公职人员流动性较大，且部分司法所存在非公职人员主要负责社区矫正工作的现象。笔者认为，造成上述状况的主要原因如下：

其一，尚未建立独立的社区矫正机构。《社区矫正法》第9条明确规定，县级社区矫正机构负责社区矫正工作的具体实施，司法所根据社区矫正机构的委托承担社区矫正相关工作。司法行政部门公职人员的专职化和专业化在很大程度上依赖于独立的社区矫正机构。尽管目前社区矫正机构已经普遍设立，但受制于编制短缺，大多数地方只是采用内设挂牌的方式设立社区矫正机构①，内设挂牌的机构不具有独立的法律地位，并非实际意义上具备独立执法资格的社区矫正机构。由于尚未设立独立的社区矫正机构，司法所接受社区矫正机构的委托开展社区矫正工作明显与法律相悖；同时，目前仍有部分县区级司法行政部门按照惯性思维，将调查评估、日常监管等执法权限无限下放至司法所，不利于司法行政部门公职人员的专业化和专职化。

其二，司法所社区矫正力量极为有限。相关数据显示，截至2021年，全国共有

---

① 参见王顺安、李红梅：《纪念〈社区矫正法〉实施二周年暨〈社区矫正法〉适用成就与问题专题研讨会综述》，载《中国司法》2022年第9期。

司法所3.9万个，司法所工作人员15万人，而全年列管的社区矫正对象123.5万人。[①] 平均来看，每个司法所配备不到4名工作人员，可见司法所人员编制极为有限，而其管理的社区矫正对象数量又较多，力量明显不足。此外，在我国部分地区，如广东省深圳市、四川省天府新区等地，由于机构改革等原因，司法所并不隶属于司法局，司法所的人、财、物均由街道办事处直接管理支配，司法局与司法所仅属于行政指导关系。同时，司法所对外名称也更改为“综合治理办公室”等，除了社区矫正工作之外，还需承担人民调解、社会治安综合治理等多项工作，由于部分工作涉及维稳，在工作安排中也往往具有优先性，社区矫正工作自然而然地退居其后。由此可见，司法行政部门在事实上很难保障工作的专职性。

（二）抽调参与社区矫正工作的监狱（戒毒）警察

基于对司法所人员数量少和经验匮乏的现实考虑，司法行政部门采用借调监狱警察、戒毒警察延伸管教的模式，充实社区矫正执法力量，进而成为社区矫正实践中的用警常态。针对实践中的普遍做法，国家层面的立法却长期不给予回应，新近颁布的《社区矫正法》对此也是不置一词。相反，在司法部的工作文件当中，则肯定了该做法的积极意义[②]，且一些地方立法为该种做法提供了规范依据。[③]

立法上的模糊态度从侧面上反映了社区矫正用警问题的复杂性，学理上对该问题的争议也很大。有观点认为警察的职责重在管理，社区矫正用警会引发社区矫正对象的对立情绪，有违社区矫正轻缓化行刑的特点；也有观点认为社区矫正对象的人身危险性较小，不需要警察介入，即便发生意外情况，亦可请求公安机关予以协助。[④] 反对观点则基于执法的必要性和社区矫正队伍专业化建设的需要，认为社区矫正应当配备人民警察；[⑤] 更有观点认为，社区矫正执法人员应当纳入警察体制当中。[⑥] 可见，社区矫正用警问题在理论上仍未达成共识。

而在实践中，社区矫正用警也存在诸多问题，具体体现为以下几点：

其一，业务水平不足。社区矫正管理与传统监所管理存在较大的区别，更为侧重宽严相济刑事政策中“宽”的一面，管理理念与思路存在较大的不同。且社区矫正场所完全开放，较之于相对封闭的监所而言，环境明显更为复杂，且还需要与司

---

① 参见《中国法治建设年度报告（2021）》，https：//www.chinalaw. org.cn/portal/article/index/id/31371.html，最后访问时间：2022年8月12日。

② 参见《司法部关于推进刑罚执行一体化建设工作的意见》（司发〔2018〕11号），2018年12月27日发布。

③ 参见《广东省社区矫正实施细则》（粤司办〔2021〕174号），2021年8月27日发布。

④ 参见司绍寒：《我国社区矫正执法队伍建设研究》，载《河南司法警官职业学院学报》2014年第4期。

⑤ 参见刘强：《社区矫正执法人员人民警察身份辨析》，载《警学研究》2019年第3期。

⑥ 参见徐耀东：《社区矫正中延伸管教合法性问题探究》，载《社区矫正理论与实践》2022年第3期。

法所、派出所等部门进行沟通协调，而实践中部分抽调参与社区矫正工作的监狱（戒毒）警察业务水平不足，较难满足这些工作要求。

其二，执法权阙如。由于《社区矫正法》并未对社区矫正用警作出任何规定，导致抽调参与社区矫正工作的监狱（戒毒）警察在社区矫正中的执法身份难以被确认。实践中，抽调参与社区矫正工作的监狱（戒毒）警察参与了大量的基层社区矫正工作，如日常走访、训诫警告、入矫解矫等执法工作，无论是其警察身份带来的威慑力，还是其长期在监狱（戒毒所）工作中的经验，都发挥了不可替代的重要作用。但是，根据《监狱法》《戒毒条例》等相关规定，监狱（戒毒）警察的执法范围仅限于监狱（戒毒所），在社区矫正中没有执法权，在实践中仅能发挥警察身份的震慑作用，在遇到社区矫正对象要求其出示《执法证》时，也往往会因为无法出示而处于尴尬境地。且当遇到突发事件时，监狱（戒毒）警察无法采取必要的强制措施，仅能求助于公安机关，而当公安机关未能及时处理时，则会导致危害结果的发生。

（三）社区矫正社会力量

《社区矫正法》第 13 条规定，国家鼓励、支持企事业单位、社会组织、志愿者等社会力量依法参与社区矫正工作。社区矫正是行刑社会化思想的重要体现，行刑社会化是世界各国刑罚执行制度发展的主要方向之一，其要求加强服刑人员与社会的联系，借助社会力量对服刑人员进行改造，从而加速其回归社会的进程。因而，行刑社会化必然要求社会力量的介入，以便对社区矫正对象进行改造，实现其再社会化。目前，与社区矫正的社会力量主要包括社区矫正社会工作者、社区矫正心理咨询师、社区矫正编外辅助人员和社区矫正志愿者。实践中，参与社区矫正工作的社会力量以社区矫正社会工作者、社区矫正志愿者这两类为主。

社区矫正社会工作者是指针对社区矫正对象开展相关社会工作的专职专业人员，主要通过政府购买服务的方式为社区矫正机构提供服务和工作。① 社区矫正社会工作者队伍建设存在的问题如下：

其一，社区矫正社会工作者越权执法。社区矫正社会工作者为编外聘用人员，不属于国家工作人员的范畴，根据《社区矫正法》的相关规定，其不具有执法权。但在实践中，司法行政部门编制数量不足，司法事务繁多，从事社区矫正的力量较为有限，部分地区的社区矫正工作者会较为全面地参与社区矫正工作，甚至包括奖惩考核等执法工作。② 其二，社区矫正社会工作者队伍建设尚未实现专业化。根据

---

① 参见吴宗宪主编：《社区矫正导论》（第二版），中国人民大学出版社 2020 年版，第 84 页。

② 沈沛乔：《社区矫正主体协作机制研究——以深圳市罗湖区为例》，深圳大学 2019 年硕士学位论文。

《社区矫正法》的相关规定，社区矫正社会工作者应当具有法律、教育、心理、社会工作等专业知识或者实践经验，而在实践中，具有上述专业背景的人数占比较低。部分司法行政部门在招聘时，将该岗位定位为公益性岗位，优先招聘就业困难人员，减损了社区矫正社会工作者的专业性。社区矫正工作综合性和专业性较强，对相关人员的专业素养要求较高，上述做法不利于社区矫正工作的开展，也不符合《社区矫正法》的规定。其三，职业晋升制度阙如。目前，实践中缺少社区矫正社会工作者的职业发展体系，导致社区矫正社会工作者的职业前景不明，在一定程度上削弱了其职业认同感，阻碍了其发展空间，影响队伍建设的稳定性。

社区矫正志愿者可以补充现有社区矫正力量的不足，帮助社区矫正对象建立与社区的联系，提高社区矫正工作的实效。志愿服务本质上是一种公众参与，符合社区矫正工作的特点。《社区矫正法》也明确规定，国家鼓励、支持志愿者等社会力量依法参与社区矫正工作。但从目前实践的运行状况来看，社区矫正志愿者队伍建设存在最大的问题之一就是缺乏规范性，主要表现如下：

其一，社区矫正志愿者的准入条件不规范。社区矫正志愿者不同于一般志愿者，其需要了解一定的专业知识，从目前的状况来看，我国社区矫正志愿者队伍建设的专业性仍有待加强。其二，司法行政部门在社区矫正工作中占据主导地位，导致社区矫正志愿者多为被动接受司法行政部门交与的工作任务，职责不明，无法发挥社区矫正志愿者的优势。其三，对于志愿者服务时间和服务内容安排等方面也缺乏合理的机制，削弱了社区矫正志愿服务工作的效果。

三、社区矫正队伍建设的路径

与2012年《社区矫正实施办法》的概括性规定不同，《社区矫正法》对参与社区矫正的人员组成和职责都作了明确规定。笔者认为，在维持现有各类人员组成不变的情况下，可从以下途径完善社区矫正队伍的建设。

（一）司法行政部门执法人员的专职化和专业化

在社区矫正队伍的建设中，设立独立执法资格的社区矫正机构是核心。目前实践中尚未普遍建立具有独立法律地位的社区矫正机构，尽管《社区矫正法》规定，司法所可以根据社区矫正机构的委托承担社区矫正相关工作，但并不意味着司法所是执法主体，否则就与社区矫正工作专职化和专业化的发展路径相悖。笔者认为，应当充分借鉴部分地方探索的有益经验，设立能够独立行使社区矫正执法权的工作主体，最终实现司法行政部门执法人员的专职化。司法行政部门可以充分调研各地的实践状况，形成调研报告，与编制委员会办公室协商，增加政法专项编制数量，解决社区矫正工作中编制短缺的问题，进而推动社区矫正机构的建设。司法部也可以全面调研各地的工作状况，经过科学论证研究后，与中央编办进行协商，形成中央层面的文件，推动地方政法专项编制问题的解决。

很多国家对于社区矫正机构人员专业化的问题比较重视，要求社区矫正机构工作人员必须专职从事社区矫正工作，并给予相应的薪酬待遇，同时要求其必须具备法学、心理学、社会学等学位，以确保其从事社区矫正工作的专业性。[①] 我国司法行政部门可在当前执法人员的基础上从中选拔专职从事社区矫正工作的人员，并建立系统化的培训制度，提升其专业性。在司法行政部门执法人员的准入上，实行严格的准入制度，设置学历要求和专业门槛。此外，还应当建立司法行政部门执法人员的晋升体系，可以参考人民警察的职级序列，打通职业晋升通道，以确保队伍的稳定性、专职性和专业性。

（二）保留现有的抽调参与社区矫正工作的监狱（戒毒）警察模式

抽调参与社区矫正工作的监狱（戒毒）警察模式在促进社区矫正执法规范、增强执法实效上具有重要意义，因此社区矫正配备人民警察具有必要性和合理性，具体理由如下：其一，社区矫正是一种非监禁的刑罚执行制度，在一定程度上也是监狱改造职能的延伸，由监狱警察或者戒毒警察参与执法，有利于推进刑罚执行一体化，同时也有助于体现执法活动的权威性和严肃性；其二，社区矫正对象的比例和数量呈上升趋势，社区风险也会进一步提升，对社区监管工作提出了更高的要求，警察的介入也有助于社区矫正执法活动的顺利开展；其三，既有实践证明，抽调参与社区矫正工作的监狱（戒毒）警察的参与，强化了对社区矫正对象的管控，预防和减少了再犯罪。[②] 而针对配备警察会引发社区矫正对象对立情绪的说法，笔者认为，社区矫正本质上是一种刑罚执行，兼具惩罚性和恢复性，执法者和社区矫正对象的对立是必然存在的，不能仅强调恢复性而忽视惩罚性，否则不利于预防和减少再犯罪。

社区矫正配备警察具有必要性，但对于社区矫正执法人员纳入警察体制的做法也不妥当。社区矫正体现了宽严相济刑事政策中宽松的一面，以警察为主的模式更为强调监管，与上述政策相违背，不利于社区矫正对象的改造，且社区矫正工作综合性较强，执法队伍建设应当更加多元化和专业化。目前的立法条件仍不成熟，财政保障能力能否支撑该模式尚需进一步评估，因此保留现有抽调参与社区矫正工作的监狱（戒毒）警察模式才是当前的最优项，但仍需通过以下两个路径进行建设和

---

① 参见颜九红：《司法所社区矫正国家工作人员探讨》，载《北京政法职业学院学报》2021 年第 1 期。

② 参见《北京市司法局关于北京市抽调监狱劳教干警参加社区矫正和帮教安置工作情况的报告》（京司文〔2008〕30 号），2008 年 2 月 3 日发布。

完善：

其一，明确抽调参与社区矫正工作的监狱（戒毒）警察的执法身份。根据《社区矫正法》的规定，社区矫正机构具有执法职责的应当为具有法律等专业知识的专门国家工作人员，抽调参与社区矫正工作的监狱（戒毒）警察多数具备这样的资格。在实践中，部分省份的实施细则规定了抽调参与社区矫正工作的监狱（戒毒）警察，却仅是将其作为社区矫正工作人员，而非作为社区矫正机构工作人员，后者履行刑事执行职责，而前者仅是辅助执行力量。明确抽调参与社区矫正工作的监狱（戒毒）警察的执法身份，是社区矫正工作的现实需要，笔者认为，地方有关社区矫正的实施细则或条例应当将抽调参与社区矫正工作的监狱（戒毒）警察明确为社区矫正机构工作人员，这也符合上位法的规定。

其二，赋予抽调参与社区矫正工作的监狱（戒毒）警察采取强制措施的权力。社区矫正对象本质上是罪犯，具有人身危险性，不服从管教的现象也时常出现，且社区矫正对象的增多，对社区安全也会产生一定的威胁。对此，笔者认为，应当赋予抽调参与社区矫正工作的监狱（戒毒）警察采取强制措施的权力，配置警械，明确执法职责，针对社区矫正对象扰乱社区矫正工作场所和秩序、威胁社区矫正工作人员人身安全的行为，可采取进行制止、带离等处置措施，后续再移交公安机关进行处理，以充分发挥抽调参与社区矫正工作的监狱（戒毒）警察的震慑作用，预防和减少再犯罪。

其三，建立抽调参与社区矫正工作的监狱（戒毒）警察职业培训制度。针对抽调参与社区矫正工作的监狱（戒毒）警察业务能力不足的特点，应当建立抽调参与社区矫正工作的监狱（戒毒）警察职业培训制度。许多国家和地区对社区矫正执法人员的培训工作十分重视，以澳大利亚为例，其社区矫正官在从事执法工作之前，必须先参加为期9周的技能培训，通过考试和实习考核后，方能从事社区矫正执法工作。[①] 对此我们可以借鉴国外的经验，对抽调参与社区矫正工作的监狱（戒毒）警察进行正规化的培训，提升其理论素养和业务技能，帮助其完成从监所监管理念到社区矫正监管理念的转变，以便更好地完成社区矫正执法工作。

（三）加强与公安机关协作，引入辅警参与社区矫正执法工作

在社区矫正试点之前，非监禁性服刑人员的管理工作由公安机关负责，由此可见，公安工作和社区矫正工作渊源深厚。从当前社区矫正实践状况来看，出于执法监管、执法力量的需要，结合公安工作的特点，司法行政部门可以加强与公安机关协同合作，创新引入社区矫正辅警参与社区矫正执法工作。

---

① 参见林红：《社区矫正用警问题研究》，载《湖南警察学院学报》2021年第2期。

从其必要性来看，其一，社区矫正的场所位于相对开放的社区当中，必然导致社区矫正监管工作与公安的社会管理工作产生关系，且从户籍、档案和社会治安等角度来看，社区矫正对象也是公安的重点关注对象之一。其二，公安机关掌握大量的社会管理资源，在社区治理方面拥有丰富的管理经验。目前社区警务是各国警务改革的主要方向之一，传统警务侧重于打击犯罪，而社区警务则立足社区，侧重于预防犯罪。早在2002年，公安部和民政部就联合发布了《关于加强社区警务建设的意见》，要求加快社区警务的建设步伐，社区警务建设实现了公安工作和社区事务的深度融合。公安机关参与社区矫正执法，能切实提高社区矫正执法实效。其三，干警数量不足是目前社区矫正工作的突出问题之一，公安机关拥有完善的辅警制度，辅警队伍也较为庞大，引入辅警参与社区矫正，也能缓解社区矫正用警警力不足的问题。对此，部分地区也对该模式进行了有益的实践，如佛山市南海区司法局与区公安分局协调，选派部分公安民警和辅警协助开展社区矫正工作，增强了社区矫正工作力量。① 此外，《中央全面依法治国委员会关于支持深圳建设中国特色社会主义法治先行示范城市的意见》中也明确“探索辅警参与社区矫正工作机制”。由此可见，该模式也具备实践基础。

创新引入辅警参与社区矫正执法工作还需解决执法权的问题。辅警的职责是协助执法人员执法，并无执法权。辅警为执法干警的有力补充，若无一定的执法权限，会极大削弱执法实效，也不能缓解社区矫正用警警力不足的问题。部分地区对辅警执法权的问题进行了有益的探索。以广东省深圳市为例，2017年底深圳颁布的《深圳经济特区警务辅助人员条例》赋予了辅警一定的执法权限，规定辅警可以独立从事预防、制止违法犯罪活动等工作，允许其在1名以上人民警察的带领下从事接报警现场处置等工作，极大缓解了深圳警务人员不足，治安防控难度大等问题。笔者认为，可以借鉴该做法，利用地方立法权赋予辅警一定的执法权，明确其在社区矫正机构工作人员的带领下从事一定的执法活动，增强社区矫正的执法实效。

（四）探索“社会力量+半公职化”队伍模式

首先，就社区矫正社会工作者越权执法的问题，司法行政部门可以牵头出台相应的规范文件或行业标准，明确社区矫正社会工作者教育帮扶者的身份地位，禁止其越权从事执法活动，以广东省深圳市为例，深圳在全省首先出台的《社区矫正社会工作服务指南》，以此作为社区矫正社会工作服务标准，对于规范社会工作者参与社区矫正工作和推动基层治理“共治共享”的发展具有重要意义。社区矫正编外辅

① 参见《司法部社区矫正局到佛山调研社区矫正专门执法队伍建设情况》，http://fssf.foshan.gov.cn/xwbd/zwyw/content/post_5615809.html，最后访问时间：2023年8月15日。

助人员自身也应当杜绝重监管轻帮扶的理念，发挥自身的专业优势，助推社区矫正工作的顺利进行。

针对社区矫正社会工作者的准入而言，目前社区矫正社会工作者的招聘主要是通过向社会公开招录的方式来进行的。针对这种方式，在招录时不应当突出该岗位公益性的特征，而应当强调其专业性的特征，有针对性地选拔一些具备相关专业知识的人员。在招录后，应当对其进行岗前培训，且应当予以制度化和常态化，避免形式化。以广东省深圳市为例，深圳在全省创新建立“深圳市社区矫正学院”，对社区矫正辅助性工作人员进行上岗培训和等级评定管理，逐步在全市推广“持证上岗”机制，推进了社区矫正社会工作者队伍的专业化建设。除此之外，司法行政部门也可以依托警官类院校进行招录，目前部分警官类院校开设了社区矫正专业，司法行政机关可以与该类院校合作，共同制订社区矫正人才培养方案，定向培养社区矫正社会工作者。

而针对社区矫正社会工作者职业发展空间小的问题，笔者认为可以参考公务员队伍的做法，建立职级序列，每一职级均设置相应的工资标准及各类待遇，职级高低依据工作年限、工作经验等予以评定，若达到一定的任职年限即可按照程序予以晋升，以此保证社区矫正社会工作者的稳定性。此外，也可以根据社区矫正社会工作者获得的各类专业证书予以晋升。

其次，针对社区矫正志愿者的问题，笔者认为应当建立健全社区矫正志愿者团体，由该团体制定相应的组织规范，推动社区矫正志愿者的队伍建设。志愿者团体的建设有利于社区矫正志愿工作的有序化，统筹志愿服务安排，为志愿活动提供制度保障。社区矫正志愿者团体可以制定相应的准入门槛，提高社区矫正志愿队伍的专业水平，优化社区矫正志愿者的人员结构，统一规划人员安排，明确志愿者的职责，完善志愿者培训、管理、奖惩、保障等制度。志愿者团体也可以积极对接高校等单位，通过签约等方式形成长效合作机制，以确保志愿者队伍的稳定性。

最后，应当加快引进法学、社会学、心理学等专业人才，如广东省深圳市在全省首创“社区矫正专员”（亦称社区矫正官）模式。“社区矫正专员”通过社会化形式引入法律专业人才，参与社区矫正合规审核和风险防控等工作，在人才培养、职业晋升渠道参考政府法律专务形式，与社会工作者有所区别。笔者认为，可以借鉴深圳的有益经验，探索“社区矫正专员+社区矫正辅警”的半公职人员化模式，积极向编办部门争取编制，打通职业晋升途径和畅通执法合法化。

四、结语

《社区矫正法》明确规定，社区矫正工作坚持监督管理与教育帮扶相结合，专门机关与社会力量相结合。但在执法职责的问题上，《社区矫正法》仅明确了由专门国家工作人员履行执法职责，笔者认为，如果在国家层面或地方层面的法规中明确赋予“社区矫正专员”“社区矫正辅警”等社会力量一定的执法职责，充分利用社会工作者等编外辅助人员的专业服务能力，探索建设“专门力量+社会力量”专门执法队伍模式，充分发挥专门国家力量的监督管理职责和社会力量的教育帮扶职责，才能更好地贴切我国社区矫正工作的实际现状，推进高素质社区矫正队伍的建设。

社区矫正专门执法队伍建设研究

张露予*

在我国，社区矫正是对被判处管制、宣告缓刑、假释和暂予监外执行的罪犯依法开展的刑事执行活动，需要由具有法律等专业知识的专门国家工作人员负责执行，以维护刑事执行工作的严肃性和权威性。为有效贯彻落实《中华人民共和国社区矫正法》（以下简称《社区矫正法》），全面提升社区矫正质量，有效预防和减少重新违法犯罪，建立一支正规化、专业化、职业化的专门执法队伍的需求变得越来越迫切。近几年，各地不断强化社区矫正专门执法队伍建设，取得了显著成效，但仍然存在执法身份模糊、专业力量薄弱、专职人员短缺等具有突出性和普遍性的问题，社区矫正机构工作人员的身份、职责、准入条件等亟待进一步明确，专业知识技能亟待进一步强化，职业保障机制亟待进一步健全。

一、社区矫正专门执法队伍的内涵

（一）社区矫正专门执法队伍的范围

《社区矫正法》第10条规定："社区矫正机构应当配备具有法律等专业知识的专门国家工作人员（以下称社区矫正机构工作人员），履行监督管理、教育帮扶等执法职责。"第13条规定："国家鼓励、支持企业事业单位、社会组织、志愿者等社会力量依法参与社区矫正工作。"第15条规定："社区矫正机构工作人员和其他参与社区矫正工作的人员依法开展社区矫正工作，受法律保护。"依据《社区矫正法》的规定，"专门国家工作人员"与"社区矫正机构工作人员"为同一概念，系社区矫正机构中的专门工作人员，具有完全的执法权。① 相对地，企业事业单位、社会组织、志愿者等社会力量应当属于"其他参与社区矫正工作的人员"。这部分人员是受到法律保护的社会辅助力量，不具有执法权限，以社会工作者、志愿者等为代表。因此，

---

* 张露予，司法部预防犯罪研究所社区矫正工作研究室助理研究员，博士。

① 司绍寒：《我国社区矫正执法队伍建设研究》，载《河南司法警官职业学院学报》2014年第4期。

本文认为，社区矫正专门执法队伍的范围仅包含具有执法权限的社区矫正机构工作人员。但是，在专门机关和社会力量相结合的社区矫正工作模式下，鼓励和引导多元社会力量参与社区矫正具有十分重要的意义，也是对社区矫正专门力量的有力补充。

（二）社区矫正专门执法队伍的职责

社区矫正工作人员负担着监督管理和教育帮扶的双重执法职责，其日常工作主要包括以下三个方面：第一，监督管理。严格落实信息化监管、走访、考核请假及居住地变更、奖惩案件办理等日常监管措施，严防社区矫正对象脱管失控和重新违法犯罪。第二，教育矫正。开展集中教育、日常教育、组织公益活动，落实“分类管理、个别化矫正”，以实现精准矫正。第三，帮扶救助。开展心理和行为矫治、社会适应性帮扶、安置帮教等，促使社区矫正对象顺利融入社会。此外，还包括社会调查评估、矫正登记接收、监地衔接等矫正衔接工作。① 为有效履行上述繁杂的职责，社区矫正工作人员需要具有符合岗位需求的法律、教育、心理、社会工作等多样化的专业知识技能，同时还需经过长时间的专门培训。

（三）社区矫正专门执法队伍的架构

目前，我国社区矫正专门执法队伍的架构为“社区矫正机构+司法所”的模式。就社区矫正机构而言，在《社区矫正法》颁布实施时，县级社区矫正机构基本作为县级司法局中的内设机构而存在，其名称为社区矫正科或社区矫正股，对司法所的社区矫正工作进行业务指导和行政管理。许多地方在县级同时设有社区矫正中心一类的机构，但其并不是独立的执法主体，且与司法局内设的社区矫正机构存在着“两块牌子、一套人马”的现实情况。② 伴随着《社区矫正法》的贯彻实施，天津、上海、重庆等多地在省、市、县三级均设置了具有独立执法资格的社区矫正机构；安徽、陕西、山东等地开展社区矫正“队建制”建设试点，将地域相邻相近的 3 个至 5 个乡镇（街道）划分为一个社区矫正工作片区，每个县（市、区）划分为 2 个至 5 个片区，在县级社区矫正机构下设社区矫正中队，每个中队承担一个片区的日常工作，专人、专业、专职承担社区矫正对象日常管理和执法工作；③ 山西、江西等地在保留原有社区矫正中心的基础上，全部依法设立县社区矫正管理局，社区矫正

---

① 郑艳、徐祖华：《社区矫正专门执法队伍建设探析》，载《犯罪与改造研究》2024 年第 4 期。

② 刘强：《中国社区矫正机构和执法队伍建设——主要基于与俄罗斯的比较研究》，载《社区矫正理论与实践》2022 年第 1 期。

③ 张桂荣、安文霞、张露予：《安徽省社区矫正“队建制”改革及启示》，载《犯罪与改造研究》2023 年第 9 期。

局和社区矫正中心两支队伍合署办公，形成了“一局一中心”的县级社区矫正模式，其中社区矫正管理局在人员配备上实行“专职+民警+辅助人员”执法队伍模式，中心按照“事业编制+社工+心理咨询师”的模式配备人员。在上述的执法队伍架构下，社区矫正机构主要通过公开招录、争取编制、系统内调剂、选派监狱戒毒民警等方式组建社区矫正专门执法队伍。

就司法所而言，在《社区矫正法》实施前，基层司法所承担着社区矫正日常工作。而且可以说，社区矫正工作高度依赖着基层司法所。在《社区矫正法》颁布实施后，县级以上社区矫正机构成为法定的执法主体，司法所不再是执法主体，而是根据社区矫正机构的委托，承担社区矫正相关工作。目前，司法所主要通过招聘协管员、专管员等社会工作者的方式来充实自身力量、协助社区矫正执法工作。① 通过近年来各地的社区矫正机构建设探索，我们可以看出，各地正在致力于构建省、市、县三级或省、市、县、乡四级社区矫正组织网络，将社区矫正的主要工作从司法所业务中剥离出来，打造省内统一的执法管理模式。这种社区矫正机构建设趋向有利于建立一支稳定、专职、专业的社区矫正专门执法队伍。

（四）社区矫正专门执法队伍建设的关键方面

社区矫正专门执法队伍作为一支法治专门队伍，应当持续推进正规化、专业化、职业化建设，② 这不仅直接影响着社区矫正工作的质量，也事关社区矫正制度的真正落实。在刑事执行一体化的时代背景下考量，我国社区矫正专门执法队伍仍然存在执法身份不明确、专业化程度不足、职业化程度不足的短板。为推进正规化建设，仍然需要深入把握社区矫正的性质，进一步优化机构设置与资源配置，明确社区矫正工作人员的执法者身份。为推进专业化建设，则需要在繁重的执法工作任务下，持续提升与强化社区矫正工作人员的综合素质与能力。为推进职业化建设，亟待充实专职人员力量，明晰权责范围，同时推进职业保障机制建设。

二、社区矫正专门执法队伍建设的现状

近年来，各级司法行政机关和社区矫正机构认真贯彻落实《社区矫正法》，社区矫正组织机构建设依法推进，监管执法更加规范，教育帮扶力度不断加大，执法保障更加有力。但是，执法队伍专门性欠缺的问题仍然凸显，各地普遍面临着社区矫正机构执法者身份模糊、专业力量薄弱、专职人员短缺的现实情况，严重影响和制

---

① 郑艳、徐祖华：《社区矫正专门执法队伍建设探析》，载《犯罪与改造研究》2024年第4期。

② 习近平：《坚定不移走中国特色社会主义法治道路　为全面建设社会主义现代化国家提供有力法治保障》，载《求是》2021年第5期。

约着社区矫正工作的高质量发展。

（一）社区矫正专门执法队伍建设的成效

一是领导体制和工作机制进一步健全完善。依法完善了“党委政府统一领导、司法行政部门组织实施、有关部门密切配合、社会力量广泛参与”的社区矫正领导体制和工作机制。省、市、县、乡四级社区矫正委员会依法普遍设立，切实发挥着统筹协调和指导作用。

二是大力推进社区矫正机构队伍建设，专门执法力量进一步壮大。在全国范围内，省、市、县三级人民政府通过采取单独设立、在司法厅（局）或其内设机构加挂牌子等方式，依法设立具有独立执法主体资格的社区矫正机构已分别达到78%、73%、68%。① 其中，已建成3045个规范化县（区）社区矫正中心。② 各地通过内部调剂、地方增编等方式招录选拔社区矫正专门国家工作人员，同时推进监狱戒毒民警延伸监管工作与社会力量参与社区矫正工作，着力改善社区矫正机构专门执法力量配备不足的问题。例如，河南、云南、黑龙江、辽宁、安徽、湖南等调配系统内腾退的政法专项编制，北京、重庆、山西等为县（区）社区矫正机构增配事业编制，充实了社区矫正专门国家工作人员力量。③

三是提升社区矫正工作人员专业化水平。多地制定了社区矫正工作权责清单和执法工作标准，明确社区矫正工作人员的工作职责和权限，细化社区矫正工作程序和标准，依法完善执法制度体系、监督体系和责任体系。通过常态化开展“社区矫正执法技能大比武”、社区矫正工作人员初任培训、在职培训等方式，加强与社区矫正业务密切相关的刑事法律法规及规章制度、犯罪学、心理学、社会学等理论知识的培训，不断提升工作人员的执法能力和水平。

四是加强社区矫正执法人员职业保障。一方面，加强工作保障。通过规范社区矫正专职工作人员着装、标识，配发专门执法或工作证件，规范配备必要的执法车辆，来保障社区矫正工作的顺利开展，增强社区矫正工作人员的执法权威性与工作认同感。另一方面，加强经济保障。云南、江西等地将社区矫正经费列入本级政府预算，统筹做好经费保障工作，推出因地制宜的社区矫正经费绩效分配办法。

---

① 《司法部：全国共5.8万名社会工作者参与社区矫正》，https：//society. people. com. cn/n1/2023/0706/c1008-40029337. html，最后访问时间：2023年1月6日。

② 《司法部召开会议部署 提升社区矫正质量 预防和减少重新违法犯罪》，https：//www. moj. gov. cn/pub/sfbgw/gwxw/xwyw/szywbnyw/202404/t20240412_497449. html，最后访问时间：2024年4月12日。

③ 《司法部有关负责人就〈中华人民共和国社区矫正法〉施行三周年回答记者的提问》，https：//www. moj. gov. cn/pub/sfbgw/zwxxgk/fdzdgknr/fdzdgknrjdhy/202306/t20230629_481686. html，最后访问时间：2023年1月6日。

（二）社区矫正专门执法队伍建设中仍然存在的突出问题

1. 执法者身份模糊

社区矫正执法人员的身份从一开始就有诸多争议。在《社区矫正法》颁布实施前，已有许多学者倡导建立社区矫正官制度①，提议在司法所设置专司社区矫正管理和执行工作的、具有执法主体资格的社区矫正官②，并以社区矫正官为核心，广泛动员其他社会资源参与社区矫正，以保证社区矫正的刑罚执行性质③。对于社区矫正官是否应当具有警察身份，一直存在一些争议。持赞同观点的学者认为，警察身份更加符合社区矫正工作的性质与《人民警察法》规定的警察职责。④ 持反对观点的学者认为社区矫正官的身份应相当于"不穿警服的警察"，⑤ 警察身份会改变社区矫正工作的风格，而且警察职责可通过与公安机关的协作行使⑥。在实践中，多地在社区矫正试点过程中探索社区矫正专门执法队伍的构成模式，通过抽调监狱民警派驻司法所的方式协助社区矫正工作。但是，2020 年正式颁布实施的《社区矫正法》并未明确规定社区矫正执法人员的身份，而是使用了专门国家工作人员这一模糊表述。这有利于摆脱试点期间形成的固有思维模式和定位，但也导致学界对社区矫正作为刑罚执行环节之一的惩罚性和威慑性存在质疑，实务部门主张和支持建立社区矫正官制度以及社区矫正机构配备警察的意愿十分强烈。

在社区矫正工作中，执法者身份模糊的问题也导致社区矫正工作人员执法权限和手段不足，一些社区矫正工作所需的独立处罚与强制措施难以实施，在许多情况下只能转变为感化说服，执法过程中难免有掣肘之感。而且，社区矫正工作人员在遇到危险时，很难保护自身安全。目前，各地普遍抽调监狱戒毒人民警察参与社区矫正工作，覆盖面非常广泛。民警虽能发挥专业知识、职业素养、管教经验等优势，通过实务指导经验传授，创新开展分类管理、个别化矫正等工作，有效提高社区矫正执法规范化和教育矫正质量，但身份却是借用、派驻，并非常设，协助社区矫正机构工作的时间存在不确定性、不连贯性，经常出现在熟悉社区矫正工作后即被调离的情况。

---

① 吴宗宪：《论社区矫正官》，载《中国司法》2011 年第 11 期；李文华：《论社区矫正的主体》，载《青海社会科学》2008 年第 5 期；但未丽：《社区矫正官执法身份的实然与应然》，载《首都师范大学学报（社会科学版）》2017 年第 2 期。

② 陈和华：《论我国社区矫正的组织制度》，载《法学论坛》2006 年第 4 期。

③ 陈和华：《关于建立我国社区矫正官制度的思考》，载《河南司法警官职业学院学报》2011 年第 1 期。

④ 司绍寒：《社区矫正警察队伍建设问题研究》，载《中国司法》2012 年第 4 期；陈国庆、陈惜珍：《社区矫正执法人员队伍建设探讨》，载《中国司法》2013 年第 10 期。

⑤ 董邦俊、王振：《社区矫正的制度化构想》，载《政法学刊》2007 年第 4 期。

⑥ 吴宗宪：《社区矫正立法中的警察问题探讨》，载《中国司法》2014 年第 11 期。

2. 专业力量薄弱

社区矫正是一项法律性、社会性、专业性都很强的工作，需要一支高素质的专门执法队伍来负责。《社区矫正法》第16条规定："国家推进高素质的社区矫正工作队伍建设。社区矫正机构应当加强对社区矫正工作人员的管理、监督、培训和职业保障，不断提高社区矫正工作的规范化、专业化水平。"然而，受社区矫正工作人员来源渠道较多、部分工作人员未经过专业培训的影响，相当一部分社区矫正工作人员不具备从事社区矫正工作的专业素养，配齐具有法律、社会工作、教育、心理等专业知识或相关工作经验人才的社区矫正专门执法队伍更是屈指可数，受聘人员专业不对口的现象普遍存在，严重影响了社区矫正工作质效。

3. 专职人员短缺

社区矫正专门执法队伍专职人员短缺的问题突出表现在基层司法所专门执法力量不足与工作队伍流动性大这两个方面。

一是基层司法所专门执法力量不足。绝大多数社区矫正机构的工作仍然需要委托司法所承担，但政法专项编制紧缺的问题在基层司法所尤为突出。例如，安徽省每个司法所平均仅3.9人，有的司法所仅有一名政法专项编制的工作人员，甚至存在没有政法专项编制工作人员的"无人所"。而且司法所承担着大量职能工作和乡镇街道的中心任务。其中职能工作就有9项，包括人民调解、社区矫正、基层法律服务、安置帮教、法治宣传教育、基层依法治理、协助处理矛盾纠纷、参与社会治安综合治理，以及其他乡镇和街道交办的工作。基层社区矫正工作人员长期处于超负荷工作状态，客观上大大削减了社区矫正工作的时间和精力，专职性无法保障。

二是工作队伍流动性大。社区矫正执法岗工作繁重、压力较大，在遇到跳槽与晋升机会后离开社区矫正机构的人员并不鲜见。人员流动频繁的状况迫使从事社区矫正的工作人员尚未熟悉或者刚刚熟悉业务就更换岗位，造成社区矫正队伍不稳定，加剧了这种恶性循环。

三、社区矫正专门执法队伍建设存在问题的原因分析

（一）社区矫正性质不明确

《社区矫正法》对社区矫正的性质采取了模糊的处理。在法律条文中，没有明确表述社区矫正的法律性质，而且采用了"社区矫正工作人员""社区矫正对象"等不包含法律性质、仅呈现为客观描述的术语，"社区服务"措施也缺乏惩罚性。同时，我国《刑法》第75条关于缓刑犯应当遵守的规定的内容也未强调惩罚性，这使得缓

刑执行的刑罚特性大为减弱，导致社区矫正的惩罚性不足，[①] 也导致实践中社区矫正工作人员对于社区矫正工作的性质把握不准，对于是否应体现惩罚性、是否应侧重教育矫正多有争论。

在这样的现实背景下，社区矫正机构与工作人员也自然存在设置差异化与身份模糊化的问题。一方面，各地为突破社区矫正工作高度依赖基层司法所与基层司法所承担职能繁重之间的问题，通过“队建制”“一局一中心”等模式开展社区矫正机构建设探索，这导致全国范围内县级社区矫正机构的覆盖面与设置标准存在差异。另一方面，社区矫正工作队伍与司法所的双主体设置仍然存在，非垂直管理的状况不利于准确理解和处理社区矫正机构与司法所之间的关系，使得社区矫正执法活动的内在联系存在一定的阻力。社区矫正机构依法将执法权委托给司法所的路径更是不甚清晰，严重弱化了社区矫正的刑罚执行属性，也使得社区矫正工作队伍及司法所在社区矫正执法中权力不清、责任不明、权责不对等。

（二）吸引人才、培养人才的手段不足

就吸引人才而言，社区矫正工作人员与社区矫正对象的配比不合理导致社区矫正执法岗压力大、责任重，以至于许多高校应届毕业生以及许多司法行政机关内部工作人员不愿到社区矫正执法岗位工作，人员流动频繁，在岗有跳槽想法的不少，很难留住人才。

就培养人才而言，第一，再教育机制针对性不强，缺乏对社区矫正工作人员的系统性培养。培训工作往往只是简单地以年度为单位进行规划，而且常常因为形势任务变化、工作重心调整或者是领导决策等原因不能严格执行，缺乏对社区矫正工作人员整个职业生涯的培训规划。第二，工学矛盾比较突出。社区矫正机构的工作任务比较繁重，社区矫正工作人员长期处于高强度、大压力、快节奏的工作模式中，一定程度上挤压了学习培训的时间。第三，经费保障不足，社区矫正工作人员参与统一组织的教育培训的经费需要由基层单位支出，在原本经费紧张且对教育培训重视程度不够的情况下，存在基层单位并未合理地将教育培训费用纳入预算导致培训无法成行、培训工作无法有效展开。

（三）政法专项编制少

社区矫正专门执法队伍专职人员短缺的首要原因为政法专项编制紧缺，使得“人多事少”的矛盾格外突出，进一步导致了社区矫正机构工作人员身份混杂、基层司法所不堪重负的现实状况。

---

① 吴宗宪：《再论社区矫正的法律性质》，载《中国司法》2022 年第 1 期。

社区矫正制度作为我国刑事执行制度中一项全新的制度设计，包含刑事判决、刑事裁定和暂予监外执行决定的正确执行与社区矫正对象的监督管理、教育矫治等大量的工作。在社区矫正制度实施后，显著增加了司法行政机关的业务量，但是，目前为社区矫正机构增拨编制尚缺乏中央层面相关政策依据，尽管各省已经实现省、市、县三级社区矫正委员会和社区矫正机构设置全覆盖，但社区矫正机构大多数是以挂牌形式设置，编制管理部门也并未单独给予或者增加编制数，人员数量同样受到人员工资与财政预算的制约。而且，目前各部门对于司法行政工作的支持力度尚不足够，存在着诸多亟待解决的问题。在这样的情况下，司法部相关负责部门争取各方支持的力度不够，创新举措不足。

四、加强社区矫正专门执法队伍建设的对策思考

立足我国实践，持续加强社区矫正专门执法队伍建设，才能推进社区矫正工作跨越式发展。针对我国社区矫正专门执法队伍尚存在的执法身份模糊、专业力量薄弱、专职人员短缺等具有突出性和普遍性的问题，应当进一步明确社区矫正机构工作人员的身份、职责、准入条件，进一步强化专业知识技能，进一步健全职业保障机制。

（一）理念指引：以推进刑罚执行一体化建设为契机，统筹推动社区矫正专门执法队伍建设

党的十八届四中全会作出了“完善刑罚执行制度，统一刑罚执行体制”的决策部署。而后，司法部印发《司法部关于推进刑罚执行一体化建设工作的意见》，要求“建立刑罚执行深度融合的一体化执法平台”。以推进刑罚执行一体化建设为契机，社区矫正与监狱矫正可以实现相辅相成、优势互补的互帮共建模式，[①] 统筹管理戒毒工作的编制，来进一步完善职能配置、人员编制，推动社区矫正工作的标准化、规范化，夯实基层基础。《司法部关于推进刑罚执行一体化建设工作的意见》要求，“有序推进监狱警察支持和参与社区矫正工作。首先，要积极选派监狱警察支持县级社区矫正机构。其次，要推进社区矫正工作人员到监狱挂职或工作”。在司法行政系统内，监狱矫正与社区矫正的互帮共建既有助于社区矫正工作人员把握刑罚执行的性质特点，更好地履行执法工作，也有助于综合提升社区矫正工作人员专业能力，打通人才培养的交流渠道。将监狱机关与社区矫正机构的建设问题统筹看待，也更

① 冯卫国、储槐植：《刑事一体化视野中的社区矫正》，载《吉林大学社会科学学报》2005 年第 2 期。

有利于建立顶层协同机制，加强难题瓶颈的推进力度。不论是社区矫正工作还是监狱工作的推进，都离不开中央编办、财政部、其他政法部门等相关部门的通力协作。应当以推动刑事执行一体化的理念，推动建立公检法司通力协作、政府部门积极支持和社会力量广泛参与的议事协调机制，最大限度地形成工作合力，加强推进机构建设的力度与司法行政工作的有序发展。同时，在人员编制方面，司法行政机关应做好顶层设计，在认真调研测算的基础上，加强与中央编办的沟通协调，指导各级司法行政机关依照《社区矫正法》，积极健全完善社区矫正机构队伍，争取各级编制部门支持，充实专门国家工作人员编制数量。一方面，借助戒毒管理改革的机遇，深入研判戒毒警察转型的问题，进一步统筹协调，以期解决社区矫正机构的编制难题。① 另一方面，通过利用司法行政系统职能调整腾退的政法专项编制等办法，充实一线执法力量，保证执法和管理工作需要。

（二）能力提升：多措并举提升社区矫正专门执法队伍综合素质能力

第一，构建规范化执法体系，推进社区矫正执法责任制，健全社区矫正执法机制。加大执法不作为，乱作为和趋利执法、选择性执法等突出问题整治力度。这样有利于推进基层司法所执法的规范化，有效预防和减少执法问题的发生，提升整支社区矫正工作队伍的履职质效与公信力。第二，建立健全职业准入门槛，选拔招录一批具有专业知识、符合工作需要的专门国家工作人员。社区矫正作为严肃的刑事执行工作，其工作人员肩负着监管和教育社区矫正对象的职责，理应和法官、检察官一样设置相应的职业准入资格以确保其职业化发展方向。第三，加大专业培训力度，进一步推进实战练兵常态化。积极开展业务培训，举办全国性、省级、市级等各个层级的社区矫正培训班，同时应举办跨省的、跨地域的培训交流活动，有利于指导支持工作起步晚、社区服刑人员数量多、工作任务重的县（市、区）司法行政机关学习有益经验，提高执法队伍整体素质。

（三）机制健全：构建与社区矫正职业特点相匹配的职业保障机制

第一，推动建立依法履职保护、纠错容错机制等，加强职业保障。实践中，社区矫正工作人员与普通公务员相比面临着较高的执法风险，需要构建与其职业特点和职业风险相匹配的职业保障制度，以提升社区矫正工作人员的职业认同感与成就感。第二，积极探索统一社区矫正专门国家工作人员服装、执法标识，积极研究制定《社区矫正机构装备配备标准》《社区矫正工作人员执法装备配备标准》《移动执法车辆应用技术标准》等一系列技术标准，全面指导各地加强社区矫正保障工作。

① 郑艳、徐祖华：《社区矫正专门执法队伍建设探析》，载《犯罪与改造研究》2024 年第 4 期。

第三，合理提高专职社会工作者的工资福利待遇，加强培训督导，建立健全激励机制。

（四）共建共治：发挥社会力量的有力辅助作用

社会力量参与社区矫正工作是社区矫正的鲜明特点。拓宽社会力量参与社区矫正的广度与深度，有利于打造“专群结合、群防群治”“共建共治共享”的社区矫正工作新格局。对此，还可以在机制建设方面予以进一步的加强，以提高教育矫正质量，促进社区服刑人员更好地融入社会。一是进一步完善社会组织和社会工作者参与社区矫正工作的激励与保障机制，拓宽社会组织和社会工作者参与社区矫正工作的渠道，探索建立长效参与机制、创新特殊人群管理服务等。二是进一步完善社会组织和社会工作者参与社区矫正工作的约束机制，[①] 指导、督促服务承接机构履行合同义务，同时探索建立标准科学、可操作性强的社会服务监督评估机制，保证服务数量、质量和效果。

① 王丹、张学超：《社会力量参与社区矫正的路径探索》，载《犯罪与改造研究》2024 年第 5 期。

社区矫正执法队伍建设路径探索

陈金宁　覃建锦*

《中华人民共和国社区矫正法》（以下简称《社区矫正法》）于2020年7月1日起正式施行，从立法层面上确立了社区矫正的制度框架、具体矫正内容、应承担的法律责任等①，这无疑对社区矫正执法队伍提出更高要求。

自2003年起，我国开始进行社区矫正试点，目前发展已历经20年，社区矫正制度实现了从无到有、从点到面、从粗到细的变革过程。② 在社区矫正体系建立并不断完善的同时，本土社区矫正执法队伍也在不断进步和完备。但从当前的社区矫正实务经验来看，我国在社区矫正执法队伍建设方面仍存在诸多问题，诸如执法队伍力量不足、配置性差、专业性和稳定性不强、执法身份模糊等问题③，而其中的一些关键性问题，如执法主体的（身份）性质、责任分工等，实务界和学界至今没有一个较为统一的结论。需要注意的是，这些问题在社区矫正执法的推进过程中日渐凸显，已经成为社区矫正执法队伍建设中亟待解决的问题。对社区矫正执法队伍建设相关问题的探究对我国社区矫正刑罚制度建设具有重要意义。

一、社区矫正执法队伍建设现状及问题分析

（一）国内已有的一些实践探索经验

近年来，学界在社区矫正领域的研究逐步转向社区矫正执法队伍建设这一关键维度。然而一些学者认为，自社区矫正在中国试点施行以来，社区矫正队伍建设虽然一直在推进，但尚未取得实质性进展。特别是，关于社区矫正执法主体资格以及

---

* 陈金宁，广东省广州市番禺区普爱社会工作服务社服务主任、中级社工师。覃建锦，广东省广州市番禺区普爱社会工作服务社社工。

① 张荆：《〈社区矫正法〉的立法意义与执法难点》，载《犯罪研究》2020年第4期。

② 吴紫剑：《我国基层社区矫正执法组织研究》，湘潭大学2020年硕士学位论文。

③ 江西省司法厅课题组、沙闻麟：《关于基层社区矫正队伍建设的探索与思考》，载《中国司法》2017年第2期。

执法身份性质的有关重要问题在社区矫正试点推行之初就已被提出，却始终没有一个较为成熟的定论。我国至今没有一个被严格定义的社区矫正执法队伍，社区矫正执法主体的资质及身份性质的迷思一直存在。一些学者把问题的根源归结于中西制度及文化差异，认为不同于西方的架构，我国有着更为复杂的制度依托和行政体系，社区矫正队伍的建设受到如历史背景和国家制度的制约，因而不能简单移植西方的成功经验，而且社区矫正的改革推进过快也未必是好事，社区矫正队伍建设需要循序渐进地发展①，我国需要探索出适合自身国情的道路。

对此，国内不同地区出现了不同探索，分析如下。

1. 队建制：成立专门的“执法队”

立足于我国具体实际推动社区矫正工作改革，随着此项改革的日益深入，更多的实践经验表明原司法所管理的传统模式存在不容忽视的弊端。为进一步明确社区矫正的相关权责，提高管理效率，一些地方开始寻找新的方案，尝试上移社区矫正执法权限，由县一级社区矫正机构设置专门执法大队，负责开启中队管理改革活动。②

例如，浙江省在这方面就积累了较为先进的经验，该省在其县级司法局社区矫正管理科基础上进行试点改革，尝试设立社区矫正执法大队。其基本运作逻辑是：由专门成立的执法队入驻监管指挥中心，负责协调落实社区矫正各项日常工作，执法队负责承担监管执法职责。以浙江台州为例，台州市在 2014 年 6 月将社区矫正工作处更名为社区矫正管理局，同时还增挂社区矫正执法支队牌子，与之相应的各县市区也相应更名其原先设置的社区矫正管理科，具体更名为社区矫正执法大队。

无独有偶，2017 年 7 月，安徽省蚌埠市怀远县在学习借鉴其他地区社区矫正工作经验的基础上结合本土实情，将全县 19 个乡镇划分为 5 个片区，同时还在县社区矫正执法大队下设社区矫正中队，具体设置共有 5 个社区矫正中队，开始试点安徽省社区矫正机构“队建制”建设的实践探索。在《社区矫正法》颁布实施后，2021 年 9 月，安徽省进一步依法推进“队建制”改革，在积极推动社区矫正机构建设之外，还同步推进社区矫正“队建制”改革，要求试点单位在推进社区矫正中队设置、明确职责关系、加强专职队伍建设和场所设施保障等方面结合实际探索。

从实践来看，成立执法队模式具有一定效果。一是明确了专门的执法队伍，推动执法队伍专业水平建设，提升了社区矫正工作质量；二是确保了一定执法力量，有效应对了矫正机构人手不足的难点；三是对社区矫正资源进行有效整合，降低刑罚执行的成本。例如，以浙江台州模式为典型，台州市通过建立社区矫正执法大队

① 翟中东、孙霞：《〈社区矫正法〉实施两年来若干问题的思考》，载《犯罪与改造研究》2022 年第 9 期。

② 吴紫剑：《我国基层社区矫正执法组织研究》，湘潭大学 2020 年硕士学位论文。

并创新社区矫正队伍的垂直管理体制，在这基础上建立一个涉及面广且较为科学的监管执行体系，同时还建立完善的运行机制，整合现有资源，且注重充分利用资源及发挥机制优势，为社区矫正体现专业性助力，使得社区矫正能实现垂直化和网格化管理，进而促使社区矫正效果获得凸显，由此推动社区矫正工作得以顺利开展，并在更高平台上发挥相应作用。① 执法队模式还在一定程度上消解了因执法主体身份带来的困扰和弊端，进而提高了社区矫正执法的程序性效率以及社区矫正工作的质量。

当然，对于“队建制”的需要因地制宜而不能盲目照搬，设置不当不仅容易降低社区矫正执法效率，还可能增加管理及人力成本的负担，增加财政压力，等等。此外，社区矫正机构“队建制”试点过程中还存在诸多问题，体现在顶层设计缺乏、执行体制存在不足、基层保障不实等困难与问题，仍需在具体实践中进行探索的同时，还应在理论层面上进行完善。

2. 警员借调：执法力量不足的妥协

一些学者在对此问题进行研究时指出，社区矫正对专业性要求较高，这是一项严肃性刑罚执行活动，其过程应当是维护法律的威严的过程，因此社区矫正执法人员应当具备执法的权威性。然而，结合社区矫正执法队伍来看，其队伍成员并未具有警察的身份，在具体的实践情境中，出现社区矫正执法队伍执法力量支撑不足并非个案。依据矫正工作者的实践反馈可了解到，因执法主体模糊，他们在开展矫正工作时，经常出现执法权威支撑不足等相应问题，其中典型的表现就是执法人员力不从心，矫正对象“不服管教”。执法人员的执法身份屡遭挑战，导致其执法的合法性频频受到公众质疑，严重影响社区矫正执行及其矫正质量。社区矫正作为一种处境化的执法活动，需要保证执法人员具有一定的权威性、震慑性以及执行力。基于社区矫正对象较为特殊，开展此项工作具有一定强制性，也就是如有需要，可对矫正对象采取强制措施，防止造成破坏社会秩序的不良后果。② 出于无奈，一些省、市试图采用从其他行政机关抽调警员的方式，以过渡性地解决执法力量不足的问题。例如，北京、浙江、湖北、云南等地选择从监狱等抽调部分警察参与开展社区矫正工作。又如，天津市为提升社区矫正工作质量，专门抽调具有警察身份的人员来负责落实此项工作，并取得较好的效果。一些地方则试图经过“安全设置”，给不具备执法资格的司法所工作人员穿上警服，这在本质上也是借用了警察身份的权威。

然而，这终究不是长久之计。一方面，法律没有明文规定“可行”或“不行”；另一方面，此举虽然能解决燃眉之急，但也只是应对执法力量不足的权宜之计，且

---

① 周孟龙：《关于构建社区矫正执法大队与执法中队的思考》，载《中国司法》2014 年第 12 期。

② 武玉红：《我国社区矫正队伍专业化建设探究》，载《北京联合大学学报（人文社会科学版）》2016 年第 3 期。

容易衍生出一些其他违规问题，相关做法缺乏法律依据，在实践中是否具有可操作性、可行性，还有待进一步深入探究。

但警员借调这一方案也给执法队伍建设提供了一些反思：警察身份的关键性，即警察身份的权威在社区矫正执法过程中的重要意义。一些学者认为警察身份在社区矫正中是有必要存在的，将社区矫正日常管理工作交于人民警察，或者说可以在社区矫正机构中设置警察专职席位，可以解决当前社区矫正执法中面临的大部分困境。王志祥等研究者在对是否应该赋予社区矫正执法人员以警察身份的研究中指出，警察身份的职责与社区矫正的性质之间存在一定程度的契合，为此，应当承认社区矫正工作队伍中配备警力的必要性。但与此同时，社区矫正工作人员的队伍建设应当以社区矫正的特质为出发点，以实现监管、矫正与帮扶的主要目标为落脚点，同时也要尽量避免警察身份对社区矫正的贯彻落实可能造成的不利影响①。

3. 购买服务：司法社工辅助执法

社会工作助人自助理念与社区矫正教育帮扶理念一定程度上存在契合。《社区矫正法》明确了社会工作参与社区矫正的价值。面对执法力量不足、教育帮扶效果有限的困扰，国内很多地方采取的普遍方式之一是购买司法社会工作服务。

通过对很多地方开展的矫正实践工作进行分析发现，社工参与社区矫正工作较为常见，具体主要通过两种途径来实现参与。一是采取政府购买服务形式来配备社工。社区矫正机构以采购服务的方法，购买社工机构的社工服务。社工机构通过筛选录用，把符合条件的这部分专职社工抽选出来，并把他们派驻到社区矫正机构或司法所工作。在这样的情况下，社工长期驻点，由社区矫正机构或司法所直接安排工作，久而久之，这部分社工逐渐地等同于没有公务员编制工作人员。这种社区矫正机构吸收专职社工的方式的适用范围极广，类似于政府外包的劳务派遣项目，便于协调和管理。二是由社区矫正机构购买社会工作专项服务，委派社工机构承担部分社区矫正工作。社工机构与社区矫正机构签订服务协议，结合社会工作的工作方法以项目管理模式有组织地开展协议内的社区矫正工作任务。在这种情况下，社工专业服务的自主性相对较强，在教育帮扶方面发挥的作用也相对明显。由于我国基层社区矫正机构人员较少，相比之下前者的推广程度更高。可以看出，社工积极参与社区矫正工作，并在这个过程中发挥重大作用。一方面，社工参与承担了大量不具有执法性质的社区矫正工作；另一方面，社工在一些具有执法性质的矫正工作中的辅助作用也越来越明显。

开展社区矫正涉及诸多内容，其中的核心内容是帮困扶助，这体现了刑罚制度

---

① 王志祥、李曼：《关于应否赋予社区矫正执法人员警察身份问题的研讨》，载《公安学研究》2018年第4期。

的人文关怀内涵。而根据这一特性落实社区矫正执法，需要一支与之相契合的工作队伍，而社会工作正好拥有这样一支队伍。一直以来，我国建设刑罚执行队伍时，其队伍成员主要来自法学专业毕业的学生，他们在执法方面拥有专业知识，擅长对社区矫正对象的依法管理，但在社区矫正教育帮扶方面并不擅长，缺乏明确的工作理念和有效的工作方法。引入社工力量，不仅能有效弥补社区矫正执法力量较为薄弱这个问题，且对丰富社区矫正工作方法较为有益，为此，不管从哪方面来说，积极引导社会力量参与其中，这对确保社区矫正的教育帮扶功能得以体现具有重大意义。

（二）社区矫正执法队伍存在的一些关键性问题

在我国开展社区矫正试点初期阶段，因法律基础支撑不足，在这种情况下主要采取县级设置社区矫正专门机构、乡镇依托司法所来落实社区矫正工作，即此模式成为当时主流，尽管这种社区矫正执法队伍建设模式存在明显弊端，但由于没有明确、具体、统一的建设规范，它在很多地方沿用至今。为强化社区矫正执法工作的有效性，国内一些地方探索了建立“队建制”专门执法队伍、抽调警察支持、购买社工服务等方法，尝试推动社区矫正执法队伍的建设，却始终无法统一，这说明存在一些关键性的问题需要捋清。

1. 社区矫正工作人员身份性质及专业性争论

社区矫正工作人员的身份性质问题自社区矫正在我国试点便已有之。从我国开展社区矫正试点起，各项矫正工作日益深入，矫正主体实际上由司法行政机关负责担任。《社区矫正法》明确规定，县级以上政府需结合实际需要设置社区矫正机构，并在具体实践中发挥相应作用。由于在实践中存在执法机构设置不统一、定位不清晰、独立性不强等情况，导致了在队伍建设方面，相应执法人员的身份没有统一规范、执法权限没有统一划分标准、执法人员的专业性不强等问题。学界和实务界均对此感到担忧，认为执法分工边界不清、执法身份不明的问题会严重影响社区矫正的质量。此外，另一争论的焦点是该不该给社区矫正工作人员“穿上警服”？即是否应赋予社区矫正工作人员警察的身份？警察身份问题之争，在一定程度上是由于我国社区矫正工作专业队伍培育机制的缺乏而引发的。① 持赞同的观点认为社区矫正工作试行多年至今依然存在不少问题，其中很大一部分是因为执法人员的身份性质造成的，因为社区矫正执法具有自身的特殊性，这是一种具有严肃性的刑罚执行活动，理应具备具有合法且具有强制力身份的公职人员，以此保证社区矫正的强制性和严

---

① 王志祥、李曼：《关于应否赋予社区矫正执法人员警察身份问题的研讨》，载《公安学研究》2018年第4期。

肃性，从而维护法律的威严和尊严。

社区矫正工作人员的专业性也是一个值得深思的问题。党的十八届三中全会提出的法治队伍正规化、专业化、职业化的要求，重视社区矫正执法队伍的专业化是对上述要求的回应。在执法力量不足的背景下，如果面向社会组织购买社工服务补充执法队伍的专业性，其重点就在于对社会组织机构的资质审核、对社工作为执法辅助力量的权责界定，其中应该包括机构是否具备合法资质，是否有从事司法工作的相关经验、社工的资质能力、社工在社区矫正工作中的职能定位，等等。

2. 工作任务与人员配置的失调

尽管法律有关与设置社区矫正执法机构的要求，但由于对应的人员编制等配套的法律行政法规没有跟上，这导致了在实践中多数的基层社区矫正执法机构除了拥有独立的法人资格以外，具体的人员配置还是沿用旧有的班底，具体负责日常矫正工作的还是原司法所里的那些人，呈现“皮变肉不变”的状态。实际上司法所依旧占社区矫正执法主体地位，依旧会存在以下四个问题：一是人力资源分配不平衡；二是在法律适用方面存在不匹配问题；三是容易出现额外财政负担；四是使得司法受到双重管理，职能多、人手缺、力量弱，需要负责社区矫正，此外还需承担人民调解和法治宣教等职能及乡镇党委政府安排的中心工作，且专业能力仍存在较大提升空间，这与高水平的社区矫正工作还存在较大距离。①

随着行政体制的逐渐完善，行政系统的内部分工更加细化，基层工作人员的任务也更加细致和烦琐。一些激进的观点认为，由司法所专职人员负责社区矫正工作不合理。“工作人员数量这么少，却承担了少则八九项，多则十几项工作的艰巨任务，导致社区矫正工作无法顺利完成，矫正质量很难获得保证也就成为自然”②。从一些研究可以看出，一些基层司法所确实存在上述问题，沙闻麟等以江西全省司法所为样本进行研究发现，司法所人员数量、人员结构、人员素质以及相应的管理体制等，都与社区矫正执法不相适应③，成为导致基层司法工作（含社区矫正工作）效率低下、问题频出的重要因素。部分地区司法所以采用购买社会服务的形式将部分社区矫正执法任务转接给社会工作服务机构，以减少多项工作带来的沉重负担。此举带来了很多争议，如社会工作者在社区矫正执法上的身份性质、执法资格尚未得到合法认可，这些相关的工作人员在法律上不具有相关的执法权，随之而来的是各种与之伴生的矛盾。这在一定程度上也影响着社区矫正执法的质量。

所以，如何合理配置社区矫正工作人员的任务和分工，并且关注其个人能力以

---

① 刘强：《中国社区矫正机构和执法队伍建设——主要基于与俄罗斯的比较研究》，载《社区矫正理论与实践》2022 年第 1 期。

② 张传伟：《社区矫正“1+X”运行模式》，载《法学论坛》2010 年第 1 期。

③ 沙闻麟：《关于基层社区矫正队伍建设的探索与思考》，载《中国司法》2017 年第 2 期。

及队伍管理是社区矫正工作中的难点，亦是社区矫正工作中的重中之重。

3. 社区矫正执法队伍的稳定性不强

结合上面提到的观点，人员编制有限、工作任务繁重的司法所"迫不得已"成为实际社区矫正工作执法的主体，这显然不利于社区矫正的发展。这是由于社区矫正工作体现为专业性、长期性，想要开展好此项工作，需要有专职矫正工作者负责落实，为此，建立一支稳定的专业化执法队伍非常重要且关键。而目前来看，由于我国的行政架构，现有的司法行政机关中还未建立有符合要求的队伍①。

当前我国社区矫正执法队伍稳定性不强，主要表现在几个方面。一是专职执法人员少且大多身兼数职，工作职责不固定。一项对江西省116个县的社区矫正机构调研报告指出，所统计社区矫正工作人员仅256人，其中，行政编和事业编分别为204人、52人。可见，为每个县级社区矫正机构配置的人员非常少，平均只有2.2人。该人员配备明显不足，通常只能完成一些基本的管理工作，如负责管理审批等②。在司法所人员出现短缺的情况下，社区矫正工作人员往往需要协助承担其他工作，社区矫正执法工作很难顺利开展，执法不到位问题由此产生。二是人员调动及转岗较为频繁，流动性较大。这也是社区矫正机构人手不足所衍生的问题之一。在基层司法行政工作中，由于受到双重管理，即除了受到县级司法机关管理之外，还受到乡镇（街道）管理，工作人员较多地受工作重点的牵制，即工作人员跟着工作重点走，那么相应地产生较大的人员的流动性。这还可能带来更为严重的后果，那就是长期的社区矫正人员的替换严重影响社区矫正工作的连续性，继而大大降低社区矫正的执行效果。

针对社区矫正执法队伍稳定性较差的问题，有学者提出在体制内设立专门编制，认为编制身份既能弥补矫正工作人员身份性质的缺失，又能在一定程度上稳定社区矫正执法队伍，减少其人员流动性。而这亟须相应法律、行政法规的配套完善。

二、社区矫正执法队伍建设有关建议

（一）推动社区矫正执法队伍的职业化与专业化

社区矫正执法队工作人员需要面对的执行对象是罪犯，因此需要具备强大的个人能力和素质，特别是在社区这一相对自由的场域内，对执法人员的职业和专业能力提出了更高要求。首先是专业知识水平，执法人员作为法律的执行者，应具有专

① 但未丽：《社区矫正官执法身份的实然与应然》，载《首都师范大学学报（社会科学版）》2017年第2期。

② 沙闻麟：《关于基层社区矫正队伍建设的探索与思考》，载《中国司法》2017年第2期。

业知识，包括具备社区矫正专业，以及其他相关法律知识等，其次是如工作能力、心理素质等其他综合素质。社区矫正执法队伍的职业化，需要考虑执法队伍的建设标准化、使用规范化、管理制度化。具体包括人才的准入及培养、人员的配置标准、职责划分、人员考核、激励机制等。比如，在准入机制方面可结合不同岗位职责设立不同的要求，结合执法工作要求所需的法律专业素养等相应提高准入门槛。执法人员必须通过统一的业务培训或考试后，方能取得相应的资格证书，具备开展社区矫正工作资格，如甘肃省司法厅制定印发《甘肃省社区矫正执法证件管理办法》，实行社区矫正持证上岗亮证执法。同时要建立业务培训机制，加强社区矫正执法人员的继续教育与能力培训，如通过专题培训、外出学习等多种形式，周期性开展专业法律知识学习以及专业技能培训等活动，并定期进行考核，帮助执法人员提升其职业素养，以及提高执法人员的执法水平。

对执法队伍的职业化和专业化要求，除了人才的准入和培养，考核激励机制以外，还应该建立与之匹配的工作任务配置和管理制度。可以根据社区矫正的执行流程合理安排工作任务，根据工作量及工作难度配置执法人员，并厘清相关的权责，将工作流程制度化和规范化，确保社区矫正的每一项工作任务都权责分明。

（二）权责清晰下的多方力量协同参与

由于社区矫正工作具有自身的特殊性，体现在这是一项持续性工作，具有严格且相对复杂的流程，因而具有程序性。这种性质要求各行政部门之间相互协同合作，确保社区矫正工作的顺利开展。例如，近十年来公安机关建立有信息数据库，同时积累了很多同罪犯打交道的经验，在罪犯的管理、监控及行为矫治方面有着深厚的基础。由于我国现行法律法规中未有明确关于公安机关协助社区矫正具体工作的职责要求，公安机关在执法过程中的丰富经验和有效的震慑性作用在社区矫正的日常工作中暂时无法发挥。社区矫正机构同公安机关进一步协同合作，将有效提高社区矫正工作质量，促使此矫正工作效果获得体现。

此外，在开展社区矫正工作时，注重引入社会力量同样十分重要。基于社区矫正的特殊性，为此，其和社会的基本单元，即和社区有着密切联系，社区矫正是“在社区当中”，日常矫正工作很大程度上需要“依靠社区”协助，其中也包括了社区内外的各种可用资源。矫正工作的诸多实践反馈指出，由于社区矫正对象主要在社区生活和工作，如只依靠机关人员负责矫正发展，则很难确保矫正工作顺利进行，为此，注重引入社会力量参与进来非常重要且关键，[①] 社区在组织动员、资源统筹方面有其优势所在。结合《社区矫正法》第 13 条的规定可了解到，国家鼓励并支持社

---

① 吴宗宪：《我国社区矫正法的历史地位与立法特点》，载《法学研究》2020 年第 4 期。

会力量参与社区矫正工作，这足以说明社区矫正立法对社会力量的重视程度，也从侧面说明了社会力量参与到社区矫正中的重要意义。

因此，要明确各级社区矫正机构及受委托司法所的各项权利内容和责任事项，能够确保每项权责于法有据、依法设置，明晰社区矫正机构执法主体的地位及执法责任。在此基础上，推动其他参与主体在社区矫正工作中的权利、义务、责任的划分，进一步推动各主体充分发挥作用。比如，甘肃省司法厅和省民政厅经过充分调研论证，并在这基础上联合制定印发了重要文件——《关于村（居）民委员会依法协助做好社区矫正工作的工作实施意见》，旨在促进和规范村（居）民委员会积极参与社区矫正工作，并在这个过程中发挥相应作用。社区矫正机构可针对与检察机关联合执法监督检查、与法院联合网上办案等工作方法形成相关工作实施意见，或是针对社区矫正衔接、配合方面对有关部门的职责进行明确细化，以制度形式加以固化，巩固实践成果，推动多方力量的协同参与。

（三）倡导政策与制度完善

面对现行的司法执行制度，一些学者认为，在关于社区矫正工作人员的配置问题上，应该以司法所的工作人员（公务员）为主，以社区矫正专职岗位、社会工作者协助的方式进行。理由是一直以来司法所负责开展社区矫正日常工作，作为社区矫正工作主要实践载体，司法所在社区矫正实践中发挥了重要作用，因而司法所的工作人员（公务员）应是社区矫正的主要力量，他们的身份不仅具有历史合理性，并且开展工作阻力更小也更加方便。

然而目前的矛盾是，很多基层司法所的工作人员都是有限的，且他们还需要承担社区矫正之外的其他工作。在众多因素影响之下，司法所工作人员难以在社区矫正工作中获得身份认同感及职业使命感，在这种情况下司法行政机构的主导地位也就很难体现。亦即问题焦点在于，如何能够保证司法所社区矫正工作人员的执法力量，以确保社区矫正工作得以顺利开展，又要同时保证其工作人员的执法身份是合理且合法，还要有成熟的队伍管理结构保障工作人员的职业发展以收获身份认同感。

我国现行关于社区矫正的规定中一直没有如法官、检察官那样明确的对于社区矫正执法人员的称谓。在这一现象背后的痛点是：真正行使社区矫正行刑权的工作人员主体地位的缺失。因而，可参考“社区矫正官”的概念、任职资格、职责及权限等，并参照法院、检察院关于“法官”“检察官”等相应职业概念，并借鉴司法警察所采取的具体做法，立足于实际在社区矫正机构中设置一定警力，以配合“社区矫正官”完成对应职责工作，这对于社区矫正执法队伍的建设，以及社区矫正工作成效都具有一定的意义。综合而言，在社区矫正机构中配备的警察与检察机关、审判机构配备的司法警察较为类似，“社区矫正官”则与检察官和法官相类似。为此，在社区矫正机构中执法人员类型的划分与职责确定，以及人员配备等方面，均可学习借鉴检察机关、审判机构的经验，并在具体实践中加以落实①。

三、总结和反思

本文对社区矫正执法队伍在国内发展情况做了梳理，对执法队伍人数不足、配置性差、专业性和稳定性不强、执法身份模糊等问题背后的原因进行了总结和分析，进而针对社区矫正执法队伍面临的问题提出对策建议，旨在为社区矫正执法队伍建设领域提供一些新的思路。《社区矫正法》的逐步完善意味着我国刑罚制度顶层设计逐步完善，而对于社区矫正人才队伍建设的探索将有利于完善社区矫正制度设计，推动社区矫正的长远发展。

---

① 王志祥、李曼：《关于应否赋予社区矫正执法人员警察身份问题的研讨》，载《公安学研究》2018年第4期。

后《社区矫正法》时代社区矫正执法队伍建设相关问题研究

马　昂*

《中华人民共和国社区矫正法》（以下简称《社区矫正法》）的颁布实施，使得社区矫正专门执法队伍建设有了根本遵循。三年来，各地都进行了诸多创新探索，让社区矫正执法队伍的职业化、专业化有了质的提升。一些经验值得学习，还有一些困难和问题有待进一步研究，从而能够更好地应对。笔者根据近年来的一些理论成果，结合自己的基层社区矫正工作经验，对社区矫正执法队伍建设相关问题提出了自己的见解。

一、《社区矫正法》视角下社区矫正执法队伍再审视

（一）文献综述

《社区矫正法》对社区矫正执法机构、执法权限、执法内容作了相应规定，但是对一些有争议的执法队伍建设问题仍没有明确，这也为此方面的实践探索留下余地。自2020年至2023年年中，中国知网上可搜索到的“社区矫正队伍”相关中文学术文章223篇，“社区矫正执法”相关学术文章180篇。《社区矫正法》实施三年以来，国内学者及社区矫正工作者对于执法队伍建设的探索研究一直持续且存有争议。有的学者认为“建立社区矫正执法大队和中队是实现社区矫正执法队伍专职化的有效措施①”；有些观点认为司法所在客观上和短期内存在一些薄弱之处，但司法所承担社区矫正工作有着天然且不可替代优势，可继续让司法所承担社区矫正具体工作；有些学者对比借鉴美国、英国、荷兰等国家的社区矫正队伍组织建设经验，认为社区矫正执法者的性质更应靠近“法官”“检察官”，应建立“社区矫正官”制度；而更多的实务界人士认为，就目前社区矫正工作现状，引入警察或者给予执法者警察

---

* 马昂，江苏省徐州市贾汪区司法局社区矫正管理科副科长。

① 吴宗宪、张锡君、钟卫东：《社区矫正机构探讨》，载《中国司法》2020年第6期，第54页。

身份才是关键之举。

（二）“社区矫正执法队伍”的理解

《社区矫正法》第10条规定，社区矫正机构应当配备具有法律等专业知识的专门国家工作人员，履行监督管理、教育帮扶等执法职责。笔者认为，可以从以下三个方面来理解本条规定。

第一，社区矫正执法工作的性质应是刑事执行工作（也有学者认为是刑罚执行），其执法人员范围为专门国家工作人员，就目前实务工作而言，这里“国家工作人员”应是政法专项编制的国家公务员。因此，社区矫正执法队伍不包括社工、志愿者、村居委会人员等非公务员，但是这些社会力量是社区矫正执法队伍的重要补充。第二，社区矫正执法主要内容为监督管理和教育帮扶。监督管理一直以来都被认作是社区矫正工作的基础，关系到社区矫正工作的根本目的，包括社区矫正对象定期报告制度、请假外出、核查走访、执行地变更、禁止令的执行等内容。把教育帮扶作为一项和监督管理并列的执法职责是《社区矫正法》一大特色。教育帮扶专章提出了道德法治教育、职业技能培训、就业指导等多种形式内容的帮扶，充分体现了刑罚观念从“报应刑”向“教育刑”的转变，是恢复性司法的应有之义。第三，针对监督管理和教育帮扶的两大执法任务，就必须配备“具有法律等专业知识”的执法者。这里所说的具有法律专业知识，除了法律学科毕业的以外，也包括虽然毕业于其他学科，但通过工作、学习等掌握法律专业知识的人。① 因教育帮扶的多样性、针对性，还需具有教育学、心理学、社会学等专业背景的人士。对于颇有争议的社区矫正警察身份以及矫正官制度，在这里并无提及。

此外，《社区矫正法》第8条第2款、第3款规定了人民法院、人民检察院、公安机关以及其他有关部门的职责。我们必须认识到，社区矫正执法工作是一项包括刑事执行、法治教育、社会帮扶等内容的综合性工作。特别是对于社区矫正对象的交付接收、治安管理处罚、提请撤销缓刑、暂予监外执行收监等事宜，必须依靠多部门协作配合，各司其职，共同发挥职能作用。因此，笔者认为对于社区矫正执法人员的理解不能仅局限在司法行政机关，凡是依法定职责参与社区矫正工作的国家工作人员都理应是社区矫正执法队伍的一员。在当下司法行政机关社区矫正执法人员编制不足且不能在短期内补充的情况下，要充分发挥社区矫正委员会职能，各部门建立沟通协作机制就显得尤为重要。

---

① 王爱立、姜爱东主编：《中华人民共和国社区矫正法释义》，中国民主法制出版社2020年版，第70页。

二、社区矫正执法队伍建设的三个障碍

《社区矫正法》作为社区矫正工作统领性法律文件，立法时回避了一些具有争议的问题，对于机构、人员的规定也是原则性的定性，如“地方人民政府根据需要设置社区矫正机构”，其中“根据需要”的限定导致社区矫正机构的设置上刚性不足①。谈到社区矫正执法队伍建设，不得不提到必须面对的三个障碍，即社区矫正机构设置问题、社区矫正执法工作中司法所的定位问题、社区矫正执法人员的身份问题。

（一）社区矫正机构设置问题

1. 立法留白问题

2012年《刑事诉讼法》修改，首次增加了社区矫正机构的提法，但是对于社区矫正机构的含义是什么、如何组成等问题，未做进一步解释。自2020年起施行的《社区矫正法》第9条对此问题进一步明确：“县级以上地方人民政府根据需要设置社区矫正机构，负责社区矫正工作的具体实施……”由此社区矫正机构的社区矫正工作实施主体的法律地位得以确立——社区矫正机构应是司法行政机关下设的具有独立执法地位的机构。然而，社区矫正机构的性质、具体的设置的程序、人员建制等问题还没有相关文件进行规范，导致社区矫正机构的设置各地标准不一，这让一些实务界人士感到遗憾。笔者认为，立法留白不是主观设计的结果，而是客观存在的过程。社区矫正的立法具有前沿性，一些理论概念还存在争议，建设有中国特色的社区矫正制度还需要不断通过实践完善，这是一个由理论到实践，再由实践改进理论的过程。张荆教授认为这种立法技术为“智慧立法”，其所谓“智慧立法为社区矫正拓展空间②”。同理，社区矫正执法人员身份和司法所矫正执法定位问题都有类似的法律规定模糊的现象，笔者后文不再赘述。

2. 社区矫正机构设置问题

一是还有相当一部分地区还未成立社区矫正机构。在2023年6月29日司法部就《社区矫正法》施行三周年回答记者的提问中提道：“各地采取单独设立、在司法厅（局）或其内设机构加挂牌子等方式，依法设立具有独立执法主体资格的社区矫正机构，全国省、市、县三级依法在人民政府设置社区矫正机构的建成率分别达到78%、

---

① 司法部预防犯罪研究所主编：《社区矫正前沿（2021）》，中国法制出版社2022年版，第130页。
② 张荆：《〈社区矫正法〉的立法意义与执法难点》，载《犯罪研究》2020年第4期。

73%、68%。"[①] 换言之，目前还有近三分之一的县区还未设立有独立执法资格的社区矫正机构。这显然不符合《社区矫正法》的立法初衷，也与《社区矫正法实施办法》第9条规定的"未设置县级社区矫正机构的，由上一级社区矫正机构具体承担"矛盾。法律的生命在于实施，虽然《社区矫正法》用"根据需要"的宽泛规定，但根据笔者实际工作开展经验以及《社区矫正法实施办法》的规定来看，县区级社区矫正机构的设置是必需的。

二是社区矫正机构设置标准不一。社区矫正机构是在司法行政部门中设立的一个独立的执法部门，是设在其中的一个二级局，其关系相当于省级司法行政部门与省级监狱管理机关的关系。[②] 因缺乏统一的建设标准，全国目前社区矫正机构的设置参差不齐。有的是经当地编办批准，核准增加了编制；有的是批准后，编制内部调剂。更多的则是退而求其次，选择以在原来社区矫正科、社区矫正股的基础上，挂牌社区矫正机构的做法。[③] 在社区矫正机构的建制、性质都不明确的情况下，普遍还是以行政机关内设机构对外开展社区矫正工作，以司法行政机关的名义与人民法院、人民检察院、公安机关进行社区矫正工作的衔接配合，但这并不符合《社区矫正法》的立法初衷。

（二）司法所在社区矫正执法工作中的定位问题

1. 司法所开展社区矫正工作历史沿革

2003年社区矫正工作在全国开展试点，最高人民法院、最高人民检察院、公安部、司法部联合发布《关于开展社区矫正试点工作的通知》，规定了社区矫正日常管理工作由司法所承担。2004年司法部发布的《司法行政机关社区矫正工作暂行办法》细化了司法所社区矫正的工作职责。2012年《刑事诉讼法》引入"社区矫正机构"的新概念，2012年最高人民法院、最高人民检察院、公安部、司法部颁布的《社区矫正实施办法》对应了《刑事诉讼法》的提法，第3条第1款规定"县级司法行政机关社区矫正机构对社区矫正人员进行监督管理和教育帮助。司法所承担社区矫正日常工作"。2020年起施行的《社区矫正法》规定，"司法所根据社区矫正机构的委托，承担社区矫正相关工作"。从司法所承担社区矫正工作的历史沿革来看，经过20年的社区矫正工作探索，理论界和实务界普遍达成一个共识：专业的事情应由专门的人来做，种种原因导致司法所不应也不能承担过多的社区矫正工作。

---

① 《司法部有关负责人就〈中华人民共和国社区矫正法〉施行三周年回答记者的提问》，http：//www.moj.gov.cn/pub/sfbgw/zcjd/202306/t20230629_481685.html，最后访问时间：2023年7月10日。

② 吴宗宪、张锡君、钟卫东：《社区矫正机构探讨》，载《中国司法》2020年第6期，第54页。

③ 纪金锋：《第三只眼看社区矫正——社区矫正的理想与现实》，https：//hydeii.com/newsinfo/3109852.html，最后访问时间：2023年7月10日。

2. 司法所开展社区矫正执法工作面临的问题

一是司法所工作力量薄弱。截至2021年底，全国共有司法所3.9万个，司法所工作人员15万人，[①] 平均每个司法所3.85人。笔者所在县区共12个司法所，每个所有1名司法所所长（政法专项编），每个所配置2名至3名社工（合同制），基本和全国数据相符。司法所工作任务繁多复杂，包括了人民调解、法律宣传、公共法律服务、行政应诉等。此外司法所属于多头管理，人、财、物受乡镇（街道）管理，因此司法所往往还要承担乡镇（街道）委派的任务，在工作力量本就不足的情况下，司法所开展社区矫正执法工作就显得捉襟见肘。

二是司法所接受社区矫正机构的委托程序、委托事项不明。2022年江苏省下发了《社区矫正机构刑事执行权力清单》，总结了28项刑事执行权，但是并没有说明哪些权力可以委托司法所。2022年5月江西省司法厅印发《山西省省市县三级社区矫正机构及受委托司法所权责清单》，明确了山西省受委托的司法所社区矫正权责18项。[②] 还有的学者根据《社区矫正法实施办法》总结出13个委托事项。[③] 可见司法所受委托事项比较模糊，且"委托"从法律规范的角度，是什么性质的委托、委托的权限和委托责任等问题，仍需进一步明确。简言之，司法所目前在社区矫正执法工作中定位不明，会导致社区矫正机构和司法所之间存在职责不清、产生冲突和矛盾等问题。

3. 选择"队建制"还是"委托司法所"

近年来，不少地区对社区矫正执法队伍的建设模式做了诸多探索和创新，目前备受推崇的社区矫正"队建制"就是其中代表。"队建制"是组建专门社区矫正工作队伍，设立大队（中心）、中队（类似分中心）分驻在辖区不同地点专门开展社区矫正工作。"队建制"替代司法所成为社区矫正工作主力军，有利于社区矫正执法队伍专业化、职业化发展，量化管理矫正对象，提高工作效率。"队建制"的优势明显，但是笔者认为"队建制"最大困难是其创建的核心是增添人员。例如，安徽省怀远县在县社区矫正中心（执法大队）基础上设立5个社区矫正分中心（执法中队），每个中队设2名公务员、4名协管员；[④] 浙江省天台县"队建制"社区矫正工作队伍共有政法专编人员17名，社工42人。[⑤] 可以看到，无论是怀远县还是天台县，政法专

---

① 中国法学会主编：《中国法治建设年度报告（2021）》，中国长安出版社2022年版，第52页。

② 《关于印发〈山西省省市县三级社区矫正机构及受委托司法所权责清单〉的通知》，2022年5月31日，http：//sft. shanxi. gov. cn/zwgk/fdzdgknr/lzyj/xxgkml/jsb/202205/t20220531_6206108. html，最后访问时间：2023年7月11日。

③ 王顺安主编：《社区矫正法治研究》，中国政法大学出版社2021年版，第64页。

④ 刘强：《安徽蚌埠社区矫正机构队伍建设调研报告》，载《中国司法》2021年第11期。

⑤ 刘强：《依法加强县级社区矫正机构建设的前瞻性思考——以浙江省天台县为例》，载《中国司法》2021年第2期。

编的公务员均有十余人，在目前编制普遍收紧，各部门人员不足的情况下，增加如此多的编制人员是相当不容易的。倘若当地编制部门不支持，司法行政部门内部也无法调剂，“队建制”的建设则无从谈起。再者，司法所从事社区矫正工作有其固有优势，作为基层的组织机构，司法所与社区工作息息相关，对于村居委会、派出所等部门组织相对熟悉，便利开展社区矫正工作。司法所有十几年的社区矫正工作经验，各地司法所也形成了一整套适合自己的工作方法。所以笔者认为就目前而言，用“队建制”替代司法所开展社区矫正执法工作的条件还未成熟。

（三）社区矫正执法人员身份问题

1. 社区矫正执法人员是否应具备警察身份

社区矫正执法人员身份问题争议已久，争论的焦点是执法人员是否应具备警察身份或为执法队伍配备一定数量的警察。2019 年在《社区矫正法》审议过程中，有建议在第 6 条增加“社区矫正机构应当配备一定数量的警察”，负责对违反监督管理规定的实施制止、惩戒、收监等措施。[①]《社区矫正法》实施三年以来，仍有大量呼声，特别是实务部门主张和支持社区矫正机构配备警察的意愿十分强烈。笔者总结其原因主要有两点：其一，警察能为社区矫正工作提供强有力保障。社区矫正工作有着刑事执行的性质，其中的一些执法内容具有惩罚性和强制性，需要权威保障。这些执法内容包括但不限于调查评估、接收社矫对象、给予训诫警告处分、法院禁止令的执行、收监等活动。执法者拥有警察身份，更具有严肃性、威慑性，有利于执法活动的开展。其二，警察身份可以保证人员稳定性和专业性。目前社区矫正对象日益增多，而社区矫正工作人员不足且流动性大。归根结底是因为职业保障不足和晋升机制不畅所导致。执法人员具有警察身份从制度上解决了该问题，有利于提高执法人员待遇，保证队伍的稳定性。

众所周知，《社区矫正法》及《警察法》对社区矫正执法人员警察身份并无规定。笔者认为赋予社区矫正执法者警察身份这一观点有待商榷，从《社区矫正法》恢复性司法的立法精神来看，警察具有的威慑性、惩罚性的身份标签并不与之契合。再者，社区矫正执法队伍的执业保障也并非要赋予其警察身份来实现。可以借鉴法官、检察官的制度，提高社区矫正工作人员的地位，以规范性文件的形式确认社区矫正官的任职条件和要求、工作职责、考核机制、薪酬保障、岗前培训等内容，[②] 以此提高社区矫正执法者的执业保障。

---

① 王爱立、姜爱东主编：《中华人民共和国社区矫正法释义》，中国民主法制出版社 2020 年版，第 73 页。

② 王敬：《浅析我国社区矫正官队伍建设的职业化》，载《法制与社会》2021 年第 8 期。

2. 实务界呼吁社区矫正警察身份的原因探寻

《社区矫正法》实施以后，仍有众多实务界人士特别是基层社区矫正工作者呼吁社区矫正执法队伍需配备警察。作为基层社区矫正工作人员，笔者尝试探寻引发这种呼吁的深层次原因，在此总结如下两点：一是社区矫正对象并非全是低风险人群。目前大部分决定机关在判处（决定、裁定）非监禁刑之前会委托社区矫正机构开展适用前调查评估，然调查评估对调查人的风险评估准确性不足。其中，因素涉及调查人员的能力和精力、被调查人的配合程度、调查过程中人情世故干扰等问题。况且即使社区矫正机构作出了“风险较大，不符合社区矫正条件”的结论，决定机关仍然可以不采纳该评估意见。社区矫正对象中存在高风险人群，极有可能再次犯罪，这迫使工作人员用强有力威慑手段加以监管，由此会有配备警察的意愿。二是部分社区矫正执法者存在重监管轻矫治的工作理念。一些社区矫正执法者采取一贯的“监狱思维”来监管教育社区矫正对象，注重刑事惩罚和强制管理，这与《社区矫正法》提倡的“有针对性矫正”“监督管理和教育帮扶并行”的理念背道而驰。另外，社区矫正对象在矫正期间又犯罪的偶发性和随之带来的被责难后果增加了执法者的这种心理。倘若辖区内发生一起社区矫正对象矫正期间犯罪的情形，意味着工作考核结果通常不会理想，并且可能还面临检察机关的审查。这让基层社区矫正执法人员不得不将监管措施收紧，导致重监管轻帮教的工作理念，警察身份的呼吁更多也由此而来。

三、意见和建议

基于以上社区矫正执法队伍建设面临的三大障碍，考虑到目前基层很难增加社区矫正执法编制的现状，笔者尝试从执法思维、部门协作、顶层设计三个方面给出一些浅显的建议。

（一）改变执法思维

笔者认为社区矫正执法者应充分理解《社区矫正法》“分类管理、个别化矫正”的基本工作原则，重视落实“有针对性地消除社区矫正对象可能重新犯罪的因素，帮助其成为守法公民”的规定，树立监督管理和教育帮扶并行的工作理念。由于《社区矫正法》调整的4类对象属于不同性质，且在《刑法》和《刑事诉讼法》中规定了较详细的权利和义务，决不能在社区矫正工作中没有区别地予以监督管理和教育帮扶。① 特别是不能过分强调判处缓刑的社矫对象在刑意识，过分追求刑罚惩罚性。突破监狱管教思维，上级司法行政机关制定更加合理的考评规则，重视执法过

① 王顺安、马聪：《中国特色社区矫正基本制度问题研究》，中国政法大学出版社2022年版，第73页。

程考察，而不能唯结果论。检察机关应健全社区矫正法律监督制度，厘清社区矫正执法违法的边界，切勿让社区矫正对象成为执法者头上的达摩克利斯之剑。

（二）畅通部门协作

如笔者前文所述，凡是依法定职责参与社区矫正工作的国家工作人员都理应是社区矫正执法队伍的一员。然，实务中仍然存在部门间职责不清，协作不畅问题，特别是社区矫正交付接收、收监执行、矫正期内被采取刑事强制措施、就业指导帮扶等工作，容易存在部门之间互相推诿的情况。笔者认为各级特别是县区一级应成立社区矫正委员会，制定详细的部门职责和日常配合机制，充分发挥社区矫正委员会的协调沟通作用。社区矫正委员会是《社区矫正法》吸收了社区矫正试点工作中成功经验和做法并上升至立法层面的亮点之一，是中国特色社区矫正的代表特征。①能否发挥好社区矫正委员会的职能，在当下司法行政部门社区矫正执法编制难以增加的情况下，就显得尤为关键。此外，还需加强对社区矫正委员会成员单位社区矫正执法者的宣传培训，引导各部门执法者深刻认识社区矫正工作对贯彻落实全面依法治国、保障公正司法、建设基层社会治理新格局的重要意义。

（三）做好顶层设计

成文法的不完善性、滞后性要求借助法律解释来弥补其固有不足，从而使现有社会关系能够得到法律的有效调整。②《社区矫正法》实施三年以来，各地形成了不少好的工作经验和做法。建议相关部门积极收集有价值的做法的同时借鉴发达国家的立法和实践经验，出台相关司法解释或者部门规章，明确一些有争议及立法留白的问题，增强社区矫正的法治统一性。笔者认为加强社区矫正执法队伍建设，至少应先明确规范三个问题。一是明确社区矫正机构的性质、设置程序、人员配置等内容。明确社区矫正机构作为统一的执法主体，高素质社区矫正执法队伍建设才有了可依附的主体。③ 二是进一步明确司法所受委托的性质、委托内容，以及司法所在社区矫正工作中的定位问题。三是在未来立法中，制定统一的刑罚执行相关法律，建立矫正官制度，明确遴选准入、专业培训、职业保障方式，使得社区矫正官的专门性、专业性和规范性进一步得到提升。

---

① 王顺安主编：《社区矫正法治研究》，中国政法大学出版社 2021 年版，第 42 页。

② 王利明：《法律解释学》，中国人民大学出版社 2016 年版，第 22 页。

③ 司法部预防犯罪研究所主编：《社区矫正前沿（2021）》，中国法制出版社 2022 年版，第 27 页。

基于胜任力模型的基层社区矫正执法队伍人力资源管理优化策略探讨

邹宇慧*

一、引言

《中华人民共和国社区矫正法》（以下简称《社区矫正法》）的颁布实施，标志着我国社区矫正工作迈入了新阶段。在《社区矫正法》实施的三年里，为了进一步完善我国社区矫正工作体系，让理论更好地指导实际工作并解决实践难题，众多学者、专家及社区矫正实务人员都在不断地思考，通过理论和实践的相互印证、相互作用，有效助推社区矫正工作不断完善。其中，社区矫正专门执法队伍建设是一项重要的课题。对于基层社区矫正工作而言，政策执行落地是基层社区矫正机构的主要工作职责，因此，组建一支优质高效的执法队伍，能切实有效地提高社区矫正各项工作举措的执行效果，实现社区矫正工作高质量发展。

根据《社区矫正法》第9条的规定，县级以上地方人民政府根据需要设置社区矫正机构，负责社区矫正工作的具体实施，司法所根据社区矫正机构的委托，承担社区矫正相关工作。当前，部分地区的基层社区矫正工作仍由县（市、区）司法局的内设机构社区矫正科（股）来统筹，司法所受社区矫正科（股）的委托，承担着绝大部分具体的社区矫正监督管理举措的落实与执行任务，是基层社区矫正工作的主要执行力量。社区矫正工作发展愈加法治化、规范化、专业化的同时，对社区矫正执法队伍也提出了更高的要求。社区矫正是一项“人管人”的工作，基层社区矫正工作者在其中发挥着至关重要的作用，因此，笔者从人力资源管理的角度出发，着眼于基层社区矫正执法队伍中的个体作用与群体效应，关注社区矫正专门执法队伍建设与提升社区矫正整体工作质量的关系，旨在提出优化基层执法队伍质量的方法，以进一步促进社区矫正执行成效的提升。

---

* 邹宇慧，广东省韶关市浈江区司法局社区矫正管理股一级科员。

二、现阶段下部分地区基层社区矫正工作主体基本组成

当前，基层社区矫正工作主要由县（市、区）司法行政部门负责，其他多元力量协同合作。即主要力量为司法局，具体由县（市、区）司法局社区矫正科（股）统筹，受委托的司法所实际落实绝大部分社区矫正监管教育等各项举措；辅助力量为通过组建社区矫正委员会、成立各类社区矫正基地、吸收社会工作者及志愿者参与社区矫正工作等多元化形式，全面吸收政府内其他相关部门力量及第三方社会力量共同参与社区矫正工作。

（一）司法所人员特点及基本情况

对于基层社区矫正工作而言，司法所为主要执行力量，承担着包括社区矫正工作在内的共9项工作职能，工作重心分散，事务繁杂，普遍存在“人少事多”的现实困境。为了缓解基层人力资源紧张的现状，部分地区通过购买社会服务或监狱延伸管教警察派驻协助等方式来解决部分工作人手不足的问题。

此外，由于社区矫正工作职能在司法局，大部分社区矫正工作人员为法学专业毕业或者通过了国家统一法律职业资格考试，已掌握一定的法律知识。相比之下，心理学、社会学、教育学、信息科技类专业的工作人员占比较小。随着社区矫正教育活动、心理辅助活动、智慧社矫建设等工作比重的日益增长，当前工作人员专业素养在一定程度上已经无法满足社区矫正工作的新要求。

再而，基层司法所中年长的“经验者”们与年轻的“新人类”们面对社区矫正的飞速发展表现出不一样的态度和适应能力。一般来说，若工作人员群体整体年龄偏小，则其工作模式更灵活，工作习惯和方式都更现代化，也更愿意尝试和接受新工作新内容；但是也因为其积累的工作经验较少，所以年轻工作人员处理问题的时候相对容易激进冲动，也较为不成熟。若工作人员群体整体年龄偏大，则其工作模式更传统和保守，工作习惯也趋向于传统的工作模式，信息化含量相对较低，且信息化办公手段停留于浅层的应用，该群体较为抗拒创新，处理问题的时候习惯依托经验主义。因此，司法所中不同年龄层的人员的组合，会直接影响该司法所的社区矫正执行成效。

（二）政府内部门合作情况

政府内多元力量是指除了司法局以外，其他参与社区矫正工作的相关政府部门。目前各级社区矫正机构均成立了社区矫正委员会，常见的社区矫正委员会组成及相应的职能如表1所示。

表1 县（市、区）社区矫正委员会成员单位及主要职能

序号	成员单位	主要职能
1	政法委	协调政法单位之间有关社区矫正工作重要事项，促进各项措施的落实
2	人民法院	严格准确执行刑事法律和司法解释等
3	人民检察院	社区矫正执法活动实行法律监督
4	公安局	协助司法行政机关加强社区矫正对象监督管理
5	教育局	教育帮扶
6	民政局	困难救助
7	财政局	社区矫正经费保障
8	人力资源和社会保障局	就业帮扶、职业技能培训和指导
9	卫生健康局	协调暂予监外执行社区矫正对象病情诊断，协助做好精神病医疗救助
10	团委	组织共青团员、青年志愿者和相关青年社会组织参与社区矫正工作；协助做好青少年社区矫正对象教育帮扶工作
11	妇联	协助做好女性社区矫正对象帮扶工作
12	总工会	指导社区矫正机构开展工会工作；指导各工会组织参与社区矫正工作
13	其他相关职能部门	发挥本职能部门的工作职责，协助完成社区矫正相关工作

通过组建社区矫正委员会，能有效地调动其他专业部门的力量，达到集中力量办大事的效果，对解决社区矫正工作的重点、难点、堵点，发挥着重要作用。近年来，各地区社区矫正委员会为切实提升委员会作用，群策群力做出了众多尝试。例如，天津市河北区社区矫正委员会有效整合各方力量，极大地创新了工作模式：一是推进“公安派出所副所长兼任司法所副所长”制度，有效地实现了公安与司法的协同合作。公安民警切实地参与社区矫正工作，在提高社区矫正违规行为核查准确率、各类风险隐患点发现率、社区矫正工作威慑感等方面均起到重要作用。二是利用未成年人检察部门的教育经验，打造检察官个人工作品牌“阳光·冰凌”工作室，针对未成年人社区矫正对象开展针对性教育活动。三是“区社区矫正委员会积极探索建立社区矫正教育讲师团，协调成员各单位及其他部门建立社区矫正教育师资力

量，充分发挥各部门各行业的优势，对社区矫正对象进行精准教育”。[①]

（三）社会多元力量合作情况

政府外多元力量是指企业、院校、社会组织等参与社区矫正工作的群体和个人。根据不同的合作伙伴，各级社区矫正机构采取了不同的合作方式。有的采取合作建立社区矫正基地的方式，充分发挥社会力量自身的独有资源优势，建立了公益活动基地、教育活动基地、临时性过渡基地、推荐就业基地等，丰富了县（市、区）司法局教育帮扶形式；有的采用政府购买服务或项目委托的方式，如与院校合作开展青少年教育专项活动、与专业社工组织就心理辅导项目签订专项工作协议等，切实提升了社区矫正工作专业化程度。

三、基层社区矫正执法队伍存在执行偏差

《社区矫正法》实施前后，社区矫正监管教育举措总体上变化并不大，主要依靠定期报告、活动范围限制、考核奖惩等监督管理类举措，以及教育和帮扶组成的教育帮扶类举措。基层社区矫正工作者通过实施监管教育举措，对社区矫正对象进行教育规训，从而达到矫错归正的效果。在当前有限的手段中，基层社区矫正工作者的执行情况，几乎直接决定了社区矫正对象在矫正期间的执行成效。《社区矫正法》正式实施以来，随着各方面工作举措不断完善和调整，各级社区矫正工作人员在持续学习中不断调整工作方法，使得社区矫正取得了一定的成效，具体表现为社会化参与程度不断加深、主题教育活动的内容及形式不断丰富、个性化矫正愈加精准、社区矫正期间的社区矫正对象重新犯罪情形逐渐减少等。与此同时，笔者也注意到，部分基层社区矫正工作者仍旧存在着机械性执行、附加性执行、象征性执行、选择性执行等执行偏差问题，一定程度上阻碍了社区矫正工作的发展。

（一）机械性执行

基层社区矫正工作者的机械性执行，主要表现为对政策执行过于僵化，未能区分各项管理举措的差异精准执行，只能“胡子眉毛一把抓”。

在社区矫正监督管理举措中，定期报告制度是一项重要的管理措施，其涵盖电话报告、当面报告、提交书面思想汇报、个别教育、实地查访五种举措，并根据普通管理、严格管理、特殊管理三种管理类别采用不同的频次要求。本来，这五种报

---

① 天津市河北区司法局：《天津市河北区切实发挥区级社区矫正委员会作用的探索》，载《中国司法》2022 年第 6 期。

告形式各有优缺点，可以相互补充以达到丰富报告形式，多方式了解社区矫正对象近况的效果，但在实践中，对五类定期报告方式出现了机械执行的情况。

一种常见的情况是把个别教育和当面报告当作同一种方式同步进行。但实际上，二者是有差别的，个别教育和当面报告的动作发起者和接受者是完全相反的。个别教育是由工作人员指向社区矫正对象，重点在教育；当面报告是由社区矫正对象指向工作人员，重点在主动交代情况。并不是说二者不能同时开展，而是不能当作同一种方式来开展，他们有各自的侧重点。

另一种情况是将实地查访当作社区矫正对象在自己家中进行当面报告的方式来进行。对社区矫正对象实施当面报告和实地查访时，部分司法所工作人员简单地理解为两者都是谈话，只是开展谈话时候所在的场所不一样。于是他们在实际工作中，便将实地查访理解为在社区矫正对象家中进行的谈话，将当面报告理解为在司法所办公场所进行的谈话，而谈话内容未有显著差异。

就实地查访与当面报告而言，不能简单地将两者的区别理解为场所的差异，而需要更深入地看到两种举措的本质差异。司法所社区矫正工作人员对社区矫正对象开展当面报告，重点在于社区矫正对象主动汇报本人的思想、生活、工作情况，即专注于社区矫正对象本人。然而实地查访，则更多的是需要了解社区矫正对象的生活、工作等环境，以及从和社区矫正对象相关的其他人口中了解到社区矫正对象的情况。实地查访的地点不一定是在社区矫正对象的家中，还可以是社区矫正对象的工作地点、居住地的社区等地方，走访谈话的对象也对应的可以是社区矫正对象的家人、共同工作的同事、社区工作人员等。相比于当面报告，实地查访是一种间接手段，从社区矫正对象的身边人了解到社区矫正对象的情况。因此，当面报告与实地查访本质上的切入角度不同，谈话对象不同，是完全不一样且相辅相成的两种谈话手段。部分社区矫正工作人员由于未能理解到二者的不同，导致两项举措效果大打折扣。

（二）附加性执行

基层社区矫正工作者的附加性执行，主要表现为在原有的工作要求上无故加量加价，在执行的时候附带了原本不必要的其他要求，反而使工作冗余繁杂。

由于社区矫正对象在执行社区矫正的时候是有活动范围限制的，即在矫正期间，社区矫正对象能够在执行地范围内自由活动，正常地工作、学习和生活。但是如果社区矫正对象出于特殊原因需要离开执行地，是需要提前申请，获得批准后才可外出，并且在规定时间内按时返回执行地。

当前在办理外出审批手续的时候，存在着一个尺度把握松紧的问题。实际工作中，社区矫正对象申请外出的理由五花八门，有传统节日回乡探亲的，有工作出差谈项目的，有年迈的老母亲在家乡需要几个孩子轮流照顾的，还有到外省监狱现场探监的等。《中华人民共和国社区矫正法实施办法》第26条第2款规定："社区矫正对象外出的正当理由是指就医、就学、参与诉讼、处理家庭或者工作重要事务等。"这一规定是无法涵盖社区矫正实际工作中遇到的各类情况的，很多时候需要工作人员根据实际情况自行把握，因此社区矫正工作人员对外出审批的执行尺度存在意见分歧，不同司法所有不同的处理方法，过于严苛的"层层加码"与过于宽松的"毫无底线"都超过了原有的合理的弹性尺度，均是基层社区矫正工作者们无法准确把握社区矫正工作规范的情况下，自主添加的额外要求。

（三）象征性执行

基层社区矫正工作者的象征性执行，主要表现为对政策执行形式化、表面化，虽然做了但实际上又好像没有做。象征性执行问题在组织矫正小组参与社区矫正工作中体现得很明显。

为了实现个性化矫正，司法所对每位社区矫正对象组织专门的矫正小组，并根据个人的实际情况针对性执行矫正方案。为此，社区矫正小组成员范围广泛，除了司法所自身的工作人员以外，还可以包括如下人员：一是社区矫正对象居住地的社区工作人员，他可以了解社区矫正对象在社区的生活情况；二是家属，他可以近距离了解社区矫正对象近况，并及时介入和疏导，作为社区矫正对象和司法所之间沟通的桥梁；三是派出所民警，若有特殊情况可以维持稳定秩序；四是专业的社会工作者，他拥有专业的社会工作知识，能提高社区矫正的专业性等。特殊的社区矫正对象还有特别的要求，如女性社区矫正对象的矫正小组中必须有女性，未成年社区矫正对象的矫正小组中必须有了解未成年人的工作人员。

矫正小组针对社区矫正对象的个体情况经过科学的评估之后，针对性地制订矫正方案，方案内容应该包括社区矫正对象的当前心理健康状况、社区矫正态度、生活情况、当前主要面临的问题等各种信息，以及矫正小组针对这些信息开展研判分析后所制定的具体的矫正措施。每一个考核周期结束后，矫正方案也会根据社区矫正对象的近况进行灵活调整。

然而，在基层实践中，很多时候司法所无法真正地调动所有的矫正小组成员参与到社区矫正工作中，大部分谈话、走访等日常监督管理工作仍由司法所独自完成。在社区矫正方案的制订和调整中，更注重于形式上的合规与完整，实则难以精准地根据社区矫正对象的情况作出个性化规定。

（四）选择性执行

社区矫正执行主体的选择性执行，主要表现为有的工作可做可不做的时候，就选择不做了，硬生生地将灵活执行类的工作要求视为不存在。

为了保持执行时的灵活性，社区矫正管理规定中部分条款没有作出硬性规定。例如，根据现行的《社区矫正法》，公益活动为可以根据社区矫正对象实际情况灵活组织的项目，部分司法所据此则不再重视公益活动。通俗来讲就是，只要不是“应当”执行，而是“可以”执行，则意味着可以不执行。很明显的变化就是，在新法出台前，各司法所均组织社区矫正对象参加每月 8 小时的集体劳动，而在《社区矫正法》实施后，公益活动的组织频率与参与人数明显下降。

类似的情况还存在于奖惩制度的执行中。现行的奖惩制度分为奖励与惩罚制度，但是实际执行中，部分司法所只执行了惩罚制度，而不执行奖励制度。奖惩制度本身应该配套执行的，惩戒是一种鞭策，可以让社区矫正对象知道什么行为不可为；而奖励则是一种正面的激励，可以鼓励社区矫正对象多重复提倡做且应该做的行为，从而达到纠错改正，端正并整肃行为的目的。但是只选择性执行一半，只有鞭策而无奖励，难免使得社区矫正对象们失去动力，大大降低奖惩制度的效用。

条款的灵活规定，本身是为了避免条文应用于实际中时出现过于僵化和生搬硬套的问题，不应该成为逃避执行的理由。选择性执行的行为，导致选择性条款不被执行，此类行径严重影响了社区矫正的执行效果。

四、从人力资源角度剖析执行偏差问题的成因

导致基层社区矫正工作者执行偏差问题的原因是多方面的，但各类原因最终都能作用于社区矫正工作者自身，通过工作人员的观念、态度、举动等直观地反馈出来，因此，笔者从人力资源角度出发，分析导致社区矫正工作者们执行偏差的原因。

（一）“做不到”：社区矫正执法队伍综合素质无法满足岗位需求

社区矫正执法队伍综合能力不足表现在专业化程度较低。由于社区矫正是一项刑罚执行工作，在《社区矫正法》时代，社区矫正对象的法律意识也相应提高，实际工作中常常会遇到社区矫正对象拿着法条质疑社区矫正工作人员工作方法的情形。作为执法人员，社区矫正工作人员自身需要具备一定的法律知识，尤其是与社区矫正相关的法律知识。这样在实际工作中，才能够确保自己执法不违法，在回应各类质疑的时候才能够胸有成竹、有理有据。

社区矫正工作需要工作人员掌握一定的心理学知识。当前社区矫正对象类型多种多样，在矫正过程中影响社区矫正对象稳定矫正的干扰因素也层出不穷，如家庭纠纷、情感纠纷、经济纠纷、性格扭曲等。社区矫正工作人员需要在实际工作中，敏锐地察觉到社区矫正对象的异常后及时介入，或在社区矫正对象主动寻求帮助的

时候，给予适度的指导与帮助。但是当前的社区矫正执法队伍中这方面的专业人员很少。有的工作人员面对社区矫正对象情绪上的波动，依靠日常的人际沟通方式没有办法很好地解决问题，反而降低了社区矫正对象的信赖度，进一步影响了社区矫正对象对矫正工作的配合程度。

社区矫正工作中难免会出现突发意外，如社区矫正对象脱管漏管、威胁顶撞工作人员等不配合社区矫正工作的情形。社区矫正工作人员需要有一定的担当精神和应急处理能力，但是当前的社区矫正执法队伍中，部分工作人员不仅无法处理好当前问题，反而激化矛盾，使得事情发展恶化。

（二）“不会做”：社区矫正执法队伍培训工作不到位

过去三年里，以《社区矫正法》为核心，各地区陆续出台了许多配套政策，打通了“最后一公里”，确保社区矫正工作落地落实。对于基层社区矫正工作者而言，意味着需要时刻关注最新出台的《社区矫正法》相关的政策文件及司法解释，遇到实践问题的时候主动学习，积极求解，才能确保跟上社区矫正工作发展进程不掉队。然而，对于基层社区矫正工作人员而言，新法新规的学习要与具体的实际问题联系在一起才能理解吃透，否则，文件条例始终是难以联系实际的抽象条文。相比于成形的文件规定，实践问题要复杂得多，很多情况下甚至超出了文件规定的范围，这时候，需要社区矫正工作人员将原来已有的规定和常规的习惯做法结合起来，灵活地加以处理，这对于基层社区矫正工作者的能力提出了更高的要求，也给社区矫正工作的指导者和培训者提出了更高的要求。

此外，基层社区矫正工作者流动性较大，当培训工作跟不上的时候，就会导致日常工作的滞后与断层。当下基层社区矫正工作缺乏持续稳定的新人培训体系，而多以传统的口口相传和老人带新人的办法，但是这种培训方式的弊端是削弱了培训工作的规范性与全面性，很容易因为个人的理解差异而导致培训过程中在内容传达上存在偏差，培训效果也深受传授者个体素质差异的影响。

（三）“不愿做”：对社区矫正工作人员的激励不足

社区矫正工作人员作为社区矫正工作中的直接执行主体，其工作态度会直接影响到社区矫正工作的执行成效。若将归因理论联系社区矫正工作加以分析，结果发现，由于当前社区矫正工作人员的个人职业发展和激励与社区矫正工作成绩无关，那么工作人员就不会将自己职业发展的成败与社区矫正工作成果联系起来，因此他们就会选择将更多的精力投放于能够让自己成功的那些因素上。在此情况下，社区矫正工作的执行自然变得保守，以完成工作既定任务为主，很难形成主动创新、精益求精的工作氛围，而保守且粗犷的工作方式，是不适应社区矫正这项还在不断发展且不断探索的工作的。社区矫正需要更多的基层工作者结合实际工作经验，主动发现问题，并积极用基层工作智慧解决问题，进而完善社区矫正工作制度。如果基层社区矫正工作者们只知道一味地保守守旧，那么社区矫正工作质量将无法持续提高。

五、基层社区矫正工作胜任力模型的构建

胜任力模型由麦克利兰在1973年首次提出，经过长期的实践与调整，最终形成“冰山素质模型”，并被广泛运用于企业管理中。“冰山素质模型”包括技能、知识、社会角色、自我意识、个性特征、动机六个方面的要素，其中技能与知识为冰山露出水面的一部分，是企业可以直观看到的，也是可以通过后天培训改变的；而社会角色、自我意识、个性特征及动机四个方面要素则隐藏在水面之下，企业无法通过直观表面洞察，属于员工自身的个人特质，对工作质量也起到内在的推动作用。①

结合基层社区矫正执法队伍实际，冰山素质模型可以简化为三个方面的要素：冰山露出水面的知识与技能合并为一个要素，即知识技能要素，该要素可以通过外在力量加以改变；将冰山隐藏在水面下的社会角色、自我意识、个性特征合并为一个要素，即工作人员个人特质要素，该要素相对稳定，具有明显的个体差异；将原有的动机要素进行保留，仍旧为动机要素，该要素即个体行事的内在原因，直接影响着人的行事作风，如图1所示。

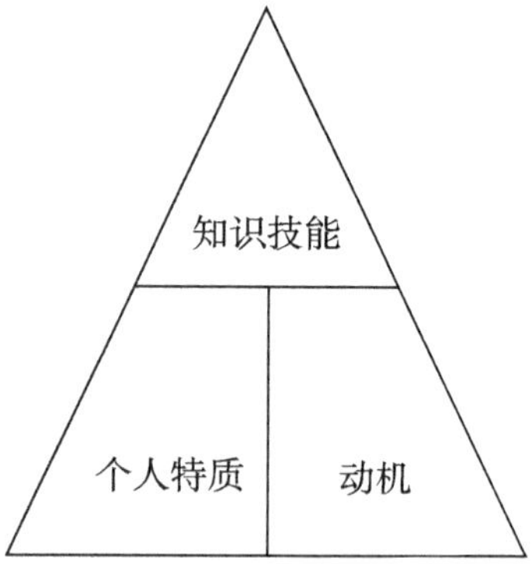

图1　基层社区矫正工作胜任力模型

在胜任力模型中，基层社区矫正工作者的知识技能要素包括具备文书制作、档案制作与归档等文案处理知识；学习、理解与灵活运用社区矫正法律法规；具备良

---

① 水藏玺、向荣、刘洪良：《胜任力模型开发与应用——基于胜任力的人力资源体系构建最佳实践》，中国经济出版社2019年版，第8—10页。

好的沟通协调能力；掌握一定的心理学、教育学等专业知识；面对紧急情况能及时处理的应急处理能力等。

对于基层社区矫正工作者而言，由于基层社区矫正工作繁杂琐碎，要求工作人员具备一定的耐心，能在长时间的重复劳作下保持心态的平稳；社区矫正工作突发情况较多，工作本身具备一定的风险，要求工作人员具备良好的抗压能力，面对突发情况能够临危不乱；社区矫正工作本质上是一项与各类社区矫正对象打交道的管理型工作，工作过程中有众多需要与多方力量沟通协调的场景，需要工作人员敢于交际，不畏人际交往等。

在动机要素方面，基于社区矫正属于刑罚执行活动，基层社区矫正工作者需要时刻坚守初心，端正自己的工作动机，不可违规乱纪，更不可在工作中谋取个人私利。另外，基层工作者将自己的职业成就感与满足感建立在社区矫正工作上，通过出色的工作实现自己的职业价值，从而形成正向的动机—行事促进机制，用个人成就感的获取正向促进工作质量的进一步提升。

六、胜任力模型用于提升基层社区矫正执法队伍质量对策建议

（一）注重在人才选拔中的科学利用

根据胜任力模型，社区矫正工作者的个人特质是相对稳定的，且较难通过外力的作用进行改变，即个体的价值观、态度、性格等自身的因素相对恒定，因此在社区矫正工作者的选任过程中，需要结合基层社区矫正工作的特点，选择个人特质与岗位需求相对契合的工作人员。

个人特质可以粗略地分为两类，即通用类型特质与行业类型特质。所谓通用类型特质，即良好的工作态度，有责任心等各行各业都需要的特质，这关系着工作人员对待工作的基础态度，这是人才选拔中基本关注的要求。行业类型特质与社区矫正工作岗位契合的特质，包括抗压能力、胆大心细等，具备此类特质的人，更为适合社区矫正工作岗位。

为了选任到合适的社区矫正工作者，需要开拓多渠道的选人用人方式，可以尝试通过胜任力模型来对候选人进行岗位能力测试，并且达到挖掘潜力的目的，从而切实提高人员与岗位的匹配度，有助于节约人员任用的成本；同时对于不合适的人选，及时调换岗位。

（二）全面加强社区矫正培训工作

当前社区矫正执法队伍综合能力不足，即胜任力模型的知识技能要素不足，不

同于个人特质要素的相对稳定，个体的知识技能是可以通过后天的培训来提高的，因此，需要注重加强社区矫正培训工作。

首先要具备科学明确的培训指导方向。对于县（市、区）社区矫正部门而言，要想实现整体工作水平的自我更新，必须先吃透现行的社区矫正文件，各项管理举措的操作规范与方法，了解本县（市、区）实际工作资源和条件，形成适合当地实际情况的工作指引。据了解，湖南省出台的《2022 年全省教育帮扶工作实施方案》，分别对个别教育、公益活动、适应性帮扶、分类教育等执行举措的实际适用情形进行归纳总结，具体为将“新入矫或者执行地变更前后，发生矛盾纠纷特别是矛盾突出、长期未能化解”等 10 种情形确定为个别教育“十必谈”情形；将“法律帮扶、纠纷调处、社会关系改善”等 10 种类型确定为对社区矫正对象必须给予帮扶的 10 种类型；提倡“坚持教育学习与实践活动相结合，公益活动与个人特长相结合”的公益活动“双结合”模式等。① 借鉴湖南省制定教育帮扶工作指引的工作经验，县（市、区）社区矫正部门同样可以结合自身实际情况，在符合社区矫正法律法规的前提下，制定出各类举措的操作规范指引，对原有笼统的规定进一步细化、具象化。这既是工作人员的培训指南，也是工作人员在日常工作时可以查阅学习的材料。

全面加强社区矫正工作培训，还要丰富培训类型，包括新任社区矫正工作人员的岗前培训、社区矫正各项业务技能学习的专题培训、增强补弱的经验交流学习型培训等。通过结合当下社区矫正执行中发现的问题，定期开展针对性培训工作，能及时地发现问题，组织整个社区矫正执法队伍统一纠错改正。

新任社区矫正工作人员的岗前培训可以尝试让参加了上一期岗前培训的工作人员担任本期岗前培训的主讲人。因为经验丰富的老手和初出茅庐的新手看待工作的角度是不一样的，很多老手因为太习以为常而觉得不是问题并略过不作讲解的地方，很可能是新人才能注意到的重要内容，而很多老手反复强调的要点可能在新人阶段因为过早接触反而理解不到。因此，邀请上一期岗前培训的新任社区矫正工作人员担任主讲师，能够站在新人的立场讲述自己的体会与学习的过程，并将学习后的成果很好地传达给他的后来者。同时在准备培训内容的时候，主讲人借此机会系统性对自己的工作内容进行总结提炼，是对于自身近期的工作情况一次很好的反思。

社区矫正工作在法治化、规范化、专业化的发展道路上，给社区矫正工作人员提出了越来越高的要求。为此，需要定期组织各项业务培训，包括新法新规的学习培训，社区矫正业务系统的操作培训，心理学、社会工作技能等方面的专业培训等。社区矫正业务培训需要定期邀请各领域专家、学者、专业培训讲师进行授课，不断推动社区矫正工作人员技能素养的全方位提升。

---

① 侯迁广、张庆桐：《湖南社区矫正工作高质量发展的实践与思考》，载《中国司法》2022 年第 7 期。

基层社区矫正工作中遇到的突发情况很多，各个基层社区矫正执行模型和经验方法各有不同，建议各地基层社区矫正机构可以定期召开工作经验交流会，互相就工作中遇到的问题、现有的解决方法、现有方案中的不足、未来的优化方向等内容交流学习，取长补短，共同促进社区矫正工作整体质量的提高。同时，基层社区矫正机构内部各司法所之间也可以进行相互交流。同在一个县（市、区），各司法所面对的工作指导和执行环境是大体相同的，但是执行效果却有差异，各司法所之间应当相互多取经，结合司法所年底考核结果，让排名较低、问题较多的司法所向排名高、问题较少的司法所学习，后进所加强自我整改，争取早日迎头赶上。

（三）完善工作人员绩效考评机制

当前，因为基层社区矫正工作人员激励不足而导致了执行偏差，基于胜任力模型，需要完善社区矫正工作人员的个人考评制度，将社区矫正工作质量纳入个人考评，与个人的绩效挂钩，激发工作人员的良性动机。

建立切实可行的奖惩制度，并贯彻落实。对社区矫正工作中做出实际贡献的个人，包括社区矫正执行落实到位、社区矫正工作做出创新实践、社区矫正工作做出突出贡献等，对这些优秀的社区矫正工作人员予以表彰，有条件的单位可以给予适当的奖励。相应地，在社区矫正工作中存在懈怠、形式主义等不规范行为的，及工作过程中因个人主观原因而出现重大错误的，对该名社区矫正工作人员通过批评教育、通报等措施予以惩处以起到警示作用。将社区矫正工作人员的奖励与惩处与个人的年度考核结果挂钩，直接与个人的绩效及职业发展关联。只有让社区矫正的工作成果，成为社区矫正工作人员能力评价与职业发展的一部分，才能够引起足够的重视，全面调动社区矫正工作人员的工作积极性与主动性。

社区矫正工作考核评价与个人考核评价挂钩。当前，社区矫正工作的考核与工作人员的考核相互独立，互不影响，这导致工作人员并不担心工作考核结果，毕竟就算是考核结果垫底也不会对其本人产生任何实质上的影响。因此，建议将社区矫正工作考核结果与个人考核评价挂钩，包括对司法所的社区矫正工作质量考核结果与各司法所的所长及工作人员的工作绩效评价挂钩，全面加强社区矫正工作的重视程度。

对无法胜任社区矫正工作的人实施岗位退出制。实施考核评价的同时，对社区矫正工作连续几次考核不合格的工作人员，实施岗位退出制，具体包括不担任原职务、薪资下调等，确保岗位退出制度能起到足够的警示作用。通过优胜劣汰的人员流动机制，保持社区矫正执法队伍中的人才质量。

刑罚执行一体化背景下社区矫正专门执法队伍“三化”建设研究

李朝霞*

社区矫正是在社区环境中完成刑事处罚的一种非监禁刑执行措施，与在监狱等封闭场所实施的监禁刑执行方式相比，社区矫正更强调对矫正对象的教育矫正和社会适应性帮扶，但这并不能掩盖社区矫正的强制性质。社区矫正对象必须在要求的时间内完成规定任务，而且人身自由受到一定的限制，若违反社区矫正管理相关规定，不仅会受到相应的处罚，甚至要收监重新执行刑罚。社区矫正的性质决定了社区矫正专门执法队伍必须有强制力的司法警察以及拥有法律、教育、心理、社会知识的专业人员参加，他们既负责社区矫正的监督管理、教育帮扶，又负责联系社会工作者、矫正志愿者、各社会团体和组织一起投入社区矫正工作，实现社区矫正的目的。

一、刑罚执行一体化的时代背景

刑罚是由刑法规定的由国家审判机关对犯罪人适用的限制或者剥夺其某种权益的强制性制裁方法。运用国家强制力量强行限制或剥夺犯罪人的某种权益，使其遭受一定的损失和痛苦，是对犯罪的惩罚。这种强制性和惩罚性是刑罚的本质属性。随着刑罚人道主义和刑罚轻缓化的进程，刑罚的目的不仅是惩罚罪犯，也是对罪犯教育改造以及帮助罪犯重新回归社会，由此推动了刑罚执行从监禁刑向非监禁刑延伸，刑罚执行除监狱监禁刑执刑，在社区执行刑罚也成为必然趋势。2020 年《中华人民共和国社区矫正法》（以下简称《社区矫正法》）实施后，我国剥夺罪犯自由的刑罚开启了监狱执行和社区执行两种刑罚执行并行模式。由此刑罚执行就有了四个不同类型的执行机关，现行的刑罚执行体制，导致刑罚执行机构、执行主体身份和执行方式呈多元化状态。党的十八届四中全会审议通过的《中共中央关于全面推进依法治国若干重大问题的决定》中明确提出，“完善刑罚执行制度，统一刑罚执行

---

* 李朝霞，山东政法学院警官学院副院长、副教授。

体制”。这是国家治理体系和治理能力现代化对刑事执行工作的根本要求，也是国家法治建设的必然要求。

当前我国刑事执行存在执行机构多元化、执行主体身份不统一导致刑罚执行队伍建设达不到正规化、专业化、职业化要求。我国具有刑事执行职责的机关包括司法行政机关、公安机关和人民法院。其中，司法行政机关管辖的监狱主要负责有期徒刑、无期徒刑和死刑缓期二年的执行；社区矫正机构负责管制、缓刑、假释或者被暂予监外执行的执行等；公安机关负责对被判处拘役、有期徒刑剩余刑期在三个月以下以及剥夺政治权利、对外国人驱逐出境等刑罚的执行；人民法院负责死刑立即执行、罚金、没收财产等刑罚的执行。其中监狱、法院、公安机关的执行都是由国家警察的强制力保障，只有社区矫正机构没有设警察编制，这成为制约社区矫正刑罚执行强制力和刑罚威慑力发挥的重要因素。社区矫正工作同样存在执法队伍多元化、非职业化、非专业化、执法主体身份非警察化的队伍建设问题，推进高素质社区矫正队伍建设工作机制，只是刑罚执行一体化和规范化的重要环节。深入推进刑罚执行一体化，推进国家治理体系和治理能力现代化才是根本目的。

二、社区矫正专门执法队伍组成多元化现状

（一）受委托行使职权的司法所工作人员

我国开展社区矫正工作以来，各地司法所按照相关规定和要求，组建了相应的社区矫正工作队伍，这支队伍在社区矫正工作中发挥了重要的作用。[①] 司法所曾具有社区矫正主体资格，2003 年《最高人民法院、最高人民检察院、公安部、司法部关于开展社区矫正试点工作的通知》（已失效）和 2012 年《社区矫正实施办法》均规定，司法所承担社区矫正日常工作。这主要参照公安机关由派出所管理被判处管制、缓刑、被假释、暂予监外执行的罪犯的做法，推行由司法所承担对社区矫正对象的日常监督管理和教育帮扶工作。自 2003 年社区矫正试点至 2020 年社区矫正法实施，一直是由司法所承担社区矫正工作。其组成人员一部分是司法所内部调整，一部分是政法干警招录体制改革试点期间为司法所定向招录社区矫正、法律事务岗位的公务员，他们构成了实践中一线社区矫正工作的主力。

2020 年实施的《社区矫正法》，修改了之前由司法所作为社区矫正执行主体的规定，规定改由县级以上地方人民政府根据需要设置社区矫正机构，负责社区矫正工

---

① 王爱立、姜爱东主编：《中华人民共和国社区矫正法释义》，中国民主法制出版社 2020 年版，第 72 页。

作的具体实施。社区矫正执法主体资格转移，否定了司法所的社区矫正执行主体地位。鉴于社区矫正机构刚刚成立，还没有完全独立行使职权的能力，司法所根据社区矫正机构的委托，承担社区矫正的相关工作。事实是，司法所还承担了大量的社区矫正日常工作，司法所依然是社区矫正工作的主力。据统计，山东省现有受委托司法所从事社区矫正工作的工作人员 3029 名，承担了大部分的社区矫正日常管理工作。由于司法所任务繁杂，这些工作人员除承担社区矫正工作外，还需承担人民调解、基层法律服务、法治宣传教育、安置帮教、依法治理及乡镇党委政府安排的工作等，司法所人员兼职承担矫正对象日常监督管理和教育帮扶任务精力明显不够，所需专业知识储备不足，与其所承担的工作任务明显不匹配，客观上影响了执法规范和矫正质量。

（二）监狱（戒毒）系统派驻的监狱（戒毒）警察队伍

社区矫正机构目前设置的编制主体是国家公务员，其不具备警察身份和能力。根据司法部部署，社区矫正主管部门普遍通过选派监狱、戒毒人民警察参与社区矫正工作，解决社区矫正警力问题。现在，监狱警察、强制隔离戒毒警察参与社区矫正工作比较普遍，这些警察在社区矫正工作中发挥了重要作用，确保了相关法定程序和法定要求能够有效落实。从政策层面看，这一措施也符合《中共中央关于全面推进依法治国若干重大问题的决定》提出“完善刑罚执行制度，统一刑罚执行体制”等相关要求。为进一步加强社区矫正工作人员队伍建设、明确职责、规范工作程序，司法部于 2018 年印发的《司法部关于推进刑罚执行一体化建设工作意见》指出，有序推进监狱警察支持和参与社区矫正工作。要积极选派监狱警察支持县级社区矫正机构，每个区（县）要有监狱警察参与社区矫正工作。从这以后，监狱和社区矫正机构的联系更加紧密，在全国范围拉开了监狱警察参与社区矫正的序幕。① 2019 年山东省司法厅印发的《推进刑罚执行一体化建设实施方案》进一步推进监狱（戒毒）警察参与社区矫正工作。积极有序选派政治素质好、工作责任心强，具有一定监管改造和教育矫治工作经验的监狱（戒毒）警察支持县级社区矫正工作，确保每个县（市、区）都有监狱（戒毒）警察参与社区矫正工作，并逐步推进监狱（戒毒）警察到社区矫正对象较多、监管任务较重的司法所，在一线具体开展社区矫正工作。五年来累计选派监狱（戒毒）警察 1159 名，每年选派 200 人左右，2022 年参与社区矫正的监狱（戒毒）警察 274 名，用警模式以派驻式、派单式、巡回式的方式，参与基层司法所社区矫正工作。把选派工作作为监狱、戒毒单位培养锻炼使用干部的重要平台，将选派警察全部编入“队建制”管理。对监狱、戒毒人民警察建立绩效

---

① 王林：《监狱警察参与社区矫正问题研究——以 S 省为例》，山东大学 2022 年硕士学位论文。

考评机制，统一指挥调度，明确职责，压实任务，以提升用警质效和实战能力。推动各地矫正大队和驻地监所结对共建、协调联动和资源共享，实现监所与大中队建设融合发展。

（三）社区矫正机构专职社区矫正工作者

《社区矫正法》规定，县级以上地方人民政府根据需要设置社区矫正机构，负责社区矫正工作的具体实施。社区矫正机构应当配备具有法律等专业知识的专门国家工作人员（以下称社区矫正机构工作人员），履行监督管理、教育帮扶等执法职责。根据本规定，社区矫正工作需要新设机构，并配备专职队伍，负责社区矫正工作具体实施。按照规定，省、市、县三级都可设置社区矫正机构，是否设置，应根据本地开展社区矫正工作的实际需要。一般情况下，县一级设置社区矫正机构，设区的市在区一级设置社区矫正机构，便于社区矫正机构对社区矫正对象的监督管理和教育帮扶，也便于社区矫正对象就近登记报到、办理有关事项，接受监督管理和教育帮扶。目前，全国推行“队建制”管理模式，通过建设“社区矫正中心”，实现“集中监管、划片执法”。但各地的做法不尽一致，一般情况下，县司法局有以下三种类型：第一类是县司法局挂“县社区矫正管理局”的牌子，有的另外加挂“县社区矫正大队”的牌子；第二类是县级司法局内设社区矫正大队；第三类是县司法局内设社区矫正科（股），有的另外加挂了“县社区矫正大队”的牌子。可见在社区矫正机构成立的初期，机构名称不尽统一。各级社区矫正机构存在人员数量少的问题，以山东省为例，截至2022年底，山东省16个市及136个县（市、区）全部依法设立社区矫正管理局，专职从事社区矫正工作的人员共921名，含实行队建制的大队、中队管理人员，与社区矫正对象的配比约为2%。除去省司法厅、市司法局的管理人员外，县（市、区）级社区矫正机构的工作人员更少，不能有效满足社区矫正实际工作的需求，主要的社区矫正工作依然由司法所承担。

三、社区矫正专门执法队伍建设困境

（一）社区矫正警察队伍达不到正规化

社区矫正工作从试点到现在，由于司法所执法能力不足，一直延续了从监狱、戒毒所等机构选派民警的做法。2019年4月，国务院提请审议社区矫正法草案时，有人建议“社区矫正机构应当配备一定数量的警察”，负责对违反有关监督管理规定的实施制止、惩戒、收监等措施；也有人建议，规定“司法行政机关调配一定数量的监狱（戒毒）警察参与社区矫正执法管理教育活动”；还有人建议，明确社区矫正机构与公安机关的分工配合关系。专家认为社区矫正应该根植于社区，如果社区矫正行政化甚至警察化，那么，社区矫正的推行反而意味着政府权力的扩张，不仅失去了社区矫正本来的性质和意义，而且要承担权力不当扩张和滥用带来的不利后果。[①]《社区矫正法》出台后并未规定社区矫正专职工作人员的司法警察身份。毋庸置疑的是，社区矫正工作具有刑罚执行性和社会性双重属性，社区矫正工作不仅仅是教育矫正、社会帮扶和社会适应性训练等社会性内容，而且社区矫正在本质上是一种非监禁的刑罚执行方式，而刑罚的本质是惩罚，社区矫正的刑罚执行性质决定了社区矫正的强制执行性，对于那些严重违反监管规定、脱管脱逃等行为需要采取必要的强制手段和强制措施。[②] 吴宗宪也认为，警察身份符合社区矫正工作的性质，警察身份有利于开展社区矫正工作，警察在社区矫正试点工作中发挥了积极的作用，警察管理罪犯符合法律规定。警察执行刑罚、管理罪犯是顺理成章、自然而然的事情，既符合社区矫正工作的执法性质，也符合警察的身份和职责。[③] 社区矫正工作20年的用警实践证明，确有必要在社区矫正机构配备一定数量的司法警察，但直到现在社区矫正仍普遍实行延伸借用警察，选派监狱、戒毒人民警察参与社区矫正刑罚执行，以增强刑罚执行的严肃性、权威性，提升刑罚执行能力。然而，选派关系不利于保持警察队伍的稳定性，亦不利于社区矫正工作队伍的正规化建设。

（二）受委托司法所兼职队伍缺乏专业化

司法所是由县（市、区）司法局派出到乡镇（街道）开展司法行政工作的基层组织，或是乡镇人民政府或街道办事处内设的负责在县（市、区）司法行政机关指导下开展相关工作的基层组织，它直接面向广大人民群众开展基层法治工作，负有人民调解、法律服务、基层治理、法治宣传等多项职责，工作任务复杂，工作难以兼顾。虽然司法所安排专职或兼职人员负责社区矫正，但由于司法所人员编制大多通过内部调剂、交流轮岗等方式补充，无论是县司法局还是乡镇街道司法所都存在人员不足的问题，尤其是身份定位不明晰、专业素质和执法能力欠缺，难以胜任社区矫正刑罚执行工作。《社区矫正法》颁布后，司法所接受社区矫正机构的委托，开展社区矫正日常工作。可以说，继续由司法所承担社区矫正的日常工作，对司法所来说勉为其难。该种模式只是社区矫正机构成立之初还不能独立承担社区矫正工作，由司法所承担社区矫正工作是权宜之计，因其难以胜任专业性很强的社区刑罚执行工作任务，难以实现社区矫正工作专业化，也无法保证社区矫正工作深入细致地开展。

---

① 张绍彦：《社区矫正的现实和发展路径》，载《政法论丛》2014年第4期。

② 林红：《社区矫正用警问题研究》，载《湖南警察学院学报》2021年第4期。

③ 吴宗宪：《论社区矫正立法中的警察问题》，载《刑事法治发展研究报告》（2014—2015年卷），第359页。

（三）社区矫正机构专门队伍很难发挥作用

社区矫正机构是监狱法规定社区矫正专门机构，配有专职从事社区矫正工作的社区矫正工作人员。但是目前，由于受编制控制的原因，社区矫正机构配备的人员数量相对较少，社区矫正机构队伍的正规化、专业化、职业化程度远没有达到要求，存在社区矫正机构职能虚化的现象。导致县级司法局社区矫正科（股）或称社区矫正大队等社区矫正机构，一般不从事对社区矫正对象的直接管理，而是对司法所的社区矫正工作进行业务指导和行政管理。许多地方在县级同时设有社区矫正中心一类的机构，虽然矫正中心承担一定的社区矫正对象管理工作，但是大量的日常工作还是依靠司法所，矫正中心与矫正科工作人员大多是一套人马，矫正中心并不是独立的工作实体。① 由于社区矫正机构专职工作人员并不直接从事对社区矫正对象的管理工作，社区矫正专门执法队伍虚化和弱化，社区矫正机构职能发挥不到位，导致社区矫正工作达不到职业化要求，不能保证矫正质量。

四、社区矫正专门执法队伍正规化、专业化、职业化建设

（一）社区矫正警察队伍正规化建设

社区矫正是与监禁矫正相对应的非监禁刑罚执行活动，社区矫正对象是罪犯，他们的人身危险性要高于普通公民，为了保障社区矫正工作人员的安全，体现刑罚执行的严肃性，在社区矫正中配备一定数量的警察是有必要的。② 实践中借调监狱、劳教民警的做法始于2003年，2013年起劳教所改制为戒毒所后，又借调监狱、戒毒民警的实践至今已经20年。随着社区矫正罪犯数量的增多，人员构成也越来越复杂，用警数量还会进一步增加，我们应该建立社区矫正警察制度，达到规范用警、制度用警，做到社区矫正警察队伍正规化建设。

1. 立法突破

2012年修改之前的《人民警察法》第6条第11项规定，公安警察的职责之一就是“对被判处管制、拘役、剥夺政治权利的罪犯和监外执行的罪犯执行刑罚，对被宣告缓刑、假释的罪犯实行监督、考察”。既然社区矫正的对象由公安机关管理时，由公安警察对他们执行刑罚和进行监督、考察，那么，当其中的大部分转由司法行政机关管理时，同样也应当由警察对他们执行刑罚和进行监督、考察。《俄罗斯联邦

① 刘强：《中国社区矫正机构和执法队伍建设——主要基于与俄罗斯的比较研究》，载《社区矫正理论与实践》2022年第1期。

② 林红：《社区矫正用警问题研究》，载《湖南警察学院学报》2021年第4期。

刑事执行法典》规定社区刑罚执行中的大部分任务由当地的刑事执行检查处承担，包括剥夺担任一定职务或从事某种活动的权利刑、强制性社会公益劳动刑、劳动改造刑、限制自由刑、缓刑、假释的执行。俄罗斯贯彻刑罚执行一体化原则，把监禁与社区刑罚执行一体化管理。监狱刑罚执行的执法人员是警察身份，社区刑罚执行的执法人员同样是警察身份，并赋予社区刑罚执行机构必要的强制执行权。[①] 美国的缓刑官和假释官虽然不具有警察身份，但是法律赋予其执法权力，在执行公务期间可依法适用手铐、电警棍、催泪器，部分州的工作人员配发枪支。[②] 因此，在社区矫正机构中配备一定数量的专职警察，是极为必要的。鉴于我国社区矫正法颁布时并没有规定社区矫正刑事执行的警察身份和地位，一直制约着社区矫正警察队伍正规化建设，希望通过立法确认社区矫正的刑事执行性质，在社区矫正机构配备一定数量的专职警察，由警察代表国家行使强制力，这样既可以确保社区矫正刑罚执行的有序开展和惩罚功能的实现，同时也有利于推动刑事执行一体化改革，保证我国法律和执法制度的统一协调。

2. 用警模式

建议将社区矫正警察纳入司法警察序列，法院警察负责死刑罪犯的执行、财产刑的强制执行、疑难民事案件执行以及法庭秩序维护；监狱警察负责监禁刑罪犯的执行；社区警察负责非监禁刑罪犯的刑罚执行和危险罪犯的管理工作。用警模式可按照“一个主导一个协助”的原则，“一个主导”是指由社区警察负责刑罚执行工作，“一个协助”指罪犯的教育帮扶是以社区矫正工作者为主、矫正警察为辅的模式，矫正警察协助社区矫正工作者开展社区矫正工作。

3. 队伍组成

社区矫正警察队伍的组成，不宜从现在的社区矫正工作人员中转入，因为原来的社区矫正工作人员不具有法定的警察身份和警务技能。宜通过以下三种方式全力打造社区矫正正规化警察队伍。一是随着今后监禁刑的进一步发展，监狱与社区矫正此消彼长，部分监狱警察可转型加入社区矫正警察队伍；二是在某些戒毒任务不太重的地区，剩余的戒毒警力可以充分利用，这既可以充分利用原有编制范围内充分挖掘潜力，节约国家人力资源，又可以借助监狱警察和戒毒警察原有的专业素养和业务能力，提升社区矫正质量；三是通过国家公务员招录制度，招录符合社区矫正真正需要的社区矫正警察。

---

① 刘强：《中国社区矫正机构和执法队伍建设——主要基于与俄罗斯的比较研究》，载《社区矫正理论与实践》2022 年第 1 期。

② 武玉红：《我国社区矫正队伍专业化建设探究》，载《北京联合大学学报》（人文社会科学版）2016 年第 3 期。

4. 职责要求

社区矫正工作是一项专业性很强的刑罚执行工作，其主要任务是依法对社区矫正对象进行监督和管理，在接收和宣告社区矫正的环节，在对违纪和违法的社区服刑人员进行处置的环节，在宣布解除社区矫正的环节等，都需要社区矫正警察临场参与相关工作。[①]（1）社区矫正对象接收。社区矫正对象的接收，需要对接不同的国家警察机关，包括以下三种情况：一是对于未羁押的法院判处管制、宣告缓刑的社区矫正对象，自行到社区矫正机构报到；二是正在监狱服刑由法院裁定假释或由监狱管理机关决定暂予监外执的罪犯，由监狱移送社区矫正机构；三是对于未在监狱服刑被采取强制措施的暂予监外执行的社区矫正对象，由看守所或者执行取保候审、监视居住的公安机关移送社区矫正机构。（2）入矫宣告。入矫宣告由社区矫正警察来进行，有利于增强刑罚执行的严肃性和权威性。（3）对危险犯的处置。社区矫正对象由于都在社会层面活动，接触面广无法实时监管，对于他们的日常所作所为更是难以预测，因此监管难度大大提高，民警参与矫正过程能提高执行刑罚的严肃性，提高对矫正对象的震慑效果。在特殊情况下，当社区服刑人员的社会危险性增大时，普通的社区矫正工作人员难以对他们开展正常的工作，在这种情况下，就需要社区矫正警察协助社区工作者开展工作。（4）社区矫正的解除等。社区矫正对象在矫正期满或者被赦免的，社区矫正机构应当向社区矫正对象发放解除社区矫正证明书，并通知社区矫正决定机关、所在地的人民检察院、公安机关。社区矫正刑罚执行是一项程序性很强的刑罚执行工作，需要对接法院、检察院、监狱、公安机关等各类执法机关，社区矫正警察的队伍素质应不低于公安警察和司法警察，任职条件和考评体系可以参考公安警察的相关规定进行。[②]

（二）社区矫正执法队伍的专业化建设

社区矫正工作是一项非常复杂的专业性工作，涉及法学、犯罪学、心理学、社会学、教育学等各类学科知识，尤其是心理矫治、矫正方案、教育帮扶等，对社区矫正工作者的综合素质及专业要求较高。[③]《社区矫正法》规定，社区矫正机构应当配备具有法律等专业知识的专门国家工作人员，履行监督管理、教育帮扶等执法职责，并组织具有法律、教育、心理、社会工作等专业知识或者实践经验的社会工作

---

① 吴宗宪：《论社区矫正立法中的警察问题》，载《刑事法治发展研究报告》（2014—2015 年卷），第 360 页。

② 庄春英：《关于社区矫正队伍建设的调研报告》，http：//www. legalinfo. gov. cn/moj/yjs/content/2012-10/18/content_2787355. htm？ node＝30053，最后访问时间：2023 年 8 月 26 日。

③ 率永利、马英：《建设高素质、专业化社区矫正工作者队伍——浙法省社区矫正社会工作者队伍建设调研报告》，载《人民调解》2021 年第 2 期。

者开展社区矫正相关工作。

1. 受委托司法所退出社区矫正工作

《社区矫正法》实施之后，司法所已经不是社区矫正的执法主体，只是受委托承担社区矫正相关工作。从工作性质来说，司法所不是刑罚执行机构，司法所承担刑罚执行任务具有不适当性，司法所接受委托承担社区矫正的相关工作具有不确定性。[①] 从专业程度来讲，司法所的司法助理员达不到刑罚执行的专业标准，难以完全满足社区矫正工作各项专业技术要求，缺少对于刑罚执行监督管理的专业性，缺乏专业心理思想矫治、行为矫治的知识能力和科学技术，往往只把效果甚微的思想矫治教育灌输作为唯一的心理矫治教育方法，即所谓的说服教育，很难对罪犯起到心理帮助、矫正的作用。从人员数量来讲，司法所本身人员数量就存在严重不足，虽然司法所安排专职人员负责社区矫正，但由于司法所人员编制大多通过内部调剂、交流轮岗等方式进行补充，无论是县司法局还是乡镇（街道）司法所都存在人员不足问题。《社区矫正法》实施后仍然主要依靠司法所开展社区矫正工作，势必影响社区矫正工作向专业化、职业化方向发展。[②] 如果不及时退出，不但影响司法所的正常工作开展，还将成阻碍社区矫正工作队伍专业化建设，而适时地退出有利于实现社区矫正队伍的专业化建设。

2. 建设社区矫正工作者专业队伍

社区矫正工作两支专业队伍是指社区矫正工作者队伍和社会工作者队伍。社区矫正法对两支队伍的职责作出规定。社区矫正工作者主要负责社区矫正对象的监督管理、教育帮扶等执法职责，主要是承担矫正档案管理、台账管理、数据统计等行政性、事务性工作，开展调查评估、矫正接收、矫正宣告、报告报到、建立矫正小组、制订矫正方案等。还要承担与社区工作者、帮扶机构、社会志愿者的协调指导工作。社区矫正能否达到法律效果和社会效果的统一，与社区矫正工作人员的专业化素质息息相关，社区矫正需要在专业矫正工作人员的组织下、社会工作者的帮助下，充分运用各部门的力量和各类社会资源，对矫正对象开展个别化的有针对性的教育、矫正等工作。[③] 因此，建立一支规范化、专业化的社区矫正工作人员队伍十分重要。社区矫正工作者专业队伍由以下五类人员组成：（1）社区矫正警察；（2）法律工作者；（3）教育工作者；（4）心理工作者；（5）社会工作者。

---

① 刘强：《中国社区矫正机构和执法队伍建设——主要基于与俄罗斯的比较研究》，载《社区矫正理论与实践》2022 年第 1 期。

② 刘强、武玉红、韩建勇、孙峰：《社区矫正专业队伍工作现状的调查与思考》，载《河南司法警官职业学院学报》2019 年第 2 期。

③ 王爱立、姜爱东主编：《中华人民共和国社区矫正法释义》，中国民主法制出版社 2020 年版，第 73 页。

（三）社区矫正专门执法队伍职业化建设

职业化是指一个职业群体逐渐符合专业标准，取得专业性职业并取得相应专业地位的动态过程，同时也是职业成熟的标志。[①] 职业化是一种工作状态，这种工作状态是标准化的、规范化的、制度化的，它应该包含的要求是遵循职业行为规范、具备职业素养、匹配职业技能。我国自 2003 年开展社区矫正试点至今已满 20 年，各地方司法行政机关按照相关规定和要求，组建了相应的社区矫正工作队伍，这支队伍在社区矫正工作中发挥了重要作用。但在队伍建设实践中也发现了一些问题，如缺乏队伍建设标准、执法能力不足、执法队伍不够稳定等。[②] 加强社区矫正工作人员队伍建设，一是机构职能纯化；二是机构队伍职业化；三是人员知识结构专业化。

1. 社区矫正机构职能纯化

社区矫正是一项严肃而专业的刑罚执行工作，需要一支职业化专门执法队伍。目前，各省、市、县（市、区）社区矫正机构已经建立，但大多管理机构，名称也多为司法局（科、股），虽挂有社区矫正大队等名称，但单位性质基本是以管理职能为主，还不是直接从事社区矫正的实体机构。根据《社区矫正法》的规定，县级以上地方人民政府根据需要设置社区矫正机构，负责社区矫正工作的具体实施。社区矫正机构应是直接开展社区矫正工作的实体而不是行政管理机关。社区矫正机构具有相对独立性，需要根据社区矫正对象的数量，按比例设定编制，行使刑罚执行权。[③] 加强社区矫正工作队伍职能纯化是有效开展社区矫正工作，推进社会治理创新的重要保障。

2. 社区矫正机构编制保障

自 2012 年《中华人民共和国刑事诉讼法》修改后，提出由社区矫正机构负责社区矫正工作，成立社区矫正专职机构有了法律依据。以此为依据，各省、市、县（市、区）成立专职社区矫正机构。以山东省为例，2012 年省编办批复同意设立司法厅社区矫正工作处，2015 年省编办、司法厅联合印发《关于加强市县社区矫正机构建设的通知》，要求各市、县（市、区）司法局用于社区矫正工作的政法专项编制不少于 3 人，下达 137 个政法专项编制给部分社区矫正工作任务重、工作力量相对薄弱的县（市、区）司法所，探索按照一定比例配备专职执法人员。截至 2023 年 8 月，现有社区矫正专职工作人员 921 名，其中政法专项编 602 人，地方行政编 55 人，事业编 213 人，工勤编 51 人。这样的人员数量与全省 4.8 万的在矫对象规模相比远没

---

① 张紫薇：《H 省戒毒警察职业化建设研究》，哈尔滨工业大学 2020 年硕士学位论文。

② 黄风华：《关于社区矫正队伍职业化建设的若干问题思考》，载《警官教育论坛》2013 年第 1 期。

③ 刘强：《中国社区矫正机构和执法队伍建设——主要基于与俄罗斯的比较研究》，载《社区矫正理论与实践》2022 年第 1 期。

有达到专门队伍职业化要求。将来，我国社区矫正对象的数量有可能翻倍，没有职业化的执法队伍，将难以胜任管理任务。因此，加快机构队伍建设改革的步伐，是做好社区矫正工作的重要组织保障。①

3. 社区矫正机构人员内部调剂

《社区矫正法》颁布以后，虽然各级领导积极推动社区矫正机构队伍的建设，但在要求编制部门给社区矫正机构配备编制方面遇到了瓶颈。根据 2007 年国务院颁发的《地方各级人民政府机构设置和编制管理条例》第 6 条第 2 款的规定，禁止县级以上各级人民政府擅自设置机构和增加编制，这与中央“不得突破总量增加编制”的政策相一致。根据上述条例第 18 条规定，地方各级人民政府下令根据调整职责的需要，可以在行政编制总额内调整本级人民政府有关部门的行政编制。所以各地解决编制的最好办法是在司法行政机关内部进行调剂。（1）调整用好政法干警招录体制改革试点期间定向招录的社区矫正、法律事务公务员，这部分人员目前已经成为司法所一线社区矫正工作主力。（2）从监狱系统调整一部分编制和人员。鉴于社区矫正的逐步扩大，我国缓刑、假释的适用率也逐年提高，致使社区矫正对象从 2008 年的 14.9 万人，累计 27.4 万人，到 2019 年当年 123.5 万人，累计 478 万人，数量呈飞速增长态势。② 缓刑和假释人员的绝对数量的增加，会带来监狱罪犯的相应减少，监狱只关押需要监禁的罪犯，监禁成为迫不得已的最后手段。这样监狱不仅不需要增加编制，还会有多余的警力用来支持社区矫正工作，实践中社区矫正机构及司法所一直借用监狱警察协助也是很好的例证。（3）从戒毒系统调整一部分编制和人员。2008 年《中华人民共和国禁毒法》正式施行，以法律形式废止了原来劳动教养戒毒和公安强制戒毒，推行全新的强制隔离戒毒模式。2013 年《中共中央关于全面深化改革若干重大问题的决定》提出，废止劳动教养制度。2014 年原劳教场所向戒毒管理转变职能，合理使用原来的场所和人员，由此诞生了戒毒人民警察这一人民警察序列中的一个非常特殊的警种，使戒毒工作得到了加强并取得了前所未有的成效。2020 年 6 月，国家禁毒委员会发布《2019 年中国毒品形势报告》强调，我国禁毒斗争形势稳中有进、趋势向好，吸毒人数继续下降。我国现有吸毒人员 214.8 万名，其中，查处吸毒人员 61.7 万人次，处置强制隔离戒毒 22 万人次。随着强制隔离戒毒的人数进一步减少，戒毒系统富余的编制和警力可以调配到社区矫正机构，这是一个非常好的选择。

---

① 刘强：《安徽蚌埠社区矫正机构队伍建设调研报告》，载《中国司法》2021 年第 11 期。

② 林红：《论司法所社区矫正工作的困境及对策》，载《犯罪与改造研究》2023 年第 4 期。

结语

我国刑事执行立法体系中，还存在多重立法、多主体执法、分散监督等问题，应由全国人大常委会制定统一的刑事执行法，赋予刑事执行法独立的法律地位，促进刑罚执行的法治化、系统化、协调化、专门化。在执行主体上，可以刑罚执行客体的性质为界，除了保留人民法院财产刑罚执行权以外，将与人身权密切相关的刑罚执行类别统一划归司法行政机关执行，充分发挥司法行政机关在监狱、社区矫正执行工作中的主体地位和职能优势，使公、检、法、司机关各司其职、各展其能，形成分工协作、互相配合、互相监督的现代刑事司法格局，保障司法公正，提升司法公信力。[①]

① 尚铮铮：《新时代推进刑事执行一体化建设的思考》，载《辽宁公安司法管理干部学院学报》2021年第6期。

社区矫正执法队伍专业化建设探究

李旭芳*

社区矫正制度是一种非监禁型刑罚执行方式。自 2003 年在北京、天津、上海、江苏、浙江和山东 6 个省市实行社区矫正工作试点以来，经过 20 年的探索，我国社区矫正制度正在逐步健全。尤其是 2019 年 12 月 28 日通过了《中华人民共和国社区矫正法》（以下简称《社区矫正法》），并于 2020 年 7 月 1 日起正式施行，我国社区矫正步入了有法可依的新时代。但就目前我国社区矫正运行情况来看，社区矫正专业化队伍尚未真正建立起来。“就执行环节而言，机构和队伍建设往往具有基础性和指向性的作用。建立什么样的机构和队伍，实际预示着制度的施行方向和价值取向，对于制度的后续完善和发展有重要影响”。① 因此，有必要对我国社区矫正执法队伍专业化建设进行深入研究与合理探讨。

一、社区矫正队伍建设现状

《社区矫正法》实施以来，我国大力推进社区矫正机构队伍建设，专门执法力量进一步壮大。各地采取单独设立、在司法厅（局）或其内设机构加挂牌子等方式，依法设立具有独立执法主体资格的社区矫正机构，全国省、市、县三级依法在人民政府设置社区矫正机构的建成率分别达到 78%、73%、68%。② 但是社区矫正机构建成并不意味着社区矫正专业化队伍建立。从实际情况来看，社区矫正工作最终还是落在基层司法所。司法所除了要承担社区矫正工作之外，还要兼顾原本的工作任务，甚至还要完成乡镇、街办交办的信访、维稳等任务，没有精力深入钻研社区矫正工作，工作很难做到精细化。即使是司法所里负责社区矫正工作的人员，通常也不是“专门”负责社区矫正，很多时候会被上级或其他有权机关调派到其他岗位，社区矫

---

* 李旭芳，山西省太原市尖草坪区司法局汇丰司法所科员。

① 梅义征：《社区矫正制度的移植、嵌入与重构——中国特色社区矫正制度研究》，中国民主法制出版社 2015 年版，第 46 页。

② 《司法部有关负责人就〈中华人民共和国社区矫正法〉施行三周年回答记者的提问》，载《法治日报》2023 年 6 月 30 日，第 3 版。

正工作对于他们来说，充满了临时性与不确定性。

从司法所的工作性质、工作人员素质以及拥有的社区资源来看，很难与派出所相比。[①] 由于社区矫正执法专业化队伍尚未建立，目前社区矫正仅停留在书面上，可以说能够完成法律规定的工作职责已属不易，很难再要求矫正工作达到应有的效果。社区矫正执法队伍专业化，尤其是县区级和乡街级的一线执法队伍专门化、专业化是社区矫正工作走向规范化发展道路的重要保障。

二、目前社区矫正队伍执法建设存在的问题

（一）社区矫正工作人员身份界定模糊

社区矫正作为一种刑罚执行程序，应当注重惩罚性、强制性、专业性和严肃性。[②] 社区矫正的法律性质决定了从事社区矫正工作的专职人员必须具有刑事执法权，因此就必须赋予社区矫正执法人员一种“警察化”的身份，这是最基本的要求。因为不管怎样实际论证，我们都将发现社区矫正这样一个严肃的刑罚执行活动，如果不具备警察的执法权，那么执法人员在矫正工作过程中将变得有所顾虑，并对自己的身份产生怀疑。

从立法角度来看，我国始终没有从法律上明确社区矫正机构和社区矫正执法人员的身份。从2003年的《关于开展社区矫正试点工作的通知》到2012年的《社区矫正实施办法》，只是明确了县级司法行政机关社区矫正机构对社区矫正人员进行监督管理和教育帮助，司法所承担社区矫正日常工作。《社区矫正法》中规定了“社区矫正机构应当配备具有法律等专业知识的专门国家工作人员……履行监督管理、教育帮扶等执法职责”。虽然提到“执法”二字，但落在职责之上，仍然没有赋予社区矫正工作人员清晰明确的执法身份。

身份界定的模糊导致警用装备缺乏。服装上，目前部分地区能够在省市范围内统一发放社区矫正制服以及工作证，但尚未在全国范围内统一，仍不足以彰显社区矫正执法的权威性和严肃性，而警用设备更是缺乏，社区矫正对象不服从管理或寻衅滋事，虽有事后的处罚措施，但事件发生时却没有必要的安全保障。警用器械的缺乏导致工作人员在遇到危险时，很难维护自身安全，也就更谈不上维持工作秩序了。这种潜在的危险性，使原本具有强制性的教育矫治工作，在部分地广人稀、女性工作人员较多的地区只能转变为感化说服，使社区矫正工作惩罚犯罪的效果大打

① 社区矫正在我国启动后，对社区矫正对象的管理由公安机关的派出所转移到司法行政机关的司法所。

② 张荆：《社区矫正的北京特色及主要问题点研究》，载刘强、姜爱东主编：《社区矫正评论》（第四卷），中国人民公安大学出版社2014年版，第86页。

折扣。刑事诉讼程序的严肃性、公正性在执行阶段被削弱，带来的不仅是再犯罪率的攀升，还会减弱对潜在犯罪分子的威慑力。

现实中，对于社区矫正对象诸如开展家庭走访、分类管理、考核奖惩、日常管理、教育帮扶等监督管理工作全部落在基层司法所工作人员身上，而司法所除了社区矫正之外，还承担了法律服务、法治宣传、普法教育、人民调解、法律援助等职能，这些工作的性质偏向于服务而非执法。这就导致司法所工作人员无法在各类“软性”服务型工作与具有强制性、惩罚性的社区矫正工作之间自如地切换角色。大多数社区矫正执法人员对自己的身份没有认同感，甚至产生怀疑。

（二）社区矫正工作人员保障不足，队伍流动性大

人员配比的数量不足是全国社区矫正队伍建设面临的矛盾之一。这就造成了“规定多、任务重、责任大”与“机构弱、人员少、保障缺”的现实矛盾。司法所职能众多，但是具有正式编制的只有1名至2名公务员，且司法助理员、司法社工大都是一人身兼数职，无法做到专人专岗专职。就全国范围来说，甚至有很多司法所是一人所。社区矫正工作人员除了要进行社区矫正本身有的调查评估、制订矫正方案、组织宣告、审核定期报告、情况跟踪、社会帮扶、奖惩移送等工作之外，还需完成法治宣传、公共法律服务、人民调解等其他工作内容，繁重的工作使得司法所工作人员心有余而力不足，社区矫正工作便慢慢地开始流于形式，一些地方甚至在社区矫正对象向司法所报到、填写一些表格、完成入矫仪式后，就再也没有见过社区矫正工作人员，社区矫正成了“走过场”。这些都严重偏离了社区矫正作为一项严肃的刑事执行措施的轨迹。

同样的问题也存在于村（居）民委员会。在协助义务上，尽管《关于进一步开展社区减负工作的意见》明确了社区需要协助矫正机构做好社区矫正工作。《社区矫正法》第12条第1款规定：“居民委员会、村民委员会依法协助社区矫正机构做好社区矫正工作。”由于在现实中大多数的社区工作站，主管社区矫正的社工多是一人多职，并非只负责和社区矫正机构对接社区的社区矫正工作，还负责居委会的其他事务性工作，工作内容的繁杂使得他们可能对最简单的社区矫正对象公益劳动的监督工作都心有余而力不足，无法做到有效监督。加之居委会的年轻工作人员临时性强，流动性大，即使对在岗人员做了相应的职能培训工作，也因人员变动频繁而无法保持其长效性和稳定性。

另外，社区矫正工作人员配比的地域性差异较大。虽然顶层设计和规范性文件都把司法所的助理员定位为社区矫正专业人员，但是，从制度的设定上看，按照司法部提出的每个司法所配备一名专职社区矫正工作者的要求，那么势必存在有的司法所人员工作量不足，有的则工作负担太重的问题。各地司法行政机关承担的业务

量存在较大差距，有的司法所监管百余名社区矫正对象，有的监管十余个或者几个社区矫正对象。社区矫正对象多的乡镇街道，一名专职工作者忙不过来，势必需要其他工作人员的协助，如果其他人缺乏专门的训练，就难以保证社区矫正管理的专业化运作；在社区矫正对象较少的乡镇街道，专职工作者的时间如果充裕，会被安排从事司法所的其他中心工作，容易混淆工作职责，也不利于专业化水平的提高。

（三）社区矫正工作人员专业背景单一

社区矫正工作是一项具有刑罚执行、监督管理、教育矫正、心理矫治、个案矫正、危险评估、信息化管理等多项专业技能要求的综合性工作，这就需要社区矫正工作人员具备法学、教育学、心理学、社会学、犯罪学、社区矫正理论与实务、信息化技术等多学科知识。通过调研发现，社区矫正工作人员的专业背景大多为法律类，社会学、教育学专业背景的只占很小一部分，心理学、犯罪学专业背景的则为零。可见，这种单一的专业背景很难适应社区矫正工作的要求，无法从事更加专业的教育矫正、心理矫治和个案矫正工作，专业与职业的吻合度较差，缺乏从事社区矫正工作应具备的专业知识和职业技能，影响了社区矫正工作的专业性与规范性，更不符合社区矫正执法队伍专业化建设的要求。

三、完善社区矫正队伍执法建设的可行建议

（一）健全和完善现有的社区矫正相关法律法规

我国在社区矫正开展之前，无论犯罪嫌疑人是被羁押在看守所还是取保候审，均由公安机关负责管理，管理人员都是警察身份，执法影响力很强，待接受委托进行审前调查，经由审判机关判决，再由居住地司法行政机关进行社区矫正后，社区矫正工作人员无论是从身份还是地位来讲，执法的力度和影响力都明显削弱。从长远考虑，应当从立法角度明确社区矫正工作人员执法者身份，赋予其承担的刑罚执行权相匹配的属性，包括规范名称、制式要求、机构性质等，从而确立社区矫正工作人员在社区矫正机构中的重要作用，明确社区矫正工作人员的职责权力与职业伦理，为建构专业职务体系提供制度依据。

（二）完善社区矫正执法体系与社区矫正工作人员配置方案

由于社区矫正工作的专业性和复杂性，通过司法所设专职人员以及招聘社工和抽调干警的形式不利于专业化的发展，应该以团队的形式，而不是各个司法所以分散的形式在专门的社区矫正机构中开展工作。可以参考浙江等地，在区县一级设立

社区矫正执法大队，再根据工作需要将原有的司法所社区矫正专职人员从司法所抽调出来，成立若干执法中队。执法中队人员不是按照行政区划来设立，而是根据工作需要和社区矫正对象的数量来设定工作人员的人数，工作量大、社区矫正对象多的乡街可以单独对应一个执法中队，工作量少、社区矫正对象少的乡街可以多个组合对应一个执法中队。司法所原有的其他人员主要承担人民调解、法治宣传等工作，对社区矫正只是起到一定的辅助作用。由于目前一人所情况较为普遍，没有多余的人员组成执法中队，因此还需要考虑适当增加编制来解决人员配置的问题。

形成执法团队后，还可以进一步在团队内部进行分工。例如，在发达国家和地区最基层的对社区矫正对象管理的机构（如惩矫办公室、保护观察所、缓刑办公室、假释办公室）中，工作人员均有明确的分工。在美国，已有部分州将缓刑和假释管理分开，设立缓刑办公室和假释办公室。工作人员可针对不同的对象进行管理，在缓刑、假释办公室的内部同样有细密的分工。例如，工作人员可专管审前调查、分类、撤销，或者分别管理不同类型的矫正对象。

（三）严格社区矫正执法队伍的准入资格，提供科学建制与合理保障

与法官、检察官一样，作为从事重要的社会公共事业的工作职位，社区矫正执法队伍专业化建设需要制定、实施职业应有的准入制度和管理制度，以确保社区矫正工作人员的选拔、任职、评估有依据和标准，并完成相配套的社区矫正执法队伍的管理、培训、考核、辞退、退休等相应的规章。从事社区矫正工作，需要具备一定的法学、教育学、管理学、侦查学、狱政学、心理学等专业知识，具有矫正专业经验和技能以及较强社会责任感和沟通能力，再经过一定的培训方可上岗。① 当然，正式出台的社区矫正执法队伍准入制度和相关政策要考虑现有的队伍状况，需要有一个对现有在职社区矫正机构工作人员的选择、竞职的机会和分流的时间。社区矫正执法队伍的建制要全国基本统一，结合各地区的不同环境和矫正工作客观工作状况进行设置、测算确定，注重效率与效果，较好地发挥社区矫正工作人员的主观能动性。

（四）吸纳优质社会力量参与社区矫正工作

社区矫正是一项较为特殊的刑罚执行手段，它的定位就是限制人身自由的非监禁刑。正是由于这种特殊性——实施矫正场所是居民社区，使得单纯依靠国家机关公职执法人员开展社区矫正工作具有一定的局限性，不利于对社区矫正对象的帮扶、教育以及感化。所以引入一些社会志愿者、社工等社会力量进入社区矫正执法队伍

---

① 司绍寒：《我国社区矫正执法队伍建设研究》，载《河南司法警官职业学院学报》2014 年第 4 期。

中来就显得尤为重要了。吸收优质社会力量参与社区矫正工作与建立专职化的工作队伍并不矛盾，两者是相辅相成的关系，社会力量也可以更好地辅助专职人员开展一些他们不便于开展的工作。

社工、志愿者等社会力量的加入能让矫正对象在心理上产生一种归属感，并能很好地带动矫正对象回归社会的热情与欲望。社工、志愿者适当组织一些必要的公益活动或者其他集体劳动，让矫正对象通过劳动受到教育、感化。这些自我认同感的提升对他们改过自新、融入社会都大有裨益。还有一些社工组织矫正对象去敬老院、希望小学等参加一些劳动教育，都极大地促进了这些矫正对象实现自我价值与社会价值。

在很多西方发达国家以及我国的香港地区，社会工作者（简称社工）参与社区矫正工作的整个实施体系、技术规范相对比较发达，他们的日常矫正技术以及教育、帮扶理念都已相当成熟与稳定。这些国家和地区的政府执法机构在社区矫正工作中很重视社会力量的参与并且能够很巧妙地利用这些社会基层力量发挥出“四两拨千斤”的作用。此外，社区矫正工作者在日常矫正工作中还要兼顾到社区民众的“情绪”。社区矫正是一项综合性、群众性很强的活动[①]，司法行政机关的矫正工作做得再好，要是得不到社区居民的理解，没有社区居民们的积极配合，那么社区矫正工作就取得不了应有的效果。

---

① 刘永强、何显兵：《关于社区矫正工作者的定位及其队伍建设》，载《河北法学》2005年第9期。

“智慧矫正”视域下社区矫正执法队伍能力素养研究

陈雪松*

司法部高度重视社区矫正执法队伍建设，近年来已组织开展多次调研和探讨并取得优秀成果。随着《中华人民共和国社区矫正法》（以下简称《社区矫正法》）实施的不断加强，信息化支撑社区矫正工作也升级为“智慧矫正中心”建设。社区矫正执法队伍在运用“智慧矫正”开展工作时，不免遇到技术本领恐慌、工作岗位取代担忧、“甲方”权力失衡、驾驭“乙方”能力不足等问题。通过分析“智慧矫正”对社区矫正机构、业务、队伍建设的影响，提出“智慧矫正”视域下社区矫正执法队伍的能力素养要求，从政法队伍和“智慧法治”建设工作中总结经验并提出解决方案。

一、绪论

（一）背景介绍

为深入贯彻落实习近平总书记关于网络强国的战略思想，全面实施《社区矫正法》，贯彻落实司法部办公厅《关于加快推进全国“智慧矫正”建设的实施意见》（司办通〔2019〕3号），进一步加快“智慧矫正中心”建设，司法部决定自2021年起在全国开展“智慧矫正中心”创建工作，推进社区矫正工作高质量发展。①

随着信息技术的迅猛发展和智能化时代的到来，“智慧矫正”已成为社区矫正工作的重要方式和手段。“智慧矫正”通过运用先进的信息技术手段，如人工智能、大数据分析、云计算等，提升社区矫正工作的效率和质量，实现精准矫正和个性化矫正。智慧矫正中心作为“智慧矫正”的核心载体，将成为社区矫正工作的智慧化管理和服务平台②。

---

* 陈雪松，武汉警官职业学院，博士，副教授，司法部信息安全与智能装备重点实验室学术委员。

① 吴宗宪、张威：《我国农村社区矫正队伍建设问题研究》，载《刑法论丛》2020年第2期。

② 赵杨：《北京市社区矫正队伍建设经验与完善》，载《司法警官职业教育研究》2021年第3期。

为了推进智慧矫正中心创建工作，提升社区矫正执法队伍运用智慧矫正系统的能力，需要深入研究和探讨“智慧矫正”背景下社区矫正执法队伍的能力提升问题，为智慧矫正中心的建设和社区矫正工作的高质量发展提供科学依据和指导意见。

“智慧矫正”的运用将对社区矫正执法队伍的组织架构、工作流程、工作方法等产生较大影响。原有的省、市、县、所四级组织架构，因为智慧矫正平台的应用和数据互通共享而慢慢弱化，逐渐转变成矫正机构和矫正对象两级架构，原有的省、市、县三级可视为同一级矫正机构。矫正执法队伍的层级适应性和层级迁移能力不断增强。

智慧矫正中心作为智慧化管理和服务平台，对执法队伍的能力提出了新的要求。分析智慧矫正中心的功能和任务，可以明确执法队伍在智慧矫正中心建设中所需的专业知识、技能和素质，并提出相应的培训和能力提升方案。

此外，研究将探讨“智慧矫正”对执法队伍的职业发展路径和晋升机制的影响，分析执法队伍职业发展的新要求，并提出相应的职业发展路径和晋升机制改革建议，以激励执法队伍的积极性和提高队伍的稳定性。①

最后，研究将探索智慧矫正中心建设对执法队伍的管理模式和工作机制的影响。提出相应的改革和优化建议，以提高执法队伍的工作效率和服务质量。

（二）现状分析

从2003年我国社区矫正开展试点工作以来，社区矫正工作取得了长足的进展，特别是《社区矫正法》实施以来，社区矫正执法队伍的专业化建设取得了较好的效果，② 通过将原本分散在司法所的工作人员集中到区县一级的社区矫正机构，确保了专职机构负责专门的工作。这解决了原有的工作虚化问题，使得社区矫正工作更加专业化。将工作集中到区县或中队，并以团队形式工作，有利于工作人员之间的配合和监督。这样的工作模式能够提高工作效率，遇到问题时也能够及时解决。通过机构调整，减少了地方领导和熟人对监管执法的干扰，提高了执法的公正性。机构改革后，司法所可以将精力集中在人民调解、法治宣传等工作上，提升了司法所的工作效能。当前，我国监狱押犯约166万人，社区罪犯约67万人，社区矫正对象约占所有罪犯的1/4，全国约4万多个司法所和社区矫正中心，平均管理社区矫正对象约16人，③ 这看似不多的矫正对象，却带来了较大的矫正压力，一是司法所中无人

---

① 王顺安、李红梅：《纪念〈社区矫正法〉实施二周年暨〈社区矫正法〉适用成就与问题专题研讨会综述》，载《中国司法》2022年第9期。

② 翟中东、孙霞：《〈社区矫正法〉实施两年来若干问题的思考》，载《犯罪与改造研究》2022年第9期。

③ 刘强：《安徽蚌埠社区矫正机构队伍建设调研报告》，载《中国司法》2021年第11期。

所、1人所普遍存在,[①] 二是基层司法所信息技术人员几乎没有，三是司法所管理对象极为分散，四是社区矫正执法队伍专业化、职业化水平偏低。目前大部分地区社区矫正机构的人员编制要求从司法行政机关内部调剂，这不利于形成专门的社区矫正执法队伍，也不利于队伍的相对稳定性。缺乏专门的人员编制可能影响到社区矫正工作的专业性和连续性。社区矫正机构中的执法人员都是普通公务员，缺乏类似司法行政工作人员的职业晋升机制和待遇保障。这种情况可能不利于调动工作人员的积极性，也难以保持社区矫正执法队伍的长期稳定性。

社区罪犯的比例相对较低，但随着社区刑罚的推广和应用，社区罪犯数量有可能大幅增加。如果社区矫正工作没有专门的机构和专业化、职业化的执法队伍，将难以胜任管理任务。因此，加快机构队伍建设改革的步伐是必要的，同时要加入智慧矫正中心建设，以信息化手段弥补矫正执法队伍人数和矫正方式落后的不足。

智慧矫正中心建设将社区矫正工作向智能化方向发展推进了一大步。内蒙古的“智慧矫正”借助有线电视网络实现了全区矫正对象在家签到的可能。广东、浙江、江苏的自助矫正终端实现了社区矫正对象签到、提交思想汇报、心理评估、入矫教育与测试的自助化完成。广西、江西的信息化核查系统对接了天网工程和市政监控系统，实现了远程督查和无感签到。河北的智慧矫正综管平台实现了社区矫正对象的异常预警和疑似脱管的预测功能。

“智慧矫正”建设得益于社区矫正执法队伍的推进，也受制于社区矫正执法队伍的信息化素养不高的实际情况。如何以“智慧矫正”视域分析社区矫正执法队伍能力提升研究显得必要而紧迫。

二、“智慧矫正”对社区矫正机构和业务的影响

“智慧矫正”是社区矫正领域的一项创新举措，是指利用移动互联、云计算、大数据、物联网、人工智能等先进技术手段，提升社区矫正工作效率和管理水平的具体举措。它对社区矫正机构和业务产生了广泛而深远的影响。

首先，“智慧矫正”对社区矫正机构的管理和运作产生了显著影响。传统的社区矫正工作通常依赖于人工记录和管理，效率较低，而“智慧矫正”引入了信息化管理的概念，通过建立电子化档案、信息共享平台、自动化业务流程、智能化信息核查、自助化矫正审核、个性化矫正实施和智慧化数据分析系统，实现了社区矫正对象信息的精确记录和高效管理。社区矫正机构可以更加便捷地获取和更新社区矫正对象的个人信息、矫正计划和行为记录等，提高了工作效率和信息管理水平。

---

① 陈冬琪：《引导社会力量参与　提升社区矫正质量》，载《汕头日报》2023年8月3日，第2版。

其次，“智慧矫正”的应用对社区矫正业务产生了深远的影响。电子监管是“智慧矫正”的重要组成部分之一，通过使用电子围栏、无感签到、自助测评、远程督查等设备，对社区矫正对象进行实时监管，确保其遵守矫正规定和禁止区域。这种智慧化电子监管方式不仅提高了社区矫正对象的监管效能，还解决了社区矫正执法队伍人员不足、人工监管的不便，提高了社区矫正的效率和准确性。

再次，“智慧矫正”还利用大数据和人工智能技术，对社区矫正对象的行为数据进行分析，实现风险预测和预警。通过对社区矫正对象的行为模式和历史数据进行分析，智慧矫正系统能够发现异常行为和潜在风险，并及时进行预警和干预，有助于减少社区矫正对象再犯的可能性，提高社区矫正的效果和安全性。

最后，“智慧矫正”还推动了社区矫正业务的电子化服务。通过互联网和移动应用等技术手段，社区矫正机构可以为社区矫正对象提供在线教育、心理辅导、就业服务等支持，方便他们获取相关资源和信息。电子化服务的方式不仅提高了服务的便利性和覆盖范围，还为社区矫正对象提供了更多的机会和支持，有助于他们更好地融入社会，实现矫正目标。

然而，“智慧矫正”也面临着一些挑战。首先是数据隐私和安全问题。由于“智慧矫正”涉及大量的个人信息和敏感数据，如何保护社区矫正对象的数据隐私，防止数据泄露和滥用，是一个重要的问题。其次是技术发展和更新的挑战。随着技术的不断发展，“智慧矫正”需要不断跟进和更新，以适应新技术的应用和系统的升级，同时社区矫正执法队伍的“智慧矫正”运用能力也需要及时提升。最后，“智慧矫正”还涉及法律和伦理问题，如数据使用合规和权益保护等，需要制定相应的法律法规和伦理准则来规范和引导。

总之，“智慧矫正”对社区矫正机构和业务产生了积极的影响。它提高了社区矫正机构的工作效率和管理水平，使社区矫正业务更加精细化和智能化。同时，“智慧矫正”也为社区矫正对象提供了更好的监管和服务，有助于他们更好地融入社会，实现矫正目标。然而，“智慧矫正”也面临一些挑战，需要在数据隐私保护、技术发展和法律伦理等方面进行综合考虑和解决。未来，随着技术的不断创新和发展，“智慧矫正”有望在社区矫正领域发挥更大的作用，为社会安全和矫正效果做出更大的贡献。

三、“智慧矫正”对社区矫正执法人员的素养要求

“智慧矫正”作为提升社区矫正工作效率和管理水平的创新手段，不同于传统的社区矫正工作主要依赖于人工操作和经验判断，“智慧矫正”引入了信息技术、大数据和人工智能等先进技术手段，赋予了社区矫正执法人员更多的工具和资源，提高

了工作效率和管理水平。然而，“智慧矫正”的应用也带来了一系列新的挑战和要求，需要社区矫正执法人员具备相应的素养和能力。

第一，“智慧矫正”对社区矫正执法人员的技术素养提出了要求。“智慧矫正”涉及信息技术和大数据等领域的知识和技能，社区矫正执法人员需要熟悉和掌握相关技术工具和系统。他们需要了解电子化档案管理系统、数据分析工具和预警系统等的操作和使用方法，能够熟练处理和分析社区矫正对象的信息和数据。此外，他们还需要紧跟技术发展的步伐，了解新技术的应用和更新，不断提升自己的技术素养。

第二，“智慧矫正”对社区矫正执法人员的数据素养提出了要求。“智慧矫正”依赖于大数据的收集、分析和利用，社区矫正执法人员需要具备数据处理和分析的能力。他们需要了解数据的采集方法和技术，能够对社区矫正对象的行为数据进行合理的分类、整理和分析。同时，还需要具备数据隐私和安全的意识，遵守相关的法律法规和伦理准则，确保数据的合法使用及数据安全。

第三，“智慧矫正”对社区矫正执法人员的专业素养提出了要求。社区矫正执法人员需要具备扎实的法律和矫正知识，能够准确理解和执行相关的法律法规和政策。“智慧矫正”涉及大量的数据分析和风险预测，社区矫正执法人员需要具备较强的分析和判断能力，能够根据数据和预警信息做出科学的决策和干预措施。此外，他们还需要具备良好的沟通和协调能力，能够与社区矫正对象、相关部门和社区资源进行有效的合作和整合。

第四，“智慧矫正”对社区矫正执法人员的创新素养提出了要求。“智慧矫正”是一种创新的工作方式和方法，社区矫正执法人员需要具备创新思维和能力。他们需要不断探索和尝试新的技术和方法，提出改进社区矫正工作的创新方案和措施。同时，他们还需要具备问题解决和适应变化的能力，能够应对“智慧矫正”中出现的各种挑战和问题，保持积极的态度和灵活的应对方式。

第五，“智慧矫正”对社区矫正执法人员的伦理素养提出了要求。“智慧矫正”涉及大量的个人信息和敏感数据的处理，社区矫正执法人员需要具备高度的数据隐私意识和道德伦理素养。他们需要遵守相关的法律法规，保护社区矫正对象的隐私权和数据安全，确保数据的合法使用和保密性。此外，他们还需要具备公正、诚信和责任感，遵守职业道德和行为准则，确保在“智慧矫正”工作中不滥用职权、不歧视和不侵犯社区矫正对象的权益。

第六，“智慧矫正”还对社区矫正执法人员的综合素养提出了要求。他们需要具备良好的学习能力和自我提升的意识，不断学习和更新相关知识和技能。他们应该关注社会发展和矫正领域的最新动态，参加培训和学术交流活动，提升自己的综合素质和能力水平。此外，他们还需要具备团队合作和领导能力，能够与团队成员和其他相关人员进行有效的协作和沟通。

第七，“智慧矫正”对社区矫正执法人员的“甲方”角色驾驭能力提出了要求。社区矫正机构承担着购买“智慧矫正”建设、服务、运管的职责。虽说信息化建设应该专业人做专业事，但这只是对信息化技术设计和建设而言，作为购买“智慧矫正”的甲方及甲方代表——社区矫正执法队伍是提出设想、提出需求、验收产品、验收服务、运用系统、监督运维的直接参与人。一段时间以来，社区矫正信息化资金投入量大但功能仅限于定位手机之类的单一应用，这就需要提高社区矫正执行队伍的作为购买服务甲方角色的项目招标、验收、运用、监督能力。

四、社区矫正执法队伍运用“智慧矫正”开展社区矫正工作的困境

社区矫正是现代刑事司法体系中的一个重要组成部分，旨在帮助被判刑的个体重新融入社会。近年来，随着技术的迅猛发展，社区矫正执法队伍也广泛采用智慧矫正技术增强其工作效能。然而，这一转变却极具挑战性，社区矫正执法队伍在运用“智慧矫正”开展社区矫正工作时面临着一系列能力上的困境和不足。

（一）技术能力不足

“智慧矫正”依赖于高度复杂的信息技术系统，包括数据管理系统、监控设备和数据分析工具。社区矫正执法队伍的绝大部分人员可能缺乏足够的技术培训和背景，以有效地使用这些工具。可能导致以下问题：

1. 数据输入错误

社区矫正工作人员需要及时而准确地记录被矫正个体的信息，以便有效地掌握他们的活动。然而，技术不熟练可能导致数据输入错误，影响了信息的准确性。

2. 系统操作问题

矫正机构可能部署多个系统，用于不同的任务，如电子监管、数据分析和风险评估。如果执法队伍成员无法熟练操作这些系统，将影响他们的工作效率。

3. 数据分析困难

智慧矫正技术产生了大量的数据，这些数据可以用于改进矫正计划和决策。但是，如果矫正执法人员不懂如何分析这些数据，就无法充分利用它们来指导工作。

（二）数据质量问题

智慧矫正系统的有效性依赖于数据的质量。社区矫正机构需要确保数据准确、完整和实时，以便做出明智的决策。然而，数据质量问题可能引发以下担忧：

1. 信息准确性

如果矫正执法人员在数据录入过程中出现错误，或者系统本身存在漏洞，就可能导致信息不准确，会对风险评估和监管决策造成严重影响。

2. 信息完整性

信息不完整可能导致漏报或错报。如果关键信息丢失，就无法全面了解被矫正个体的情况，从而难以采取适当的措施。

3. 数据时效性

社区矫正需要实时信息来了解个体的行为。如果数据不及时更新，就可能错过重要的事件或违规行为。

（三）隐私和安全问题

“智慧矫正”涉及处理大量的敏感个人信息，包括矫正个体的位置数据、身体状况和行为历史。因此，隐私和安全问题成为一大关注点。

1. 隐私侵犯风险

社区矫正执法队伍必须确保个人信息的保密性。如果数据被未经授权的人访问或泄露，将引发隐私侵犯的担忧，甚至可能导致法律问题。

2. 数据泄露威胁

攻击者可能试图入侵社区矫正系统，窃取敏感信息或干扰矫正过程。因此，必须采取严格的安全措施来保护系统免受威胁。

（四）项目管理问题

智慧矫正系统一般由社区矫正机构通过招标采购方式进行建设，采购中还分为货物类采购如自助矫正机、视频督查设备等，和服务类采购如移动矫正平台程序开发、购买司法辅助服务等。

1. “甲方”项目流程运用

按照政府机构采购管理办法的要求，社区矫正机构购买“智慧矫正”系统时需要通过政府采购方式进行项目立项、招标、采购，中标后进行合同、建设、管理、验收，竣工后还要运用、维护，如果对这其中的流程、规则不清楚则很容易导致项目建设进度受阻或项目质量难达预期。

2. “甲方”权力运用

社区矫正执法队伍在支配使用所购买的“智慧矫正”服务时，时常遇到“乙方”对“甲方”的合理要求回应不及时、不全面，甚至以合同未明确要求或技术实现困难或人手不足为由予以推托、拒绝甚至不理不睬。作为公务员队伍的一员，我们对行政执法和刑事执法了然于心，但对于基于市场规则的服务采购还需要不断学习和提升“甲方”权力运用。

（五）培训需求

智慧矫正技术的有效使用需要矫正执法人员接受充分的培训。然而，培训方面也存在一些挑战。

1. 时间和资源

培训需要时间和资源，包括课程开发、培训材料和培训师的费用。社区矫正机构可能面临财政限制，无法投入足够的资源来培训全体矫正执法人员。

2. 持续性培训

技术不断发展，矫正执法人员需要定期更新他们的技能以跟上最新的智慧矫正技术。这需要持续的培训计划，而不仅仅是一次性的培训。

（六）文化和态度问题

社区矫正执法队伍中的一些成员可能对新技术持怀疑态度。他们担心这些技术可能取代他们的工作或降低他们的权威。这种态度可能导致以下问题。

1. 抵触情绪

一些矫正执法人员可能抵制采用智慧矫正技术，把它视为对他们工作的不信任。

2. 领导层支持

需要管理层的积极支持，以鼓励矫正执法人员接受新技术并了解其潜力。

（七）资源限制

智慧矫正系统通常需要大量的资金来购买、维护和升级。社区矫正机构可能面临有限的财政资源，可能会限制其采用先进的技术。因此，资金不足可能成为一个阻碍。

（八）社会公众的担忧

最后，社会公众也可能对“智慧矫正”产生担忧，担心滥用技术或侵犯个人权利。可能导致公众抵制矫正机构采用这些技术的决定，从而对矫正工作的实施产生不利影响。因此，矫正机构需要建立透明和负责任的政策，以回应这些担忧，并积极与社区互动，建立信任。

五、解决方法

面对国家数字产业的迅猛发展，智慧政府快速构建的新时代，司法部提出了

“智慧矫正中心”建设指导意见，并发布了验收标准和时间表、路线图。这种由上向下的信息化发展态势倒逼基层社区矫正由传统向智能发展，也逼迫社区矫正执法队伍提升适应信息化发展的能力素养。

（一）思想上要充分认识信息化在社区监管中的重要作用

社区矫正队伍需要从思想上充分认识信息化在社区监管中的重要作用。需要通过教育、调研、观摩、交流来引导大家了解信息化技术在矫正工作中的价值，包括提高监管的效率、减少人力资源浪费、改善矫正结果等方面的优势。要鼓励执法人员积极主动地学习和应用信息化工具，以更好地满足社区矫正执法监管需求。

（二）提升信息化基本应用技能，消除胆怯心理

社区矫正队伍需要提升信息化基本应用技能，并消除使用新技术时的胆怯心理。可以通过定期培训和技术辅导来实现。培训课程应包括基本的计算机和互联网使用技能，以及与“智慧矫正”相关的专业知识。需要了解如何操作监管软件、处理数据、使用电子监管设备等，以充分发挥信息化工具的潜力。

此外，还应该提供一个开放和鼓励试错的环境，让他们在学习和使用新技术时不害怕犯错。这样将有助于消除他们对信息化工具的胆怯感，增强他们的信心和能力。

（三）作为“甲方”，代表社区矫正机构购买“智慧矫正”服务，做好管理和监督

社区矫正机构应充分认识到自身在信息化方面的不足，并积极购买“智慧矫正”服务。这意味着作为甲方，机构需要与技术服务提供商建立合作关系，以获取先进的监管解决方案。在购买服务时，机构应明确自己的需求，确保所购买的技术能够满足监管工作的具体要求。

同时，机构还需要建立有效的管理和监督体系，以确保所购买的服务得到正确使用和维护。这包括建立技术支持团队、监督合同履行、定期评估服务质量以及及时解决技术问题。只有做好管理和监督，才能保证信息化工具能够有效地支持社区矫正执法监管工作。

（四）发挥社矫业务工作特长，探索大数据价值

社区矫正队伍在长年的社矫工作中积累了丰富的经验，这些经验可以与信息化技术相结合，探索大数据的价值。应该利用他们的专业知识和实践经验，指导技术团队开发更智能化的监管平台和智能装备。例如，可以通过分析大数据来预测矫正

对象的行为趋势，从而更好地制订矫正计划和风险评估。

社区矫正队伍可以参与大数据的采集和整理工作，将实际监管数据转化为有用的信息。有助于更好地了解矫正对象的情况，优化矫正策略，提高矫正效率。

（五）快乐参与“智慧矫正”建设，产出同行矫正精品装备

社区矫正队伍应该积极参与“智慧矫正”建设，并将其视为一项有趣和有意义的工作。要鼓励队员们主动提出改进建议，参与技术方案的设计和测试。通过与技术团队的合作，可以共同开发出更符合实际需求的矫正装备。

社区矫正队伍的工作有助于促进我国刑事执行在社区刑中的创新，提高矫正对象融入社会的效率，减少再犯率。这种积极的参与和产出同行矫正精品装备的精神将有助于增强队伍的凝聚力和团队合作能力。

（六）分岗位、分科目进行信息化能力素养培训

培训依然是“智慧矫正”信息技术应用能力提升的最直接、最有效的手段。针对不同社区矫正执法队伍培训对象的不同，需对培训对象、培训内容、培训方式、考核内容、考核方式进行细分，以求得到最好的培训效果，最终达到队伍信息化应用能力素养提升的目标。

培训对象按业务岗位可分为领导岗、管理岗、业务岗、事务岗、专业技术岗。提升社区矫正执法队伍信息化应用能力素养培训计划如表1所示。

表1 提升社区矫正执法队伍信息化应用能力素养培训计划

岗位	科目	内容	方式
领导岗	解放思想培训	1. 从国家信息化宏观政策、发展战略、区域发展目标确定信息化的发展方向。 2. 对信息化技术的先进性、创新性、便捷性、安全性进行全面阐述。 3. 用实例分析司法行政系统或政法系统已经运用信息化技术在立法执法、监督执行、为民服务、行政管理等方面取得的成绩和社会反响。	远程视频培训
	统一思想培训	1. 社区矫正+信息化的优势、亮点、特色。 2. 研究本地化信息化建设对标上级和中央的建设方案。 3. 智慧矫正建设中带来的地域空间泛在、响应时效泛存、对象种类泛化、新流程与旧制度的抵触、信息指数级传播、舆情随时产生、创新方案责任担当等问题。 4. 机遇与挑战并存，合理规避风险，找到发展的平衡点。	远程视频培训

续表

岗位	科目	内容	方式
领导岗	通识应用培训	1. 常用固定设备的基本操作，如电脑、打印机、扫描仪、手写板。 2. 常用移动终端的基本操作，如手机、平板、笔记本、执法记录仪、矫务通、智能手表、智能眼镜等。 3. 本单位 OA 系统操作，特别强调 OA 系统上线后，所有可以线上办理业务全部取消线下办理，这样才能达到预期效果。 4. 新潮应用，如智能音箱、手机扫描、手机修图、语音录入、OCR 文字识别、文件互传、信息分享等。	现场培训、线上培训
管理岗	科学管理与流程再造培训	1. 学习了解科学管理的相关知识，把科学管理搬到线上进行管理，减少环节、减少人为干预。 2. 线上管理与线下管理相结合，实体服务、网络服务、电话服务最终在同一资源池汇聚，消除信息不对称造成的管理熵。 3. 技术创新推动流程再造，运用大数据、物联网、互联网+、数据共享、GIS、AI、人脸识别、图像提取等技术优化流程，提高效率。 4. 政府采购、安全保密知识。 5. 项目可研、立项、初设、招标、合同、管理、验收、监督的技巧。 6. “甲方”权力应用、支付批次设置、惩戒措施运用。 7. 管理设计、监理、造价、咨询公司的技巧。	现场培训、线上培训
	互联网+“放管服”培训	1. 学习“一门、一窗、一次”的指导思想。 2. 用技术分解“办一次”的流程可控。 3. 对各自业务系统分门类培训。例如，审前调查、入矫、宣告、电子核查、远程督查、矫正解除、法律宣传、安置帮教、队伍建设等。	现场培训、线上培训
	通识应用培训	1. 常用固定设备的基本操作，如电脑、打印机、扫描仪、手写板。 2. 常用移动终端的基本操作，如手机、平板、笔记本、智能手表、智能眼镜等。 3. 本单位 OA 系统操作，特别强调 OA 系统上线后，所有可以线上办理业务全部取消线下办理，这样才能达到预期效果。 4. 新潮应用，如智能音箱、手机扫描、手机修图、语音录入、OCR 文字识别、文件互传、信息分享等。	现场培训

续表

岗位	科目	内容	方式
业务岗和事务岗	业务技能培训	1. 对各自业务系统分门类培训、掌握各业务流程的关键节点。例如，审前调查、入矫、宣告、电子核查、远程督查、矫正解除、法律宣传、安置帮教、队伍建设等。 2. 对突发事件、应急处置的培训。例如，网络不通、设备故障、流程数据无法提交等。 3. 对常用办公设备的运维操作。例如，电脑、打印机、复印机、扫描仪、高拍仪、相机、摄像机、自助机的运维。	现场培训、线上培训
	通识应用培训	1. 常用固定设备的基本操作，如电脑、打印机、扫描仪、手写板。 2. 常用移动终端的基本操作，如手机、平板、笔记本、智能手表、智能眼镜等。 3. 本单位 OA 系统操作，特别强调 OA 系统上线后，所有可以线上办理业务全部取消线下办理，这样才能达到预期效果。 4. 新潮应用，如智能音箱、手机扫描、手机修图、语音录入、OCR 文字识别、文件互传、信息分享等。	现场培训、线上培训
专业技术岗	系统内技术创新培训	1. 由司法部或各级司法行政机构为实现全系统技术创新与交流组织的业务技能培训。 2. 为提升专业技术岗的技术水平，邀请知名高校、科研院所、企业的专家和工程师讲解最新行业动态和业界最新知识。	现场培训、线上培训
	信息化行业技术培训	1. 针对现有系统上线需要掌握的硬件调试、软件运维、数据库管理、数据备份等专业技术。 2. 信息化行业组织的关于新技术应用、新产品发布、新应用普及的培训。 3. 信息化行业组织的关于各类职业资格、职业技能培训，如安全工程师、系统工程师、大数据分析师、数据可视化工程师等。	现场培训、线上培训

六、总结

社区矫正执法队伍建设是社区矫正执法工作的重要基础，“智慧矫正”建设是为社区矫正执法赋予科技的翅膀，为社区矫正执法队伍提供智慧工具，执法队伍信息化能力素养需要不断提升才能驾驭这种工具，以更好地履职尽责。

社区矫正执法队伍在运用“智慧矫正”开展工作时，虽存在能力不足，但这并不是阻碍执法工作的铜墙铁壁，社区矫正队伍需要充分认识信息化在社区监管中的重要作用，了解信息化技术的价值，通过培训和技术辅导来实现提升信息化基本应用技能，消除胆怯心理。作为甲方，社区矫正机构应购买智慧矫正服务，并建立有效的管理和监督体系，同时发挥社矫工作经验丰富的特长，探索大数据的价值，并快乐参与智慧矫正建设，产出同行矫正精品装备。

通过分岗位、分科目培训，社区矫正执法工作将不断引入先进的技术解决方案，提升智慧矫正中心的建设水平。在未来的发展中，社区矫正执法队伍还可以积极参与研究与创新工作。他们可以与科研机构、高校和科技企业合作，探索智慧矫正的前沿技术和应用场景。通过开展实地调研、案例分析和技术试点，他们可以不断改进智慧矫正的模式和方法，为社区矫正工作的创新提供有力支持。社区矫正执法队伍也将探索出更多智慧矫正的应用场景和技术手段，以进一步提高社区矫正工作的效率和质量，为国家的长治久安和社会稳定做出更大的贡献。

RNR 智慧矫正系统赋能社区矫正执法队伍履职能力建设探析

王永忠　张立稳　李凤奎*

RNR 智慧矫正系统是在全国率先探索的，基于国际公认的罪犯矫正 RNR 原则，利用云计算、大数据和人工智能等新一代信息技术实现“风险（Risk）、需求（Need）、响应（React）”智能互联，提供对社区矫正对象“多模态风险评估、智能化需求分析、云模式矫正响应”一体化解决方案的精准矫治实施系统。同时，将“社区矫正履职考评数据分析模型”嵌入“RNR 智慧矫正系统”，实现对社区矫正执法人员“全过程履职考评”。RNR 智慧矫正系统的建设与应用是我们主动适应数字化、智能化时代推进社区矫正执法队伍履职能力建设的积极作为。

一、研发“技术工具”，精准落实社区矫正执法队伍履职事项

研发“技术工具”，主要是研发社区矫正执法队伍实施精准矫治工作的 RNR 智慧矫正系统。该系统是社区矫正 RNR 智能互联精准矫治系统的简称，拥有风险评估、需求分析和矫正响应三个智能模块，通过新一代信息技术实现智能互联，是社区矫正执法队伍对社区矫正对象实施“多模态风险评估、智能化需求分析、云模式矫正响应”精准矫治“数智化”履职方案的技术工具。RNR 智慧矫正系统结构如图 1 所示。

* 王永忠，江苏省盐城市司法局副局长。张立稳，江苏省盐城市社区矫正管理局局长。李凤奎，江苏省社区矫正管理局社区矫正损害修复协会理事、二级高级警长。

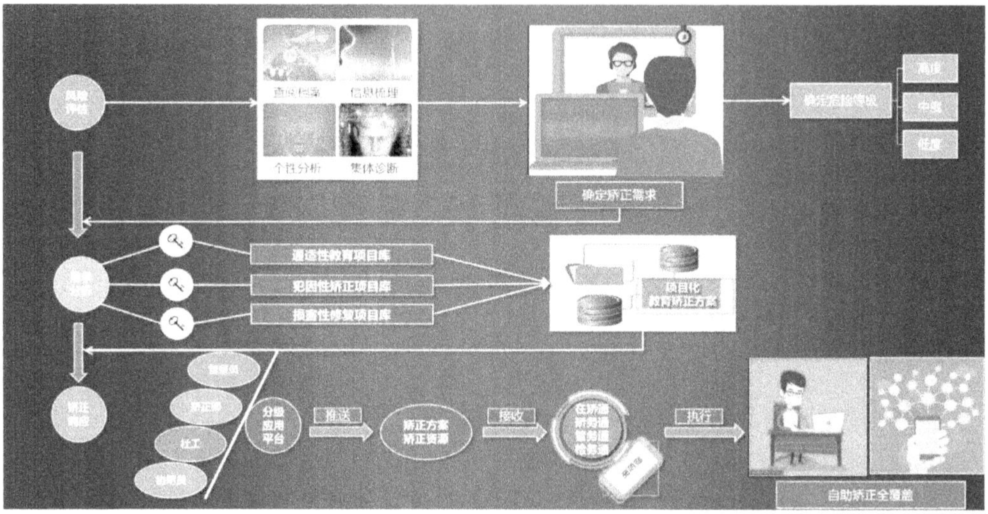

图 1　RNR 智慧矫正系统结构

（一）运用“风险评估”模块，确定危险等级和矫正需求

RNR 智慧矫正系统“风险评估”模块承担“结构性面谈+SWP 量表测试+入矫评估报告”的具体任务，对社区矫正对象进行再犯风险等级、在矫危险等级和犯因矫正需求三项评估。在建立量表测试数据库、心理特征数据库、心理防御特征数据库、心理生理数据库的基础上，研发具有辅助面谈、量表测试、信息梳理、个性分析、辅助诊断功能的多模态风险评估子系统，构成风险评估智能模块，实现风险等级评估、矫正需求评估相融合，智能诊断、人工画像相融合，为分级管控和精准矫治提供依据。社区矫正对象入矫后，使用风险评估模块对其进行 SWP-R 测试（再犯风险等级、犯因矫正需求二合一测试量表）、COPA-PI 测试（罪犯个性分测验量表），在测试过程中，对目标对象心理变化情况进行动态测评，并通过机器学习描绘社区矫正对象从入矫开始的心理动态曲线，自动生成入矫评估报告，确定再犯风险等级、在矫危险等级和犯因矫正需求，并推送到需求分析智能模块进行分析。该系统“风险评估”模块具备以下特色和优势。

1. 运用多模态分析技术

基于 AI 人工智能原创技术和专利算法，结合心理学、机器视觉、深度学习等多项技术，实现对社区矫正对象的多模态分析与大数据分析，避免了传统的评估方法耗时长、频率低、虚假多、主观性强等缺点，对社区矫正对象个体进行全面画像。

2. 实现图形交互界面，实时语音识别

通过语音识别转写功能，实时录入谈话内容，分角色将谈话内容实时转写成问答文本，提高问话录入工作效率，同时支持全程录音录像。

3. 智能推送矫正需求

基于自然语言处理技术和先进的推荐算法，综合分析量表测试结果以及面谈过程中社区矫正对象呈现的心理状态与面谈内容文本，从法律心理学角度自动提出矫正需求，并推送到需求分析智能模块进行分析。

（二）运用“需求分析”模块，选择矫正项目和矫正方案

RNR 智慧矫正系统“需求分析”模块承担社区矫正对象个别化矫治方案的编制。在建立矫正项目数据库、矫正方案数据库的基础上，以大数据、深度学习技术为基础，研发具有智能制作社区矫正对象矫正需求评估报告、自动生成社区矫正对象个别化矫治方案两项功能的矫治方案分析制作子系统，构成需求分析智能模块。进行需求分析时，使用矫治方案分析制作子系统将社区矫正对象入矫评估结果与项目库对接，智能制作《社区矫正对象项目化矫正需求评估报告》，自动选择矫正项目合成社区矫正对象个别化矫治方案。社区矫正对象个别化矫治方案的生成有以下两种方式：其一，从矫正项目库中提取项目合成方案；其二，从矫治方案库中精准提取方案。支撑矫治方案分析制作子系统的运行，需要建立矫正项目数据库和矫治方案数据库。

1. 矫正项目数据库

所谓“矫正项目”，是指专门用来实现矫正对象某个具体矫正目标的系统化、程序化、规范化、可操作性的干预措施或课程。正如医院治愈疾病主要凭借的是各种药品，矫正机关将矫正对象矫治好主要凭借的就是各种矫正项目。矫正机关为矫正对象制订的矫治方案就相当于医院的处方，而矫正项目就相当于处方上那一副副良药。矫正项目在精准矫治的实施中发挥着至关重要的作用。“如何选择矫正项目”是社区矫正执法人员的最强本领。目前，项目库由 9 个维度 110 个项目组成，其中犯因性矫正项目 39 个、损害性修复项目 31 个、通适性教育项目 40 个，近 4000 集视频和相关矫正资料组成。

2. 矫治方案数据库

针对考验期 6 个月以下的社区矫正对象专门建立了矫治方案库，可以不经过风险评估和需求分析的流程，直接提取跟其罪名相关联的矫治方案进行实施。对于经过风险评估和需求分析的规范流程生成的方案，也进入矫治方案库，供以后同类犯因、相同矫正期的社矫对象提取使用。

（三）运用“矫正响应”模块，落实执行计划和闭环管理

RNR 智慧矫正系统“矫正响应”模块承担社区矫正对象个别化矫治方案执行计划的实施和管理。借助“一网四通”，按照“平台—终端—执行—平台”形成闭环响

应系统，构成矫正响应智能模块。

1. 平台推送

RNR 智慧矫正系统分级应用平台是“智慧大脑”，通过移动互联网承担推送方案、传输资源、互联互通、协调响应、实时监控。

2. 终端接受

终端是连接到 RNR 智慧矫正系统分级应用平台的管务通、矫务通、在矫通或自助矫正亭、个人电脑等设备，接受方案和资源。

3. 执行计划

执行是社区矫正对象借助终端设备依据方案执行计划自助进行线上学习，同时自助完成线下作业。

4. 平台评估

社区矫正对象矫正任务的完成情况实时反馈到分级应用平台，每个月对社区矫正对象进行学分制考核，每6个月通过系统平台对社区矫正对象进行1次矫正质量评估（SWP-D 量表），运用心理学分析技术和深度学习技术，分析量表测试结果、矫正作业记录、个别谈话记录等数据，判断矫正质量，调整矫正方案。考验期结束前1个月，通过系统平台进行解矫评估，自动生成解矫评估报告。

二、创建“数据模型”，全程预警社区矫正执法队伍履职风险

创建“数据模型”，主要是研发嵌入 RNR 智慧矫正系统的社区矫正履职考评数据分析模型。该模型与 RNR 智慧矫正系统的风险评估、需求分析、矫正响应三个智能模块智能互联，以每一个社区矫正对象个别化矫正方案的执行时间为轨迹，自动对接全部节点数据，对社区矫正执法队伍实施履职考评，预警履职风险。社区矫正履职考评数据分析模型如图 2 所示。

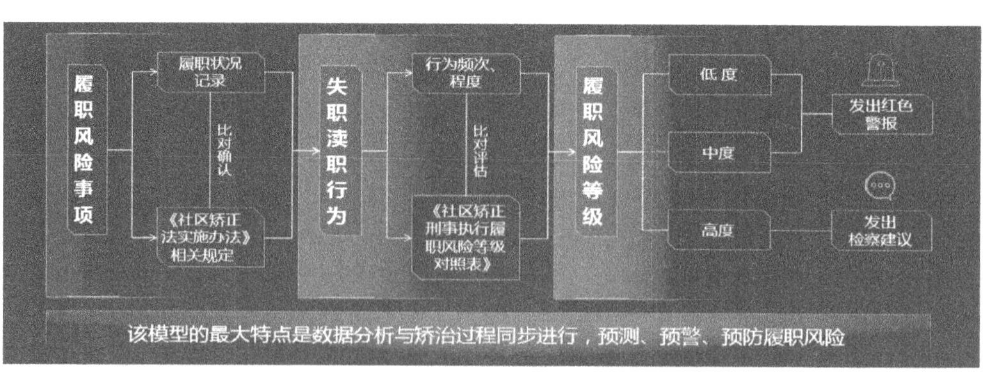

图 2　社区矫正履职考评数据分析模型

（一）建立数据研判规程，力求履职风险分析实时化

社区矫正履职考评数据分为三级，即一级数据、二级数据和三级数据，分别承载于嵌入 RNR 智慧矫正系统的履职考评数据分析模型下设的“矫正个案追踪”“履职状况记录”“履职风险评估”三个模块，其中一级数据是基于执法行为全过程自动生成或客观记录的第一时间数据，承载于“矫正个案追踪”模块；二级数据是基于一级数据与《中华人民共和国社区矫正法实施办法》的规定进行比对而自动生成的履职状况评价数据，承载于“履职状况记录”模块；三级数据是基于二级数据与《社区矫正刑事执行履职风险等级对照表》进行比对而自动生成的履职风险评估数据，承载于“履职风险评估”模块。对三级数据进行研判的步骤如下。

第一步：提取要素，理出违规违法情节。从履职考评数据分析模型下设的“矫正个案追踪”模块中梳理出履职风险事项第一时间生成或记录的违规违法情节。

第二步：比对数据，确认失职渎职行为。将“矫正个案追踪”模块中违规违法情节推送到履职考评数据分析模型下设的“履职状况记录”模块，自动与《中华人民共和国社区矫正法实施办法》相关规定进行比对，确认失职渎职行为。

第三步：行为评估，确认履职风险等级。将“履职状况记录”模块中失职渎职行为推送到履职考评数据分析模型下设的“履职风险评估”模块，自动与《社区矫正刑事执行履职风险等级对照表》进行比对，确认履职风险等级。

第四步：根据风险等级，发出红色警报或纠违通知。

（二）明晰执法考评事项，力求履职风险跟踪全程化

“风险研判不够精准、需求分析不够科学、矫正响应不够到位”是长期困扰社区矫正工作的专业难题，社区矫正执法队伍运用 RNR 智慧矫正系统对社区矫正对象开展风险评估，入矫阶段开展入矫评估、矫中阶段每 6 个月开展 1 次中期评估、解矫阶段开展解矫评估；进行需求分析，基于入矫评估制订矫治方案、基于中期评估调整矫治方案、基于解矫评估鉴定矫治效果并提供帮教建议；落实矫治措施，以矫治方案为执行依据，在教育帮扶方面，落实入矫教育项目、矫中教育项目、解矫教育项目；在监督管理方面，按照管理等级，落实入矫衔接、报告、信息化核查、禁止令执行、外出、违规行为处罚、实地查访、解矫管理等事项；在损害修复方面，重点督促履行民事赔偿。社区矫正管理机关运用“履职考评数据分析模型”同步自动抓取 RNR 智慧矫正系统实时生成的社区矫正风险评估、需求分析、矫正响应的全部节点数据进行分析研判，预警社区矫正执法队伍履职风险。

现以社区矫正对象杨某为例，简述社区矫正管理机关对社区矫正执法人员实施的数智化履职考评模式。杨某是被录入 RNR 智慧矫正系统的一名社区矫正对象，因

犯盗窃罪被判处有期徒刑7年，2020年9月被裁定假释，假释考验期自2020年10月8日起至2021年11月28日止，2020年10月10日，杨某到其县级社区矫正机构报到。一方面，社区矫正执法人员运用RNR智慧矫正系统对杨某分段开展了风险评估，配套进行了需求分析，全程落实了矫正响应措施，RNR智慧矫正系统对杨某的个案执行情况进行了全程记录。另一方面，社区矫正管理机关以杨某矫治方案的执行时间为轴线，通过“履职考评数据分析模型”同步自动抓取对杨某风险评估、需求分析和矫正响应的各项数据，并与《中华人民共和国社区矫正法实施办法》的规定进行比对，自动生成执法情况大数据，对杨某社区矫正刑事执行实施全过程履职监督，实时发现并化解对杨某执法过程中的8个履职风险：在入矫阶段，发现1个低度风险，即基层司法所未与矫正小组签订矫正责任书；在矫中阶段，发现1个低度风险、3个中度风险和2个高度风险，即中期评估逾期1个月、教育矫正考核有2个月不达标、实地查访有2个月未进行、矫正方案未随中期评估进行调整、居所变更报告逾期2个月、电子定位核查失败有2次未核实原因；在解矫阶段，发现1个低度风险，即未举行解矫宣告。针对出现的履职风险，“履职考评数据分析模型”自动向社区矫正管理机关发出红色警报，针对高度风险，社区矫正管理机关随后发出纠违通知书，督促社区矫正执法人员立即整改。

（三）开展履职能力建设，力求履职风险防控实战化

确立“数智履职”思维，紧扣“能动履职”理念，发挥“履职考评数据分析模型”实时研判、前置研判、智能研判、分类研判的功能，破解当前社区矫正履职监督滞后的困境，推动社区矫正执法智慧与技术智慧融合，以数智司法产品，提供更精准的司法担当、更规范的司法履职、更有力的司法作为。依据“履职考评数据分析模型”生成的社区矫正履职风险数据，对社区矫正执法人员的履职能力、履职行为和履职绩效进行评价，并对评价结果进行合理的开发和利用，促进社区矫正执法人员在履职中锻炼和培养实战能力。评价结果的开发和利用主要有教育培训、调配分工和综合激励等方式方法。

1. 教育培训

依据履职评价的结果，以缺什么补什么为原则，加强职业教育和在职训练，建立注重实战、贴近实际的教育训练模式；另外，在培训模式以外，以设立专职矫正教育任职岗位的方式促进培训模式的专业化，在人才培养到人才使用一整条路上塑造矫正教育者“特殊治疗师”的行业特质。

2. 调配分工

依据履职评价结果，对社区矫正执法人员的工作内容进行合理调配，根据社区矫正对象不同风险等级和矫正需求，配置与之相适宜的社区矫正分管人员，在合理

配置的基础上，对其监督管理和教育矫正的目标、任务、实施进展进行合理有序的分析、规划和统筹，力求实现社区矫正执法人员履职效能最大化。

3. 综合激励

可以借鉴上海的做法，逐步建立社区矫正专业社工的职业发展等级体系，通过评定相应的职业技术等级，形成在高一级社会工作师带领下的矫正教育团队，同时，建立相应的薪酬制度，依据履职评价结果，实行职级、薪酬动态调整，调动社区矫正执法人员开展教育帮扶、探索矫正规律的积极性。

运用RNR智慧矫正系统对社区矫正执法人员的履职事项、履职要求、履职状况、履职评价等方面，同步记载、统计、分析，评估其履职状况和质效，及时提醒依法规范履职，抢占了履职监督数智化先机，实现了对社区矫正执法队伍的履职评价手段从经验判断向“数据说话”“智慧决策”转变，强化了对社区矫正执法队伍的履职风险评估。

三、建设“联通设施”，着力提升社区矫正执法队伍履职效能

建设“联通设施”，主要是部署“一网四通”。“一网四通”是指一个分级应用网络平台和与其连接的在矫通、矫务通、管务通、检务通四个移动应用终端。“一网四通”是部署RNR智慧矫正系统的基础设施，是实现社区矫正执法队伍数智履职新形态的有效手段，也是提升社区矫正执法队伍履职效能的数智载体。(如图3所示)

图3 “一网四通”示意

（一）以“一网四通”全覆盖部署，创设社区矫正执法队伍数智化履职环境

RNR 智慧矫正系统与全省社矫管理系统，一个是应用工具，另一个是管理平台。全省社矫管理系统具有上报、统计、评价功能，而 RNR 智慧矫正系统作为社区矫正数智化应用工具连接到全省社矫管理系统并实现云服务，就可以为全省社矫管理系统实时提供社区矫正刑事执行数据。

1. 连接

一是嵌入全省社矫管理系统。每名社区矫正对象矫治方案的实施都要经历风险评估、需求分析、矫正响应三个阶段。RNR 智慧矫正系统嵌入全省社矫管理系统，使社区矫正执法人员对每名社矫对象实施风险评估、需求分析、矫正响应的过程与结果，能够在全省社矫管理系统里查询和呈现，便于省、市、县三级社区矫正管理部门督查数据库的信息资源，考核社区矫正工作。二是联通终端应用设备。将终端使用者分为社区矫正对象、社区矫正执法人员、社区矫正管理人员、检察机关监督人员四种，分别在手机上下载在矫通 App、矫务通 App、管务通 App、检务通 App，采用权限模型，登录使用。社区矫正对象通过社区矫正执法人员在其应用终端为其注册成为规定时间的有效用户，可以查看执法人员提供的个别化矫治方案，按照方案中的项目实施计划在智能应用终端上点击收看项目辅导视频，同期在线下完成相关的矫正修复任务。对于从事或参与社区矫正工作的执法人员，通过平台管理人员授权，在其应用终端上注册成为有效用户，履行相关职能或完成相关事项。

2. 云服务

一是终端覆盖。“一网四通”是 RNR 智慧矫正系统应用的基础设施，其中“四通”是终端设备，其全覆盖是实现云服务的前提。二是数据传输。通过“一网四通”实现数据传输，发挥内容集纳、需求调查、方案编制、内容推送、互联互通、协调响应、实时监控、快速反应的功能，形成对社区矫正对象以个别化矫治方案为依据，以时间轴为展现形式的精准矫治全过程信息生成与共享体系。

（二）以“一网四通”普及化应用，提升社区矫正执法队伍数智化履职效能

借助“一网四通”普及 RNR 智慧矫正系统应用技能，社区矫正执法队伍要能熟练掌握并运用该系统多模态风险评估、智能化需求分析、云模式矫正响应、全过程履职考评四项功能，力求实现履职效能最大化。

1. 力求实现最大减负

通过 RNR 智慧矫正系统落实自助矫正实现减负，社区矫正执法人员运用该系统能够实现矫正任务由外在向内在转移，帮助社区矫正对象进入“自知、自主、自省”的自我矫正状态，让社区矫正对象在完成矫正任务的过程中学会自我反思、自我评

价，助其自省，促进自助矫正的内化。

2. 力求实现最佳履职

RNR 智慧矫正系统将风险、需求、响应成为结构严密、相互衔接的完善矫正体系，社区矫正执法人员运用该系统实施社区矫正，能够从根本上解决风险、需求、响应相互脱节的问题，克服矫正方法碎片化、教育内容随机性的问题，避免矫正时间、精力和资源的无效投入，切实提高了社区矫正规范化程度。

3. 力求实现最好保护

通过 RNR 智慧矫正系统将每一个社区矫正对象个别化矫正方案的执行情况，以时间为轴线，方案执行的轨迹留痕保存。社区矫正执法人员通过全轨迹留痕，能及时发现问题，发挥预测、预警、预防的作用，从而杜绝失职渎职情况的发生。

4. 力求实现最强智慧

RNR 智慧矫正系统有效实现了矫正技术的普及。长期以来，风险评估、需求分析、方案编制、矫正响应等专业技术，以及认知疗法、行为疗法等矫正技术得不到有效利用。RNR 智慧矫正系统将专业技术吸收到操作流程中、矫正技术吸收到矫正项目中。社区矫正执法人员只需掌握操作规程，就可选择并使用这些技术，有效实现专业工具与矫正人员的对接、专业技术与日常工作的融合。

5. 力求实现最优保障

RNR 智慧矫正系统有效实现了矫正需求的保障性。矫正经费不足、矫正工具欠缺、矫正时间难以安排一直是制约矫正需求实现的重要因素。社区矫正执法人员运用 RNR 智慧矫正系统实施社区矫正，矫正内容充足，矫正活动不受场地、设施、师资的影响，节省了有限的教育经费，矫正时间也可以灵活安排。

（三）以“一网四通”持续性优化，增强社区矫正执法队伍数智化履职保障

按照“以用促建、建用并举、滚动提升”的要求，坚持边应用、边研究、边完善，让 RNR 智慧矫正系统在实战应用中形成建设、管理、应用、维护、更新相互衔接的运行机制，力求“一网四通”获得持续性优化，不断提升社区矫正执法队伍数智化履职保障水平。

1. 强化项目研发，以问题导向满足履职需求

长期以来，对社区矫正对象风险管控不给力、风险内容不确定、风险消除不得法的问题一直困扰社区矫正工作。从“一网四通”精准矫治功能的探索性应用来看，必须强化研发三类矫正项目数据库，矫正项目数据库是支撑“一网四通”服务精准矫治需求的核心数据库，不断研发、丰富和完善矫正项目数据库，是切实解决长期困扰社区矫正工作这些问题的有效途径。一是研发通适性矫正项目。旨在帮助社区矫正对象认识社区矫正、明确权利义务、真诚认罪悔罪。目前，库中拥有就业创业、

核心素质、人生智慧、身心健康、教育培训、专项教育六类 40 个矫正项目。二是研发修复性矫正项目。旨在提升适应社会能力，满足复归社会需要，坚定走向新生信念，更好地适应社会生存和发展。目前，库中拥有价值塑造、社会功能、婚姻家庭、情绪情感四类 31 个矫正项目。三是研发犯因性矫正项目。旨在改善或消除社区矫正对象的犯因性问题，使其不再因同样的犯因性问题而再次犯罪。目前，库中拥有犯罪思维与态度、职业与经济状况、人际交往、认知状况、行为倾向五类 39 个矫正项目。

2. 引进专业服务，以技术引领确保履职质效

鉴于“一网四通”功能应用的专业性，社区矫正管理机关应当扶持和培育能够发挥技术引领作用的专业化社会服务机构。在借助“一网四通”推广运用 RNR 智慧矫正系统的过程中，使用的测量工具、实施项目、行动方案、辅导材料、工作软件、规章制度和数据库等，应由专业化社会服务机构提供。专业化社会服务机构提供的服务内容应当包括系统维护、系统更新、人员培训和系统实施。系统维护主要指负责对系统运行过程中出现的问题进行及时修复；系统更新主要指负责对数据库的及时更新，以及系统功能的完善；人员培训内容包括综合评估的方法、需求供给的分析、实施项目的选择、行动方案的制订、实施过程的跟踪、后台管理的运用、实施资料的归档等；系统实施主要指社会服务机构专业人员带领实施单位社区矫正执法人员运用该系统全面实施 RNR 智能互联精准矫治模式，确保区矫正执法人员熟练掌握该系统的操作技能。

3. 强化责任落实，以常态运行规范履职行为

“一网四通”常态化规范运行后，要将其实施情况作为社区矫正管理机关日常巡查督查的一项基本内容，定期排名通报、督促整改，形成常态化督查机制，在“明责”和“问责”中提高工作执行力。健全自上而下的运行机制，明确运用“一网四通”实施 RNR 智慧矫正系统的工作考评指标，量化考核标准，建立以履职效能为中心的考核机制，提高 RNR 智慧矫正系统应用在社区矫正工作中的考核比重，对 RNR 智慧矫正系统实施工作开展不力、成效不明显的单位和个人，要及时采取谈话提醒、现场指导、限时整改等措施，增强工作责任感和紧迫感，努力形成社区矫正执法队伍“数智履职”新常态。

社区矫正心理矫治专职人员职业素养建设路径探析

冯立伟*

社区矫正作为一种刑事执行措施，依法对被判处管制、宣告缓刑、假释和暂予监外执行的罪犯实行社区矫正。① 社区矫正强调以社区为基础，以教育、矫正和预防为主要手段，对社区矫治对象加以监督管理并开展包括心理矫治在内各项矫正措施，既是刑罚执行活动，也是实现矫正人员对其存在的行为和心理问题进行矫正的过程，并促成其自我发展和完善，对于预防犯罪、促进社会和谐稳定具有重要作用。在社区矫正队伍中，心理矫治工作人员是至关重要的一环，他们通过运用心理学的专业原理、技术和方法，对社区服刑人员施加心理与行为影响，消除犯罪心理，减少行为恶习，促进心理健康，塑造健全人格，解决和消除不利于社区矫正对象回归社会的心理行为方面的问题和不利因素，实现矫正对象的再社会化。② 心理矫治工作具有高度专业性和复杂性，社区矫正工作中心理矫治专职人员的队伍建设和发展对推动社区矫正工作的规范化和精细化具有重要意义。

一、社区矫正心理矫治专职人员建设具有必要性

在社区矫正中，矫正对象往往存在心理上或行为上的问题，这些问题既与他们之前所出现的违法犯罪行为的出现密切相关，同时也会影响他们的矫正和社会适应能力。心理矫治是通过心理咨询、心理疏导等方式，帮助矫正对象了解自己的心理问题，主动采取积极的心态和行为来适应社区生活，增强自我管理和抗挫能力，从而达到减少再犯罪的目的。通过心理矫治，矫正对象能够建立健康的人际关系，减少各种负面情绪困扰，提高自尊心和自信心，改善不良行为出现的频率和可能性，

---

* 冯立伟，江苏省司法警官高等职业学校讲师。

① 人民调解本刊：《我国出台〈社区矫正法〉》，载《人民调解》2020 年第 2 期；吴宗宪：《我国社区矫正法的历史地位与立法特点》，载《法学研究》2020 年第 2 期。

② 金碧华、潘菲：《社区服刑人员心理矫治工作的实践与思考》，载《郑州航空工业管理学院学报（社会科学版）》2009 年第 1 期；刘鸿宇：《社会工作视角下智慧社区矫正在农村地区发展的路径分析》，载《现代商贸工业》2021 年第 13 期。

降低再次犯罪的风险。同时，对于特定类型的矫正对象如青少年犯罪分子等，心理矫治也被认为是预防犯罪和促进社会和谐稳定的有效手段之一。从管理的职能来看，心理矫治工作人员还能够在一定程度上减轻社会的矫正压力和社区矫正队伍的工作负担，提高社会矫正工作的针对性和效益性。

根据《社区矫正法》的要求，“社区矫正机构根据需要，组织具有法律、教育、心理、社会工作等专业知识或者实践经验的社会工作者开展社区矫正相关工作”，社区矫正机构在制订和实施矫正方案的过程中，应当根据社区矫正对象的年龄、心理特点、发育需要、成长经历、犯罪原因等因素制订个性化矫正方案、采取针对性矫正措施。[①] 虽然社区矫正法中也明确可以通过公开择优购买社区矫正社会工作服务或者其他社会服务，为社区矫正对象提供心理辅导方面的帮扶，部分地区也在积极探索和实践[②]，但从工作要求的时间和工作场景的广泛性角度来看，当前通过购买心理服务的方式远远不能满足工作需要。从经费支出来看，购买心理服务需要相应的资金投入，当前大部分社区矫正机构的服务购买预算极其有限，心理矫治作为社区矫正工作的重要内容和模块如果全部通过服务购买的方式来进行难以负担。从工作开展的时间限制来看，社区矫正工作通常需要频繁地接触和跟进，而购买心理服务可能无法满足即时和连续的需求。社区矫正工作对象可能需要在工作时间之外或非常规时间接受心理辅导，这对于购买服务来说是一个巨大的挑战。从隐私和信任的角度来看，社区矫正对象往往对于与外部心理服务提供者分享个人信息和问题感到不安，他们更倾向于与社区矫正机构内部的工作人员建立信任关系，以获得更加安全和保密的心理支持。

心理矫治作为社区矫正工作的一个重要领域，对社区矫正工作的顺利开展起到了重要作用，这关系到社区矫正工作的最终效果。同时心理矫治作为一项专业化工作，对矫正工作人员提出了较高的要求，需要矫正工作者在实践中融合心理学知识和技能，全面关注矫正对象的生理、心理、社会文化等多个方面，为矫正对象提供全方位的帮助和支持。社区矫正工作中需要对矫正对象的心理状态进行全面的评估和干预，而全面的评估和干预需要专业的心理知识和技能支持。专业心理矫治人员对矫正对象的心理问题有更敏锐的洞察力，他们能够进行个性化的干预，量身定制针对的心理矫治计划，更好地促进矫正对象的心理恢复和社区适应。心理矫治作为社区矫正工作中不可或缺的部分，其使命是在帮助矫正对象处理情绪问题、解决心

---

① 鲁兰：《〈社区矫正法〉的精神意蕴与价值追求》，载《河南司法警官职业学院学报》2020 年第 2 期；邹屹峰：《〈社区矫正法〉实施前后社区矫正工作对比分析》，载《中国司法》2020 年第 4 期；率永利、马英：《建设高素质、专业化社区矫正工作者队伍——浙江省社区矫正社会工作者队伍建设调研报告》，载《人民调解》2021 年第 2 期。

② 肖乾利、侯习敏：《未成年犯社区矫正的困境摆脱》，载《重庆社会科学》2015 年第 8 期。

理障碍、缓解心理压力、提高自信心、增强应对压力的能力等方面发挥着独特的作用。心理矫治工作师应具备自我认知和情感管理的能力、理解社会、关心社会和身处社会的自觉性和责任感。

鉴于心理矫治工作的专业性和复杂性，由一般的社区矫正管理人员兼任是很难达到预期的工作效果的。首先，社区矫正工作事务繁多、工作量大，是需要一支专业的心理矫治工作队伍支持和配合的。然而，由于缺乏专职的心理矫治工作人员，社区矫正工作者还需要同时承担心理矫治工作。这样的话将会极大程度地增加矫正工作者的工作负担，也会导致心理矫治工作的专业性无法得到充分保障。其次，社区矫正工作中往往出现时间匮乏的情况，工作者难以对所有矫正对象进行适时、适度的心理干预。制订适合个体的心理矫治计划需要大量的时间和精力，如果工作者还要同时负责其他的任务，就会削减心理干预的时间，影响干预效果。此外，社区矫正工作者经常面临个体的复杂多样的心理和行为问题，如何解决偏执、焦虑、依赖以及侵略行为等问题，需要具有高度的心理治疗技能和经验。如果没有专业背景的专职心理矫治工作人员，就无法避免会出现判断失误、干预失误等情况。从北京、上海等地的社区矫正试点情况看，兼职心理专家虽然能够起到一定的作用，但由于时间精力所限，无法对服刑人员的心理矫治做深入的研究探索。[①] 因此，在条件允许的情况下，有必要建设专职化的社区心理矫治队伍。通过加强自身心理矫治专业队伍建设，由具有心理治疗资质的执行人员自主开展心理矫治的模式，有利于对服刑人员进行长期、及时、有效的心理矫治。[②]

二、社区矫正心理矫治专职人员的职业素养构成

鉴于此，当前社区矫正工作部门逐渐开始有意识地建立和培养专职心理矫治工作人员，在人员建设方面也取得了较大进展。具有极强专业性的心理矫治对社区矫正心理矫治工作者提出了相当高的专业素质要求，工作的开展中，矫治人员的职业素养越高，在面对各类复杂的矫正对象时就能有更好地判断和抉择，能够更有针对性地制订出行之有效的矫正方案，也更有利于贯彻实施，确保唤起矫正对象的内部潜力，激发其逐渐改变不良行为的动力，并为矫正对象及其家庭提供全面扎实细致的专业支持，从而有效规避心理矫治工作流于表面成为面子工程。心理矫治专职人员的职业素养主要包括以下四个方面。

---

① 孙文立：《论社区矫正心理矫治工作的发展路径——以监狱心理矫治工作经验为视角》，载《山东警察学院学报》2015 年第 4 期。

② 卢少锋、沈正柳：《社区矫正心理矫治存在的问题与对策建议》，载《许昌学院学报》2019 年第 4 期；岳健、张帆：《社区矫正心理矫治工作的探索与实践》，载《中国司法》2015 年第 7 期。

（一）专业的心理理论知识和技能

社区矫正心理矫治人员作为社区矫正工作中的重要组成部分，需要具备专业的心理知识和技能来帮助受矫正对象解决心理问题和困境。心理矫治工作需要了解和运用心理学理论知识、心理识别和分析方法、心理疾病及防治、心理疏导和心理治疗技术并应掌握相关的法规和政策，以便更好地开展工作。在心理学理论知识方面，心理矫治工作人员应了解不同类型的心理学理论，如人格心理学、文化心理学、社会心理学、心理分析学等，这有助于从理论上分析和处理来自不同文化层面、不同社会背景的社区矫正案例，同时为矫正工作的开展和实施提供理论依据、心理识别和分析方法，心理矫治人员应掌握各种心理诊断技巧与方法，如咨询面试技术、项目性测验技术、人格测验技术、非语言行为测试、精神疾病分类与诊断标准等，以便更好地描绘矫正对象的心理特点，发现问题、筛选问题，推测矫正对象行为背后的心理因素。在心理疾病及防治方面，心理矫治人员需要了解各种心理疾病，通晓疾病发生的生物、心理及社会因素，并了解各种心理疾病的治疗原则、方法。同时，心理矫治人员还需要适应社会公共事务的态度和技巧，对社会困境、心理冲突等进行疏导与治疗，使社区矫正对象更好地融入社会。在心理疏导和心理治疗技术方面，心理矫治人员需要了解常用的心理疏导和心理治疗技术，如认知行为疗法、情感治疗法、心理动力治疗法、系统家庭治疗法、生物反馈治疗法等。心理矫治人员还需要理解不同的治疗方法，掌握能够与别的心理医生协作的技术、跨学科知识和能力。同时，社区矫正心理矫治人员还应了解相关的法规和政策，如《社区矫正法》《刑事诉讼法》《刑法》等，以便更好地开展工作，避免对相关法律法规的违规行为。

（二）深入的实践辨析能力

辨析能力表现为在实际工作中对问题的分辨、推理、分析和综合能力，它与判断力和创造力等职业素养有关，能够帮助心理矫治人员在矫正实践中科学有效地辨别、提炼和解决工作开展中存在的问题，从而有助于提高工作效率和质量。心理矫治人员需要具备良好的辨别、诊断和评估能力，正确判断心理疾病的类型、病因等方面，为矫正对象提供准确的心理疏导与治疗。在实际矫正工作中，矫正对象往往受到社会、心理等多方面的负面压力，甚至存在较大心理冲突难以自我调适。此时，心理矫治人员需要具备良好的辨别、诊断和评估能力，以便了解矫正对象的心理健康现状和问题来源，为矫正对象提供准确的心理疏导与治疗。这要求心理矫治人员除了具备较高的心理学专业知识和技能以外，还需要较强的病因分析能力。对于矫正对象的问题症状，心理矫治人员需要利用其专业知识和经验，对其症状进行全面、系统、深入的分析，找出心理问题的病因所在，并采取有效的治疗措施。通过对矫正对象进行全面的心理状态、心理时间轴、人际关系等信息收集。在掌握了矫正对象的基本情况之后，心理矫治人员需要针对矫正对象所出现的情况进行个性化辨识和定位。了解矫正对象的思维方式，以及对其失败的反应方式，有助于心理矫治人员为矫正对象提供合适的心理矫治方案。心理矫治人员必须能够从大量的数据中分析问题，寻找其中的共性和特殊性，从而能够有针对性地提供有质量的心理疏导。

（三）积极的人际沟通技能

心理矫治人员必须具备良好的人际沟通技能，以便能够与矫正对象建立互信关系，理解他们的内心体验，并在工作中发挥自己的专业知识和技能。心理矫治人员在工作中需要与矫正对象进行积极有效的沟通，了解他们的内心世界、情感状态和思想意志，与之建立起有效的信任关系，并对矫正对象的心理情况进行可靠、准确的评估和研判。矫正对象的心理状况和矫正过程中的情感体验是十分复杂的，需要心理矫治人员能够与矫正对象进行深入的人际沟通，理解他们的感受、思想和行为。首先，心理矫治人员需要善于倾听。倾听是人际沟通的重要环节，心理矫治人员需要倾听矫正对象的言语和情绪，理解他们的立场和处境，建立起互相尊重的关系，增强矫正对象的信任感和安全感。在倾听的过程中，心理矫治人员需要关注矫正对象的语言和非语言信号，注意其言语间的矛盾和情绪变化，以便更好地了解矫正对象的内心体验。其次，心理矫治人员需要具备正确的语言表达技巧。心理矫治人员需要在言辞之中传达出自己的情感态度，适当引导矫正对象的情绪体验，以便更好地进行情绪疏导和治疗。经验丰富的心理矫治人员甚至能够在谈话中暗示矫正的改正方向，从而帮助矫正对象更好地掌控自己的情绪和行为。最后，心理矫治人员需要理解矫正对象的心理特点和沟通偏好。不同的心理特点和沟通偏好会对人际交往产生不同的影响，有的矫正对象可能更喜欢直接和有耐心的心理矫治人员交流；有的可能更喜欢有权威的心理矫治人员进行疏导；有的则更喜欢在信任的前提下先表达自己的观点，再听取心理矫治人员的反馈。

（四）良好的自我管理能力

心理矫治人员在社区矫正工作中承担着重要的工作职责和使命的同时，也面临着较大的压力和考验，矫正对象的复杂性和其所面对的社会压力产生的心理矛盾与挣扎也会影响到心理矫治人员。在社区心理矫治工作中，心理矫治人员需要处理大量的案件和各种各样的情感难题，这要求心理矫治人员必须在自身情绪管理和心理护理方面有较高的能力，有自我调节意识和技巧，以保障自身的工作效能和对矫正对象的服务水平。良好的自我管理能力，既包括了心理层面的稳定，也包括了对自身情绪情感的自我约束和控制。在矫正工作开展的过程中，心理矫治人员应保持镇静和冷静的态度，不受矫正对象的情绪波动和意见影响，专业地给予矫正对象恰当的支持和疏导。心理矫治人员应该关注自己的情绪变化，及时调整自己的情绪状态，保持自己的情绪稳定和心态平和，通过正向的情绪和语言来引导矫正对象。在给矫正对象提供心理疏导时，心理矫治人员需要掌握引导的技巧和方法，对矫正对象的情绪给予关注，以达到让矫正对象展示和觉察自身的情绪情感。同时在此过程中汇总，心理矫治人员需要独立思考，及时进行自我反思和自我调节，反思自己的工作方式，发掘自己的不足之处，及时纠正工作中可能存在的失误，以提高工作质量。此外，心理矫治人员也应该积极寻找适合自己的调适方式，保持自己的心态平衡，积极进行调节，缓解工作压力，保持心境的积极与开放。

三、社区矫正心理矫治专职人员职业素养存在的问题

社区矫正心理矫治工作的重要性和专业性，要求由具有较高职业素养的专职人员来负责。但从实际工作角度来看，当前社区矫正心理矫治人员所需的职业素养与实际需求的匹配度还存在较大的问题，不同地区和机构对社区心理矫治人员的培训和职业素养要求可能存在一定的差异，部分心理矫治人员具备较高的职业素养，并且拥有丰富的实践经验和辨析能力，但不能否认的是当前从事社区矫正工作的主要人员——街道、乡镇司法所工作人员大都只进行过简单的培训，面对复杂的社区心理矫治工作往往难以胜任。①

（一）专业理论结构和技能构成有待进一步优化

从知识技能素养来看，心理矫治人员需要拥有丰富的实践经验，以便根据不同的心理状态和特点提供个性化的心理疏导和服务。然而在实际工作中，一些心理矫治人员由于缺乏实际工作经验，而只掌握了有限的理论知识，这将导致在实际操作中难以有效解决受矫正对象的实际心理问题。心理疾病有很多不同类型，有时即便是经过学习和培训，心理矫治人员在实际实践过程中也难以准确地捕捉到心理疾病的症状，或无法从中选择最恰当的矫正方式进行干预。社区矫正心理矫治人员需要在心理领域不断学习新的知识和技能，扩展自己的知识和技能体系，并将其运用于实践。不少心理矫治人员只停留在基础层面的心理理论和技能，这导致他们难以更好地理解和诊断受矫正对象的心理健康问题。心理健康领域具有较高的前瞻性，要求有对心理学新思潮和新理论的学习和掌握，并能灵活运用于矫正工作之中。一些

---

① 向巍：《社区心理矫正：加强和创新社会管理的科学路径之一》，载《云南行政学院学报》2012年第6期。

社区矫正心理矫治人员在工作开展过程中，存在故步自封，满足于自身既有的知识结构和实践模式，停留在传统心理学理念之中，难以紧跟时代潮流和发展趋势，难以充分挖掘自身职业素养潜力，缺乏与团队和同行的交流和协作能力的问题，这不利于提升自身的整体知识和技能素养。

（二）开展工作的实践辨析能力有待进一步加强

社区矫正心理矫治需要工作人员具有较强的实践辨析能力，在实际工作中心理矫治人员需要快速判断出受矫正对象可能存在的心理问题，准确分析研判其存在的心理问题和程度，从而结合社区矫正的实际情况给出解决方案。实际工作中，一些心理矫治人员缺乏科学、理性判断的能力，缺乏目标明确、方法合理的思维方式，无法快速、全面、准确地分析是否存在心理困扰，以及如何进行心理干预，影响了实际工作的效率和质量。当面对一些复杂的案例，经常出现心理矫治人员难以迅速准确地找到病因，而卡在如何对症进行准确评估、明确干预方案的问题中。从工作要求来看，社区矫正需要有全局观，心理矫治往往是一个较长的工作过程，要求工作人员能够从孤立的事件和信息中，结合实际情况从长远与全面的角度进行考虑，根据实际工作流程制订对应的解决方案。工作实践中心理矫治人员由于缺乏对工作的全面和深入了解，容易出现治标不治本的问题，导致心理问题没有彻底得到根治，不利于后期工作的持续发展。

（三）面对工作对象的人际沟通水平有待进一步提升

从社区矫正工作的实际出发，当前社区矫正心理矫治人员所需的人际沟通素养存在较多的不足。在与矫正对象的交流过程中，部分心理矫治人员无法准确表达自己的意图，或者无法准确理解和处理矫正对象所表达的信息和意愿，使得双方沟通无法顺畅进行。这可能会导致心理矫治人员提出错误的建议或者方案，并可能会与矫正对象产生误解和矛盾。社区矫正心理矫治人员需要根据矫正对象的特点和心理状态，以社区矫正对象要素为核心，[①] 灵活地选择不同的沟通方式和风格。在实际工作中，部分心理矫治人员可能会倾向于采用单一的沟通方式，无法根据受矫正对象的变化而做出调整，这将导致心理疏导的精准度和针对性下降。

在与矫正对象交流时，一些心理矫治人员缺乏有效地倾听和理解的能力，有效的沟通应该是互相的，应该注重听取和理解矫正对象的表达，对心理矫治人员细致和耐心具有较高要求。对于矫正对象表达的信息和言语的把握和理解不全面不准确，

---

① 张昱：《浅析社区矫正对象人观及社会工作服务介入路径探讨》，载《社区矫正理论与实践》2022年第1期。

极可能忽略矫正对象的真正需求和问题，从而导致心理矫治效果不佳，难以真正打开矫正对象的心扉。同时，在矫正的实践中，心理矫治人员也很有可能会遇到因矫正对象自身思维习惯和个人情绪等方面的局限性而导致沟通出现困难或者情感阻滞。这要求心理矫治人员需要具备较高的处理沟通障碍的能力和技巧，只有这样才能有效地推动沟通，提升心理矫治的工作效果。

（四）应对复杂情况的自我管理能力有待进一步完善

社区矫正心理矫治人员的自我管理能力是其从事心理矫治工作的关键能力之一。自我管理能力包括时间管理、压力管理、情绪管理等。在实际工作中，社区矫正心理矫治人员面临着复杂的工作环境和种类繁多的受矫正对象，这就要求他们具有较高的自我管理能力，以确保工作效率，同时避免各种心理问题的出现。目前社区矫正心理矫治人员在自我管理方面普遍存在着较多问题。在时间管理能力方面，心理矫治人员通常需要独立完成大量的工作，如对受矫正对象的宣泄倾诉、心理疏导记录的归档、心理治疗方案的制订等。这种工作需要高效的时间管理能力，但是，一些心理矫治人员常常容易被琐碎的杂事和繁重的工作压得喘不过气，难以提高工作效率。当心理矫治工作人员面临工作量大、任务繁重等问题时，不但容易导致精力分散，也容易使个人出现情绪问题，甚至身心受损。在压力管理能力方面，社区矫正工作的特殊性质，经常涉及各种不确定因素，如矫正对象的不良反应、病情变化、矫正方案推进不顺等。在面对这样的不确定情况时，一些心理矫治人员缺乏应对策略，无法有效地控制心理压力和焦虑情绪，从而影响了工作的开展和效率。在情绪管理能力方面，心理矫治人员长期面对各类社区矫正对象，而社区矫正对象的情绪状态不稳定，并且随时有可能出现意外情况。心理矫治人员在工作中需要展示出稳定、镇静、自信的态度，以安抚矫正对象的矫正情绪和心理压力，应对可能出现的突发情况。在实践中，由于当自我控制能力欠缺时工作压力过大或遭遇突发情况，即使是心理矫正专职人员也可能会出现情绪崩溃、暴躁甚至自我攻击的问题，这严重干扰心理矫治工作的展开，并增加了工作风险。

四、社区矫正心理矫治专职人员职业素养的提升路径

当前社区矫正心理矫治工作对人员的专职化和专业化提出了高标准和要求，需要心理矫治工作人员有较高的职业素养。弥合当前差距适应工作要求，提高当前心理矫治专职人员的专业素质，可以从以下四个方面推进。

（一）提升心理矫治专职人员的专业水平和实践能力

为心理矫治工作人员提供实践机会和平台，建立社区矫正心理矫治人员实践基

地，与各地社区矫正先进单位、心理咨询机构等合作，寻找更多的实践机会和平台，让心理矫治人员更多地参与和实践心理矫治工作。加强导师的指导和辅导，为新入职的心理矫治人员配备有经验的导师，进行实践经验的传授和指导，帮助他们在实践中逐渐积累经验并提升实践能力。多进行实践经验分享和交流，定期组织心理矫治人员进行实践经验分享和交流，相互学习和借鉴以提高实践能力。探索构建团队协作机制，让心理矫治人员之间能够相互支持和协作，共同解决心理矫治工作中的难题。同时，注重组织各种形式的讨论和研讨模式，提供平台让心理矫治人员分享自己的案例分析和心得体会，促进经验交流和共享。

加强专业培训和学习，组织心理矫治人员参加关于心理问题识别和矫正方法研究的培训和学习，提升他们的识别和把握能力。通过提供系统的心理学和矫正学科的基础知识培训，包括心理学理论、心理评估方法、心理干预技术等方面的内容，帮助心理矫治人员建立起扎实的专业知识基础，提升和掌握对于心理问题的识别标准和矫正方法运用水平。组织专家讲座和学术交流，邀请心理学、矫正学等领域的专家分享最新的研究成果和实践经验，帮助心理矫治人员了解学科的前沿动态，提升他们的理论素养和辨析能力。

（二）加强心理矫治专职人员等的理论素养和辨析能力

建立案例分析机制，组织心理矫治人员定期进行案例分析，提供实际工作中遇到的复杂案例，让他们从实践中学习和总结经验。通过分析案例，帮助心理矫治人员培养辨析问题的能力，学会从多角度、多层次的视角来分析和解决问题。推动案例分享和研讨机制，建立心理矫治的案例库，收集和整理实际工作中的心理问题案例，供心理矫治人员参考和学习。

在社区矫正机构内外选拔和组织专家及专业督导，定期进行指导和辅导，帮助心理矫治人员解决工作中遇到的困难和问题。建立专家咨询制度，为心理矫治人员提供专业咨询服务。心理矫治人员可以向专家请教和咨询，获取专业意见和建议，提升辨析能力和解决问题的能力。

通过专家分享实践经验，引导心理矫治人员正确理解和分析心理问题，提供针对性的解决方案。同时要加强跨学科合作，建立跨学科的合作机制，与心理学家、社工、律师等专业人员进行合作，共同分析和解决心理问题。通过跨学科合作，充分利用各专业领域的知识和经验，提升心理矫治人员辨析能力和解决问题的能力。

让心理矫治人员在真实的工作环境中接触和处理不同类型的案例，提升他们在实践中的辨析能力。实践训练可以帮助心理矫治人员熟悉实际工作流程，培养他们的观察和分析能力。鼓励心理矫治人员参与实际工作项目，提供机会让他们亲身参与和解决实际问题，锻炼辨析能力和实践能力。

（三）发展心理矫治专职人员的沟通能力和技巧

建立沟通技巧培训学习常态化模式，提供针对性的培训，帮助心理矫治人员掌握有效的沟通技巧。培训内容应结合心理矫治工作实际和心理矫治案例库内容，以情景模拟、角色扮演、案例分析等多种形式开展培训、锻炼能力，让心理矫治人员在模拟场景中体验和掌握不同的沟通技巧。鼓励心理矫治人员参加沟通技巧培训班和研讨会，学习和借鉴其他领域中的沟通技巧和经验，提升自己的沟通能力。

加强对矫正对象的情感管理，建立矫正对象情感管理机制，帮助矫正对象理解和管理自己的情绪和情感，减少情感障碍对沟通的影响。建立矫正对象情感反馈机制，让矫正对象能够自由表达自己的情感和需求，帮助心理矫治人员更好地了解和理解矫正对象的心理状态和需求，提高沟通效果。积极推动科学的绩效评估体系的构建，对心理矫治人员的人际沟通能力进行评估和反馈。通过评估结果及时发现和纠正沟通能力不足的问题，为心理矫治人员提供进一步的培训和支持。同时要建立激励机制，将沟通水平和自我情绪管理纳入绩效评估指标体系之中，激励和奖励表现优秀的心理矫治人员，鼓励他们不断提升沟通能力和工作水平。

（四）强化心理矫治专职人员自我管理能力

一方面，心理矫治工作人员应积极寻求支持和帮助，与同事或上级加强交流和沟通，分享情绪和压力，获得支持和理解；另一方面，要积极推进构建压力管理能力的提升建立支持系统，形成心理矫治人员与同事、上级或专业人士之间的交互支持系统，定期交流和分享压力和困扰，获得帮助和支持。同时，应鼓励心理矫治专职人员合理分配工作和生活的时间，参与适合自己的休闲活动，保持良好的工作与生活平衡，减轻工作压力。通过学习应对策略，寻求工作平衡，通过引导社区矫正心理矫治人员学习压力管理的技巧和方法，如认知重构、问题解决技巧、放松训练等，以提高应对压力的能力。要关注心理矫治工作人员情绪管理能力的提升，加强其自我认知和情绪监控能力，通过引导心理矫治人员定期审视了解自己的情绪状态和触发情绪的因素，及时发现并监控自己的情绪变化，并通过学习情绪调节的技巧，稳定情绪和缓解压力。此外，心理矫治人员应定期进行自我反思和评估，发现自己的优势和不足，通过设定明确的工作目标和工作计划，并制订可行的步骤和时间表，以提高工作效率和工作目标管理。

心理矫治视角下社区矫正队伍建设的局限性与优化路径探索

何庆宇*

社区矫正是一种将“越轨”者置于熟悉的社区中，有机结合其身边环境中的社会支持系统及控制力量，帮助其实现较为有效的观念及行为方面的转变，促使其回归社会和家庭的非监禁刑罚方式。① 随着社会不断发展和刑罚理念的不断进步，罪犯的社会再适应问题得到越来越多的关注，社区矫正与监狱刑罚执行相比较，对罪犯再适应社会有着极大的优势，而心理矫治作为社区矫正的重要手段，它以社区矫正对象的心理问题矫正为切入口，关注有可能导致社区矫正对象再犯罪的心理动因，如“歪曲认知”“不良关系”“消极行为”“负面情绪”“冲动决策机制”“在刑意识”“未来规划”等，并对其进行阻断、转化、引导和重塑，逐步缓解消除社区矫正对象人员的心理问题或人格障碍，彻底排除其人身危险性，提升该群体的社会融合度。

一、心理矫治的必要性

（一）制度构想内在需要

社区矫正制度的构想一方面能够缓解监狱矫正教育罪犯的压力，另一方面希望借助社会以及广大志愿者和社会工作者的广泛参与，最大限度地优化公力资源与社会公众资源。社会力量作为社区矫正的重要参与者，对社区矫正对象顺利复归社会有着不可替代的作用。现阶段社会力量主要可以归结为以下三类：社区矫正社会工作者、专业领域人员、社区矫正志愿者。社区矫正社会工作者普遍是采用政府购买服务的形式，聘请临时人员协助司法所工作人员开展社区矫正工作；专业领域人员多指有心理学、社会学、犯罪学等专业背景的人员，在其专业领域对社区矫正对象

---

* 何庆宇，四川省邛崃市司法局社区矫正管理局工作人员。

① 陈珊、周龙梅、张宇：《未成年社区矫正对象心理矫正机制构建——基于循证系统评价的分析》，载《西华大学学报（哲学社会科学版）》2022年第4期。

提供指导；社区矫正志愿者作为社会力量的重要部分，可凭借不同的身份背景和专业知识为社区矫正对象提供全方位的帮扶。目前，对于社会力量参与的内容没有统一的认识，也未有相应的规范，一般集中在教育矫正与帮扶以及监督管理辅助性事务等方面。而且在具体实践中，社会力量实际参与的矫正工作内容有所局限，或停留于表面或止于个别环节，并没有真正深入矫正工作内部，① 专业领域人员参与度低，对社区矫正的法律效果、社会效果的发挥产生了不可忽视的负面影响。社区矫正的关键就在于如何对社区矫正对象进行矫正，既要关注其客观行为同时又要重视其心理动态变化。因此要想彻底矫正社区矫正对象，消除其人身危险性，关键在于对社区矫正对象进行再犯罪及社会危险性风险评估、防范社会危险性心理建设，通过必要的心理咨询、引导、教育等方式，运用心理科学开展心理矫治，改变对象潜意识中的不健康错误的认知方式，消除不良心理因素、心理障碍，逐步完善人格。②

（二）社区矫正现实需要

2023 年 7 月下旬，成都市司法局组织各区县司法局对社区矫正对象开展心理健康普测，邛崃市司法局收到基本心理健康状况自评表 279 份、近期生活状况调查评估表 282 份。根据测评结果显示，在测评维度“压力感”中，选择“重度压力”的 111 人，占比 39.78%；在测评维度“抑郁”中，选择“轻度”“中度”“中重度”的分别为 91 人、21 人、3 人，分别占比 32.62%、7.53%、1.08%；在测评维度“焦虑”中，选择“轻度”“中度”的分别为 73 人、10 人，分别占比 26.16%、3.58%；在测评维度“生活重大事件”中，选择“有生活重大事件”的为 108 人，占比 38.3%。尽管社区矫正对象存在个体差异，自我认知理解不同，但根据测评统计结果不难看出，存在不良心理状态的社区矫正对象不在少数，经历高压、紧张、强制的刑事司法活动，社区矫正对象可能会出现抑郁、焦虑等其他心理问题，所以无论从改造抑或预防的视角，加强对社区矫正对象的心理矫治均具有重要现实意义。

二、心理矫治视角下社区矫正队伍建设的局限性

（一）社区矫正队伍力量薄弱

1. 社区矫正工作人员配备不足

目前，社区矫正监管工作的承担主体主要是基层司法所，但现有工作人员数量

---

① 陈清霞：《社会治理视域下社会力量有效参与社区矫正工作的路径探索》，载《社区矫正理论与实践》2022 年第 3 期。

② 胡敏：《完善心理矫治模式深入推进社区矫正效果探析》，载《学理论》2020 年第 2 期。

与社区矫正对象人数不成正比，社区矫正工作人员又身兼数职，既要负责社区矫正，又要负责开展人民调解、法律援助等多项工作，难以有足够的时间、精力投入心理矫治工作，影响心理矫治实际效果。且由于待遇较低、临时性较强，基层司法所的社区矫正工作者普遍存在流动性强、人员少、专业性较弱等情况，在心理矫治工作中能提供的帮助实属有限。

2. 社区矫正缺乏心理矫治专业人员

社区矫正人员有着多重角色，他们既是行使国家职权的执法者、管理者，同时又是对社区矫正对象进行行为和心理矫治的教育者、服务者，这样的角色定位也决定了社区矫正队伍的人员结构和知识结构必须是多元且开放的。当前社区矫正工作人员基本由法学专业背景人员组成，社区矫正工作者队伍参差不齐，社区矫正需要的兼具心理学、社会学等方面的专业人员数量有限，导致司法所社区矫正队伍力量较为薄弱，影响了社区矫正心理矫治工作的顺利开展。①

一些地区也尝试聘请专业心理咨询师或获得心理咨询师资格证书的社会工作者开展专业服务，但由于经费有限，引入的心理咨询多具有公益性质，难以吸引更多的专职心理咨询师参与到社区矫正工作中来，而在开展公益服务的较短时间内，社区矫正对象很难把内心世界真实地、完全地展现。多数地区由于缺乏开展心理矫治的专业型人才，仍由办案人员、社区矫正工作者兼职进行心理矫治工作，由于自己的业务职能和社会角色，他们常常难以对社区矫正对象开展系统、全面、有效的心理矫治，方式和程序均缺乏科学性，使心理矫治流于形式。

3. 社区矫正工作缺乏志愿资源，无法形成帮教合力

社会公众对社区矫正缺乏了解，加上传统刑罚观念的影响等诸多因素的作用，目前社区矫正志愿者的力量较为微弱，很多地方缺乏稳定、高质量的志愿资源，而在数量有限的社区矫正志愿者中，有心理学、社会学知识背景的更是凤毛麟角，无法建立一支真正发挥作用的社区矫正志愿者队伍，难以与社区矫正工作人员、社工形成帮教合力。

（二）传统社区矫正队伍心理矫治工作开展阻碍较大

1. 心理矫治工作受社区矫正对象个人因素影响大

影响心理矫治效果的主要因素是矫正对象个人，包括客观因素与主观因素。客观因素包括：多数矫正对象的文化水平有限，甚至是文盲，无法理解教育谈话和心理矫治的内容，对自己的未来缺乏规划；主观因素包括：部分社区矫正对象对社区矫正机构存在一定的敌意，抗拒心理严重，主观悔罪意识不强。社区矫正心理矫治

① 段新波：《公共管理视角下社区矫正、心理矫治：问题与优化途径》，载《经济师》2022年第4期。

需要遵循心理学的基本方法和规律，因此需要矫正人员与矫正对象建立信任关系。但因上述主客观因素的影响，导致建立信任关系变得十分困难，这对心理矫治工作的开展造成了极大阻碍。

2. 社区矫正工作人员往往重点关注社区矫正对象行为矫治，忽略其心理防线建设

心理矫治尚处于摸索阶段，相关社会力量参与度低，尚未建立完备的制度体系，工作的开展往往基于社区矫正人员的生活阅历、知识积累和矫正经验。同时，目前社区矫正仍更加注重监督管理，矫正方式多为定期报告、参与公益劳动、法律法规教育学习以及社会帮教等，社区矫正工作更多地停留在客观上对矫正对象行为的监控管理上，而忽略了对矫正对象心理层面问题的关注和矫正。歪曲的认知和人格障碍被忽略，虽然矫正期间行为基本被把控，但矫正期满后，歪曲的认知和人格障碍依旧存在，这在一定程度上形成了社区矫正对象再犯罪的风险预测的真空地带，对社会的和谐稳定也增加了相应的隐患。①

3. 心理矫治的社会认识度、接受度较低

社区矫正在我国实践开展时间较短，大多数群众对其了解较少，心理矫治作为社区矫正的重要方式之一，内心世界展现的特质难免受到社区矫正对象的抵触与排斥。心理学是自然科学与社会科学交叉研究的领域，也是实践性很强的应用型学科。心理矫治相较其他社区矫正方式的优势在于，引入医学模式，不仅效果积极且更为人道。在心理治疗方式上，“医学意义上的心理治疗”与“社会意义上的心理辅导与矫治”存在较大差异，但社会公众往往将心理矫治狭隘地定位为“纯粹的医学问题”，因此对心理矫治产生排斥感。②

三、心理矫治视角下社区矫正队伍建设优化路径分析

（一）强化队伍建设基础保障

1. 拓宽社区矫正经费来源

一方面，各级政府要加大社区矫正工作的经费投入，并且列明专项经费开支的项目，特别是专门购买社会服务、心理矫治工作的经费。各级政府可以根据本地的经济发展水平，估算社区矫正对象人均经费开支的合理标准，按照该标准进行发放，并对贫困地区加大拨款力度，吸引更多的社会组织和专业人才加入社区矫正工作，

① 胡敏：《完善心理矫治模式深入推进社区矫正效果探析》，载《学理论》2020年第2期。

② 陈珊、周龙梅、张宇：《未成年社区矫正对象心理矫正机制构建——基于循证系统评价的分析》，载《西华大学学报（哲学社会科学版）》2022年第4期。

提升社区矫正质量。[①] 另一方面，要拓宽社区矫正工作经费来源，在社会上大力宣传社区矫正，吸引更多企业、社会组织、民间组织的捐赠和其他资金的加入。政府可以出台相关奖励政策，对于支持社区矫正工作的企业、社会组织等在税收优惠、信贷支持、人才培育等方面予以支持，吸引更多的社会资源流入，补充社区矫正工作财政经费方面的不足。

2. 完善社区矫正心理矫治工作体系

心理矫治一般涉及社区矫正对象心理隐私，一方面难以从外在表象上直接把握，另一方面要根据不同层次的心理问题“因材施矫”，需要采取个性化的心理矫治方案，难度不言而喻。

首先，需要建立完善的评估制度。目前，常用的有精神健康症状自评量表、艾森克人格问卷、卡特尔人格因素测验、爱德华个性偏好量表、中国犯罪心理测试个性分类采用专用量表等。在接收社区矫正对象后，要对其犯罪情况、人身危险性、成长经历、工作经历等相关因素进行系统的搜集整理，走访社区矫正对象单位、所在社区以及近亲属、朋友，了解基本情况，并结合量表测评情况，量化社区矫正对象的心理人格特征，找准心理矫治工作的切入点。其次，要建立完善的社区矫正对象心理矫治档案，客观记录其心理矫治情况，根据矫正进展，调整心理矫治方案。最后，在精确查找社区矫正对象实施犯罪行为原因的基础上，剖析其社会化进程中性格、心理、需求等方面的缺失，采用对症下药的“医疗模式”实施教育矫正，包括积极情感教育、意志力和生活方式优化教育、人格健全教育和人际关系和谐教育等内容。[②]

3. 加快社区矫正队伍工作理念转变

《社区矫正法》明确依法管理与尊重保障人权相统一的基本原则，从立法层面保障社区矫正对象享有的人身权利、财产权利和其他合法权利不受侵犯，充分体现了社区矫正制度“以人为本”的精神。这也要求社区矫正工作人员明确惩罚不是社区矫正的刑罚目的，认同社区矫正对象在刑事司法中作为伦理道德上独立自主的人格主体而存在，社区矫正的目标是运用以德育人、文化育人的形式，通过社会救助的辅助方式培育社区矫正对象，更多地关注社区矫正对象内心的“修复”与心理健康的稳定，使其复归社会。[③]

社区矫正工作者只有认同、内化社区矫正理念才能在内心根植法治信仰，进而

---

① 林红：《论司法所社区矫正工作的困境及对策》，载《犯罪与改造研究》2023 年第 4 期。

② 丁玉祥、袁峰：《社区矫正融入社会治理促进社区矫正对象再社会化的研究与思考》，载《中国法治》2023 年第 2 期。

③ 鲍宇科：《新时代“枫桥经验”下社区矫正对象再犯预防治理研究》，载《浙江警察学院学报》2023 年第 2 期。

打造社区矫正软文化，助推社区矫正工作不断完善。

（二）构建社会力量协同参与机制

1. 以专业人员为支撑，建立心理矫治专业化队伍

广泛吸纳心理学、社会学工作者积极参与社区矫正工作，提升社会公众参与度，一方面，可以有效缓解当前社区矫正工作人员人数不足和心理治疗专业力量薄弱的问题；另一方面，社会公众不具有公职人员身份，与社区矫正对象天然的平等关系，使其更容易发自内心地真正接受矫治，消除抵触情绪，保证矫正效果。因此，司法行政机关可以与心理学、社会学专业院校、心理咨询机构等专门从事心理学、社会学研究的工作机构开展合作，通过政府购买服务的方式，组建心理矫治专家库，建立心理咨询服务场所，定期或不定期开展心理诊疗，及时帮助社区矫正对象发现、化解各类心理问题。

2. 以矫正工作者为主力，夯实心理矫治专职化队伍

鼓励社区矫正工作人员学习研究心理学，积累掌握心理学知识，积极参加全国心理咨询师资格考试，设立专项经费鼓励社区矫正工作人员考取心理咨询师证书、社会工作者证书等，促进专业能力的提升。根据社区矫正对象个体差异，有区别地推送有助于矫正对象心理的教育信息，及时收集反馈情况，这样不仅能了解矫正对象的生活现状和思想动态，更有助于提高矫治质量。应积极为社区矫正工作者提供心理矫治知识学习和培训机会，可聘请具有心理咨询资质的专家和监狱干警担任社区矫正“心理辅导员”，一方面对社区矫正对象进行心理矫治，另一方面对矫正工作人员进行指导和培训。

3. 以社会志愿者为补充，扩大心理矫治社会化队伍

社区矫正最大的特点就是使“越轨”者在不脱离社会、不脱离生活的情况下，在司法行政机关的领导下，广泛吸收多方社会力量参与，充分利用现有成熟的社会资源，从而最大限度地提升社区矫正工作质量和社会效果。应加大社区矫正宣传力度，增强社会公众认识，提高社会公众参与度，探索建立社区矫正志愿者工作站，完善社会志愿者参与机制与参与平台，让更多热心社区矫正事业的社会组织和人士参与心理矫治工作。

社区矫正执法者玩忽职守罪认定路径研究

陈泽浩*

引言

自社区矫正在全国范围内普遍开展以来，对社区矫正执法者的追责便一直是一个存在较大争议的问题。社区矫正法的出台，标志着社区矫正执法者的权责地位当已明确，然而，这一问题并没有随着社区矫正法的出台而退出历史舞台，反而是既有的追责机制与社区矫正法的赋权属性发生重大错位甚至对立，使得很多社区矫正执法者陷入想管无法可依，不管责难当头的两难境地，“普遍感觉对社区矫正对象的约束力不够，对于不服从管教的社区矫正对象缺乏管理手段，工作开展艰难”①。此风久驻，无疑会打击社区矫正执法者的工作积极性，还会对他们的工作重心产生错误的引导，不利于《中华人民共和国社区矫正法》（以下简称《社区矫正法》）理念目标的全面贯彻落实，进而最终影响教育矫正的效果以及我国的社区矫正事业。

为解决上述问题，顶层机关也予以立法回应，《中华人民共和国社区矫正法实施办法》（以下简称《实施办法》）第56条第4款规定：“对社区矫正工作人员追究法律责任，应当根据其行为的危害程度、造成的后果、以及责任大小予以确定，实事求是，过罚相当。社区矫正工作人员依法履职的，不能仅因社区矫正对象再犯罪而追究其法律责任。”（以下简称尽职免责条款）这一条款具有理念与技术层面的双重价值，如果单从技术指引角度来看，其无非是对刑法罪责刑相适应原则的具体展开，是对已有法律内容所增添的注意规定，具体如何操作还需要进一步细化。从理念层面来看，一方面，它是对前社区矫正法时代事故追责模式的总结与回应，即正因为之前的追责中存在诸多不合理的地方，尤其是“仅因社区矫正对象再犯罪而追究其法律责任”的现象较为严重，因此立法予以强调，对于之前的追责理念予以否定。另一方面，它又为接下来应当如何追责指明了方向，即要从结果定责、从严追责向

---

* 陈泽浩，北京师范大学法学院博士，西北政法大学法治学院法律硕士、教育学院硕士。

① 牛忠志、晋泽禹：《〈社区矫正法〉的公法性质及其展开》，载《社区矫正理论与实践》2022年第3期。

依法追责、科学追责、适度追责转型，从而建构出新的追责理念。对该条款的审视和运用应将技术与理念两个层面相结合，才能将其作用最大化。

社区矫正执法者的玩忽职守罪，是以不作为方式实施的事故型职务过失犯罪，对于这一犯罪行为的认定，一直都是我国刑法学界的一道难题，有学者总结道，对于事故型职务犯罪的构成要件设置，存在程度描述性、道义谴责性、情绪宣泄性词汇过多，过度依赖刑法外规范，以及构成要件趋于开放等诸多问题。[①] 这一分析可谓一针见血。面对上述诸多难点，传统的损害后果—实行行为—因果关系的认定路径难以发挥有效的作用。技术上的局限加之上述理念上的落后导致实践中问题凸显。因此，在后社区矫正法时代，以《社区矫正法》及《实施办法》所传达的新理念为指引，明确追责的立场与方向，运用科学的追责路径，并细化具体的技术操作规范，尤具价值。

一、案件实证分析

本文通过聚法案例平台（www. jufaanli. com），以“司法所”“社区矫正”为全文关键词，以“玩忽职守”为裁判结果部分关键词，共检索到自《社区矫正法》实施以来宣判的 9 例案例，共有 12 名社区矫正执法者涉案，通过对这些案例进行梳理，发现以下特点。

（一）社区矫正执法者的主要失职风险点

从追责事由来看，在 9 例案件中，社区矫正执法者被追责全部是由社区矫正对象再犯罪引发的。再犯罪造成的具体犯罪后果，致人死亡的有 1 例，造成显著经济损失的有 1 例，没有明确的人身损害和财产损害，被人民法院认定为“造成恶劣社会影响”的案件有 7 例。从再犯罪所判处的刑期来看，共有 7 份判决书中明确提到了社区矫正对象再犯罪所判处的刑期，跨度较大，最轻的一例是因犯开设赌场罪判处 8 个月有期徒刑，最重的一例是因犯运输毒品罪被判处死刑缓期二年执行。具体的刑期情况如下（见图 1）。

① 参见李世阳：《玩忽职守型渎职罪中严重不负责任与重大损害后果的因果关系》，载《南大法学》2021 年第 6 期。

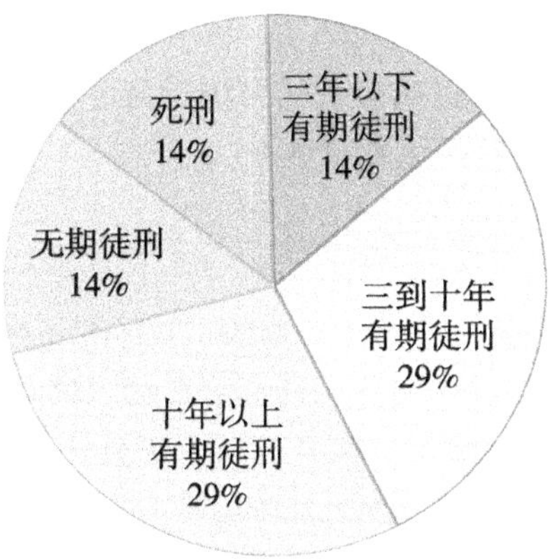

图1　9例案件的刑期情况

从行为人的职务来看，12名行为人中有8人是司法所所长（负责人），2人是科员，另有2人是司法所专职社工。其中在案例1李某某、刘某祥案中，李某某虽为科员，但当时司法所所长刚退休，司法所只有他和专职社工刘某祥二人。[①] 此外，没有公安机关、检察机关以及人民法院的公职人员因社区矫正对象再犯罪被追究玩忽职守罪的案例。[②]

综上，在责任主体方面，社区矫正领域因失职而受到责任追究的主要是司法所的工作人员，司法所受社区矫正机构的委托，直接管理社区矫正对象，因而往往容易在他们的失职表现与损害后果之间架通因果关系。在被追责的司法所工作人员中，司法所所长（负责人）所占比重比科员还要高，可见司法所人员配置情况并不乐观，“光杆司令”现象仍较为普遍，社区矫正只是司法所承担的法定职责9项中的1项，[③] 如果司法所所长（负责人）既要统筹整个司法所的工作，又要直接管理社区矫正对象，则导致工作出现疏漏的概率有所提高。在追责事由方面，社区矫正对象再犯罪是追究社区矫正执法者刑事责任的主要甚至是唯一原因，可以界定为社区矫正执法领域具有代表性且独有的追责事由。社区矫正对象是具有能动性的个人，其再犯罪

① 参见李某某、刘某祥玩忽职守案，湖北省天门市人民法院刑事判决书，（2021）鄂9006刑初582号。

② 本文的检索方法是，将“司法所”替换成“派出所”、“公安局”、“法院”以及“检察院”、“检察机关”，未获得有效案例。

③ 司法部《关于加强司法所规范化建设的意见》规定，司法所主要承担九项职能：（1）指导管理人民调解工作，参与调解疑难、复杂民间纠纷；（2）承担社区矫正日常工作，组织开展对非监禁服刑人员的管理、教育和帮助；（3）开展法律援助工作，指导管理基层法律服务工作；（4）协调有关部门和单位开展对刑释解教人员的安置帮教工作；（5）组织开展法制宣传教育工作；（6）组织开展基层依法治理工作，为乡镇人民政府（街道办事处）依法行政、依法管理提供法律意见和建议；（7）协助基层政府处理社会矛盾纠纷；（8）参与社会治安综合治理工作；（9）完成上级司法行政机关和乡镇人民政府（街道办事处）交办的维护社会稳定的有关工作。

受到心理活动的影响，也与社会生活环境、偶发事件等诸多因素相关，因此如何在诸多的犯罪原因中捋出社区矫正执法者的失职行为与再犯罪之间的关联并确定其作用力大小，是该类犯罪认定中的重点和难点。

（二）社区矫正执法者执法失职的主要表现

通过梳理发现，9份判决书中有8份明确了社区矫正执法者的失职表现，有1份以“履职不力，未认真开展社区矫正工作，且在社区矫正工作档案中弄虚作假”一笔带过。[①] 在8份判决书中共统计出社区矫正执法者的失职表现14种（详见表1）。编造各类虚假材料属于上述失职行为表现的隐瞒方式，故不再重复统计。

表1　社区矫正执法者执法失职的主要表现

失职领域	具体表现	出现次数/次
入矫解矫方面	没有进行入矫宣告	1
	未及时督促社区矫正对象到司法所报告	1
监督管理方面	未监督核查定期报到情况	2
	未定期走访	7
	未履行核查手机定位	2
	发现社区矫正对象有不按规定报到、请假的情况未及时处理	2
	未及时发现社区矫正对象离开居住地	1
	发现社区矫正对象离开居住地后未采取措施	4
	未认真考核评定社区矫正对象的日常表现，并根据其表现进行分类管理	3
	未进行人身危险性评估	1
	在社区矫正对象变更居住地后未进行核查	1
教育矫正方面	未核查思想汇报、学习心得的提交情况	2
	未落实学习教育的开展情况	6
	未落实社区服务的开展情况	5

综上，追责机关对于社区矫正执法者失职表现的认定主要在于监督管理和教育

---

① 参见叶某1玩忽职守案，新疆维吾尔自治区巴里坤哈萨克自治县人民法院刑事判决书，（2021）新2222刑初65号。

矫正两个方面，其中将个别表现认定为失职存在争议，如案例2马某杰案中，[①] 人民法院认为被告人未对社区矫正对象进行风险评估即直接适用普管，属于失职。但根据《社区矫正法》和《实施办法》的规定，是否进行人身危险性评估应当属于社区矫正决定机关的职责，而非社区矫正机构或司法所的任务，社区矫正机构仅是接受委托进行评估的单位。[②] 又如，在案例3王某毅案中，[③] 人民法院认为被告人没有及时督促社区矫正对象来司法所报到，属于失职。但根据《实施办法》的规定，责令按时报告应当是社区矫正决定机关的职责。[④] 除此个例外，绝大多数判例中对于"失职"的认定都是合理的。但是失职行为不等同于玩忽职守罪的实行行为，行为与损害后果的存在也并不意味着二者之间的因果链便已然建立。研究发现，裁判案例往往聚焦于对执法者失职表现的罗列，而对于行为的危险程度，行为与损害后果之间的因果关系，则缺乏明确的判断和细致的论证。

（三）失职认定的规范依据

除了《社区矫正法》与《实施办法》以外，人民法院在认定失职表现时还大量适用了省级司法性文件，有7份判决书中都引用了省级司法文件来认定行为人的失职表现。这与省级司法性文件规定方式较为量化，规定内容更加具体有关。例如，《实施办法》规定对于社区矫正对象应当进行综合评估，划分不同类别，实施分类管理。但分成几类、如何分类则未作规定。对此省级司法文件做出了进一步的规定。[⑤] 对于不同类别的社区矫正对象该如何进行分类管理，是由地方司法文件进一步细化的，如《湖北省社区矫正对象分类管理办法》规定，对于适用严管的社区矫正对象，应当每周报到一次，书面汇报一次；对于适用普管的社区矫正对象，应当每两周报到1次、书面汇报1次；对于适用宽管的社区矫正对象，应当每月报到1次、每两月书面汇报1次。当社区矫正对象没按照规定进行报到和汇报，执法者没有监督核查发现的，便认定其失职。例如，在案例4乔某贤案中，人民法院认为，根据《湖北

---

① 参见马某杰玩忽职守案，河南省南阳市宛城区人民法院刑事判决书，(2020) 豫1302刑初896号。

② 《社区矫正法》第18条规定，"社区矫正决定机关根据需要，可以委托社区矫正机构或者有关社会组织对被告人或者罪犯的社会危险性和对所居住社区的影响，进行调查评估，提出意见，供决定社区矫正时参考"。《实施办法》第13条规定，"社区矫正决定机关对拟适用社区矫正的被告人、罪犯，需要调查其社会危险性和对所居住社区影响的，可以委托拟确定为执行地的社区矫正机构或者有关社会组织进行调查评估"。

③ 参见王某毅滥用职权案，河南省南召县人民法院刑事判决书，(2020) 豫1321刑初416号。

④ 《实施办法》第15条规定："社区矫正决定机关应当对社区矫正对象进行教育，书面告知其到执行地县级社区矫正机构报到的时间期限以及逾期报到或者未报到的后果，责令其按时报到。"

⑤ 目前各地司法性文件一般是将社区矫正对象分成宽管、普管和严管三类，至于具体的分类标准和各类别的管理方案，各地有所不同，且差异较大。

省社区矫正人员分类管理、分阶段教育实施办法（试行）》的规定，行为人应当共计走访社区矫正对象25次，但行为人实际上只走访了8次，据此将其认定为失职表现之一。

综上，省级司法文件是追责机关认定行为人失职与否的重要规范来源。这一现象有利有弊，它在量化职责，从而使追责便于操作的同时，也因自身局限性而产生诸多问题。首先，在立法技术上，省级司法文件难免会与上位法规定相冲突，或者不合理的现象。例如，《社区矫正法》第42条规定："社区矫正机构可以根据社区矫正对象的个人特长，组织其参加公益活动，修复社会关系，培养社会责任感。"即是否组织公益活动要看社区矫正对象的个人特长，且要看能否有利于修复社会关系，培养社会责任感，并非要求每一名社区矫正对象都要参加公益活动，但在很多省级司法文件中，则要求每一名社区矫正对象都要完成指定时长的公益活动，[①]这显然与上位法相抵触。又如，湖北省对于严管社区矫正对象的规定是每周报到1次、书面汇报1次、个别教育1次，而河南省的规定则是每半个月报到1次，每月书面汇报1次、个别谈话1次。不同省份的要求差异很大，各省规定的工作量是否与社区矫正的实际情况相契合，是否具有合理性，存在疑问。进一步讲，鉴于省级司法文件的效力位阶较低且立法技术有限，其在认定失职表现中的地位和作用则有待进一步考量，是当然作为义务的来源，还是要根据具体情况由法官综合判断？从收集的样本案例来看，目前实践中显然是采取的第一种模式。

（四）裁判结果与量刑情节

在裁判结果方面，11个行为人中，有7人被认定有罪但免予刑事处罚，有1人被判处8个月有期徒刑，缓期1年执行，有1名被判处1年有期徒刑，缓期2年执行，还有1名行为人被认定渎职，但超过诉讼时效。另有1份裁定书是维持原判，原判刑期未知。综上，对于社区矫正执法者玩忽职守所判处的刑罚普遍较轻，绝大多数都免予刑事处罚。在量刑情节上，除初犯、偶犯、过失犯等量刑情节外，人民法院认定的量刑情节有三种：自首（7次）、自愿如实供述（6次）以及认罪悔罪（9次），均占有较大的比重。可见法院认定的情节主要是法定量刑情节，没有一处提及酌定量刑情节，如对于司法所人手明显不足，社区矫正对象与执法者之间配比失衡导致难免出现工作疏漏、上级文件的要求不具备实际可执行性等情节没有考量。

① 例如，《湖北省社区矫正对象分类管理办法》规定，适用严管的社区矫正对象，有劳动能力的，每月参加公益活动时长不少于12小时；适用普管的社区矫正对象，有劳动能力的，每月参加公益活动时长不少于8小时；适用宽管的社区矫正对象，有劳动能力的，每月参加公益活动时长不少于4小时。

二、社区矫正执法者玩忽职守罪认定的误区

进一步深入分析样本案例发现，现有的追责思路是，在发现社区矫正对象再犯罪的事由后，首先以职务确定潜在的责任主体，被确定为责任主体的通常是对社区矫正对象负有直接监管职责的社区矫正执法者。在确定责任主体后，依据《社区矫正法》、《实施办法》、省级司法性文件以及更低位阶的工作规范寻找其失职表现，在搜集到失职表现后，即认定行为人存在玩忽职守行为，进而又认为，如果行为人严格按照规章履职，不存在上述行为，想必再犯罪的结果便不会发生，从而认定行为与结果之间存在因果关系，行为人玩忽职守罪成立。简言之，当前采取的是结果→行为→因果关系的认定思路，在认定行为时以规范为依据，以数量为准绳，而因果关系的判断则大致采“条件说”①。如此看来，当前的追责路径存在如下误区。

（一）实行行为要件厘定的僵化恣意

《中华人民共和国刑法》（以下简称《刑法》）对于玩忽职守罪的描述是：国家机关工作人员玩忽职守，致使公共财产、国家和人民利益遭受重大损失的。从法律条文来看，似乎成立该罪没有对行为情节的要求而只有对损害后果的要求，但实则不然。首先，从刑法典体系来看，所有犯罪的成立都需要达到一定的情节，“情节显著轻微、危害不大的，不认为是犯罪”，这里的情节，应当综合包括行为和后果。其次，从刑罚与行政处罚衔接的角度来看，我国《中华人民共和国公职人员政务处分法》对于玩忽职守的行为规定了情节一般、情节较重、情节严重三档处罚，② 与此相对应，构成犯罪的玩忽职守行为其情节显然应当在情节严重之上。再次，从理论界与实务界的观点来看，将玩忽职守行为表述为“严重不负责任，不履行或不正当履行职责的行为”③ 已成共识，这里的“严重不负责任”，显然包含对行为情节的描述。最后，尽职免责条款亦明确，追究社区矫正执法者的法律责任，应当根据其行为的危害程度、造成的后果以及责任大小予以确定。

因此，在审视行为人的行为时，显然不能以行为人有违反注意义务的行为便认定实行行为要件成立，还需达到一定的情节或具备一定的“严重程度”，而对于严重

---

① 条件说认为，行为与结果之间存在“没有前者就没有后者”的条件关系时，前者就是后者的原因。

② 《中华人民共和国公职人员政务处分法》第 39 条规定：“有下列行为之一，造成不良后果或者影响的，予以警告、记过或者记大过；情节较重的，予以降级或者撤职；情节严重的，予以开除：……（二）不履行或者不正确履行职责，玩忽职守，贻误工作的……”

③ 陈兴良主编：《刑法各论精释》，人民法院出版社 2015 年版，第 1220 页；王作富主编：《刑法》，中国人民大学出版社 2016 年版，第 550 页。此外，在诸多的玩忽职守罪的判决书中也使用了此表述。

程度的判断，司法实践中几乎是缺失的。例如，在案例5周某案中，人民法院认为行为人“没有严格落实对×××的教育学习、社区服务每月不少于8小时的规定，没有定期到×××的家庭、居住的社区了解、核实其思想动态和现实表现等”①。从而认为其构成玩忽职守罪，但是其失职表现是否达到了情节严重的程度则有待考量。更进一步，绝大多数判决书中法官倾向于在形式上比对各级规范性文件来罗列社区矫正执法者的失职表现，如果失职表现比较多，就认定为玩忽职守，但各级规范性文件是否都能在认定犯罪中发挥作用则值得称疑，且失职表现量的多少亦不能与情节的轻重相等同。这种以规范为依据，以数量为准绳的实行行为认定方法显然是形式的，教条的。

（二）法律因果关系判断的付之阙如

诚如上文所述，社区矫正对象再犯罪的原因是复杂的，社区矫正执法者的失职表现在多大程度上引起了社区矫正对象再犯罪，本应是责任认定的重中之重，但在实践中这一环节却被忽视了，法官往往在认定行为人的行为后以一句“造成……”或“导致……”便直接将行为与损害后果贯通起来。法官总是想当然地认为，如果执法者能够严格按照各级规范性文件履职，那么社区矫正对象便没有机会再犯罪。可见，法官仍然停留在条件说的立场上。首先，“没有前者时是否有后者”终究只是永远不可能发生的猜想。其次，即便认定二者之间存在条件关系，条件关系也仅仅是事实上的因果关系而非法律上的因果关系。对于事故型职务犯罪而言，仅仅认定事实上的关联是远远不够的，还需要结合具体的职务领域表现出的履职特性来认定其是否具备规范上的可谴责性，事实上的因果关系的存在不能代替对于规范上关联性的判断。规范上的关联性这一要件是现代过失理论发展出的归责要素，一方面，现代社会具有显著的风险社会景观，社区矫正更是一直存在潜在显著风险的领域。立法者在创设法律之际便不可能以苛刻地规避一切法益侵害结果为目标，而是会在法益保护与社会发展之间进行权衡，将注意义务的规范效力限制在一定的范围内。②另一方面，人无完人，人犯错误不能避免，但刑罚作为最严苛的制裁手段必须保持其谦抑性，因此立法者在制定法律时必然在犯错与受罚之间留有余地，在保障人权与规范社会秩序之间保持恰当的平衡。因此，规范关联性的判断有其合理性和必然性，当前司法裁判中对这一要件认定的忽视不利于社区矫正事业的发展，也有违保障人权的基本理念。

---

① 参见周某玩忽职守案，辽宁省台安县人民法院刑事判决书，（2022）辽0321刑初19号。

② 参见陈璇：《刑法归责原理的规范化展开》，法律出版社2019年版，第104页。

（三）减（免）责事由认定的集体缺失

在我国司法裁判中，对酌定量刑情节的限制适用一直以来都是较为普遍的现象。我国社区矫正工作正处在完善立法、高速发展的阶段，很多制度，如惩戒权、用警权等尚处于争议状态，还有很多制度如社区矫正机构、社区矫正中心、队建制等还尚未完全贯彻落地。整体而言，社区矫正的制度、体系和机制都尚不完备。这也是为何司法所承担了大量的社区矫正工作。同样，我国的司法所建制仍普遍面临配额、经费不足，工作人员专业能力匮乏且不稳定，以及工作严重超负荷的现象，“特别是农村地区幅员辽阔，矫正区域涉及面大且人员居住分散，矫正对象的监督控制以及脱管漏管的调查、寻找都比较困难，而且社区矫正又是一项需要专门执法能力和执法保障的刑罚执行工作，没有经过专门学习训练和配备相应执法警械，原司法所的工作人员本身业务素质难以胜任”①。在样本案例中，一个司法所只有司法所所长（负责人）一人的情形并不罕见，而一人所是断然不可能将各项规章制度落实到位的，出现纰漏在所难免。

上述客观情况的存在均表明，对于即便已经涉及玩忽职守罪的执法者，也有必要结合实际情况考虑案件中是否存在一些足以减轻或免除其责任的情形，充分体谅社区矫正执法者有时面临的心有余而力不足的两难境地，做到国法与公理的相统一、坚持法理的同时也能充分体现法律人情味的一面。

三、追责路径的价值坚守与方法选择

分析问题所选择的方法工具是解决问题的关键，而分析问题所立足的价值立场是建构解决问题路径的基础和前提，决定了解决问题的路径能否沿着正确的方向延伸，二者不可谓不重要，因此在细化具体的追责规则之前，有必要对这两个问题加以厘清。

（一）人权保障的基本价值立场

当前对于社区矫正执法者的追责力度之所以过严，追责规则之所以饱受诟病，其根源在于其价值立场的错位。结果追责、以职定责、以文定责等误区的背后，是追责机关，尤其是检察机关依然固执在保障秩序的立场上。目前，检察机关所采取的，依然是结果责任制，即有损害结果的发生，就必须有人为此结果负责。分析结果责任制的产生原因便可发现，结果责任制具有压缩追责成本，最迅速地使该结果

---

① 但未丽：《社区矫正执法人员玩忽职守罪认定偏差与匡正》，载《法律适用》2020 年第 22 期。

所扰乱的社会秩序恢复平静之功效。可见，降低成本、保障秩序是该责任论的重要价值。随着风险社会特征的不断显现，人类对于各种潜在风险越发难以预测、不可控制，并随着“集体的不负责任”的现象衍生，使得在一些事故发生后认定个体责任愈发困难，因而结果责任论大有重新被唤醒之势。然而，社区矫正执法领域并不完全具备风险社会特征，社区矫正对象再犯罪的风险是一种传统风险，且危害往往不大，例如在本文搜集到的9起案例中，仅有一起造成人员死亡的结果，其余都是财产损失和社会影响损失，因而大可不必如此侧重对秩序的维护。如果说在社区矫正施行初期，为了照顾公众对罪犯在社会上服刑的恐惧感，采取严厉的追责措施规范执法流程，迎合公众心理需求尚有一定的意义。但是随着群众对于社区矫正的不断认可和接受，国家对于社区矫正社会参与性的不断强调，以及检察队伍业务能力的不断提高，结果责任制所发挥的功能已完成，追责理念亟待转型，将保障人权作为追责的首要价值，强调追责的规范性、合理性、精准性才是应有之义。

将人权保障作为第一要义也与社区矫正的发展方向相契合。对社区矫正执法者的追责在一定程度上也是为社区矫正工作大局服务的，理应与《社区矫正法》所贯彻的新理念相适应。《社区矫正法》的出台为社区矫正工作指明了新的发展方向和理念要求。“社区矫正工作理念由过去的‘刑’‘罚’‘管’‘教’转变为‘控’‘矫’‘育’‘帮’。”① 一方面，这意味着社区矫正工作的惩罚、管控机能不断弱化，矫正、帮扶作用不断显现，这体现了文明的行刑理念，也顺应了社会的发展潮流。惩罚管控机能的弱化意味着社区矫正执法者对于社区矫正对象的控制力有所降低，也意味着其对于社区矫正对象的再犯罪行为应承担的责任也应有所降低。当然也就意味着追责机关的追责力度应有所下降。如果追责机关仍一味采取社区矫正萌芽阶段的追责方式，显然会与后社区矫正法时代的社区矫正工作相脱节，社区矫正执法者迫于追责的压力，只得加强对于社区矫正对象的监督管控，甚至为避免被问责将大量的精力放在满足规范的形式要求上，不敢放开手脚进行教育和帮扶，导致社区矫正法的新理念无法很好地贯彻落实。另一方面，社区矫正的弱刑罚化本身就体现了人权保障的理念，那么对社区矫正执法者的追责也应当贯彻这一理念。保障社区矫正对象的人权与保障社区矫正执法者的人权绝不是对立的关系，而是相互促进的两面，只有积极保障执法者的人权，提高他们的工作安全感和热情，保障社区矫正对象人权的各种制度才能真正落实。

综上，基于人权保障的基本立场，需要在追责中贯彻以下三点：一是科学追责。要运用尽可能先进、精准的追责方法，与以不作为方式实施的事故型职务过失犯更

① 连春亮：《社区矫正工作新理念、新特征和新判断》，载《河南司法警官职业学院学报》2021年第3期。

加契合的追责方法代替原有的追责路径，进行技术上的革新，以保证结果的精准和可靠，做到不枉不纵、过罚相当。二是合理追责。在认定失职表现、因果流程以及确定责任大小时，要脱离冷冰冰的各级规范性文件，充分与社区矫正工作实际相结合，在认定有罪的证据时，也要充分把握指向罪轻、无罪的证据。三是要宽缓追责。与之前以维护秩序为基本价值追求的追责力度相比，追责力度应整体有所放缓，严格把关入罪的各个环节，充分考量减免责任事由。

（二）客观归责理论的理性选择

社区矫正执法者所构成的玩忽职守罪多表现为以不作为方式实施的过失犯罪，因而表现出很多认定难点。在实行行为的认定上，一方面，过失不真正不作为犯的实行行为缺乏类型特征，因而难以通过文字描述的方式刻画其行为画像。另一方面，在行刑界分上，不少学者以“质量差异说”① 作为工具来界分刑事违法与行政不法。然而，仅就玩忽职守罪而言，在质的界分上，刑法与政务处分法都是使用“玩忽职守”四个字来描述失职表现，难以说二者在法益侵害上有何明显的区别；而在量的把控上，以情节的轻重界分二者看似简单明了，但是如何判断情节的轻重则难以统一，因而“这种理论上的强势不能转化为实践中的优势，无法为行政违法与刑事不法提供可据参考的判断标准，因此也无法厘清二者的界限”。② 即便将视角转移到过失犯的认定上来，以对违反注意义务的判断代替对实行行为的描述，也不能很好地解决问题。我国目前所采取的仍是一种形式的注意义务来源，即谁负有避免社区矫正对象再犯罪的法定职责，谁就有注意义务的简单逻辑，至于通过比对各级规范性文件寻找失职表现，已然从分析构成要件退化到了寻找证据的地位，这种认定方式不仅是片面的、机械的，还挤压了因果关系的判断空间。

在因果关系的判断上，传统的实行行为—因果关系的分析路径中，因果关系是在实行行为完全厘清的前提下再进行判断的，它与因果关系的认定是完全绝缘的，这对于保证因果关系判断的独立性具有积极意义，但是在职务过失犯中，当违反注意义务的行为与损害后果均已敲定的情况下，再独立地认定事实因果关系的方法很难彻底阻绝二者之间的联系，“如果你严格按照规章办事，就不会出事”的条件关系在法官心中已然形成，因果关系的出罪功能几乎难以发挥。即便是采取合法则的条件说或相当因果关系说，如何界定“一般的合法则的关联”或“日常的生活经验”也没有统一的标准，根本不可能为危险实现的判断提供精确、可靠的标准。

---

① “质量差异说”是目前界分行政违法与刑事不法的强势学说，代表性观点参见〔德〕克劳斯·罗克辛：《德国刑法学总论》（第 1 卷），王世洲译，北京：法律出版社 2005 年版，第 28 页。

② 付玉明、焦建峰：《区隔、因应与弥合：论刑罚与行政处罚的界域衔接》，载《东南大学学报》2023 年第 1 期。

立足于对行为样态的刻画很可能是钻牛角尖的没有成效的努力，有必要转换研究视角，转而着重刻画行为的特征或许是更好的选择。客观归责理论以行为的危险性为视角，其“去实行行为”化的判断方法，使得在应对不作为过失犯上具有高度的契合性。同时，其以危险量化行为，又以规范保护目的测量危险的方式，将行为、因果与规范三者串通了起来。客观归责理论认为，行为的危险性表征了行为与危险实现之间的关联，同时行为对于危险实现的作用力大小又体现了行为本身的危险性，这种思维方式能够在很大程度上解决行为、结果、因果关系各自割据、割裂判断的局面，从而对于归责的路径更加流畅、合理。客观归责理论又以“规范目的”为标准，在法益侵害行为与因果流程之间架起了法规范的桥梁，将归责判断的重点放在了对规范客观功能的确定上，由此为归责判断提供了精确、可靠的标准。然而，客观归责理论也不乏问题所在，最明显的问题在于其“创设法所不允许的风险”，“实现法所不允许的风险”仍然是一个相对抽象的标准，难以类型化，尤其是对于职务犯罪，因此将客观规则理论运用到具体职务领域的玩忽职守罪的认定上来，还需要结合该职务领域的特点加以路径填充。

四、追责路径的具体展开

上文已论证客观归责理论在解决相关问题上的优越性，以及还需要结合特定领域做进一步展开。《实施办法》第56条第4款首句规定，“对社区矫正工作人员追究法律责任，应当根据其行为的危害程度、造成的后果、以及责任大小予以确定”，与客观归责的理论路径不谋而合，也为其具体展开提供了指引。即第一步判断行为的危险性，第二步认定行为与后果之间的关联性，最后一步再结合实际情况确定行为人的责任大小或是否可以予以免责。

（一）行为的危险性分析

行为是否创设了法所不允许的风险，其实就是判断行为的危险性。在判断行为的危险性时，应当将目光集中在行为本身，而不要受到损害后果的大小以及行为人行为态度的影响，尽量秉持客观分析的视角，在判断行为的危险性之后，再厘定危险行为与实际损害后果之间的关联性，即是不是该行为实现该后果，坚持这种阶层性判断的思路，才能最大化地保障犯罪认定的准确性。而判断行为的危险性，放在职务犯罪中，应具体化为认定行为的注意义务违反性及其违反程度。

在职务犯罪中，认定行为的注意义务违反性就是以法规范为依据判断该行为是否违反了法规范。随着《社区矫正法》和《实施办法》的出台，社区矫正领域的立法空白得以充分填补，在很大程度上解决了社区矫正无法可依的问题，当然也使得认定行为的注意义务违反性有法可循了。但在认定行为的注意义务违反性时仍有一点需要注意，即行为不违反《社区矫正法》《实施办法》但有违地方司法文件的行为，能否认定其义务违反性。是否所有的规范性文件都能起到填充规范的作用，显然不能轻易地下结论，这涉及注意义务与填充规范之间的关系。本文认为，首先，应当否定二者之间存在必然联系。在归责领域中，填充规范的机能在于简化注意义务的司法判断，但由于各级规范性文件的制定目的与刑法的目的并非完全契合，故“在就空白规范进行相关刑事裁量过程中，必须注重刑法价值的独立判断，防止规范解释的从属性，进而才能有效避免行政部门法规实际上直接补足刑法的犯罪构成”。[①] 其次，在何种情况下应当排除填充规范的注意义务违反性判断能力，应当分两步进行判断。第一步，如果行为人违反的司法性文件的具体条款与上位法相抵牾或不一致的，则该条款丧失注意义务违反性判断能力。如果该条款存在于上位法未作规定的空白领域的，则其能否发挥注意义务违法性判断的作用需要法官结合该条款规定的合理性、适用性最终结合自由心证做出，而不应当然将其当作注意义务规范。第二步，如果该条款确实属于对上位法规定的细化，通常能够视为发挥判断注意义务违反性的作用，但是该条款的规定因时过境迁，或者受制于制定者的能力有限，其在很大程度上不具备执行可能性，且在该地区确实鲜有人贯彻执行的，也不能视为注意义务来源。总之，司法性文件只能作为行为人是否违反注意义务的判断资料，而不是判断铁证。

刑罚是最为严厉的惩罚手段，因而刑法应表现其谦抑性，刑法并不强求人的行为不会创设风险，而是要求不能创设出超出刑法所允许的风险，因此行为人的行为仅仅违反了法规范从而具有注意义务违反性还不够，该违反性还应达到法所不允许的程度。具体到社区矫正工作中，这一判断需要结合规范的保护目的进行，即行为人所违反规范的保护目的对于判断其规范违反程度至关重要。如果行为人违反的是关于帮困扶助的规范，显然有关帮困扶助条款的规范目的在于社区矫正对象融入社会，重新生活的顺利性和流畅性，而不是，至少主要不是防止其再次违法犯罪，因此，单纯违反帮困扶助义务的，不能认定为创设了法所不允许的风险。同样，有关教育矫正的规范，其目的在于纠正社区矫正对象的思想、认知以及完善其知识储备，因此，违反了有关教育矫正的行为，一般也不会创设法所不允许的风险。通常认为，思想是行为之源，教育是纠正服刑人员的犯因，长期预防其再犯罪的重要举措，如果社区矫正对象的错误思想长期没有得到纠正，甚至受错误的引导而进一步生根发芽，则思想的异化有衍生出犯罪行为之可能，因而教育的不落实对社区矫正对象再犯罪具有作用力。这显然是正确的，但是这种作用力毕竟是间接的，一次犯罪的产

① 肖中华：《空白刑法规范的特性及其解释》，载《法学家》2010 年第 3 期。

生是多种因素长期相互作用的结果，行为人所受到的来自社区矫正执法者的教育在其中的作用只是一部分，甚至可以说是微不足道的一部分。相较于监督管理措施的防火墙式的阻隔犯罪作用，教育矫正的所要发挥作用需要长期的孕育和演化。因此，可以认为，在帮困扶助和教育矫正中有违反注意义务的情形的，但即便采取合义务的替代行为，阻止社区矫正对象再犯罪的可能性也非常小，因而不具有结果避免可能性，从而阻断归责。只有当行为人长期、始终违反有关教育矫正的规定，使得长期以来对于社区矫正对象的教育都形同虚设，流于形式，在这种情形下，才可认定行为人违反教育矫正规范的行为创设了法所不允许的风险。

监督管理义务所直接对应的，是防止社区矫正对象再次实施违法犯罪行为，因此，当行为人的行为违反了有关监督管理的义务，一般可以认为其创设出法所不允许的风险。但也不可一概而论，根据《社区矫正法》及《实施办法》的规定，社区矫正执法者的监督管理义务包括下列几项：（1）牵头成立矫正小组。（2）发现社区矫正对象违反外出管理规定的，应责令其返回，并予以处理。（3）有针对性地采取通信网络、信息化核查以及实地查访等方式了解社区矫正对象的活动情况。（4）对社区矫正对象的表现实施考核奖惩。（5）对符合条件的社区矫正对象使用电子定位装置。（6）发现社区矫正对象失联的，及时查找，并在找到后依情形作出处理。（7）发现社区矫正对象正在实施违反监督管理规定的行为或者违反人民法院禁止令等违法行为的，应当立即制止；制止无效的，应当立即通知公安机关到场处置，并在事后予以训诫、警告或进行其他相应处理。（8）批准社区矫正对象离开居住地，或变更执行地。（9）批准社区矫正对象接触特定人。（10）批准社区矫正对象进入特定的区域（场所）。（11）对符合减刑条件的社区矫正对象，向人民法院提出减刑建议。其中，（1）是对社区矫正对象开展监督、管理和教育矫正的前提，但如果只是在形式上没有履行设定矫正小组的程序，在监督管理的各环节并没有违反规范义务，则不能认为创设了危险。（4）（11）是对社区矫正对象的管理规范，在这方面的失职不应认为创设了导致社区矫正对象再犯罪时的风险。（2）（3）（4）（5）（7）（8）（9）（10）是对社区矫正对象进行监督的规范，其注意义务的规范保护目的在于防止社区矫正对象实施违法犯罪行为，因此，当社区矫正执法者违反这些规范时，其行为可以认为创设了法所不允许的风险。

此外，在认定社区矫正执法者的监督管理失职表现时，还有以下三点需要注意，一是《社区矫正法》第26条以及《实施办法》第23条均规定社区矫正机构及司法所是“根据实际情况，有针对性地采取通信联络、信息化核查、实地查访等措施，了解掌握社区矫正对象的活动情况和行为表现”，而不是一定要采取实地走访的方法。据此，不能以社区矫正执法者没有进行实地走访而认定其失职。例如，在案例5中，行为人“没有严格落实对×××的教育学习、社区服务每月不少于8小时的规定，没有定期到×××的家庭、居住的社区了解、核实其思想动态和现实表现”的表现不应认定为创设了危险。二是《社区矫正法》第31条所赋予社区矫正执法者的是非暴力属性的制止义务，而非发现义务，更非强制制止义务，不能仅因未发现、未注意到或未能够制止社区矫正对象的违法犯罪行为便追究其责任。三是《实施办法》第28条所规定的是社区矫正执法者发现社区矫正对象违反外出管理规定的，责令其返回的责任，而非限制其外出，或其外出后能第一时间发现的责任，不能仅因社区矫正对象外出而社区矫正执法者未及时发现便追究其责任。只有在社区矫正执法者明知社区矫正对象违反外出管理规定，而没有责令其返回的，方可认定违反注意义务。例如，在案例1中，社区矫正对象刘某离开社区矫正执行地长达五个月之久，且行为人李某某、刘某祥明知其离开执行地，却没有采取任何措施，也未向上级社区矫正机构汇报此事，最终刘某犯故意杀人罪，致一人死亡。本案中，李某某、刘某祥明知却不作为，轻信不会发生损害结果，其不作为显然不当增加了损害后果发生的危险。

（二）危险行为与损害后果之间的关联性

所谓行为实现了法所不允许的风险，是指在客观上具有创设风险能力的失职行为，确实导致了结果的发生。因此，当行为人违反了监督义务或者其他在客观上会创设风险的义务时，还要审视该行为与损害结果发生的关联性。对于损害结果的发生，应分为以下几种情况去讨论。首先，要区分社区矫正对象是本地犯罪还是异地犯罪。如果社区矫正对象系本地犯罪的，即便社区矫正执法者存在创设风险的失职情形，也不应将该行为与犯罪结果联系在一起。原因在于社区矫正是对社区矫正对象的一种软监管，根据《社区矫正法》的规定，社区矫正对象在居住地内，几乎具有完全的人身自由，除了需要按照规定的时间、频次向社区矫正机构汇报活动情况以外，其余时间具备完全的活动自由，因此社区矫正执法者的监管活动对防止社区矫正对象在居住地实施违法犯罪行为几乎不具有原因力。因此，在社区矫正对象本地犯案的情形下，即便社区矫正执法者存在创设风险的失职行为，也不应认为是该行为导致社区矫正对象再犯罪这一现实风险的产生。例如，在案例2中，社区矫正对象张某在社区矫正期间采取阻挠施工、堵门闹事等方式实施敲诈勒索、强迫交易犯罪，并逐步形成恶势力犯罪集团，最终被人民法院以强迫交易罪、敲诈勒索罪判处有期徒刑11年。然而，张某的再犯罪并不意味着本案当事人存在玩忽职守行为，当事人存在玩忽职守行为也并不意味着其行为助推了张某犯罪行为的发生。本案中，张某接受社区矫正地点是在南阳市城乡新区，其恶势力组织则活动在南阳市宛城区。张某在南阳市城区范围内，具有相当程度的活动自由，其实施组织恶势力及相关犯罪行为，社区矫正执法者是难以察觉的。确切地说，以社区矫正执法者对社区矫正对象的监管力度而言，其发现张某实施违法犯罪行为的能力和可能性应在当地公安机关之下，因此不能以张某在本市区再犯罪为由苛责社区矫正执法者的过失。诚然，本案行为人在监督管理方面存在未对张某进行风险评估即直接适用普管、未定期走访张某家庭和居住的村委会等失职行为，也只能单纯追究失职的行政责任，对其予以相应的党政处分，而不应与张某在犯罪的损害后果相关联。当然，如果是对于经县级以上司法行政机关负责人批准应当佩戴电子定位设备而长期没有佩戴，或佩戴后没有依法检查，其在本地又实施犯罪行为的情况，则应当认定该失职行为现实地实现了风险。

其次，当社区矫正执法者的监管失职行为与社区矫正对象的再犯罪行为不具有时间上的关联性时，如社区矫正执法者是在上个月没有定期履行思想汇报监督和走访工作，但社区矫正对象是在本月再犯罪的，则社区矫正执法者的行为虽然创设了风险，但并没有实现风险，不应认定为犯罪。

（三）减（免）责情节的具体化设计

通过上述两步的判断，即可初步认定行为人应对社区矫正对象再犯罪的行为承担责任，但还要进一步判断是否具有足以减轻甚至免除责任的情形。样本案例中，超过六成的行为人最终被定罪但免予刑事处罚，可见大多数案件悬于罪与非罪的一念之间，由此更凸显减免责事由的重要性。鉴于在社区矫正执法中，下列两种情形较为普遍，有必要予以专门考量。

一是人员配置明显不足时。鉴于我国目前司法所人员配置不足的情形普遍存在，甚至还存在大量的 1 人所，[①] 对于人员配置不足的情形有必要作为追究渎职责任的减（免）责情形。《关于加强司法所规范化建设的意见》规定："司法所应当配备 3 名以上工作人员，有条件的地方，应当配备 5 名以上工作人员。"因此，如果该司法所工作人员少于 3 名的，则应当视情况酌情减免责任。此外，目前我国很多省份都出台文件对社区矫正专职工作人员与社区矫正对象之间的比例作出要求，如果该司法所的人员配置情况满足最低要求，但配比显著较低的，也应酌情减免责任。

二是工作经费严重不足时。如果财政经费明显不能满足社区矫正工作，即便规范性文件规定的工作要求具有合法性和合理性的，也应适当减轻或免除社区矫正执法者的责任。特别是地处县乡的司法所，社区矫正对象的地域分布范围广泛，社区矫正执法者开展走访工作需要用车、加油、保养，这都需要经费支撑，现实中不乏所里配备车辆濒临报废，工作人员不得不开私家车开展走访工作的情况。如果存在

---

① 参见肖乾利、杨发成：《县乡两级社区矫正工作权责状况研究》，载《宜宾学院学报》2017 年第 4 期；丁文、程子扬：《基层治理法治化进程中司法所的现状、困境及其应对——以 132 个司法所为分析样本》，载《华中师范大学学报（人文社会科学版）》2023 年第 1 期。

这种或与之相类似的情形的，则应当酌情减免责任。

五、结论

第一，省级司法文件以及更低位阶的工作规定不能当然作为注意义务来源，而只是行为人是否违反注意义务的判断资料，当其与上位法相抵触，或者与实际脱节不具备实际可执行性的，丧失判断作用；当其存在于上位法未作明确规定的空白领域，或者是对上位法规定事项的细化的，其能否发挥作用仍有待法官依据心证得出。

第二，社区矫正执法者违反帮困扶助或教育矫正注意义务的行为通常不应认为创设了法所不允许的风险，只有在长期不履行教育矫正义务的情形下，才可以认为创设了法所不允许的风险。

第三，社区矫正执法者违反监督管理义务的行为通常认为创设了法所不允许的风险，但仍有几条规范的保护目的容易产生误解，需要特别注意。

第四，当社区矫正对象是在执行地再犯罪，或其再犯罪与社区矫正执法者违反监督管理注意义务不发生在同一时间段的，应认为没有违反注意义务的行为与危险的发生并无关联，阻断追责。

第五，在归责链条已经成立的情况下，如果存在人员配置或工作经费显著不足的情况，应酌情予以减责或免责。

论社区矫正执法权责统一的反思与完善

——以“比例原则”为视角*

刘泽鑫　董晓宇**

社区矫正是我国重要的刑罚执行方式，对于矫正对象的改造和社会融入具有重要意义，由于我国社区矫正具备刑法执行和司法行政的双重性质，在中国式社区矫正执法权责统一的过程中也存在一些问题，主要体现为社区矫正内部执法、外部执法的标准不一。因此，针对中国式社区矫正执法权责统一的未来图景的研究具有重要意义，有助于推动社区矫正执法的标准化明确社区矫正执法中对于权力和责任的合理分配。文章以“比例原则”为视角对社区矫正执法权责统一进行思考和改进，强调在行使执法权时要充分考虑妥当性、必要性和相称性，实现社区矫正执法的权责统一，促进矫正对象的全面发展和社会融入。

一、问题的提出

近年来，随着中国司法改革的不断深化，社区矫正执法得到了越来越多的关注和支持，对于社区矫正执法的管理和监督也不断加强，社区矫正执法的质量和效果得到了有效提升。但是，社区矫正执法仍然存在一些问题和挑战，从社区矫正执法的内部工作来看，目前存在一些亟待解决的问题，严重影响社区矫正执法的质量和效率。例如，社区矫正法律体系尚不完善，各地制定的相关规范执行弹性存在显著差异；社区矫正执法队伍专业化水平较低，各省对社区矫正人才队伍建设的重视程度和效果存在较大差异。从社区矫正执法的外部工作来看，存在社区矫正执法衔接不畅、衔接路径较为单一、解决问题效果有限，执法监督过程中缺乏有效的协调机制、执法行为约束、执法整改效果有限等问题。

以上问题归根结底在于执法过程中权责统一意识的缺位，执法人员的履责意识

---

* 本文是上海市哲学社会科学规划青年课题“预防性刑法的入罪控制研究”（项目编号：2019EFX011）的阶段性研究成果。

** 刘泽鑫，上海政法学院警务学院讲师，硕士生导师。董晓宇，上海政法学院刑法学研究生。

较为薄弱、对于权责统一的重视程度较低。由于权责统一是实现社区矫正执法标准化、统一化的必然要求，在权责统一的指导下才能保障社区矫正执法的合理性、必要性，但是在执法过程中不可避免地会出现权力和责任的不一致性、执法过程中的权力结构与责任分配差异较大，导致社区矫正执法过程中工作标准出现较大差异。在社区矫正执法中，为了有效实施执法权责统一、维护执法工作的高效性、公信力，亟须进一步加强执法人员对于“权责统一”的认识程度，建立健全社区矫正权责统一相关机制，使权责统一贯彻到社区矫正执法全过程中。落实社区矫正执法过程中的权责统一，不仅是在维护政府机关的公信力，维护人民群众的合法利益，有利于提升办事效率、优化服务质量，满足人民群众的合法需求；更是在保障刑法的有效实施，确保刑法规定的犯罪行为得到应有惩罚，维护刑法的威慑作用，打击和惩罚犯罪，保护公民的合法权益。

二、比例原则是实现权责统一的关键

在十三届全国人大常委会第十一次会议中，白春礼委员指出，社区矫正的基本属性属于刑法执行，本质上属于刑法的执行活动，根本目的是惩罚和改造罪犯，预防和减少重新犯罪，维护社会安定。同时，社区矫正还具有司法行政的性质，与监狱狱政管理的性质相似，应当明确社区矫正法是与监狱法处于同一层面的法律，并确认和调整行刑主体和受刑主体之间的权利义务关系。①

首先，基于社区矫正的特殊性质，社区矫正执法者须对国家赋予的刑法执行权和行政执法权保持谦抑性，以实现权力和责任的合理分配，避免权力的滥用和责任的缺位。作为约束公权力的规范之一的比例原则，是指在立法、司法与执法过程中对国家的公权力与公民的基本权利之间的边界划分上起着指导与制约作用，并依据其自身的适当性、必要性与均衡性来判断公权力运行是否合法、合理的准则。② 比例原则的作用是确保国家公权力与公民基本权利之间的平衡，根据比例原则的要求，公权力的行使必须适当、必要且平衡，不能越轨或滥用。按照通说，比例原则应包括以下三个原则：“（1）妥当性，即所采取的措施可以实现所追求的目的；（2）必要性，即除了采取的措施之外，没有其他给关系人或公众造成更少损害的适当措施；（3）相称性，即采取的必要措施与其追求的结果之间并非不成比例（狭义的比例

---

① 朱宁宁：《进一步明确社区矫正法律地位及机构性质》，载《法制日报》2019年7月2日，第1版。

② 姜涛：《追寻理性的罪刑模式：把比例原则植入刑法理论》，载《法律科学（西北政法大学学报）》2013年第1期。

性）。”①

其次，在实现权责统一的过程中，作为行政法帝王条款的比例原则为权责统一提供了充分约束，而权责统一为比例原则提供了可供落实的制度基础，因此，在社区矫正执法过程中以比例原则为重要准则，有利于执法权责统一的实现。通过在执法过程中确保行使权力的合理性和合法性，比例原则可以避免权力过度集中，保障权责统一的合理性，在明确的权责分配之下，才能准确定义权力行使的界限和范围，并且监督和追究权力行使或执法责任。同时，权责统一和比例原则的共同要求是确保行使权力的合法性、合理性，约束好权力这一把“双刃剑”，实现公权力使用的合理、必要且均衡，保护广大人民群众的合法利益最大化，因此，比例原则适用于实现社区矫正权责统一具备合理性、可行性和必要性。

三、社区矫正内部执法不统一

社区矫正是国家治理体系中的重要一环，是社会治理现代化的重要体现，实现社区矫正内部执法的高效性和因地制宜性，《社区矫正法》为各省份预留了一定的自由裁量空间，鼓励各省积极结合本省实际、因地制宜，从而实现社区矫正对象顺利融入社会、预防和减少犯罪的价值追求。但是在对比各地的社区矫正实施细则（工作细则）过程中，不难发现各地制定的相关规范执行弹性存在显著差异，影响执法效率以及执法公信力，不利于社区矫正制度现代化进程的顺利推进、内部执法的权责统一。

首先，由于现有规范和相关工作细则的内容明确度不高、执行弹性过大，比例原则难以对社区矫正执法工作进行指导或规制。部分社区矫正机构执法手段与执法目的之间的必要性和相称性较为薄弱，在怯于自行探索新路径的情况下，也并未对多种执法手段进行对比衡量，导致解决问题的路径较为单一、执法效果有限。以某地社区矫正执法实践为例，社区矫正机构在联系不上社区矫正对象时，第一时间选择寻求法院帮助，若一月期内联系不上矫正对象，社区矫正机构则直接建议法院撤销缓刑或假释。固然有关单位应当予以配合协助，但是此时社区矫正机构无疑是把自身的责任转移给法院，加上公安机关的协助效果有限，最终解决问题的落脚点和相应工作量又回归法院，问题并未得到有效解决。由于社区矫正具备刑法执行法性质，其执行内容具备广泛性、执行过程具备复杂性、执行效果具备严厉性，社区矫正执法过程中更应当充分考虑执法手段的多样性、灵活性和相称性，以实现执法手段的损害最小化和高效化，因此，明确和细化社区矫正执法规范是必要举措，并且

① ［德］哈特穆特·毛雷尔：《行政法学总论》，高家伟译，法律出版社2000年版，第238—239页。

应明确比例原则在社区矫正执法过程中的约束作用，以约束刑法执行权，限缩社区矫正执法弹性，强化社区矫正执法手段与执法目的之间的相称性，提高社区矫正执法的效率和效果。

其次，由于各地规范存在显著弹性差异，社区矫正内部工作衔接存在壁垒与困难，执法方式和执法目的之间缺乏妥当性，即社区矫正机构采取的执法方式不利于高效便捷这一执法目的的实现。在社区矫正内部衔接工作时，尤其在转递矫正对象法律文书等相关材料时，常常出现矫正材料交接不到位的情况，具体表现为：各省、各市的社区矫正机构文书材料格式、标准存在较大差异，加之各省社区矫正智慧平台存在信息壁垒，文书材料通常无法衔接成功，需要对社区矫正对象进行重新入矫、重新制作档案和相关文书材料，增加不必要工作量，大幅降低衔接工作效率。由于社区矫正也同时具备司法行政法性质，我国“十四五”规划提出司法行政发展的主要目标是全面履行中央依法治国办职责、行政立法工作迈上新台阶、深化依法行政、全面提升刑事执行和强制隔离戒毒工作水平、构建完备的公共法律服务体系、大力提升保障能力和水平、切实加强党的建设和高素质专业化队伍建设。① 因此，虽然规范有必要保持其一定的执行弹性和自由裁量空间，但是社区矫正执法人员必须有详细法条可供参照，才能在执法过程中充分贯彻落实权责统一、保证执法公平公正，全面深化依法执政，实现执法手段的妥当性、损害最小，实现执法手段与执法目的之间的相称性。并且，有章可循、有据可依的执法规范不仅是在保护人民群众的合法利益，更是在最大限度地保护社区矫正执法人员自身。

目前部分省份制定的社区矫正实施细则只指明了社区矫正执法的大方向，在实际实施过程中无可避免地出现了各类问题，同省各地区甚至是同地区的社区矫正机构只能依照自身对规范的理解执行，理解的差异就导致对同一行为存在不同的评价标准，甚至存在同一社区矫正机构的不同工作人员针对不同社区矫正对象的同一行为进行完全不同的处理，这种情况下很容易造成执法不公、执法不严，同时也一定程度上影响司法机关的公信力。因此，加强社区矫正执法规范的统一化、明确化是全面提高我国刑事执行工作水平的必然要求，只有在明确执法规范的指导下，社区矫正执法才能实现执法方式的统一性和高效性，实现改造罪犯、保护社会的价值追求，缩小各地社区矫正的规范和工作内容差异，以便社区矫正的顺利衔接，推动我国社区矫正工作现代化。

四、社区矫正外部执法不统一

为进一步加强社区矫正的执法衔接，强化外部执法的统一程度，充分提高司法

---

① 人民调解本刊：《“十四五”司法行政事业发展规划出台》，载《人民调解》2021年第10期。

资源利用效率，最高人民法院、最高人民检察院、公安部和司法部于 2016 年公布了《关于进一步加强社区矫正执法衔接配合管理的意见》，其中明确了社区矫正适用前、交付接收、监督管理和收监执行工作中各方如何进行衔接、配合、管理。但是，由于配套规范缺失、现有规范可操作性不强，工作人员业务掌握不熟、权责意识淡薄等原因，社区矫正外部执法过程中仍存在社区矫正衔接工作不畅、配合工作效率低下的现象。

由于有关单位的权责意识不强，缺乏比例原则的指导，各方在社区矫正的协调合作过程中时常出现“自扫门前雪”的现象，其中一方就会被迫成为无效协调工作下的被动方或协调者，执法过程中明显缺失执法手段的必要性和妥当性，即执法过程中未选择最高效、损害最小方式，部分执法手段也并不利于执法目的的实现。以社区矫正外部执法工作——检查监督工作为例，在某地人民检察院对社区矫正执法过程进行监督的过程中，由于缺乏明确的指导性文件或法律规定，无法为执法监督工作人员提供明确的行动准则和界限，某地检察院只能自行探索对于社区矫正日常工作监督的方式等，这可能导致执法监督行为产生主观判断和执法程序的不清晰，并且可能造成执法监督的不确定性和不一致性，使不同单位之间存在程序差异。然后，由于该地在社区矫正执法监督的规范中只规定了社区矫正监督的对象和内容，并没有明确规定检察院在提醒之后应该跟进、如何跟进后续整改效果等内容，该地检察院通常以“纠违通知书”方式指出被监督机关的不足、督促提前整改，但是通常在发完纠违通知书后就默认监督任务已经完成，对于社区矫正机构是否依照建议整改、整改进度和整改效果却不予关注，缺乏长期有效的跟踪问效的意识和机制。并且，该地检察院为完成纠违年度指标，发送纠违通知书的次数未免过于频繁、缺乏整合分类，针对同一问题可能发送十份以上的纠违通知书，该地社区矫正机构要对每一份纠违通知书进行单独回复，增加社区矫正机构工作量的同时也降低其工作效率，并且监督效果有限，实现了监督却没有实现整改，社区矫正执法的整改低效影响着整体监督工作的质量和效果。

首先，为进一步加强和规范对社区矫正执行活动的法律监督，促进社区矫正机构提高刑罚执行和监管教育质量，检察院在社区矫正机构内设置社区矫正检察室，并且定期进行社区矫正巡回检察。通过派驻检察和巡回检察相结合的社区矫正监督方式，检察院工作人员能够直接接触并监督社区矫正机构的工作活动，及时发现和处理社区矫正机构的违法违规行为，确保法律的严肃性和公正性。目前，各地的派驻检察和巡回检察机制都仍处于初步探索阶段，相较于巡回检察，派驻检察已经初步实现了对社区矫正机构的监督，各地陆续在社区矫正机构内设置社区矫正检察室，但巡回检察制度甚至没有明文规定其频率和范围等，以某地社区矫正检察监督工作为例，默认大概每季度进行一次交叉巡回检察。但是，在没有法律规范的明确规定和赋权的情况下进行执法监督行为，可能会造成滥用公权力、违背上位法等严重后果，并且无法可依意味着执法监督工作的相关信息和程序难以公开，缺乏有效社会监督机制，使得公众难以了解执法监督行动的合法性和公正性。

其次，社区矫正检察室在监督工作过程中也承担着一部分的协调职能，但是其协商职能仅限于特定问题，如在公安机关要对看守所留所服刑罪犯拟暂予监外执行，委托社区矫正机构开展调查评估该罪犯的社会危险性时，但是不能确定该罪犯的具体社区矫正执行地，或在确认具体的社区矫正执行机构时产生争议，此时公安机关会联系社区矫正检察室进行情况说明，社区矫正检察室会帮助其搭建与社区矫正机构的沟通桥梁。但是，由于没有法律规范的明文授权和限制权力适用的范围，在一些问题上社区矫正检察室无法发挥其协调作用。例如，在《暂予监外执行规定》中，需要保外就医或者属于生活不能自理，但适用暂予监外执行可能有社会危险性，或者自伤自残，或者不配合治疗的罪犯，不得暂予监外执行。但是在实际工作中，对于患有严重传染疾病且具备一定社会危险性的毒品罪犯、在移交执行前吞食钢钉以求自伤自残的罪犯、作为无自理能力亲属的唯一抚养人的罪犯等，基于维护狱内安全秩序和维护服刑人员的健康权、生命权的考量，以上几类人员无法顺利收监执行，但是又不满足暂予监外执行的条件，此时意味着法院对这几类人员判处缓刑成为较为恰当的解决路径，但是如果对上述人员判处缓刑，违背刑法的罪刑法定、罪责刑相适应等基本原则，同时，在破坏社区的安全管理秩序，也在威胁社区内居民的生命健康和宁静的生活秩序。因此，该如何恰当、安全、有效地处理上述问题，对于法院、社区矫正机构和监狱而言都是一个极大的难题，此时就亟须一个强有力的协调机关介入调解争议，在协调的过程中寻求最佳解决方案。

在全面提高我国刑事执行工作水平、实现我国社区矫正执法水平现代化的过程中，社区矫正外部执法也是其中的重要环节。只有社区矫正内部执法与外部执法紧密衔接时，才能完成执法信息的顺利流动、执法行为的顺利对接，使社区矫正执法流程更加协调。并且当社区矫正内部执法与外部执法紧密衔接时，能保证社区矫正执法机关以公正和公平的原则对待矫正对象，确保矫正对象的权益得到充分保护，增强公众对社区矫正执法机关的信任。

五、社区矫正执法权责统一路径

（一）推动执法标准规范化，明确权责界限

党的二十大报告强调，要全面推进科学立法、严格执法、公正司法、全民守法，全面推进国家各方面工作法治化。社区矫正执法标准规范化是严格执法的前提条件，

是公正司法的有效保障，是确保执法行为的公正性和一致性的必然要求，并且强调比例原则在社区矫正执法中的重要性。“我们生活在比例原则的时代”，比例原则之所以发展如此迅速，或许与其本身所追求的价值不无关系。[①] 在统一标准的指导和比例原则的约束下，才能明确执法机关的权力和责任的界限，确保责任与权力保持对等的动态关系。使执法行为在法律和责任的约束下进行，有效减少社区矫正执法人员主观判断对工作的干预，降低滥用权力和歧视性执法的风险，并且，规范化的社区矫正执法标准能确保社区矫正对象在执法过程中受到合法、公正的对待，增强人民群众对社区矫正执法工作的信任和支持，维护公共权力的“善”的价值。

首先，对权力科以相应的责任规定和设计，是对权力最基础性控制方式中的一种。因此，在推动社区矫正执法标准规范化的过程中，应将“权责统一”和“比例原则”作为最基本的要求。先要制定更加细致、明确的社区矫正相关法律法规，确保社区矫正执法工作有法可依、有章可循，确保执法行为在法定框架内进行，确保责任规定中体现责任对权力的明示作用，以责任划分权力适用的正当界限，避免滥用权力和越权执法行为。

其次，在推动社区矫正执法标准化过程中，严格遵守比例原则，建立行之有效的权利制约机制，不得过度侵害公民权利，应统筹加强社区矫正执法作出全面部署，逐条解析法律规定，指导各地全面准确把握《社区矫正法》的立法精神和基本要求，各级司法行政机关按照司法部部署要求，推动重心下移，促进基层社区矫正执法标准化、规范化，加快刑罚执行一体化建设。

最后，要充分考虑社区矫正的特殊性质，其既是刑事执行法，又具备司法行政性质，各省在推动社区矫正现代化过程中都各具地方特色，因此，各省在推动社区矫正执法标准化的过程中应坚持“因地制宜，博采众长”，要紧密结合本地经济发展、社区矫正建设水平、信息化发展程度等因素，既要形成较为统一、标准的衔接工作规范，又要在统一的基础上探索适合本地实际需求的执行标准。例如，在幅员辽阔的内蒙古、新疆等地，如果社区矫正对象需要放牧且短期内不能到社区矫正机构报到，应该对其灵活适用社区矫正，在游牧过程中只需定期到沿途的社区矫正机构报到即可，这就要求各社区矫正机构加强工作衔接，优化信息共享平台，提高文书材料、数据衔接效率。

（二）强化社区矫正执法的协调性

在推动社区矫正制度发展的过程中，全面加强党对社区矫正执法的绝对领导，明确各成员单位工作职责，切实发挥统筹协调和指导本行政区域内社区矫正执法的

---

① 刘权、应亮：《比例原则适用的跨学科审视与反思》，载《财经法学》2017 年第 5 期。

职能作用，统筹协调解决社区矫正执法发展中的难题，依法完善“党委政府统一领导、司法行政部门组织实施、有关部门密切配合、社会力量广泛参与”的领导体制和工作机制，巩固权责统一的高质高效执法体系。

首先，权力和责任统一原则最基本的理念包括：任何公共权力的行使者都应当是责任的承担者，因此，执法人员应最为直接地向上级、协作机关负责，才能强化权责统一的公共行政系统。建立社区矫正执法规范与指南，尤其是执法衔接程序、文书衔接标准等方面，确保社区矫正执法的一致性和公正性，促进社区矫正机构与有关机关的协作和交流，形成多元参与、共同监督、协调互助的工作格局，提高各方在社区矫正执法中的参与程度与配合度，形成协同效应，实现社区矫正的矫治目标和效果。然后，应建立健全社区矫正人才队伍建设机制，加强对社区矫正执法人员的专业培训与教育，使其充分了解和熟悉社区矫正执法的标准和规范，在培训教育过程中筑牢权责统一意识，全国各省、市、县级社区矫正机构和有条件的乡（镇）司法所全部组织学习培训，各级司法行政机关积极开展《社区矫正法》集中培训和人员轮训，切实提升依法履职能力。

其次，应强化和落实社区矫正联席会议制度，制定社区矫正联席会议制度实施办法，充分利用社区矫正联席会议统筹协调各个相关部门的工作，确保各方有序配合以实现刑事执行的顺利进行。在社区矫正执法衔接过程中，社区矫正联席会议机制为解决相关机关之间存在的争议提供了有效的解决路径，应该大力贯彻和推广社区矫正联席会议机制。第一，加强案件信息共享和协商，为各部门的沟通交流提供更高效的信息平台，使不同部门之间能及时共享相关案件的关键信息，能就具体案件的衔接、执行情况达成一致意见。第二，针对本地区的实际工作制订明确可行的协调行动计划，明确各部门在刑事执行中的责任和任务，明确社区矫正联席会议召开的条件、频率等，确保各方按照时间节点进行工作，避免各机关和各部门之间配合不畅或重复工作而引发一系列延迟工作效率的问题。第三，社区矫正联席会议应对刑事执行工作进行定期评估，并根据评估结果提出改进意见和措施，将会议精神有效下沉到具体的社区矫正执法中，提高社区矫正执法的效率和质量，确保案件得到妥善处理的同时也能获得公平正义。

最后，应加强社区矫正检察室的协调职能，在社区矫正机构确有衔接工作难题时，联系社区矫正检察室进行沟通、衔接，实现有关机关之间资源共享和信息互通，如遇社区矫正检察室无法协调解决的问题，再上报社区矫正联席会议解决。社区矫正检察室在监督过程中发现问题，协调解决问题，充分提高监督工作的有效性和效率，加强社区矫正执法与司法机关、执法部门和社会组织的联系与合作，提高协调力度，增强工作的有效性和灵活应变能力，及时发现和解决社区矫正执法中的突出问题，提高法律执行的质量和效率，增进公众对于司法的信任和满意。

（三）强化社区矫正执法监督和制约机制

习近平总书记强调，公平正义是司法的灵魂和生命，由于个别司法人员不担当、不作为、违法办案、失职渎职，导致司法领域产生冤假错案，严重危害了司法公信力，而造成司法不公的重要原因就是对司法权监督制约不足，对司法人员不正确履职行为追责惩戒力度不够，产生“破窗效应”。

权力与责任统一原则即对公共权力的规定与控制，一旦权力超越合法范围，相应责任则成为必然代价，为使社区矫正执法权力在法律规定的范围内使用，执法责任有效落实，应全面推进刑事执行检察监督工作，全面准确落实司法责任制，完善社区矫正执法权力运行监督和制约机制，应加强社区矫正检察室的问责职能和意识，在发现问题后应及时提醒整改，并按月或按季度进行回访跟进整改程度和效果，加强社区矫正检察室的监督职能，使检察院工作人员能够直接参与监督工作，及时发现和处理违法行为，确保法律的正确实施，全面提升司法质效和司法公信力，明确监督范围应包含社区矫正对象的思想动态、教育管理、行动轨迹，实现对社区矫正对象的交付执行、变更执行、终止执行、权益维护以及监管矫正等各个环节的法律监督，有效防止脱漏管、再犯罪等现象发生；明确工作职责、联络制度、派驻方式等内容，以全流程“嵌入式”监督协作的新模式，确保全面掌握相关信息。

论社区矫正机构与专门执法队伍建设的探索与实践

范柯薇*

一、社区矫正机构与专门执法队伍建设概述

2003年7月，最高人民法院、最高人民检察院、公安部、司法部联合下发《关于开展社区矫正试点工作的通知》（以下简称《通知》），标志着我国社区矫正试点工作在全国范围内广泛开展，《通知》规定："司法行政机关要牵头组织有关单位和社区基层组织开展社区矫正试点工作，会同公安机关搞好对社区服刑人员的监督考察，组织协调对社区服刑人员的教育改造和帮助工作。街道、乡镇司法所要具体承担社区矫正的日常管理工作。"同时还规定："公安机关要配合司法行政机关依法加强对社区服刑人员的监督考察，依法履行有关法律程序。对违反监督、考察规定的社区服刑人员，根据具体情况依法采取必要的措施；对重新犯罪的社区服刑人员，及时依法处理。"由此形成了由司法行政机关和公安机关共同作为主体的"双主体"模式，由司法行政机关承担日常监督管理、教育帮扶作为工作主体，公安机关承担采取调查评估、强制措施作为执法主体。但是《通知》对于两个主体之间的权责并没有明确的划分，也没有与之相配套的衔接程序与衔接制度，这使得两个主体之间权责不清、分工不明，社区矫正执法活动的内在联系受阻，司法行政机关难以及时、有效地对违反规定的社区服刑人员进行处罚、提出变更刑事执行的建议，极大地影响了社区矫正效果。

2012年3月1日，《社区矫正实施办法》实施，第3条规定："县级司法行政机关社区矫正机构对社区矫正人员进行监督管理和教育帮助。司法所承担社区矫正日常工作。"首次提出了"社区矫正机构"的概念，并明确由司法所承担社区矫正日常执法工作，逐渐形成了由司法行政机关为执行主体的执法模式。公安机关逐步将调查评估、提请撤销缓刑、收监执行在内的社区矫正执法权转移给了司法行政机关。但此时，并没有明确社区矫正机构的性质、主管部门和组织构架，也没有明确司法行政机关的社区矫正执法主体地位，使得执法合理性受到了质疑。

---

* 范柯薇，浙江省嵊州市社区矫正管理局副局长。

随着社区矫正对象数量的逐年增长，法治化要求也趋于严格，由基层司法所承担主要执法职能的执法模式，受司法所职能繁多、力量薄弱、经费受制等各种客观因素的影响，各类执法问题逐渐显现，亟待解决。于是，各地围绕社区矫正机构设置、社区矫正专门执法队伍建设开展了积极的探索。例如，借调监狱、戒毒民警参与社区矫正工作充实执法力量，成立专门社区矫正执法队伍，设立社区矫正管理局等，但各地模式多样，执法人员身份各异，无法形成统一。2020 年 7 月 1 日，《中华人民共和国社区矫正法》（以下简称《社区矫正法》）正式实施，第 9 条规定："县级以上地方人民政府根据需要设置社区矫正机构，负责社区矫正工作的具体实施……司法所根据社区矫正机构的委托，承担社区矫正相关工作。"社区矫正机构作为独立的刑罚执行机构被写入法律，它可以委托司法所开展社区矫正工作，这是立法对于社区矫正机构独立性的确定。自此，社区矫正专门机构和队伍建设的探索进入了法治化、专业化、职业化的新时期。

二、国内外社区矫正机构和专门执法队伍建设现状

（一）国外社区矫正机构和专门执法队伍建设

1. 俄罗斯

刑事执行检查处与专业警察。《俄罗斯联邦刑事执行法典》第 3 章第 16 条专门对执行刑罚的机构和机关作出规定，明确了社区矫正刑罚执行中的大部分任务由当地的刑事执行检查处承担。① 刑事执行检查处是不基于行政区划而是考虑社区罪犯的基本数量（至少 1∶200）设置的，对下实行垂直管理，统一招聘工作人员、统一管理、统一调配和统一规范执法人员的待遇标准和晋升机制，平衡各检查处的经费保障的社区矫正执行机构。刑事执行检查处的执法人员被纳入警察序列，以保障执法人员在工作中具有强制执行权，维护刑事执行的严肃性和权威性。同样保障了社区矫正执行队伍的稳定性、专业性、职业化。

2. 美国纽黑文市

缓刑办公室与缓刑官。美国纽黑文市设立缓刑办公室，由 50 多名缓刑官分类、分等级对缓刑对象开展审前调查、评估分类、分类监管、撤销缓刑四项工作。缓刑官与罪犯的平均比例约为 1∶100，专业分工分级的管理模式使得工作效率大大提高，专业性大大加强。

---

① 刘强：《中国社区矫正机构和执法队伍建设——主要基于与俄罗斯的比较研究》，载《社区矫正理论与实践》2022 年第 1 期。

3. 美国纽约市

缓刑局与专员。纽约市在市政府设立缓刑局，为缓刑罪犯提供缓刑监督，为法官提供背景报告以协助量刑。纽约市缓刑局实行垂直管理，内设专员、行政副专员、副专员、总法律顾问等职位，分工负责不同事务，以达到专业化、团队化的效果。

4. 英国

缓刑局与缓刑官。英国社区矫正机构主要由国家缓刑局及其分支机构、地方假释委员会和全国未成年人司法委员会共同构成，国家缓刑局及其地方分支机构承担主要工作任务，包括对犯罪人进行量刑前调查和危险评估、监督和考察被判处社区矫正刑罚和假释的社区服刑人员等。缓刑局内按照 1∶35 至 1∶40 的比例设置缓刑官，随着社区矫正的发展，英国以缓刑官管理为主的模式逐渐改变，增设了一定数量的警察在缓刑办公室专职从事对罪犯的管理。

5. 加拿大

矫正局、假释办公室与假释官。加拿大社区矫正实行两级垂直管理体制和明确的专业化分工。在联邦设立联邦社区矫正局负责对联邦矫正机构和联邦社区矫正的管理，省级矫正机关负责对省一级社区矫正机构和社区矫正的管理①。在全国设五个分部，下设假释区，假释官、志愿者与矫正对象的比例为 13∶40∶220，除假释官与志愿者外，假释办公室设有行政经理、项目管理者、牧师、电脑技师、个案管理工作者等，实行团队化运作，专业人做专业事。

综观国外社区矫正机构和专业队伍设置的经验，我们可以看出，国外的社区矫正具有以下特点：一是具有独立的社区矫正机构。无论是英美的缓刑局、加拿大的假释办公室还是俄罗斯的刑事执行检查处，都是法律规定的具有独立职权、特定任务的刑事执行机构，权责分明、职责法定。二是具有垂直管理的制度。国外的社区矫正机构和队伍，多采取垂直管理制度，具有统一管理、统一调配和统一规范和统一晋升渠道，独立于其他公务员序列之外，保持机构的独立性和队伍的专业性。三是具有专业的运行团队。不论是否具有警察编制，都采取团队化运作的模式，将社区矫正可能需要的专业人才置于团队之内开展专业化、项目化的矫正工作，提高矫正质效。

（二）我国社区矫正机构与专业队伍建设现状

《社区矫正法》实施以后，虽然明确了社区矫正机构的设置，但是并未对机构性质、组织构架等作具体的规定，于是各地对社区矫正机构和专门执法队伍建设开展了各种探索和实践。目前最具代表性的有司法所和干警为主的北京模式、司法所和

---

① 陈和华、叶利芳：《国外社区矫正经验和问题》，载《犯罪研究》2006 年第 1 期。

辅助人员为主的上海模式、社区矫正机构和专业执法人员为主的浙江模式。

1. 北京模式

司法所+干警。司法所受社区矫正机构委托承担社区矫正日常管理工作，但因为司法所人员少、工作量大等因素影响，专职从事社区矫正工作的力量不足，影响社区矫正工作的顺利开展。为解决司法所社区矫正专职人员力量不足的问题，北京抽调监狱、劳教干警参与社区矫正工作，要求达到“一街、一乡、一镇、一警”的目标。① 被抽调的干警，在司法所专职从事社区矫正工作。该模式的特点为：干警专职、独立从事社区矫正工作，不参与司法所和乡镇街道的其他工作。监狱民警具有罪犯管理经验丰富、身份威慑力强等优势，但也因编制留存原单位、轮岗、无晋升通道等原因导致的人员不稳定、流动性大、积极性不高等缺陷。

2. 上海模式

司法所+辅助人员。上海市社区矫正工作沿袭了司法所为主开展工作的模式，但因司法所长期存在负担重、人才缺口大的问题，上海市政府通过购买社会服务，招聘社会工作者充实到司法所中，协助开展社区矫正工作。又因为司法所工作人员职责繁多，分身乏术，这些聘用之初，主要用于协助工作的社会工作者，逐渐承担了大部分社区矫正的日常工作，包括调查评估、入矫、日常监管、教育帮扶、期满解矫等一系列工作。这种模式的特点在于：社会工作者专职从事社区矫正工作，大部分工作由社工承担。其优点在于：解决编制难题、节约成本；其缺点在于：社会工作者因工资低、无晋升渠道等问题，流动性较强，社会工作者缺乏刑事执行的主体资格，存在一定的执法风险。

3. 浙江模式

中队+专职人员。浙江省台州市率先进行了“队建制”改革，在县级设立社区矫正机构，设社区矫正执法大队，在县级以下不以行政区划为基础分片区设立社区矫正执法中队，中队从原司法行政编制中分离部分人员，专职从事社区矫正执法工作。县级社区矫正机构对中队实行垂直管理，游离于乡镇街道、司法所之外独立行使刑事执行权。这种模式的特点在于：专职机构和专门队伍从事社区矫正工作，职责单一，身份职业。该模式的优点在于：社区矫正机构相对独立，执法队伍结构合理，垂直管理的模式保障了刑事执法的独立性和权威性。该模式的缺点在于：作为县级司法行政部门的内设机构存在的社区矫正管理局、执法大队在主体上仍然不是一个独立的机构，不能对外承担相应的责任，对社区矫正执行产生一定影响。然而作为专职社区矫正工作人员的这部分人，目前与司法助理员一样，是普通的司法行政工

① 武玉红：《我国社区矫正队伍专业化建设探究》，载《北京联合大学学报（人文社会科学版）》2016 年第 14 期。

作人员，没有执法身份、没有统一的晋升渠道，存在较高的职业风险和较窄的职业前景，影响队伍职业化。

综上，目前我国社区矫正机构的设置存在以下问题：一是机构设置不统一。社区矫正科、社区矫正管理局、社区矫正中心、社区矫正执法大队等，五花八门，缺乏统一的规范。二是机构定性不准确。社区矫正是一项刑事执行活动，那么社区矫正机构应当是独立的刑事执行机构，但目前我国的社区矫正机构（包括社区矫正科、社区矫正管理局等）更偏向于行政管理机构，缺乏统一认知。我国社区矫正执法队伍存在以下问题：一是队伍繁杂，缺乏统一性。司法助理员、社工、借调民警、专职社区矫正工作人员不一而足，没有统一的规划、统一的编制、统一的管理，流动性强而专一性弱。二是主体资格缺失，存在职业风险。虽然我国社区矫正工作者种类繁多，但包括借调民警在内，都同一地缺乏社区刑事执行主体资格，主体资格不明确，使社区矫正工作者在工作中存在很大的职业风险，影响社区矫正的效果。三是职业保障缺乏，影响工作积极性。社区矫正工作人员与普通公务员同一薪资、同一晋升渠道，却承担着比普通公务员更大的职业风险，使得队伍积极性受挫，很多工作人员不愿意从事社区矫正工作。

三、社区矫正机构与专门执法队伍建设的必要性

（一）法律实施之必然需要

建立专门的、独立的社区矫正机构和专业、职业的社区矫正执法队伍是实施《社区矫正法》的必然要求。《社区矫正法》第9条规定“县级以上地方人民政府根据需要设置社区矫正机构，负责社区矫正工作的具体实施”。把社区矫正执法主体明确为县级以上社区矫正机构，而作为“保障刑事判决、刑事裁定和暂予监外执行决定的正确执行”的法律，《社区矫正法》是一部保障刑事执行的法律，法律性质决定其必然需要一个专门的、独立的实施机构和专业化的队伍来保障刑事判决、裁定、决定被正确、独立、不受干扰地执行，保证社区矫正工作的严肃性和高效性，达到教育改造社区矫正对象，预防重新犯罪，维护社会和谐稳定的目的。

（二）刑罚性质之必然要求

《中华人民共和国刑事诉讼法》第269条、《社区矫正法》第1条，对社区矫正的定义是“非监禁罪犯的社区矫正”“保障刑事判决、刑事裁定和暂予监外执行决定的正确执行”，2003年发布的《通知》更是明确指出：“社区矫正是与监禁矫正相对的行刑方式，是指将符合社区矫正条件的罪犯置于社区内，由专门的国家机关在相

关社会团体和民间组织以及社会志愿者的协助下，在判决、裁定或决定确定的期限内，矫正其犯罪心理和行为恶习，并促进其顺利回归社会的非监禁刑罚执行活动。”因此，刑事执行是社区矫正的本质属性。那么作为社区矫正执行的主体，社区矫正机构和社区矫正执法队伍当然应当具有统一、独立的刑事执行权，以保障刑事执行的统一性、正确性、独立性。

（三）刑罚改革之必然需要

研究表明，监禁刑执行为主的犯罪刑罚治理模式弊大于利，不仅不利于预防和减少犯罪，而且大大增加刑罚执行的成本。① 进一步加强刑罚制度改革，扩大缓刑、假释等低成本、相对自由的非监禁刑罚的执行范围，已经成为历史发展的必然趋势。笔者对我市 2020 年、2021 年、2022 年、2023 年在矫社区矫正对象数量进行了对比，发现 8 月同期在矫社区矫正对象总数分别为 352 人、365 人、512 人、574 人，呈逐年上涨的趋势，2023 年 8 月比 2020 年同期上涨了约 63. 1%。社区罪犯数量的不断增加、风险程度的不断提高，对我国社区矫正管理的专业化、职业化提出了更高的要求。建立专门的社区矫正机构和专业化、职业化的执法队伍，已经成为做好社区矫正工作的必备要件。

四、对我国社区矫正机构和专门执法队伍建设的三点设想

从先进国家的社区矫正工作经验和我国现阶段改革试点工作取得的成效来看，独立的专门的社区矫正机构建设和统一的、专业的、职业的社区矫正执法队伍建设对于未来社区矫正的健康发展起着至关重要的作用。如何科学合理地做好这项工作，在此提出一些粗浅的设想。

（一）明确独立的县级社区矫正机构的设置

《社区矫正法》规定，“县级以上人民政府根据需要设置社区矫正机构，负责社区矫正工作的具体实施”，为县级社区矫正机构的设立提供了立法基础，这是经过 20 年社区矫正工作实践证明的比较合理的矫正机构设置。机构应独立于县级司法行政机关，有独立的经费和办公场所，在职能上独立承担社区矫正的日常管理、监督考察和奖惩考核工作，在主体上能对外独立承担相应的责任，而不应该作为县级司法行政机关的内设机构。这是由社区矫正刑罚执行的性质决定的。刑罚必须由专门的刑罚执行机构来执行，而不是依附于某个部门的某个科室。

---

① 刘强：《安徽蚌埠社区矫正机构队伍建设调研报告》，载《中国司法》2021 年第 11 期。

在设立了独立的社区矫正机构（如社区矫正管理局、社区矫正执法大队）以后，可以根据工作需要，设立内设机构、分支机构，如浙江队建制改革中的社区矫正执法中队。中队的设置，可以借鉴国外的先进经验，不根据行政区划，而是根据社区矫正对象的人数按比例来设置。目前，我国大部分地区仍然由司法所承担社区矫正大量的日常工作，但行政区划间社区矫正对象分布不平衡，给社区矫正工作带来了极大的困难。按照我市的情况来说，15 个司法所共有政法专项编制 27 人、专职社会工作者 23 人，每个所配置 2—5 名工作人员，矫正对象人数最少的所在册仅 8 人，最多的所在矫 73 名，这种现状极易导致管理失衡。在这种情况下，按照社区矫正对象的分布情况来设置执法中队，并进行垂直管理，方便按照社区矫正对象的变动进行人员调整是比较科学合理的设置方式，符合我国社区矫正发展的现状。

（二）明确司法所在社区矫正工作中的定位

目前，我国除队建制改革的地方如浙江省台州市、安徽省蚌埠市、湖南省冷水江市等地外，大部分地区仍然以司法所为社区矫正执行的基本单位，承担社区矫正大部分的工作。首先，司法所作为县级司法行政机关的派出机构，承担着法治宣传、法律服务、法律保障三大职能，开展人民调解、普法宣传、法律援助、法律服务等多项业务，并不具有刑事执行的职权和能力。其次，司法所受县级司法行政机关和地方党委政府的双重领导，缺乏独立性，无法独立承担刑罚执行。最后，司法所人少事多的现状也与社区矫正的专业性和职业性不符。

《社区矫正法》第 9 条第 2 款规定：“司法所根据社区矫正机构的委托，承担社区矫正相关工作。”司法所作为县级司法行政机关的基层组织机构，具有良好的群众基础和基层工作经验，在协助社区矫正机构开展调查评估、走访帮教、教育帮扶等工作时可以发挥积极作用。因此，不能完全否定基层司法所在社区矫正工作中的作用，而应当承认司法所在协助开展社区矫正工作的积极意义，将其定位为社区矫正协助机构，以弥补专门执法队伍人员不足的缺陷。

（三）明确专门执法队伍的设置

《中华人民共和国监狱法》（2012 年修正）第 2 条第 1 款规定：“监狱是国家的刑罚执行机关。”第 5 条规定：“监狱的人民警察依法管理监狱、执行刑罚、对罪犯进行教育改造等活动，受法律保护。”作为非监禁刑罚执行方式，社区矫正是否应当设置警察编制，是理论和实务界争议最大的一个问题。国外社区矫正警察的设立情况不一而足，根据我国的实际情况和立法情况来分析，赋予社区矫正执法人员警察身份难以实现。[①] 首先，按照现有的县级行政区划建立社区矫正机构来设置警察编制，全国需要增设万名以上警察编制，与党的十九届三中全会通过的《中共中央关于深化党和国家机构改革的决定》中“不得擅自增加编制种类，不得突破总量增加编制”的规定不符，有违机构精简、控制编制的指导思想。其次，《中华人民共和国人民警察法》（2012年修正）第2条第2款规定：“人民警察包括公安机关、国家安全机关、监狱、劳动教养管理机关的人民警察和人民法院、人民检察院的司法警察。”社区矫正警察设置与现行法律相违背。在这种情况下，如何在现有的编制情况下，合理设置社区矫正专门执法队伍值得商榷。

1. 执法队伍的构成

《社区矫正法》第10条规定，社区矫正机构应当配备具有法律等专业知识的专门国家工作人员，履行监督管理、教育帮扶等执法职责。从这里，我们可以看出，社区矫正执法队伍的人员构成应当是专门的国家工作人员，即具有国家公务员身份；“履行执法职责”说明社区矫正执法队伍人员具备刑事执法权；“具备法律等专业知识”对社区矫正执法队伍的专业性进行了规定。因此，根据现行法律，我们应当依托县级社区矫正机构，建立一支具有法律等专业知识，具有刑事执法权，具备公务员身份的社区矫正专门执法队伍，按照专业化、团队化的要求，做好分工、明确职责，各司其职开展监督管理、教育帮扶等工作。

2. 执法队伍的编制

专门的执法队伍，要求具有相对的独立性，具有独立的编制、独立的管理模式、独立的晋升渠道。在编制饱和的现在，利用监狱、戒毒所空闲警力、司法行政机关抽调编制等来充实社区矫正专门执法队伍，都是值得探索和研究的方式。稳定性、单一性、专业性可作为执法队伍编制的应有要求。在队伍建立之后，必须具有与之相配套的管理模式，可借鉴国外的垂直管理模式为社区刑罚执行工作的规范化提供良好的组织保障。

3. 执法队伍的配比

考虑到队伍的专业性、职业性和团队化要求，社区矫正专门执法队伍需要有相应的准入机制。除了需要达到公务员任职的基本条件之外，还需要按照工作需求对专业背景（法律、心理学、社会学、计算机等）、实践经验等进行合理的配比，构建科学的社区矫正执法团队。同时，按照社区矫正对象的数量、地域分布等情况，按照一定的比例，如英国社区执法人员与罪犯的1∶35至1∶40的比例、美国1∶60至1∶70的比例，综合考虑队伍配比，并能够在人员变动时及时进行内部调剂，以平衡

① 吴紫剑：《我国基层社区矫正执法组织研究》，湘潭大学2020年硕士学位论文。

执法力量。①

4. 执法队伍的补充

受目前司法行政系统的编制限制，专门执法队伍组建成功之后仍然可能面临人员紧缺、工作难以顺利铺开的难题。仅就我市而言，共有社区矫正对象574名，按照中队与社区矫正对象1∶150计算，需要设置4个中队，每个中队即使只占编3个，也需要12个编制。12个编制，对于仅有68个编制的司法局来说已经是能够抽调编制的极限。但仅靠3个人来管理150名社区矫正对象难度较大。因此，作为专门执法队伍的补充力量，具有专业素养的社会工作者的价值得以体现。就目前情况来说，社工队伍专业各异，执法水平参差不齐，流动性大，尚无法作为专业的补充力量。在此，对专门社区矫正执法队伍社工招录提出以下几点意见：一是在专业上设置具有社区矫正工作特色的准入门槛，如招收法学、心理学、社会学、教育学、计算机等特别专业的本科毕业生充实社区矫正专业团队；二是提高薪资待遇、拓宽晋升渠道，保障社会工作者的生活和职业前景，减少流动性。

① 刘强：《中国社区矫正机构和执法队伍建设——主要基于与俄罗斯的比较研究》，载《社区矫正理论与实践》2022年第1期。

社区矫正专门执法队伍建设困境及对策

——以黑龙江省为例*

史秀峰　王林丽**

《中华人民共和国社区矫正法》（以下简称《社区矫正法》）已于2020年7月正式实施，这部法律的实施，为社区矫正工作的规范化、系统化提出了总体目标和要求；同时也为开展社区矫正工作做到有法可依提供了法律保障。但因其内容规定过于笼统，许多具体细则尚未完善，与现实情况也存在一定差异与矛盾；再加上我国幅员辽阔，城市和农村经济发展存在较大差异，这就使得法律的适用性和可操作性因地区差异而产生不同，配套工作体制机制建设滞后。为此，笔者就社区矫正专门执法队伍建设方面取得的实效和存在的问题，于2023年4月到黑龙江省D市、M市等5个市（县）级司法局、8个司法所走访调研，力求通过调查研究，对现今社区矫正专门执法队伍建设方面面临的困境，提出可行性意见和建议，为社区矫正执法队伍建设工作的高质量发展提供智力支持。

一、社区矫正专门执法队伍建设取得的实效

（一）领导体制得到进一步健全

在全面加强党对社区矫正工作的绝对领导下，按照《社区矫正法》的有关规定，各地方建立了省、市、县、乡四级社区矫正委员会，明确各成员单位的工作权限和职能，充分发挥和履行各成员单位对管辖范围内社区矫正工作的统筹协调与指导职能作用。依法完善了"党委政府统一领导、司法行政部门组织实施、有关部门密切

---

* 本文系2023年黑龙江省法学会结项课题"《社区矫正法》实施的难点问题研究"［课题编号HLJLS（2022）B010］的后续研究成果。

** 史秀峰，黑龙江司法警官职业学院司法执行系副教授。王林丽，黑龙江司法警官职业学院司法行政系副教授。

配合、社会力量广泛参与”[①] 的领导体制和工作机制。以黑龙江省为例，黑龙江省委于2020年7月批准设立了黑龙江省社区矫正委员会，省委政法委书记任委员会主任，政法各单位主要负责人任副主任，15家成员单位密切配合，充分发挥委员会统筹、协调、指导职能。领导体制和工作机制的完善，为有效开展社区矫正工作提供了有力支持，也为社会稳定做出了积极贡献。

（二）社区矫正专门执法力量得到进一步壮大

各地积极推进社区矫正机构队伍建设，依法设立具有独立执法主体资格的社区矫正机构。各地积极探索充实社区矫正工作队伍新机制，持续推进刑罚执行一体化，通过内部调剂、地方增编等方式，累计招录选拔社区矫正专门国家工作人员1.2万人[②]。

黑龙江省近年来累计派驻监狱（戒毒）民警900余人次参与社区矫正工作，建立县级司法行政机关招录司法辅助人员协助社区矫正工作机制，招录司法辅助人员430名，有效提升了社区矫正的规范化、专业化水平[③]。

（三）进一步加强社会力量参与社区矫正工作

为推进社区矫正工作社会化，各地通过政府购买社会服务的方式，积极鼓励、支持企业事业单位、社会组织、社会工作者等社会力量依法参与社区矫正工作。充分发挥社区、村委会等基层组织、网格员、人民调解员、社会工作者等社会力量的作用，推进社区矫正工作与基层社会治理深度融合。黑龙江省创建社区矫正人才库“千人计划”，组织近千名社区人员、万余名社会工作者参与社区矫正工作，建立了一支具有法律、教育、心理和社会工作等专业相结合的高素质社区矫正工作队伍[④]。

二、社区矫正专门执法队伍建设面临的困境

（一）社区矫正工作人员数量短缺

按照司法部的有关要求和建议，各地方不断加强社区矫正工作力量，为司法所

---

① 《司法部有关负责人就〈中华人民共和国社区矫正法〉施行三周年回答记者的提问》，http://www.moj.gov.cn/pub/sfbgw/zcjd/202306/t20230629_481685.html，最后访问时间：2023年7月25日。

② 《司法部有关负责人就〈中华人民共和国社区矫正法〉施行三周年回答记者的提问》，http://www.moj.gov.cn/pub/sfbgw/zcjd/202306/t20230629_481685.html，最后访问时间：2023年7月25日。

③ 崔永洪：《推动社区矫正工作高质量发展》，载《法治日报》2023年7月24日，第4版。

④ 崔永洪：《推动社区矫正工作高质量发展》，载《法治日报》2023年7月24日，第4版。

配备社区矫正工作辅助人员，截至目前，黑龙江省已实现各司法所工作人员均达到3人或3人以上。但就目前情况来看，司法所工作任务量较大，在承担社区矫正工作的同时，还需承担人民调解、普法宣传、依法治理、安置帮教等工作，司法所在司法局和乡镇政府的双重领导下，日常工作任务纷繁复杂，工作强度较大，社区矫正工作人员无法保障有充分的时间和精力开展社区矫正工作，也影响到社区矫正工作的质效。

（二）缺少专业化社区矫正工作人才

在基层司法所缺少工作人员的情况下，具备高素质、专业性强的社区矫正工作人员所占比例只能更低。以黑龙江省县级市DN市为例，全市共有7个司法所，社区矫正工作人员共22人，其中行政编制11人，事业编制1人，政府购买服务人员10人，其中本科学历8人，大专学历10人，中专学历4人，法律类专业11人。社区矫正工作繁重、责任大，而政府购买服务人员工资较低，导致政府购买服务人员流动频繁。

矫正方案制订的科学与否，关系到社区矫正工作能否达到预期效果。科学的矫正方案要从犯罪原因及病理原因入手，结合法学、教育学、心理学等相关学科专业知识，制订出一套完整的、有针对性的矫正方案。这也对社区矫正工作人员的素质提出了更高的要求。

当前，我国的社区矫正工作专业队伍主要包括司法所工作人员、政府购买服务人员和社会工作者，由于政府购买服务人员和社会工作者学历水平普遍不高，专业能力不足，无法与社区矫正工作相匹配，不能满足社区矫正工作多样化的需求。一方面缺少高素质、专业性强的社区矫正工作人员，另一方面又面临社区矫正工作人员频繁流失的情况，这些因素也进一步制约基层社区矫正工作的开展。

（三）社区矫正工作人员身份不明晰

《社区矫正法》实施已有3年时间，但对社区矫正工作人员的执法身份、执法权限还没有明确界定，各地社矫机构没有统一的工作证件、工作服装，这些因素导致在发现社区矫正对象有违反社区矫正规定或其他违法情况时，社区矫正工作人员没有强制执行的措施；同时，对社矫对象外出请假进行核查时，因没有执法证件，有关单位不予配合的情况时有发生，使社区矫正工作人员无法有效开展社区矫正工作。

（四）社区矫正队伍缺少相应的执法权和监督权

《社区矫正法》第31条规定："社区矫正机构发现社区矫正对象正在实施违反监督管理规定的行为或者违反人民法院禁止令等违法行为的，应当立即制止；制止无效的，应当立即通知公安机关到场处置。”该条对社矫工作的内容和程序进行了规定，明确社区矫正机构只有进行违规警告的权力，没有当场处置、留置等强制性措施的职权，只能等到公安机关到达现场以后，交由公安机关进行处理。鉴于实践中，公安机关自身事务繁多，在处理这类行为时难免存在出警不及时、处罚滞后等情况，不能及时纠正、制止矫正对象的违法行为。因为没有处罚权和采取强制措施的权力，也降低了社区矫正工作人员在矫正对象内心的敬畏感，直接影响到矫正工作的规范性和严肃性，降低了社区矫正机构的震慑力。

法院委托社区矫正机构对被告人或犯罪人是否适合社区矫正，是否具有社会危险性，以及对居住区域的影响等情况进行调查评估，也称“审前调查”。《社区矫正法》第 18 条对审前调查制度给予了肯定，但对于以往“审前调查”存在的一些问题则没有明确规定。例如，社区矫正决定机关根据需要，“可以”委托调查评估，而不是“应当”委托调查评估，实践中经常出现没有审前调查也可以决定社区矫正的情形；个别法院在司法所提交审前调查报告前，已经作出判决，使审前调查半途而废，甚至出现个别法院判决后要求社区矫正机构补充审前调查的情况，以上情况的发生，说明权力过于集中而缺少必要的监督机制，容易影响决策的正确性和及时性。

（五）专业技能培训较少

虽然有的地方对《社区矫正法》及其实施办法采取线上线下的形式进行过相关培训，但受到经费短缺、社交工作专业化不高等因素的影响，更多的时候还是通过“以检代培”“以查代训”，缺少专业的知识、业务技能培训。目前社区矫正工作专业队伍主要包括司法所工作人员、政府购买服务人员和社会工作者，其中多数政府购买服务人员和社会工作者不具有法律专业学习背景，导致能力素质参差不齐，甚至不具有专业的执法能力，也不利于开展社区矫正工作。

（六）社区矫正工作人员心理压力较大

据不完全统计，某省自开展社区矫正工作以来，已有 14 名社矫工作者因渎职失职等原因被检察机关立案并受到刑事处罚。但在实际工作中，有些特殊情形是否视为社矫工作人员违反工作规定，甚至构成犯罪，还有待商榷。例如，某社矫对象在视频点名后未携带定位手机，私自驾车到邻市，并于下一次点名前返回住所，如果社矫对象在此期间出现违法、犯罪行为，是否视为社矫工作人员存在失职、渎职行为。

三、提升社区矫正专门执法队伍建设的对策和建议

（一）继续提升社区矫正队伍建设水平

在社区矫正执法队伍法制化、专业化的基础上，积极探索推进社区矫正队伍社会化。一方面，继续选派监狱（戒毒）民警充实到社区矫正队伍中；另一方面，通过公开招录等形式，增加社区矫正工作人员数量，黑龙江省从2022年开始，已开展招录司法辅助人员协助社区矫正试点工作，由地市司法局通过政府发布招录司法辅助人员公告，制定司法辅助人员协助开展社区矫正工作的权责清单，建立管理、教育、培训、考核和职业保障等工作机制，努力营造事业留人、待遇留人的浓厚氛围；结合现有司法所工作人员，建设一支兼具法制化、专业化，并且工作热情高的社区矫正专门队伍。

（二）提升社区矫正队伍整体素质

目前虽然鼓励、动员社会力量参与到社区矫正工作中来，但缺少社区矫正工作人员的现象还普遍存在，尤其缺少高素质、专业化的社区矫正工作人员。缺少高素质、专业性强的社区矫正工作人员已经严重制约并影响我国社区矫正工作的发展，也阻碍我国社区矫正工作取得显著成效。目前，我国仅有5所政法类学校开设了社区矫正专业，无法满足社区矫正执法队伍人才需求的现状。对此，笔者认为，一方面，可以通过行业培训、岗位培训以及等级考试等业务培训方式，提高社区矫正工作人员的职业能力水平；另一方面，可以协调教育部门等相关单位，在更多的政法类高校开设社区矫正专业，通过高等学校的教育和培养，为社区矫正机构不断输送大量高素质、高水平的社区矫正工作专业人才。

（三）赋予社区矫正工作人员更多的执法权

针对目前社区矫正工作人员对违法的社区矫正对象，只有监督权、制止权，而没有处罚权，同时对相关部门在决定是否社区矫正时缺少监督权等情况，笔者认为应在《社区矫正法》中赋予社区矫正机构相应的行政处罚的权力和监督权，包括留置矫正对象的权力、罚款的权力等。只有赋予社区矫正机构相应的处罚权、采取强制措施的权力和监督权，才能有效打击并制止矫正对象的违规违法行为，进一步增强矫正对象对社区矫正机构的敬畏感，使矫正对象服从管理，配合矫正工作的开展，提升法律公正性、透明性。

（四）建立社区矫正工作尽职免责制度

建立、完善社区矫正相关制度体系，能够确保执法规范、提升矫正质效，从而

规避矫正工作中的风险。笔者认为应当尽快建立社区矫正工作尽职免责制度，在出现矫正对象脱管、违法犯罪时，经过有关工作程序认定，有充分证据表明，社矫工作人员已按照有关法律法规及工作制度，尽职地履行了自己的工作职责的，应当免予追究工作人员的责任或者减除部分责任，从而增强社区矫正工作人员工作的热情和积极性。

社区矫正专门执法队伍建设的多重困境及出路探析

刘　举*

根据《中华人民共和国社区矫正法》（以下简称《社区矫正法》）第 9 条的规定，县级以上地方人民政府根据需要设置社区矫正机构，负责社区矫正工作的具体实施。各地方人民政府纷纷加强了社区矫正机构建设，成立各级社区矫正管理局，但社区矫正工作的具体实施，关键在社区矫正工作人员，各地纷纷探索矫正官制度、监狱戒毒警察参与社区矫正管理制度、招聘司法辅助人员参与社区矫正工作制度，不断充实、探索社区矫正执法队伍。2014 年，习近平总书记在司法行政工作指示中对社区矫正工作提出了明确要求："持续跟踪完善社区矫正制度，加快推进立法，理顺工作体制机制，加强矫正机构和队伍建设，切实提高社区矫正工作水平。"① 由此可见研究建设社区矫正专门、高素质执法队伍，有助于推进社区矫正工作的规范发展，切实做好对社区矫正对象的监督管理与教育帮扶等活动，促进社区矫正对象顺利融入社会及预防减少犯罪。

一、我国社区矫正专门执法队伍及执法权

（一）社区矫正工作人员与专门执法队伍

社区矫正作为刑罚执行方式，保障着刑事判决、刑事裁定和暂予监外执行决定的正确执行，对于社区矫正对象的监督管理与教育帮扶等活动，工作需要广泛的社区矫正工作人员及社会力量参与、相互配合。目前，我国从事社区矫正工作的人员构成比较复杂，既包括司法行政机关（社区矫正机构）和司法所中专门从事该项工作的人员，也包括公、检、法等部门中参与该项工作的人员，还包括社会工作者、

* 刘举，黑龙江省七台河市司法局四级主任科员。

① 姜萍萍、谢磊：《法制日报评论员：做好社区矫正工作完善社区矫正制度——四论深入学习贯彻习近平总书记对司法行政工作重要指示精神》，http：//cpc. people. com. cn/n/2014/0521/c78779-25047396. html，最后访问时间：2023 年 8 月 3 日。

志愿者、社区服刑人员单位的相关人员及其家属等①。有学者提出可以考虑将社区矫正工作人员视为一个概括性的名称，用以指代所有参与社区矫正工作的人员，具体划分为两类：一是作为国家工作人员负责刑罚执行事务的社区矫正执法人员（可称之为“社区矫正官员”）；二是协助社区矫正官员开展相关工作的社区矫正辅助人员，可以进一步划分为社会工作者、社区矫正志愿者等②。根据《社区矫正法》第15条规定：社区矫正机构工作人员和其他参与社区矫正工作的人员依法开展社区矫正工作，受法律保护。我们可以分析得出，社区矫正的工作人员主要分为两类：一类是具有法律等专业知识的专门国家工作人员（社区矫正机构工作人员）；另一类是居民委员会、村民委员会协助社区矫正工作人员，社区矫正对象的监护人、家庭成员、所在单位或者就读学校应当协助社区矫正工作的人员，企事业单位、社会组织、志愿者等参与社区矫正工作的社会力量。根据承担的任务和身份，社区矫正的专门执法队伍就是指第一类的社区矫正机构工作人员，为体现刑事执行的严肃性和权威性，社区矫正工作必然需要一支有国家强制力作为后盾的专业化执法队伍。

（二）执法权及执法内容

我国社区矫正机构执法权限主要依据《中华人民共和国社区矫正法实施办法》第9条，社区矫正机构是负责具体实施的执行机关，执法权主要包括接收委托进行调查评估，提出评估意见权力；对社矫对象进行监督管理，实施考核奖惩权力；审批会客、外出、变更执行地权力；提出治安处罚建议，提出减刑、撤销缓刑、撤销假释、收监执行等变更形式执行建议，依法提请逮捕权力等。

在社区矫正对象入矫后，执法人员会对其进行宣告，告知其社区矫正期间的权利义务；采取定位等措施，掌握并限定其活动范围；定期到社区矫正人员的家庭、所在单位、就读学校和居住的社区走访，了解、核实其思想动态和现实表现；通过日常监督管理，确定奖惩适用。针对服从人民法院判决，认罪悔改的；遵守法律法规的；遵守关于报告、会客、外出、迁居等规定，服从社区矫正机构的管理；积极参加教育学习等活动，接受教育矫正的；社区矫正期间，有见义勇为、抢险救灾等突出表现，或者帮助他人、服务社会等突出事迹的，执行地县级社区矫正机构可以给予表扬。对于符合法定减刑条件的，由执行地县级社区矫正机构依法提出减刑建议。对不按时报到或者接受社区矫正期间脱离监管，违反关于报告、会客、外出、迁居等规定的；不按规定参加教育学习等活动，经教育仍不改正的；保外就医的社区矫正对象无正当理由不按时提交病情复查情况，经教育仍不改正的；违反其他监

① 张磊：《论我国基层社区矫正干警队伍建设》，中国社会科学院2018年硕士学位论文。

② 吴宗宪：《论社区矫正工作人员的种类和名称》，载《中国司法》2005年第12期。

督管理规定的，执行地县级省社区矫正机构应当给予训诫、警告。对社区矫正对象违反监督管理规定或者人民法院的禁止令的，县级社区矫正机构提请同级公安机关依法给予处罚。对社区矫正对象违反禁止令，情节严重的；无正当理由不按规定时间报到或者接受社区矫正期间脱离监管，超过一个月的；因违反监督管理规定受到治安管理处罚，仍不改正的；受到社区矫正机构两次警告，仍不改正的；其他违反有关法律、行政法规和监督管理规定，情节严重的，由执行地同级社区矫正机构提出撤销缓刑建议。对被提请撤销缓刑、撤销假释的社区矫正对象有可能逃跑的；具有危害国家安全、公共安全、社会秩序或者他人人身安全现实危险的；可能对被害人、举报人、控告人或者社区矫正机构工作人员等实施报复行为的；可能实施新的犯罪的，向人民法院提请予以逮捕。对社区矫正对象不符合暂予监外执行条件的，未经社区矫正机构批准擅自离开居住的市、县，经警告拒不改正，或者拒不报告行踪，脱离监管的；因违反监督管理规定受到治安管理处罚，仍不改正的；受到社区矫正机构两次警告的；保外就医期间不按规定提交病情复查情况，经警告拒不改正的；暂予监外执行的情形消失后，刑期未满的；保证人丧失保证条件或者因不履行义务被取消保证人资格，不能在规定期限内提出新的保证人的；其他违反有关法律、行政法规和监督管理规定，情节严重的，由执行地县级社区矫正机构向决定机关提出收监执行建议。

二、我国社区矫正执法队伍现状及问题分析

通过实地调研及阅读文献，我国现在的社区矫正工作队伍以县级社区矫正机构工作人员为主要支撑，以受委托从事社区矫正工作的司法所工作人员为基础，以监狱、戒毒警察为补充，以社会工作者、志愿者等社会力量为辅助。要建立社区矫正专门执法队伍，还面临着管理体制复杂、执法人员缺少警察身份、执法人员素质参差不齐等困境，影响了社区矫正活动的实施效果。

（一）管理体制复杂，不利于发挥专业职能

现各地普遍存在司法所的隶属关系不统一、不规范问题，工作人员存在混编混岗情况。司法所在有些地方作为县级司法行政机关的派出机构，有些地方则由县级司法行政机关和乡镇（街道）进行双重管理，还有一些地方是以乡镇（街道）管理为主、县级司法行政机关在业务层面上给予指导为辅。[①] 对于那些由乡镇（街道）管理为主的司法所，人员编制也并非司法行政编制，工作以乡镇（街道）工作为主，

① 吴宗宪：《我国社区矫正基层执法机构的问题及改革建议》，载《甘肃社会科学》2016 年第 6 期。

很难有效完成社区矫正的工作任务。面对管理体制困境，如何规避司法所的管理体制困境并建立专门从事社区矫正工作的执法队伍显得尤为重要。

（二）执法队伍缺少警察身份，不利于刑罚执行权威

各级社区矫正机构及受委托开展社区矫正工作的司法所工作人员均不具有警察身份，通过刑罚执行一体化机制借调的监狱、戒毒警察人员数量有限，又存在双重管理、人员轮换、考核困难等问题，借调人民警察在社区矫正工作中无法发挥出全部作用。社区矫正工作监督管理的对象是被判处管制、宣告缓刑、裁定假释、决定或批准暂予监外执行的罪犯或服刑人员，人员构成复杂，具有一定的潜在人身危险性，当社区矫正执法人员发现社区矫正对象在社会中做出现实的危害行为时，因不具有警察身份，需要通过报警，由警察通过强制措施予以处置，此时，社区矫正执法人员身份略显尴尬。在调查评估、社会走访等工作中，难以取得相关单位和个人的信任和配合，在入矫宣告、日常监督和教育方面，普通的公务员身份难以让经常与警察打交道的罪犯在思想上、行为上重视社区矫正工作。缺少警察身份，影响了社区矫正的权威和效果。

（三）执法人员素质参差不齐，不利于社矫目标实现

经素材搜集及本地实地调研，受委托开展社区矫正工作的司法所中专门从事社区矫正的执法人员年龄结构普遍较大，本科以上学历的人数偏低，法学、心理学、社会学、教育学专业背景的人员占比较少，并且缺乏法学理论、心理咨询、社会工作、未成年教育等专业培训。县级社区矫正中心虽然都配有械具装备室，但是执法人员几乎没有接受过械具使用、擒拿格斗培训。很多情况下矫正工作只能停留在事务性、机械性的层面，无法深入开展心理矫治、教育帮扶，对于促进社区矫正对象顺利融入社会，预防减少犯罪的目标无法深入实现。

三、加强社区矫正专门执法队伍的思路和对策

（一）完善县级社区矫正中心建设，集中社区矫正执法功能

受委托的司法所存在体制问题，司法所工作人员存在执法身份及专业不匹配的问题，继续委托司法所开展社区矫正工作不利于社区矫正工作的规范性和高效性，也不利于执法队伍的职业化和专业化建设，因此可以不再委托司法所而是将社区矫正的执法功能集中到县级社区矫正机构，充分发挥县级社区矫正中心的场所作用。参照司法所社区矫正中心建设规范，结合各县级社区矫正机构及县级司法行政机关

的具体情况，完善社区矫正中心建设。根据执法人员与社区矫正对象的人员配比，调剂落实编制；根据区域规模、居住交通情况，在社区矫正中心下设分中心，县级社区矫正机构对各中心垂直管理。这种模式可以保证社区矫正执法队伍的独立性，隔绝了社区矫正执法人员承担乡镇（街道）的信访等工作以及司法所的调解、普法等工作。专门执法人员的集中以及全县区业务量的集中，使得执法人员之间配合更加紧密，业务更加熟练，困难得以快速解决，可以极大地提高社区矫正工作效率。

（二）落实执法人员警察身份，增强社区矫正权威属性

社区矫正工作是刑罚执行活动，代表国家对犯罪活动的惩处，要依靠国家强制力予以保障。同样是执行刑罚的监狱机关，其执法人员均为人民警察身份，而强制戒毒机构，虽然管理的人员非罪犯身份，但执法人员均为人民警察身份。对比参考俄罗斯社区矫正执法队伍情况，俄罗斯将刑事执行检查机关的执法人员纳入警察序列，以保障执法人员在工作中的严肃性和权威性。警察享有一定的强制执法权，待遇高于普通公务员，授衔纳入军衔系列，保障了工作人员的晋升机制，这样使执法队伍的专业化和职业化、工作人员的相对稳定性都得到了保障。① 社区矫正专门执法队伍应当参考法院、检察院的司法警察身份，一是能体现出社区矫正执法权的国家属性，彰显权威性；二是可以及时处理突发状况，显现高效性；三是实际工作中，通过警察身份的心理威慑作用，有利于监督管理；四是有成型的管理模式和建设路径可供快速复制。

（三）强化社区矫正执法队伍建设，提升执法水平

社区矫正是一项专业性很强的刑罚执行工作，《社区矫正法》也要求社区矫正机构配备具有法律等专业知识的专门国家工作人员履行监督管理、教育帮扶等执法职责，因此社区矫正执法队伍的准入门槛无论是在学历还是在综合素质上都是较高的。需要政府层面做好社区矫正的编制增量，通过完善招录计划，明确招录条件，优先录用公安系统及司法行政系统所属警察类院校毕业或者有人民警察、部队工作经历人员。通过开展警矫合作，提升社区矫正执法人员警务技能，通过持续、系统的教育培训提升执法队伍的专业性和职业性。完善考核及晋升机制，切实解决社区矫正一线执法人员的待遇问题。发挥正向激励，激发社区矫正执法人员对社区矫正对象顺利融入社会的责任感、成就感。

随着社会的发展，刑事政策逐渐趋向监外治理倾斜，社会各界越发认识到了社

---

① 刘强：《中国社区矫正机构和执法队伍建设——主要基于俄罗斯的比较研究》，载《社区矫正理论与实践》2022 年第 1 期。

区矫正的价值。逐年增加的社区矫正工作量，迫切需要研究社区矫正专门执法队伍问题。通过研究社区矫正工作人员与社区矫正执法队伍，分析执法权及执法内容，来确定加强社区矫正专门执法人员队伍建设的必要性。在具体的社区矫正活动实施中也存在着诸多执法队伍建设难题，如果能通过加强社区矫正中心建设，将执法人员及执法功能集中到县级社区矫正机构，将规避管理体系复杂问题；赋予社区矫正执法人员人民警察身份，参考法院、检察院司法警察的建制，将解决社区矫正执法身份及权威性问题；通过严格准入录取、加强系统培训、完善激励考核等机制，将解决社区矫正执法人员执法能力问题。总体来说，社区矫正有着广阔的发展空间及前景。相信随着社区矫正工作的不断深入，必然会形成一支科学、有力、规范、适应新时代发展的社区矫正专门执法队伍。

实践篇

北京市社区矫正专门执法队伍建设浅析

卢 刚 兰万华*

社区矫正是指将符合法定条件的罪犯置于社区内，由专门国家机关在相关社会团体和民间组织以及社会志愿者的协助下，在判决、裁定或决定确定的期限内，矫正其犯罪心理和行为恶习，并促进其顺利回归社会的非监禁刑事执行活动。作为和监禁刑罚相对应的刑事执行工作，需要一支专职、专业的工作者队伍履行社区矫正执法工作职责。社区矫正专门执法队伍不仅关系到刑事判决、刑事裁定和暂予监外执行决定的正确执行，还关系到监督管理、教育矫正、帮扶救助任务能否落到实处，关乎社区矫正工作的专业化、规范化和制度化建设水平，是衡量该项工作质量高低的重要方面，也是衡量法治建设的重要侧面。强化社区矫正专门执法队伍建设是社区矫正法律法规的内在要求，符合社会发展和刑事法治发展的客观规律。因此，我们要认真审视和深入调研，充分了解当前社区矫正专门执法队伍的建设状况及存在的问题，积极寻求改革对策。

一、北京市社区矫正专门执法队伍建设现状

自2003年被确定为全国首批试点省市之一，北京市就着力打造司法行政工作者、抽调监狱戒毒人民警察、司法社工、社矫协管员协同作战、优势互补的社区矫正“四支队伍”，并着重加强专职司法助理员队伍建设，完善监狱戒毒人民警察参与工作机制，从而发展形成了社区矫正工作者队伍建设“北京模式”。

在司法行政工作者方面，北京市注重加强专职工作者队伍建设，2014年以市委市政府两办名义下发意见，要求每个司法所设立一名专职负责社区矫正工作的司法助理员，所管社区矫正对象在20人以上且司法助理员在4人以上的司法所要确定一名专职负责社区矫正工作的副所长，并保持专职司法助理员队伍稳定，如需调整，应征求上级司法行政机关的意见。《中华人民共和国社区矫正法》（以下简称《社区矫正法》）施行后，司法助理员成为法定的社区矫正专门国家工作人

---

* 卢刚，北京市司法局社区矫正管理处处长。兰万华，北京市司法局社区矫正管理处干部。

员，北京市根据街道乡镇管理体制改革实际，认真贯彻落实法律法规，要求区司法局、司法所配齐配强专门力量，加大招录力度，选拔一批具有专业知识、符合工作需要的专门国家工作人员。截至目前，全市在市级社区矫正机构、17 家区级社区矫正机构和 342 个司法所从事社区矫正的政法专项编制共计 628 人，编制分别归属于市、区司法局和街乡政府，实际在岗 571 人，编制使用率达 90%以上。其中，市级社区矫正机构编制 11 名，实有人数 5 人；区级社区矫正机构编制 59 名，实有人数 57 人；街乡司法所共有从事社区矫正工作的政法专项编制 558 名，实有人数 508 人。

在抽调监狱戒毒人民警察方面，2003 年试点之初，考虑到监狱民警具有丰富的监管改造经验和执法办案能力，以及当时区县司法局、司法所对罪犯改造经验能力匮乏的现状，为确保试点工作稳步推进，维护首都安全稳定，北京市司法局从市监狱局和原劳教局第一批抽调 35 名人民警察参与社区矫正工作。此后，市司法局不断探索社区矫正用警工作模式，实施“一所一警、基础保障用警、专案用警”等警力配备标准，并按照“向基层一线倾斜、向重点区域倾斜、向重点案件倾斜”的原则，从一所一警普遍使用转变为集中用警重点攻坚，进一步提高用警效能，确保了社区矫正民警在关键时期发挥关键作用，为社区矫正专门执法队伍提供了有力支持。截至目前，全市仍有 337 名监狱戒毒人民警察奋战在社区矫正工作一线，其中，司法所 284 人，区矫正机构 49 人，市矫正机构 4 人。

二、北京市社区矫正专门执法队伍建设的必要性

（一）首都安全稳定工作的需要

作为全国政治中心，北京市具有特殊的政治地位。习近平总书记指出，“首都的安全稳定在全国社会稳定大局中具有特殊重要意义”“首都稳、全国稳”。社区矫正是贯彻党的宽严相济刑事政策，推进国家治理体系和治理能力现代化的一项重要工作，在维护首都政治安全和社会稳定中具有十分重要的作用。虽然北京市社区矫正对象重新违法犯罪率始终低于全国 0.2%的平均水平，但是作为违法犯罪人员，社区矫正对象始终是影响首都社会安全稳定的潜在因素。主要原因有以下几个方面：一是一些社区矫正对象身份意识和法治观念较为淡薄，不能从内心、从本质上认识到自己所犯的罪错，存在应付社区矫正心理，增加了重新违法犯罪的风险。二是一些社区矫正对象没有一技之长，无法找到合适的工作，整天游手好闲，给社会安全稳定带来了很大威胁。三是个别社区矫正对象存在临时困难，如果我们没有及时开展有效的帮扶救助，一定程度上来说，也不利于维护社会和谐稳定。四是个别工作人

员责任心不够强，不能有效开展监督管理和教育帮扶工作，也给社区矫正对象重新违法犯罪埋下了隐患。此外，北京市管理的敏感重点人员比较多，这部分重点人员敏感性强、社会关注度高，其安全稳定事关首都的政治安全。

（二）北京市街乡管理体制改革的需要

一直以来，北京市绝大多数区司法行政工作属于直管司法所的模式。近年来，随着北京市街道乡镇管理体制的改革，社会治理和服务重心向基层下移，更多资源、工作力量下沉街乡，赋予了街乡更多的执法权限，进一步增强了街乡执法力量，提升了执法工作效能，解决了基层社会治理难题。但是，由于一些街道乡镇领导和司法所工作人员还没有适应管理体制改革带来的新变化，在思想上认识难免不到位，特别是一些街道乡镇领导，由于对社区矫正工作缺乏了解，加之基层社会治理任务繁重，没有将社区矫正作为一项重要的工作来抓，甚至还将司法所工作人员用于开展基层社会治理相关工作，导致司法所人员力量不足，基层基础有所削弱。而且司法行政体制改革后，司法所在原承担社区矫正、人民调解、普法依法治理等八项职能外，新增了法制工作职责任务。北京市基层司法所工作人员仅600人左右，且人员流动性大、专业素质有待提高，专业化、规范化水平与社区矫正执法工作存在较大差距。

（三）社区矫正对象监督管理的需要

近年来，北京市社区矫正对象列管人数逐年增加。2018年至2021年，全市每年列管社区矫正对象人数分别为5897人、6365人、6307人、7582人，特别是2020年7月1日《社区矫正法》施行后，2021年度社区矫正对象激增20%。同时，北京作为人口净流入城市，非京籍社区矫正对象也逐年增多，2018年至2021年，全市每年列管非京籍社区矫正对象人数及占比分别为：2018年1480人，约占25%；2019年2018人，约占32%；2020年2600人，约占41%；2021年3462人，约占46%。由于《社区矫正法》赋予社区矫正决定机关确定社区矫正执行地的权力，社区矫正机构应当遵守决定机关确定的执行地，可以预见外省市社区矫正决定机关确定执行地为北京市的社区矫正对象还将会成倍增加。此外，随着北京市对醉驾判处缓刑工作的进一步推进，结合近年来北京市醉驾犯罪情况，经初步估算，2023年度北京市列管社区矫正对象将会暴增至1.8万人左右。

三、北京市社区矫正专门执法队伍建设存在的问题

（一）队建滞后，社区矫正专门国家工作人员力量不足

社区矫正工作包括矫前调查评估、人员和文书接收核对、矫正宣告、组建矫正小组、制订矫正方案、日常实地查访、外出审批、监督矫正对象如实报告情况、限制矫正对象出境、给予训诫或警告、提请治安处罚、提请收监执行（撤销缓刑、撤销假释、暂外收监）及逮捕、组织开展教育（集体教育、个别教育、心理健康教育等）、开展帮扶救助（技能培训、就业指导、就学帮扶、临时救助等）、矫正期满解除等四十余项执法工作，且各项执法工作环环相扣，可以说社区矫正是一项专业性、法律性、社会性很强的工作，需要一支专职专业的专门执法队伍从事此项工作。以日常管理中考核社区矫正对象是否如实报告自己活动情况为例，不仅要使用一定的谈话询问技巧初步判断其报告情况的真实性，还要结合实地到家庭、村（居）委会走访、通信联络等掌握的情况，与其报告内容进行对证，发现不如实报告的情况，还要制作笔录、留存影音材料，固定证据，视情节开展个别教育、依法予以处罚、调整矫正方案和管理类别等，达到收监执行条件的，还要制作卷宗报请法院等决定机关进行裁决，等等。而且《社区矫正法》也明确规定了“社区矫正机构应当配备具有法律等专业知识的专门国家工作人员（以下称社区矫正机构工作人员），履行监督管理、教育帮扶等执法职责”。同时，十三届全国人大三次会议第9023号建议也提出“加强社区矫正工作人员队伍建设，建立一支正规化、专业化的队伍”的建议，司法部在答复该建议时也表示将参照国际上缓刑官、假释官专门从事社区矫正工作的模式，推动社区矫正专门队伍建设。但实际工作中，北京市区级社区矫正机构普遍为3人至5人科室，全市区级社区矫正机构专门国家工作人员力量不足60人，难以应对日益增长的社区矫正对象执法管理工作。而北京市一直存在的社区矫正民警队伍，只是在社区矫正试点之初为了保障工作平稳过渡，而采取的抽调监狱戒毒人民警察参与协助社区矫正工作的临时性措施。

（二）模式落后，社区矫正执行力不强

社区矫正属于刑事执行工作，社区矫正专门执法队伍也是国家机器的重要组成部分。由于北京市社区矫正执法是按照市、区、街乡三级行政管理模式分级分权操作的，北京市街道乡镇管理体制改革后，社区矫正专门执法队伍人事关系分别隶属于市司法局、区司法局、街道乡镇政府，相比采取人事任免垂直管理模式的其他刑事类工作部门，执行力持久弱化，不能满足刑事执行工作高效执行的要求。例如，

市社区矫正机构发现某区社区矫正对象活动情况异常，要求该区社区矫正机构、司法所立即前往核查并报告情况，但该区社区矫正机构、司法所正在根据属地安排参与区或街道乡镇政府安排的其他活动，该区社区矫正机构、司法所也只能按照属地要求开展相关工作，而不能迅速执行市社区矫正机构的部署，这大大影响了社区矫正刑事执行活动的严肃性和执行力。当前，天津、上海、重庆、辽宁、山西、江苏、浙江、宁夏、新疆生产建设兵团等省市成立的社区矫正管理局，为将来社区矫正机构垂直管理提前做好了铺垫、打好了基础，值得北京市借鉴。

（三）缺乏归属感，工作积极性、主动性不高

社区矫正是严肃的刑事执行工作，在矫正宣告、监督管理、处罚收监等执法环节需要突出体现其严肃性和权威性，而统一的制式服装是实现这一目的的主要形式和重要保障。目前，国家已统一了环保、交通、农业、文化、应急、市场监管六部门执法队伍的着装，切实提高了行政执法的严肃性。然而，作为刑事执行的社区矫正队伍，仍未有统一的制式服装，着装五花八门、形形色色，在调研中很多工作人员甚至自嘲为“游击队”，连保安都不如，从一定程度上体现出他们对职业缺乏认同感、荣誉感、归属感，影响了工作的积极性和主动性。另外，适合社区矫正专门执法工作人员的职务晋升机制也不够健全，基层司法所对社区矫正专门执法人员岗位使用的随意性强，哪里缺就往哪里调，基层社区矫正专门执法工作人员根本没有选择权，很难选择最能发挥自己社区矫正特长的工作岗位；同时在社区矫正专门执法队伍职业生涯管理上，现有体制机制没有对招聘、培训、考核等作出整体规划，容易造成社区矫正专门执法队伍职业生涯设计上的障碍，无法设定目标，没有了目标，也就失去了前进的方向，社区矫正专门执法工作者职业生涯的发展也就失去了动力。

（四）重使用、轻培养，缺乏专业化的社区矫正专门执法队伍

社区矫正是一项特殊的工作，对社区矫正对象的监督管理和教育帮扶需要具备专业素质的人才队伍，社区矫正如果没有强有力的人才支撑必定难以达到预期的社区矫正效果。社区矫正工作者必须是接受过专门训练的专业人才。然而从北京市现有开展社区矫正的工作者队伍来看，无论是社区矫正专门执法工作人员还是社区矫正辅助人员大多本身就缺乏与社区矫正工作相关的专业学历背景，特别是社区矫正对象急需的心理矫正工作开展还不够；对人才存在重使用、轻培养的现象，存在社区矫正专门执法工作队伍的培训体系不系统、培训内容相对单一、培训时间过短等问题；没有将社区矫正专门工作人才资源的选拔、培养、自身发展和利用纳入社区矫正工作的整体发展战略之中，缺乏立体式、梯队式的人才培养规划，这些因素都阻碍了社区矫正工作者正确认识社区矫正工作，难以树立正确的社区矫正执法理念。

缺乏专业化的社区矫正专门执法队伍在一定程度上影响了对社区矫正对象的教育改造效果，从而制约了社区矫正的整体发展。

四、加强北京市社区矫正专门执法队伍建设的几点思考

（一）加强社区矫正专门执法队伍建设，统筹使用好监狱戒毒人民警察

转变观念，健全组织机构，根据《社区矫正法》及其实施办法的规定，加快推进社区矫正专门工作队伍职业化、专业化、正规化建设，加强各方力量与专门力量的配合，充分利用和发挥市、区、街道乡镇三级社区矫正委员会的职能作用，探索建立市、区、街道乡镇三级社区矫正专职工作者队伍。同时，科学运用，集中管理参与社区矫正工作的监狱戒毒人民警察，原则上社区矫正民警作为区社区矫正机构工作人员应合理安排使用，并根据街道乡镇工作需要，经市社区矫正委员会办公室同意，在有能力为社区矫正民警提供必要执法办公条件的街道乡镇，设置社区矫正工作指导站。街道乡镇为指导站提供必要的办公条件、执法装备和配套的人力。

（二）充实社区矫正机构人员力量，探索条块结合的业务垂直管理模式

探索建立市级社区矫正中心，加快推进区级社区矫正中心建设，并依托市、区两级社区矫正中心，成立市、区两级社区矫正工作管理局，充实市、区两级社区矫正机构人员力量。同时，针对当前北京市司法所下沉街道乡镇和社区矫正执法统一高效、严格规范的新形势、新要求，为发挥好社区矫正机构职能作用，探索建立社区矫正机构“条块结合”垂直管理模式。“块”是区级社区矫正机构接受市级社区矫正机构和本区司法行政机关的双重领导。“条”是区级社区矫正机构工作业务和领导干部实行垂直管理，逐步探索实现步调一致、统一高效、规范有序的管理体制。

（三）探索矫正官制度，为今后社区矫正和监狱戒毒发展奠定人才基础

综观世界各国监狱戒毒和社区矫正发展，行刑轻刑化、专业化和去警察化是趋势。德国同为大陆法系国家，监狱基本上称为司法矫正机构。而我国 2016 年在公安部公开征求意见的《中华人民共和国人民警察法》（修订草案稿）附则中提到：“本法关于人民警察的规定适用于国家安全机关、监狱以及人民法院、人民检察院中授予警衔的工作人员”，并未提到戒毒人民警察。因此，要及早谋划，参考消防转制消防衔级制度、检察院转隶监察官、法官、检察官、警官和公务员等，在参与社区矫正的监狱戒毒人民警察中试点开展矫正官制度，可以探索分为总矫正官（省部级）、大矫正官（一级、二级，厅局级）、高级矫正官（一级、二级、三级、四级，处级）、

矫正官（一级、二级、三级、四级，科级）、助理矫正官（一级、二级，科员级），并将参与社区矫正的监狱戒毒人民警察的晋升、考核、津补贴发放与工作、政治、能力、业绩与矫正官和警衔评定挂钩，为今后建立社区矫正官等级制度津补贴和推进刑罚执行一体化工作中探索建立社区矫正官积累实践经验。

湖南省社区矫正执法队伍建设的实践与思考

侯迁广　吴荣羲　侯映宇*

2014年，习近平总书记对社区矫正工作作出重要指示，提出“要持续跟踪完善社区矫正制度，加快推进立法，理顺工作体制机制，加强矫正机构和队伍建设，切实提高社区矫正工作水平”。① 社区矫正执法队伍是对被判处管制、宣告缓刑、假释和暂予监外执行的罪犯，依法实行社区矫正，保障刑事判决、刑事裁定和暂予监外执行决定正确执行的中坚力量，是社区矫正工作法治化、制度化的重中之重。

关于社区矫正执法队伍的组成人员，不同学者有不同理解，部分专家教授认为，社区矫正执法队伍既包括具有法律等专业知识的专门国家工作人员，也包括协助做好社区矫正工作的社会工作者、居（村）民委员会和社会团体等辅助执法工作人员。笔者认为，根据《中华人民共和国社区矫正法》（以下简称《社区矫正法》）第10条的规定，社区矫正执法队伍仅仅为社区矫正机构配备“具有法律等专业知识的专门国家工作人员”。因为社区矫正具有“保障刑事判决、刑事裁定和暂予监外执行决定的正确执行”的刑事执行属性，所以社区矫正机构工作人员应当是具有刑事执行执法权，以及具有政法专项编制、行政编制或事业编制的专门国家工作人员，他们是“履行监督管理、教育帮扶等执法职责”的专门执法队伍，是社区矫正执法的主力军。

本文以湖南省为例，紧紧围绕《社区矫正法》，紧贴基层工作实际，立足社区矫正工作实务，来谈谈如何依法建设好这支具有刑事执行执法权，以及具有政法专项编制、行政编制或事业编制的社区矫正执法主力军。

一、问题导向，直面社区矫正执法队伍的现实困境

2021年，湖南省司法厅就“社区矫正执法队伍建设”作为年度重点课题开展调研，发现社区矫正机构工作人员作为社区矫正执法主力军，面临执法压力大、任务

---

* 侯迁广，湖南省社区矫正管理局局长。吴荣羲，湖南省社区矫正管理局副局长。侯映宇，湖南司法警官职业学院讲师。

① 《最高人民法院、最高人民检察院、公安部、司法部关于全面推进社区矫正工作的意见》（司发〔2014〕13号）。

重、风险高、保障差等现实问题。2023 年 5 月，湖南省司法厅根据司法部关于开展加强社区矫正执法队伍建设调研工作的通知，按照司法厅党组提出的主题教育“三找三兴”调研要求，采取抽样问卷调查、数据统计分析、现场核实论证、集中座谈研讨、面对面个别交流等形式，进一步对全省社区矫正执法队伍建设进行深入调研。主要问题归结如下：

（一）社区矫正执法机构设置不专

根据《社区矫正法》第 1 条、第 9 条的规定，社区矫正机构是我国法定的社区矫正执行机构。作为刑事执行机构，社区矫正机构应当具备专门性、统一性、独立性、完备性。目前，湖南有 1 个省级、14 个市级和 86 个县级在司法行政机关社区矫正机构加挂了“社区矫正管理局”的牌子，还有 37 个县（市、区）未依法设立“社区矫正管理局”或相关机构未加挂“社区矫正管理局”的牌子，仍由司法行政机关内设机构负责执法，有 16 个经济技术开发区（高新区）等地没有设置司法行政机关或者没有社区矫正机构，暂由当地管委会的政法办等内设机构代管。比如，常德市经济技术开发区、柳叶湖度假区、桃花源旅游管理区，均无社区矫正机构，由平安办代管。此外，社区矫正机构的名称也不统一，有社区矫正管理局（科、股）、社区矫正管理办公室、社区矫正中心、社区矫正服务中心、社区矫正执法大（中）队等。比如，衡阳市 12 个区县社区矫正机构中，有 4 个社区矫正工作股、4 个社区矫正管理局、4 个社区矫正服务中心。可见，上述这些社区矫正机构均没有严格依法专门设置，实践中也难以担负起对外履行刑事执行的职能，较大程度上影响了社区矫正执法的权威性和严肃性。

（二）社区矫正执法队伍力量不足

第一，政法专项编制紧缺。社区矫正制度是我国刑事执行制度的重要改革，是一项全新的制度设计，更是一项全新的工作，但自制度建立以来，国家层面一直没有增拨编制。由于缺乏中央层面相关政策依据，地方编制管理机关难以突破机构编制、人员工资与财政预算相互制约机制的政策限制。目前，湖南社区矫正机构政法专项编制都是在司法行政机关内部调剂，大多数地方难以调剂足够数额编制组建专门执法队伍。第二，专门执法力量不足。社区矫正工作人少事多、压力大、责任重，以至于司法行政机关内部很多人不愿到社区矫正执法岗位工作，人员流动频繁，在岗有跳槽想法的不少，很难留住人才。调查统计，湖南社区矫正对象年平均在册约 3 万人，全省社区矫正机构工作人员仅 543 人，社区矫正对象和社区矫正机构工作人员的配比约为 55∶1。省内社区矫正对象列管最多的县有 1000 余人，而社区矫正机构工作人员仅 3 人。第三，执法队伍专业性不高。当前社区矫正工作主要由“受委托的司法所”承担，而司法所人少事多，难以胜任，绝大部分采用聘用社会工作者、辅助人员的方式来弥补代替执法，受聘人员专业不对口的现象普遍存在，受限于他们的社区矫正专业素养和执法水准，存在较大的执法安全隐患。

（三）社区矫正执法队伍权责不清

从我国刑罚执行的整体制度设计来看，凡是与管理罪犯相关的国家工作人员，都具有执法身份、权责和任职等要求，社区矫正对象包含的四类人有一个共同的身份，即都属于在社区服刑的罪犯，人身自由都受到一定程度的限制，属于“社区服刑人员”①，但社区矫正机构工作人员权责不对等，存在“硬的不硬、软的太软”现象，执法不到位、不规范的问题较为突出。《社区矫正法》虽然赋予了社区矫正机构刑罚执行权，但并没有明确赋予社区矫正机构、受委托司法所工作人员的刑罚执行权力，他们在执法过程中欠缺必要的强制性和权威性措施，往往在面临社区矫正对象进行言语顶撞、行为攻击，以及调查走访遭遇冷板凳、吃闭门羹等情况时，难以采取及时高效的处置措施，难以维护刑事执行的执法严肃性，执法尴尬不可避免。如果存在执法过错，社区矫正机构工作人员轻则面临政务处分，重则追究法律责任，导致在执法过程中顾虑重重，执法效果大打折扣。

（四）社区矫正执法队伍管理失位

一方面，全国范围内对省、市、县级社区矫正机构工作人员没有进行统一、规范的管理，各地对社区矫正执法队伍的界定标准不一、管理方式不一。根据目前的司法行政管理模式，省级、市级司法行政机关管不到县级司法行政机关的人事、财权，彼此之间主要是业务指导关系，随着司法所归口基层党委政府部门的改革落地，县级司法行政机关对司法所也将主要体现为业务指导关系，严重影响社区矫正作为刑事执行的严肃性和权威性。另一方面，司法所承担社区矫正相关工作的实践与制度设计的初衷有较大差距。《社区矫正法》第 9 条第 2 款规定：“司法所根据社区矫正机构的委托，承担社区矫正相关工作。”司法所受区县司法局和基层党委政府的双重领导，因各地对社区矫正工作的重视程度不同，管理方式不同，社区矫正执法过程缺乏统一、严格的执法标准，存在执法不规范现象。司法所归口基层党委政府部门后，要纠正司法所在社区矫正执法过程中出现的问题，越发缺乏强有力的抓手，越发难以落地见效。

（五）社区矫正执法装备明显滞后

由于社区矫正机构工作人员的职业定位难以适应社区矫正执法工作需要，导致

---

① 王平：《社区矫正对象四类人员的前世今生》，载《上海法治报》2023 年 8 月 2 日，第 B6 版。

与社区矫正高风险、高要求相匹配的执法保障配套措施难以到位。国家层面赋予了社区矫正“刑事执行”的特定职能，但对实际工作中执法保障严重不足问题的有效对策举措不多。比如，没有制定全国统一的社区矫正机构工作人员执法证件，与法律规定的亮证执法不相符合；没有配发全国统一的执法标识和服装，与刑事执行执法性质不相符合；没有配备全国统一标识的执法执勤车辆，与工作实际需求不相符合。多年来，基层对这些需求呼声很高。由于保障社区矫正执法顺利实施的配套措施没有及时跟上，实际影响和制约了社区矫正工作的深入开展，导致社区矫正作为“刑事执行”的法律严肃性在执行过程中受到质疑和挑战。很多基层的同志反映：在人民群众看来，社区矫正作为刑事执行的执法保障甚至还不如市场监督、城管、林管、农管等行业的行政执法，与法院、检察院、公安和监狱的工作人员执法保障更加不可比，差距太大。

（六）社区矫正职业幸福指数不高

据统计，近5年湖南社区矫正对象中患艾滋病的有58人，患严重精神疾病的有120人，患肺结核等传染病的有92人，患其他重大风险疾病的有53人；社区矫正工作人员因公牺牲2人，因公受轻伤6人，社区矫正工作环境风险隐患之大可见一斑。近3年，全省社区矫正工作人员因工作失误被追责89人，政纪处分36人、党纪处分9人、刑事处罚2人，职业风险在司法行政各项工作中位居第一方阵。与司法行政机关其他岗位相比，社区矫正工作普遍存在“三高三不高”现象：工作责任高，但社会地位不高；工作强度高，但福利待遇不高；工作中的安全隐患风险高，但执法安全保障不高。其面临的风险更高、承担的压力更大、投入的精力更多。另外，我国实行社区矫正的时间还不长，社区矫正对象占比较低，社区矫正从业人数较少，宣传推广力度不大，“社区矫正”这一观念还没有深入人心，职业社会地位和荣誉感难以彰显，职业影响力有待提升。

二、立足当下，打造“三专三统”社区矫正执法主力军

习近平总书记指出，推进党和国家各项工作，必须坚持问题导向，倾听人民呼声。2023年是社区矫正制度在我国推行的第20个年头，《社区矫正法》施行3周年，社区矫正执法队伍在推进社区矫正工作正确、健康发展中发挥了不可估量的作用。但社区矫正执法队伍建设突破不大，对社区矫正执法队伍建设的争议不小，对如何依法建立一支全国统一的社区矫正执法主力军，缺乏顶层设计。笔者认为，在现行法律框架内，要建设好这支队伍，必须突出全国社区矫正“一盘棋”思想，切实加强顶层设计，对全国社区矫正机构工作人员实行“三专三统”，即“专职、专编、专

责，统一队伍管理、统一队伍装备、统一队伍培训”，打造一支全国统一、“三专三统”的新时代社区矫正执法主力军。

（一）配置专职机构

根据《社区矫正法》第 9 条的规定，县级以上地方人民政府根据需要设置社区矫正机构。建议司法部积极协调中央机构编制部门对依法设置社区矫正机构出台可操作性、指导性文件，明确在各级政府如何具体配置专职社区矫正机构，在全国范围内统一社区矫正机构名称。结合基层实际，设置专职社区矫正机构的途径至少有以下三种：其一，可以采取在省、市、县司法行政机关内设置社区矫正管理处（科、股），加挂“社区矫正管理局”的牌子，这个办法最简单，只能解当务之急，并非长久之计。有条件的地方可以尝试在司法行政机关设置作为二级机构的社区矫正管理局，这个办法能有效解决社区矫正机构设置问题，但推动难度较大。其二，可以比照人社部门设置农业综合执法总（支、大）队的做法，在省、市、县司法行政机关社区矫正管理处（科、股）设置或者加挂社区矫正总队、支队、大队，推进社区矫正队建制。这个办法较符合当前工作实际，但需要顶层设计。其三，重新调整对监狱、戒毒、社区矫正机构的设置和编制数额。当前，各省戒毒人员急剧下降，戒毒所警力日益冗余，可以借鉴河南、浙江、上海的做法，将戒毒所整体转制为社区矫正机构。据司法部统计，全国已有 6 个戒毒所整体转制为社区矫正机构的先例，湖南也有 3 个戒毒所整体转制为监狱的做法。这一途径在现行法律框架下难度最大，但不失为一种选择途径。

（二）增加专项编制

社区矫正是一项新的刑事执行制度。当前，全国社区矫正对象常年维持在 70 万人以上，维护国家安全稳定的职能日益凸显。湖南各县（市、区）社区矫正对象大多在 300 人左右，建议社区矫正机构工作人员与社区矫正对象的配比为 1∶20 较为科学。照此测算，每个区县一般配备 10—15 名社区矫正机构工作人员即可，各县（市、区）社区矫正机构工作人员需配备近 2000 人，省、市两级需配备 200 余人。笔者认为，现阶段可以从以下四个渠道探索解决编制问题：一是从中央政法专项编制中动态调整增加编制数额。2015 年，中编办、中央政法委、最高法、最高检、公安部、国安部、司法部印发《关于政法专项编制内部挖潜和创新管理的若干意见》规定，根据形势任务的发展和依法履职的需要，按照控制总量、盘活存量、动态调整、优化结构的原则，强化政法专项编制动态管理，促进编制资源有序流动，提高编制使用效能。各级机构编制部门应当对社区矫正这项新的工作进行动态调整增配中央政法专项编制，通过面向社会公开招考方式，将增加的编制专门用于招聘高层次的专业社区矫正机构工作人员。二是从推进刑罚执行一体化建设中调剂解决。司法行政系统中，监狱与社区矫正工作性质相同、目标一致、措施关联、方法相通，具有一体化推进的理论基础和实践基础。① 随着缓刑、假释和暂予监外执行力度的加大，刑罚缓刑化、行刑社会化是发展的大趋势。在刑罚执行一体化的背景下，将来从监狱划拨超额警察编制转入社区矫正机构是可行的。三是从选派戒毒警察从事社区矫正工作中调剂解决。自 2014 年起，湖南扎实推进选派监狱、戒毒人民警察到社区矫正岗位工作，多年的选派经验让监狱、戒毒警察从事社区矫正工作具备了一定的实践基础。目前，湖南司法行政系统的戒毒警察分别归属省、市两级司法行政机关管理，特别是近几年戒治人员减幅很大，警戒比降到较低水平，市级戒毒所的警戒比仅为 1∶0.8，部分超额警力可以转入社区矫正机构。2023 年，湖南共计选派市级戒毒警察 161 人到市、县级社区矫正机构工作，首次实现司法部提出的“一县一警”的目标，他们既愿意从事社区矫正工作，又有丰富的工作经验，还有较强的专业基础，能为社区矫正工作的发展增加重要专业力量。四是积极争取地方政府支持，调剂部分地方行政编制、事业编制到社区矫正机构。

（三）明确专门职责

根据《社区矫正法》第 10 条的规定，社区矫正执法队伍主要履行对社区矫正对象的监督管理、教育帮扶等执法工作。一方面，要明晰执法权责。从国家层面出台社区矫正执法权责清单，明晰权力名称，明确权力内容，规范权力运行，突出社区矫正机构，特别是县级社区矫正机构的执法主体职权，确保社区矫正刑事执行工作主体适格，实体内容和运行程序均依法规范。比如，湖南省司法厅于 2021 年明确了 27 项社区矫正规范执法内容，2022 年制定了《社区矫正执法权责清单》，编印了《社区矫正实务手册》《社区矫正法律规范汇编》，致力于从社区矫正调查评估、交付接收、入矫解矫宣告、监督管理、教育帮扶、变更执行地、收监执行等执法环节入手，明确执法内容，绘制执法流程，规范执法行为，具有可推广、可复制的价值。另一方面，明确岗位职责。当前，社区矫正机构内部一般定岗定责为刑罚执行、教育帮扶、社会联络、综合等，随着社区矫正工作的发展，建议完善为监督管理、教育帮扶、刑罚执行、社会联络、执法督查、综合等岗位职责。当前，基层社区矫正工作在社区矫正监管教育、刑事执行等重点执法环节存在监督盲区，社区矫正工作人员执法不规范、违法现象问题突出。社区矫正执法督查主要来自上级对下级组织的交叉评查、线上线下监督检查，以及来自检察机关的法律监督，缺乏来自社区矫

① 晏国福：《完善刑罚执行一体化建设路径初探——以安徽司法行政系统为视角》，载《中国司法》2020 年第 8 期。

正机构内部的执法监督。社区矫正机构内部增加专门执法监督职责后，能及时对同级监管教育、刑事执行等重点执法行为进行同步监督，强化规范执法，填补同步监督空白。湖南于 2021 年制定了社区矫正矫务公开制度，不失为一种好的监督方式。

（四）统一执法队伍管理

第一，建立社区矫正执法队伍准入标准，严把社区矫正机构工作人员的入口关，侧重吸纳具有法律、教育、社会、心理、信息化等专业技术人才进入社区矫正执法队伍。第二，健全社区矫正执法队伍管理办法，实行全国统一登记管理。可以借鉴人民警察管理办法，对各级各地取得社区矫正执法资格的国家工作人员进行科学、统一编号。第三，建立全国统一的社区矫正执法队伍信息库，实现对社区矫正机构工作人员的动态、准垂直管理。通过大数据平台，不仅能够查询到社区矫正执法人员的姓名、性别、民族、出生年月、工作单位等基本信息，还可以涵盖人员专业构成、业务特长、教育培训和执法证件审验等信息，并通过网络实现数据及时更新。数据库的建立，有助于加强对执法人员基本信息和执法人员培训的管理，将有效保障社区矫正执法人员依法行使职权，推动严格执法、规范监督管理、优化教育帮扶，为社区矫正执法工作的深入开展提供保障。

（五）统一执法队伍装备

社区矫正作为刑事执行应当严于一般性行政执法。统一社区矫正执法队伍装备和标识十分重要，这样更能提升社区矫正机构工作人员的职业荣誉感，更能增强社区矫正刑事执行的严肃性和法律的权威性。调研表明，基层对此需求很高、感慨很深，强烈呼吁建立完善相关制度措施，全国统一社区矫正专门标识，印制执法（工作）证，制发制式服装，配备执法执勤车辆等。因此，建议在全国统一社区矫正场所建设标准的基础上，统一社区矫正执法队伍的执法证件、服装、执法执勤车辆等专门装备，设计配发专门标识，尽早实现社区矫正执法队伍全国统一。在统一社区矫正执法证件方面，可以参照行政执法证件的获取方式，对社区矫正机构工作人员取得刑事执行执法资格设定条件标准，达标后方可发放全国统一编制的刑事执行执法证件或者社区矫正执法证，而对非社区矫正机构工作人员但从事社区矫正工作的社会工作者等，可以发放社区矫正工作证。目前，浙江、河南、陕西等省份在统一执法证件方面出台了制度，都取得了良好的实际效果，要做到全国统一执法证件的难度并不大。但在统一社区矫正执法服装、执法执勤车辆等方面，各地基本无策，只能依靠司法部顶层设计，才能实现目标。

（六）统一执法队伍培训

当前，各级社区矫正机构每年都组织社区矫正业务培训或者开展技能比武活动，取得了一定的成绩，但系统性、计划性还不强。建议司法部统一制定社区矫正执法队伍建设中长期培训规划，设定培训阶段性目标、制订可行性方案、确定菜单式培训内容，编印普及式培训教材，扩大对全国业务骨干培训的范围，加大集中培训、交流力度等。在当前省、市、县分级培训模式的基础上，各地依据统一的队伍建设培训中长期规划，可以采取以学带训、以会代训、以案释法、自学自训等多种方式，对区域内社区矫正机构工作人员组织开展骨干轮训、上岗培训和业务培训，做到队伍培训多渠道、多层次、全覆盖，使社区矫正机构工作人员熟悉工作程序、掌握方法技能。

三、放眼长远，推进社区矫正执法队伍长足发展

习近平总书记强调，既要立足当前、直面问题，在解决人民群众最不满意的问题上下功夫，又要着眼未来、登高望远，在加强统筹谋划、强化顶层设计上着力。从长远来看，在社区矫正执法队伍建设达到一定水平后，可以通过修改《社区矫正法》或者创新体制机制方式，进一步推进社区矫正执法队伍向更高水平发展。

（一）实行社区矫正队建制

“队建制”改革的核心是将社区矫正机构专门化，社区矫正执法工作从司法所剥离。[①] 队建制打破了地域上的界限，优化了地方社区矫正执法资源配置，节约了执法成本。同时，司法所剥离了社区矫正执法职能后，将有更多的时间和精力投入不具备强制性的教育帮扶中，专业的人做专业的事，实现优势互补。由社区矫正专门执法支队、大队、中队担任执法工作，更符合党中央关于法治队伍专业化、职业化的要求，从而进一步提升教育矫正质量。2018 年初，湖南省司法厅决定积极探索队建制改革，并在长沙、湘潭、怀化等地开展改革试点。主要做法是在市、县两级分别设置社区矫正执法支队、大队，因地制宜将辖区相邻街镇划分为若干片区，以片区为单位设置社区矫正执法中队，形成支队—大队—中队三级监管执法运行机制。溆浦县、冷水江市、武冈市、韶山市等县（市、区）的队建制改革成效明显。队建制改革是一项涉及面广、政策性强、任务繁重的系统工程，目前各省试点的经验停留在市、县一级，如何在省级，甚至是全国范围内循序渐进地推广实施这一制度，还需要司法部从顶层设计的角度作出科学统筹。实践证明，社区矫正队建制更加符合工作实务，也将是社区矫正工作的一大发展趋势。

---

① 刘强：《中国社区矫正机构和执法队伍建设——主要基于与俄罗斯的比较研究》，载《社区矫正理论与实践》2022 年第 1 期。

（二）建立中国式社区矫正官

社区矫正官是推动社区矫正职业化的重要抓手。根据《社区矫正法》，普遍认为，现有的社区矫正工作模式“1+N”中，“1”主要指社区矫正机构工作人员，“N”主要指社会工作者、社会志愿者等，他们一直缺乏统一的称呼，对自身职业的认同感不足，这不利于社区矫正工作的长远发展。借鉴四川、浙江、江西等省份开展社区矫正官试点的经验，探索社区矫正官的设立架构、任职条件、岗位职责、职级职务等，逐步建立起科学的社区矫正官制度，逐步建立起分类科学、结构合理、权责明晰、晋升顺畅的社区矫正队伍管理机制。一是纳入职业序列。参照法官、检察官制度，推动将社区矫正官纳入人社部门职业序列，并通过写入《中华人民共和国职业分类大典》等方式向社会公布，赋予其职业身份，提升社区矫正工作人员的身份意识，增强其职业归属感。二是健全选任培养制度。设立统一的准入条件，注重引进法律、公共管理、社会学、心理学、教育学等专业人才，改善社区矫正工作队伍专业结构。三是优化激励机制。积极完善社区矫正官的考核制度和激励措施，优化评价机制和职业晋升渠道，积极宣传和表彰先进典型，不断提升社区矫正官的社会价值和社会地位。

社区矫正工作量及工作人员配备研究

——以四川省为例

四川省司法厅课题调研组*

2020年7月1日《中华人民共和国社区矫正法》（以下简称《社区矫正法》）正式施行，作为我国第一部全面规范社区矫正工作的法律，确立了社区矫正制度的法律地位和基本框架。其中，第9条“县级以上地方人民政府根据需要设置社区矫正机构，负责社区矫正工作的具体实施”、第10条“社区矫正机构应当配备具有法律等专业知识的专门国家工作人员（以下称社区矫正机构工作人员），履行监督管理、教育帮扶等执法职责”，以及第16条“国家推进高素质的社区矫正工作队伍建设。社区矫正机构应当加强对社区矫正工作人员的管理、监督、培训和职业保障，不断提高社区矫正工作的规范化、专业化水平”的规定，对社区矫正机构设置、人员队伍建设提出了更新、更高的要求。如何通过科学配备社区矫正工作人员，建立一支革命化、正规化、专业化、职业化的社区矫正队伍，顺利实现“促进社区矫正对象顺利融入社会，预防和减少犯罪”的社区矫正立法目的，是当前亟待解决的重要问题。

一、四川省社区矫正队伍建设现状及存在的问题

（一）四川省社区矫正队伍建设现状

截至2022年底，四川省已经实现省、市、县三级社区矫正委员会和社区矫正机构设置全覆盖，但社区矫正机构大多是以挂牌形式设置，编制管理部门并未单独给

---

* 课题调研组成员：向军，四川省司法厅社区矫正管理处处长；李西臣，西华大学法学与社会学学院教授；周琴，四川省司法厅社区矫正管理处副处长；马丹婷，四川省司法厅社区矫正管理处四级主任科员；周明，四川省绵竹市司法局富新司法所所长；周睿熙，四川省司法厅社区矫正管理处二级主任科员；王尉鉴，四川省司法厅社区矫正管理处三级主任科员；唐贵君，四川泰常矫正事务所主任；郭强，西华大学法律硕士；刘津宏，西华大学法律硕士。

予或者增加编制数。在此基础上，为了推动社区矫正机构合理配置人员、提高业务水平、依法履职尽责，四川省开展“专职、专业、专责”队伍建设试点，形成了三种较为典型的队伍建设模式。一是以宜宾珙县、泸州古蔺县、资阳安岳县、绵阳游仙区为代表的“队建制”模式。通过矫正执法大队下设社区矫正执法中队形式，由社区矫正执法中队专人、专业、专职承担社区矫正对象日常管理和执法工作。二是以成都青白江区、新都区、简阳市等8个县区、绵阳梓潼县为代表的“分中心”模式。将社区矫正工作职能职责从司法所剥离，根据社区矫正对象动态分布规律，打破行政区域限制，设立“社区矫正分中心”，统筹调配政法专编、地方行政编制、事业单位编制工作人员和社区矫正辅助人员，构建专职社区矫正工作队伍，分类别分职能独立行使社区矫正执法权利。三是以乐山犍为县、峨眉山市、内江隆昌市、雅安芦山县、宜宾三江新区、长宁县、兴文县、筠连县为代表的“片区执法”模式。采取片区管理模式，根据社区矫正对象的数量和工作量，将所属司法所划分为几个片区，将社区矫正工作委托给各片区的中心司法所，整合专门执法力量进行管理。

（二）存在问题和困境

尽管各地在队伍建设上进行了一定的探索，也取得了一些成效。但是近年来，四川省社区矫正对象月均在册数量增幅明显，2023年第二季度末的在册人数同比增长15%，增速同比增加5个百分点。随着我国刑罚轻刑化，社区矫正对象的数量必将呈现快速增长的趋势，社区矫正工作量也将不断增加。而在各级社区矫正工作人员数量相对稳定的现状下，社区矫正工作量不断增加与执法人员力量不足的矛盾正日益凸显，也暴露出社区矫正执法队伍存在的问题和困境，制约了社区矫正工作的健康长远发展。

一是缺失执法身份。目前，四川省社区矫正工作大部分还是通过委托司法所的模式开展，从事社区矫正工作的主力是司法助理员，但司法助理员仅为一般的行政公务人员，既不属于警察序列，也不属于行政执法人员，更缺乏刑事执行身份的明确法定授权，社区矫正工作人员执法身份缺失，导致执法权威屡遭挑衅，执法合法屡遭质疑。

二是普遍人少事多。我们发现，不论是探索建立社区矫正专业化队伍的地区，还是采用委托司法所的传统模式开展社区矫正工作的地区，人少事多的情况非常突出。部分经济欠发达地区更是以“一人所”甚至“无人所”居多，有的地区工作人员与社区矫正对象配备比例甚至高达1：110，工作量可想而知。

三是专业化水平不够高。社区矫正工作人员来源渠道较多，大多数不具备从事社区矫正工作的专业要求，具有法律、社会服务、心理等专业知识或相关工作经验的更是屈指可数；同时由于司法行政机关内部分工、人员变动较为频繁，导致从事社区矫正的工作人员尚未熟悉或者刚刚熟悉业务就更换岗位，造成社区矫正队伍不稳定。而作为社区矫正工作人员主要组成部分的司法助理员，据不完全统计，四川省每年司法助理员的变动达到了40%。不仅如此，其中大多数工作人员也未经过专业培训，不具备开展社区矫正工作的专业能力，严重影响了社区矫正工作质效。

数据显示，2020年至2022年，四川省社区矫正机构工作人员配比逐年递减，从2.06%降低至2%，不仅如此，社区矫正队伍还存在结构不合理、男女比例失衡和工作人员普遍年龄偏大、学历偏低等问题。此外，社区矫正执法容错机制尚未完善，导致社区矫正工作人员怨声载道，在开展工作中背负沉重的思想压力，甚至一有机会便纷纷转岗，逃离社区矫正战线，社区矫正工作人才大量流失，因此科学配备社区矫正工作人员是解决当前社区矫正队伍建设困境的最佳途径。

二、社区矫正工作量及工作人员配备测算

社区矫正机构工作人员是开展社区矫正工作的重要力量，配齐配强社区矫正机构工作人员，加强社区矫正队伍建设，对于社区矫正工作持续健康发展意义重大。我们通过对四川省社区矫正工作量的调研和分析，科学选取定编定人理论方法进行计算，通过测算得出社区矫正工作人员合理配备的结论。

（一）定编定人理论方法及选取

相关文献研究显示，目前较为常用的定编定人方法有6种，分别是模型定编法①、工作时间测算法、行业比例法②、综合分析法③、职位分析法④和趋势外推法⑤。我们将这6种定编定人方法的适用条件和优缺点，结合社区矫正工作的特点和性质，进行了综合分析，最终选取了工作时间测算法来对四川省的社区矫正工作人员配备比例进行研究。

工作时间测算法是指通过岗位工作分析表，估算每项工作每月所耗费的时间，然后将每项工作时间加总得出该岗位的月工作总时间，再与月法定工作时间进行比较，计算该岗位所需的人员数量。其计算公式如下所示：

$$\text{岗位所需人数（人）}=\frac{\text{月总工作时间（小时）}}{\text{月法定工作时间（小时/人）}}$$

① 王建华：《S通信公司定员定编方法的应用》，西南交通大学2010年硕士学位论文。
② 程开明：《移动通信公司定岗定编的方法及应用》，载《市场研究》2006年第7期。
③ 程开明：《移动通信公司定岗定编的方法及应用》，载《市场研究》2006年第7期。
④ 袁洺：《A供电局定编方法的研究》，华南理工大学2014年硕士论文。
⑤ 袁洺：《A供电局定编方法的研究》，华南理工大学2014年硕士论文。

该测算方法既科学、准确地涵盖所有社区矫正业务的工作范围，不受以往数据的影响等要求，又具有较强的实际可操作性。

（二）测算我省社区矫正工作量

在选定测算方法后，我们对四川省社区矫正工作量①进行了具体的统计和测算，通过制作工作量表、填写量表、回收量表和数据分析，得出如下结论：

根据社区矫正法的规定，县级社区矫正机构主要承担社区矫正具体执行工作，因此县级社区矫正工作的相关数据是分析的重点，主要包含耗时较长的工作事项、县级社区矫正工作人员实际月人均工作时间等方面。

经统计，县级社区矫正工作总量为667847.292小时/月，其中耗时分别为监督管理339283.975小时/月、其他行政工作187636.115小时/月、教育帮扶107931.402小时/月、调查评估32995.800小时/月。在调查评估工作中耗时排名前三位的分别为：开展调查评估23270.430小时/月；反馈评估调查意见5845.830小时/月；反馈无法评估或者不予评估意见3879.540小时/月。在监督管理工作中耗时排名前三位的分别为：走访70744.32小时/月；信息化核查38968.366小时/月；日常报告35855.064小时/月。在教育帮扶工作中耗时排名前三位的分别为：矫中教育38782.764小时/月；组织参加公益活动26532.351小时/月；进行入矫教育7369.248小时/月。在其他行政工作中耗时排名前三位的分别为：委托司法所开展工作23665.640小时/月；办文、办会等日常工作20649.040小时/月；社区矫正档案管理工作21373.100小时/月。

通过对工作量表的统计分析和实地调研，课题组对全省县级社区矫正各单项工作实际月平均工作时间进行了计算，具体测算方法为：将全省县级社区矫正单项工作实际月工作时间全部相加，除以全省有效县级数量，② 计算出我省一个县社区矫正各单项工作实际月平均工作时间，计算公式如下：

$$\text{一个县社区矫正单项工作实际月平均工作时间（小时）}=\frac{\text{全省有效县社区矫正单项工作月平均工作时间总和（小时）}}{\text{全省有效县数量（个）}}$$

经测算，我省县级社区矫正各单项工作实际月平均工作时间如表1所示：

① 注：该数据统计的是2021年四川省各县（市、区）、市（州）及省级社区矫正机构完成各项具体业务月均工作时间，工作量表的制定依据主要包括《社区矫正法》《中华人民共和国社区矫正法实施办法》《四川省社区矫正实施细则（试行）》。

② 在测算中对部分明显错误数据进行了剔除。

表 1 县级社区矫正各单项工作实际月平均工作时间

序号	工作事项	月平均工作量/小时	序号	工作事项	月平均工作量/小时
1	开展调查评估	130.01	23	执行地变更审批	21.09
2	反馈调查评估意见	32.66	24	执行地变更办理	19.28
3	反馈无法或者不予调查评估意见	21.66	25	实施电子定位监管	43.87
4	登记接收	26.71	26	脱管查找	28.43
5	要求补齐文书	58.25	27	开展计分考核	61.8
6	入矫宣告	20.67	28	调查取证	41.64
7	出境管理	10.07	29	办理会客审批	22.47
8	提请边控	9.54	30	禁止令执行	7.44
9	查找社区矫正对象	18.11	31	暂予监外执行对象情况核查、审查	31.54
10	组建矫正小组	18.29	32	延长、调整暂予监外执行提交身体情况报告手续办理	15.31
11	变更矫正小组	12.33	33	组织开展病情诊断或生活不能自理鉴别	14.38
12	制定矫正方案	20.34	34	回复监所关于对保证人的意见	8.34
13	调整矫正方案	5.24	35	确定保证人	8.1
14	分类管理	10.42	36	未成年社区矫正对象监护人监护责任监督	12.6
15	日常报告	200.31	37	提请立功审核	7.46
16	走访	403.8	38	提请重大立功审核	9.01
17	外出请假审批、办理销假	20.91	39	办理表扬	10.9
18	外出请假监管	67.8	40	办理训诫	22.47
19	经常跨市县审批	28.09	41	办理警告	21.47
20	经常性跨市县监管	49.99	42	提请治安管理处罚	11.75
21	信息化核查	220.5			
22	协助对外出社区矫正对象监管	13.95			

续表

序号	工作事项	月平均工作量/小时	序号	工作事项	月平均工作量/小时
43	提出减刑建议	18.97	62	安置帮教	30.36
44	提请撤销缓刑	44.03	63	社区矫正一体化平台信息录入	112.4
45	提请暂予监外执行收监执行	24.84	64	委托司法所开展工作	138.79
46	提请撤销假释	10.08	65	参加会议及社区矫正业务教育学习、培训等	78.11
47	撤销缓刑、假释的同时提请逮捕	40	66	应急处置	17.25
48	办理终止手续	8.47	67	情况通报	12.1
49	办理解除手续	33.25	68	沟通协调	16.28
50	协助追逃	9.96	69	社区矫正档案管理工作	109.3
51	重大事项报告	8.18	70	参加非社区矫正业务教育学习、培训等	67.73
52	通报社区矫正对象情况	18.22	71	开展各类通报、评选、考核	10.12
53	送达法律文书	40.02	72	阶段性工作	100.59
54	社区矫正对象减免集中教育、公益活动审批	12.5	73	调研	39.17
55	进行入矫教育	41.2	74	承担县级社区矫正委员会办公室日常工作	56.3
56	进行矫中教育	205.49	75	指导司法所	57.71
57	进行解矫教育	35.81	76	开展复议	4.53
58	解矫宣告	26.1	77	信访、投诉处理	8.47
59	组织开展心理健康教育、心理辅导和心理治疗	42.49	78	办文、办会等日常工作	115.36
60	组织参加公益活动	150.59	79	报表、数据统计工作	76.15
61	开展社会帮扶	28.84	80	合计	3668.76

（三）社区矫正工作人员配备结论

1. 县级社区矫正机构人员配备结论

将前文测算出的县级社区矫正各单项工作实际月平均工作时间的数值全部相加，可计算出一个县的社区矫正月均工作总量；再将一个县的社区矫正月均工作总量乘以本市（州）所辖县（市、区）的数量，即可计算出一个市（州）内所有县一级社区矫正月均工作总量。

再以市（州）为单位，将该市（州）的县一级社区矫正月均工作总量除以月法定工作时间（176小时/人）①，即可计算出我省各市（州）县一级应配备的社区矫正工作人员总人数。

最后，将各市（州）县一级在册的社区矫正对象总人数除以县一级应配备的社区矫正工作人员总人数，即可计算出我省各市（州）县一级社区矫正对象与应配备的社区矫正工作人员数量配比。计算公式如下：

$$\text{应配备时间社区矫正工作人员数量（人）}=\frac{\text{月均社区矫正工作总时间（小时）}}{\text{月法定工作时间（小时/人）}}$$

$$\text{社区矫正工作人员配备比例}=\frac{\text{月均社区矫正对象人数（人）}}{\text{应配备月均社区矫正工作人员数量（人）}}$$

根据上述工作及相关数据，计算得出我省县级社区矫正工作人员与社区矫正对象的配备比例应为1∶9.4。

2. 市级、省级社区矫正机构人员配备结论

同理，按照上述方式，用工作量表中实际社区矫正工作月均时间直接除以月法定工作时间（176小时/人），即分别计算出我省市本级应配备社区矫正工作人员平均为3.91名，省级应配备社区矫正工作人员数量为16.3名。

三、加强社区矫正队伍建设的对策和建议

根据测算得出的县、市、省三级开展社区矫正工作所需人员数量可见，现有的人员配备情况根本无法满足社区矫正工作需求。如何科学配置社区矫正机构工作人员、加强社区矫正队伍建设，我们认为，社区矫正官制度是一条最优路径。

---

① 根据《中华人民共和国劳动法》第36条的规定，国家实行劳动者每日工作时间不超过8小时、平均每周工作时间不超过44小时的工时制度。按此标准，以每月22个工作日来计算，月法定工作时间为176小时。

（一）社区矫正机构工作人员的定位——社区矫正官

目前，学界对于社区矫正机构工作人员的性质认定各有不同，有学者认为社区矫正机构工作人员应当属于司法行政公务员，① 也有学者认为社区矫正机构工作人员应当属于司法警察②，笔者认为社区矫正机构工作人员的定位应当根据社区矫正工作特点来决定。

首先，社区矫正机构工作人员不能简单地等同于一般的行政公务人员。社区矫正作为刑事执行工作，其强制性的特点决定了社区矫正机构工作人员承担着带有强制性的工作职责，如监督职责、执法审批职责、考核奖惩职责和改造职责，而一般的行政公务人员不具备上述权力。其次，也不宜将社区矫正机构工作人员视为警察。一方面根据《社区矫正法》第 8 条第 2 款规定，法官、检察官、警察和社区矫正机构工作人员应当各司其职，③ 因此社区矫正机构工作人员不能等同于警察，代为行使警察职责；另一方面社区矫正是非监禁刑事执行，如果社区矫正由司法警察开展，则会在一定程度上加重社区矫正对象的心理负担，社区矫正“柔性”优势不能得以凸显，不利于促使社区矫正对象重新融入社会。最后，社区矫正机构人员也不能等同于司法助理员。司法助理员是中国基层政权的司法行政工作人员，司法助理员在乡镇人民政府、街道办事处和上级司法行政机关的领导下进行工作。司法助理员作为一个专门岗位，有明确的身份界定、法定的职能职责，也有相应的岗位津贴，不能将司法助理员岗位与一般的政法专编相混同。且司法所作为司法行政机关的派出所，不具备独立的执法主体资格，司法助理员更不具备刑事执行的身份和资格。

综上，社区矫正机构工作人员应与一般的行政公务人员、人民警察、司法助理员相区分，因此“在对社区矫正工作中的执法者确定合理的名称时，可以考虑把‘社区矫正官’作为这样一个恰当的名称。社区矫正官就是在社区矫正中承担执法职能的国家工作人员”④。

（二）社区矫正官的主要职责

社区矫正官作为从事非监禁刑事执行工作的国家公务员，同时也是社区矫正工作的组织领导者，⑤ 应当对其工作职责进行明确。社区矫正官承担的工作职能划分

---

① 陈和华：《关于建立我国社区矫正官制度的思考》，载《河南司法警官职业学院学报》2011 年第 1 期。

② 刘强：《社区矫正执法人员人民警察身份辨析》，载《警学研究》2019 年第 3 期。

③ 《社区矫正法》第 8 条第 2 款规定：“人民法院、人民检察院、公安机关和其他有关部门依照各自职责，依法做好社区矫正工作。人民检察院依法对社区矫正工作实行法律监督。”

④ 吴宗宪：《论社区矫正官》，载《中国司法》2011 年第 11 期。

⑤ 吴宗宪：《论社区矫正官》，载《中国司法》2011 年第 11 期。

如下：[①]

第一，管理职能，指社区矫正官依法对社区矫正对象进行日常管理活动方面的职能。社区矫正官要办理相关的法律手续，包括接收、评估、考核、审批、有关活动的安排等，实现对社区矫正对象的日常管理。

第二，惩罚职能，指社区矫正官依法对社区矫正对象进行使其感到不适和痛苦方面的职能。社区矫正官具有依法惩罚社区矫正对象，实施法律规定对罪犯的惩罚的职能，通过这种职能，来维护社会公平正义。

第三，改造职能，指社区矫正官利用多种方法促使社区矫正对象发生积极变化方面的职能。通过这样的活动，使社区矫正对象改恶从善，不再进行危害社会的行为。

第四，帮助职能，指社区矫正官利用多种资源解决社区矫正对象存在的困难和问题方面的职能。

第五，保护职能，指社区矫正官通过管理和监控社区矫正对象而保护社会的职能。社区矫正官要负责监督和控制社区矫正对象的行为，根据社区矫正对象所具有的不同人身危险性，采取相应的管理和监控的活动，以便保护国家、社会和他人的安全。

（三）社区矫正官的组织架构

社区矫正兼具刑罚执行和社会工作的双重属性，[②] 因此应当从社区矫正执法属性和社会属性两个角度，科学配置社区矫正官，实现社区矫正工作合理分工、专业规范、高效运作。

1. 基本架构

社区矫正法规定县级社区矫正机构负责社区矫正工作的具体实施，根据法定职责，宜在机构内设立社区矫正指挥中心、矫正执行、监督管理以及教育帮扶四个部门，按职能配备数量合理，具有专业知识、技能和工作经验的社区矫正官。对于辖区面积大、交通不便或者社区矫正对象数量较多等特殊情况的地区，可以就监管人数的多少和区位划分等实际情况，在各部门设置不同的工作组分片区进行管理。

2. 部门职责

社区矫正管理局，负责指导并组织实施辖区内的社区矫正工作。

社区矫正指挥中心，相当于社区矫正机构的中枢和大脑，主要负责统管社区矫正执法业务，统一指挥社区矫正日常工作，协调和处置社区矫正突发事件，并承担行政管理、事项审批、考核奖惩、应急处置以及与相关部门的沟通协调。

---

① 吴宗宪：《论社区矫正机构工作人员的种类与名称》，载《中国司法》2005 年第 12 期。

② 但未丽：《社区矫正专业工作队伍建设构想》，载《四川警察学院学报》2010 年第 4 期。

矫正执行部门，主要负责开展社区矫正调查评估、入矫接收、入矫宣告、外出审批、考核奖惩、执行地变更、禁止令执行、会客、协助追逃、提出治安管理处罚建议、提出撤销缓刑、假释和收监执行的建议、宣告解除、定位监控等工作，执行部门从事的工作涉及社区矫正对象的权利、自由的剥夺或者限制，没有法律上的授权，任何机构、组织或者个人均无权行使这一职权。

监督管理部门，主要负责开展防止社区矫正对象脱管、漏管工作，促使他们遵守法律法规及社区矫正的有关规定，是刑罚制裁得以实现，社区矫正工作依法、顺利开展的基础。具体包括：有关强制权的行使，如强制带离、强制到场、强制隔离措施等，调查取证、脱管查找、集中管理以及使用戒具等工作。

教育帮扶部门，主要负责开展教育矫正、心理矫治、公益活动、帮困扶助等非执法的柔性工作。

以上五个部门根据执法和非执法性质，科学合理配置社区矫正机构工作人员：为社区矫正指挥中心、矫正执行部门、监督管理部门配备具有管理学、法学等相关经验的社区矫正官，为教育帮扶部门配备具有社会学、心理学和教育学经验的社区矫正官。此外，由专职社区矫正社会工作者和志愿者来开展更具有专业性的教育帮扶活动。

（四）社区矫正官的职业保障

1. 将社区矫正官纳入人社部门职业序列

社区矫正工作是一项专业性和实践性很强的工作，要求社区矫正机构工作人员除了需要具备处理常规行政事务的能力之外，更要具备法学、心理学、社会学等方面的专业知识和技能。可以参照人民法院的员额法官和人民检察院的员额检察官制度，将社区矫正官纳入人社部门职业序列，使其成为一个正式的、专门的、单独的职业，赋予社区矫正官职业身份，明确职业准则，加强职业培训，完善职业保障，彻底改变社区矫正机构工作人员与司法助理员含混不清的现状，提升社区矫正机构工作人员的身份意识，增强其职业归属感、荣誉感。

2. 提高社区矫正官准入门槛

科学地设定社区矫正官的任职条件，建立合理的社区矫正官选拔和培训制度，相较于一般的行政公务人员招录，社区矫正官的选拔任用除了需设定法学、心理学、社会学等与社区矫正相关的专业技术要求以外，还需在社区矫正机构内部进行选拔，顺利通过选拔考试的人员，取得社区矫正官职称，发给社区矫正官工作证，并依法赋予其执法身份和执法权力，设定岗位职责，明确非因法定事由、法定程序，不得随意变更、抽调社区矫正官，以确保社区矫正队伍的稳定性和刑事执行的延续性。

3. 建立社区矫正官职业发展制度

可参考《中华人民共和国法官法》《中华人民共和国检察官法》中有关晋升制度等的规定，根据社区矫正工作的特点，制定完善社区矫正官职业评价体系和标准，建立绩效考核机制，“可以确立包括助理矫正官、初级矫正官、矫正官、高级矫正官这样的职业发展等级的矫正官员职业发展体系”①，从社区矫正官任职时间长短以及其职业素养、专业能力、工作实绩等方面，科学设置社区矫正官考核评价办法，并据此确定社区矫正官职业等级的升降，拓展社区矫正官的职业发展空间，激发其工作热情，提高社区矫正职业的吸引力，确保社区矫正官始终保持职业状态、专业水准。

4. 加强社区矫正官的职业培训

社区矫正官的职业化必须以专业化为基础，提高社区矫正官专业化水平应当建立一套完备的培训体系：一是根据社区矫正官任职时间长短开展社区矫正官初任培训、在职培训，并根据社区矫正官的实际工作情况提供有针对性的培训；二是培训应当包括社区矫正理论和业务操作两个层面的内容，除了应当加强与社区矫正业务密切相关的刑事法律法规及规章制度、犯罪学、心理学、社会学等理论知识的培训，还应当加强开展调查评估、制订矫正方案、进行个性化矫正、处置突发事件等具体业务环节操作层面的培训；三是培训的方式应多种多样，可以邀请高等院校、研究机构或有关单位的专家学者以及在社区矫正领域工作年限长、经验丰富的社区矫正官进行讲解授课，也可以通过组织社区矫正官外出学习或考察先进地区的经验等方式，切实加强社区矫正官的职业培训，从而不断提升社区矫正机构工作人员的执法专业化水平。

（五）社区矫正官的监督体系

社区矫正官作为刑事执行人员，其执法方式、执法内容和执法程序等直接关系到社会公平正义，因此还需要建立一套行之有效的监督体系，对其开展工作进行全时空、全流程的监督。监督体系应当包括以下几个方面：一是检察机关对社区矫正官执行社区矫正的法律监督；二是上级社区矫正机构对下级社区矫正机构、社区矫正官的指导监督；三是各级人民代表大会对社区矫正工作的监督和检查；四是新闻媒体和广大人民群众对社区矫正机构、社区矫正官执法的外部监督。建立完善的社区矫正官“能上能下”“能进能出”机制，促进社区矫正队伍的革命化、正规化、专业化、职业化建设，全面提升社区矫正工作质效。

---

① 吴宗宪：《论社区矫正官》，载《中国司法》2011 年第 11 期。

治理现代化视阈下社区矫正专门执法队伍建设“1+2+N”新模式

——基于山东省社区矫正工作的实证研究*

彭俊磊　崔恒涛　郑　妍　杨新宇**

党的十八届三中全会以来，根据中共中央《关于全面深化改革若干重大问题的决定》的具体要求，我国社区矫正制度不断健全完善，习近平总书记在听取司法部工作汇报时也明确指出，“要持续跟踪完善社区矫正制度，加快推进立法，理顺工作体制机制，加强矫正机构和队伍建设，切实提高社区矫正工作水平”①。2020 年 7 月 1 日，我国第一部全面规范社区矫正工作的专门性法律《中华人民共和国社区矫正法》（以下简称《社区矫正法》）正式颁布施行，毫无疑问，这是“社区矫正工作发展史上具有里程碑意义的一件大事”②。这部法律的实施对于健全完善我国刑事执行制度、保障公正司法、推动国家治理体系和治理能力现代化具有重要意义。③ 到目前，我国社区矫正工作已经从开始的试点推行迈步进入高质量发展阶段，在这一过程中，我们既积累了丰富的宝贵经验，也遇到了很多新的问题，值得我们进一步总结思考。

---

* 项目基金：山东省高等学校青创团队计划“大数据+社区矫正”智慧司法建设研究（2022RW072）；山东省自然科学青年基金“基于大数据的监狱安全风险评估与社会治理智能应用”（ZR2022QF150）；山东省社会科学普及应用研究项目“基层社会治理现代化视域下的‘智慧矫正’普及应用研究”（2021-SKZZ-78）。

** 彭俊磊，山东政法学院警官学院副院长。崔恒涛，山东省司法厅社区矫正工作处副处长。郑妍，山东省司法厅社区矫正工作处一级主任科员。杨新宇，山东省司法厅社区矫正工作处一级主任科员。

① 《最高人民法院、最高人民检察院、公安部、司法部关于全面推进社区矫正工作的意见》，载 https：//www. gov. cn/gongbao/content/2015/content_2809142. htm，最后访问时间：2023 年 8 月 1 日。

② 姜爱东：《认真学习宣传贯彻〈社区矫正法〉，全力推动社区矫正工作高质量发展》，载《中国司法》2020 年第 2 期。

③ 赵婕：《司法部有关负责人就〈中华人民共和国社区矫正法〉施行三周年回答记者的提问》，载《法治日报》2023 年 6 月 30 日，第 3 版。

一、山东省社区矫正队伍建设基本情况介绍

山东省结合推进社区矫正地方立法工作需要，聚焦制约事业发展和基层反映突出的问题，围绕推动社区矫正工作规范化、正规化、数字化的要求，山东省司法厅社区矫正工作处认真组织了社区矫正专门执法队伍建设情况专项调研，先后开展了全省范围的书面调研，到济南、东营、日照、泰安、德州、聊城、菏泽等市开展了实地调研，全面摸清各地现状，深入分析问题症结，以推进“社区矫正法的正确实施和社区矫正执法队伍建设高质量发展”为目标，联合山东政法学院警官学院有关专家学者进行了实证分析与论证，创新“1+2+N”新型执法队伍模式。

山东省是全国首批开展社区矫正试点工作的6个省份之一，2004年启动试点，2010年全面试行，2014年正式实施。截至2023年第二季度，全省累计接收社区矫正对象55.5万人，累计解除50.6万人。目前在矫4.9万人，数量居全国首位。2004年试点以来，社区矫正职能主要由各级司法局基层工作科（处）承担。2012年6月，省编办批复同意设立省司法厅社区矫正工作处，加挂“安置帮教工作处”牌子。2015年12月，省编办、省司法厅联合印发《关于加强市县社区矫正机构建设的通知》（鲁编办〔2015〕248号），要求各市、县（市、区）司法局用于社区矫正工作的政法专项编制不少于3人，下达137个政法专项编制给部分社区矫正任务重、工作力量相对薄弱的县（市、区）司法所，探索与社区矫正对象按照一定比例配备专职执法人员。2019年1月，省司法厅印发《山东省司法厅职能配置内设机构和人员编制细化规定》，核定厅社区矫正工作处编制7名。2021年8月，省委编办批复同意省司法厅社区矫正工作处对外使用省社区矫正管理局名称。2021年底，省、市、县、乡四级社区矫正委员会实现全覆盖。2022年底，全省16个市及136个县（市、区）全部依法设立社区矫正管理局。截至目前，全省65个县（市、区）探索实行社区矫正“队建制”管理模式。现有社区矫正专职工作人员921名（省、市、县三级社区矫正机构工作人员，含实行“队建制”的大队、中队工作人员；其中政法专项编602人，地方行政编55人，事业编213人，工勤编51人）。另有受委托司法所从事社区矫正工作的工作人员3029名，参与社区矫正的选派监狱戒毒警察274名。

二、山东省社区矫正队伍建设实证分析

我国的社区矫正是一个发展历史较为短暂的领域，在其发展过程中，工作机构的设置和人员队伍的建设始终是一项极其重要的内容，这方面的发展情况直接关系

到社区矫正工作的质量。[①] 所以，在本次社区矫正专门执法队伍建设情况的专项调研过程中，山东省司法厅社区矫正工作处高度重视经验做法的总结归纳与问题困境的梳理剖析。

（一）经验做法的总结归纳

1. 坚持党的领导，筑牢队伍建设政治根基

坚持党的全面领导，确保正确政治方向。加强党对社区矫正工作的领导，在省委全面依法治省委员会框架下设省社区矫正委员会，依托司法行政机关统筹法治建设的职能优势，不断完善社区矫正委员会工作机制，强化各级社区矫正委员会职责，有效发挥委员会统筹、协调、督促、检查、推动作用，初步建立起党委政府统一领导、司法行政机关组织实施、相关部门密切配合的领导体制。以省委依法治省办名义部署推进社区矫正"队建制"改革，印发《关于加强社区矫正工作推进刑罚执行一体化建设的意见》，推动县级社区矫正机构向一线实战单位转变，队伍向专业化、专职化、正规化转变。

抓牢政治理论学习，夯实忠诚根基。将深入开展学习贯彻习近平新时代中国特色社会主义思想主题教育作为首要政治任务，将党的创新理论学习纳入各级社区矫正机构教育培训必训内容，切实教育引导各级社区矫正工作人员深刻领悟"两个确立"的决定性意义，增强"四个意识"、坚定"四个自信"、做到"两个维护"，确保思想统一，行动一致，落实有力。

坚守意识形态阵地，筑牢思想防线。突出意识形态工作的极端重要性，坚持把意识形态工作与业务工作同部署、同落实、同检查。各级社区矫正机构严格落实意识形态工作责任制，加强意识形态领域风险警示教育，开展防范化解重大风险宣传，引导广大社区矫正工作人员增强法纪意识和忧患意识。把意识形态领域风险隐患作为常态化风险隐患排查整治重点，列入省、市、县、乡四级社区矫正安全稳定分析研判内容，定期对社区矫正领域意识形态风险进行分析研判，坚决维护社区矫正领域意识形态安全。

突出纪律作风建设，深化打造过硬队伍。坚持以科学管理、严明纪律、统一规范为"目标定位"，持续巩固政法队伍教育整顿成果，常态化开展执法突出问题专项整治，建立健全执法监督机制和岗位风险防控机制，加强党员管理和职业规范建设，努力打造过硬社区矫正工作队伍。

---

① 吴宗宪：《我国社区矫正法的历史地位与立法特点》，载《法学研究》2020 年第 4 期。

2. 健全制度机制，加强队伍正规化建设

强化编制保障，加强对鲁编办〔2015〕248 号文件落实情况的督导，省委依法治省办、省委编办、省司法厅联合开展社区矫正机构建设和编制落实情况调研，推动解决空编缺员难题。鼓励各地不拘一格、调剂用好政法干警招录体制改革试点期间为全省司法所定向招录的 1136 名社区矫正、法律事务岗位的公务员，确保人岗相适、才尽其用，目前已成为一线社区矫正工作主力。

健全完善责任体系，落实执法司法责任体系改革要求，出台《山东省社区矫正权责清单》，明确省级社区矫正机构和受委托司法所权责事项，理顺权责界限。聚焦社区矫正工作新情况新问题，联合省法院、省检察院、省公安厅修订《山东省社区矫正实施细则》，细化执法标准，规范执法程序。指导各地结合实际制定完善社区矫正大中队运行规程，细化大中队执法事项清单、教育帮扶清单，形成职责清晰、分工明确的运行体系。

加强内部外部制约监督，落实新时代政法干警“十个严禁”和社区矫正工作人员“六不准”，把社区矫正工作人员违纪违法情况纳入重大事项报告范围。优化层级监督责任，建立重点案件跟踪督办和定期通报制度。完善督查检查机制，形成实地与网上结合、个案与专案结合、省市县三级联合以及司法行政机关和检察机关联合督查相结合的立体化、精细化、多样化的社区矫正执法督查方式。支持检察机关开展法律监督，遇重大案件办理、重要活动开展、重要政策制定，主动邀请检察机关提前介入、同步参与、联合会商、全程监督，有效提升社区矫正和社区矫正检察监督质效。积极配合省检察院在东营、烟台、泰安、菏泽 4 市部署开展社区矫正巡回检察试点，有效促进了严格规范公正文明执法。

拓宽外部监督渠道，依托“山东省智慧矫正平台”开发执法司法“三个规定”记录填报系统，在各级司法行政官网开辟矫务公开专栏，让社区矫正更“透明”，让执法监督更“阳光”。组织县（市、区）开展社区矫正中心开放活动，邀请人大代表、政协委员及社会各界有关人士现场观摩，主动接受社会监督，提高社区矫正工作的社会认知度和影响力。

3. 坚持改革创新，推动队伍专业化建设

持续探索“队建制”管理模式。将创新社区矫正“队建制”管理模式、打造专业执法队伍列入省委贯彻中央“一规划两纲要”实施方案，列入每年全省司法行政改革工作要点自主创新项目。召开全省社区矫正“队建制”改革现场观摩会，持续扩大队建制试点范围，初步形成“划片执法”“集中执法、划片监管”等多种运作模式，推动社区矫正工作走向专职化、专业化。

优化选派警察模式。调整优化监狱戒毒警察参与社区矫正选派模式和工作机制，把选派工作作为监狱戒毒单位培养、锻炼、使用干部的重要平台，将选派警察全部编入“队建制”管理，修订管理办法，制定工作指引，5 年来累计选派监狱戒毒警察 1159 名，形成“派驻式”“派单式”“巡回式”等多种更加符合实际的用警模式。建立绩效考评机制，加强监督问效，统一指挥调度，进一步明确职责、压实任务，全面提升了用警质效和实战能力。推动各地矫正大队和驻地监所结对共建、协调联动和资源共享，实现监所与大中队建设融合发展。

加强实战实训练兵。组织常态化开展案卷评查，实现“以评促改、以评促学、以评促优”，进一步提升岗位责任意识，促进了规范执法。常态化开展业务培训和信息化应用技能培训，提升社区矫正工作人员专业化、信息化水平。建立并落实常态化社区矫正应急演练制度，做到未雨绸缪，以演促练、以练备战，实现向实战应用转变。

支持鼓励自主创新。积极学习借鉴外省先进经验，鼓励各地大胆创新，探索开展“矫正官”试点，建立“队长、矫正官、矫务长”三级责任体系，以队长负责制为主，矫正官、矫务长负责社区矫正具体工作实施。探索“队建制”+“网格矫正”，明确网格员参与社区矫正工作职责，制定职责清单、任务清单和考核方案，变社区矫正为网格矫正，实行精准化、精细化管理，有效破解了“最后一公里”难题。

4. 夯实基层基础，加强综合保障

加强和规范场所建设。指导各地严格按照司法部《社区矫正中心建设规范》对社区矫正中心进行改造升级、达标提升，实现了社区矫正中心场所标识统一化、功能布局科学化、管理流程制度化。指导有条件的单位结合“队建制”改革需要规范社区矫正分中心建设，落实中队固定办公场所。

加强地方立法保障。积极推动并将制定《山东省社区矫正工作条例》列入省人大常委会、省政府一类立法项目，部署开展社区矫正地方立法调研，总结我省社区矫正专门执法队伍建设等行之有效的创新做法，为《社区矫正法》在山东落地落实、实现高质量发展提供更加强有力的保障。

加强智慧矫正建设。积极推动“智慧矫正”建设融入省委“加强数字创新，加快推进数字治理”总体布局，制定出台《山东省司法厅加快推进“智慧矫正中心”建设实施方案》，加快推进现有社区矫正中心提档升级，73 个县（市、区）完成或启动“智慧矫正中心”建设，力争于 2024 年上半年实现省级“智慧矫正中心”全覆盖。完成山东省智慧矫正平台三期升级，指导有条件的单位成立信息化监管中队，形成“人管”与“技管”相结合的智慧化风险防控模式，实现以信息化赋能专业化、以专业化驱动高质量发展。

完善考核激励机制。每年对社区矫正重大任务中表现突出集体和个人进行通报表扬，激励社区矫正工作人员争先创优，营造干事创业氛围。连续四年将“探索队建制管理模式”列入全省司法行政改革要点和自主创新项目，并作为平安山东考核、评先树优的重要参考。积极推荐具有长期实践经验和理论基础的优秀社区矫正工作人员入选全省司法行政系统人才库。平邑县社区矫正执法大队被人社部、司法部表彰为全国司法行政系统先进集体，厅社区矫正工作处被省委省政府通报表扬为表现突出集体。

储备专业人才。与山东政法学院开展联合共建，指导山东政法学院、山东司法警官职业学院社区矫正专业学科建设和学生培养、就业，目前在校社区矫正专业学生 234 名，为全省社区矫正事业发展奠定了人才基础。

（二）问题困境的梳理剖析

1. 社区矫正机构实体化存在较大阻力

目前全省各地各级社区矫正机构均为各级司法行政机关内设机构。市级均为社区矫正科（处），对外使用“市社区矫正管理局”名称。县级共有三类情况，第一类是县司法局加挂“县社区矫正管理局”牌子，有的另外加挂“县社区矫正大队”牌子；第二类是县司法局内设社区矫正大队；第三类是县司法局内设社区矫正科（股），对外使用“县社区矫正管理局”名称，有的另外加挂了“县社区矫正大队”牌子，目前大部分县（市、区）为第三种情况。全省各地各级通过在司法局或其内设机构加挂牌子、对外使用名称形式解决了执法主体资格问题，建立了形式上的社区矫正机构，但并不是具有独立法人资格的实体机构，没有独立核定人员编制，工作力量并没有得到实质性加强。

2. 社区矫正专职工作人员数量不足

目前，全省专职从事社区矫正工作的人员（省市县三级社区矫正处、科、股工作人员，含实行队建制的大队、中队）共 921 名，与社区矫正对象配比率为 1.9%，低于全国平均水平。其中，各市司法局社区矫正科人数最多的 6 人，最少的 1 人（如图 1 所示）；县司法局社区矫正科（股）人数最多的 11 人，最少的 1 人；部分市、县（市、区）至今没有达到鲁编办〔2015〕248 号文件规定的不少于 3 名政法专项编工作人员的要求。从事社区矫正工作的受委托司法所人员 3029 名，占全省社区矫正执法力量的 71.71%（如图 2 所示）。由于司法所工作任务繁杂，兼职人员承担矫正对象日常监督管理和教育帮扶任务的精力明显不够，所需专业知识储备不足，与其所承担的工作任务明显不匹配，很大程度上影响了执法质量和矫正效果。此外，全省社区矫正工作人员中，男性共 1427 人，占比 36.13%，女性 2523 人，占比 63.87%（如图 3 所示）。

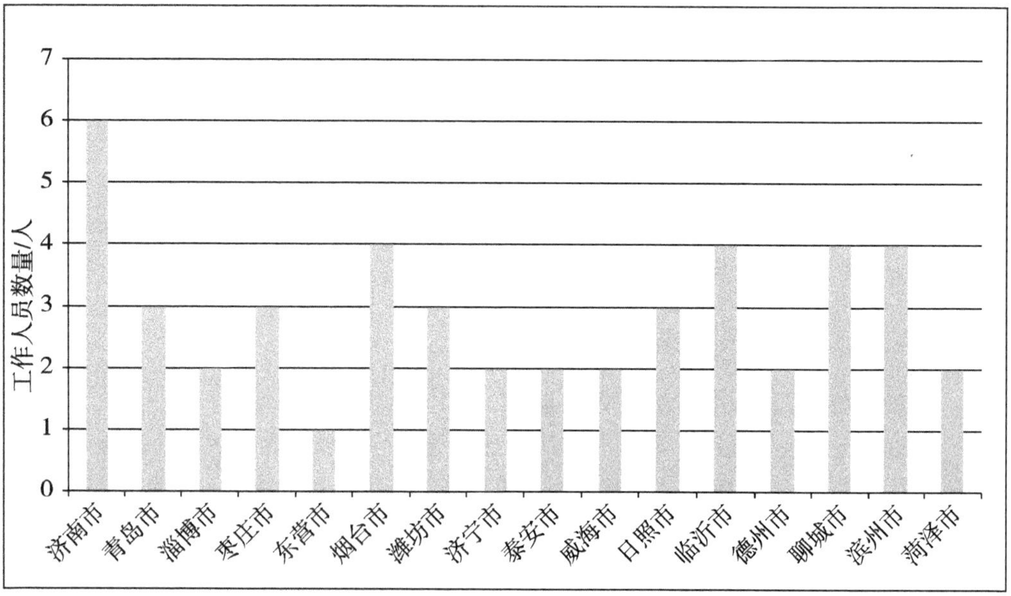

图 1　各市司法局社区矫正工作科（处）工作人员数量

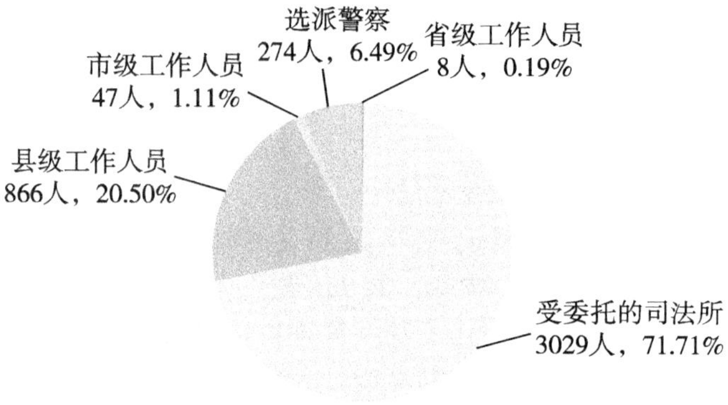

图 2　全省社区矫正执法力量构成

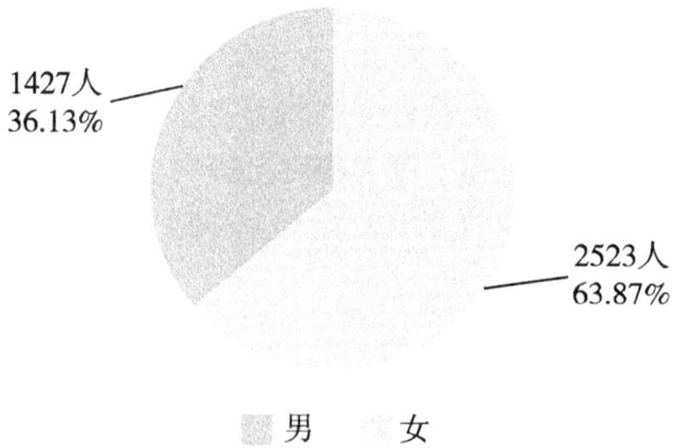

图 3　全省社区矫正工作人员男女比例

3. 一线工作力量不够稳定

省编办、省司法厅联合印发《关于进一步理顺全省司法所管理体制的通知》（鲁编〔2010〕19号），明确司法所作为县司法局的派出机构，实行县司法局和镇街双重管理、以县司法局为主的管理体制。但现实中，司法所很大程度上依附于镇街，承担了镇街大量工作，专职人员不够稳定，容易出现工作断档。目前，仍有个别地方尚未完全理顺管理制度。现有社区矫正专职社工待遇普遍较低（月薪2000元左右，经济发达地区月薪4000元左右），职业发展空间有限，缺少晋升通道，流动性较大。另外，因面临的风险和承担的责任相对较大，社区矫正工作岗位的吸引力不强，也是造成人员不稳定的一个重要原因。

4. 专业能力不能满足工作需求

社区矫正对象的特殊性决定了社区矫正工作的专业性，对专业素养和实务能力都有较高的要求，社区矫正工作人员不但应当具有法学、社会学、犯罪学、心理学等知识背景，还应当具备社会调查、风险评估、个案矫正、心理矫治等方面专业能力。从图4可以看出，全省社区矫正工作人员中，具备上述专业能力的人占比较低。因目前社区矫正工作人员在上述方面能力较为欠缺，导致矫正方式方法单一，很多工作停留在定位监管、思想汇报、个别谈话、集中教育、公益劳动等看得见的方式上，心理矫治、家庭社会关系修复和社会适应性帮扶等治本工作开展有限。另外，现有工作人员专业背景、业务素质、文化层次等差异较大，缺少系统专业的业务培训，各级组织开展的业务培训也是零敲碎打，每年安排两三天的集中培训，且覆盖面不全，大部分靠边学边干，以自学为主，导致社区矫正知识体系不完整、业务能力不精湛，对法律的理解和执法尺度的把握上存在较大差异，难以适应工作需要。

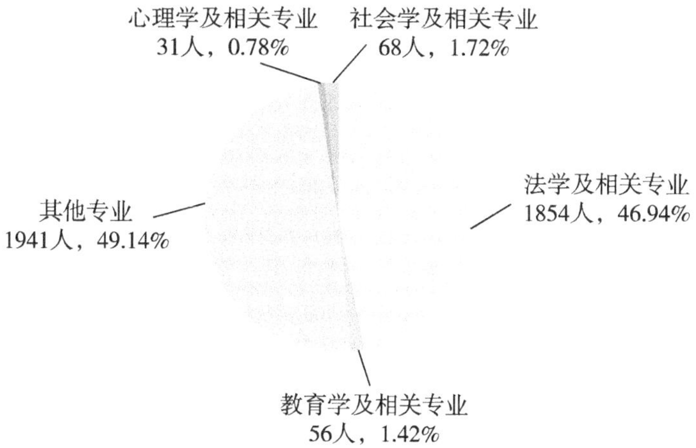

图4　全省社区矫正执法力量专业分布情况

5. 职业保障机制不健全

功能完备的矫正场所、齐全的执法装备、充足的经费保障、完善的制度体系、系统的教育培训、规范统一的标识着装等是社区矫正工作正规化开展的前提和保障。目前，有的社区矫正机构、场所没有专属的办公用房，依附于党政机关办公场所或者设在人员密集的地方，不符合社区矫正场所规范，影响了刑事执行活动的严肃性。尚未规范统一的工作证件和着装，社区矫正工作人员在调查评估、走访排查中，经常遇到当事人、群众、社区等不配合情况，影响了工作效率和执法权威。依法履职免责机制不健全，社区矫正工作人员缺少职业归属感。近年来，社区矫正工作人员尽管已经依法履职但因社区矫正对象违法犯罪被追责的情况仍有发生。

6. 推进队伍建设的主动性不强

受控减编政策影响和财政供养能力限制，各地编制部门严格控制政法专项编制使用。县（市、区）在争取编制使用上存在畏难情绪，工作力度不大，措施办法不多，导致目前县级层面政法专项编仍然存在一定数量的空闲编制。在辅助人员引入方面，有些地方政府购买服务政策没有用足用好，辅助力量补充进展不大。同时，对专业社会组织的培育引导力度不够，社区矫正专业社会组织缺少、专业服务供给能力有限等，也是造成专职社工短缺的重要原因。

三、治理现代化视阈下社区矫正专门执法队伍建设“1+2+N”模式构建

在国家治理体系现代化以及犯罪防控现代化语境下推进刑罚执行的现代化，既是当前和今后一段时期内刑罚执行机关的重要任务，也是一项需要不断探索研究并实践的时代课题。在新的历史条件下，我们要善于运用国家治理现代化的理论思维、方式方法和措施途径，促进刑罚执行与国家治理深度融合，进一步加强和改进刑罚。[①] 早在 2014 年 5 月召开的全国社区矫正工作会议中，关于《全面推进社区矫正工作，促进社区服刑人员更好地融入社会》的报告作了要求，明确指出应“从推进国家治理体系和治理能力现代化的高度”来看待和思考社区矫正的各项工作。也正是基于此种顶层设计，所以在社区矫正专门执法队伍建设问题上，我们同样应当基于社会综合治理、推进治理现代化的视角出发通盘考虑，山东社区矫正工作基于理论分析与实践总结，探索施行条块结合的“1+2+N”新型专门执法队伍建设，“1”是指坚定不移地坚持党的领导，在专门执法队伍建设的横向维度进一步强化和明确各级社区矫正委员会的统筹、协调和指导职责，统筹全社会力量开展社区矫正工作；

① 张婧：《国家治理现代化视野下刑罚执行改革研究》，载《中国司法》2021 年第 1 期。

“2”是指在专门执法队伍建设的纵向维度进一步健全社区矫正执法队伍“队建制”，并在横向与“网格治理”相对接，形成“社区矫正+网格治理”的两翼模式；“N”是指在执法外部环境维度进一步拓宽社区矫正执法工作的社会支撑网络，优化外部条件保障，纳入广泛充分的社会力量加入其中，从而更好地提高社区矫正工作质效。

（一）强化社区矫正委员会统筹指导作用

我国的社区矫正工作，不同于以澳大利亚、美国为主的“公众保护流派”，也不同于以德国、日本为主的“更生保护流派”以及以英国为主的“刑罚执行流派”，应当立足我国司法现状走出一条具有中国特色的社区矫正工作路线，其中，设立“社区矫正委员会”并以《社区矫正法》的形式予以明确，就是一项非常重要的制度设计。

加强社区矫正队伍建设，不仅决定于社区矫正工作的需要，而且决定于地方政府的编制、财政能力，更决定于地方党委与政府的支持力度。为此《社区矫正法》作了一个非常特殊且具有重要实践价值的规定，这一规定是《社区矫正法》最大的亮点，即规定了设立社区矫正委员会的条款。这一规定将社区矫正工作嵌入地方治理体系中，为社区矫正队伍建设打通了地方治理的“块状通道”。这一规定有助于帮助社区矫正机构解决包括队伍建设在内的重大问题。《社区矫正法》第 8 条第 3 款规定：“地方人民政府根据需要设立社区矫正委员会，负责统筹协调和指导本行政区域内的社区矫正工作。”

从各级各地社区矫正委员会设立实践来看，社区矫正委员会主任由设立地区的重要党政领导担任，委员包括相关部门领导。社区矫正委员会的设立，为解决包括社区矫正队伍建设在内的社区矫正重大问题提供了一个非常重要的平台。激活这一平台，是各级各地社区矫正机构的重要责任。①

从实践效果来看，自《社区矫正法》施行以来，山东省坚持以依法强化社区矫正委员会职能为抓手，以探索队建制管理模式为突破重点，深入推进刑罚执行一体化建设，破解执法监管难题，整合多方资源力量，推动全省社区矫正工作高质量发展。目前，山东省在省级层面设立山东省社区矫正委员会，由省委政法委书记任主任，分管副省长、省法院院长、省检察院检察长任副主任，15 个相关部门为成员单位，委员会办公室设在省司法厅。全省 16 个设区的市、136 个县（市、区）和 1802 个乡镇（街道）成立了委员会，各级委员会在搭建平台、汇聚力量、统筹协调、推进改革等方面的作用越来越明显。其中，济南市社区矫正委员会统筹建立的“四方

① 翟中东、孙霞：《〈社区矫正法〉实施两年来若干问题的思考》，载《犯罪与改造研究》2022 年第 9 期。

联动”机制经验被中央政法委在全国推广，我们应当进一步强化社区矫正委员会的统筹指导作用。

（二）健全社区矫正执法队伍“队建制”+“网格治理”

基层社区矫正工作尝试探索“队建制”改革，是对《社区矫正法》提出的机构专门化建设要求的积极反馈。推进社区矫正机构依法规范设置，是各级司法行政机关当前及今后一段时期内的一项重要任务，而推进社区矫正机构“队建制”建设，作为社区矫正机构依法设置的延伸和拓展，对于构建完善的社区矫正执行体系，促进社区矫正依法规范开展，有着至关重要的作用。① 立足基层、立足实际、立足需要，大力推进社区矫正队建制建设，显然成为近年来社区矫正工作高质量发展的一个重要发力点。② 山东省与其他各兄弟省份对执法队伍“队建制”建设有着相同认识，积极推进社区矫正工作在纵向维度的规范建设。

在这一方面，山东省积极探索创新社区矫正管理模式，根据政法专项编制数和实有人数、管理对象数量、地域特点等因素进行科学合理测算，优化整合各种力量资源，持续扩大“队建制”管理模式试点，进一步探索标准化管理模式，督促各地用足用好政策，补齐补强工作力量，为推进社区矫正队伍正规化建设奠定基础。推动省委依法治省办理出台意见，探索队建制管理模式，组建社区矫正执法大队、中队，与受委托司法所形成教育、管理、执法各有侧重的新工作局面。目前，山东省已有65个县级司法局成立了社区矫正执法大队，执法大队下设若干执法中队，负责相邻若干乡镇（街道）的社区矫正工作，推动了社区矫正队伍正规化、专业化、职业化建设，形成决策及时、反应迅速、协同作战的工作机制。此外，机构编制部门会同组织部门、司法行政机关还应当进一步加强编制落实情况监督检查，对各级各地政法专项编制管理使用情况、人员配备情况、在编不在岗、有政策不用等问题进行专项督导，督促问题整改，深入内部挖潜，强化编制资源统筹管理利用，解决社区矫正专门力量不足问题。

除了社区矫正队伍自身队建制建设以外，还应当积极同网格治理相对接，形成以社区矫正委员会为统筹协调的“社区矫正+网格治理”两翼模式。要想推动两翼模式取得良好效果，就必须推动各项司法资源进一步下沉基层，从而缓解目前基层司法所各类资源紧缺、工作任务紧张的尴尬局面，通过积极协调各类社会资源、管理资金、服务权限、专业人才下沉基层司法所，让基层有职有权有物开展工作，积极运用网格化管理和社会化服务提升司法行政效能。例如，青岛市司法局在开展社区

---

① 任少军、施文斌、郭琪：《社区矫正机构建设语境下“队建制”的实践探索与思考——以安徽省为例》，载《社区矫正理论与实践》2023年第1期。

② 李国栋：《探索社区矫正队建制“江西模式”》，载《人民调解》2019年第3期。

矫正工作中，联合青岛市加快推进市域社会治理现代化工作领导小组办公室、市综治中心联合印发《关于社区矫正安置帮教管理与城乡社区网格化服务管理融合开展工作试点的通知》，在崂山区、平度市开展社区矫正安置帮教与城乡社区网格化融合发展工作试点，整合优化社区矫正安置帮教管理和城乡社区网格化服务管理工作，对于提升基层社会治理现代化水平起到了积极作用。

（三）拓宽社区矫正执法队伍“多元社会支撑网”

1. 协同推进正规化制度保障

在配齐配强专门力量的同时，注重解决社区矫正工作队伍的正规化建设，主要体现在进一步丰富拓展党领导社区矫正工作尤其是队伍建设的实现形式上，强化政治统领，提升政治能力；把加强作风建设、从严管理队伍落到实处，坚持正向激励与从严管理相结合，完善制约监督机制，依法严查严处违纪违法行为；健全职业保障体系，健全社区矫正工作人员资格准入、培养使用、考核管理、晋升等制度机制，完善依法履职保护机制。

2. 努力提升智慧化技术保障

社区矫正作为刑事执行活动，应当体现法律执行的严肃性、规范性、威慑性。建议从全国层面尽快统一规范社区矫正专职工作人员的着装或标识，配发专门执法或工作证件，规范配备必要的执法车辆，保证社区矫正工作正常履职需要。加大县级社区矫正信息化建设资金支持，深化智慧矫正建设和应用，整体提升信息化水平，实现以信息化赋能专业化、以专业化提升矫正质量，推进高质量发展。

3. 培育健全专业化人才保障

围绕新时代社区矫正面临的新形势、新任务，逐步构建响应需求、适应实战、全面发展的素质能力培养体系，把专业化实战化建设摆上更加突出位置，通过专业思维、专业方法、专业技术培养，提升社区矫正工作人员的专业能力、专业精神。建议加大社区矫正工作宣传力度，指导鼓励各市县司法行政机关根据编制空缺和岗位需求情况，有针对性地补充一批社区矫正、法学、社会学、教育学、心理学、信息化等专业人才。协调组织、教育等部门，借鉴公安、监狱戒毒便捷入警做法，探索社区矫正专业学生便捷入职机制，为社区矫正机构定向招录一批工作人员。

4. 开拓完善社会化力量保障

目前，我国的社会危险管理问题已经成为社会治理的重要内容，而社区矫正作为社会危险管控的新型社会治理制度，代表着新时代预防犯罪、控制犯罪，教育改造罪犯的发展方向。①《社区矫正法》中 4 次提到社会工作，3 次提到志愿者，7 次提

---

① 连春亮：《〈社区矫正法〉出台的意义与特点》，载《犯罪与改造研究》2020 年第 4 期。

到社会组织，3 次提到社会力量，充分体现了动员社会力量参与社区矫正工作的立法初衷，是贯彻落实党的十九届四中全会提出的系统治理、依法治理、综合治理、源头治理，不断完善社会主义法治体系要求的重要体现。《社区矫正法》第 11 条提到，组织具有法律、教育、心理、社会工作等专业知识或者实践经验的社会工作者开展社区矫正相关工作，明确了社会工作者参与社区矫正工作的法律地位。[①] 所以，我们应当进一步鼓励、支持企事业单位、社会组织、志愿者等社会力量依法参与社区矫正工作，紧紧围绕把社区矫正对象教育改造成为守法公民的任务目标，努力提升社区矫正社会力量参与的水平，从而实现以社区矫正对象“三修复”为目标的社会化参与社区矫正的共建共治共享新路径。[②]

---

① 齐芳：《社区矫正法：开启矫正社会工作新里程》，载《中国社会工作》2020 年第 4 期。

② 陈姝宏：《新时代我国社区矫正对象社会关系的修复与重建》，载《深圳社会科学》2019 年第 1 期。

山西省社区矫正专门执法队伍建设现状及对策建议

薛军贤　刘　瑶*

社区矫正是贯彻宽严相济刑事政策，推进国家治理体系和治理能力现代化的一项重要制度，是立足我国国情和长期刑事司法实践经验基础上逐步发展起来的，具有中国特色的非监禁的刑事执行制度。社区矫正专门执法队伍是保障社区矫正工作顺利开展的基础和关键，山西自2007年社区矫正工作试点开展以来，经过不断探索和实践，逐步形成一支由社区矫正机构为执法主体、受委托司法所承担日常工作、社区矫正中心协助履职、监狱戒毒民警全面派驻、社会工作者广泛参与的社区矫正专门执法队伍。近年来，随着《中华人民共和国社区矫正法》（以下简称《社区矫正法》）的实施和认罪认罚从宽制度的实施推进，社区矫正对象的数量呈逐年上升趋势，社区矫正工作日益繁重，面临的风险和挑战也日益凸显。笔者结合山西省社区矫正工作的实际，采用书面调研和实地调研相结合的方式，对全省社区矫正专门执法队伍建设情况进行全面调研，探索思考今后加强社区矫正执法队伍建设的对策建议。

一、山西省社区矫正专门执法队伍建设基本情况

（一）社区矫正工作基本情况

山西省总面积15.67万平方千米，截至2022年底，全省常住人口3481.35万人，下辖11个设区市，117个县级行政单位，1276个乡镇（街道）。山西省社区矫正工作从2007年4月开始试点，2014年在全省全面开展，经过16年的实践，全省累计接收社区矫正对象15.04万人，累计解除社区矫正13.75万人，目前在册社区矫正对象12946人。

---

* 薛军贤，山西省司法厅社区矫正管理处处长（山西省社区矫正管理局局长）。刘瑶，山西省司法厅社区矫正管理处三级主任科员。

（二）社区矫正机构和队伍总体情况

全省共设置省、市、县三级社区矫正机构129个（其中，省级1个，市级11个，县级117个），建设社区矫正中心124个（每个县市区1个，共117个，另有7个分中心），1276个司法所接受委托承担社区矫正日常工作。目前，全省共有执法人员3148人，形成一支由社区矫正机构为执法主体、司法所承担日常工作、社区矫正中心协助履职、监狱戒毒民警全面派驻、社会工作者广泛参与的社区矫正专门执法队伍。

（三）社区矫正队伍分类情况

从层级情况看，省、市、县三级社区矫正专门执法队伍中，省级社区矫正机构共有6人，11个市级社区矫正机构共有55人（平均每个市5人），县级社区矫正机构及受委托司法所共有3087人（平均每个县26.38人）。

从编制情况看，省、市、县三级社区矫正机构政法专项编280人，占比8.9%（其中含市县司法局分管领导123人，社区矫正机构政法专编157人）；司法所政法专项编1478人，占比47%；事业编制489人，占比15.5%；监狱戒毒派驻民警132人，占比4.2%；其他不占编制的辅助人员769人，占比24.4%。但作为承担主要执法工作的县级社区矫正机构，专门国家机关工作人员（公务员）仅有132人，县均仅1.1人，监管配比率为1∶98，县级社区矫正机构人员短缺问题较为严重。

从性别结构看，男性社区矫正工作人员1524名（占比48.4%），女性社区矫正工作人员1624名（占比51.6%），女性比例略高于男性。

从年龄结构看，30岁以下661名（占比21%），30—40岁996名（占比31.6%），41—50岁751名（占比23.9%），50岁以上740名（23.5%），年龄结构整体较为合理。

从学历情况看，大专以下学历192人（占比6.1%），大专学历904人（占比28.7%），本科学历1997人（占比63.4%），本科以上学历55人（占比1.8%），学历层次整体呈现以本科学历为主，高学历人才逐年增加的趋势。

从专业结构情况看，法律相关专业1254人（占比39.8%），管理类专业369人（占比11.7%），中文类专业154人（占比4.9%），计算机、信息技术相关专业128人（占比4.1%），心理学专业20人（占比0.6%），其他专业1223人（占比38.9%），专业结构以法律相关专业为主，心理学、社会学专业人才则较为欠缺。

二、加强社区矫正专门执法队伍建设的主要做法

（一）全面贯彻落实《社区矫正法》，坚持党对社区矫正工作的绝对领导

一是强化组织领导，社区矫正委员会统筹协调作用充分发挥。在省委省政府的高度重视下，省市县三级全部设立社区矫正委员会，875个乡镇根据工作需要设立了社区矫正委员会。两年来，各级社区矫正委员会充分发挥总揽全局、协调各方、议事决策的作用，先后召开委员会议和办公室会议150余次，切实协调解决社区矫正工作中遇到的困难和问题，相关做法在《中国司法》2022年第6期刊登。

二是明确执法主体，各级社区矫正机构依法履行职责。2020年11月底，省市县三级人民政府全部依法设置社区矫正机构，负责本行政区域内社区矫正工作的具体实施，社区矫正机构执法主体地位得到进一步明确。各级社区矫正机构依法履行对社区矫正对象的监督管理和教育帮扶职责，社区矫正执法的权威性不断增强，执法规范化、专业化水平不断提升。

（二）坚持政治引领，大力加强思想政治建设

一是强化政治理论武装。深入贯彻落实中共中央、国务院《关于新时代加强和改进司法行政队伍思想政治工作的实施意见》，着力打造一支政治过硬、能力过硬、作风过硬的社区矫正专门执法队伍。结合党史学习教育、学习贯彻习近平新时代中国特色社会主义思想主题教育，扎实开展政治理论学习和思想教育，深入学习贯彻党的二十大精神和习近平法治思想，始终在思想上、政治上、行动上同以习近平同志为核心的党中央保持高度一致。传承红色基因，充分利用山西深厚的红色文化资源，进一步锤炼党性修养。通过政治理论学习，社区矫正执法队伍的理想信念更加坚定，政治忠诚更加牢固，呈现出朝气蓬勃、积极向上、干事创业的良好精神面貌。

二是全面加强作风建设。定期开展警示教育，特别是在重要节点前，通过集中观看警示教育片、通报典型案例等形式，引导社区矫正执法人员知敬畏、存戒惧、守底线，从灵魂深处筑牢拒腐防变的堤坝，牢牢守住党纪国法的底线。

（三）突出制度建设，以制度规范社区矫正执法

一是以制度建设规范细化执法流程。坚持将制度建设贯穿于社区矫正各项工作中，形成“1+12+1+1+1”制度体系，建立靠制度管权、管人、管事的长效机制。以《山西省社区矫正实施细则》为总体制度遵循，聚焦社区矫正调查评估、监督管理、考核奖惩、教育帮扶等关键执法环节，制定完善制度，填补制度空白，对关键执法

环节进行细化规定，对执法文书格式进行统一规范。制定修订分析研判、重大事项报告、突发事件应急处置、督查等工作制度，从制度层面督促各级司法行政机关、社区矫正机构依法履职，规范执法。

二是规范权力运行。制定《山西省省市县三级社区矫正机构和受委托司法所执法权责清单》，明确社区矫正各项权责 79 项，内容涵盖对社区矫正的管理指导，以及社区矫正调查评估、监管审批、奖惩考核、刑事执行变更、教育帮扶等执法各环节全过程，进一步规范权力运行，做到“法定职责必须为，依法用权受监督”。

（四）加强监督管理，提高社区矫正工作质效

一是强化规范执法。在全省开展社区矫正“规范执法年”活动，采用交叉检查方式对 26 个县（市、区）的社区矫正执法工作开展专项检查，共梳理总结经验做法 23 条，发现需要规范提升的问题 27 个，并将检查情况在全省进行通报，要求认真整改。连续两年开展案卷评查，共随机抽取 132 份案卷进行现场交叉评查，发现问题，规范执法。择优选取典型案例进行现场交流，编印《山西省社区矫正典型案例》，充分发挥典型案例对社区矫正的指导作用，全面提升教育矫正质量。

二是强化督促指导。配合省检察院开展社区矫正跨市交叉巡回检察，结合政法队伍教育整顿扎实开展违规违法办理“减假暂”案件排查整治和重点案件评查工作，对社区矫正工作开展以来涉及“减假暂”的 2910 件案件进行了全面排查，对 851 件重点案件进行了评查。对社区矫正对象中脱管漏管、“判实未执”等情况进行全面核查摸底，对排查出的 87 件涉嫌脱管漏管案件和“判实未执”人员 26 人，全部建立专项台账并整改到位。

（五）壮大执法队伍力量，提升执法履职能力

一是多思路创新试点配强执法力量。选取临汾侯马市等 4 个县（市、区）作为试点，推进县（市、区）社区矫正管理局与社区矫正中心“独立执法、协助配合，各履其职、共同推进”的“一局一中心”工作模式，充分发挥社区矫正中心协助职能作用。晋城全市六县（市、区）在成立社区矫正机构的同时，积极协调争取保留之前成立的社区矫正中心作为财政全额拨款事业单位，保留事业编制 44 个。太原市合理利用戒毒民警力量，在三个县（市、区）探索开展社区矫正“队建制”改革试点工作，具体在相邻乡镇（街道）组建社区矫正中队，按照“县（市、区）社区矫正大队（社区矫正管理局）——社区矫正中队”的工作模式运行，逐步提高社区矫正专业化、专职化和规范化水平。

二是多渠道补充专兼职工作人员。积极调配人员力量，将具有法律、社会、心理等专业知识的工作人员招录配备到社区矫正机构中，先后选派 235 名监狱戒毒民

警参与社区矫正工作，积极推进社区矫正中心配备事业编制164个，统筹整合498个政法专项编用于司法所人员配备，全面加强社区矫正工作力量，有效缓解基层执法力量不足。

三是多元化吸收社会工作力量。通过招聘公益性岗位、劳务派遣等方式，多渠道将具有教育、心理等专业知识的人员吸收到社区矫正执法队伍中，全省专兼职社区矫正社会工作者达到1350多人。广泛吸收村（居）民委员会干部、大专院校教师、网格员等建立一支热心社区矫正工作、有一定法律水平、文化素质和相关专业知识的社会志愿者队伍，全省目前共有社会志愿者1.3万多名。积极推进政府购买服务，聘请第三方公司开展社区矫正对象学习教育和心理辅导，形成多元化的社区矫正工作队伍。

四是多举措规范提升执法水平。省市县三级定期组织业务培训，邀请司法部领导、专家学者、兄弟省份业务骨干、基层一线执法人员全面解读刑法、刑事诉讼法、社区矫正法及各项执法制度规定。本着“缺什么，补什么，需什么，学什么”的原则，坚持问题导向，采取多渠道、多层次“菜单式”“靶向式”学习，营造“比学赶超、奋勇争先”的浓厚氛围。鼓励社区矫正工作人员结合岗位需要参加国家法律职业资格考试、心理咨询师考试等职业资格考试，努力提升专业能力、锤炼专业作风、培育专业精神，充分履职尽责。

（六）加强职业保障，提高队伍执行力

一是加强社区矫正经费保障。省级财政每年在政法转移支付资金中，专项安排600万元用于县级社区矫正业务工作。积极争取省财政统筹专项资金，分5年逐批支持全省“智慧矫正中心”创建工作，为基层社区矫正信息化建设提供资金保障。

二是加强执法场所规范化和信息化建设。扎实推进社区矫正中心规范化建设，全面建成“山西省社区矫正一体化平台”，将社区矫正法律制度规定和执法流程全部纳入信息化平台，实现了社区矫正执法全流程网上办理。通过信息化点验实时掌握社区矫正对象的动态行程轨迹，对有“越界”“疑似脱管”的社区矫正对象及时排查处理，有效提升了社区矫正监管信息化水平。择优推选临汾侯马市、太原小店区等10个县（市、区）申报全国“智慧矫正中心”，并顺利通过司法部远程考核验收。

三、存在的问题

（一）人员编制严重短缺

全省省、市、县三级均依法设立了社区矫正机构，但只是经编制部门批复加挂

了牌子，并没有明确编制和人员配备要求。社区矫正机构人员力量配备薄弱，省级社区矫正机构只有工作人员 4 人，11 个市级社区矫正机构平均 1.9 人，117 个县级社区矫正机构平均 1.1 人（政法专项编）。特别是县级社区矫正机构作为主要执法主体，承担着 41 项执法职责，而人员配备在 1 人及 1 人以下的县（市、区）就达到 80 个（占比 68.4%），社区矫正机构编制和工作人员极为短缺，特别是县级严重短缺，已成为影响社区矫正工作正常开展的最大问题。

（二）专门执法队伍力量薄弱

受限于编制短缺，县级社区矫正机构作为执法主体履职能力和执法力量不足，工作实践中大量执法任务仍然以委托方式由司法所承担。司法所工作人员较少，“一人所”“二人所”普遍存在，工作任务重、业务种类杂，加之乡镇（街道）交办的其他事项，往往无力将工作做细做实，存在监管隐患和法律风险。社区矫正执法队伍中，辅助人员占比较高，人员流动性较大，执法队伍不稳定。

（三）队伍专业化程度不高

社区矫正工作是一项专业性、法律性很强的工作，要求工作人员有一定的职业能力和职业素养。由于多数社区矫正工作者是从其他部门“转岗”或者招录、招聘而来的，虽然具备一定的法律常识，但社会、教育、心理等方面的知识较少；而新入职人员缺乏常态化、统化的入职培训，往往只经过短暂的培训、实习后走上工作岗位，只能在工作中边干边学，专业化水平不高。

（四）社会认知度不高

社区矫正工作社会面宣传不足，社会认同度有待提升。在执法过程中，由于一些企事业单位和群众不了解社区矫正工作的具体内容、目的、意义，加上传统刑罚观念的影响等诸多因素的作用，普遍存在防范心理。一些欠发达地区缺乏稳定、高质量的志愿者资源，无法建立一支真正发挥作用的社区矫正志愿者队伍，难以形成帮教合力。

（五）职业保障机制缺乏

一是缺乏相应保护机制。执法人员在面对社区矫正对象有不配合、不理解、情绪激动、言语冲突甚至威胁辱骂、肢体冲突等行为时，存在受伤等意外风险，缺乏相应保护机制。二是经费保障不足。全省各地经济发展和财政收入不平衡，各地经费保障水平差异较大，一些财力紧张的地区在购买服务、装备配备、场所建设等方面受到严重制约。省内社区矫正执法辅助人员月工资收入不足 2000 元，普遍低于当地平均收入水平，无法吸引高素质专业人才加入社区矫正工作队伍。三是个别地方执法场所简陋。全省117个社区矫正中心中，面积100平方米以下的有25个，占比21%；50平方米以下的有10个，占比9%，有的县（市区）只有一两间房子，无法满足社区矫正执法工作的需要。四是缺少法定执法制服证件。因缺乏相应的法律法规依据，无法从省级层面统一配备执法服装和执法证件，导致全省社区矫正执法服装和证件配备混乱，影响社区矫正执法的严肃性、权威性和规范性。

四、加强社区矫正专门执法队伍建设的对策建议

（一）增强执法力量配备

加强统筹谋划，从国家层面整合盘活编制资源，核定各级社区矫正机构特别是县级社区矫正机构建制级别和编制数量，加强基层编制和人员配备，做到专编专用，定岗定责。合理调配人力资源，大力选拔招录具有法律等专业知识的专门国家工作人员，并将其充实到社区矫正工作队伍中。整合多方力量，注重专群结合，与高校、企事业单位等社会力量广泛合作，吸收专业人才加入社会工作者和志愿者队伍，不断提升社区矫正执法规范化、精细化水平。

（二）提升业务素质能力

在全国范围内建立一批社区矫正培训基地，建立科学化、常态化、规范化、制度化的培训制度，针对社区矫正执法所需要的专业知识、实践能力、思想素质和身心素质进行多层次、多内容、多方位、多手段的岗前培训和职业培训，全面提升社区矫正执法队伍履职能力。

（三）完善职业保障机制

加强经费保障，各级司法行政部门联合财政部门出台经费保障政策，将社区矫正经费单独列入同级财政预算，做到专款专用；进一步明确社区矫正业务经费开展范围，以社区矫正对象人数核定社区矫正经费保障，由省、市、县按比例分级承担。提高基层执法人员工资福利待遇，完善一线执法人员参加工伤保险和人身意外伤害保险机制，提升职业风险保障水平。从国家层面出台相关法律法规，以制度形式为全国社区矫正机构配备执法车辆等装备，为社区矫正执法队伍统一配备执法服装和执法证件，进一步提升执法严肃性，增强职业荣誉感。切实提高社区矫正执法的依法履职保护机制和容错机制，充分调动社区矫正队伍工作的积极性。

（四）加强社会宣传引导

广泛开展社区矫正制度、工作经验和成果的宣传工作，提升社区矫正工作的社会认知度，形成全社会关注、理解、支持、参与社区矫正工作的良好氛围，赢得群众对社区矫正工作的理解和支持。积极引导各类企事业单位、社会团体组织进一步认识、了解社区矫正工作在促进社会和谐稳定中的重要作用，大力培育承接社区矫正服务的专业化社会组织，拓展社会组织服务社区矫正工作的广度和深度。

云南省社区矫正专门执法队伍建设实践及思考

郭晋伟　周逸璇　赵郁荣*

社区矫正是贯彻宽严相济刑事司法政策，在开放的社会化条件下监管教育管制、缓刑、假释和暂予监外执行四类罪犯的制度；是我国刑事执行体系的重要组成部分，在全面依法治国和平安建设中发挥着重要作用。2020 年 7 月 1 日，《中华人民共和国社区矫正法》（以下简称《社区矫正法》）正式施行，为社区矫正工作依法开展提供了法律依据和有力保障，将社区矫正工作推向了全新的发展阶段。然而，“徒法不足以自行”，如果没有一支高素质的执法队伍，再完备的法律也难以变为生动的司法实践，深入推进社区矫正法正确实施、不断开创新时代社区矫正工作新局面也将成为一句空话。因此，大力加强社区矫正专门执法队伍建设、为推进云南社区矫正工作现代化提供智力支持，已成为各级社区矫正机构必须长期面对的课题。

一、云南省社区矫正专门执法队伍建设取得的主要成效

（一）政治忠诚更加坚定

近年来，云南省各级社区矫正机构在同级司法行政机关党委（党组）的坚强领导下，开展党的群众路线教育实践活动，着力解决“四风”问题；开展“两学一做”学习教育，以习近平总书记系列重要讲话武装头脑；开展“不忘初心、牢记使命”主题教育，推动全面从严治党向纵深发展；开展党史学习教育，深入学习贯彻习近平新时代中国特色社会主义思想。特别是以开展政法队伍教育整顿为契机，加强理想信念教育，引导社区矫正执法队伍坚定对马克思主义的信仰、对中国特色社会主义的信念、对实现中华民族伟大复兴中国梦的信心，自觉做共产主义远大理想和中国特色社会主义共同理想的坚定信仰者和忠实实践者；深化政治建设，教育引导社区矫正执法队伍牢牢把握社区矫正工作的政治属性，深入开展以“两个维护”

* 郭晋伟，云南省司法厅社区矫正管理处副处长。周逸璇，云南省司法厅社区矫正管理处副处长。赵郁荣，云南省刑罚执行一体化选派民警。

为主要内容的忠诚教育，做到绝对忠诚、绝对纯洁、绝对可靠。

（二）业务能力得到提升

《社区矫正法》和《中华人民共和国社区矫正法实施办法》施行以后，云南省司法厅联合云南省高级人民法院、云南省人民检察院、云南省公安厅制定印发了《云南省贯彻〈中华人民共和国社区矫正法实施办法〉实施细则》。全省各级司法行政机关围绕学习宣传贯彻落实社区矫正法，通过请进来、送出去、互相学等方式加强社区矫正业务培训，着力提高社区矫正执法队伍依法开展监督管理和教育帮扶的能力。2020 年 7 月以来，全省各级社区矫正机构举办业务培训 700 余场次、培训执法人员 1 万余人次。

（三）执法力量有所增强

一是以贯彻落实《社区矫正法》为契机，经多方努力，为县级社区矫正机构和基层司法所争取到×××个中央政法编制。二是持续推进刑罚执行一体化建设，2014 年至 2020 年共选派 793 名监狱（戒毒）民警参与社区矫正工作，2021 年、2022 年和 2023 年分别选派 100 名、130 名和 200 名监狱（戒毒）民警参与社区矫正工作，有效缓解了基层社区矫正执法力量薄弱的压力。三是通过政府购买社会服务等方式，为州县两级社区矫正机构和基层司法所配备××××名社区矫正辅助人员，协助开展社区矫正非执法业务，以便社区矫正执法人员将更多的精力用于社区矫正执法工作。目前，全省司法行政机关共有××××名国家工作人员从事社区矫正执法工作。其中，省级、16 个州（市）和 129 个县（市、区）三级社区矫正机构专门国家工作人员×××名（不含各级司法行政机关分管领导），1432 个司法所中从事社区矫正执法工作的国家工作人员××××名，选派参与社区矫正工作的监狱（戒毒）民警 200 名。

（四）职业保障取得进展

2016 年至 2020 年，在云南省财政厅的大力支持下，共筹措中央和省级社区矫正经费××××万元，其中，2019 年和 2020 年落实了每名矫正对象每年 800 元的监管补助经费，建成了 108 个社区矫正中心。2021 年、2022 年和 2023 年，省级财政分别下拨社区矫正经费××××万元、××××万元和××××万元，落实了每名矫正对象每年 1000 元的监管补助经费；特别是自 2022 年起，将矫正对象重新犯罪率、经费保障情况、资金使用绩效、五组数据上传率、“在矫通”App 使用率等要素作为考评指标，同时结合强边固防、表彰奖励等情况进行综合评价，形成了具有云南特点的社区矫正经费绩效分配办法，提高了资金使用效益，受到了省政府分管领导批示表扬。此外，通过积极争取，2022 年 1 月，云南省委办公厅、云南省人民政府办公厅印发了《云南省加强社区矫正工作的意见》，健全了加强队伍建设、强化经费保障等长效机制，推动实现了全省州县两级将社区矫正经费列入同级财政预算。

（五）监督制约不断强化

一是强化内部监督。云南省各级司法行政机关均建立了社区矫正审核委员会，对社区矫正重大事项进行集体审议，尽可能避免执法不严、执法不公和随意执法、粗放执法等情况的发生。二是接受法律监督。主动加强与检察机关沟通协调，完善衔接配合机制，适时开展联合执法检查，通过召开会议、进行专题研讨等形式就社区矫正工作中出现的新情况、新问题及时进行磋商、沟通，对提请撤缓撤假、暂予监外执行收监等情况及时通报同级检察机关，自觉接受检察机关的同步检察、全面检察、重点检察、集中检察，高度重视检察建议，及时整改纠正违法违规事项。三是接受社会监督。加强社区矫正法宣传，主动构建开放、动态、透明、便民的社区矫正工作机制，推进矫务公开，确保人民群众对社区矫正工作享有知情权、监督权。四是严惩违纪违法人员，2020 年 7 月以来，全省共查处社区矫正执法人员违纪行为 35 人、违法行为 8 人。

二、社区矫正专门执法队伍建设存在的困难及问题

（一）队伍数量与工作强度不相适应

云南省每年列管矫正对象 5 万余人，常年在册 3 万余人，并且矫正对象普遍社会背景复杂、文化程度偏低、法律意识淡薄，严重偏离社会主流轨道，违法犯罪风险性高。加之，云南作为连接南亚、东南亚的前沿桥头堡，山高水深、村居偏僻、边境线长，周边局势复杂，各种犯罪诱因大量存在，管理控制难度大。相比之下，目前全省三级社区矫正机构仅有国家工作人员×××名，管控力量比大大低于全国平均水平；特别是受委托承担矫正对象日常管理的 1432 个司法所，虽有××××名在职在编人员参与社区矫正工作，但他们同时要履行指导调解、参与基层普法依法治理、组织提供基层公共法律服务、协调开展安置帮教等职责，还要服务于乡（镇、街道办）中心工作，在长期超负荷工作中，极易出现麻痹思想和厌战情绪，导致工作顾此失彼、左支右绌，影响了监督管理和教育帮扶质量。

（二）专业素养与工作性质不相适应

一是刑事执行意识不够强。少数社区矫正专门执法人员将社区矫正等同于一般的行政工作，不严格执行监管规定，对矫正对象外出请假审核不严，对矫正对象违

纪违法行为不敢、不愿依法进行批评、教育、处罚，甚至存在不及时录入信息、无正当理由拒绝执行地变更、不按期解矫、档案材料造假的情况。二是执法理念还存在偏差。一些社区矫正专门执法人员“严格、规范、公正、文明”的执法理念树得不牢，没有深刻领会社会主义法治理念的精神实质，重监管轻教育，态度冷漠、语言生硬、简单执法，不能在执法活动中做到明之以法、晓之以理、动之以情，做到融法、理、情于一体，甚至不按法律规范开展工作，感情用事、随意执法，存在执法不公、执法不严，甚至失职渎职等情况。三是执法能力还存在不足。一些社区矫正专门执法人员对社区矫正工作所涉及的法律法规和业务知识缺乏系统学习，执法培训针对性、连贯性、实战性不强，造成能力素质与所承担的工作任务不匹配，在遇到新情况、新问题时往往不知所措，存在不敢管、不会矫的问题。

（三）保障水平与工作要求不相适应

一是执法经费保障不到位。虽然全省州县两级均将社区矫正经费列入同级财政预算，但从监管实际看，大部分不能足额满足社区矫正执法需求，特别是近几年来，一些县（市、区）因财政困难并未实际拨付，仅靠省级下拨经费基本维持运转，甚至还存在挤占省级拨付经费的情况。二是执法用车保障不到位。云南省矫正对象基数大、居住散、大部分在山区，有的司法所到辖区矫正对象居所单边距离超过 70 千米。但是，目前 10 个州、市无社区矫正执法用车，多数工作人员用私家车开展社区矫正执法工作，遇到突发事件无法快速应急响应。三是执法装备保障不到位。社区矫正机构长期缺乏有效的执法装备，信息共享水平不高，矫正对象报到接收、教育学习、档案管理等工作还靠人工完成。四是执法标识着装不统一。司法各环节中，侦查机关、公诉机关、审判机关和监狱均有统一的执法标识和着装，但是负责刑事执行的社区矫正机构没有，导致执法的严肃性弱化，矫正对象服管意识不强、群众对社区矫正工作认知存在偏差。五是辅助人员薪资偏低。由于没有完善的保障体系，社区矫正辅助人员薪资普遍按政府公益性岗位最低档发放，全省平均薪资不到 3000 元，难以留住高素质人才。

三、加强社区矫正专门执法队伍建设的对策思考

（一）全方位提升队伍素质

一是以深入开展学习贯彻习近平新时代中国特色社会主义思想主题教育为契机，深刻领悟“两个确立”的决定性意义，全面推动党的二十大精神在社区矫正领域贯彻落实，强化社区矫正专门执法队伍政治建设，促进社区矫正专门执法人员善于从

政治上观大势、谋大局、抓大事，把维护社区矫正安全稳定作为根本职责，不断提升政治判断力、政治领悟力、政治执行力，着力提升革命化水平。二是深入领悟习近平法治思想，大力弘扬社会主义法治精神，教育引导社区矫正专门执法人员真诚信仰法治、崇尚法治、坚守法治，树牢严格依法履行职责、法律面前人人平等、尊重和保护人权的观念，把实现好、维护好、发展好最广大人民群众的根本利益作为社区矫正工作的出发点和落脚点，确保在执法活动中体现社会公平、彰显法律正义，着力提升正规化水平。三是采取多种形式，加强对社区矫正法及其实施办法、刑法、刑事诉讼法、刑事执行政策和与社区矫正相关业务知识的学习，通过开展“执法规范化建设提升年”等活动，着力提高社区矫正专门执法人员的法律素养，不断增强运用法治思维和法治方式处理监督管理和教育帮扶中遇到的新情况和敏感问题的能力，着力提升专业化水平。四是以爱岗敬业、清正廉洁为主题，大力加强职业道德教育，大力弘扬敬业奉献精神，教育引导社区矫正专门执法人员做到清正廉洁、勇于担当、敢于负责；同时，根据社区矫正工作特点，健全职务晋升机制，打通职级晋升通道，增强社区矫正专门执法人员的归属感和荣誉感，稳定和发展社区矫正专门执法队伍，着力提升职业化水平。

（二）多渠道充实工作力量

一是用好用活司法行政系统政法专项编制，通过调剂、轮岗等方式，配齐配强社区矫正专门执法力量，着重加强一线执法力量建设，建议从部级层面明确每个县级社区矫正机构配备 3 名以上专门执法人员、每个司法所配备 1—2 名专职社区矫正执法人员，同时建立资格准入制度，保障执法队伍素质。二是鉴于当前部分社区矫正专门执法人员法律知识、专业水平和工作能力与刑事执行工作要求尚有差距、通过短期培训难以达到预期效果的实际，继续加强刑罚执行一体化工作，同时完善选派警察使用管理、考核评价、事后任用等机制，确保选派警察人到心到、安心工作、发挥优势。三是按照不低于辖区矫正对象 10% 的比例，通过政府购买服务等方式，为县级社区矫正机构和基层司法所配备专职社区矫正辅助人员，确保每个县级社区矫正机构不少于 2 人，每个司法所不少于 1 人，使社区矫正专门执法人员从繁杂的事务性工作中解脱出来，聚精会神开展执法工作。

（三）高标准推进科技赋能

一是建立部、省、市、县、乡五级贯通，并依托政法跨部门大数据办案平台，与法院、检察院、公安等相关部门及监狱管理机关互联互通的“智慧矫正一体化平台”，实现社区矫正工作全业务、全流程、全时段统一管理。二是建设省级社区矫正数据中心和各级社区矫正指挥中心，数据中心汇聚全省社区矫正各类数据，为大数据分析应用打下基础，指挥中心通过对接“天网/雪亮工程”，形成实时监控、远程督察、立体防控、快速协同的指挥体系。三是将一体化平台延伸至移动端，推广在矫通、矫务通、协矫通等移动应用，实现“工作在掌上，管理在指尖”的移动式管理，提升社区矫正工作便捷性。四是加强大数据分析、人工智能、移动互联和物联网技术在社区矫正一体化平台和装备实施建设中的深度应用，推进管理信息、定位监控、数据分析展现、数据治理管控子系统建设，构建社区矫正智慧化运作模式，向科技借力、提升执法质效。

（四）全要素加强执法保障

一是建立以在册矫正对象人数核定社区矫正专项经费制度，力争每名矫正对象每年监管工作经费不低于 2000 元。二是研究制定县级社区矫正机构和基层司法所社区矫正执法用车保障措施，在县级社区矫正机构配备专门执法执勤车辆，在基层司法所配备摩托、电瓶车等执法交通工具。三是以创建部级“智慧矫正中心”为载体，大力加强社区矫正场所和执法装备建设，推动实现社区矫正数据一体化、管理智能化、互联移动化、指挥可视化。四是推进统一规范，建议从部级层面确定全国统一的社区矫正执法服装、执法标识和执法证件样式，增强社区矫正严肃性、强化执法威慑力。同时，针对教育矫正缺乏统一规划以及方法、形式单一的问题，建议从部级层面制定全国统一的教育矫正大纲，指导基层开展工作。五是积极构建系统完备、公正高效、监督有力的执法制度机制，逐步实现执法标准化、工作流程化，对有争议的执法问题及时提交集体研究，努力减少执法随意性。

陕西省社区矫正专门执法队伍建设思考

高 巍*

社区矫正是推进国家治理体系和治理能力现代化的重要制度，要实现“维护社会和谐稳定，预防和减少社区矫正对象再犯罪，使其重新回归社会”的社区矫正工作目标，必然要建立一支“政治过硬、业务过硬、责任过硬、纪律过硬、作风过硬”的专门执法队伍。结合我省工作实际，围绕社区矫正专门执法队伍建设有关问题认真开展了专题调研，调研情况如下。

一、社区矫正专门执法队伍建设的基本情况

近年来，陕西省社区矫正工作在司法部、省委省政府的坚强领导下，以推动社区矫正工作法治化、规范化、精细化、智能化为目标，“守底线、补短板、强基础、促规范”，各项工作稳步推进，为维护陕西社会和谐稳定做出了积极贡献。我省社区矫正工作从2009年开始试点，2011年全面推开。建成县级社区矫正远程视频督导系统105个，建立矫正小组12751个，工作力量实现了全覆盖。截至2022年底，全省累计接收社区矫正对象113501人，累计解除矫正100725人，在矫12776人，累计重新再犯罪136人，累计重新再犯罪率0.12%，低于全国平均水平。2022年全年列管社区矫正对象23852人，新接收9184人，解除11076人，训诫472人，警告374人，治安处罚24人，撤销缓刑40人，暂予监外执行收监35人。

截至目前，全省社区矫正专门执法队伍人员共有3401人，其中省、市、县三级社区矫正机构实有人数385人，受委托从事社区矫正工作的司法所工作人员数量为2897人，选派从事社区矫正工作监狱戒毒警察人数119人。其中，男性2198人，占比约64.6%，女性1203人，占比约35.4%；30岁以下586人，占比约17.2%，30—50岁2154人，占比约63.3%，50岁以上661人，占比约19.5%；大专及以下学历1207人，占比约35.5%，本科学历2055人，占比约60.4%，本科以上学历139人，占比约4.1%；法律专业1294人，占比约38%，心理学、教育、社会工作专业94人，

---

* 高巍，陕西省社区矫正管理局副局长。

占比约 2. 8%，其他专业 2013 人，占比约 59. 1%。

截至目前，全省社区矫正一线执法人员数量 3324 人，其中男性 2110 人，占比约 63. 5%，女性 1214 人，占比约 36. 5%；30 岁以下 495 人，占比约 14. 9%，30—50 岁 2196 人，占比约 66. 1%，50 岁以上 633 人，占比约 19. 0%；大专及以下 1207 人，占比约 36. 3%，本科 2039 人，占比约 61. 3%，本科以上 78 人，占比约 2. 3%。

二、社区矫正专门执法队伍建设的主要做法

一是始终坚持党的领导强化政治引领。近年来，陕西省各级司法行政机关和社区矫正工作人员始终坚持以习近平新时代中国特色社会主义思想为指导，深入学习贯彻习近平法治思想、习近平总书记关于政法工作重要指示和来陕考察重要讲话和重要指示，坚持把全面学习、全面把握、全面落实作为各级社区矫正机构的首要政治任务，坚持将新时代党的建设总要求贯穿到社区矫正工作各方面和全过程。严格对表中央和省委要求，始终在思想上政治上行动上同以习近平同志为核心的党中央保持高度一致，增强“四个意识”、坚定“四个自信”、做到“两个维护”，严格执行社区矫正“六不准”和政法干警十条禁令，确保依法矫正、廉洁矫正。

二是社区矫正委员会建设全面推进。2021 年 3 月 1 日，经省政府同意，成立陕西省社区矫正委员会，目前，省、市、县、乡（镇）四级社区矫正委员会实现了全覆盖，标志着全省形成了党委政府统一领导、司法行政机关组织实施、相关部门密切配合、社会力量广泛参与、检察机关法律监督的领导体制和工作机制。制定出台了《陕西省社区矫正委员会工作规则》《陕西省社区矫正委员会办公室工作规则》《陕西省社区矫正委员会成员单位工作职责》。自省社区矫正委员会成立以来，各成员单位密切配合，充分发挥各级社区矫正委员会对社区矫正工作的统筹协调作用，推动全省社区矫正工作不断取得新成效。

三是社区矫正工作制度逐步健全。会同省高级人民法院、省人民检察院、省公安厅制定出台《陕西省社区矫正实施细则》，印发《陕西省社区矫正机构刑事执行权责清单》，编印《社区矫正执法制度汇编》，进一步推进和规范社区矫正刑事执行工作。会同省人民检察院联合下发《关于规范涉民营企业社区矫正对象外出管理相关工作的意见》，优化审批管理程序，以实际行动护航民营经济发展。会同省人民检察院联合下发《关于组织开展社区矫正执行和监督专项督导工作的通知》，进一步规范社区矫正执行行为。会同检察机关、民政、人社、妇联等 12 家省级部门制定出台《陕西省社区矫正教育帮扶办法》，进一步增强教育矫正效果。制定下发《2023 年全省社区矫正工作要点》，明确今年社区矫正工作目标任务。修订下发《陕西省社区矫正执法文书格式》和《陕西省社区矫正工作台账范本》，与省档案局联合出台《陕西

省社区矫正档案管理办法》，制定《陕西省社区矫正中心制度规范流程指引》，进一步规范社区矫正中心工作制度。与省人民检察院、省边防检查总站针对未成年社区矫正对象教育管理工作和社区矫正对象禁止出境报备及边控工作召开座谈会，研判分析工作形势。

四是社区矫正机构队伍建设进一步加强。2022 年 11 月，省委编办批复我厅社区矫正管理处对外加挂“陕西省社区矫正管理局”牌子，核增政法专项编制 3 名，用于加强社区矫正工作，并与我厅联合发文，就加强市、县两级社区矫正机构建设提出指导意见。为做好刑事执行一体化改革工作，根据《监狱戒毒民警延伸社区矫正监管教育工作实施方案》，常态化选派 142 名监狱戒毒民警参与社区矫正工作。第十四届全国运动会期间，临时增派 30 名监狱戒毒民警到西安市部分重点县（区）开展工作，党的二十大召开期间，临时增派 100 名戒毒民警，赴 6 个市 38 个县（区）支援社区矫正工作。2023 年 5 月，临时增派 100 名戒毒民警参与西安、延安等 6 个市的社区矫正工作，切实壮大重点时段基层社区矫正一线工作力量。宝鸡市司法局结合本地实际，与宝鸡强戒所联合印发《关于建立健全司法行政戒毒工作社会化延伸运行机制的意见》，探索建立健全社会化延伸教育帮扶工作制度机制，省虢镇强戒所还自行选派了 20 名干警参与所在地宝鸡市陈仓区社区矫正工作，以上做法均取得了良好的效果。

五是社区矫正中心建设取得新进展。2022 年，先后印发《关于进一步加强社区矫正中心规范化建设工作的通知》《关于做好智慧矫正中心创建申报工作的通知》，就加强全省社区矫正中心规范化建设和“智慧矫正中心”创建工作提出明确要求，加强工作指导。2022 年 6 月，在安康市平利县召开了全省“智慧矫正中心”创建工作现场推进会，通过示范引领推动全省社区矫正中心建设提档升级。推动省级社区矫正综合管理信息系统与政法大数据业务协同办案平台联通共享，协调陕西省基础地理信息中心将“天地图”应用部署到省级社区矫正综合管理系统，建设省社区矫正综合管理系统心理服务模块。投资 160 余万元，完成系统开发升级工作。认真贯彻落实司法部《社区矫正中心建设规范》，印发《陕西省社区矫正中心制度规范流程指引》，实现社区矫正中心各功能室对应的制度牌、流程图统一规范上墙。

六是基层司法所建设和职能作用发挥成绩显著。目前，全省 1318 个司法所全部达到科级建制，其中，落实正科级建制司法所 216 个，落实副科级建制司法所 1102 个，实现了镇（街道）全覆盖；在为期三年的新时代“六好司法所”（组织机构建设好、人员队伍发展好、体制机制完善好、基础设施配备好、经费保障落实好、职能作用发挥好）创建活动中，已命名新时代“六好司法所”1293 个，新时代“六好司法所示范单位”391 个，分别占司法所总数的 98. 1%和 29. 7%，规范化建设成效初步显现，基层面貌焕然一新。通过整合、招录、调剂、购买服务等，全省司法所基本形成了以司法行政专编人员为主、地方事业编制人员相配套、政府购买服务人员为补充的人员队伍，结构更加优化，力量更加壮大，呈现出年轻化、知识化、专业化的特点。基层司法所建设的夯实进一步促进了包括社区矫正在内的各项工作的不断提升。

七是社区矫正履职保障进一步完善。按照与省财政厅联合下发的《关于进一步加强社区矫正经费保障工作的通知》要求，积极落实全省社区矫正业务经费。为全省社区矫正中心配发214部执法记录仪，加强社区矫正执法监督能力。2022年6月，印发《关于全省统一办理和使用社区矫正工作证件的通知》，扎实推进社区矫正工作证件申领、使用及管理工作，为市、县两级社区矫正机构工作人员和司法所从事社区矫正工作的人员配齐了工作证件，工作证件由全省统一编号、申领、审批、备案，均通过陕西省社区矫正综合管理系统完成。2022年10月，召开会议安排部署全省司法所和县级社区矫正执法人员统一着装工作，各市（区）依据《陕西省司法厅关于做好全省司法所工作人员制式服装配发工作的通知》，按照省厅统一提供的制式服装样式，认真推进落实，服装经费由各地财政负责，2022年12月底全省107个县（区）社区矫正执法人员、1318个司法所工作人员定制统一服装全部配发到位。基层社区矫正工作人员普遍反映工作证件的配备与执法服装的统一，增强了工作干劲，促进了执法规范化，提升了职业保障能力，彰显了司法行政工作的权威性和严肃性。

三、社区矫正专门执法队伍建设存在的困难

一是省市县三级专职社区矫正国家工作人员力量明显不足。市级社区矫正机构平均1.7人，1人科有4个市（铜川、汉中、安康、商洛），县级社区矫正机构在编人员多为2—3人，基层司法所社区矫正工作人员明显不足。

二是社会力量参与社区矫正各地开展不平衡，社区矫正队伍专业化水平低。受经济发展水平影响，我省各地在社区矫正社会工作者招聘等呈现出明显的不平衡现象，社区矫正工作人员的专业化程度也不够，省市县三级工作人员具有法学专业背景人员不多，部分社区矫正工作人员对各类信息化设备应用使用还不充分，社区矫正档案电子化程度低。此外，社区矫正执法车辆比较少，全省目前仅有220余辆（司法所车辆配备），缺口近900辆，执法用车的编制难以得到有效落实。

三是职业保护不够充分。现在基层有一种倾向，在社区矫正对象监管上怕出事、怕出问题，担心被追责，进而从严把握社区矫正对象的请假外出、居住地变更等事项，影响社区矫正实际教育成效。

四、社区矫正专门执法队伍建设的对策建议

一是建议顶层设计出台指导性意见。目前社区矫正工作人员整体上是不足的，我们通过招聘、选派民警等方式能够解决一部分，但缺口还是比较大的。建议司法部出台指导性意见，将一部分政法专编人员在系统内进行调剂使用，特别是现在随着戒毒工作量的逐步减少，能否把一些戒毒场所整体转化为社区矫正执法场所，部分工作量较少的戒毒干警集中组建为社区矫正执法支（大）队，从而进一步壮大社区矫正工作力量。另外，司法所的一部分政法专编，能否调剂到县区司法局统一使用，统一组建社区矫正执法大队等，不断壮大社区矫正工作力量。

二是建议进一步加强职业保障。统一全国社区矫正工作人员的执法证件、执法服装，增配执法车辆编制，统一全国各级社区矫正机构名称，以提升刑事执行工作的严肃性。考虑到社区矫正工作责任大、职业风险高，建议设立专门的社区矫正工作津贴。

三是建议加强社区矫正政策的宣传引导。社区矫正制度是宽严相济刑事政策的体现，社区矫正对象基本上都是社会危害性较小的罪犯，在对社区矫正对象的监管教育中要依法管理，依职责管理，尽量不影响他们正常的生产生活。建议加大对外政策宣传和对下政策指导力度，进一步提升各级社区矫正机构依法执行的水平和能力。

社区矫正队伍建设的实践与思考

——以广州市社区矫正为视角

梁贺莹*

社区矫正是贯彻宽严相济刑事政策的具有中国特色的一项刑事执行制度，自试点至今，在社区矫正对象的教育矫正方面取得了突出成就，在法治国家建设过程中具有十分重要的意义。社区矫正队伍建设是社区矫正工作法治化、制度化的重中之重，推进高素质社区矫正工作队伍建设是实现提高教育矫正质量，促进社区矫正对象顺利融入社会、预防和减少犯罪目标的人才保障，也是推进依法治国的必然要求。[①] 广州市坚持贯彻落实《中华人民共和国社区矫正法》（以下简称《社区矫正法》），坚持目标导向、问题导向、效果导向，更新观念，守正创新，持续推进社区矫正专门执法队伍建设，夯实社区矫正基层基础，提高社区矫正工作的规范化、专业化水平，为依法、规范开展社区矫正工作提供有力的队伍保障。广州市在取得较好工作成效的同时，及时总结“广州经验”，同时结合现状，分析当前社区矫正队伍建设实践中存在的问题，提出有针对性的建议，以期为全面提高社区矫正队伍“四化”建设水平提供有益参考。

一、广州社区矫正队伍建设现状

广州市自 2006 年开展社区矫正工作以来，按照机构管理权限、工作职责和辖区内社区矫正对象数量，配齐配强社区矫正机构和司法所社区矫正工作人员，辖区内各司法所配备政法专编 1 名以上。目前，广州市社区矫正队伍除了编制工作人员之外，另有由监狱、戒毒警察组成的 52 名延伸管教警察队伍参与社区矫正工作。

经统计，广州市社区矫正队伍编制人员年龄主要集中在 41—50 周岁，占编制人员总数的 33.81%；其次集中在 51 周岁及以上，占比 25.42%。社区矫正队伍编制人员学历主要集中在本科，占编制人员总数的 65.7%；拥有研究生学历的编制人员占

---

* 梁贺莹，广东省广州市司法局社区矫正执法处四级主任科员。

① 王爱立、姜爱东主编：《中华人民共和国社区矫正法释义》，中国民主法制出版社 2020 年版，第 95 页。

8.4%。社区矫正队伍编制人员专业主要为法学专业，占编制人员总数的48.92%；与社区矫正执法工作相关的其他专业如心理学、社会工作专业人员占比较低，分别占编制人员总数的0.7%和3.35%。总体来看，广州市社区矫正队伍编制人员多数年龄偏大、执法经验相对丰富，学历、专业分布基本能满足社区矫正执法需要，但仍有提升空间。

二、社区矫正队伍建设的广州经验

（一）构建“四共”执法新格局，有效缓解基层监督管理压力

为进一步整合监管场所和基层司法行政资源，广州市司法局积极谋划构建“上下共建、资源共享、隐患共治、风险共防”的“四共”执法新格局，派出戒毒警力支援社区矫正工作和社会面平安建设，推动更多力量向基层倾斜，努力把矛盾纠纷、风险隐患化解在基层。全市高标准整合两支执法力量，市层面构建以延伸管教警察为主的执法队伍，区层面构建区所共建共治执法队伍，形成上下贯通的“四共”执法队伍。广州市司法局抽调44名市属戒毒所警察组成社区矫正延伸管教队伍，占全省延伸管教警察总数的五分之一，有效缓解基层监督管理压力。除了派出延伸管教警察滚动参与区司法局社区矫正执法活动以外，广州市属戒毒单位还固定下沉1—3名警察至各区局参与“四共”执法工作。为规范“四共”工作模式，统一执法标准，广州市出台共建共治工作协议、会商机制、工作制度、应急预案、明确专门工作队伍等工作文件，形成一套基本统一的建设和运行标准。同时制定《“四共”工作警察职责清单》，明确警察参与的35项共计118条工作事项，其中参与社区矫正工作共21项101条，为严格规范依法开展工作提供制度保障。

（二）组织社会力量参与，提升教育帮扶效果

广州市持续拓展社会力量参与社区矫正的广度与深度，借助社会力量提升教育帮扶效果，积极打造共建共治共享的社区矫正工作新格局，目前主要以政府购买服务的方式组织社会力量参与社区矫正。一是充分发挥专业司法社工的作用，为社区矫正对象开展心理和行为矫治、家庭关系辅导、社会支持网络改善、组织社会服务和学习教育等活动，实现社区矫正机构“刚性执法”和司法社工“柔性服务”有机结合，有效预防社区矫正对象再犯罪。二是加强对司法社工项目的督导巡查和绩效评估，确保财政资助金使用绩效，按照《广州市司法社会工作服务项目评估办法》对全市司法社工项目开展绩效评估。三是加强司法社工队伍建设。目前广州市共有379名专职司法社工，在全省名列前茅，基本实现了每个司法所配备1—2名司法社

工的目标，极大地缓解了基层社区矫正工作人员不足的现状，司法社工成为社区矫正工作队伍中的一支重要力量，为广州市社区矫正社会工作走在全国前列做出了积极贡献。

（三）推进执法规范化建设，提高社区矫正队伍法治化、专业化水平

广州市持续推进执法规范化建设，以健全执法规范、加强业务培训、开展执法检查等多种措施规范执法流程，不断提高社区矫正队伍法治化、专业化水平。一是健全执法规范。广州市司法局加快建章立制工作，修订出台《广州市社区矫正工作档案范本》，制定《社区矫正工作流程清单》《广州市社区矫正信息化核查和使用电子定位装置工作指引（试行）》，巩固全市统一的社区矫正执法规范，全市社区矫正规范执法工作一直保持全省标杆位置，成为一张“广州名片”。二是加强业务培训。广州市不断完善社区矫正机构培训机制，组织基层社区矫正工作人员轮训，熟悉掌握社区矫正有关法律法规、管理制度，加强社区矫正队伍专业化、职业化建设。在持续进行日常培训的基础上，举办延伸管教警察业务培训班，课程涵盖法律法规、执法规范、警察管理和执法风险与职务犯罪预防、智慧矫正实操演练等内容，为延伸管教警察熟悉、精进社矫业务提供平台。三是开展执法检查。制定完善《广州市社区矫正执法检查工作指引》《社区矫正规范执法检查指引（手册）》，成立工作组和执法督导组，定期下沉各区社区矫正机构、司法所，对基层社区矫正工作各方面全链条开展执法检查，积极挖掘亮点、提炼经验，深入发现问题、分析问题，汇总研判后集中整改，深入推进全市社区矫正规范执法建设。

（四）向科技要警力，完善智慧矫正模式

广州市司法局积极探索将现代科技手段与社区矫正工作相结合的工作方法，与第三方科技公司研发出了“微+智慧矫正”小程序，打造“执法规范化、教育多样化、监督管理精准化”的社区矫正智慧化管理新模式，助力社会创新管理。社区矫正对象使用“穗智矫”小程序接受定位监督管理、二维码签到、参加线上学习和考试、认领公益活动等，工作人员通过“穗矫易”小程序和管理后台同步记录矫正对象日常活动开展情况，实时查看各项监督管理数据，快速掌握矫正对象各项监督管理达标情况，实现对异常监督管理信息自动预警、对社区矫正对象的特征性数据收集处理，并结合社区矫正工作依据的法律、实际案例，定制具有针对性和适合个体需求的矫正措施，实现多维度分析后的精准矫治，极大地减轻矫正工作人员工作压力，实现了“向科技要警力”，打造节约司法资源的新型工作模式。

三、社区矫正队伍建设的存在问题

（一）尚未设立具有独立执法资格的社区矫正机构

具有独立执法资格的社区矫正机构是社区矫正队伍建设的重要组织保障。《社区矫正法》施行至今已经三年，但从全国来看，仍有许多地方未完全实现设立具有独立执法资格的社区矫正机构。《社区矫正法》第9条明确规定，“县级以上地方人民政府根据需要设置社区矫正机构，负责社区矫正工作的具体实施”，为依法设立具有独立执法主体资格的社区矫正执行机关提供了法律依据。当前部分地方社区矫正机构名称不一，或是仅有独立机构之“名”而无独立机构之“实”，仍是司法行政部门内设机构，职责与法律要求不相匹配。根据《社区矫正法》，社区矫正机构要以自己的名义独立履行接收社区矫正对象、开展监督管理和教育帮扶、提请治安管理处罚等执法职责。地方各级社区矫正机构应当具有独立执法主体资格，否则就存在执法主体不适格的问题，不能合法有效履行社区矫正执法职责，无法以法定身份与公、检、法等部门正常进行衔接配合。

（二）社区矫正工作力量不足，与监管规范化要求之间的矛盾异常突出

与数量庞大的社区矫正对象相比，社区矫正机构人员力量显得严重不足，与监管规范化要求不相适应，制约着社区矫正工作高质量发展。大多数基层司法所仅有1至2名工作人员，基层“列管人数多、基层任务重、执法力量弱”等问题较为突出。在实际工作中，司法所除需承担司法行政业务外，还需根据街（镇）安排落实日常维稳、创卫创文等工作任务，职责繁杂，疲于应付，很难承担起要求高、标准严的社矫工作。《社区矫正法》第10条规定，社区矫正机构应当配备具有法律等专业知识的专门国家工作人员；第16条规定，国家推进高素质的社区矫正工作队伍建设。然而，大部分地区社区矫正工作队伍的专业化程度与法律规定仍有较大差距，部分基层司法所工作人员专业背景和执法能力与工作要求也存在差距，法学、心理学、社会工作等相关专业的工作人员人数在基层司法所编制人员中占比较低，社区矫正工作力量薄弱与监管规范化要求之间的矛盾异常突出。作为刑罚执行的社区矫正机构人员队伍力量薄弱，与社区矫正的刑罚执行性质和专业化工作要求不相符，亟待优化。

（三）村（居）民委员会参与社区矫正工作的保障机制亟须完善

村（居）民委员会是社区矫正社会力量参与的重要主体。社区矫正调查评估、

日常监管教育等大量工作需要村（居）民委员会工作人员参与和协助，《社区矫正法》第6条明确要求将村（居）民委员会协助社区矫正工作的经费保障纳入本级政府预算。然而，现实中村（居）民委员会参与社区矫正工作的保障机制仍未完善。目前全国尚未确立统一的工作指引，财政部、司法部现行有关文件规定的社区矫正工作经费开支范围并未包括村（居）民委员会协助社区矫正工作的经费，导致地方在投入相关经费、完善保障机制上缺乏政策依据，难以将其纳入预算管理。地方此前落实新冠疫情防控任务导致财政经费紧张，建立保障机制、落实相关经费都存在一定困难。

（四）司法社工缺乏保障与激励机制

司法社工是基层法治工作的重要辅助力量，司法社工参与了大量社区矫正一线工作，在社区矫正队伍中发挥着不可或缺的重要作用。社区矫正机构一般通过政府购买服务的形式引入专业的社工机构，由社工机构聘请社工辅助社区矫正工作。但是薪资报酬较少、社会地位偏低、晋升空间有限等因素严重制约着司法社工队伍的稳定和发展。以广州市为例，目前司法社工配比和薪资依然执行2015年的标准，8年来社区矫正对象数量激增、社区矫正工作要求日趋精细、物价上涨，而购买服务的标准仍停留在过去的水平，容易导致社工的职业认同感偏低，影响其工作积极性，出现司法社工人才流失等现象。此外，司法社工虽偶有接受培训的机会，但是系统性的职业培训体系和职称晋升体系尚未建立健全，社工专业水平难以获得持续有效的提升，影响司法社工专业化发展。因此，社会力量参与社区矫正工作的保障机制还需完善。

四、社区矫正队伍建设的对策建议

（一）充分发挥党建引领作用

党的二十大报告对坚定不移全面从严治党、深入推进新时代党的建设新的伟大工程作出战略部署，强调要建设堪当民族复兴重任的高素质干部队伍。党的二十大报告为社区矫正队伍建设指明了方向，因此，社区矫正专门执法队伍建设需要以党建引领，开展社区矫正工作要坚持以习近平新时代中国特色社会主义思想为指导，深入学习宣传贯彻党的二十大精神，学习贯彻习近平法治思想和习近平总书记关于社区矫正工作重要指示精神。依法成立各级社区矫正委员会，明确各成员单位工作职责，充分发挥社区矫正委员会统筹协调和指导本行政区域内社区矫正工作的职能作用，协调解决社区矫正工作发展中的难题。依法完善“党委政府统一领导、司法行政部门组织实施、有关部门密切配合、社会力量广泛参与”的领导体制和工作机制。贯彻新时代党的组织路线，完善组织体系，全面加强社区矫正机构、司法所党组织建设，根据社区矫正机构、司法所的地理位置和党员数量等情况，成立党支部，将党建工作覆盖到社区矫正工作的各领域和全过程。深入贯彻政法工作条例，严格落实重大事项请示报告制度。充分发挥基层党组织战斗堡垒和党员先锋模范作用，大力推进党支部标准化规范化建设，党建工作与社区矫正工作同向发力、同频共振，为推动社区矫正队伍建设提供强劲的“红色引擎”。

（二）依法根据需要设置具有独立执法资格的社区矫正机构

《社区矫正法》明确规定了社区矫正机构履行监督管理、教育帮扶等执法职责；赋予了社区矫正机构执法范围和独立的执法权，例如直接接收社区矫正决定机关的法律文书，办理社区矫正执行变更手续，直接向决定机关提请撤销缓刑、撤销假释及收监执行建议，也可以独立出具解除社区矫正宣告书、通知书、证明书等各类法律文书。依法设置具有独立执法资格的社区矫正机构，有利于直接与公检法、监狱等部门衔接执法环节，有利于高效履行社区矫正执法职责。相关问题的解决需要国家层面完善顶层设计、高位推动，建议由中央有关部门出台指导意见，明确省、市、县三级人民政府按《社区矫正法》要求设置社区矫正机构；配齐执法力量，明确社区矫正机构执法人员与社区矫正对象的配比标准，科学合理搭配社区矫正工作人员编制数量，推动做实做强社区矫正机构。设立具有独立执法主体资格的社区矫正机构，对于社区矫正专门队伍建设具有重要意义，更有利于社区矫正工作的长远发展。

（三）加强社区矫正执法队伍专业化建设

社区矫正作为一项具有刑罚执行性质的执法工作，对法律素养要求较高，因此需要加强社区矫正专门执法队伍专业化建设。针对当前专职社区矫正工作人员人数不足的问题，首先要根据辖区社区矫正对象数量，进一步充实社区矫正执法队伍人员数量，严格执行专人、专职、专岗，使社区矫正工作有人抓、有人管、有人干。社区矫正机构要承担起《社区矫正法》赋予的职能职责，综合考虑刑罚执行属性和工作人员分工、劳动强度等因素，合理核定社区矫正专职公务员编制数量，根据需要适当扩容增编，保证社区矫正工作的正常开展。针对社区矫正工作队伍专业能力不足的问题，需要加强顶层设计，建立健全职业准入门槛，选拔招录一批具有专业知识、符合工作要求的国家工作人员，在招录时向法学、心理学、社会学等核心专业或持有相关职业证书的人才倾斜。社区矫正对工作人员职业素养和专业化水平要求较高，需要工作人员同时具备精确解读法条和运用其灵活处理个案的能力，也需要工作人员综合运用法学、心理学、社会学等专业知识完成执法工作。因此，需要将工作人员的业务培训日常化、系统化，提高工作人员的综合素质，通过学法规明道理、用实例讲案卷、亮问题抓整改等方式，抓实抓细队伍专业化、规范化建设，切实提升社区矫正工作者业务水平和履职能力。除了对现有的工作人员进行培训，还需要从国家层面培养专门的社区矫正人才，根据实际在政法类高校开设社区矫正专业，将社区矫正专业毕业生直接对接到各地各级社区矫正机构，真正发挥其专业优势，源源不断地为社区矫正队伍输送优秀的专业人才。

（四）依法落实村（居）民委员会参与社区矫正工作的保障机制

充分动员组织村（居）民委员会依法协助社区矫正机构做好社区矫正工作，依法落实保障机制，调动村（居）民委员会协助参与社区矫正工作的积极性，打通社区矫正工作“最后一公里”，促进社区矫正对象顺利融入社会。社区矫正机构可以通过走访，召开座谈会、矫情分析会等形式，增强做好社区矫正工作的共识，积极搭建沟通交流渠道，凝聚多部门力量，形成社区矫正工作合力。制定具体工作细则，明确村（居）民委员会协助工作的职责范围、工作程序和相关保障，为村（居）民委员会协助参与社区矫正工作提供制度依据和相关支持。依法将村（居）民委员会协助开展社区矫正的经费纳入本级财政预算，除了需要制定政策规章以外，还需要各级司法行政部门加强与财政部门之间的沟通协调，开展联合调研，结合地方实际，探索建立相关专门实施办法或保障机制，在财政层面予以保障，推动社区矫正工作在基层的顺利开展。有针对性地组织村（居）民委员会相关工作人员协助社区矫正工作进行培训，确保相关工作人员掌握社区矫正工作职责、理念、方法和相关工作纪律等。及时发现、收集村（居）民委员会在协助社区矫正工作中存在的问题和困难，及时答疑解惑，注重对村（居）民委员会协助开展社区矫正工作进行引导，确保村（居）民委员会工作人员依照规定开展相关工作。整合不同村（居）民委员会优势资源，引导社区志愿者和社区群众参与社区矫正工作，丰富教育帮扶活动形式、措施，并重视加强对涉民营企业、科研机构等社区矫正对象应有权益的保护，提供适当便利以及必要帮助等。

（五）加强社工队伍建设，健全保障与激励机制

针对司法社工专业能力弱、队伍不稳定等问题，需要建立科学体系的培训制度，在法律法规、社工理论、个案解析等方面对社工进行培训，提高司法社工的专业水平。除了强化培训以外，各地司法行政机关需要探索建立司法社工管理体系，明确社工的工作职责、聘用管理、待遇管理、管理考核等内容，提高社工管理的透明度，稳定社工队伍。建立健全社工职业保障与激励机制，合理提高专职社工的工资福利待遇，设定科学的绩效指标，通过社工参与的服务项目、频次和服务效果评定绩效

考核结果，发现社工在工作中的不足之处，及时给予业务上的指导改进，同时为达成一定绩效目标的社工给予奖励，鼓励社工不断精进业务，提高其参与社区矫正的积极性。重视社工的职业发展，为通过助理社会工作师、社会工作师、高级社会工作师职业水平考试的社工提供相应的待遇，不断吸纳优秀的社工。进一步完善社会组织和社会工作者参与社区矫正工作的制度，为社会力量参与社区矫正工作提供更多法律和制度保障。同时加大财政资金支持力度，建立长效经费保障机制，将购买社区矫正社会工作服务相关经费列入财政预算，给予足额保障。通过政府引导、政策引领，培育一批专门承接社区矫正工作的专业化社会组织和社会工作者，引导具有社会学、心理学、教育学等专业人才的社会组织参与社区矫正，提高社工队伍的专业化水平，从而提升社区矫正工作质效。

《社区矫正法》视阈下的社区矫正社会工作者队伍建设

——以 G 市社区矫正社会工作者队伍建设情况为例

蔡穗宁　何嘉颖　陈镇杰*

一、前言

《中华人民共和国社区矫正法》（以下简称《社区矫正法》）的颁布实施是贯彻落实党中央决策部署，全面推进依法治国的重要举措，对于健全完善我国刑事执行制度、保障公正司法、推动国家治理体系和治理能力现代化具有重要意义。党中央高度重视社区矫正工作，习近平总书记对社区矫正工作作出重要指示批示，强调“要持续跟踪完善社区矫正制度，加快推进立法，理顺工作体制机制，加强社区矫正机构和队伍建设，切实提高社区矫正工作水平”，队伍建设中除了有一支规范化的执法队伍作为保障以外，还需要充分依靠社会力量来开展工作，社区矫正社会工作者正好作为不可或缺的社会力量参与社区矫正。

我国现阶段对于社区矫正社会工作者的功能定位偏向于“司法本位”，即站在司法的立场来看待社区矫正社会工作，并形成与之相应的价值理念，这也使社区矫正社会工作者更多的是辅助社区矫正工作人员开展工作，且作为其人性化的补充。所以，与社区矫正工作人员开展其强制性监管教育工作为主等偏硬性的功能不同，社区矫正社会工作者则是通过介入社区矫正对象生活开展专业的社会工作服务，以“帮”和“教”等偏人性化为主的工作，发挥其软功能，并与社区矫正工作人员的硬功能相互补充，更好地开展社区矫正工作。那么《社区矫正法》实施后，社区矫正社会工作者队伍建设情况如何？笔者将从 G 市社区矫正社会工作者队伍建设的现状、困境、发展趋势、建议四个方面进行阐述。

---

* 蔡穗宁，广州市普爱社会工作服务社、越秀区司法社工项目负责人，助理社会工作师，广州市司法社工内部督导。何嘉颖，广州市普爱社会工作服务社、越秀区司法社工项目副主任，社会工作师，广州市司法社工内部督导。陈镇杰，广州市普爱社会工作服务社、越秀区司法社工项目副主任，助理社会工作师，广州市司法社工内部督导。

二、G 市社区矫正社会工作者队伍建设的现状

（一）有法可依，社工服务铺基础

2019 年 12 月 28 日，十三届全国人大常委会第十五次会议表决通过了《社区矫正法》，并于 2020 年 7 月 1 日正式实施，其中第 10 条至第 13 条对参与社区矫正工作的各方主体的职责作了明确规定，鼓励和引导多元社会力量依法参与社区矫正工作，并在第 40 条第 1 款授权“社区矫正机构可以通过公开择优购买社区矫正社会工作服务或者其他社会服务，为社区矫正对象在教育、心理辅导、职业技能培训、社会关系改善等方面提供必要的帮扶”。这也是我国首次以立法的形式明确政府可以通过购买服务的形式引入社会工作参与社区矫正。《社区矫正法》的出台，为社会工作者参与社区矫正工作提供了法律依据和保障，同时也规范了社会工作者在社区矫正工作中的工作内容和职责。以 G 市为例，社区矫正工作以司法局（司法所）执法工作者为核心，社会工作者为辅助，加上社会志愿者三者各司其职，相互协作，以《社区矫正法》为基础，形成了“矫正铁三角”般的工作关系。

（二）术业专攻，社工服务展优势

社会工作者作为辅助力量，在参与社区矫正工作的过程中，协助司法局（司法所）社区矫正工作人员共同制订矫正计划和措施，确保矫正工作的科学性和针对性，并作为社区矫正对象矫正小组成员之一，在社区矫正对象接受社区矫正期间协助开展监督管理、教育帮扶工作，同时运用专业的社会工作手法，为其提供专业的社会工作服务。

因此在《社区矫正法》的服务基础之下，社会工作者在开展社区矫正服务过程中便可充分发挥自身专业优势，为服务对象提供各种类型的专业服务。以 G 市 Y 区司法社工项目为例，社会工作者所提供的服务包括：组织社区矫正对象参加集中教育、公益活动；开展专业化的个案工作、小组工作；协助司法所的监管帮教等。社会工作者所开展的服务，则是依托自身的专业，从需求的视角去看待服务对象的问题，发挥自身专业优势提供服务。首先，在开展服务之前，为了深入了解服务对象所呈现的问题和需求，社会工作者以服务对象的普遍现状去设计和开展需求调研，并以得出的结论作为提供服务的依据，在此清晰的服务设计之下，社会工作者所提供的服务更加贴近社区矫正对象的需求和特点。其次，社会工作者在服务过程中则是充分发挥其自身专业能力和特长，将以人为本的专业理念、助人和自助的社会工作价值观贯穿服务全过程。以平等的视角和身份与矫正对象沟通，并熟练地运用社

会工作专业技巧，结合社会工作各种服务理论和服务模式，促使社区矫正对象更容易接受服务，也便于与服务对象建立专业服务关系。最后，社会工作者运用反思和总结，通过一系列的成效评估方式和方法，规范化和标准化的评估所提供的服务中值得肯定和需要关注的点，进而改进所提供的服务，在此模式之下，专业服务不断改良，服务质量不断提高。

（三）政府支持，社工服务建保障

G市在2006年启动社区矫正试点工作，随后于2009年开始探索通过政府购买服务的方式引入社会力量参与社区矫正工作。2015年G市司法局制定了《G市社区矫正社会工作项目体系建设实施方案》《G市社区矫正社会工作项目购买服务实施细则》，在相关政策出台后，引进社会力量参与社区矫正工作在全市全面推广，G市当前的社区矫正社会工作主要通过政府购买服务的方式，先后引入20多家社会组织机构参与社区矫正工作，建立了市、区两级种类不同、互为补充的社区矫正社会工作项目体系；在探索社会力量参与社区矫正工作方面，G市先行先试，打造了社区矫正社会工作"G模式"，而该模式则是从学习新加坡和我国香港地区的经验起步，经过近10年来的快速发展，形成了项目化、市场化的政府购买社会工作服务体系，构建了"牵手模式"的G市社区矫正社会工作服务矩阵，探索形成了政府主导、社会协同、项目运作、专业服务的"G模式"。在政府的重视与支持下，G市的社区矫正社会工作服务不断推陈出新，摸索各类社会工作专业服务模式与社区矫正结合的方向，包括"沙盘治疗""园艺治疗""志愿服务""教育帮扶"等，其中在社区矫正工作中运用"园艺治疗"更是行业首创，形成独有的"园艺矫治"概念。此外还有各种结合社区矫正特性的"帮""教"联合的志愿服务、主题宣传教育等，多层次提供专业服务，为促进社区矫正对象群体能够更好地融入社会。截至目前，G市多个社区矫正社会工作特色品牌项目已得到多个官方平台认可。

三、G市社区矫正工作者队伍建设的困境

（一）社会力量不饱和，配比标准需调整

我国社区矫正工作的发展史不长，而社区矫正社会工作者的出现时间则更短，基础比较薄弱，长期以来，人才数量不足和结构不合理的问题较为突出。随着《社区矫正法》的出台，社区矫正社会工作人才队伍发展不能适应社会发展的现实要求，急需进入精细化服务阶段。

截至2023年6月，G市的注册社工机构达400多家，承接社区矫正社会工作项

目的有 21 家机构；年度购买司法社工人数共 386 人，其中司法社工持证率为 66.77%（约 50.46%的司法社工持助理社会工作师证，约 13.54%的司法社工持社会工作师证），约 24.92%的司法社工为社会工作专业毕业，约 40.31%的司法社工为相关专业毕业；获得督导资质（含 G 市司法社工内部督导）的有 42 人。G 市下设 11 个市辖区 144 个街（镇），在册社区矫正对象约 5837 人，列管人数超过 6000 人大关，根据 2015 年 3 月的《G 市社区矫正社会工作项目体系建设实施方案》，“市、区（县级市）司法社工项目的经费按照服务对象与社工 20∶1 的比例确定（其中未成年人社区矫正、青少年社区矫正项目以及其他专业要求较高的项目可按 15∶1 的比例确定），每名社工的购买服务经费按每年 10 万元确定”。按 2015 年出台的标准，目前的人员配置比例仍算合理，但随着《社区矫正法》的施行，社区矫正工作越来越精细化，原有的人员配置比例已无法满足现有的需求，实际服务开展情况已远远超过了一名社工所承担的服务量，这样的不对等已然导致不合理的现象，因此需要修改完善社区矫正社会工作者与社区矫正对象的配比，增加专业社区矫正社会工作人才数量，以提高社会力量参与社区矫正的饱和度。

（二）薪资待遇涨幅小，晋升空间太单一

目前社区矫正社会工作者薪酬普遍呈现出资金来源单一、给付标准僵化、总体水平偏低的特征，目前 G 市仍沿用 2015 年出台的《G 市社区矫正社会工作项目体系建设实施方案》标准，即 10 万元/人/年，该经费除了人员经费，还包括督导培训费、机构运营管理费、服务活动费用。然后，该方案出台至今，社会生活消费水平显著提高，特别是在 G 市这种一线城市，平均薪资在 4000—5000 元这一区间水平的社会工作者很难满足其日常生活需求，更别提在房价居高不下的 G 市买房定居，故而人才流失严重。且因政府购买服务的制度规定了薪酬结构上升空间小，群体内部差异不大且逐渐固化，导致机构缺人而社工不想留的现状，进而阻碍社区矫正社会工作者人才队伍的建设。

社会工作者的职业晋升渠道主要分为专业和行政两个方面，专业方面指的是以扎实的专业素质能力为基础，考取专业技能证书（助理社会工作师、社会工作师、高级社会工作师等），积累一定的一线工作经验后通过考核成为督导或相关领域的专业研究人员。行政方面则是指进入社会工作机构的行政管理层，主管机构的人事、行政工作，对接政府的项目招标等。这样的划分缺乏基层决策参与感，中高层较少兼顾实务，各层级缺乏对话机会，晋升方式固化。以 G 市某区司法项目为例，一线社工晋升为督导，这个过程需要经过一定的一线实务年限并考取了助理社会工作师以上的资格证书，通过 G 市司法矫治协会的司法内部督导培训班或者参加 G 市社会工作协会的督导培训班结业才可成为督导，可见晋升空间之小，晋升之路之难。

（三）培训资源较匮乏，知识理论需强化

现有的社区矫正社会工作者主要由小部分社会工作专业人员带领本专业和大部分非相关专业人员组成。尽管这些人员有的有一定的法律知识和社会工作经历，但由于他们半路出家，普遍年龄偏大、学历偏低，缺乏基本的刑事执法以及社会工作专业知识和经验，思想观念也难以适应社区矫正的价值理念。据调查，这些社会工作者上岗前有的“临阵磨枪”，仅仅依靠机构提供的 1 到 2 天岗前培训；有的甚至没有经过任何形式的培训，只是“师傅传授，跟班作业”，难以灵活运用专业方法开展专业性、法律性很强的社区矫正工作。

社区矫正社会工作的服务主体多种多样，在为服务对象开展专业服务的过程中还需要整合各类资源，与购买方（司法行政机构）、合作方（政府部门、基层社区、社会组织等）打交道，需要有良好的人际交往能力和协调管理能力，同时政策倡导、心理疏导及认知矫正等职能都对社会工作者的专业能力和综合能力提出较高的要求。因此社会工作者需不断学习，自我增值。G 市针对社工的培训方式主要是督导，即由机构内资深的社工/督导对新进社工、实习生、志愿者等开展定期和持续的监督、指导，传授专业的服务知识和技术，促进其专业成长并保证服务质量。除了机构内部的督导、培训之外，还有机构以外的培训，但现阶段以社区社会工作培训为主，针对社区矫正领域的培训较少，且驻点的性质导致社会工作者无法离开驻点岗位太久，出现培训困境，结合前文所述，最终出现了“死循环”。

（四）社工职责界模糊，服务开展受阻碍

G 市作为率先开展社区矫正社会工作的试点城市之一，社区矫正社会工作的经费主要靠财政拨款，通过与专业社会工作机构签订合同，形成“政府出资，团体运作，面向社会招募，购买专业服务，实现资源共享”的合作关系。社会工作机构负责社区矫正社会工作者的录用、专业培训及管理；司法行政机构负责社区矫正社会工作者的使用和社区矫正业务培训及管理。

社区矫正社会工作者的服务对象是社区矫正对象以及安置帮教对象，主要承担服务对象的心理矫正、教育、困难救助、协助其提升生活能力等工作；社会工作机构则要求社会工作者按照机构规定行事；司法行政机构则期待社会工作者能完成委派的任务，协助司法所开展社区矫正基础性工作和日常管理工作。驻点社会工作者长期脱离于本单位，与社会工作机构的联系仅靠定期的督导培训和项目负责人的工作汇报。机构对驻点社会工作者的管理及支持难以及时到位，而驻点工作主要依托基层司法行政部门，因此与社区的关系更加密切，基层司法行政部门需要驻点社会工作者提供帮助时，其往往难以拒绝，社区矫正对象的监督管理工作十分琐碎且繁

重，挤压了社会工作者为服务对象提供专业服务的空间，从而陷入购买方、机构、服务对象的三方伦理困境中，因此机构和司法系统双重管理方式、工作模式、团队建设和沟通渠道等有待完善。

四、G 市社区矫正工作者队伍建设发展趋势

国内自 2003 年试点社区矫正以来，社区矫正社会工作也应运而生，伴随着近 20 年的发展，社区矫正社会工作者在各地已形成了具有当地特色的服务模式。以 G 市为例，目前 G 市的司法社工项目，均以“全员驻点”的模式驻所、驻中心开展服务。随着 G 市各司法社工项目服务经验的累积、服务内容趋于恒常化，G 市的司法社工服务项目也呈现新的发展趋势。

（一）服务群体的发展趋势

目前社区矫正对象的群体较为复杂，以群体作区分从而开展服务的趋势较为明显。首先，《社区矫正法》第七章“未成年人社区矫正特别规定”中明确了未成年人社区矫正对象这一群体的概念，并明确规定了针对未成年人社区矫正对象的工作指引。其中，第 52 条第 3 款规定：“对未成年人的社区矫正，应当与成年人分别进行。”显然，未成年人作为一类特殊群体，在社区矫正工作与社会工作介入的方向上需要有明确的跟进方案。其次，女性社区矫正对象在社区矫正过程中，同样需要受到来自各界关注。《社区矫正法》第 25 条第 2 款规定：“……社区矫正对象为女性的，矫正小组中应有女性成员。”可见《社区矫正法》也充分关注女性群体的需要和权益，因此未来社区矫正工作中，关注于女性的社会工作服务将会成为一个趋势。最后，社区矫正对象群体中不乏“涉毒”、“涉赌”、“涉黑”及“精神障碍”等群体，这类群体作为重点人群，在社区矫正中也受到其他相关行政部门的关注，更有甚者是其在册跟进的对象，这类重点群体的社区矫正不仅越来越被重视，更有与其他相关部门合作开展工作的趋势。

（二）薪资福利的发展趋势

当前，社区矫正社会工作者的待遇在业内而言处于较低的水平，社会各界呼吁提高社区矫正社会工作者的薪资福利的声音不绝于耳，在其他领域社工薪资已有调整的情况下，社区矫正社会工作者的调整方案也不时被有关部门提上日程，以 G 市为例，在市司法局的统筹之下，于 2023 年出台了薪资调整方案，并向各区级单位征求意见，而有关单位也给出了积极的回应，为社区矫正社会工作者谋求福利待遇。

（三）社区矫正社会工作者的发展趋势

2023年的关键词之一“高质量”，而社区矫正社会工作者也将逐步走向高质量的道路。目前，部分社区矫正社会工作者项目招聘已逐渐提高准入门槛，包括工作年龄、专业背景、持证情况等，可见社区矫正社会工作者人才队伍的质量也成为购买方的思考因素。在人才队伍素质的高质量需求下，社会工作者个人素质的提升将成为社区矫正社会工作人才队伍建设的发展趋势。

五、G市社区矫正工作者队伍建设的建议

社会工作的专业化、职业化及本土化发展需要多方主体共同努力，社区矫正社会工作的长足发展主要取决于社会工作专业人才的素养。本文拟从驻点社会工作者自身、政府及机构等角度出发，分析社区矫正社会工作者职业发展困境，并就社区矫正社会工作者人才队伍建设提出应对策略。

（一）健全政策体系，更新保障条例

到2023年7月，《社区矫正法》正式施行三周年。目前，我国的社区矫正社会工作专业化、职业化、本土化发展已取得显著的成绩，而促进社区矫正社会工作职业化发展的相关法规、条例却停滞不前，建议政府细化、更新关于社区矫正社会工作的政策条例及法律法规，保障社区矫正社会工作者的发展空间，切实保障社区矫正社会工作者的合法权益。例如，提升司法社工项目经费，同时根据实际需要调整购买服务的人员配置比例，以提升社区矫正社会工作的实效性。

由政府牵头，联合社会工作协会等制定社会工作服务守则，细化相关政策法规，厘清社区矫正社会工作者的服务边界，明确规定工作职责，与司法行政机构划分服务管理领域，既分工又合作，提高工作效率，减轻社会工作者的工作压力，促进其专业形象和服务质量的提升。同时，建立合理明确的培训机制，规定督导的职责，提升社区矫正社会工作者的专业性，促进其专业成长，以政策法律的形式保障社会工作者职业发展生涯规划指导权利，关注其身心健康，促进其个人发展。

（二）多元培育人才，发挥最大优势

构建契合社区矫正社会工作者人才发展规律的制度体系，以专业化、职业化、本土化为核心，坚持大中专、本科、硕士、博士不同学历层次教育的共同发展，兼顾专业培训和知识普及相结合的G市社区矫正社会工作者人才培养政策；贯彻国家相关社会工作者人才评价政策，确立以职业道德、职业能力和职业业绩为导向的职

业水平评价机制；逐步完善G市社区矫正社会工作者人才使用政策，建立健全人才培养的保障机制；由于社区矫正社会工作所涉领域的复杂性、素质要求的综合性、业务要求的全面性，要坚持人才培养的长效性。

此外，要加强在岗社工的职业教育和在职培训，提高社区矫正社会工作人才队伍素质。建立人才培训基地，培养管理人才。发挥社会工作专业协会等社会力量在社会工作者培训中的作用，邀请司法行政机构资源，如律师、司法警察、行业前辈等开展业务培训，提升理论素养，阐释政府部门与社会组织的作用，明确政府与社会组织在社会工作者培训领域的职责，打造高素质的社区矫正社会工作者队伍。

（三）强化自我增能，培养个人发展

在驻点开展专业服务的社会工作者承担多重身份，如服务提供者、资源筹措者、政策倡导者、关系协调者等，需要从认知、精神、文化等多方面为服务对象提供各种各样的服务。在这个过程中可能会遇到合作方的“刚性”管理、服务对象不理解、不配合的情况，或者在调动资源时受到服务对象的身份限制，这些困难可能会对社会工作者的职业效能感产生负面影响。

因此，社会工作者首先要做的就是明确自己在工作中所扮演的角色和发挥的作用。其次做好驻点工作需要有应对各种情况和心理压力的心理准备，积极学习压力管理和情绪管理的方法，及时处理负面情绪，提升自身抗逆力。与此同时，应分析自身优势和不足，制定职业生涯规划，促进个人自我发展。

六、结语

随着社区矫正工作的全面精细化，与之对应的工作要求会越来越高，任务也会越来越重，社区矫正社会工作者队伍建设需同步，但在目前社区矫正执法工作人员及资源严重匮乏的情况下，社会力量作为一支生力军参与社区矫正工作是最强有力的辅助，因此加强社区矫正社会工作者队伍建设是非常必要的。笔者也寄望于不久的将来，各级相关部门能出台相关经费保障政策文件，以及能够大力提高社区矫正社会工作者的购买幅度及购买经费，构建符合随着生活消费水平可调整的薪酬福利待遇保障体系，从而调动社区矫正社会工作者的积极性和主动性，使每一位一线的社区矫正社会工作者能够在物质生活得到保障的前提下有目标、有奔头、有前途。最终达成社区矫正社会工作者队伍建设越来越专业化！

"一体两翼多联"模式下加强社区矫正执法队伍建设的实践与思考

——以深圳市龙华区经验为例

赵　磊　吴巧敏　徐笑梅　安婉君*

深圳市龙华区自2011年成立新区以来，社区矫正工作不断发展、逐步完善，尤其是2020年《中华人民共和国社区矫正法》（以下简称《社区矫正法》）施行后，龙华区正式成立区级社区矫正委员会，社区矫正工作逐渐走上系统化、规范化的轨道，由此前的简单粗放型管理转变为如今的精细规范化管理。

近年来，龙华区积极响应《社区矫正法》的相关要求，创新打造了具有区域特色的"一体两翼多联"社区矫正工作模式。"一体"是指在龙华区社区矫正委员会的指导和统筹下，由龙华区司法局社区矫正科监督指导，组织协调全区6个街道司法所，形成一个有机整体，具体开展社区矫正执法工作。"两翼"是指由司法行政机关工作人员依法组织开展社区矫正监督管理工作和由社会工作者对社区矫正对象（以下简称矫正对象）开展教育帮扶工作。"多联"是指联动各政府相关部门、企事业单位、社会组织、心理咨询师等专业人士、志愿者和矫正对象亲属朋友等多方社会力量，整合各类社会资源，共同参与矫正对象的教育帮扶和救助工作。

在该模式下，龙华区社区矫正工作形成了"齐抓共管"的良好局面，"刚性管理"扎实开展各项维稳安保工作，"柔性帮扶"助力矫正对象顺利回归社会，多措并举筑牢社区矫正防控安全底线。

* 赵磊，广东省深圳市龙华区司法局社区矫正科科长。吴巧敏，广东省深圳市龙华区龙华街道司法所矫治帮教社工。徐笑梅，广东省深圳市龙华区司法局矫治帮教社工。安婉君，广东省深圳市龙华区司法局矫治帮教社工。

一、“一体两翼多联”模式下加强社区矫正执法队伍建设的龙华实践

（一）以“一体”为核心，加强组织建设与队伍建设

1. 搭建龙华区社区矫正组织架构

龙华区位于深圳地理中心和城市发展中轴，下辖观湖、民治、龙华、大浪、福城、观澜6个街道。截至2023年8月，龙华区在册矫正对象共867人。2020年7月1日，《社区矫正法》正式施行。根据《社区矫正法》第9条第1款“县级以上地方人民政府根据需要设置社区矫正机构，负责社区矫正工作的具体实施”的规定，2021年2月，龙华区司法局正式成立社区矫正科，负责统筹、协调和指导全区6个街道司法所开展全区社区矫正工作。根据《社区矫正法》第8条第3款“地方人民政府根据需要设立社区矫正委员会，负责统筹协调和指导本行政区域内的社区矫正工作”的规定，2021年2月9日，龙华区成立社区矫正委员会，建立社区矫正工作联席会议制度，每年定期召开社区矫正联席会议，由此形成“区社区矫正委员会统筹指导，区司法局社区矫正科监督管理，各街道司法所协力合作”开展全区社区矫正工作的有机整体。

2. 建设龙华区社区矫正执法队伍

当前，龙华区社区矫正专门执法队伍共有编制18个，实有人数17人，其中包括龙华区司法局社区矫正工作分管局领导1人，龙华区司法局社区矫正科科长1人，观湖、民治、龙华、大浪、福城、观澜各街道司法所所长6人，及从事社区矫正工作的公务员、职员9人。

全区延伸管教警察4人，由深圳市司法局统一派驻，其中派驻至龙华区司法局社区矫正科1人，派驻至矫正对象超百人的民治街道司法所、龙华街道司法所、大浪街道司法所各1人。

龙华区高度重视社区矫正专门执法队伍建设工作，在配备公职人员时主要考虑具有法学背景的专业人员，当前龙华区社区矫正专门执法队伍半数以上人员为法学专业出身，具有牢固的法律思维意识和扎实的专业法律知识。他们职责清晰、分工明确，协同开展本区社区矫正工作。如区局社区矫正科科长主要职责为指导和监督全区矫正对象的刑罚执行、管理教育和帮扶工作，组织和指导矫正对象重大突发性事件的处置工作等；街道司法所所长及公务员的职责为监督检查社区矫正法律法规和政策的执行工作，对矫正对象进行刑罚执行、管理教育和帮扶工作，处理矫正对象脱管、漏管案件与突发事件，对违反监管规定的矫正对象进行调查核实并依法依规作出处理决定，建立矫正对象管理档案等；延伸管教警察主要职责为执行社区矫

正监管措施，配合开展对违反法院禁止令和社区矫正监督管理规定的矫正对象采取强制措施，协助突发事件的应急处置，指导和协助开展对脱管漏管矫正对象的查找和追查，做好收押收监工作，参与矫正对象调查评估、入矫接收、集中警示教育、震撼教育等工作。

在专门执法队伍之外，龙华区充分发展社区矫正工作的辅助力量，包括社区矫正法律专务人员1人，社区矫正社会工作者66人，及社区矫正志愿者1086人，打造专业化、多元化、社会化的社区矫正工作队伍。

3. 实施龙华区社区矫正工作制度

“规范管理，制度先行”是龙华区社区矫正工作的重要原则，龙华区司法局以“建章立制”为抓手，以“制度保障”为动力，推动社区矫正工作规范有序开展。近年来，龙华区矫正对象数量显著增长，由2017年1月的204人增长至如今的867人，增长率高达325%。“人手少，任务重”是近年来龙华区社区矫正工作的常态。

在工作力量严重不足的情况下，为了更好地履行《社区矫正法》赋予的工作职责和使命，2021年，龙华区司法局在全市率先出台了《深圳市龙华区司法局社区矫正工作人员管理办法》等18项社区矫正工作管理制度，督促区司法局社区矫正科与各街道司法所社区矫正工作队伍严格落实执行；2022年，龙华区司法局颁布《社区矫正专职工作者工作考核办法》，对全区社区矫正专职工作者依规进行绩效管理，通过奖惩激励机制强化工作队伍监督管理，大力加强社区矫正执法队伍建设和其他专职工作者的规范化管理。

同时，依据《中华人民共和国社区矫正法实施办法》，龙华区制定了《深圳市龙华区社区矫正档案评查制度》《龙华区社区矫正工作档案填写规范》等规范制度，开展了社区矫正工作档案管理等主题业务培训，建立了“月考评”“季度交叉评查”等绩效考核制度，通过监督、管理、培训等多种措施，着力提升专门执法队伍和其他专职工作者的专业化水平，打造高素质的社区矫正工作队伍。

（二）以“两翼”为重点，强化监督管理与教育帮扶

《社区矫正法》中明确规定，“社区矫正工作坚持监督管理与教育帮扶相结合”的原则开展，根据要求，龙华区的社区矫正工作主要围绕监督管理与教育帮扶两大重点内容实施。其中，监督管理工作主要由司法行政机关工作人员依法组织开展，教育帮扶工作主要由社会工作者统筹开展，共同组成社区矫正服务的“两翼”。

在龙华区社区矫正工作实践中，被评为“全国模范司法所”的龙华街道司法所（以下简称龙华司法所），所开展的社区矫正工作是具有代表性的典型范例，下面以龙华司法所为例，介绍龙华区社区矫正工作在推动监督管理规范化与智能化、教育帮扶精准化与品牌化等方面的相关经验。

1. 依法履责，实现监督管理规范化与智能化

龙华司法所社区矫正执法队伍及其他工作队伍认真落实《深圳市龙华区司法局社区矫正工作人员管理办法》中的相关规定，在社区矫正全流程中充分发挥不同的角色作用，明确社区矫正责任人，由司法所所长和公务员统筹安排工作任务分配，协同社会工作者开展社区矫正日常管理工作，督促矫正对象履行法律义务，深入了解其日常生活、工作、思想动态等，对不按管理要求执行的矫正对象由延伸管教警察进行批评教育、训诫、警告，发现脱管漏管以及突发事件时，及时报告司法所所长并向区司法局汇报，启动应急介入小组第一时间介入处理，化解风险危机，确保社区矫正工作全流程规范化管理。

根据《社区矫正法》中“社区矫正机构提高信息化水平，运用现代信息技术开展监督管理和教育帮扶”的相关要求，龙华司法所利用智慧社矫等平台，增强社区矫正监管力量，实现常态化系统化的全天候监管，设立 24 小时法律服务站（ATM 机），并创新性地实施“三核一体”数字化驱动提升项目，聚焦监管、教育、帮扶三大核心任务，推动社区矫正工作规范化、智能化建设。一是管理数字化。通过运用智能 ATM 打卡签到、智慧社矫系统信息化核查、智能手机 GPS 定位追踪等方式，及时、准确掌握矫正对象活动轨迹大数据；二是教育数字化。多维度运用“互联网+”开展社矫云课堂，通过直播录播软件，开展社区矫正线上线下融合式学习；三是帮扶数字化。创设社矫心理健康测评管理系统，建立一人一档的心理档案，对有心理困境的矫正对象开展心理咨询和心理辅导，形成全方位动态跟踪服务链。

2. 创新实践，推动教育帮扶精准化与品牌化

在教育帮扶工作中，社会工作者充分运用专业技能，精准识别矫正对象的问题与需求，开展家访面谈、主题教育、公益劳动、就业指导、救助帮扶、家庭支援、社会融入等服务，注重个案服务的深度和成效，将行为矫治与心理矫治相结合，制定具有针对性的个别化矫正方案，真正做到“因材施矫”，并根据矫正效果进行动态调整。

在精准服务实践中，龙华司法所打造了社区矫正“360 盾牌式”全维帮教模式，对矫正对象进行“分级、分类、分层”的教育帮扶，即分级管理、分类教育、分层介入，从全人矫正、全维心理、全程帮扶和全民普及四个方面，共同铸建社区矫正的坚稳盾牌。该模式将社区矫正过程分为“冲突期—改变期—恢复期—融入期”四个阶段，结合矫正对象心理服务需要，社会工作者为其建立三级风险预警机制，分别为初级心理预防（普通/轻度）、二级心理援助（中度）、三级心理干预（重度/危急），通过前端全面摸排、中端监测预警、末端精准干预，全流程闭环式推进矫正对象的心理矫治工作。

龙华区还致力于推动社区矫正教育帮扶工作的品牌化建设，通过建立文化教育

基地、公益劳动基地，拓展教育帮扶社会化范围，建立“一中心多基地”的社区矫正帮教品牌项目，为矫正对象融入社会、服务社会创造平台。龙华司法所建立“律岛”法律茶座文化教育基地，以“法”为核心，以“茶”为载体，为矫正对象提供集中教育、活动交流、法律咨询、阅读学习的场所，丰富教育帮扶内容；挂牌成立社区矫正公益劳动基地并创建社区矫正“新新”义工队，组织开展各类志愿服务，使矫正对象各展所长，积极实现个人价值；引导矫正“过来人”现身说法，亲身讲述社矫过程和心路历程，向新入矫对象传播正能量，使教育帮扶工作更加“接地气”“见成效”。

（三）以“多联”为策略，联动多元力量与社会资源

《社区矫正法》中多处提及社会工作在社区矫正服务中的专业作用，并规定“国家鼓励、支持企业事业单位、社会组织、志愿者等社会力量依法参与社区矫正工作”。龙华区将社区矫正社会工作者作为执法队伍的重要辅助力量，充分发挥其专业角色和枢纽作用，联动跨专业力量及广大志愿者，整合企事业单位、社会组织、社区、基金会、矫正对象家属朋友等各类社会资源，协同开展社区矫正服务，建设社区矫正工作全面而有力的支持网络。

1. 发挥社工作用，搭建联动桥梁

龙华区从 2017 年开始面向社会工作服务机构购买社区矫正社会工作服务，2021 年，龙华区司法局根据《深圳市关于提升社会工作服务水平的若干措施》（以下简称《若干措施》）的政策指引，按照社会工作专业岗位与社区矫正对象人数不低于 1：15 的配比，以及与安置帮教对象人数不低于 1：30 的配比，配备社区矫正社会工作者（以下简称社矫社工）。截至 2023 年 8 月，龙华区共购买社矫社工 66 人。在服务中，社矫社工为矫正对象建立矫正小组，不仅为矫正对象提供日常管理、教育帮扶、心理矫治、活动组织等直接服务，更搭建社会力量整合与资源链接的桥梁，以社矫社工的专业身份联结各政府部门、群团组织、企事业单位、基金会、志愿者等各类社会资源，协同开展社区矫正服务。在社矫社工的参与和推动下，龙华区采用系统视角下的社区矫正综合服务模式，实现了“司法主导、政府支持、社工整合、NGO 组织运作、社会支持、家庭协助”的协同运作模式，构建多元社会支持网络，打造社区矫正“同心圆”。

2. 联合专业力量，解决多元问题

社区矫正对象很多问题源于其家庭、工作和社会环境的综合因素影响，需要联动跨界别专业力量，如心理咨询师、律师、人民调解员、辖区民警等专业人士，为其开展个案管理服务，解决其复杂问题。当矫正对象遇到劳资纠纷、家庭矛盾等问题时，社矫社工应协调律师、人民调解员等专业力量，为矫正对象提供问题咨询、

立案指导、人民调解、法律援助等服务；当矫正对象遭遇心理危机或突发事件时，社矫社工联合心理咨询师、辖区民警等上门开展心理疏导，为矫正对象建立安全防线。例如，矫正对象王某（化名）做完工程后却遭遇无故克扣工资，与公司发生激烈冲突，社矫社工联合律师、人民调解员进行多方会谈，从法律角度进行矛盾纠纷调解，提供解决方案，协助矫正对象成功追回工资。又如，矫正对象阿坤（化名）因犯罪导致公司倒闭，背负大额债务，自杀未遂后，社矫社工联合心理咨询师坚持不懈地对其进行心理辅导，协助其走出抑郁情绪，并戒掉赌博恶习，最终重新创业，顺利回归社会。

3. 整合社会资源，构筑帮扶网络

针对社区矫正工作队伍人员有限的状况，龙华区依托深圳“爱心之城”浓厚的志愿服务氛围，充分调动志愿者资源，参与社区矫正服务。截至2023年8月，龙华区参与社区矫正工作的注册社会志愿者共1086人，通过吸纳志愿者参与矫正对象教育帮扶工作，督促和教育矫正对象遵守监督管理规定，对矫正对象定期走访谈话，对长者、妇女、未成年人和生活困难家庭等特殊矫正对象开展救助和教育帮扶等服务。同时，针对矫正对象大病救助、经济援助、就业帮扶等迫切需求，龙华区充分整合人力资源部门、民政部门、妇联、残联、街道办事处、社区工作站、基金会、社会组织等资源，构筑全面帮扶网络，协助矫正对象有效解决实际困难。如龙华司法所协助有需要的矫正对象成功申请民政救助金，与龙华人力资源局、龙华区技能工艺人才协会、龙华区远东职业技能训练学校等合作开展公益职业技能培训，引入各类慈善公益资金、民生微实事资金等为矫正对象进行个人救助与就业扶持，切实帮助矫正对象解决各类实际困难。

二、社区矫正执法队伍建设面临的挑战

在“一体两翼多联”模式之下，龙华区社区矫正工作取得长足发展，但随着社区矫正工作的持续深入推进，及矫正对象数量的逐年增长，执法队伍建设也不可避免地面临着种种困难与挑战。

（一）工作队伍稳定性有待增强

一是司法所工作队伍稳定性不足。当前，龙华区尚未成立独立行使执法职权的社区矫正机构，社区矫正的日常工作主要由各街道司法所承担，而司法所隶属于街道办事处，人员的任用、晋升、轮换等职权都归属于街道办事处，社区矫正工作队伍的稳定性难以得到有效保障。如近三年中，司法所所长变动较为频繁，全区6个街道司法所中有4个更换了所长，频繁的人员变动不利于本区社区矫正工作的稳定

开展。

二是延伸管教警察流动性较大。从2018年开始，广东省抽调监狱戒毒警察参与社区矫正工作，在很大程度上弥补了社区矫正基层工作队伍执法经验不足、缺乏执法威慑力的短板，但目前龙华区抽调的警察年龄普遍偏大，有些临近退休，刚熟悉工作就进行人员调换，对矫正对象管理的连续性造成了不利影响。

三是社矫社工队伍流失严重。由于执法力量不足，社矫社工成为社区矫正执法队伍的有益补充，根据《若干措施》的薪酬指导标准，虽然使社矫社工的薪资待遇有了一定程度的提高，但由于职级认定较为固化，职业晋升渠道单一，薪资待遇难以随着工作年限的增加而得到大幅提升，且大量行政性工作挤压了专业服务空间，使社会工作的专业性受到影响。日益繁重的工作任务、狭窄的职业晋升通道和专业价值得不到充分展现等因素，使一些经验丰富、能力较强却得不到晋升的“老社工”和具有高职业追求的“新社工”看不到职业希望，选择离职寻求新的发展，造成人员流失，不利于社区矫正工作队伍的稳定。

（二）执法角色“错位”有待改善

《社区矫正法》第10条规定，社区矫正机构应当配备具有法律等专业知识的专门国家工作人员，履行监督管理、教育帮扶等执法职责。目前，龙华区在册矫正对象共867人，但从事社区矫正工作的正式在编公职人员仅有21人，其中公务员12人，职员5人，延伸管教警察4人，执法力量严重欠缺。由于执法人员不足，作为辅助性力量的社矫社工承担了大部分常规社区矫正工作，虽然作为“两翼”之一，社矫社工在教育帮扶工作中发挥了重要作用，但在矫正对象的监督管理及考核奖惩、证据收集等执法素质要求较高的工作中，社矫社工并不具备执法身份，造成了执法角色的“错位”。一方面，社矫社工疲于完成大量的“规定动作”，难以在社区矫正中开展个案、小组等专业服务，偏离社会工作者的专业角色；另一方面，社矫社工普遍缺乏法律专业背景，执法意识和能力相对较弱，使社区矫正的权威性被削弱。

（三）社会力量整合有待强化

社区矫正的根本目的是帮助矫正对象顺利融入社会，这决定了社区矫正是一项综合性很强、涉及面很广的工作，仅靠单一部门的“单打独斗”“单兵作战”，难以较好地完成社区矫正的目标和任务，需要发挥各有关部门的职能作用，整合社会各界力量，协调各类社会资源，形成社区矫正工作的强大合力。虽然龙华区在“多联”方面进行了诸多探索，并整合社区网格力量出台《关于加强社区矫正对象网格化管理的工作意见》，联合区民政局印发《关于龙华区社区矫正对象困难帮扶救助的实施意见》等，但与更多其他相关职能部门的联动仍有待加强，企事业单位、群团组织、学校、基金会、媒体等广大社会力量协助开展社区矫正工作仍有较大的参与空间。只有在各领域各行业充分联动专业力量与社会资源，才能更切实有效地回应矫正对象的多元需求，解决矫正对象的各类问题，从而助力矫正对象顺利融入社会。

三、加强社区矫正执法队伍建设的对策建议

（一）加强社区矫正机构建设，建立独立执法队伍

随着我国刑罚和刑事执行制度改革的深化，将会有更多的罪犯在社区服刑，各地社区矫正工作将面临更大的挑战。在当前缺乏独立社区矫正机构的背景下，大量社区矫正日常管理工作由司法所承担，势必制约社区矫正工作的规范化、专业化发展。因此，在下一阶段，应进一步贯彻落实《社区矫正法》中关于设置社区矫正机构的要求，自上而下推进成立具有独立执法主体资格的社区矫正机构，配备相应编制及专门的国家工作人员，直接承担社区矫正管理工作。当前我国不少地区均积极探索“队建制”建设，如浙江省天台县、安徽省蚌埠市，通过建立相对独立的社区矫正大队、中队，直接管理矫正对象，推动社区矫正机构向实体化转变，通过专职机构的运作，促进社区矫正工作更加规范化、专业化，具有很强的借鉴意义。根据龙华区“一体两翼多联”的实践模式，在当前“区社区矫正委员会—区司法局社区矫正科—各街道司法所”的有机整体中，社区矫正机构的成立与加入，必将大力充实该体系力量，使“一体”的引领作用和执法权威得到更加强劲有力的发挥。

（二）构建科学岗位管理体系，稳定专职社工队伍

社矫社工是社区矫正执法队伍的重要辅助力量，建设一支稳定、专业的社矫社工队伍，有利于社区矫正工作队伍的职业化、专业化发展。因此，应着重建立健全涵盖人员任用、能力训练、职业晋升、绩效奖励等方面的专职社工岗位管理体系，使社矫社工在“两翼”中“教育帮扶”的工作范畴内发挥更加显著的专业作用。一是制定合理的社矫社工岗位准入标准，优化专职社工结构，如探索资格认证制度，建立社矫社工素质模型；二是健全岗前培训和继续教育制度，开展多形式、多场次、多途径，主题涵盖法学、心理学、社会学、教育学等多学科多专业的教育培训和岗位轮训；三是建立科学的职业薪酬体系，在技能资格等级评定的基础上，配套相应的工资自然增长机制，拓展职业晋升发展渠道，稳步提升社矫社工的薪资待遇水平；四是建立人才激励机制，开展社矫社工评比表扬等活动，激励社矫社工士气，增进社矫社工的归属感与凝聚力。通过多维举措，大力增强社矫社工队伍的稳定性，使之成为社区矫正工作队伍中的关键力量。

（三）完善多元主体参与机制，有效整合社会力量

多元社会力量的支持与参与，是推进社区矫正工作顺利开展、推动矫正对象顺利融入社会的必要前提，应持续加强“多联”的力度，拓宽多元主体参与社区矫正的渠道。第一，进一步加大社区矫正工作的宣传力度。通过创新传播方式，延伸宣传阵地，不断提高社区矫正工作的社会知晓率，扩大社区矫正参与主体的覆盖面。第二，畅通社会力量参与社区矫正工作渠道。联动政府部门、企业事业单位、群团组织、社会团体、行业协会、高校、媒体、基金会等力量，搭建信息共享、互动参与的载体和平台，有效协调、整合分散的社会力量，为有需要的矫正对象提供精准帮扶，如建立社区矫正教育基地、就业基地等。第三，建立社区矫正社会组织培育扶持机制。联合民政部门大力培育符合本地区发展需要的社区矫正专业社会组织，为推动社区矫正专业化增添新动能。

《社区矫正法》颁布实施后，全国各地社区矫正工作大力推进，取得不同的发展成果。龙华区创新性地打造“一体两翼多联”的社区矫正工作模式，通过社区矫正执法队伍及其他工作队伍建设，推动社区矫正工作规范化、智能化、精准化、品牌化发展。从近三年的实践经验可知，该模式较好地解决了龙华区社区矫正面临的困境，是适应龙华区区域特色推进社区矫正工作的有效路径，并值得复制推广。但鉴于社区矫正执法队伍建设是一项系统的工程，面对现存挑战，仍需相关政府部门、社区矫正相关人员及社会各界共同努力，协力推进新时期社区矫正工作的高质量发展。

谈如何建设全面适应农村牧区环境的执法队伍

——以内蒙古赤峰市巴林右旗社区矫正工作为例

麻志远　陈兆兴　秋　旋　达茹罕　连儒锋*

巴林右旗坚持以习近平新时代中国特色社会主义思想为指导，深入贯彻习近平法治思想，深入贯彻习近平总书记关于加强政法队伍建设的重要指示和训词精神，努力打造一支党和人民信得过、靠得住、能放心的司法行政队伍。社区矫正工作自正式启动以来，经历了白手起家、从无到有的艰辛历程。经过十年来的实践和努力，社区矫正工作初步实现了机构健全、程序规范、监管到位、矫正有效、执法严格的规范化水平，在监督管理、教育帮扶等非监禁刑事执行、社会治理方面取得良好效果。

巴林右旗位于内蒙古自治区东部，赤峰市北部，与周边5个旗县相邻。全旗总面积10256平方千米，下辖4个苏木、5个镇及2个街道管理办公室，共162个嘎查（村）、14个社区居委会。总人口18.64万人，人口密度为18人/平方千米。居住着蒙、汉、回、满等22个民族，其中蒙古族人口9万人，占人口总数的48.3%。文化底蕴深厚，享有“中国格斯尔文化之乡”“中国民间文化艺术之乡”“中国巴林石之都”的美誉。[①] 近年来，尤其是《中华人民共和国社区矫正法》（以下简称《社区矫正法》）实施以来，围绕业务规范化、精细化、智能化建设，以社区矫正中心建设为契机，推动社区矫正工作队伍实战化，全面树立治本安全观，依法履职，深耕主责主业，强化监督管理、强化教育帮扶、强化修复社会关系，进一步提高了矫正实效。

* 麻志远，内蒙古赤峰市巴林右旗司法局四级主任科员。陈兆兴，内蒙古赤峰市巴林右旗人大办一级主任科员。秋旋，内蒙古赤峰市巴林右旗司法局四级主任科员。达茹罕，内蒙古赤峰市巴林右旗司法局四级主任科员。连儒锋，内蒙古赤峰市松山区司法局三级主任科员。

① 巴林右旗政府办：《巴林右旗概况》，http://www.blyq.gov.cn/zjbl/blda/blgk/202203/t20220309_1789917.html，最后访问时间：2023年8月21日。

一、队伍建设实效

（一）机构设立

巴林右旗及苏木（乡）镇人民政府，均依法根据需要设立社区矫正委员会，负责统筹协调和指导本行政区域内的社区矫正工作。巴林右旗编委会于 2014 年 3 月正式批复：决定成立巴林右旗司法局社区矫正工作管理股。于 2015 年 4 月决定，巴林右旗社区矫正办公室挂“社区矫正综合执法大队”牌子。2019 年机构改革方案，仍设社区矫正工作管理股，为司法局内设机构，全面承担社区矫正执法职能。

（二）队伍人员

旗级社区矫正机构现设有专职工作人员 5 人、综合执法人员 4 人。11 个基层司法所均设有 1 名专职工作人员（其他人员辅助，均为政法专编），并配置 1 至 2 名社区矫正志愿者。司法所根据社区矫正机构的委托，承担本行政区域内的社区矫正相关工作，基本满足了当前的矫正工作任务需要。随着社区矫正工作立法的进一步深化、监管的进一步规范、程序的持续完善、社会认可度的逐年提高，对从事社区矫正工作的旗县级司法局、矫正机构、基层司法所、专职社会工作者、专兼职的志愿者队伍建设标准及人员素养都提出了更高的要求和新的挑战。

（三）阵地建设

结合社区矫正中心达标创建，全力打造执法实战平台，并于 2018 年 10 月 22 日正式启用。制定实施标准化社区矫正中心创建方案，完成结构功能设置、业务用房装帧配套等软硬件升级改造，合理规划设置业务功能区域和功能室，既完善“三区九室”分区功能，又融合地域民俗特色（设立了民俗德育融合工作室）。巴林右旗社区矫正中心是旗级司法行政机关开展社区矫正工作的场所，隶属于旗司法局，依照法律法规和政策规定，对基层司法所开展社区矫正工作进行业务指导、管理，组织实施对社区矫正监督管理、教育帮扶等工作，提高社区矫正工作的规范化、专业化水平。

（四）优化配置

文化认同是最深层次的认同，是民族团结之根、民族和睦之魂。巴林右旗是以蒙古族为主体、汉族占多数、22 个民族和睦共处的少数民族聚居地区。民族团结进步事业作为全旗各族人民的生命线，具体到社区矫正领域，在日常工作中应认真做好推广普及国家通用语言文字工作，同时力争优化汉蒙语言兼通的人员配置，在社区矫正机构及司法所中均衡占比分布，有利于少数民族工作人员，在农村牧区工作中发挥其自身的文化交流优势和民族情感优势。为便于监督管理和沟通交流，为矫正对象确定矫正小组时，应至少配置一名与其相同民族的成员，制定有针对性的矫正方案，实现个别化、精细化矫正。

（五）提升素养

定期开展法治学习和继续教育，矫正工作队伍中，考取法律职业资格的人员占比逐年增高。结合心理辅导的实际需要，积极组织开展心理咨询师职业技能培训。第一期参加培训的14名工作人员，于2014年11月参加了全国职业技能鉴定考试并全部取得国家二级心理咨询师资格，2016年又有2名同志考取国家二级心理咨询师资格。至今，16名同志中仍有11名一直坚持在社区矫正工作的一线岗位上。

（六）融入资源

在旗级社区矫正委员会的统筹协调下，积极与成员单位合作，牵头与旗公安局及看守所、旗民俗馆、南山植物园、双龙托老所、百灵社区、慧丰农业有限公司等单位合作，利用旗社区矫正中心基础平台，同步辐射、带动旗级警示教育、传统文化思想教育、公益劳动、社区服务、劳技培训等矫正基地，进一步提升基地资源融合效能。建立带动社区、社会组织和社会工作人才队伍建设机制。力争达到建设规范、特色鲜明、体系完善的标准，为教育帮扶、公益活动、心理辅导、职业技能培训、社会关系改善等方面提供多层次、多视角的活动平台。

（七）加强领导

在社区矫正日常工作中，始终坚持党的绝对领导，全面贯彻执行《中华人民共和国社区矫正法实施办法》相关规定，针对政法队伍教育整顿、风险评估等重点工作，将社区矫正列为局党组会的首要议题，专题研判、精准指导，确保规范执法、方向明确，保障刑事判决、裁定和决定的正确执行，事实证明效果良好。

（八）经费保障

根据内蒙古自治区财政厅、司法厅《关于进一步加强社区矫正经费保障工作的实施意见》等文件精神，为保障社区矫正监督管理、教育帮扶等工作进一步规范、提升，结合我旗社区矫正工作及经费管理使用实际，制定实施了巴林右旗社区矫正经费管理使用试行办法，全面保障了正常业务运行的费用支出。

二、吸纳社会力量

社会支持系统作为对社区矫正对象管理教育的重要力量，其参与社区矫正的深度和广度不仅充分体现着本源价值，而且也是国家刑事政策、法治理念、社区矫正管理理念在非监禁刑执行方式中的充分体现，是社区矫正功能的强化、职能的选择和社区矫正目标的实现。①

列举近年来巴林右旗的一个典型实例，来说明社会力量的有效融入对社区矫正工作队伍的重大补充和支援作用。巴林右旗具有辖区面积广阔、与五个旗县接邻边界线较长、部分苏木（乡）镇远离中心城区、人口密度小、人员流动性较大等地域特征。《社区矫正法》施行以来，全旗月平均在矫人数为111.5名，矫正对象分散、工作量较大。为深入贯彻内蒙古自治区司法厅关于组织社会力量参与社区矫正工作的部署要求，巴林右旗利用社会资源、融合社会组织、会聚志愿者队伍，进一步带动社区、社会组织和社会工作人才队伍（以下简称“三社”）建设机制，增强对社区矫正对象教育管理工作的针对性和实效性，提高社区矫正效果，专题印发了“融合社会组织，创新社区矫正”专项工作实施方案，取得积极成果。

（一）融入式社区矫正机制

构建以社区党组织为核心，社区居委会为主体，社会工作者为专业指导，社会组织为补充，各类驻区单位、社会服务组织、法治宣传团体密切配合，社区居民广泛参与的社区矫正新机制。旗司法局发挥职能优势，以旗社区矫正中心、公共法律服务中心为依托，围绕社区建设需求，与达尔罕街道党工委、管理办公室以及所辖社区、嘎查（村）建立了社会组织服务平台，与“巴林社工社会组织联盟”等社团通力合作、强强联手，以民生实事项目为载体，以社区矫正对象等特殊人群教育矫正为核心，积极培育社会组织参与社区建设，拓展社工服务的介入渠道，实现“三社”共同发展和联动运行。

（二）互动式人才队伍机制

在工作力量的储备上，既要有专职队伍，也要广泛动员社会工作者、志愿者、法律从业人员以及社会组织、所在单位、就读学校、家庭成员、矫正小组等各种社会力量，汇聚民力民智，共同做好社区矫正工作。社区、社会组织、社会工作者、

① 内蒙古自治区社区矫正委员会办公室：《社区矫正工作理论与实务》（第一编理论篇），2021年版，第84页。

法律从业人员、志愿者在运行机制中主动作为，良好互动，形成中心辐射、“三社联动”的工作方式。普遍推行“一帮一、多帮一、一组织帮一、多组织帮一”等矫正教育、道德教育模式，打破社区机关化倾向，提高社工管理效能，为个性化矫正融入社会力量。

（三）反哺式回归融合机制

充分发挥教育引导和约束激励功能，提升社区矫正对象自我管理、自我监督、自我教育的主人翁意识、家园意识，增强其对所在社区、帮联组织的认同感、归属感，提升其反哺帮教组织的责任意识、角色意识，带动其由单一接受教育向活动主体角色转换。由基层司法所会同社会专业组织，通过发布倡议书或自行申报等方式，有针对性地吸纳社区矫正对象等特殊人群参与到社会专业组织中来，实现自我服务、自我完善、自我发展的目标。

充分发挥社会力量参与社区矫正工作的积极作用，实现社区矫正工作由司法行政部门为主向司法行政部门牵头、全社会共同参与转变；矫正方式由单一行政化监管向科学矫正转变；矫正成效由单纯以降低再犯罪率向降低再犯罪率、提高社会回归率并重转变。

三、面临的困境

（一）专职力量不足

社区矫正工作队伍专职力量不足，事随人转，人员不稳定。社区矫正是没有围墙的监禁，非监禁刑罚也是连续性的，则天然固定工作人员是没有节假日和上下班之分的。单论社区矫正工作性质及所需人员特质，这是项需要时刻经心、不断夯实基础的工作，除履职所需基本执法素养外，急需能坐得住、静下心的“憨头憨脑”之人和敢出手、往前冲的“虎头虎脑”之人，这两类人可遇不可求。

（二）辅助力量不足

除专职工作人员之外，社会工作者和志愿者等人员大部分属于兼职，流动性较大，工作岗位不稳固。如“三支一扶”项目生、民生志愿者多是大学毕业生，将此作为临时性就业的过渡期，一旦考取公务员、事业编等职位或从事其他社会职业，就会随时调离。在居委会工作的社工，还相对具有稳定性。巴林右旗大板镇和两个街道的在矫对象数量相对较多，工作量很大，辅助人员力量不足，也不能够满足社区矫正工作的现实需要。

（三）基层力量不足

以巴林右旗大板镇司法所为例，对司法所业务量及工作强度测距，重点说明工作量激增的现实情况。

选择大板镇作为工作典型事例，是因为大板镇是全旗政治、经济、文化中心，是城关镇。巴林右旗大板镇2006年合建后，总土地面积1925平方千米，全镇下辖37个嘎查（村），118个村民独贵龙（小组）。总人口77003人，其中汉族40594人，占比52.7%；蒙古族34500人，占比44.8%；还有回、满等少数民族1909人，占比2.5%。2010年将镇区10个居民委员会划入赛罕街道办事处和达尔罕街道办事处后，总人口为2.84万人，2016年将镇周边7个嘎查（村）划归到两个街道办事处后，总土地面积减少至1758.5平方千米，总人口降至14276人，辖30个嘎查（村）。[①] 行政区域属城乡接合部，地域面积大、矫正对象流动大、工作力量不足、工作难度较大。社区矫正对象分布于不同的嘎查（村），如果工作人员腾出时间进行一次全面的实地查访，将耗去至少2个工作日。

工作量和工作强度分析如下：大板镇司法所现有3名工作人员，均为大专以上学历、政法专编公务员，其中直接参与社区矫正工作的2名。司法所根据社区矫正机构的委托，依法承担社区矫正相关工作，《社区矫正法》施行以来，全镇月平均在矫人数为9.5名。按每月23个工作日（138小时）计：日常工作耗去24小时（程序衔接、实地查访、信息化核查、日程安排、实际工作等另需占用休息时间2小时）、月度经常性工作耗去65小时（程序衔接、线上操作、内业整理、手续传接、教育学习活动、日程设置等另需占用休息时间8小时）、年度偶发工作12小时（临时性工作、走访、随机工作另需占用休息时间2小时），则总耗费时间量为101小时，加占用休息时间12小时共计113小时，占全月总工作时间的82%。工作量非常大，即使是专职社区矫正人员，也要同时承担依法治理、人民调解、法治宣传、行政执法监督等多项工作，又要做好当地党委政府安排的其他工作，身兼数职，极大地影响了自身职能的发挥。随着社区矫正对象数量的逐渐增加，司法所承受的工作压力和责任越来越大。这说明一个司法所（乡镇辖区）监管教育约10名矫正对象的规模，单从工作量和工作强度角度看，即使全力以赴也难以负荷。

现实中，社区矫正工作队伍既要能化整为零、接近一线，又能集腋成裘、形成合力，才能化解矫正对象分布散落、队伍力量分散、入户走访空间半径过大、通信联络不接地气等难题。

---

① 巴林右旗政府办：《大板镇概况》，http：//www.blyq.gov.cn/zjbl/blda/blgk/202111/t20211202_1789911.html，最后访问时间：2023年8月21日。

四、建议与方向

（一）机构专门化，队伍专职化

坚持党管编制的原则，依照《社区矫正法》的相关规定，将“县级以上地方人民政府根据需要设置社区矫正机构”建设成为“县级以上地方人民政府司法行政部门”的二级机构，设立“社区矫正工作管理局”“社区矫正执法局”，级别低于司法行政部门半格的执法机构，管理社区矫正中心，强化队伍建设，充实专职人员。司法所人少活多，难以适应未来社区矫正工作的深入开展，建议增加人员编制，由上级矫正机构直接派驻专职工作人员。实现机构专门化，队伍专职化，有利于执法规范化建设，有利于工作人员素质集中整训和提高，有利于矫正实效的稳固。抓好过硬队伍建设，注重党建引领，注重政治建设，注重能力建设，注重作风建设，注重从优待警，注重反腐倡廉工作。结合当地实际需要，按照民族结构、家庭住址等情况，优化人员配置，建设一支全面适应农村牧区生活和工作环境的执法队伍。

（二）职能条管化，人员专业化

近年来，各地均有试行监狱或戒毒警察参与社区矫正工作的实验性探索，除下派工作人员生活安排存在个别困难外，事实证明在专业指导性方面效果良好。建议由地市级矫正机构统筹负责专业指导队伍建设，辖区地域较广的地区，可设立社区矫正执法督察局，进一步将监狱或戒毒警察部分力量，列为专业垂管队伍，直接或以监督、督导等形式参与一线社区矫正工作，强化日常执法检查，弥补一线队伍警务力量不足的现实，建立社区矫正专职执法监督队伍。

（三）执法规范化，一线实战化

在新征程新任务新作为的机遇期，努力促进社区矫正执法工作转型升级。一是由行政股室管理向专门机构执法转变。确保旗级专门机构即社区矫正工作管理股（社区矫正执法大队，一个机构两块牌子）发挥职能，调配专业执法人员并配备司法行政特勤专用车辆，提高一线执法能力。二是由行政人员参与向队伍专业化转变。配强社区矫正工作者队伍，吸纳具有监管能力、教育手段、社会实践经验和相关法律知识的专业人员，充实到一线队伍。三是由传统线上线下一体的监控模式向人性化、科学化矫正转变。加强对社区矫正工作人员的教育培训，提高综合素质。为实现改善社会关系与职业技能培训共同发力、修复社会关系与公益活动一体推进、行为矫治与心理辅导双管齐下的新模式，做好组织上、能力上的准备。四是由司法行政单线执法模式向政法大数据平台联合办案转变。进一步加强和公、检、法等政法机关及职能部门的沟通协调，减少纸质程序文书的传递量，将农村牧区工作人员，从距离半径过大、交通往返耗时过多的压力中解放出来。

（四）参与社会化，吸纳机制化

通过增加行政编制或政法专项编制渠道，解决人员力量不足、人手不够问题，短期内很难实现。依靠群众原则是我们社会主义国家的本质所决定的。司法机关进行司法活动，坚持群众路线，依靠群众、便利群众，实行专门机关与依靠群众相结合的原则，是我国司法工作的优良传统，也是我国司法制度的一个重要特色。① 建立参与社区矫正的激励机制，由司法行政系统单一管理主体向社会参与转变，由体制内管理向整合社会资源改变。一是吸纳待就业力量。按照2014年至2020年内蒙古自治区的好办法，统一招录社区矫正执法协助志愿者配齐配强司法所辅助力量。加大职业保障，保证这部分社会力量参与社区矫正工作的稳定性。二是吸纳社会力量。可聘请法律、心理咨询等社会从业人才及爱心人士，招募社区矫正志愿者，充实到矫正小组队伍中，兼职从事或指导社区矫正工作。三是吸纳“五老”力量。吸纳一部分身体健康、法治素养高、工作能力强的退休老干部、老党员、老专家、老教师、老战士等，认领公益性岗位，充分发挥这部分群体阅历丰富、社会威望高的优势，提高矫正效果。四是吸纳社会组织。社会组织根植于人民群众，而且具有组织能力，能够较好地整合资源。依照《社区矫正法》关于教育帮扶的规定，可以通过公开择优购买社区矫正社会工作服务或者其他社会服务，也可以与“工青妇”社团组织、爱心公益社团搭建合作的框架，为社区矫正对象在公益活动、社会关系改善等方面提供必要的帮扶。五是吸纳就业岗位。稳固就业是矫正对象接受监管、教育的生存基础，不可小觑。应鼓励各类企事业单位及新兴经济实体，为社区矫正对象就业提供支持，给予这类企业新闻媒介的形象宣传、税收融资方面的优惠政策。六是吸纳内部力量。巴林右旗注重挖潜，壮大志愿者队伍，设立矫正对象内部组织——法润心田志愿服务队，这也是内生动力的一个发展方向。同时，将社会关系改善等公益活动列入新时代文明实践活动范围，扩大公益事业的社会影响力。

社区矫正工作是一项刑事执行活动，壮大执法队伍任重道远。要坚持党的绝对领导，建设德才兼备的高素质法治工作队伍。只有摆脱影响队伍建设的现实困境，才能不断将社区矫正工作融入法治建设、社会建设中去。习近平总书记强调，要全面推进依法治国，必须着力建设一支忠于党、忠于国家、忠于人民、忠于法律的社会主义法治工作队伍。要加强理想信念教育，深入开展社会主义核心价值观和社会

① 李学军、陈俊丽：《中国司法制度》，中共内蒙古党校函授学院2002年版教材，第59页。

主义法治理念教育。推进法治专门队伍正规化、专业化、职业化，提高职业素养和专业水平。[①] 民族地区干部要坚持新时代好干部标准，政法干部更应当以身作则、严于律己，达到维护党的集中统一领导态度特别坚决、明辨大是大非立场特别清醒、铸牢中华民族共同体意识行动特别坚定、热爱各族群众感情特别真挚的“四个特别”标准。[②] 这是党根据民族地区的实际情况，加强和改进民族工作的需要，对民族地区干部队伍建设提出的新要求。民族地区政法队伍以及社区矫正工作队伍，要更加紧密地团结在以习近平同志为核心的党中央周围，深入贯彻习近平法治思想，以党和国家事业为重，以造福各族人民为念。要坚持遵守政治过硬、业务过硬、责任过硬、纪律过硬、作风过硬的要求，建设一支信念坚定、执法为民、敢于担当、清正廉洁的新时代政法队伍。

---

① 习近平：《习近平谈治国理政》（第三卷），外文出版社 2020 年版，第 286 页。

② 《民族地区好干部要做到“四个特别”》，http：//www. ordos news. com/rbpaper/pad/content/202111/01/content_50540. html，最后访问时间：2023 年 8 月 23 日。

辽阳市社区矫正专门执法队伍建设实践与思考

王科威*

社区矫正最直接的目的是通过社区矫正机构对社区矫正对象进行教育、监管、辅导、培训、改善社会关系，帮助他们适应并顺利回归社会。其最根本的目的是帮助社区矫正对象重新树立正确的人生观、世界观和价值观，增强他们的法律意识和社会责任感，充分认识到自己的错误，改变不良行为习惯，预防再次犯罪，最终实现社会重新融入和个人改造的目标，成为有用之才，为社会发展和进步做出贡献，实现国家的长治久安。

要想达成上述目的，离不开国家推动社区矫正专门执法队伍建设的决心，离不开省、市、县三级主管领导的大力支持和建设，离不开基层一线社区矫正专门执法队伍建设的高质量发展，离不开每一名社区矫正工作者的敬业付出，本文将以辽阳市社区矫正专门执法队伍建设为例，研究探讨社区矫正专门执法队伍建设取得的实效、存在困难和问题、意见建议。

一、辽阳市社区矫正专门执法队伍发展史

以史为鉴，可以知兴替，只有看到社区矫正的历史发展脉络，才能洞察当前社区矫正专门执法队伍建设的矛盾和问题。

（一）刑罚执行一体化建设

2009年，国家出台《关于在全国试行社区矫正工作的意见》，在此背景下，辽阳市司法局紧抓社区矫正发展新机遇，2009年4月，经辽阳市委常委会会议研究决定，在辽阳市北郊监狱挂牌成立辽阳市社区矫正支队，由北郊监狱选派干警下沉至五城区司法局、司法所全面负责全市五城区32个街道的社区矫正工作（辽阳市现辖5个市辖区、1个县级市、1个县），标志着我市社区矫正专门执法队伍首次建立。

2019年，根据《司法部关于推进刑罚执行一体化建设工作的意见》和辽宁省司

---

* 王科威，辽宁省辽阳市司法局监狱管理和社区矫正科三级主任科员。

法厅《关于全面推进我省刑罚执行一体化建设的实施意见》，辽阳市司法局成立了刑罚执行一体化建设工作领导小组及领导小组办公室，负责推进全市刑罚执行一体化建设，经过专题会议研究、深入基层讨论、反复征求意见后，制定了辽阳市《刑罚执行一体化建设实施方案》和《刑罚执行一体化选派警察工作方案》，并选派警察延伸至灯塔市、辽阳县，实现监狱警察参与县（市、区）社区矫正工作全覆盖，实现全市平均每个司法所有 1 名监狱警察参与社区矫正工作。两个方案的出台，标志着我市在社区矫正专门执法队伍建设上，朝着刑罚执行一体化建设新格局迈出了新的一步。

2020 年，在《中华人民共和国社区矫正法》（以下简称《社区矫正法》）出台后，明确规定“县级以上地方人民政府根据需要设置社区矫正机构，负责社区矫正工作的具体实施”，受历史因素影响，为依法构建我市社区矫正发展新格局，逐步推进北郊监狱与五城区的社区矫正移交工作，持续深化刑罚执行一体化建设，根据 2020 年 8 月辽宁省司法厅印发的《进一步深化刑罚执行一体化建设工作的实施方案》，市司法局与市北郊监狱共同签署《刑罚执行一体化共建协议书》，进一步明确监狱警察参与社区矫正工作的 9 项职责：

（1）协助开展适用社区矫正调查评估工作；

（2）协助开展社区矫正对象的接收报到、入矫宣告教育及解矫工作；

（3）协助开展奖惩审批的相关调查取证工作；

（4）协助开展对重点人员的监督管控及入户走访工作；

（5）协助开展对社区矫正对象的集中教育；

（6）协助对不服从管理的社区矫正对象进行训诫以及突发事件的应急处置；

（7）协助开展社区矫正对象脱管漏管追查、收监执行；

（8）按照县级司法局安排，对社区矫正机构及司法所的社区矫正工作人员进行指导或培训；

（9）协助完成其他社区矫正工作。

（二）社区矫正机构建设

2010 年 8 月，灯塔市司法局开始承接社区矫正工作进行试点，在灯塔市 14 个乡镇（街）全面铺开；2013 年，辽阳县司法局开始承接社区矫正工作进行试点，在全县 15 个乡镇（街）全面铺开，至此，辽阳市各县（市、区）司法局全面铺开社区矫正工作。

2020 年 7 月 1 日《社区矫正法》正式实施后，为打破我市监狱警察主管五城区社区矫正的工作局面，依法构建我市社区矫正发展新格局，辽阳市司法局及 7 个县（市、区）司法局先后成立县级社区矫正机构，依法明确县级社区矫正机构承担本辖区社区矫正工作的具体实施工作，依法明确司法所根据县级社区矫正机构的委托，承担社区矫正相关工作。辽阳市北郊监狱在县（市、区）司法局成立社区矫正机构后，通过授业解惑、经验交流、传承帮带，全面完成了社区矫正工作移交，并按照9项职责协助县级司法行政部门参与社区矫正工作。

（三）社区矫正助理员队伍建设

社区矫正工作是一项监管对象众多、日常工作复杂、多方部门协同的系统工程，具有社会调查、接收、分类管理、制定矫正方案、日常监管、外出、执行地变更、教育帮扶、心理矫正、组织公益活动、考核奖惩、解矫等一系列工作任务，依靠县级司法行政部门的政法专编、公务员编、事业编、参与社区矫正警察等各类人员，远远无法满足社区矫正工作的需要，这就需要进一步壮大社区矫正专门执法队伍，将社区矫正助理员、政府雇员、辅警（本文统称社区矫正助理员）等角色融入社区矫正工作中。

2011年，辽宁省司法厅、辽宁省人力资源和社会保障厅联合印发了《关于开发公益性岗位配备基层司法所社区矫正助理员工作的通知》，为我市最早的61个司法所（2020年乡镇、街道改革，五城区由原来的32个街道调整为21个，全市由61个司法所调整为50个），每个司法所核定配备1名社区矫正助理员，通过招录社区矫正助理员，有效缓解了基层一线司法所开展社区矫正工作的压力。

2020年7月1日《社区矫正法》正式实施后，为依法推动社区矫正专门执法队伍建设高质量发展，我市各县（市、区）司法局积极向本级政府请示汇报，陆续又招录了部分政府雇员和辅警，充实到县级社区矫正机构、受委托的司法所，进一步充实了人员力量。

当前，社区矫正助理员已成为社区矫正专门执法队伍中重要的辅助力量，其在社区矫正工作中扮演着重要角色，其地位和作用不可忽视。其主要职责是：协助乡镇、街道司法所所长开展社区矫正工作，主要包括对社区矫正对象开展社区调查评估、接收、管理、监督、考核、解除，组织公益活动、教育帮扶等工作。社区矫正助理员协助社区矫正工作者开展矫正工作，可维护社区矫正秩序，促进社会的安定和谐、为社区矫正工作的顺利开展提供了有力保障。

二、辽阳市社区矫正专门执法队伍基本情况

社区矫正专门执法队伍是负责社区矫正工作的专业队伍，是维护社区矫正秩序的攻坚力量。通过机构设置、人员编制、性别、年龄、学历、专业结构等数据结构，直观地反映我市社区矫正专门执法队伍建设现状，为分析社区矫正专门执法队伍建

设提供数据支撑。

（一）机构设置

全市社区矫正机构，市级 1 个、县级 7 个、受委托的司法所 50 个。

（二）人数结构

全市社区矫正执法队伍共计 216 人。其中市级 2 人、县级 31 人、受委托的司法所 102 人、参与社区矫正监狱警察 70 人、监狱辅警 11 人。具体结构如表 1 至表 4 所示。

表 1　全市社区矫正执法队伍人员数量占比

市级社区矫正机构/%	县级社区矫正机构/%	受委托的司法所/%	监狱警察/%	监狱辅警/%
0.93	14.35	47.22	32.41	5.09

表 2　县级社区矫正机构人员结构

政法专编/%	公务员编/%	事业编/%	社区矫正助理员/%	政府雇员/%
48.39	0	3.22	32.26	16.13

表 3　受委托的司法所人员结构

政法专编/%	公务员编/%	事业编/%	社区矫正助理员/%	政府雇员/%
49.02	2.94	1.96	30.39	15.69

表 4　参与社区矫正监狱警察人员数量占比

在监狱机关工作的监狱警察/%	派驻县（市、区）监狱警察/%	在监狱机关工作的辅警/%	派驻县（市、区）辅警/%
22.22	64.20	7.41	6.17

（三）性别结构

全市社区矫正执法队伍中男女比例如表 5 所示。

表 5　全市社区矫正机构人员性别比例

性别	市级社区矫正机构/%	县级社区矫正机构/%	受委托的司法所/%	监狱警察含（监狱辅警）/%
男性	0.46	8.33	27.31	28.24

续表

性别	市级社区矫正机构/%	县级社区矫正机构/%	受委托的司法所/%	监狱警察含（监狱辅警）/%
女性	0.46	6.02	19.90	9.26

（四）年龄结构

全市社区矫正执法队伍中，30岁以下的，约占7.87%；30—39岁的，约占30.09%；40—49岁的，约占25.00%；50岁及以上的，约占37.04%。

（五）学历结构

全市社区矫正执法队伍中，高中及以下的，约占0.92%；中专、大专的，约占27.78%；大学本科的，约占68.06%；研究生及以上的，约占3.24%。

（六）专业结构

全市社区矫正执法队伍中，法律相关专业的，约占32.87%；社会学相关专业的，约占0.93%；心理学相关专业的，但考取国家心理资格证人员共10人；其他专业的，约占66.20%。

三、取得的成效

经过十余年的实践探索和不断完善，在辽宁省司法厅社区矫正管理局的大力指导下，在全市社区矫正工作者的齐心协力下，辽阳市社区矫正专门执法队伍建设正稳步向高质量发展进行转变，社区矫正工作在本领域取得了一定的工作成效。

（一）研究探索审前社会调查评估办法

2010年，根据辽宁省高级人民法院、人民检察院、公安厅、司法厅联合颁发的《辽宁省社区矫正工作实施办法》（辽司通〔2010〕174号）及辽阳市中级人民法院、人民检察院、公安局、司法局联合颁发的《辽阳市社区矫正工作实施办法》（辽市司发〔2010〕40号）文件精神，结合辽阳市社区矫正工作实际，成立了辽阳市社区矫正对象审前社会调查评估委员会，印发了《辽阳市社区矫正对象审前社会调查工作实施方案》，明确了审前社会调查评估的组织机构和职能任务、评估工作程序，制定了《关于社区矫正对象接受社区矫正的评估标准（试行）》，通过打分制，客观反映社区矫正对象是否适合社区矫正。该评估标准（试行）的出台，为辽宁省各级社区矫正机构开展审前社会调查工作提供了最早的参考方案。

（二）协作研发“智慧矫正”工作

为了贯彻落实司法部关于开展“智慧矫正”工作部署，进一步提高社区矫正信息化水平，我市与中央司法警官学院签署合作协议，在市北郊监狱建立“智慧矫正”教学科研基地，2020 年 7 月，邀请省、市领导、中警院领导完成揭牌仪式。基地“矫治心方向”App 和心理评估系统两块应用已投入使用，完成了法治教育、以案说法、心理知识普及与疏导、监管平台建设。2020 年 11 月，我们受邀出席由《法治日报社》主办的“2020 政法智能化建设研讨会、全国政法智能化技术装备及成果展”，并荣获 2020 年全国政法智能化建设“智慧司法”优秀创新案例，被收入 2020 政法智能化建设创新案例汇编之中，成为辽宁省司法行政系统唯一的获奖单位。

（三）创新编印司法部统计管理系统社区矫正填报指南

为进一步规范全省社区矫正报表填报工作，做好社区矫正工作制度建设、信息化建设，在辽宁省司法厅社区矫正管理局的指导下，2021 年，辽阳市社区矫正执法支队主编了《司法部统计管理系统社区矫正填报指南》，并受到省厅高度表扬，经省厅下发至各市开始使用，为辽宁省社区矫正填报数据的准确化提供了指导依据。

（四）监狱警察队伍为社区矫正发展起到重要作用

2009 年，在社区矫正发展初期，在社区矫正工作还未颁布具体的实施办法前，我市参与社区矫正的监狱警察队伍结合监狱管理模式，探索出一条符合辽阳特色的社区矫正管理模式，打开了社区矫正工作新局面，参与社区矫正的监狱警察队伍在我市社区矫正建设发展史中发挥着重要的建设作用。一是，监狱警察队伍作为社区矫正发展初期的探路者，有效地将监狱管理模式融入社区矫正管理工作当中，为我市乃至全省社区矫正规范化建设摸索出了一条发展道路。二是，参与社区矫正的监狱警察队伍在全市法律专业队伍中占比 50.7%，监狱警察队伍开展社区矫正工作更具专业性，通过运用专业化知识综合分析社区矫正对象的居住地、户籍、家庭、亲属、工作、生活、犯罪类型等个人因素，在对社区矫正对象开展个别化矫正方面成效显著。三是，参与社区矫正的监狱警察队伍，曾是管理实刑罪犯的执法者，具有丰富的管理经验，对比管理罪行较轻的社区矫正对象而言，通过倾听社区矫正对象的心声，更能摸清社区矫正对象的犯罪心理，利用从警多年的帮扶经验，有利于帮助他们顺利回归社会。四是，参与社区矫正的监狱警察队伍，其警察身份、警察制服，能够对社区矫正对象起到极强的震慑作用，有利于社区矫正对象服从社区矫正机构的监督管理，为全市社会安全稳定做出了重要贡献。

四、面临的困难和问题

辽阳市社区矫正专门执法队伍建设，通过多年努力，虽然取得了一些成绩，但我们也要客观地、正确地看待社区矫正专门执法队伍存在的实际困难和问题。

（一）县级社区矫正机构不具备独立性

《社区矫正法》第9条第1款规定："……社区矫正机构的设置和撤销，由县级以上地方人民政府司法行政部门提出意见，按照规定的权限和程序审批。"这说明按照规定的权限和程序审批的社区矫正机构，应当独立，需要设置级别、编制。实践中，各级编办因上级编办没有明确相关文件和规定，所以并不同意县级司法行政部门独立设置社区矫正机构、明确级别和配备编制，导致社区矫正机构设置不明确，工作人员混乱，不利于社区矫正的可持续发展。另外，2017年随着1200元补贴落地后，司法行政部门一跃成为热点部门，司法行政部门因受属地人民政府管理，当地人民政府为照顾老同志，更多地将即将离退休人员安排到司法行政部门工作，在司法行政部门编制紧张的情况下，使得真正能干活的政法专编人员又一步进行了压缩，导致有的县级司法行政部门在老同志占满编制、无额外人员可用的情况下，大部分县级社区矫正机构仅由1名年轻的副局长负责社区矫正工作，并兼顾其他司法行政工作；有的县级社区矫正机构仅由1名普通科员负责，社区矫正力量孱弱。

（二）基层司法所基础性建设仍然比较薄弱

针对基层司法所基础性建设薄弱问题，本文从设施建设、工作任务量、人员编制配备来分析。从设施建设上看，有的基层司法所仅有1间办公用房，无其他业务用房，导致组织社区矫正对象落实宣告、报到、开展教育帮扶等工作时，没有充足的场地组织实施，对比发达地区司法所硬件设施建设差距较大。从工作任务量上看，我市基层司法所工作职能主要包括：基层公共法律服务平台、人民调解、普法依法治理、社区矫正、安置帮教、法律援助、基层法律服务、村（社区）法律顾问和人民陪审员等9项。《辽宁省社区矫正实施细则》第6条规定了司法所根据社区矫正机构的委托承担7项社区矫正工作，涵盖调查评估、建立档案、建立矫正小组、组织宣告、实施考核、外出审批、执行地变更审批、监督管理、组织公益活动等，可见司法所工作之"多、重、杂"。从人员编制配备上看，司法所编制通常为3人，理应均为政法专编，但我市仅司法所所长1人为政法专编人员，享受每月1200元补贴待遇，其余2名人员身份为公务员或参公事业等，因工资待遇不同，司法所所长在组织所内其他人员开展司法行政工作时存在阻力。另外，个别基层司法所存在"一人所、两人所”现象，在业务繁重的情况下，使得他们从事社区矫正工作的时间和精力大大减少。

（三）社区矫正助理员能力弱、待遇低

全市目前从事社区矫正工作的社区矫正助理员共计 73 人，他们年龄普遍在 30—39 岁，大专以下学历占 27.4%、大学本科学历占 71.2%、研究生及以上学历仅占 1.4%，并且学历属于法律专业的仅 9 人、社会学仅 2 人，大部分社区矫正助理员没有系统学习过法律知识，对开展司法行政工作比较吃力。而且部分社区矫正助理员性格比较柔弱，特别是女性社区矫正助理员在与社区矫正对象接触过程中，因害怕社区矫正对象的蛮横、报复，有时以请求的口吻要求社区矫正对象落实相关社区矫正事宜，非常不利于社区矫正对象的监督管理。社区矫正助理员工资待遇低，是该队伍不稳定的主要因素，社区矫正助理员普遍工资在 2000 元左右，扣除“五险一金”，每月实际到账工资仅 1500 元左右，勉强支撑日常生活，受生活所迫，大部分社区矫正助理员向往更高质量的生活，平均每年有 3—5 名社区矫正助理员主动提出离职，纷纷考取公务员、事业单位，或者到高工资单位就职，导致刚把社区矫正助理员培养成社区矫正专业人才就纷纷离职，造成社区矫正助理员队伍极不稳定。

（四）一线经费保障不足

县级司法行政部门虽然每年均有中央下拨的转移支付经费，但是经下基层调研发现，基层同志多数反映经费只停留在账面上，受经济发展水平不高、营商环境不好等因素影响，财政部门为缓解本辖区的财政压力，对县级司法行政部门申请使用经费不予批准的现象时有发生，导致县级社区矫正机构开展社区矫正工作缺乏充足的经费支撑。另外，基层司法所经费不足的现象普遍存在，比如，在偏远山区或者在社区矫正对象住所相对分散的环境下，由于没有保障车辆，导致社区矫正工作人员经常自掏腰包打车进村下乡落实调查评估、走访教育、监督管理等工作，在没有相关保障经费的情况下，司法所工作人员深入开展教育帮扶频次逐步降低，不利于为社区矫正对象开展相关工作，容易发生监管不到位等问题。

（五）社区矫正执法队伍没有统一的制式服装

通过监狱警察和社区矫正机构工作人员日常管理对比发现，社区矫正对象对待着警服人员和着便装人员的态度截然不同，社区矫正对象在面对着警服人员时，潜意识中认为这是警察，是真正的执法者，能够抓捕罪犯，因而他们看见着警服的警察均能守法守规、服从管理，警服的震慑作用非常显著。相比之下，社区矫正对象在面对着便装的社区矫正工作人员时，其潜意识中认为这只是一名普普通通的公务员，因工作人员没有震慑性、统一性的制式服装，导致社区矫正对象对社区矫正工作者比较轻视，存在“并不能把我怎样”的心理，长此以往，社区矫正对象容易滋生放纵意识，极大地降低了社区矫正专门执法队伍的权威。

（六）社区矫正衔接工作存在脱节现象

《社区矫正法》第32条规定：“社区矫正对象有被依法决定拘留、强制隔离戒毒、采取刑事强制措施等限制人身自由情形的，有关机关应当及时通知社区矫正机构。”实践中，部分相关机关在对社区矫正对象采取强制措施时，并未向社区矫正机构落实告知事宜，直接将社区矫正对象羁押带走，导致社区矫正机构无法第一时间知晓社区矫正对象状态，无法查找此人下落，不利于社区矫正的监督管理；有些相关机关虽然向社区矫正机构告知了社区矫正对象已被羁押拘留，但其在社区矫正期内被释放后，相关机关并未及时向社区矫正机构告知社区矫正对象已被释放，导致社区矫正机构无法第一时间对已释放的社区矫正对象实施监管，容易造成脱管、漏管的现象发生，衔接工作存在脱节现象。

（七）社区矫正执法队伍专业人才稀缺

从我市社区矫正专业执法队伍专业情况分析，我市社区矫正工作者心理学、社会学专业人才严重稀缺，特别是心理学专业，在社区矫正领域中应用较为广泛。心理矫正有利于落实个性化矫正，有利于帮助社区矫正对象修复社会关系，矫正犯罪心理和行为恶习。《辽宁省社区矫正实施细则》第104条规定：“社区矫正机构应当建立具有心理咨询师资格的专业心理矫正工作队伍，也可以采取政府购买服务或者项目委托的方式，组织具备资格的社会工作者、志愿者对社区矫正开展心理矫正。”2017年以前，我市仅有10名社区矫正工作者取得了国家统一颁发的心理咨询师职业资格证，但是，2017年9月，随着人社部公布了新的《国家职业资格目录》，心理咨询师职业资格认证并未被列入其中，意味着心理咨询师职业资格认证考试取消，导致心理专业类人才严重稀缺。

五、推动社区矫正专门执法队伍建设的建议

社区矫正专门执法队伍建设任重道远，还需要国家、上级部门加大对基层一线社区矫正工作的调研和投入，为社区矫正专门执法队伍建设高质量发展创造有利条件。

（一）依法加强社区矫正机构建设

社区矫正机构是法律规定的社区矫正执行机关，社区矫正机构作为刑事执行机

构，必须具有规范性、独立性，以保证刑事执法的统一性、严肃性，为依法开展社区矫正工作提供可靠的组织保障。县级社区矫正机构作为开展社区矫正实施的主体部门，应当明确机构级别、编制。一是建议司法部与中编办联合发文，明确司法行政部门应当设置具有独立性的社区矫正机构，机构设置为副科级，编制3人，社区矫正机构人员不得兼顾其他司法行政工作，机构人员其待遇除享受1200元政法补贴外，额外增加工作补贴，补贴金额参照警察加班补助落实。二是建议司法部进一步优化司法体制改革，向全国人大审议探索垂直管理的可行性，将“司法行政系统”改革为“司法系统”，为司法工作的可持续发展探索符合实际的道路。

（二）推进基层司法所软硬件实力整体上升

基层司法所建设是一项长期的系统工程，需要司法部、省司法厅、市司法局加强对基层司法所建设的调研指导，更需要得到当地人民政府的大力支持，合力推进基层司法所建设整体上升。2019年，辽宁省司法厅印发了《辽宁省司法所规范化建设标准》的通知，第7条明确规定司法所房屋面积达到120平方米以上标准，标识符合《辽宁省司法所标识规范》，推动基层司法所建设落实，首先需要提高各级领导对基层司法所建设的重视程度，切实履行司法所规范化建设标准要求。其次，司法行政部门整体的体制编制属于“倒三角”结构，级别越高的部门人员越多，而最基层的司法所人员最少，该结构不利于基层一线开展工作，建议司法部与编办协调重新整合编制体制，研究探索“金字塔”式的体制结构，纠正基层司法所混合式的编制形式，统一整合为政法专编，保障基层司法所人员身份待遇保持一致。另外，要进一步增加基层司法所人员的工作补贴，补贴金额参照警察加班补助落实，为基层司法所建设的长远发展提供有力保障。

（三）进一步提高社区矫正助理员队伍的薪资待遇

社区矫正助理员队伍是社区矫正工作的主力军，他们干着最多的工作，拿着最低的工资，这与国家倡导的同工同酬、多劳多酬的政策不相符。党的二十大报告指出：“我们坚持把实现人民对美好生活的向往作为现代化建设的出发点和落脚点，着力维护和促进社会公平正义，着力促进全体人民共同富裕，坚决防止两极分化。”“必须坚持在发展中保障和改善民生，鼓励共同奋斗创造美好生活，不断实现人民对美好生活的向往。”当前，提高社区矫正助理员队伍的薪资待遇问题亟待解决，需要司法部、省司法厅积极向人力资源和社会保障部门、财政部门协调，联合出台具体政策，将社区矫正助理员的薪资待遇提高到4000元以上标准，并根据工龄及经济发展水平逐年增长薪资，通过高薪资留住专业人才，为社区矫正助理员队伍的稳定发展、可持续发展提供制度保障。

（四）提高基层一线经费保障力度

2012 年，财政部、司法部印发了《关于进一步加强社区矫正经费保障工作的意见》（财行〔2012〕402 号）。2016 年，辽宁省财政厅、司法厅印发了《关于进一步加强社区矫正经费保障工作的意见》（辽财行〔2016〕594 号），进一步明确了社区矫正经费开支范围，两个文件的出台，为社区矫正工作提供了制度保障。《社区矫正法》第 6 条第 1 款规定："各级人民政府应当将社区矫正经费列入本级政府预算。"使社区矫正经费有法可依，但落实到县级司法行政部门使用社区矫正经费时，往往需要司法局向政府申请款项，能否得到批准，还取决于当地政府的经济状况及党政领导对社区矫正经费使用的认可程度。这就需要司法部、省司法厅进一步研究切实可行的政治制度、财务制度，用制度提高党政领导对社区矫正工作的认可和重视。另外，司法部应当结合各地经济发展实际，将中央转移支付经费更多地向经济发展水平落后的地区倾斜，向基层一线倾斜，并明确哪些款项是开展社区矫正工作专项资金，为基层一线提供更为明确的经费使用制度支撑。

（五）统一配发社区矫正制式服装

配备具有震慑性、统一性的制式服装是社区矫正专门执法队伍规范化建设的基本保障，是司法行政系统内强素质、外树形象的重要体现，有利于增强社区矫正工作执法的公信力和严肃性。社区矫正工作者同监狱警察相比，虽不管理罪行较重的实刑罪犯，但其管理的社区矫正对象仍然是一名犯罪者，具有一定的社会危险性，为降低工作人员受到社区矫正对象侵害的风险，应该统一配发社区矫正制式服装。建议司法部研究社区矫正制式服装的样式和购置服装的经费保障制度，通过制服，真正对不服从管理的社区矫正对象起到"制服"效应，增强社区矫正的权威。

（六）相关部门应当依法做好社区矫正相关工作

《社区矫正法》第 8 条第 1 款、第 2 款规定："……县级以上地方人民政府司法行政部门主管本行政区域内的社区矫正工作。人民法院、人民检察院、公安机关和其他有关部门依照各自职责，依法做好社区矫正工作……"这说明，社区矫正是一项综合性很强的工作，且涉及面较广，单靠司法行政一个主管部门难以实现社区矫正的目标和任务，需要多个职能部门共同发挥作用，形成矫正合力。人民法院、人民检察院、公安机关和其他有关部门应当加强对《社区矫正法》的学习，依法履行各自工作职能，依法加强与司法行政部门的衔接配合，及时移交社区矫正对象的各种法律文书，形成监管合力。另外，随着信息化技术的进步，全球已从大数据向人工智能方向发展，但是，目前公、检、法、司四部门之间还未搭建信息共享平台，迫切需要积极研发社区矫正相关部门间的信息共享功能。《社区矫正法》第5条规定："国家支持社区矫正机构提高信息化水平，运用现代信息技术开展监督管理和教育帮扶。社区矫正工作相关部门之间依法进行信息共享。"建议司法部组织人员力量，与最高人民法院、最高人民检察院、公安部等相关部门共同搭建大数据、智能化信息共享平台，将社区矫正的衔接工作向网络平台转移，实现全国范围内的网上传输法律文书、网上办理社区矫正、人工智能监管等功能。

（七）恢复心理咨询师职业资格证的颁发

司法部制定的《社区矫正术语（SF/T 0055—2019）》明确，心理矫正是"依据心理学的原理与技术，综合运用心理健康教育、心理测量与评估、心理咨询与疏导、心理危机干预及心理疾病转介等方法和手段，了解社区矫正对象的心理问题，帮助其调整改善不良认知，消除心理障碍，减少负面情绪，增强适应社会能力，提高教育矫正质量和效果的矫正措施"。《辽宁省社区矫正实施细则》第四章第三节"心理矫正"，专门对心理矫正进行了规定，鉴于心理矫正的重要性，以及国家取消心理咨询师资格证颁发的实际，建议司法部向国家相关部门协调，恢复心理咨询师资格证的颁发，让更多的社区矫正工作者能够考取心理职业资格，提升社区矫正教育帮扶工作质量。未来如果国家不同意恢复心理咨询师资格证的颁发，除已取得心理咨询师资格的人员外，请司法部在着眼未来的情况下，进一步明确应当通过哪些证明来判定哪类人员属于"具有心理咨询师资格的专业心理矫正工作队伍"，可以开展心理矫正工作。

总之，社区矫正专门执法队伍建设是一个长期而艰巨的工程，需要各级政府和各级司法行政部门及相关部门间的共同努力，只有通过不断完善和提高队伍素质，加强对队伍的管理和保障，加强队伍的专业知识和执法能力培养，提高执法效率，才能实现社区矫正专业执法队伍的高质量发展，以及实现社区矫正工作长足发展和进步。

社区矫正专门执法队伍建设的南昌实践及破解难题的几点思考

廖承文 陈 琳*

加强社区矫正专门执法队伍建设是《中华人民共和国社区矫正法》（以下简称《社区矫正法》）明确规定的工作内容，是保障社区矫正工作高质量发展的根本举措。社区矫正工作开展以来，南昌市坚持因地制宜、守正创新，积极探索社区矫正专门执法队伍建设的“南昌样板”，形成了一系列制度机制和特色鲜明、行之有效的方法路径，有力推动了社区矫正工作队伍正规化、职业化、专业化发展。

在社区矫正法实施三周年之际，为进一步贯彻落实社区矫正法有关队伍建设的要求，南昌市司法局通过实地调研、走访座谈、线上调查等方式，对全市社区矫正专门执法队伍建设情况开展了一次系统梳理和专题调研，根据调研所得的数据及实情，总结经验，查找问题，剖析原因，进而提出破解之法。

一、全市执法队伍现状及特点

南昌市现有市级社区矫正机构 1 个、县级社区矫正机构 12 个、司法所 126 个①，共有社区矫正专门执法人员② 363 人。

（一）年龄结构

30 岁以下的人员 110 人，30 岁至 40 岁的人员 122 人，41 岁至 50 岁的人员 79 人，50 岁以上的人员 53 人。40 岁以下人员占比为 63.74%，30 岁以下人员占比为

---

* 廖承文，江西省南昌市司法局三级调研员。陈琳，江西省南昌市司法局社区矫正工作科副科长。

① 为便于统计分析，南昌高新区、经开区和湾里管理局的社区矫正部门也纳入县级社区矫正机构范围；乡镇（管理处）一级均视为设有司法所。

② 本文所称社区矫正专门执法人员按照身份编制分为社区矫正机构工作人员、司法所社区矫正工作人员以及社区矫正社会工作者三类。其中，社区矫正机构工作人员是指社区矫正机构的专门国家工作人员；司法所社区矫正工作人员是指在司法所从事社区矫正工作的国家工作人员；社区矫正社会工作者是指聘用至社区矫正机构、司法所从事社区矫正工作的辅助人员。

30.22%，表明社区矫正专门执法队伍的年龄结构以中青年为主，1/3 左右的人员从事社区矫正工作的经验不足。

（二）学历结构

大专及以下学历的人员 126 人，大学本科学历的人员 203 人，研究生学历的人员 25 人。大学本科及以上学历的人员占比 62.64%，表明社区矫正专门执法队伍整体学历水平得到提升。

（三）专业结构

法学专业的人员 83 人，社会学专业的人员 4 人，心理学专业的人员 2 人，其他专业的人员 275 人。法学、社会学、心理学等专业人员占比仅为 24.45%，表明社区矫正专门执法队伍专业化水平还比较低。

（四）身份编制

市、县社区矫正机构工作人员 32 人，司法所社区矫正工作人员 139 人，社区矫正社会工作者 192 人。社区矫正社会工作者占比为 52.76%，表明专门执法人员中具有编制身份的偏少，大部分为合同制聘用人员。

（五）人员分布

市级社区矫正机构社区矫正专门执法人员 7 人，县级社区矫正机构社区矫正专门执法人员 49 人，司法所社区矫正专门执法人员 307 人。平均每个县级社区矫正机构 4 人、每个司法所 2.44 人，表明司法所已基本实现了除所长之外社区矫正专人专岗的力量配置。司法所社区矫正专门执法人员占比 84.57%，表明社区矫正专门执法队伍结构呈金字塔状，大部分社区矫正专门执法人员从事司法所的社区矫正工作。

二、主要做法及成效

南昌市高度重视社区矫正专门执法队伍建设，在社区矫正工作起步较晚的情况下，借力机构改革、政策红利等发展机遇，先行先试，大胆探索，执法队伍人员力量不断壮大、综合素养不断提升，有力保障了社区矫正工作的顺利开展。

第一，社区矫正法出台之前，南昌市积极争取省司法厅和市委、市政府重视支持，强化基础保障，推动社区矫正专门执法队伍力量不断壮大。一是争取政策保障支持。2011 年，在市委、市政府的政策支持下，市编制部门为市司法局增设 3 个政法专项编制并调剂核拨 13 个政法专项编制至各县区，组建了一支完整的社区矫正专职队伍，确保了全市社区矫正工作的顺利起步。2015 年，市司法局会同市法院、市检察院、市公安局、市财政局、市人社局、市民政局出台《关于进一步加强社区矫正工作的意见》，保障了县级社区矫正监管中心（现称社区矫正中心）、开发区综治办（现称平安办）、司法所社区矫正工作有人管、有人做。2018 年，市委、市政府又以“两办”名义印发《关于进一步加强社区矫正工作的通知》，明确司法所必须保障 1—2 名社区矫正执法辅助人员（现称社区矫正社会工作者）专职从事社区矫正工作，为全市基层社区矫正工作充实了 200 余名社区矫正专门执法人员力量。二是加大经费保障力度。2013 年，南昌市在财政较为困难的情况下，率先在全省按照社区矫正对象每人每年 2800 元的标准，将社区矫正对象管理教育经费列入市县两级财政预算予以充分保障，累计拨付专项经费近 6000 万元，为社区矫正工作的顺利开展提供了重要经费保障。三是探索队伍职业化建设。2016 年，南昌市在全省率先开展社区矫正官试点和队建制改革，制订《关于开展社区矫正官和社区矫正辅助执法人员任免考核工作的实施方案》，探索建立社区矫正专门执法人员职业准入、业务培训、执证上岗和考核任免机制，开创性地推动建立社区矫正执法直属大队，有力解决了开发区社区矫正专门执法人员缺位问题。

第二，社区矫正法出台后，南昌市聚焦打造高素质社区矫正人才队伍建设目标，创新工作机制，不断推动社区矫正专门执法队伍做优做强。一是推动机构人员专职化深度改革。2021 年，南昌市、县两级司法行政机关在内设机构全部加挂社区矫正管理局牌子，专职承担社区矫正具体工作职能。2022 年，市司法局争取编制部门支持，将原安置帮教职能从市级社区矫正机构剥离，实现了市级社区矫正机构队伍的专职化、专业化。东湖区、西湖区、青山湖区、红谷滩区、安义县等县区还保留社区矫正中心事业单位编制，探索实行“一局一中心”机构管理模式，有效解决了社区矫正专门执法人员力量薄弱的突出问题。二是建立系统化队伍管理机制。2021 年以来，市司法局先后出台《社区矫正工作人员行为规范“十不准”》《全市社区矫正工作人员“岗位大练兵 业务大比拼”活动方案》《南昌市社区矫正沙龙活动实施方案》等文件，建立了社区矫正专门执法人员行为指引、素质提升、学习交流的系统化管理机制，划定了 10 条工作人员执法红线，明确了每年举办 1 次以上业务培训、每季度至少组织 1 次社区矫正沙龙活动的队伍管理制度。三是加强队伍综合素质培训培优。近三年来，市司法局坚持采取以会代训、研讨交流、线上授课、线下办班、外出调研、实地观摩等多种形式提升队伍素养，累计组织社区矫正业务培训学习活动 30 余场次，组织开展全市范围内业务知识考试 10 余场次。特别是在今年上半年组织的一次业务知识考试中，全市社区矫正专门执法人员成绩合格率（60 分以上）达到 100%，成绩优秀率（80 分以上）超过 83%，充分检验了培训学习成效，展现了队伍的专业素养和良好作风，有效激励了执法人员争先创优、履职尽责，营造了浓厚的“比学赶超”学习氛围。四是严格规范执法管理。为提高社区矫正专门执法队伍履职水平，市司法局做实“三个规范”加强执法管理，即统一配发社区矫正工作执法证件，全面推行社区矫正专门执法人员持证上岗、亮证执法管理；统一制作全市社区矫正对象入矫宣告教育片，细化入矫宣告内容及程序；统一编印社区矫正档案样本，系统归纳整理社区矫正各类表格及法律文书样式供执法人员参考使用，有效减轻了基层社区矫正工作负担，提高了工作质效。

三、当前面临的主要问题及原因分析

对标社区矫正法治化和高质量发展的新要求，南昌市社区矫正专门执法队伍建设仍然面临一些长期制约、亟待完善解决的薄弱环节和问题，主要表现在以下几个方面。

（一）社区矫正专门执法队伍的职能定位有待进一步理顺

虽然社区矫正法明确了社区矫正机构应当配备具有法律等专业知识的专门国家工作人员，但《中华人民共和国社区矫正法实施办法》并未对专门国家工作人员的组成及职责作进一步规定。《江西省社区矫正工作实施细则》虽然将社区矫正工作人员划分为社区矫正机构工作人员、社区矫正日常机构工作人员和社区矫正社会工作者三类，但未对专门执法人员的范围及职能定位作出更明确详细的界定。目前，南昌市县级社区矫正机构和基层司法所中，社区矫正社会工作者的占比达到54.72%，是社区矫正工作中的一支重要力量。由于专门执法人员内部没有清晰科学的职责分工，社区矫正社会工作者在承担了大量的工作任务的同时，还承受着较大的工作压力，专门执法队伍权责不统一、不匹配的问题，在一定程度上影响了基层司法所社区矫正执法的权威性和执法人员的积极性。

（二）社区矫正专门执法队伍的整体能力素养还不够强

社区矫正工作涉及法学、犯罪学、心理学、社会学、教育学等各类学科知识，是一项兼具法律性和社会性的复杂的系统工程，对社区矫正专门执法队伍的综合素质及专业要求较高。虽然南昌市每年都会组织开展社区矫正业务学习培训，但执法人员在学以致用、学用相长、学思践悟上还有所欠缺，部分执法人员还存在被动式、应付式、敷衍式、功利式学习的情况，缺乏完善自身知识结构的自觉性和主动性，离新时代社区矫正工作的要求还有一定的差距。从近几年南昌市组织的社区矫正执法督导检查和业务知识考试情况看，少数执法人员对社区矫正法律法规的理解、掌握和运用还不到位，对社区矫正工作中出现的新形势、新信息、新要求敏锐度还不够强。工作方式方法滞后，往往凭经验办事，掌握相关信息变化和采取有效工作措施的能力还不够强，极个别执法人员甚至对社区矫正工作的基础概念还模糊不清。例如，有的执法人员把“剥夺政治权利的对象”也认为是社区矫正对象，日常工作中还使用“社区服刑人员”“社区矫正人员”等不规范称谓。在制订矫正方案时，套用模板，千篇一律，不能有效体现出分类施教、精准施矫的工作要求。

（三）社区矫正专门执法队伍的职业保障机制还不够完善

相较于社区矫正工作的高标准、高要求，基层社区矫正机构执法人员普遍感到职责压力大、监督追责风险高，社区矫正社会工作者普遍存在待遇偏低、身兼数职、职业归属感不强等情况。在这种较大的落差下，执法人员看不到职业前景，人心思动，调离、转岗、离职现象较为频繁，一定程度上影响了社区矫正专门执法队伍的稳定性和社区矫正工作的连续性。调研显示，社区矫正法实施以来，南昌市县级社区矫正机构负责人已变动5人次、基层司法所负责人已变动61人次。同时，县级社区矫正机构和基层司法所的社区矫正社会工作者的更换也十分频繁。近三年，全市县级统一招录的121名社区矫正执法辅助人员中，已有25人离职，离职率超过20%。

四、几点思考及建议

社区矫正法实施以来，南昌市年度新接收社区矫正对象数量已连续三年增长，目前在矫对象达到2200多人。面对日益增长的社区矫正对象群体和桎梏社区矫正专门执法队伍建设的瓶颈问题，建立一支能够适应新时代社区矫正工作高质量发展要求的专门执法队伍迫在眉睫。为此，建议进一步健全制度机制，强化社区矫正专门执法队伍机构保障、体制保障、工作保障、职业保障四个方面建设，积极破解困境和难题。

（一）强化机构保障

一是完善县级社区矫正机构运作模式。大力推动“社区矫正管理局+社区矫正中心”的“一局一中心”建设，明确社区矫正中心事业单位性质，确立社区矫正管理局承担社区矫正执法管理职责、社区矫正中心承担日常执法职责的定位，形成社区矫正机构专职、人员专岗、机构人员相匹配的高效工作体系。二是进一步厘清社区矫正机构和司法所的关系。明确县级社区矫正管理局负责人由县级司法行政机关副职兼任，司法所社区矫正专职执法人员应由县级司法行政机关统一招录管理，强化社区矫正机构对司法所的工作管理和业务指导。三是加强开发区（新区）社区矫正机构建设。推动开发区（新区）设立专职社区矫正机构、配备专门执法人员履行社区矫正执法职能，确保社区矫正工作依法规范落实。

（二）强化队伍体制保障

一是厘清社区矫正专门执法队伍职能定位。据笔者统计，目前广东、四川、云南、山西、河南、福建、广西、江西等8个地区对社区矫正专门执法队伍的范围作了界定，但各地的规定有所不同（见表1），还需要在全国范围内进一步明确执法队伍的人员构成、工作职能和定位分工，自上而下组建一支职责清晰、定位明确的社区矫正专门执法队伍。

表1　各地社区矫正执法队伍范围及其来源

地区	社区矫正工作人员	来源
广东	社区矫正机构工作人员、受委托司法所参与社区矫正工作人员、参与社区矫正工作的监狱和戒毒人民警察、社区矫正专职社会工作者以及社区矫正志愿者	《广东省社区矫正实施细则》第5条
四川	社区矫正机构工作人员、受委托履行社区矫正工作职责的司法所公务员和专职社区矫正社会工作者	《四川省社区矫正实施细则》第23条
云南	社区矫正机构、受委托司法所从事社区矫正的国家工作人员，选派参与社区矫正工作的监狱（戒毒）人民警察、社会工作者、辅助人员、志愿者等	《云南省贯彻〈中华人民共和国社区矫正法实施办法〉实施细则》第3条
山西	社区矫正机构工作人员（公务员）、参与社区矫正工作的监狱戒毒民警、受委托履行社区矫正工作职责的司法所公务员、社区矫正中心事业编制人员和社区矫正社会工作者	《山西省社区矫正实施细则》第8条
河南	社区矫正机构工作人员、社区矫正专职社会工作者以及社区矫正志愿者	《河南省社区矫正工作细则》第10条
福建	社区矫正机构工作人员、受委托履行社区矫正工作职责的司法所公务员和社区矫正社会工作者	《福建省社区矫正工作实施细则》第5条
广西	社区矫正机构工作人员和社区矫正专职社会工作者，以及村（居）民委员会、企业事业单位、社会组织、志愿者等社会力量中参与社区矫正工作的人员	《广西壮族自治区社区矫正工作细则》第6条
江西	社区矫正机构工作人员、社区矫正日常机构工作人员和社区矫正社会工作者	《江西省社区矫正工作实施细则》第16条

二是健全社区矫正用警机制。以刑罚执行一体化建设为契机，积极推动监狱戒

毒人民警察深度参与社区矫正工作，探索将强制隔离戒毒场所富余警力充实至社区矫正专门执法队伍，不断发挥监管场所民警身份优势和经验优势，提升社区矫正专门执法队伍的整体执法水平，促进社区矫正对象精准教育、有效监管。

三是健全社会力量参与机制。建立社区矫正社会服务需求清单，加大社区矫正政府购买社会服务力度，培育孵化一批专门从事社区矫正领域服务的社会组织，明确专业社会组织参与社区矫正工作的服务范围、方式标准和评价机制，推动县级社区矫正机构专业社会力量参与全覆盖；加强社会工作人才引进，力争每个县级社区矫正机构配备一名专职司法社工，不断提升基层社区矫正机构的专业化水平。争取企事业单位、群团组织、基层群众性自治组织参与，推动设立社区矫正教育基地、就业基地及公益活动基地，将村（居）民委员会参与社区矫正工作纳入依法协助政府工作事项清单，全面提升基层社区矫正机构教育帮扶工作质效。

（三）强化工作保障

一是加大办公保障力度。以智慧社区矫正中心建设为契机，优化办公场所功能布局，保障社区矫正专门执法人员办公区域安全；统一规范配备执法设施装备，配备具有工作特征、展示工作风貌的制式服装、执法标识用于开展社区矫正对象的入矫宣告、奖惩考核等工作，增强社区矫正专门执法人员执法的严肃性和权威性；装备必要的执法用车、执法记录仪等装备用于社区矫正调查评估、排查走访、风险处置、跨区域执法等工作，提高社区矫正专门执法人员执法效率。

二是丰富培训培养形式。依托高校建立社区矫正专门执法人员委培机制，采取定向培养、远程教学、脱产学习、学习与实践相融合等方式，开展订单式培养、套餐制培训，着力培养社区矫正专职专业人才；鼓励社区矫正专门执法人员参加法律职业资格考试、学历考试及职业教育，支持考取社工师、心理咨询师等专业资质，提高社区矫正专门执法人员能力水平。搭建社区矫正专门执法人员研学交流平台，通过岗位练兵、知识竞赛、经验交流、业务研讨等方式，营造“比学赶超”的浓厚氛围。

三是提高经费保障和管理水平。省级社区矫正工作经费应加大对基层社区矫正工作的支持力度，通过以奖代补、定向补助等方式鼓励先进、扶远助困，保障社区矫正工作平衡发展；市、县两级应建立社区矫正对象教育管理经费和社区矫正工作经费相结合的双重经费保障机制，并加强对社区矫正经费的绩效管理和动态监管，确保社区矫正专门执法人员的执法活动高效开展。

（四）强化职业保障

一是建立职业准入制度，优化队伍结构。明确社区矫正专门执法人员应当具备的思想政治、学历专业、身心健康、任前岗位测试等职业准入条件，优先吸纳退役军人、警察类院校毕业生、社会工作者，以及有过法律、教育、心理、社会工作、行政管理、科技信息化等工作经验的人员，不断提高社区矫正专门执法队伍的含“专”量。

二是拓宽待遇的提升空间，留住专业人才。将社区矫正社会工作者纳入社会工作人才进行管理，由省级司法行政部门、民政部门统一组织对社区矫正社会工作者进行职业资格认证，并参照民政系统的社工资质标准，保障基本薪酬待遇并建立动态增长机制，落实工会福利待遇，切实提升社区矫正专业人才的职业认同感、归属感。

三是落实奖励激励制度，营造良好氛围。细化《社区矫正法》第 7 条“对在社区矫正工作中做出突出贡献的组织、个人，按照国家有关规定给予表彰、奖励”的认定标准、评选方式和奖励形式，深度挖掘社区矫正专门执法队伍优秀典型，给予大力宣传及适当的物质或精神表彰奖励，增强执法人员的职业荣誉感和工作的积极性。

四是科学调配人员力量，提高管理质效。根据管理的社区矫正对象人数调配社区矫正专门执法人员力量，确保社区矫正专门执法人员对社区矫正对象实现科学有效管理。在册社区矫正对象 50 人以下的，县级社区矫正机构的社区矫正专门执法人员不得少于 2 名、司法所的社区矫正专门执法人员不得少于 3 名；在册社区矫正对象 50 人至 100 人的，县级社区矫正机构的社区矫正专门执法人员不得少于 3 名、司法所的社区矫正专门执法人员不得少于 4 名；在册社区矫正对象超过 100 人的，每增加 50 人，县级社区矫正机构、司法所的社区矫正专门执法人员各应至少增加 1 名执法人员。

山东聊城市社区矫正专门执法队伍建设的实践与思考

吕佩军　晋利力*

社区矫正是一项严肃和专业的刑事执行活动，涉及罪犯的自由和权利的限制或剥夺，必须于法有据，严格按照法定程序进行。因此，这项工作也必须由专门的国家机关和专门的工作人员负责实施。① 新形势下，社区矫正工作面临许多新情况新问题，《中华人民共和国社区矫正法》（以下简称《社区矫正法》）的实施，也对社区矫正专门执法队伍建设提出新的要求，因此，对如何加强社区矫正专门执法队伍建设开展研究确有必要。本文以聊城市加强社区矫正专门执法队伍建设实践为切入点，研究新时代加强社区矫正专门执法队伍建设的主要思路和实现机制，力求为高水平、高质量开展社区矫正工作有所助益。

一、聊城市社区矫正专门执法队伍建设的现状分析

（一）社区矫正工作人员数量情况

聊城市共有社区矫正机构 11 个，社区矫正机构工作人员 270 人，社区矫正对象 2928 人，工作人员与社区矫正对象数量比例为 1∶11。其中市级社区矫正机构 1 个，工作人员 4 人；县级（含功能区）社区矫正机构 10 个，工作人员 43 人，平均 4.3 人；司法所 136 个，工作人员 233 人，平均每个所 1.7 人。需要说明的是，在实际工作中，市县两级社区矫正机构工作人员基本上专职从事社区矫正工作，但司法所工作人员无法专职从事社区矫正工作，且具有公务员身份的工作人员较少，近半数工作人员为事业编制。

（二）社区矫正工作人员年龄结构

经统计，作为具体实施社区矫正工作的县级机构和司法所队伍中，人数最多的

---

* 吕佩军，山东省聊城市司法局党组成员、副局长。晋利力，聊城市司法局社区矫正工作科科长。

① 王顺安、马聪：《中国特色社区矫正基本制度问题研究》，中国政法大学出版社 2022 年版，第 223 页。

年龄段为 31 岁至 40 岁，共 170 人，占比 63%；41 岁至 50 岁，共 50 人，占比 18.5%；30 岁及以下，共 33 人，占比 12.2%；51 岁及以上，共 17 人，占比 6.3%。

（三）社区矫正工作人员学历及专业分布比例

聊城市社区矫正机构工作人员中，研究生学历 5 人，占比 1.8%；本科学历 205 人，占比 76%；大专学历 54 人，占比 20%；其他学历 6 人，占比 2.2%（其中高技学历 1 人，中专学历 3 人，初中学历 2 人）（详见表 1）。具备法律专业背景的 120 人，占比 44.5%；与社区矫正相关联的专业很少，其中教育学专业 2 人、社会学专业 2 人，占比仅为 1.5%；其他专业 146 人，占比 54%（详见表 2）。专业人才十分稀缺，社区矫正工作的专业化需求还有很大缺口。

表 1　聊城市社区矫正机构和司法所工作人员学历分布

学历	市级机构/人	县级机构/人	司法所/人
研究生	0	0	5
本科	4	32	169
专科	0	8	46
其他	0	3	3

表 2　聊城市社区矫正机构和司法所工作人员专业分布

专业	市级机构/人	县级机构/人	司法所/人
法学	2	23	95
教育学	0	0	2
心理学	0	0	0
社会学	0	1	1
其他	2	19	125

二、聊城市社区矫正专门执法队伍建设的主要成效与问题短板

（一）社区矫正专门执法队伍建设的主要成效

聊城市自 2007 年社区矫正试点工作开展以来，着力加强社区矫正队伍建设，努力构建一支业务能力强、整体素质高的社区矫正工作队伍。

1. 以思想建设为纲，在队伍革命化上常抓不懈

我们每年把政治理论学习作为全市社区矫正工作人员的必修课，将习近平法治思想、党的二十大精神等作为培训的重要内容，并组织业务骨干到湖南省党史馆、橘子洲头重走青年毛泽东之路，接受爱国教育，坚定为民初心。实行每月常态化政治理论学习和党员干部志愿服务活动，通过聆听局长讲党史学习专题党课、党总支书记讲“筑牢政治忠诚”专题党课、市委党校专家教授讲全面从严治党，增强对政治理论学习意义的共性认识，激发干事创业热情。组织观看爱国电影、政法干警涉黑涉恶有关案例警示教育专题片等，把以案示警、自查自纠和正风肃纪有机结合起来，促进社区矫正工作人员知敬畏、存戒惧、守底线，自觉筑牢思想防线，做到秉公用权、廉洁自律。

2. 以业务技能为本，在队伍专业化上力求实效

注重专业精神培育、专业技能培训、专业人才培养，建设高层次、专业化、多样性人才队伍。一是强化业务培训，提升履职能力。2018 年以来，连续 5 年举办社区矫正业务骨干培训班，紧贴社区矫正工作特点和需求，采取课堂教学、现场教学、分组讨论等多种形式，系统地学习政治理论和业务知识，提升眼界、开拓思路、解决问题、对症下药，提升工作人员理论水平和业务能力，全力打造政治强、作风硬、业务精、水平高的社区矫正队伍。二是加强岗位练兵，提升业务技能。结合社区矫正工作新形势、新任务和新要求，连续 3 年组织全市社区矫正工作者，以示范课评选和案例讲评的方式，举办岗位技能比武活动，为基层社区矫正工作人员搭建展示自我、锻炼自我、交流学习、相互提高的平台。通过自下而上、层层选拔的方式，采取业务知识讲解、案例分享、现场讲评、模拟教育等形式，突出实战实训，将岗位技能练兵活动推向深入，掀起“比、学、赶、超”的热潮，提升社区矫正队伍业务能力和水平。三是关注心理健康，塑造阳光心态。举办社区矫正工作人员心理健康专题讲座，特邀聊城市心理医院专家，为全市社区矫正工作人员讲授心理健康知识，进一步提升社区矫正工作人员的心理健康水平，增强工作人员的心理调适能力，引导工作人员正确对待工作和生活中的压力，及时排解释放内心的“纠结”，保持快乐心情和充沛精力，培养阳光心态，为其减压赋能。

3. 以体制机制为基，在队伍职业化上久久为功

健全完善工作体系和制度机制，进一步推进社区矫正队伍职业化建设。一是设立市县两级社区矫正委员会。2020 年 4 月，设立全省首个社区矫正委员会，由市委常委、政法委书记任主任，分管副市长和市法院、市检察院主要领导为副主任，成员单位涵盖了市监狱、市财政局等 13 个社区矫正工作相关部门。全市八个县（市、区）也迅速设立由县（市、区）委常委、政法委书记任主任的社区矫正委员会，建立健全了党委政府统一领导、司法行政机关具体负责实施、各级各部门密切配合的

社区矫正工作体制。二是实现社区矫正管理局全覆盖。市县两级均成立社区矫正管理局，实现了社区矫正机构全覆盖，进一步明确了社区矫正执法的主体地位，有利于社区矫正工作的高效组织实施，有助于进一步提升社区矫正对象教育矫正质量，预防和减少重新犯罪，更好地维护社会稳定，取得了良好的法律效果和社会效应。三是大力推行“队建制”管理模式。聊城市司法局在有条件的县（市、区）积极推行队建制工作，形成以县级大队为主体、中队为支撑的社区矫正执法管理模式，把原来分散在司法所的工作人员集中到县区一级，保证了专职机构做专门的事，彻底扭转了非专职的司法所承担社区矫正日常管理工作的局面，解决了原有县区社区矫正机构工作虚化弱化的问题，也确保了社区矫正刑事执行工作“专人、专业、专职”的工作要求。同时，社区矫正队建制实行垂直管理，可以让管理更加高效，有利于发挥上级社区矫正机构的管理、监督、培训和职业保障等优势，建设高素质社区矫正队伍。四是深入推进刑罚执行一体化建设。自 2019 年以来，聊城市连续 4 年分别与聊城监狱、潍坊监狱和济东戒毒所合作，每年选派 16 名警察参与社区矫正工作，期限为一年，充分发挥执法身份、职业素养、执法经验三个层面的专业优势，本着因才适用的原则，明确执法权限和边界，实现选派警察效用的最大化，进一步提高了社区矫正工作人员的执法能力和水平，有效提升了社区矫正执法工作的规范性、严肃性和权威性。

4. 以纪律监督为绳，在队伍正规化上紧抓不放

坚持问题导向、刀刃向内，把制约监督融入日常、抓在经常，切实增强社区矫正执法制约监督的实效性，进一步推动社区矫正队伍正规化建设。一是作风整顿“长效化”。在全市开展社区矫正作风整顿活动，进一步强化社区矫正队伍的廉洁自律意识和责任意识。以社区矫正纪律作风自查、自纠行动为契机，建立健全社区矫正工作日常指导和常态化督导调研机制，采取“四不两直”的方式，深入县（市、区）和司法所开展督导调研，对工作不力的工作人员，下达《督办整改通知书》，坚持问题导向，着眼队伍建设规范化，真刀真枪抓整改，严格落实社区矫正工作人员“六不准”，持续提升执法规范化水平。二是通报约谈“常态化”。将检察院纳入社区矫正委员会成员单位，建立健全会议制度、分工协作制度、重要工作督办制度等，通过联合督办、定期通报、信息比对，对社区矫正工作人员加强监督。采取季度通报和年度通报两种方式，全面掌握全市工作开展情况，及时总结和分析经验做法和存在的问题，并将通报结果和整改情况纳入年底绩效考核管理体系，持续推动和促进社区矫正工作规范有序开展。对于重视不够、落实不力、问题突出的县（市、区）、司法所，市司法局主要领导采用“通报+述职+问答”形式，约谈县（市、区）司法局主要负责人，责成主要负责人对相关责任人员进行严肃批评教育或提醒谈话。三是表扬奖励“制度化”。制定印发《聊城市社区矫正工作流程》《聊城市社区矫正

档案文书格式》，紧密结合执法环节和管理节点，统一文书格式，推动工作在法治轨道上运行，倒逼工作人员规范执法行为，坚守执法底线，提高执法效能。联合检察院出台《社区矫正工作档案评优办法》，共同组成评委会定期组织档案评优活动，真正把评优过程变为提高工作人员的业务素质、推动工作规范化的过程，评优结果作为年终考核的重要参考。每年年底，对在综合工作中做出突出成绩，或者单项活动中表现优异的先进个人予以通报表扬，并给予适当物质奖励，表扬先进、树立典型、激励广大社区矫正工作者不忘初心使命、主动担当作为。

（二）问题短板

近年来，聊城市社区矫正工作不断取得新突破，获得新发展。在社区矫正专门执法队伍建设方面，通过加强革命化、专业化、职业化、正规化建设，社区矫正队伍的工作能力和水平得到提升。但由于体制政策和历史遗留等诸多方面的原因，社区矫正执法队伍存在许多不容忽视的问题和矛盾。

1. 社区矫正机构虽已成立，但主体独立性不足

《社区矫正法》实施后，社区矫正机构的定位已不是在《社区矫正法》生效之前县级以上司法局设立的社区矫正科（室、股）等内设机构，而是一个能够独立行使执法权力直接管理社区矫正对象的工作实体。市、县两级虽然已成立社区矫正管理局，但也只是社区矫正科（室、股）对外使用社区矫正管理局名称，仍然是县级以上司法局的内设机构，不具有法人资格，没有组织机构代码，存在执行主体独立性不足的问题，社区矫正工作仍由司法局内设的社区矫正科（室、股）负责。一个县一般有数百名社区矫正对象，靠一个只有两三名工作人员的股室来具体负责监管工作，其面临的困难可想而知。如我市莘县，高峰时期社区矫正对象近700人，一般时期也稳定在450人左右，而社区矫正管理股有执法身份的工作人员仅2人，另有4名事业编制人员，没有执法身份。社区矫正是刑事执行工作，如不成立独立的社区矫正管理机构，由一个内设股室承担，不利于按照《社区矫正法》的要求与公、检、法等相关部门进行业务衔接，也无法形成工作上必要的相互制约。

2. 社区矫正执法队伍编制少、职级低

一是人员数量不能满足现实工作需要。县、乡两级社区矫正工作人员工作在基层，直接面对社区矫正对象，直接面对现实矛盾，在当今社会矛盾突出、社区矫正对象数量居高不下甚至与日俱增的情况下，机构设置、人员编制越来越少，不能满足当前社区矫正工作的需要。目前，聊城市共有136个司法所，每个司法所具有公务员身份的工作人员平均不足2人，有的甚至没有具有公务员身份的工作人员，每个所平均管理着20多名社区矫正对象，工作任务很重、压力很大，工作力量严重不足。二是工作人员职级较低。由于县、乡两级机构的机构设置层次低，除配置少数科级

干部外，县级政府工作部门只设1—3名科级非领导职务人员，而乡镇、办事处不设置科级非领导职务，造成相当一部分工作人员直到退休还是科员，提升交流的机会微乎其微，晋升途径狭窄、缺乏流动，工作环境差、待遇低，工作积极性和主动性不强。三是专职从事社区矫正工作存在较大难度。绝大部分司法所办公地点位于乡镇，办公经费依靠乡镇政府拨付，县、区司法局的大部分业务，如依法治镇、备案审查、普法等工作，也需要乡镇政府横向配合，乡镇政府的部分事务，如经济发展、社会稳定、房屋拆迁等与司法所紧密相关的法律工作，也离不开司法所的密切配合，这些繁杂的工作耗费了基层工作人员的大量精力，一定程度上影响了社区矫正的工作质效。

3. 社区矫正执法队伍专业知识结构与实际需要脱节

当前，县、乡社区矫正执法队伍中，现有人员除了部分为法律类专业外，涉及教育学、心理学、社会学等专业型工作人员几乎没有。究其原因，一是公务员岗位设置不严格，没有真正做到岗位与人员相匹配；二是公务员招考时，没有把社区矫正工作需要作为考量因素之一；三是所用非所学现象严重，要么是在岗占编的工作人员不懂专业，要么是懂专业的工作人员被派去做一些非本职的工作。目前司法所从事社区矫正工作人员，只能按照法律规定的权利和义务管理教育社区矫正对象，保证社区矫正对象在矫正期间服从管理，不出现脱管、漏管等现象。然而，随着经济快速发展，社区矫正对象犯罪类型多样化、犯罪动机复杂、低龄化趋势越发明显，按部就班的监督管理和教育帮扶方式并不能从根本上起到良好的矫正效果，严重缺乏真正懂心理学、社会学、管理学等专业知识的社区矫正工作人员。如，对社区矫正对象的心理矫治，目前只处于简单的心理测试阶段，依赖于电脑或机器形成的测试结果，由于缺乏懂数据、会分析的专业人员，导致心理测试在低水平徘徊，心理矫治很难实施。

4. 社区矫正经费保障机制尚不完善

社区矫正经费开支范围包括：司法行政机关社区矫正工作指导管理费、社区矫正工作经费、社区矫正设备费、智慧矫正中心建设经费等。2020年，聊城市司法局联合市财政局下发了《关于进一步加强社区矫正经费保障工作的通知》，将社区矫正经费单独列入同级财政预算予以保障，根据在册社区矫正对象数量，按照每人每年不低于1000元的标准予以核定，市财政按照30%的比例给予补助。但目前存在的突出问题是，业务经费使用的必要性与合理性没有政策依据，也没有专业的机构进行核准，无法对社区矫正经费支出进行规范化管理，经费使用项目和标准还有待统一。如，由于基层司法局、司法所执法车辆保障不足，基层社区矫正工作人员调查评估、日常走访时，往往需要驾驶自己的私家车，由此产生的交通费用和就餐费用都没有明确的补助规定，审计和纪检部门对报销费用要求严格，工作人员只能自己贴补交通费和就餐费，严重影响了工作主动性和积极性。

5. 社区矫正执法队伍没有统一的服装、标识、执法车辆等装备

一是刑事执行严肃性明显不足。社区矫正工作是一项刑事执行工作，在社区矫正宣告、日常监督管理等环节需要有一定威严感、仪式感、身份感，社区矫正工作者工作中着装五花八门、形形色色，没有统一的服装和其他身份标志，大大降低了社区矫正工作的严肃性。二是社区矫正工作者缺乏职业认同感。由于体制机制、责大权小，"小牛拉大车"等众多原因，不少社区矫正工作者职业认同感较差，很多甚至自嘲为"游击队"，连保安都不如。三是不利于工作开展。实践中不少人员未能将社区矫正工作者作为一支执法队伍，在日常管理中，工作者没有统一制服，调查评估、走访时，也没有统一的执法车辆，有时甚至难以区分出工作人员与社区矫正对象，大大影响了工作效果，甚至导致调查、走访只能流于形式。

三、社区矫正专门执法队伍建设的对策思考

加强社区矫正专门执法队伍建设，不仅需要完善社区矫正管理体制、健全社区矫正工作制度和保障体系，而且需要优化队伍结构，提高队伍能力素质。基于对社区矫正专门执法队伍的分析研究，以及实践中反映出的困难问题，提出以下对策和建议。

（一）成立具有独立法人资格的社区矫正管理局

县级以上社区矫正机构，要真正建设成直接管理社区矫正对象相对独立的工作实体。社区矫正机构应成为独立的法人，对外可独立行使职权，明确其法定职责、人员编制、工作经费，作为市、县司法局下属独立的二级机构。根据工作需要，建议设置调查评估、日常管理、入矫解矫、执法监督几个股室，依法独立承担本辖区内的社区矫正工作，从而受市、县司法局管理。

（二）优化社区矫正专门执法队伍力量

一是要从知识结构和人员配比上进行优化。在后续社区矫正机构工作人员的招录过程中，除了继续遵循国家工作人员入职考试的基本标准之外，还应当倾向于建立专业化和技术性的评价体系，即优先考虑招录具有教育、法律、心理、社会工作、社会学和管理学等专业和学历背景的工作人员，并尽量将入职门槛限定为本科学历以上。另外，即便没有上述专业背景，也应将有社区志愿者经历作为优先考虑的标

准和条件。[①] 保证县级社区矫正机构配备与所承担的监督管理和教育帮扶任务相适应的工作人员数量，原则上应为3—6人；每个基层司法所应当配备与社区矫正对象人数相匹配且具有公务员身份的专职社区矫正工作人员，建议按社区矫正对象人数15∶1比例进行配备。二是要从年龄上进行优化。采取阶梯式用人方式，在对社区矫正工作人员的选拔上，既要选拔一批年富力强、有专业知识的干部，又要选择老成持重、有丰富基层工作经验的干部。要按照年龄大小，科学配备工作人员，充分发挥不同年龄段工作人员的自身优势，不断提高社区矫正工作的整体水平。三是要从业务技能上进行优化。采用经常性培训与集中脱产培训相结合、内部培训与外部培训相结合、理论培训与业务培训相结合的“三结合”方式，重点加强政治理论和业务知识等内容的学习，在增强工作人员政治素质的同时，使其更加系统深入地了解掌握社区矫正的手段和方法，进一步提升业务素质和业务能力。

（三）健全社区矫正经费保障机制

首先，建议部级司法行政部门和财政部门联合下发文件，在政府收支分类科目中将社区矫正经费单列，使社区矫正经费保障达到与司法、监狱、强制隔离戒毒等同等重视的水平和力度，对社区矫正机构业务经费使用标准有一个大致的设定，各县级单位可根据本地的实际情况以及当地的经济发展水平确定略有不同的经费使用标准，一方面使社区矫正机构所需经费有切实的保障，另一方面又不至于因盲目设置而造成经济上的浪费。其次，应完善现行社区矫正经费划拨制度。在省级财政下达年度社区矫正补助经费时，可采取先划拨给省级业务主管部门，再由省级业务主管部门综合各地上年度社区矫正工作业绩、经费使用管理等检查考核和审计监督情况下达到各地。对业绩不明显或使用管理有问题的地方，允许省级主管部门采取缓拨或降低省财政补助额度等措施和手段，实行工作的动态考核和监管。最后，需要加大社区矫正基层基础建设的保障力度，社区矫正工作的立足点、落脚点在乡镇(街道)、在基层司法所。因此，加强对司法所为重点的社区矫正基层建设的财政支持力度尤为重要和紧迫。

（四）完善考核奖惩激励机制

一是细化考核标准。结合司法所社区矫正监督管理、教育帮扶等日常工作和档案管理情况，制定具有针对性和可操作性的考核标准，最大限度地确保考核结果具有科学性和可比性。二是增强考核实效。坚持定性与定量考核相结合、平常与年终

---

① 王顺安、马聪：《中国特色社区矫正基本制度问题研究》，中国政法大学出版社2022年版，第224页。

考核相结合、内部与外部考核相结合等方式，考核主要依据可以由日常工作数据（包括有关文件、材料、报表），上级部门对社区矫正日常检查、抽查和实际掌握的情况组成，对社区矫正工作人员的思想作风、工作业绩、综合评价进行全面考核，增强考核工作实效。三是强化考核结果运用。年终时进行综合评比，将年度考核结果作为任免、奖惩、培训等日常管理工作的基础，及时调整不称职的工作人员，对成绩优秀、贡献突出的工作人员给予物质和精神奖励，以“指挥棒”导向激励担当作为，从而达到优化社区矫正工作队伍的目的。

（五）推动服装、证件、执法车辆三统一

社区矫正专门执法队伍应当配备统一的工作服装、统一的执法证件、统一的执法车辆。这些都是作为一支执法队伍的基本要求。统一的制服、证件、执法车辆能够产生一种视觉上的威严感，使社区矫正对象产生一定的紧张感和受约束感，增强其在社区矫正监管过程中对社区矫正工作者的敬畏心、服从心，也可以为更高效、更迅速开展社区矫正工作、了解社区矫正对象动态提供必要的后勤保障，从而更好地实现《社区矫正法》第16条提出的“不断提高社区矫正工作的规范化、专业化水平”的目标。

社区矫正专门执法队伍建设有效路径探析

——以广东省深圳市为研究样本

邹天强　王思洁*

深圳作为广东省第二批社区矫正试点城市，于 2006 年 7 月起在福田、罗湖的园岭、南园、桂园、黄贝 4 个街道开始进行社区矫正工作试点，2008 年逐步在全市铺开。深圳作为中国改革开放的重要窗口，近年来，深圳市社区矫正工作以推进“制度化、专业化、智能化、规范化”的高质量发展为目标，勇于实践、积极创新，打造了一系列亮点、品牌，尤其在推广“社区矫正专员模式”、建立社区矫正执法检查队伍、创新涉企社区矫正对象外出审批管理机制等方面的有益探索。建议加快构建具有独立执法资格的社区矫正机构、建立专门化刑事执行社区矫正警察队伍、探索“社区矫正专员+社区矫正辅警”模式、加强队伍建设培训和职业保障，强化推进社区矫正专职化队伍建设的有效路径探析。

一、深圳市社区矫正工作总体情况

我国社区矫正试点工作开始于 2003 年，是贯彻宽严相济刑事政策、推进国家治理体系和治理能力现代化的一项重要制度。作为广东省第二批试点城市，深圳市社区矫正工作于 2006 年 7 月起在福田、罗湖的园岭、南园、桂园、黄贝 4 个街道开始试点，2008 年逐步在全市铺开。目前，深圳市及各区均设立了社区矫正委员会。深圳共有 11 个区、78 个司法所（含深汕 4 个）及中英街管理局承担日常社区矫正监管教育工作。深圳社区矫正自试点至今已有 17 年，已逐步建立起了“党委政府统一领导、司法行政机关组织实施、相关部门密切配合、社会力量广泛参与、检察机关法律监督”的社区矫正工作格局。自《中华人民共和国社区矫正法》（以下简称《社区矫正法》）施行以来，深圳社区矫正对象人数不断攀升。2020 年底，列管社区矫正对象 5991 人，2020 年新接收 3191 人；2021 年底，列管社区矫正对象 7972 人，

---

* 邹天强，深圳市司法局社区矫正管理处处长。王思洁，深圳市司法局社区矫正管理处社区矫正专员。

2021年新接收4634人；2022年底，列管社区矫正对象9398人，2022年新接收4941人。截至2023年8月，在册社区矫正对象已经达到5600多人，其中缓刑97.54%、假释0.5%、暂外1.89%、管制0.07%；再犯率常年保持在0.6‰以下，远低于全省1‰和全国2‰的平均水平。近年来未发生影响安全稳定的重大案件，为维护社会和谐稳定发挥了积极作用。

为贯彻落实《社区矫正法》、《中华人民共和国社区矫正法实施办法》（以下简称《社区矫正法实施办法》）、《广东省社区矫正实施细则》等文件，深圳市持续完善社区矫正制度体制，充分发挥社区矫正工作在社会治理中的效能，全面提升社区矫正执法的法治化、专业化、规范化水平。近年来，深圳社区矫正打造“制度化、专职化、智能化和规范化”模式。

一是“制度化”健全机制建设。加快推进《深圳经济特区社区矫正条例》立法，制定《深圳市执法检查工作制度》《深圳市社工参与社区矫正工作标准》《深圳市社区矫正工作指引》等配套制度提质增效，推动出台《深圳涉企业社区矫正对象赴外地从事生产经营活动管理与监督规定（试行）》助力“稳经济稳增长”政策。2023年7月，深圳市司法局与市人民检察院、市工商联联合推行的《探索涉企业社区矫正对象赴外地从事生产经营活动审批管理新模式》获评“全国民营企业产权司法保护协同创新百佳实践”，此获奖项目也是“全国百佳”中唯一一个社区矫正领域的奖项。深圳市司法局受全国工商联邀请出席第五届民营经济法治建设峰会，并作为全国6家代表单位之一上台领奖，由司法部领导颁发证书。

二是“专职化”深化队伍建设。探索打造“专门国家工作人员+社会力量”社区矫正队伍建设模式，积极向司法部申请深圳作为“专业化、职业化社区矫正队伍建设”的试点城市。在全省率先成立“专门国家工作人员和抽调参与社区矫正的监狱（戒毒）警察为主，吸收社区矫正专员和社区矫正监督员参加”的执法检查工作队伍，创新首推“社区矫正专员”制度并计划在全市推广。

三是“智能化”打造智慧建设。深圳建立全省首个“社区矫正政法跨部门办案系统”，打通与公安、检察、法院等部门的全流程业务链路。系统与公安出入境管理部门打通社区矫正对象出入境证件全流程的线上报备工作，实现“一个月的纸质办理”到“一天的电子线上办理”的极速应用。依托系统逐步完善“市、区、街道”上下联动的三级一体指挥体系，实现实战化、实体化运作。自2022年以来，系统协同办理案件数1万多件，出入境线上报备已完成1万多人次。

四是“规范化”构建监督建设。构建“检察院的法律监督、执法检查的内部监督、社区矫正监督员的社会监督”立体化社区矫正监督体系，提升规范化水平。与检察机关联合出台《员额检察官挂点司法所制度》，加强全环节、全方位监督；制定社区矫正内部执法检查制度，2022年开始对全市11个区全覆盖开展执法检查活动，共计检查档案台账上千余份；创新公众监督形式，选聘社区矫正监督员参与执法检查等工作，畅通社区矫正对象合理诉求渠道。

二、深圳市社区矫正专门执法队伍建设基本情况

通过走访调查全市 11 个区和少量街道司法所，经过走访谈话、查阅资料、调研论证等方式掌握深圳市社区矫正专门执法队伍人数底数和情况。

（一）执法力量总体情况

深圳市社区矫正专门执法队伍共有编制数 139 个，实有人数 176 人；在年龄分布上，30 周岁及以下为 35 人，31 周岁至 40 周岁为 43 人，41 周岁至 50 周岁为 65 人，51 周岁及以上为 29 人；在教育学历上，高中（中专）及以下学历为 1 人，大专学历为 12 人，本科学历为 136 人，研究生及以上学历为 25 人；在专业结构上，法学专业为 77 人，心理学专业为 3 人，社会工作专业为 14 人，其他专业为 85 人；深圳市社区矫正工作分管局领导有 1 人，为市司法局党委委员、副局长；市司法局设社区矫正管理处，处长 1 名，副处长 1 名。全市抽调参与社区矫正的监狱（戒毒）警察队伍共 31 人。

（二）基层执法力量基本情况

深圳市社区矫正一线执法力量主要包含各区司法局社区矫正科科长（二级主任科员）、职员和抽调参与社区矫正的监狱（戒毒）警察，以及各街道司法所所长、公职人员和抽调参与社区矫正的监狱（戒毒）警察。

一般情况下，区司法局社区矫正部门负责指导和监督全区社区矫正对象的刑罚执行、管理教育和帮扶工作；组织和指导社会力量与志愿者参与全区社区矫正工作；组织和指导社区矫正对象重大突发性事件的处置工作；指导和监督安置帮教工作开展等。区局社区矫正科配备 1 名抽调参与社区矫正的监狱（戒毒）警察，由市司法局派驻管理。主要工作职能为执行社区矫正监管措施，落实重点社区矫正和安置帮教对象的走访、回访及监督管理；配合开展对违反法院禁止令和社区矫正监督管理规定的社区矫正对象采取强制措施，协助突发事件的应急处置；指导和协助开展对脱管、漏管社区矫正对象的查找和追查，做好收、押收监工作；协助监狱和强戒所处理刑罚执行、强制隔离戒毒衔接中存在的问题等；参与社区矫正对象调查评估、入矫接收、集中警示教育、震撼教育等工作。

目前全市各街道司法所的人、财、物由各街道办事处根据管理制度自行统一分配管理，且司法所为街道综治办下设部门，人员配备标准暂无依据。街道司法所所

长及公职人员的工作职能为监督检查社区矫正法律法规和政策的执行工作；负责对社区矫正对象的刑罚执行、管理教育和帮扶工作；负责处理社区矫正对象脱管、漏管案件与突发事件；负责对违反监管规定的社区矫正对象进行调查核实并依法依规作出处理决定；负责建立社区矫正对象管理档案等工作。街道司法所抽调参与社区矫正的监狱（戒毒）警察主要分布在全市社区矫正对象超百人的司法所，由市局根据实际情况统一抽调干警派驻至司法所。

根据《社区矫正法》《社区矫正法实施办法》等法律法规明确要求，社区矫正机构应当配备具有法律等专业知识的专门国家工作人员开展社区矫正工作。但是各区各街道在实践中往往无法达到这一要求，一些机构未按法律要求配备专门国家工作人员负责社区矫正工作。配备了专门国家工作人员的司法所，往往因其他工作抽调借用，长期不在岗，目前基层社区矫正工作面临着专业人员不足和监管双重压力。

三、社区矫正专门执法队伍建设存在的困难问题

（一）社区矫正机构尚不健全

《社区矫正法》明确规定由具有独立执法资格的社区矫正机构开展监督管理和教育帮扶，司法所接受委托开展社区矫正工作。目前，深圳市仍由各区司法局的内设机构开展社区矫正业务工作，尚未成立具有独立执法资格的社区矫正机构。由于深圳机构改革等原因，司法所的人、财、物均归属于街道进行管理，深圳市及各区司法局与街道司法所仅是行政指导关系，因此司法所配合开展社区矫正工作力度和积极性有限，容易造成“衔接不当、执法不严、沟通不畅”的现象。

（二）社区矫正执法能力明显不足

按照现行法规规定，社区矫正工作主体是司法行政机关，而接受委托从事社区矫正工作的司法所，由于社区矫正对象分布不均衡，司法所的力量也不平衡，绝大多数情况是司法所能力弱但社区矫正对象多。近几年来，司法所工作任务激增，但编制未增、人员未增。工作人员除了承担社区矫正工作任务，更多的精力是放在社会矛盾纠纷调解、信访、法治宣传等工作上，难以全身心地投入社区矫正工作中。

（三）社区矫正执法队伍不够稳定

社区矫正工作人员是由公职人员、专职社工及相关社会力量组成。《社区矫正法》明确提出要推进建立高素质的社区矫正队伍建设。目前，全市从事社区矫正的专门国家工作人员 76 人，延伸管教警察 30 人，编外辅助人员 381 人，全市社区矫正

对象与社区矫正工作人员配比严重失衡，监管压力和执法风险呈上升趋势。尤其在司法所层面，无论是对社区矫正对象的监督管理，还是教育帮扶，基本上都由社区矫正社工承担，存在一定的社区矫正执法风险。同时，深圳市专门国家工作人员编制有限、辅助人员流动性较大，因没有编制、工资待遇较低、无奖励激励机制等原因，一些高学历、高能力的社工、法律专业人员纷纷跳槽，造成了社区矫正工作人员队伍的不稳定和人才流失，严重影响矫正工作的效果。

（四）社区矫正工作队伍专业化程度不高

社区矫正是刑罚执行工作，工作人员需要相应的专业知识和教育矫正技能。目前，社工队伍的专业特长纷繁复杂，其中法律等相关专业人员不足50%，亦普遍缺乏刑罚执行、社会工作、心理干预等方面的知识技能，短期内难以实现社区矫正工作的专业化和职业化。

四、社区矫正专门执法队伍建设的有效探索路径

社区矫正是一种非监禁的刑罚执行活动，社区矫正对象主要在社区内接受教育矫正，与传统意义上的监禁刑比较而言，社区矫正需要社会相关部门的大力支持和协助，特别是需要社区矫正对象居住地的社区及当地政府的大力支持，需要一批熟悉当地政治经济和社会环境的社会人员参与，因此，建立一支素质高、业务精的专门工作队伍对于保证刑罚的有效执行，促进社区矫正对象顺利回归社会是非常重要的。

（一）尽快成立具有独立执法资格的社区矫正管理机构

加快整合基层矫正执法力量，设立市级和县（区）级社区矫正管理局，完善社区矫正工作机制。配备以司法警察和专职工作者为主，检察干部和公安民警为辅的工作人员。也可在县（区）设立社区矫正执法队，承担社区矫正执行工作。司法部于2011年成立社区矫正管理局，湖北、江苏、河北、山东、湖南等地也相继成立了省、市、区（县）级社区矫正管理局。实行局建制管理体制，配备相应工作力量，更加有利于促进队伍建设，有效提升管理指导社区矫正工作的能力和水平，避免因社区矫正工作的衔接与协调方面的问题掣肘社区矫正工作顺利开展，构筑“大矫正”工作格局。目前，深圳市司法局已多次与编制部门沟通，拟计划设立市一级的社区矫正管理局，目前深圳市个别区已设立并加挂社区矫正管理局牌子。

（二）建立专门化刑事执行社区矫正警察队伍

社区矫正工作是国家司法体制和工作机制改革的一项重要内容，在维护社会安

全稳定、有效缓解社会冲突、促进和谐社会建设中发挥着日益重要的功能作用，应当得到进一步的重视和加强。为更好地体现刑事执行性质，应逐步建立一支专门化的非监禁刑事执行队伍，目前，深圳市在全省率先成立了社区矫正执法检查队伍，以司法行政警察为主体，即由抽调参与社区矫正的监狱（戒毒）警察组成的执法检查队伍，到各区开展档案和执法检查等工作，从而保障社区矫正工作的顺利开展。下一步，将继续充实专门参与社区矫正工作的抽调参与社区矫正的监狱（戒毒）警察队伍，在建立专门化刑事执行社区矫正警察队伍方面继续尝试和探索。

（三）积极探索“社区矫正专员+社区矫正辅警”模式

1. 创新推广“社区矫正专员模式”

深圳市在全省创新首推“社区矫正专员”制度，通过引入专业人才承担社区矫正合规审查工作，及时清除执法隐患风险点，实现“专业的人做专业的事”，构筑法律风险防控“防火墙”。目前，深圳市局、福田区、罗湖区、龙华区均配备“社区矫正专员”，深圳继续在全市推广“社区矫正专员”模式。同时，2022 年市委平安深圳建设将“社区矫正专员与社区矫正对象的配比”纳入考核指标。深圳市司法局社区矫正专员“持证上岗”后，于 2022 年共处理文件材料、审核法律文书上万余份，协助开展 2022 年全市 11 个区九批次的社区矫正执法检查工作共审核、检查档案台账上千余份，全年报送省厅、市委、市局相关宣传文稿数十余篇，审核各区报送司法部“12348 中国法网案例库”相关案例 30 余篇，其中修改的 17 篇均通过司法部审核并入库，入库数量位列广东省第二。

2. 引入“社区矫正辅警”

《中央全面依法治国委员会关于支持深圳建设中国特色社会主义法治先行示范城市的意见》中明确“探索辅警参与社区矫正工作机制”。建议争取司法部和省厅支持，出台相关文件依据，建立社区矫正“警察+辅警”的模式，以抽调参与社区矫正的监狱（戒毒）警察为执法主体，同时赋予辅警一定的执法权限，配合开展社区矫正日常监管、走访调查、应急处置、集中训练、执法衔接等工作，形成层次分明、相互补充、职责明确的队伍结构。结合社区矫正工作社会化管理的特点，建议社区矫正对象配备辅警比例为 1∶10，并根据以上配比每年度对辅警数量进行动态调整，以满足工作发展需要。

3. 探索“社区矫正专员+社区矫正辅警”模式推进专职化队伍建设

深圳市持续在全市推广社区矫正专员，积极探索“社区矫正专员+社区矫正辅警”模式，建议“社区矫正专员”参考法律专务待遇，“社区矫正辅警”参考《深圳经济特区警务辅助人员条例》赋予了辅警一定的执法权限。建议与编制部门沟通、协调，通过申请员额方式明确“社区矫正专员”“社区矫正辅警”人才薪酬、开通职业晋升途径，建立常态化、稳定的社区矫正专职队伍。建议上级部门给予政策文件支持，推动社区矫正专员、辅警参与社区矫正落地落实，推动社区矫正“专业化、职业化”队伍建设。

（四）加强社区矫正专职队伍建设的培训和职业保障

专业化、职业化程度较低的社区矫正工作队伍与数量庞大的社区矫正对象匹配失衡问题，严重制约着社区矫正质量提升。根据中央办公厅印发的《全面深化政法改革实施纲要（2023—2027）》，对社区矫正工作提出要“进一步完善社区矫正部门协作和社会力量参与”。近年来，司法部也要求社区矫正工作要积极改革创新，加强专门执法队伍建设和加强社会力量参与。为积极创新人才培养工作机制，深圳在广东省率先成立“深圳市社区矫正学院”，作为全市社区矫正工作人员业务培训基地，建设社区矫正从业人员人才库，打造社区矫正人才培育新平台。建议设立类似于“深圳市社区矫正学院”的培训平台，加大培训力度和创新人才培养方式，组建社区矫正专家库和讲师团队，有利于统筹、加强社区矫正工作人员的培训和职业保障，集中式、分层次、有计划地为全市社区矫正工作人员开展技能培训和业务指导工作，逐步在全市推行社区矫正工作人员“持证上岗”和“等级证书”机制，并将等级评定结果和履职考核情况作为评优评先的重要依据，探索推动社区矫正工作人员等级评级与工资待遇挂钩机制，健全人才服务体系精准精确用才，加强专业化、规范化、制度化的人才培训计划和职业晋升通道，持续激活社区矫正队伍高标准建设、高质量发展动能。

以实际需求为导向　推动治理方式创新 努力建设高质量社区矫正专门执法队伍

——以 G 省 Z 市社区矫正执法队伍建设为例

张　玮*

2014 年，习近平总书记对社区矫正工作作出重要指示：“要持续跟踪完善社区矫正制度，加快推进立法，理顺工作体制机制，加强矫正机构和队伍建设，切实提高社区矫正工作水平。”这对新时代社区矫正工作提出了很高的要求。2020 年 7 月 1 日，《中华人民共和国社区矫正法》（以下简称《社区矫正法》）施行，该法第 10 条“社区矫正机构应当配备具有法律等专业知识的专门国家工作人员（以下称社区矫正机构工作人员），履行监督管理、教育帮扶等执法职责”，对社区矫正执法队伍建设有了明确的法律规定。

《社区矫正法》施行三年来，社区矫正专业化、规范化发展取得了长足进步。但是，随着社区矫正对象的逐年增加，社区矫正工作量逐年加大，社区矫正专门执法队伍严重短缺，与社区矫正工作现实需要不相适应，制约着社区矫正工作高质量发展。本文针对社区矫正专门执法队伍存在的客观问题，以 G 省 Z 市社区矫正工作为例，通过分析该市社区矫正工作队伍建设的现状、推动队伍建设的做法、存在的问题短板等情况，对比俄罗斯刑罚执法队伍建设情况，提出推动社区矫正专门执法队伍建设的意见建议。社区矫正专门执法队伍建设与社区矫正机构设置相生相息。因此，研究社区矫正专门执法队伍建设，必然要研究社区矫正机构设置。

一、Z 市社区矫正执法队伍建设现状

Z 市地处珠三角，直辖镇街，是全国少数不设县区的地级市之一。该市司法局社区矫正管理局（正科级）履行市县两级社区矫正机构职能。

---

* 张玮，广东省中山市司法局社区矫正管理局二级警长。

（一）社区矫正机构设置

Z 市司法局内设的社区矫正管理局（同时加挂“强制隔离戒毒科”牌）为该市社区矫正监督管理机构，由原社区矫正安置帮教科与强制隔离戒毒科合并而成，正科级建制。从 2020 年开始，每年从市强制隔离戒毒所抽调部分警察参与社区矫正延伸帮教。

（二）市级执法力量情况

编制数。市级执法力量指市司法局社区矫正管理局（以下简称市社矫局）执法人员。有政法编制 4 个，包括局长 1 人、副局长 1 人、工作人员 2 人。

实有数。市级执法力量主要实际由两类人员构成，实有数如下：第一类是社区矫正工作人员，包括局长 1 人、副局长 1 人和工作人员 3 人，共 5 人。第二类是从市强制隔离戒毒所抽调的延伸管教警察，共 15 人。综上，市级执法力量实有工作人员总计 20 人。

结构情况。在 20 名市级执法力量中，平均年龄 45 岁；男性 18 人，女性 2 人；本科及以上学历 19 人，占 95%；执法人员所学专业，法学（11 人）占 55%，其他专业占 45%。

（三）一线执法力量情况

一线执法力量是指基层司法所具备社区矫正执法资格的工作人员。

编制数。一线机关执法力量指基层司法所从事社区矫正的工作人员。Z 市有 23 个基层司法所，从事（专职或兼职）社区矫正工作的政法编制 56 个（见图 1）。

实有数。基层司法所的一线执法人员实有 54 人，所均 2.3 人。

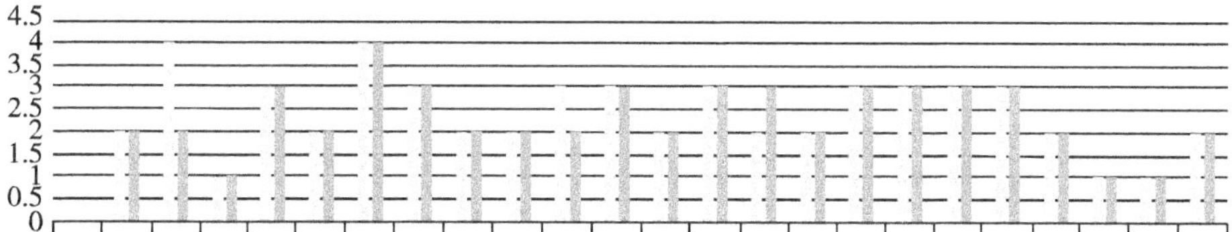

	A司法所	B司法所	C司法所	D司法所	E司法所	F司法所	G司法所	H司法所	I司法所	J司法所	K司法所	L司法所	M司法所	N司法所	O司法所	P司法所	Q司法所	R司法所	S司法所	T司法所	U司法所	V司法所	W司法所
编制数/个	2	4	1	3	2	4	3	2	2	3	3	2	3	2	2	3	3	3	3	2	1	1	2
实有人数/人	2	2	1	3	2	4	3	2	2	2	3	2	3	3	2	3	3	3	3	2	1	1	2

编制数　实有人数

图 1　Z 市各司法所执法人员编制与配备情况（截至 2023 年 3 月底）

结构情况。在 54 名一线执法力量中，平均年龄 42 岁；男性 41 人，女性 13 人；

本科及以上学历47人，占87%；执法人员所学专业，法学（35人）占65%，其他专业占35%。

工作职能。一线执法力量主要履行以下职能：一是配合开展调查评估有关工作。二是根据社区矫正机构通知接收社区矫正对象，建立工作档案，组织入矫解矫宣告。三是参与组建矫正小组，组织指导矫正小组开展工作，参与制订和落实矫正方案。四是开展社区矫正对象监督管理工作，落实实地查访、通信联络、信息化核查、定期报告、病情复查（诊断）等措施，了解掌握社区矫正对象的活动情况和行为表现，及时向社区矫正机构报告有关情况。五是协助查找失去联系的社区矫正对象，依情形提出处理意见。六是对社区矫正对象申请会客、外出、经常性跨市县活动、进入特定场所、变更执行地等事项进行调查核实，提出意见。七是审批社区矫正对象七日以内外出。八是对社区矫正对象进行教育帮扶，开展公益活动。九是根据社区矫正对象的现实表现，提出考核奖惩意见。

二、Z市加强社区矫正专门执法队伍建设的主要做法

Z市向来重视社区矫正队伍建设。从2019年开始，按照省厅统一部署，每年从市强制隔离戒毒所分批次抽调部分戒毒警察参与社区矫正工作，充实专门执法队伍。2023年抽调警察达15人。

（一）坚持以党建引领队建

全面强化党对业务工作的统一领导，认真贯彻习近平总书记对社区矫正工作的重要指示批示精神，增强“四个意识”、坚定“四个自信”、做到“两个维护”，注重用党的理论成果武装头脑，全面落实“三大一重”制度。在社矫局建立党支部，坚持党管干部，坚持党课、党日、重大事项报告等各项制度，引领和促进社区矫正队伍建设。

（二）坚持强化队伍思想政治建设

组织社区矫正队伍全程认真参加局党组统一组织的理想信念教育和政法干警核心价值观教育，组织政治轮训，强化政治督察，坚持开展作风建设、党风廉政建设，引导工作人员树牢群众观念，走好群众路线，通过落实思想政治工作制度不断提高工作人员成就感、职业荣誉感。基层（司法所）社区矫正队伍的思想政治建设由各镇街统筹组织。

（三）强化队伍日常监督管理

一是制定执法责任清单，印发《Z市司法局2023年度戒毒警察延伸社区矫正安

置帮教监管教育工作方案（试行）》《Z 市司法局社区矫正工作指引》《Z 市社区矫正风险研判分析工作规定（试行）》等文件，规范执法行为。二是积极组织工作人员参加上级组织的各类教育培训，筑牢规矩意识、法律意识和责任意识，提高自我约束、忠诚履职的主动性和自觉性。三是通过经常性扯袖提醒等方式，强化内部监管，确保不逾矩、不违法。

（四）强化队伍力量建设

一是注重选配有基层执法经验的工作人员到社区矫正工作岗位。从 2019 年开始，从市强制隔离戒毒所分批次抽调具有丰富基层执法经验的戒毒警察参与社区矫正工作，主要负责社区矫正对象延伸管教，以警察身份参与社区矫正工作，强化了对司法所的业务监督指导，提高了对社区矫正对象的管教效力，受到司法所普遍欢迎和群众普遍称道。二是在日常工作中，注重管理与使用相结合，严格落实司法行政系统干部管理要求，在日常强化监督，按季度组织量化考评，为年度绩效考评积累依据。

（五）注重提高队伍专业化水平

一是坚持贯彻落实上级部署。从服务 Z 市经济社会发展大局出发，坚决落实中央对社区矫正工作的决策部署和省市工作安排，积极学习研究《社区矫正法》，理解透彻立法意图和精神实质，坚持用《社区矫正法》指导社区矫正工作实践，并在工作实践中贯彻落实好，为 Z 市发展的大局大势做好法治兜底。二是努力提升执法能力。对抽调警察以每年轮换的方式组织参与社区矫正工作。在日常工作中坚持队建制管理，制定抽调警察轮训工作方案，明确轮训时间、内容和要求，对参加轮训的警察实现全覆盖式轮训，打牢业务基础，努力适应工作需要。在具体工作实践中，注重理论武装和岗位练兵，每月定期分析研判工作形势，总结经验教训，研究部署工作，不断提高业务水平。三是大力强化执法监督。市社区矫正机构和各司法所主动加强与检察机关沟通联系，建立联合检察巡查常态化机制，定期召开联席会议研判社区矫正形势，对重要社区矫正工作主动沟通，请求协助，确保社区矫正工作依法高效。邀请市人大代表、政协委员对社区矫正工作人员进行释法培训，邀请检察机关、人大代表和政协委员参加保外就医和暂予监外执行社区矫正对象病情鉴别复核等重大社区矫正行动，推动执法行为主动接受社会监督。

（六）加强队伍职业化保障

社区矫正队伍经费保障按照 Z 市相关规定足额保障。各社区矫正工作专门场所建设正有序推进，外观样式和颜色搭配按司法部“智慧矫正中心”建设规范标准建设。目前，独立办公的场所全市仅有 1 处。市级社区矫正机构目前在市司法局机关大楼办公。基层社区矫正执法人员工资福利待遇按镇街相关规定落实，能有效保障。社区矫正领域的依法履职保护机制、纠错容错机制、政法职业荣誉制度和抚恤优待政策，均需参照 Z 市相关规定执行，未专门建立。

通过以上措施，有力保障了 Z 市社区矫正工作在专门执法力量有限的情况下，仍然维持社区矫正领域安全稳定无事故，为该市经济社会发展大局保驾护航做出了贡献。

三、Z 市专门执法队伍建设存在的主要问题短板

（一）推动设立具有独立执法资格的社区矫正机构尚无明确规定

《社区矫正法》立法三年来，各级司法行政机关多次强调要求各地加紧设立具有独立执法资格的社区矫正机构。2021 年 8 月，Z 市司法局曾向市编制机构申请设立具有独立执法资格的社区矫正机构，但因政策依据不足未予批准。目前，Z 市社区矫正机构仍然是市司法局内设机构，不具备独立性，并维持内部机构的编制设定，社区矫正专门执法人员编制十分有限。

（二）社区矫正机构人员配备不足

一是市级社区矫正机构人员配备不足。Z 市市级社区矫正机构履行市县两级社区矫正机构职能，还兼顾刑释人员、解矫和解戒人员安置帮教工作，任务繁重，工作量大。目前，市社区矫正机构执法人员仅 5 人，加上抽调的 15 名戒毒警察也才 20 人，无法满足专门执法需要。二是基层司法所人员配备不足。镇街司法所承担大量社区矫正等司法行政工作。目前，Z 市 23 个司法所所均执法人员 2.3 人，市镇两级社区矫正机构执法人员总计 74 人，与社区矫正对象数量（2023 年 3 月底数据）比例为 3.6%（1∶28），低于省考核评价（1∶16）的 6%标准。Z 市社矫对象超过 100 人的镇街达 7 个（见图 2），这些镇街的社区矫正执法力量仅 2 人至 3 人，人员配备不足。比如，3 月底，A、B、C 镇分别有在册社区矫正对象 314 人、164 人、162 人，执法人员分别为 3 人、3 人、2 人，与社矫对象比例分别为 1∶105、1∶55、1∶81。

为解决执法力量不足问题，目前 Z 市各司法所均采取录用社工辅助执法的方式开展执法。但由于社工的待遇普遍较低、专业性差、流动性大等问题，影响了执法实效，制约着社区矫正工作的有效开展。

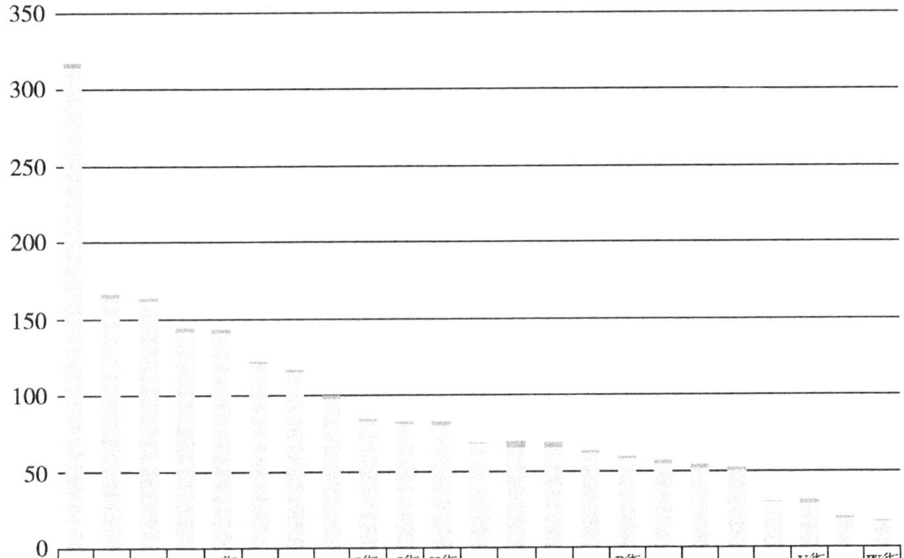

	A镇	B镇	C镇	D镇	E街道	F镇	G镇	H镇	I街道	J街道	K街道	L镇	M镇	N镇	O镇	P街道	Q镇	R镇	S镇	T镇	U街道	V镇	W街道
实际执法人数/人	3	3	2	3	3	2	2	2	2	2	3	1	4	3	2	2	2	3	3	1	3	2	1
社矫对象数量/人	314	164	162	142	141	121	115	98	83	81	80	68	66	66	62	58	55	52	50	30	29	19	17

图 2　Z 市各镇街社矫对象数量与实际执法人员数量（截至 2023 年 3 月底）

（三）相关执法配套有待完善

一是因各级未明确社区矫正服装、标志、执法车辆、装备等开展工作必备的具体执法配套标准，因此无法确定配备内容，无法申请配备所需经费。目前 Z 市除市社区矫正机构配备执法记录仪外，服装、标志、执法车辆和其他装备均未配备。二是未建立社区矫正专门的政法职业荣誉、资格准入、进出管理、执法奖惩、履职保护、纠错容错、抚恤优待等机制，未形成相对独立完备的社区矫正制度体系，执法监督的保障兜底工作有待进一步完善。

（四）定期轮换延伸管教警察的做法有利有弊

Z 市所在省的各地社区矫正机构，均从监狱或强制隔离戒毒机构抽调警察参与社区矫正延伸管教工作，弥补专门执法人员不足的缺陷，每两年轮换一次。该做法的弊端：一是当抽调警察在社区矫正工作岗位经过一段时间实践熟悉情况后不久，即达到轮换时限离开社区矫正执法工作岗位，而新抽调的警察必须经过相当长一段时间摸索学习才能适应社区矫正岗位需要，既不利于积累社区矫正工作经验，又影响队伍稳定。二是监狱、戒毒警察法定职责仅限于监禁场所，参与社区矫正工作名不符实。因此，抽调警察参与社区矫正延伸管教工作，仅是在当前社区矫正专门执法人手严重短缺而充实社区矫正专门执法队伍的权宜之计，不利于社区矫正工作专业化、规范化发展，不可持续。

四、俄英美社区矫正机构和专门执法队伍建设情况

俄罗斯与英美实行的是两个不同的法系，研究对比两个不同法系下的社区矫正机构和队伍建设，更具全面性和参考性。

（一）俄罗斯刑罚执行机构和队伍建设情况①

俄罗斯对社区罪犯惩罚与改造的工作没有采用西方国家的“社区矫正”（Community Corrections）提法，而是使用“社区罪犯惩罚与改造”提法。实质上，俄罗斯的社区罪犯惩罚与改造工作制度与我们当前实行的社区矫正制度相似。我国全面学习、借鉴了苏联的劳动改造罪犯制度，构建了我国监禁刑罚执行的劳动改造罪犯体系。俄罗斯继承了苏联的监禁刑罚执行制度，并顺应国际刑罚制度现代化趋势，构建了比较完备的社区刑罚以及刑罚执行体系，建立了专门的社区刑罚执行机构和专业化的执法队伍。《俄罗斯联邦刑事执行法典》第 3 章第 16 条专门对执行刑罚的机构和机关作出规定，明确了社区刑罚执行中的大部分任务由当地的刑事执行检查处承担。

俄罗斯刑事执行检查机关的执法人员被纳入警察序列，以保障执法人员在工作中的严肃性和权威性。警察享有一定的强制执法权，待遇高于普通公务员，授衔纳入军衔系列，保障了工作人员的晋升机制，保障了执法队伍专业化、职业化和工作人员相对稳定。由此可以看出，俄罗斯很注重社区罪犯惩罚与改造工作建设。

（二）英国社区矫正机构和队伍建设情况②

在英国，由缓刑执行部门负责执行社区矫正刑。英国的国家缓刑署是中央管理机构，隶属内政大臣的直接领导，负责政策规划的决策执行和地方机构的指导管理。国家缓刑署有 42 个分支机构、1.6 万名专职工作人员，由 6000 名缓刑官、4000 名社区服务官和 6000 名行政辅助人员组成。缓刑官是国家公务员，而社区服务官和行政辅助人员为政府雇员。缓刑经费由财政拨付，80%来自联邦财政，20%来自地方财

① 刘强：《中国社区矫正机构和执法队伍建设——主要基于与俄罗斯的比较研究》，载《社区矫正理论与实践》2022 年第 1 期。

② 江苏赴英国社区矫正考察团：《赴英国考察社区矫正工作报告》，https：//wenku.baidu.com/view，2016 年 12 月，最后访问时间：2023 年 8 月 18 日。

政。缓刑执行机构是介于联邦政府与地方当局之间的执法机关，也是介于政府机关与民间组织的非政府组织，具有独立性和中介性。缓刑署除监管社区服刑罪犯和对刑满释放人员实施跟踪调查外，还负有其他工作职责：一是为法院准备判决报告，对未决犯的犯罪性质、原因、经济状况、家庭关系、人格情况进行全面调查，分析、评估其是否适用社区命令。分析评估报告将在罪犯定罪量刑或法庭听证之前提供给法院，帮助法院正确定罪量刑。二是定期向法院出具监督考察报告。三是提供帮助服务。包括对社区服刑人员的教育、技能培训和就业指导、心理治疗等。四是与监狱部门合作，评价罪犯回归社会的适应能力。五是与社会多个部门合作，对罪犯实施心理帮助。

（三）美国社区矫正机构和队伍建设情况①

美国联邦和各州都有独立的司法系统。美国联邦法务部下设监狱局，监狱局分管联邦的监狱和联邦的社区矫正。联邦监狱局对各州的社区矫正不具领导和指导关系。绝大多数州政府下设矫正局，矫正局的职责是分管监狱和社区矫正的管理工作，基本上实行的是两级垂直领导的体系。矫正局局长负责全面工作，下设分管监狱的副局长和分管社区矫正的副局长。州下属的市、县一般不设置社区矫正的行政管理机构，而是根据司法管辖区的需要直接设置社区矫正工作站，如缓刑假释办公室、中途训练所等机构。美国社区矫正工作人员队伍主要由缓刑官和假释官组成，还包括大批社会志愿者以及刑释人员。绝大多数社区矫正工作者具备学士以上学位。在选任缓刑官和假释官的过程中，社区矫正机构对应聘者有严格的考试，选取那些具备一定刑事执法、社会学、犯罪学、社会工作和心理学、管理学等方面的专业知识和具备较强生理、心理素质和处理危机能力的人才。

五、加强专门执法队伍建设的对策建议

（一）为设立社区矫正机构尽快明确法理依据

社区矫正机构是专门执法队伍的载体，社区矫正机构不明确，便无法合理配备专门执法人员。加强专门执法队伍建设，合理设置社区矫正机构是前提。目前，我国对设立具有独立执法资格的社区矫正机构并配备相应专门执法人员工作尚无明确政策规定，各地因无明确政策依据难以批准设立具有独立执法资格的社区矫正机构，影响社区矫正工作高质量发展。建议司法部加紧顶层设计，商请国家编制办公室等

---

① 赵波：《中美两国社区矫正比较研究》，载《全球视野理论月刊》2011 年第 9 期。

机构，对设立具有独立执法资格社区矫正机构作出明确规定，为各地设立社区矫正机构提供充分法理依据。

（二）探索跨行政区划设置社区矫正机构

党的十八届三中全会通过的《中共中央关于全面深化改革若干重大问题的决定》指出："探索建立与行政区划适当分离的司法管辖制度，保证国家法律统一正确实施。"我国地方法院、检察院在多年前就有了建立与行政区划适当分离的司法管辖制度的探索。比如，2014 年 12 月 28 日，全国首个跨行政区划法院、检察院——上海市第三中级人民法院、上海市人民检察院第三分院正式成立；两天后，跨行政区划的北京市第四中级人民法院、北京市人民检察院第四分院成立。[①] 跨行政区划设置司法机构，可以防止过于依赖司法机构驻地人财物供给，便于统一司法标准，依法独立行使司法权力不受干扰。俄罗斯、英国、美国的社区矫正机构均具有较强的独立性。因此，社区矫正工作可借鉴法院、检察机关和国外相关做法，在两个或两个以上的县域区划共同建立一个社区矫正机构，受地市社区矫正机构垂直管理，并配备相应专门执法人员，便于跨区域统筹社区矫正工作，减少地方行政机构对社区矫正工作的干预，亦能节约行政资源。对于不设县区的地级市（如 Z 市），可在社区矫正对象数量较少的多个镇街设立 1 个社区矫正机构，由 Z 市社区矫正机构垂直管理，并配备相应专门执法人员。

（三）以实际需求为导向明确专门执法力量配备标准

建议司法部在全国范围组织调研论证，并参照国内外成熟做法，明确专门执法力量数量与社区矫正对象数量的合理比例，建立统一标准，并依此标准配备专门执法力量，为社区矫正机构专门执法人员配备提供依据。同时，明确各级社区矫正机构专门执法人员岗位编制数量。

（四）探索建立社区矫正警察工作机制

我国当前在社区矫正领域没有使用人民警察，主要考虑到国际社会对我国相关工作"警察化"的指责。实际上，我国社区矫正在 2012 年 1 月以前由公安机关承担相关职责，执法人员就是公安警察，如果建立社区矫正警察制度，只是在使用警察上的延伸关系。上海政法学院刘强教授认为，"社区矫正从试点到现在，基于司法所执法能力的不足，一直延续了从监狱、戒毒等机构借调民警的做法。这也是从实践

---

① 蒋皓、袁定波：《跨区划法院检察院开启全新诉讼格局》，载《法制日报》2015 年 1 月 8 日，第 5 版。

中表明了人民警察参与社区矫正管理的必要性”①。笔者认为，该观点符合我国社区矫正工作实际。此外，俄罗斯社区矫正执法人员为警察，英国、美国的社区矫正执法人员的独立性类似于警察。所以，在我国探索建立社区矫正警察执法机制，既是实际需要，又并未违背国际惯例。况且中国有句俗话讲得好，尽听拉拉蛄（蝼蛄）叫，就不种庄稼了？本着实事求是原则，根据实际需求建立社区矫正警察制度，也是制度自信、文化自信的体现。建立社区矫正警察机制，人员来源建议主要从监狱和强制隔离戒毒机构中选调，社区矫正、监狱、强制隔离戒毒机构同属司法行政领域，便于协调工作。而且，监狱、戒毒警察具备成熟的一线执法经验，便于迅速进入角色开展工作。

（五）明确相关标准完善社区矫正综合保障机制

建议明确服装、执法证件、执法标志、执法车辆、装备等开展社区矫正工作必备的具体执法配套量化标准，体现刑罚执行的规范性和严肃性。建立社区矫正专门的政法职业荣誉、资格准入、进出管理、执法奖惩、履职保护、纠错容错、抚恤优待等机制，形成相对独立完备的社区矫正制度体系，充分做好社区矫正执法监督的保障兜底，促进社区矫正工作正规化、专业化发展。

---

① 刘强：《中国社区矫正机构和执法队伍建设——主要基于与俄罗斯的比较研究》，载《社区矫正理论与实践》2022 年第 1 期。

浅论社区矫正专门执法队伍建设

——以四川省成都市社区矫正“专职、专业、专责”队伍改革为例

蒋　凯　黎　浩*

社区矫正是中国特色社会主义刑罚执行制度的重要组成部分，体现我国宽严相济刑事政策的主要非监禁刑罚活动，也是新时代深入推进全面依法治国，实现社会治理体系和治理能力现代化的重要实践。而社区矫正专门执法队伍建设，是我国社会主义社区矫正制度向高质量发展过程中，最核心的改革任务，不仅是《中华人民共和国社区矫正法》（以下简称《社区矫正法》）正确执行的重要基础，也是以科学的犯罪观、理性的刑罚观、人性的教育观为基础的社区矫正理念正确体现的重要载体，更是根本上解决当前社区矫正工作中问题和隐患的重要措施①。因此，本文结合四川省成都市社区矫正“专职、专业、专责”队伍改革实效，从组织架构、机构设置、执法流程、编制设计等几个维度，浅论社区矫正专门执法队伍建设的必要性、科学性和紧迫性，并提出参考建议意见。

一、成都市社区矫正对象发展特点

党的十八大以来，在以习近平同志为核心的党中央坚强领导下，社区矫正事业取得快速发展，《社区矫正法》已于2020年7月1日起正式施行，《中华人民共和国社区矫正法实施办法》（以下简称《社区矫正法实施办法》）、各省、自治区、直辖市《社区矫正实施细则》，以及相关文件相继出台，我国社区矫正体制已基本成型。近年来，随着国家治理体系和治理能力现代化的不断推进，宽严相济刑事政策的不断深入贯彻，社区矫正事业发展变化较快，以四川省成都市为例，在社区矫正对象方面：一是基数大，自2012年全市司法行政系统接收社区矫正工作以来，至2023年上半年，全市在册社区矫正对象已由接收时的2300余人快速增长到10000余人，累

* 蒋凯，四川省成都市司法局一级主任科员。黎浩，成都市彭州市司法局三级主任科员。

① 王爱立、姜爱东主编：《中华人民共和国社区矫正法释义》，中国民主法制出版社2020年版，第25页、第95页。

计接收社区矫正对象6.5万余人。二是增长快，对比2022年底在册社区矫正对象数量，增长率为12%，仅今年6月，全市新接收社区矫正对象就超过4000人。三是类别多，不仅涵盖了管制、缓刑、假释、暂予监外执行社区矫正对象，还包括我国港澳台地区、少数民族、外国籍、未成年社区矫正对象。四是分布广，社区矫正对象在城市区域、城乡接合部、农村地区均有分布，在丘陵、山区等地带也有分布；同时，还有部分社区矫正对象从事如道路、桥梁、房地产等流动性强的职业。

二、成都市社区矫正工作现状及“专职、专业、专责”队伍改革

（一）成都市社区矫正工作基本概况

从2019年12月至2022年12月成都市社区矫正工作数据统计来看，成都市在册社区矫正对象数量，由2019年12月的6919人增长到2022年12月的8938人，平均增长率达13.7%。而各区（市）县社区矫正机构工作人员数量，如图1所示，虽然从2019年12月的104人增长到2022年12月的159人，但实际上2020年12月至2022年12月，人数一直在150人至167人之间浮动，未再有较大幅度的增长。

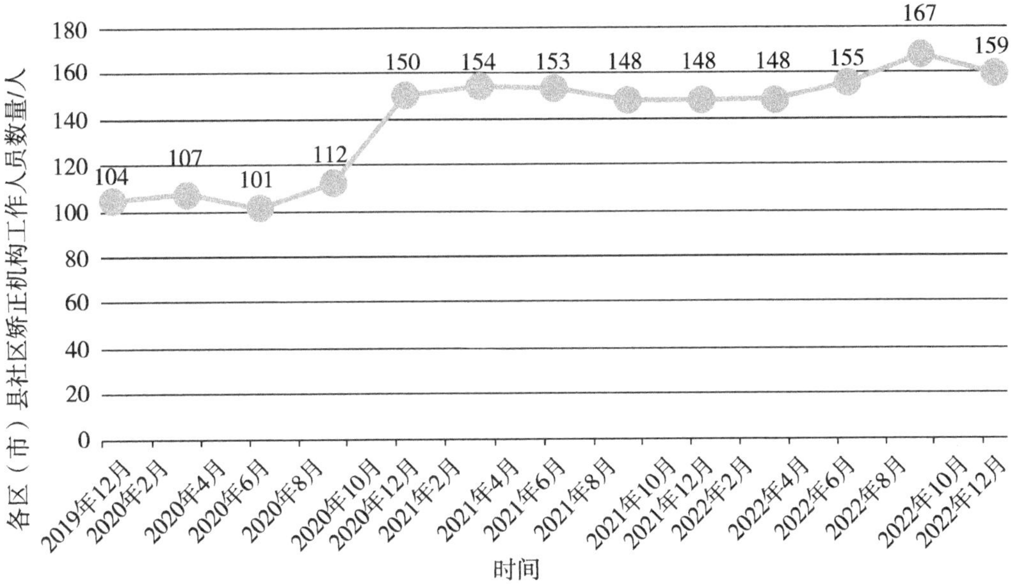

图1　成都市各区（市）县社区矫正机构工作人员数量统计（2019年12月至2022年12月）

截至2022年12月，成都市在册社区矫正对象8938人，累计接收社区矫正对象62847人，累计解除社区矫正对象53909人。在册社区矫正对象中，缓刑8719人，占

总数的97.5%；暂予监外执行127人，占总数的1.4%；管制25人，占总数的0.3%；假释67人，占总数的0.8%。

近年来，成都市司法局在严格贯彻《社区矫正法》《社区矫正法实施办法》《四川省社区矫正实施细则》等法律法规开展工作的同时，积极探索创新社区矫正工作队伍建设：一是在机构改革方面突破，成都市社区矫正管理局，23个区（市）县社区矫正管理局均已调整设立，市、区（市）县社区矫正机构体系已初步构建完成。二是在议事协调方面开拓，成都市本级和23个区（市）县均已设立社区矫正委员会，成都市司法局出台了《成都市社区矫正委员会工作规则》《成都市社区矫正委员会办公室工作细则》等相关配套制度，明确了各成员单位之间衔接配合职能职责。三是在多元参与方面拓展，加大与政法委、民政、村（社区）和社会专业机构等的衔接合作力度，将协助社区矫正工作纳入职责清单中，积极吸收老干部、老战士、老专家、老教师、老模范进入矫正小组，通过政府购买服务积极引入心理咨询机构参与社区矫正工作，利用民政专项资金，联合专业社工机构开发社区矫正社会工作服务项目。四是在智慧矫正方面探索，积极推动在龙泉驿区、郫都区、青白江区等10余个区（市）县“智慧矫正中心”创建，利用大数据、5G移动、人工智能等信息技术，深度融合社区矫正执法管理工作，实现全业务统一管理、全流程统一管理、全方位统一管理。通过近年来的不断努力，成都市社区矫正对象重新犯罪率0.07%，一直处于低位稳定发展。

（二）成都市社区矫正“专职、专业、专责”队伍改革

1. 成都市社区矫正“专职、专业、专责”队伍改革背景

2022年，四川省司法厅社区矫正管理局依据《社区矫正法》第10条“社区矫正机构应当配备具有法律等专业知识的专门国家工作人员（以下称社区矫正机构工作人员），履行监督管理、教育帮扶等执法职责”的规定，制定《关于在部分县（市、区）开展社区矫正工作改革试点的通知》，决定在成都市、绵阳市等地开展社区矫正试点工作，正式拉开四川省社区矫正机构设置和队伍建设序幕。同年，成都市司法局制定《在部分区（市）县开展“三专”社区矫正队伍建设试点工作的通知》，探索“优化调配政法专编工作人员和执法辅助人员，组建社区矫正专职工作队伍，完善队伍管理机制”“积极配备具有法律专业知识、社区矫正工作经验或者社区矫正工作需要的其他相关专业知识（如心理、教育、社会工作学科等）的社区矫正工作人员”“积极探索建立社区矫正中心、分中心等专责化队伍管理模式，组建独立承担社区矫正执法活动、监督管理和教育帮扶的专门力量”等试点工作。通过不断努力，总结出青白江区模式、新都区模式和简阳市模式。

2. 成都市青白江区模式

2021年，成都市青白江区司法局作为成都市社区矫正“三专”队伍改革试点单

位，结合本地社区矫正工作实际，按照社区矫正对象主要集中分布区域，率先启动本地社区矫正“专职、专业、专责”队伍改革。一是成立社区矫正管理局，负责统筹全区执法力量和案件质量监督，形成正规化、专业化、职业化的执法人员管理机制。二是收回司法所大部分社区矫正工作职能，仅确定调查评估、入户走访、公益活动协助职能。三是突破行政区划限制，外设“铁路港（大弯）执法中心、欧洲产业城（清泉）执法中心”2个片区执法中心，将原司法所社区矫正工作职能划转到执法中心，既有利于落实“谁办案谁负责”执法责任制和回避制度，又能按“片”合并管理实行矫正资源的合理分配。

如图2所示，青白江区社区矫正管理局主要负责入矫报到、解除矫正、培训指导、应急处置等工作，再新增下沉的2个外设片区执法中心，负责调查评估、日常监管、教育帮扶等，且2个片区执法中心工作职能均一致，受委托司法所仅负责协助入户走访、协助调查评估、协助公益活动等相关协助事项，将社区矫正工作核心全部集中于片区执法中心，有利于社区矫正管理局直接监督管理，避免受委托司法所工作人员因专职性、专业性、专责性的参差不齐，影响社区矫正执法效率和工作质效。

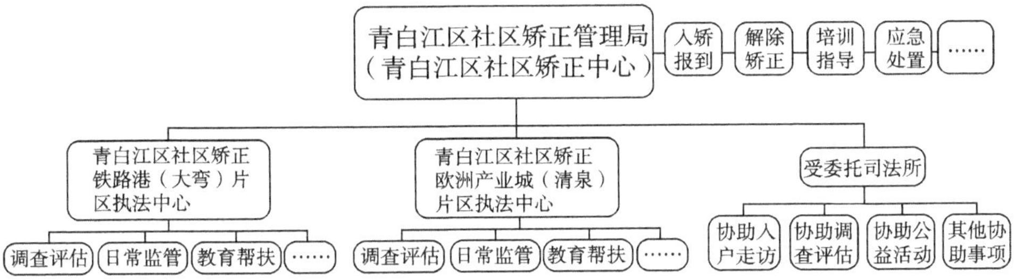

图2　成都市青白江区模式结构

3. 成都市新都区模式

2021年，成都市新都区司法局作为成都市社区矫正“三专”队伍改革试点单位，同样结合本地工作实际，针对社区矫正对象主要集中分布区域，构建“一局四分支”的社区矫正机构运行模式，“一局”即成立“社区矫正管理局”，统筹协调全区社区矫正工作；“四分支”即打破传统镇（街道）区域划分，将社区矫正工作完全从受委托司法所工作中剥离出来，建立“大丰、新民、木兰、马家”4个分中心，专职负责社区矫正的工作格局。

如图3所示，成都市新都区模式从内部管理和队伍架构上，充分实现了社区矫正机构的独立性。从横向上来看，仍然将社区矫正工作部署在外设的片区分中心，但不再让司法所承担任何社区矫正工作职责。同时，将政法专编工作人员和执法辅助人员组建成社区矫正的专职队伍，使人员配比、岗位职责、业务范围得以固定，保障执法权的高度集中和执法标准的高度统一。从纵向上来看，内部形成以社区矫正管理局为核心，分中心直接受社区矫正管理局指挥调度的垂直管理机制，缩短“指挥链条”距离，避免“双重管理”干扰。

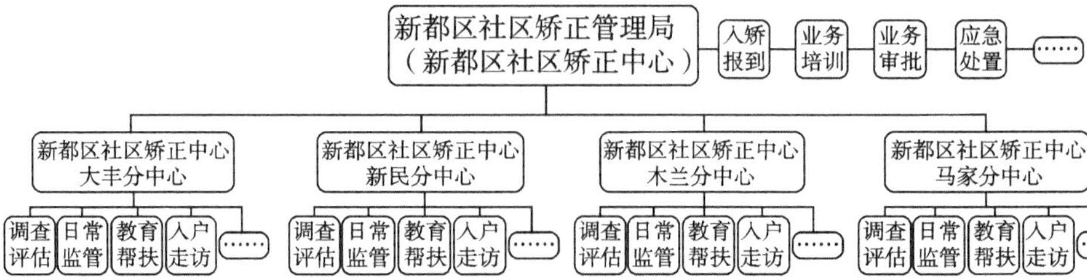

图 3　成都市新都区模式结构

4. 成都市简阳市模式

2022 年 4 月，简阳市司法局在参考青白江区、新都区模式后，根据自身工作实际，通过多次改革调整，最终形成了“机构程序分工+司法所协助”的模式，如图 4 所示，在简阳市社区矫正管理局内部，严格按照社区矫正工作施行程序和内容，分别设交付衔接组、信息核查组、奖惩考核组、解矫衔接组 4 个工作组。其中，交付衔接组主要负责入矫报到、调查评估、矫正方案等社区矫正“决定和接收”工作；信息核查组主要负责信息化核查、外出（执行地变更）审批、定期报告等社区矫正“监督管理”工作；奖惩考核组主要负责指导受委托司法所开展教育帮扶活动、表扬处罚、心理矫正等社区矫正“教育帮扶”和“考核奖惩”工作；解矫衔接组主要负责解除矫正、档案管理等社区矫正“解除和终止”工作，以及安置帮教工作。同时，明确受委托司法所只承担入户走访、集中教育、公益活动 3 项工作。

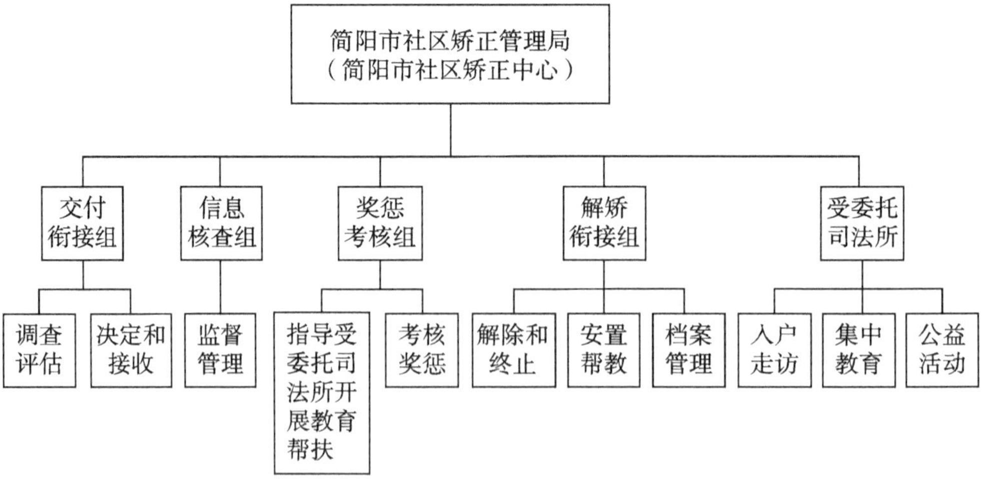

图 4　简阳市模式结构

三、成都市专门执法队伍建设过程中存在的困难和问题

（一）从近期成都市社区矫正工作发展来看

根据 2022 年 12 月统计数据，成都市在册社区矫正对象 8900 多名，各区（市）县社区矫正机构工作人员 159 名，选派监狱戒毒警察 65 名。成都市社区矫正工作队伍建设具体情况主要体现为：

1. 人员配比率低，专职力量薄弱

如图 5、图 6 所示，以各区（市）县社区矫正机构工作人员为统计基础，成都市社区矫正机构工作人员与全市在册社区矫正对象配比率平均为 1∶56，即全市平均 1 名社区矫正机构工作人员负责 56 名社区矫正对象，其中，差距最大的区（市）县配比率已达 1∶194；以各区（市）县社区矫正机构工作人员加派驻监狱戒毒民警为统计基础，则全市配比率平均为 1∶40，其中，差距最大的区（市）县配比率已达 1∶91。

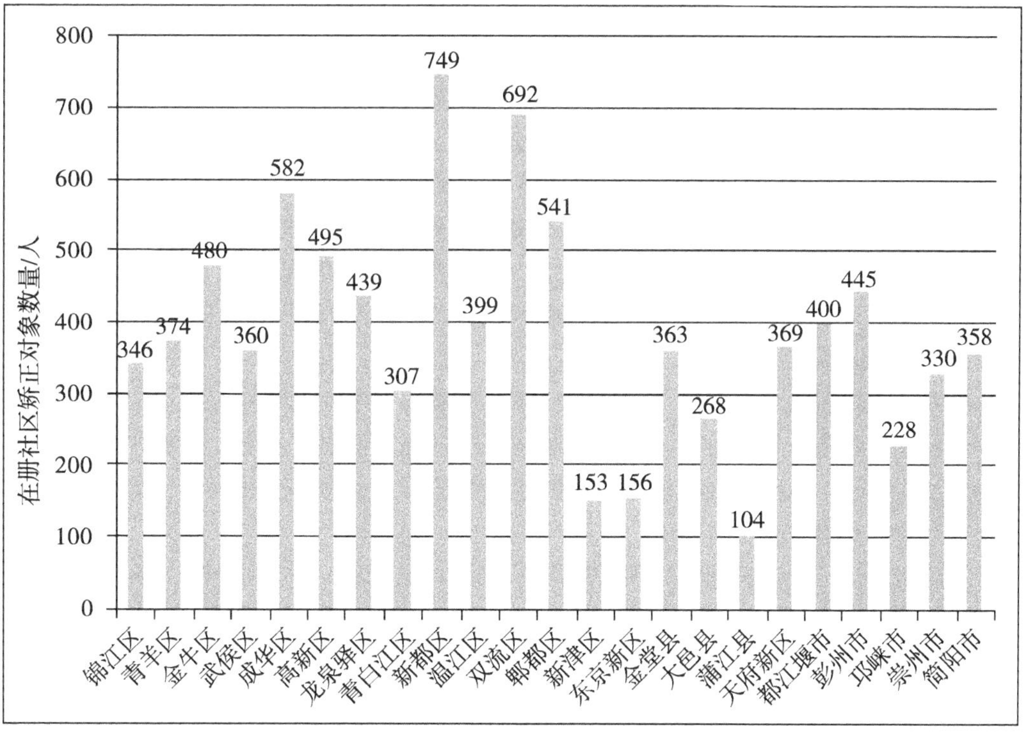

图 5　成都市在册社区矫正对象数量统计

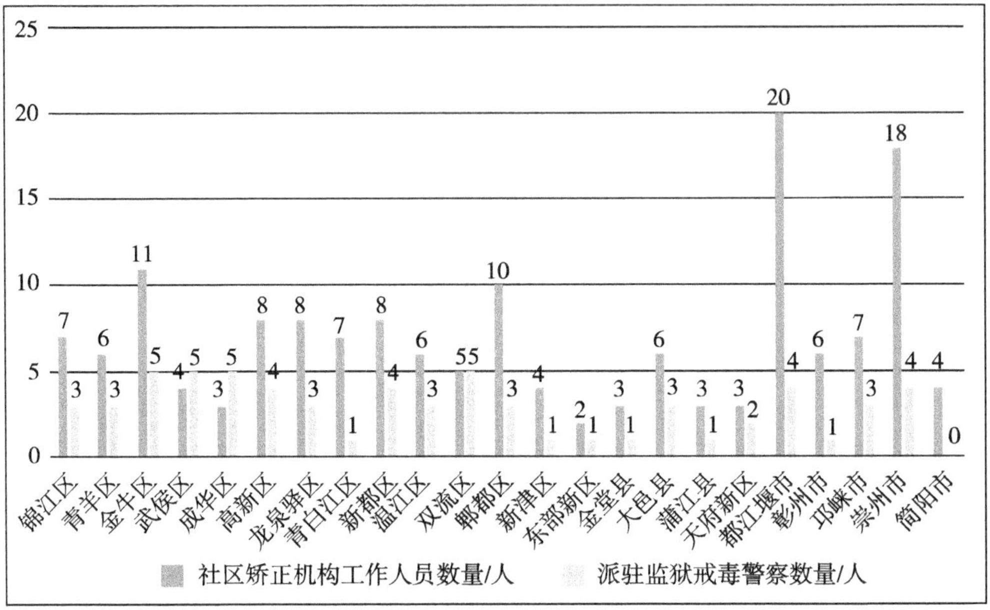

图 6　成都市社区矫正机构工作人员统计

2. 结构参差不齐，专业水平不高

据调查统计，成都市社区矫正机构工作人员中，法学专业仅为总人数的 54%，社会学、心理学专业仅为 1%；同时，成都近郊、远郊区域相比中心城区，专业人才更为缺乏。在受委托的司法所工作人员中，负责社区矫正的工作人员里，法学专业的仅为总人数的 42%，社会学、心理学专业的仅为 3%。同时，在基层更多的采用“以老带新”的方式培养新人，一旦出现“老人”的工作思维固化、经验主义，未能及时领会社区矫正最新标准和要求，很容易出现“传错带偏”的状况。

3. 承担事务繁重，专责管理较低

从具体施行来看，各区（市）县社区矫正机构工作人员除社区矫正工作外，还要承担安置帮教工作、重点人群管理等任务，以及其他局交办的工作事务；受委托的司法所工作人员除了社区矫正工作，还要承担人民调解、安置帮教、基层法律服务、法治宣传教育等工作任务。

因此，由于社区矫正专门队伍建设一直未在顶层设计上有所突破，缺乏对社区矫正工作队伍专门法律保护，再加之社区矫正对象新增快、社区矫正工作任务繁重等因素，导致更多的司法行政工作人员不愿意从事社区矫正工作，甚至出现社区矫正专职工作人员（含分管领导）主动调离岗位或辞去职务，造成本地社区矫正工作的不稳定性。可见，满足中国式社区矫正现代化建设需要，全面加速推进社区矫正专门队伍建设已到了刻不容缓的地步。

（二）从成都市社区矫正“三专”队伍改革试点成效来看

第一，从人员配比来看，虽然本次“三专”队伍改革试点在新都区、青白江区、简阳市三个不同的区域，但除新都区属于中心城区外，青白江区、简阳市则位于成都市远郊地区，由于受到社区矫正对象列管数量的不同，以2022年12月数据统计情况为例，新都区“8名社区矫正机构工作人员加上4名选派监狱戒毒警察，列管749名社区矫正对象”，平均测算为1∶62；青白江区“7名社区矫正机构工作人员加上1名选派监狱戒毒警察，列管307名社区矫正对象”，平均测算为1∶38；简阳市“4名社区矫正机构工作人员，列管358名社区矫正对象”，平均测算为1∶90。但由于改革试点模式的不同，特别是新都区未将部分社区矫正工作委托至司法所，青白江区实际“（7+1+11名受委托司法所工作人员）∶307”，平均测算为1∶16；简阳市实际“（4+8名受委托司法所工作人员）∶358”，平均测算为1∶30。无论从数据对比还是实际工作量来看，新都区模式均呈现出“高密度”的特征。

第二，从工作体量来看，根据四川省司法厅《社区矫正工作量及工作人员配备研究》表明，全省县级社区矫正工作总量为667847.292小时/月，其中耗时分别为监督管理339283.975小时/月，教育帮扶107931.402小时/月，调查评估32995.800小时/月，其他工作187636.115小时/月。如按照新都区模式，在没有更多岗位或财政保障条件下，极易引发后续问题。如将受委托司法所工作占比最大、耗时最多的社区矫正工作完全剥离出来，最直观的结果将导致司法所工作量变“轻松”，而社区矫正分中心的工作量变“沉重”，严重不对等的工作体量和工作压力，极易导致部分工作人员产生消极、懈怠情绪，甚至出现“不作为、慢作为、乱作为”情形。以2022年12月底统计数据分析，新都区列管749名社区矫正对象，4个分中心平均分管187名社区矫正对象，而以“1∶62”配比率来执行社区矫正，每名社区矫正对象犯罪案件、矫正方案、自身特征等均不一样，必然难以做精做细社区矫正工作，甚至严重影响社区矫正工作正常执行。

第三，从片区管理来看，受区域社会经济发展的不同影响，新都区相比青白江区、简阳市，社会经济发展较快，新都区社区矫正对象主要集中在本行政区域大丰、新民、木兰、马家四个镇（街道），而青白江区、简阳市则主要集中在本行政区域中心街道，部分农村户籍的社区矫正对象分散在周边农村地区，因此社区矫正工作主要集中在少数中心街道。根据2022年12月底的数据统计，新都户籍262人，非新都户籍487人，新都户籍社区矫正对象与非新都户籍社区矫正对象数量比例约为1∶1.86。由此可见，社会经济发展较快的区域，对社区矫正对象形成“虹吸效应”，由中小城市向中心城市单向转移的效应。同时，社会经济活动的加速，必然也导致社区矫正对象流动性加强，社区矫正工作难以通过“片区分中心”进行精准管理。所以，对于成都这类超大城市来讲，中心城区的社区矫正工作“去中心化”，采取“片区分中心”模式值得商榷。

（三）从社区矫正机构组织架构来看

社区矫正工作是一项专业的非监禁刑罚执行活动，但如图 7 所示，从四川省成都市社区矫正机构组织架构图来看，社区矫正管理局仍作为内设机构，未与一般司法行政工作进行实质区分，对社区矫正工作顺利发展造成影响。

1. 内设机构原生限制

在市、县级社区矫正机构中，虽然已挂牌成立“社区矫正管理局”，有的地方成立了“社区矫正大队”“社区矫正中队”等，但无论规格和层级依然是司法行政机关的一个内设科室，并无实质性改变。同时，由于人员编制、财政保障等诸多因素，无法及时补充岗位，挤占了市、县级社区矫正机构大量工作精力和时间。在社区矫正执行过程中，在与监狱管理机关、监狱对接协调时，仍然以“司法局”名义执行，易造成责任划分模糊，行政级别不对等或行政关系混淆、有歧义。在内部监督过程中，由于市级社区矫正机构与县级社区矫正机构并非“上下级”关系，无对个别县级社区矫正机构人员、工作的问责权限，导致“顽瘴痼疾”仍存在。

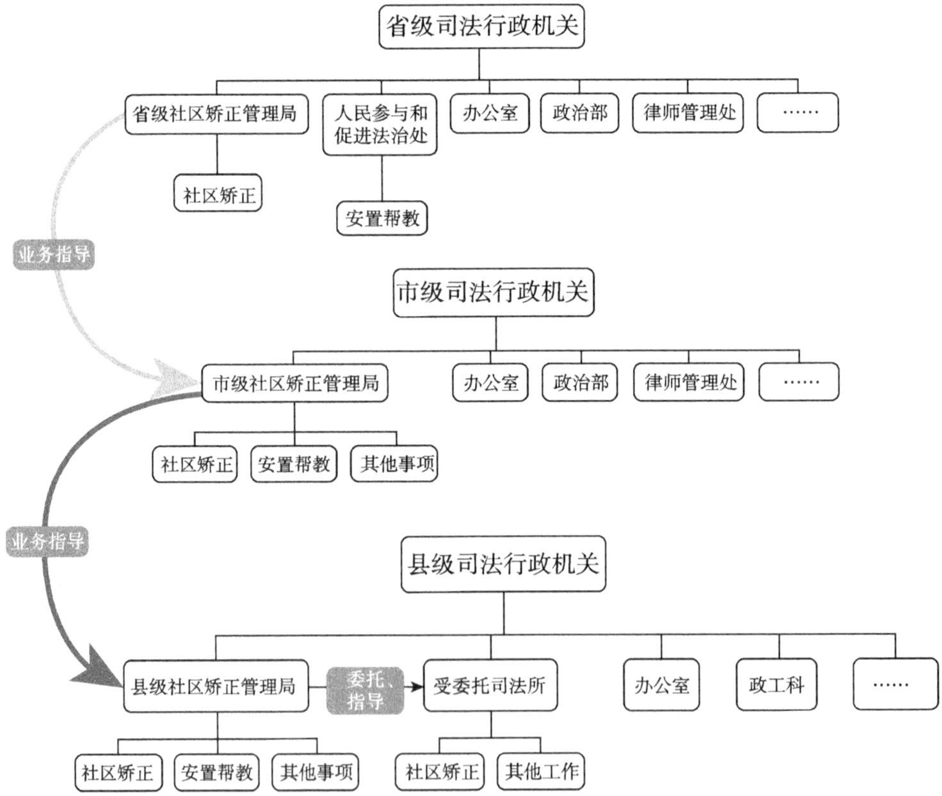

图 7　四川省成都市社区矫正机构组织架构

2. 资源保障存在缺口

由于成都市各级社区矫正机构仍未突破内设机构的限制，因此在编制、财政、矫务等方面，受制于本级司法行政机关整体规划，社区矫正机构人员编制未按照实际工作量进行合理化配置，甚至个别区（市）县存在挤占编制的情况；社区矫正工作经费预算被缩减，或与其他业务处（科）室共用有限经费；相关矫务装备因经费原因未能足够采购或进行升级换代；等等。同时，由于缺乏人事管理权限，很难根据社区矫正对象分布动态变化而作出相应岗位配置变化措施，导致某一区域或片区长期人员不足或人员过剩的情况存在。

3. 双重指导管理局限

一方面，《四川省社区矫正实施细则》明确，司法行政机关主管本行政区域内的社区矫正工作，省、市两级社区矫正机构主要负责本行政区域内社区矫正工作的监督指导，司法所根据社区矫正机构的委托承担部分社区矫正工作；另一方面，司法所实行县（市、区）司法局和乡镇人民政府（街道办事处）双重管理，以司法局为主的管理体制。在实践中，市、县级社区矫正机构，受委托司法所，不仅要实行社区矫正，还要被安排负责安置帮教、重点人群管理、安全稳定、法律宣传等其他工作事项，特别是受委托司法所编制被乡镇（街办）人员占用的，此情形尤为突出。同时，受社区矫正"行政化"错误思维长期影响，片面地以社区矫正对象"脱漏管""重新犯罪率"等指标考评工作成效，增大了社区矫正的内部组织成本、外部执行成本，耗费大量时间成本，不利于社区矫正工作长期稳定的健康发展。

（四）从社区矫正议事协调机构组织架构来看

社区矫正工作本身是一项共建共享共治的刑罚执行系统性工程，需要更多的部门和社会力量积极参与进来。但在实际操作中，以成都市为例，虽然市、各区（市）县均成立了社区矫正委员会，但均未将"社会力量"纳入社区矫正委员会成员单位中：一是由于受经济社会发展不平衡，社会力量参差不齐，类别数量众多，没有形成统一的社会组织具体代表整个行业；二是社区矫正的思维还停留在"行政执法领域"，认为社会力量参与到统筹协调过程中存在很多不确定性。

社会力量如何规范参与社区矫正工作，如何引导社会力量有效参与社区矫正工作，如何优化调整现有涉及社区矫正的社会力量资源，以及如何孵化培育本地社区矫正社会力量，等等。以上困扰社区矫正事业顺利发展的命题，如图8所示，均需要在社区矫正委员会的指导下，通过社区矫正协会这一类中介组织，进行战略布局、科学规划和部署实施。

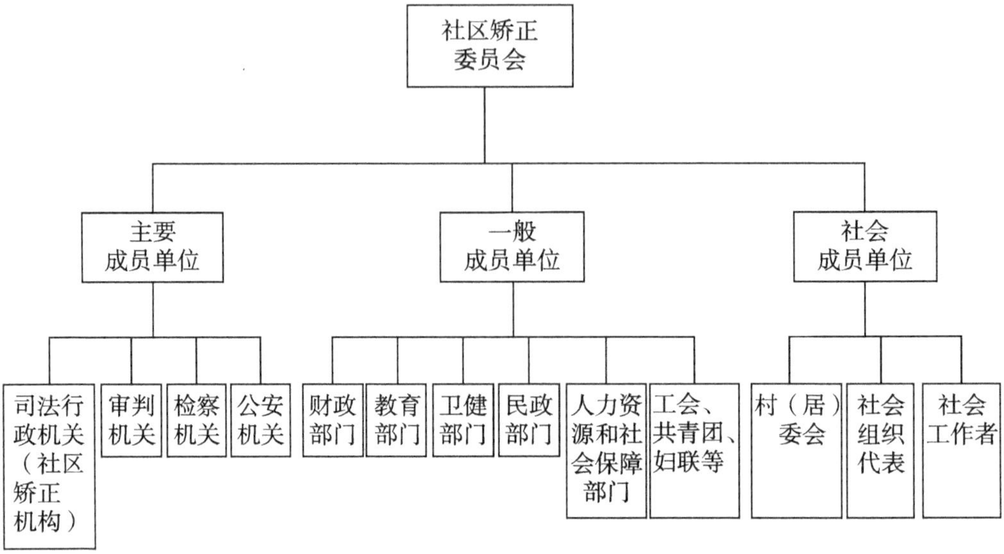

图 8　社区矫正议事协调组织架构

四、美国、日本以及我国香港地区社区矫正专门执法队伍建设的实践与启发

（一）美国社区矫正执法队伍模式

美国的社区矫正系统不是自上而下、各州整齐划一的体系系统，但归根结底大致由社区矫正官和志愿者两大类组成。社区矫正官（主要包括假释官与缓刑官）：美国社区矫正队伍的中流砥柱，直接参与量刑调查、量刑评估、监督管理、矫正引导、支持服务等工作。自 19 世纪末起，社区矫正官逐渐演变为国家任命形式，其入行门槛逐渐以刑事执法、社会工作、心理学等相关专业为主，故社区矫正官的整体素质可见一斑。志愿者：美国社区矫正志愿者队伍孵化成型的发展历程要比专职队伍更早更成熟，时至今日美国志愿者类别形式种类繁多，其中包括虔诚的宗教人士、出于本人意愿自发加入的普通民众、为了提升社会阅历增加升学竞争力的广大学生、为潜心获得相关真实数据资料的研究人员、具有社会责任感的居民，等等。与我国类似地，志愿者的工作主要是参与教育帮扶类的辅助性工作，如为刚出狱的罪犯进行初步引导、为正在接受社区矫正的人员提供就业方面的信息和技术技能培训机会、举办类似“互助会”的活动为矫正人员搭建交流联系平台。据统计，仅 2013 年 9 月至 2014 年 9 月，全美就大致有 6280 万人参与了至少 1 次志愿服务活动，占总人口的五分之一，其中，参与社区矫正志愿服务的有 30 万人至 50 万人，覆盖全美 2000 个

到3000个司法区域。①

（二）日本社区矫正执法队伍模式

日本的社区矫正队伍大体上由保护观察官、志愿者（保护司）和民间组织三部分组成。属于国家公务员序列保护观察官，其工作内容主要包括对被矫正人员实施观察保护、通过引导社会舆论实现预防犯罪、为预防犯罪组织开展的相关社会活动提供协助、对羁押的罪犯实施教育矫治改造、申请恩赦，等等。可以看出作为保护观察官，其工作内容较为复杂，覆盖社会面较广，这也就决定了保护观察官类似美国的社区矫正官同样设置了较高的准入门槛，如专门规定了要有医学、心理学、教育学、社会学等相关知识背景，必须通过国家司法考试并进行相应的研修培训等。志愿者，又称为保护司。由日本《保护司法》明确了其法律定性：从事假释前调查保护、协助保护观察官进行保护观察等工作的民间人士，因其从事国家性活动，适用公务员灾害补偿法。相比保护观察官，志愿者能够更长时间与被矫正对象保持动态接触，实时了解被矫正人员的各类信息，在工作中处于社区矫正直接执行人地位，能够充分发挥优势作用弥补保护观察员与被矫正人员接触少，经验不足等缺陷。志愿者在实操中对保护观察计划提出建议意见，帮助完善制订修正个性化保护观察计划。民间组织指的是参与社区矫正工作非专职的民间组织，主要包括改造保护法人和民间协助组织。改造保护法人通过协调掌握的社会资源与社会关系解决被矫正人员的生存生活困难，帮助其顺利完成社区矫正。而民间组织多是一些特别构成并具有特殊功能的民间团体，通过从特殊立场（如妇女立场）出发、以特殊帮助方式（如与被矫正的少年交朋友）等形式帮助被矫正者尽快步入正轨②。

（三）我国香港特别行政区社区矫正执法队伍模式

我国香港地区社区矫正制度主要由缓刑监督和社会服务令两大块组成。其中，缓刑是继承延续了英国的暂缓宣告制度，是指法庭判处犯罪者在一定时间内受到缓刑官定期上门评核犯罪者的行为及表现。在实践中，感化令适用对象一般是青少年犯罪和轻罪等社会危害性较小的犯罪；社会服务令（社区矫正社会工作）则是法庭可以颁布命令规定罪犯在有效期内进行一定时期的无薪工作，就此分为官办和民办两大类③。对于犯罪情节相对轻微的，经法庭审判可以通过接受社工监管

---

① 谢斐：《社区矫正队伍建设的法律对策研究》，吉林大学2015年硕士学位论文。

② 谢斐：《社区矫正队伍建设的法律对策研究》，吉林大学2015年硕士学位论文。

③ 王佳：《香港地区与内地未成年人社区矫正制度比较研究》，载《当代青年研究》2017年第2期。

或义工服务等方式，对所犯罪行进行弥补补偿，政府聘用的社工公务员（官办）及时全流程介入、监督、引导、支持、救济、帮助等。这一类社工在具体工作中践行“感化”功能，在日常工作中依据法例条例进行适当的监管，类似于内地开展的见面谈话、报到报告、心理辅导、心理干预，联动禁毒部门对社区矫正对象进行尿检发检等。另外，社工也会根据社会资源和专业技能，为这类人提供生存生活、家庭工作、人际交往等方面的问题，扫清矫正障碍。而民办的则类似于内地政府出资购买第三方社会服务的模式。香港高度重视社工参与社区矫正工作的作用发挥，在政策资金方面给予足够保障，使得社工组织有成熟条件介入参与社区矫正对象修复自我、修复社会关系的工作。同时，也提供充足社会资源解决社区矫正对象员现实生活中遇到的实际困难。以“香港善导会”和“香港戒毒会”为例，这些机构不仅会为社区矫正案主提供辅导服务，也会提供如免费住宿戒毒服务、短期宿舍，甚至少量现金济助等救济措施，且这部分金钱开支已经包含在政府购买服务资金内①。

可以发现，无论是在美国、日本，还是在我国香港特别行政区，在执行社区矫正过程中，当地专业性社会（民间）组织广泛参与到社区矫正工作中，并且严格依据法律法规，通过专业服务活动，积极协助社区矫正机构，精准引导社区矫正对象重新建立正常良好的家庭关系、社会关系，养成正确的行为习惯、生活习惯等，提供生活生产基本服务，及时干预心理问题、纠正错误思想、提高遵法意识，确保社区矫正工作获取实效。

五、关于社区矫正专门执法队伍建设的建议

（一）从顶层设计上，自上而下依法垂直设立社区矫正机构

参照监狱管理部门以及监狱的设置，自上而下将社区矫正机构作为国家非监禁刑执行机构，从司法行政机关内设科（处）室中彻底剥离出来，单列成为司法行政系统二级独立法人机构：一是有助于非监禁刑罚执行活动的正确执行，实现与监禁刑罚活动的有机统一，确保我国刑罚执行制度的完整性，也符合《社区矫正法》第1条“保障刑事判决、刑事裁定和暂予监外执行决定的正确执行”法定目标。二是有助于明确社区矫正机构的执法主体，社区矫正机构作为唯一代表国家行使非监禁刑罚活动权力的机构，以二级独立法人机构身份，能真正有效落实《社区矫正法》第9

① 梁建雄：《平衡与发展——香港特别行政区社区矫正社会工作对内地的启示》，载《中国社会工作》2019年第19期。

条“县级以上地方人民政府根据需要设置社区矫正机构，负责社区矫正工作的具体实施”的要求。三是有助于保障我国社区矫正制度的健康发展，社区矫正工作是一项共建共享共治的刑罚执行系统性工程，成为各级司法行政机关的二级独立机构，能减少“社区矫正行政化”思想的干扰，获得专门的人员编制、专项经费、矫务装备等工作保障，更好应对“受委托司法所开展部分社区矫正工作”“社区矫正片区分中心管理”等我国社区矫正制度过渡时期发展现状，以及社区矫正对象快速增长的客观事实，加强与本级行政范围内社会力量与社会资源的开发利用，从而更好地贯彻宽严相济刑事政策，推进国家治理体系和治理能力现代化。

（二）从组织架构上，按照法定程序内容分类设置责任部门

在实践中，全国各地均不同程度开展社区矫正专业队伍建设改革工作，在众多模式中，“队建制”是讨论频率较高的一种模式。其中以浙江台州以及山东平邑等地为代表的运作模式为：在县级司法局建立社区矫正大队，其下设置社区矫正中队，每个中队管理若干乡镇的社区矫正对象。而在中队之下又以镇（街道）为单位设有辖区或者片区，社区矫正对象的日常管理由辖区、片区，也就是由司法所负责。台州市社区矫正机构已经在全国率先实现“队建制”模式。也有如上述成都市青白江区、新都区、简阳市等地建立分中心全面负责社区矫正工作的模式，各有优势或不足。因此，笔者认为，在自上而下依法垂直设立社区矫正机构的前提下，在社区矫正机构内部，按照社区矫正工作法定程序或执法内容，分门别类设置内部相关业务科（处）室，将“队建制”“分中心”与“委托司法所”相结合，是应对过渡时期的较为可行的改革措施，如图 9 所示，一是有助于科学分工，在新增机构专职人员编制配额上，按照业务流程分类设置办公室，强化社区矫正执法活动专责管理精度，从而提高社区矫正整体工作实效。二是有助于责任落实，明确各项业务流程责任清单，最大限度确保执法过程不受外界干扰，确保执法环节程序规范、操作无误，避免因工作人员业务不精、工作繁忙等原因造成工作问题。三是有助于提高实效，提高各岗位专职人员业务技能水平，加强各流程业务指导管理，源头治理执法办案问题隐患。四是有助于动态调整，在社区矫正制度发展过渡时期，将社区矫正分中心工作人员作为机动力量，根据社区矫正对象动态分布变化而作出相应岗位增减配置，优化配置人力资源攻关分布集中区域，有利于社区矫正工作顺利开展。

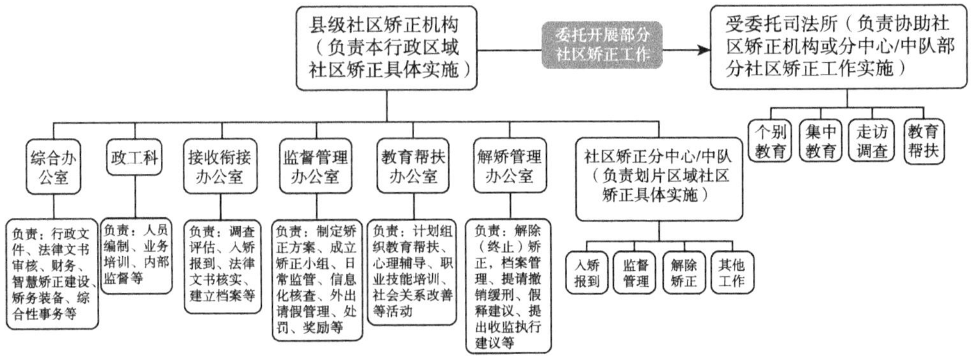

图 9　过渡时期县级社区矫正机构组织结构

（三）从系统发展上，应当新增社区矫正协会作为中介组织

在实践中，大部分社区矫正机构是以“司法局”名义，通过政府购买服务的方式，引入社会专业机构或专业工作人员参与到社区矫正工作中，虽然能直接获取本地专业机构发展概况，工作内容以及市场反馈等，但由于本身缺乏对相关专业领域的研究和熟悉，如心理矫正，再加之各地社会经济发展不平衡，已存在不具备相关专业资质或业务技能的机构组织参与到社区矫正工作中，无法充分调整优化配置相关社会资源等，加大了各地社区矫正工作发展不平衡的局面。因此，如图 10 所示，参照律师协会的模式，规范统一新建社区矫正协会，一是有助于发挥行业指导作用，代表本行业全体企业的共同利益，统计分析本行业发展状况和问题，向社区矫正委员会或社区矫正机构传达行业共同要求。二是有助于发挥参谋助手作用，作为社区矫正机构与市场之间的桥梁，协助制定和实施行业发展规划、产业政策、法律法规等，杜绝司法行政机关、社区矫正机构直接干涉市场竞争引发的腐败漏洞产生。三是有助于发挥规范标准作用，制定并执行行规行约和各类标准，协调本行业各企业之间的经营行为。四是有助于发挥行业监督作用，对本行业产品和服务质量、竞争手段、经营风险等进行严格监督，维护行业信誉，鼓励公平竞争，协助打击违法违规行为。五是有利于发挥行业准入作用，可以通过资格审查、签发证照、资格认证，发放产地证、质量检验证等方式，规范提高行业服务水平。六是有助于发挥孵化培训作用，通过教育培训、项目开发、品牌合作、数字创新等方式，研究解决行业内企业的问题和隐患，增强行业企业竞争力。七是有助于构建议事协调机构的完整性，以社区矫正协会为行业代表的身份，成立社区矫正委员会成员单位，通过协会专家团的协助，在重点案件协助、行业服务考评、部门衔接配合等方面发挥积极作用。

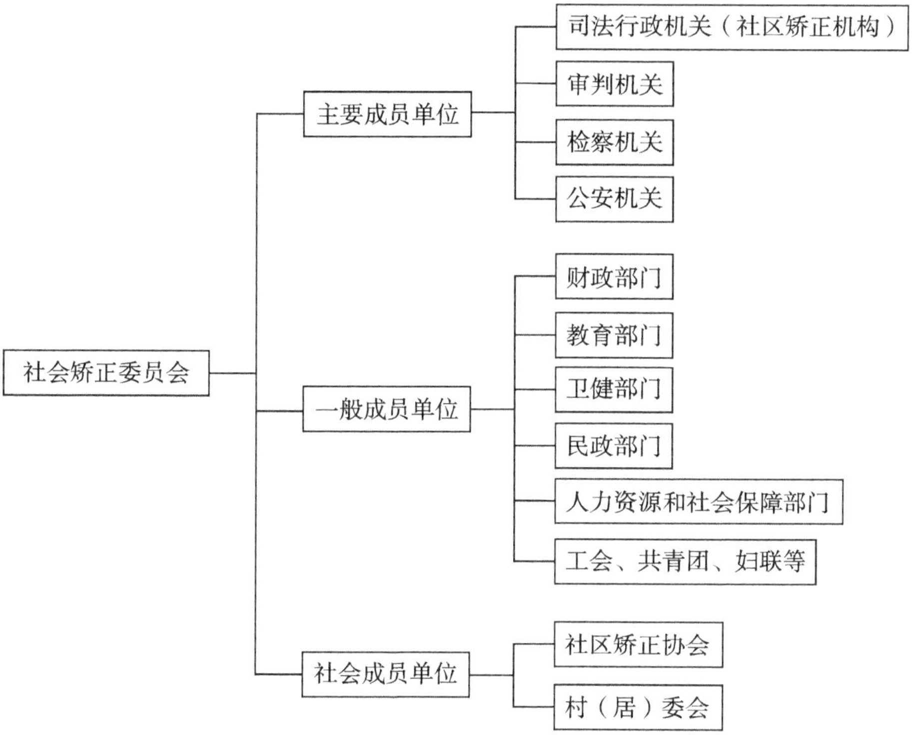

图10　社区矫正协会在社区矫正议事协调机构中的成员关系

(四) 从队伍配置上，建立工作人员多元动态配置长效机制

关于社区矫正工作人员的身份问题一直是理论界、实务界争论的焦点。究竟是采取警察身份还是社区矫正官身份众说纷纭。根据《社区矫正法》的立法精神，未来的社区矫正工作更加偏重于教育帮扶，强化人权保障，帮助社区矫正对象修复社会关系，融入回归社会，是恢复性司法理念的体现。故，笔者认为，可参考借鉴国外矫正官制度，以及公安部门辅警招录制度，完善扩大社区矫正专职工作队伍建设。一是规范建立社区矫正工作人员招考体系。例如，成都市在前期做过相关调研，按照“1：15”配比率可实现合理分配工作量。那么，按照“1：15”配比率计算出人员差额数量，通过公务员招考，积极录用一批法学、犯罪学、心理学、社会学等专业的工作人员。同时，也可以授权社区矫正机构依据本地工作需要，招录社区矫正辅助工作人员。二是创新设立“社区矫正官”职务，参考员额检察官、法官纳入人社部门的序列方式，通过选拔考试的人员，取得职称发给工作证，并依法赋予其执法身份和执法权力，设定岗位职责，明确非因法定事由、法定程序，不得随意变更或抽调社区矫正官，确保社区矫正队伍的稳定性和刑事执行的延续性。三是确立社

区矫正职业长效发展机制，把社区矫正官的职业培训、业务考核和发展规划紧密结合，通过常态化的业务技能培训（如法学、心理学、社会学、实务操作等）提升执法专业化，再以周期性的科学考核办法配合矫正官职级晋升体系，如矫正官助理、初级矫正官、中级矫正官、高级矫正官，以此拓宽矫正官晋升空间，激励更多适宜优秀人才参与到社区矫正工作中。

在推进社区矫正机构“队建制”过程中的实践与思考

——以四川省自贡市贡井区为例

陈　亮　罗　维*

为贯彻落实《中华人民共和国社区矫正法》（以下简称《社区矫正法》），切实将法律优势转化为治理效能，不断推动社区矫正工作高质量发展，近年来，四川省自贡市贡井区以健全完善社区矫正执行体制机制为突破口，坚持改革创新与基层实践相结合，积极探索社区矫正“队建制”改革，通过机构设置和明确分工，实现了社区矫正机构建设新的突破，取得了有效的刑事执行效果。2020 年至 2023 年，全区社区矫正对象重新犯罪率远低于全国平均水平，未发生社区矫正对象影响社会稳定的案、事件。

一、推进社区矫正机构“队建制”改革的背景

根据深入推进司法行政系统队伍革命化、正规化、专业化、职业化建设要求，依法推进社区矫正机构和社区矫正队伍规范化建设是各级司法行政机关面临的一项重要任务。依法推进社区矫正机构“队建制”建设作为其中一项重要内容，在促进社区矫正依法规范开展起到至关重要的作用。

（一）社区矫正工作形势发展的现实需要

在多年的实践中，社区矫正工作地位已经日益清晰，作用逐渐彰显，运作日趋规范。但是随着社区矫正工作的不断深入，社区矫正原有制度设计与现如今工作有不相适应的地方，社区矫正队伍建设与现有社区矫正工作现状不相匹配。从社区矫正人数来看，自开展社区矫正工作试点以来，社区矫正对象呈逐年增长趋势。

当前，县级社区矫正机构普遍存在管理社区矫正对象多、工作人员少的突出矛盾，且大部分依赖基层司法所，工作实际中基层司法所职能繁杂，人手短缺、力量

---

* 陈亮，四川省自贡市司法局社区矫正管理局局长。罗维，四川省自贡市贡井区司法局副局长。

薄弱，大部分司法所承担社区矫正相关工作并不符合现实。比如，在日常监管中，“执行地县级社区矫正机构或者受委托司法所应当通过走访社区矫正对象家庭、所在单位、就读学校和居住社区，了解、核实社区矫正对象思想动态和现实表现等情况，并做好记录，有关单位和个人应当予以配合”“对适用严管的社区矫正对象应当每月至少了解、核实情况一次；对适用铺管的社区矫正对象，应当每两个月至少了解、核实情况一次；对适用宽管的社区矫正对象，应当每季度至少了解、核实情况一次”。按照县级司法所抽样调查来分析：富顺县富世街道在册人数常年在115人左右，管理等级按照普管方式来管理，每两个月至少了解、核实情况，每人走访按照平均2小时计算，需要230个小时，按照每天工作时间8小时计算，需要28.75天，两个月走访一次，按照每月22天工作时间计算，司法助理员需要1个多月时间来走访，况且司法所一般没有配备专用执法车辆，还需办理入矫、资料录入、调查评估等工作，还要承担司法所其他工作职能和乡镇综治维稳信访工作职能。在此情况下，社区矫正只能完成日常程序性工作，社区矫正质量将大打折扣。

（二）社区矫正专业化发展方向的客观需要

社区矫正是一项法律性、政策性和专业性都较强的工作，作为严肃的刑事执行工作，只能由专门的国家机关来执行，司法所作为司法行政机关最基层的组织机构，在人员、经费、职能等方面与公安机关派出所有质的不同，但在实际中却承担着大量的社区矫正工作，这与社区矫正执法的统一规范、严格等刚性需求格格不入，司法所在外出审批、走访调查、公益劳动等方面各自理解，存在执行标准不统一、规范不统一的现象。此外，司法所的多头管理属性、人员兼职多、流动性大、专业人才不足等，完全不符合社区矫正队伍建设的专业化、职业化要求。

（三）社区矫正长远发展的必然要求

社区矫正作为司法行政刑事执行中的一项重要职能，与司法行政职能中监狱管理和戒毒管理具有很多相同相通的地方，从管理人数来看，不少于这两项业务管理的人数，但在体制机制、人员、经费保障上与这两项业务完全不同。从社区矫正长远发展来看，社区矫正机构实质化运行和社区矫正“队建制”发展方向是社区矫正工作长远发展的必然要求，对提高社区矫正质效具有深远的意义。

综上所述，推进社区矫正“队建制”建设，将社区矫正业务工作从缺乏刑事执行经验、人手和精力严重不足的司法所中剥离出来，是破解长期影响和制约社区矫正发展的体制性障碍、结构性矛盾、深层次问题的重要之举。此外，此举还能够解决司法所管理社区矫正对象不均衡、相关活动组织难等问题，使社区矫正分类管理、集中教育、公益活动等能更好地开展，实现矫正资源的集约化、最大化运用。

二、自贡市社区矫正机构“队建制”改革的实践探索和阶段性成效

自贡市结合自身实际，充分考虑各区县面积和社区矫正对象数量等多方因素，不断探索社区矫正机构“队建制”模式，其中自贡市贡井区在队建制管理模式方面运行状况较好，具有一定借鉴意义。

（一）自贡市贡井区“队建制”管理模式总体情况

自贡市贡井区属于城区，总面积408.73平方千米，下辖3个街道、7个镇，30个社区、90个村、322个居民小组、880个村民小组。2022年，贡井区户籍总人口27.51万人，常住人口21.8万人。2020年贡井区作为我市社区矫正机构“队建制”试点单位。按照改革思路，结合贡井区社区矫正对象总量不大、分布不均衡、工作人员不足的情况，贡井区司法局成立“贡井区社区矫正执行局”为内设机构，履行社区矫正刑事执行职责，负责全区社区矫正工作具体实施；执行局实行扁平、集中管理，设“一中心、四大队”，即案件管理中心、执法大队、调查评估大队、教育帮扶大队、监督管理大队，各大队分工负责、协调配合、互相监督，确保正确履行职责；同时打破镇街行政辖区适当分离的执法管辖，合理分配社区矫正执法力量，将社区矫正工作从业务性岗位转化为专业化岗位，实行“集中办公，片区化执法”在综合考量社区矫正对象人员数量、地理位置等因素的基础上，划分三个执法片区，分别由执法大队的一中队、二中队、三中队管辖；从组织体系上把社区矫正工作从司法所剥离出来，保证了社区矫正执法由专门机构、专人负责组织实施。

（二）改革试点主要工作路径及方法

自贡市贡井区在“队建制”试点改革中始终坚持机构、人员、场所“三独立”的目标，确保社区矫正“队建制”改革取得预期目标。

1. 健全组织领导机制

区委成立贡井区社区矫正委员会，全面统筹协调试点工作。设立社区矫正专门机构“贡井区社区矫正执行局”，牵头落实具体工作任务。明确由区司法局负责指导管理区域社区矫正工作。整合全区司法行政力量组建专业执法队伍，实行“集中办公、分片负责，统分结合、区域联动”工作模式，确保工作高效推进。

2. 健全协同配合机制

建立社区矫正委员会成员单位联席会议制度，完善区级相关部门信息互通和工作联动机制，推进执法机构与协作配合单位数据交换、协同应用和资源共享，推动社区矫正监管执法环节无缝衔接、教育帮扶形成合力，实现矫正执行全流程覆盖、

全链条贯通。

3. 健全工作制度机制

深入学习贯彻《社区矫正法》，结合工作实际，健全完善社区矫正工作运行模式，制定《自贡市贡井区社区矫正工作程序规则（试行）》，明确“一中心、四大队”职能职责和分工协作机制；调整社区矫正工作流程，修订社区矫正工作规范，制定《自贡市贡井区社区矫正工作指引》，规范各执法环节，形成全周期、全流程闭环管理，规范全区社区矫正工作。

4. 完善保障机制

人员保障方面，在全区司法行政干部队伍中遴选了思想政治素质过硬、业务能力强的工作人员 5 人，组建社区矫正专职执法队伍；成立“司法社工站”，以公开择优方式向社会组织购买社区矫正社会工作服务，派驻专职社工 3—4 人充实社区矫正工作力量。待遇保障方面，建立社区矫正工作人员职业保障机制，建立意外保险机制。建立社区矫正工作人员人身意外伤害保险制度，建立因公负伤紧急救治绿色通道，提高职业风险保障水平，并积极帮助其解决实际困难。健全教育培训机制，组织开展社区矫正工作人员培训，通过规范执法业务培训、岗位练兵、经验交流等活动形式，促进社区矫正工作人员在知识结构、专业素养与所承担的责任义务相适应，不断提升社区矫正业务能力和水平。办公场地保障方面，对标司法部建设标准，优化执法场所，高标准建立“贡井区社区矫正中心”，形成“三区十八室”的功能布局，满足社区矫正综合行政、刑事执行工作平台的需要，整合贡井区社会心理服务指导中心资源辅助开展心理矫正。

三、“队建制”改革中取得的成效

从试点运行来看，队建制专业化成效凸显，体制机制运行顺畅。

（一）社区矫正机构“实战化”运行功能显著

社区矫正机构作为执法主体功能实体运行，实现社区矫正对象管理“扁平化”“高效化”“实战化”，社区矫正执法标准更加统一高效，社区矫正执法主体地位更加明确，责任更加清晰，执法效率更高，社区矫正案件质量把控更加精准有效。

（二）队伍专业化程度有质的提升

通过社区矫正对象专职、专岗的建设方向，社区矫正工作人员长期保持队伍稳定，执法中队人员保持 4—5 名政法专编、3—4 名辅助人员，有效避免司法所人员抽（借）调和其他事务干扰，有效避免人员不稳定的弊端，实现专职从事社区矫正工作。

（三）执法保障更有利

社区矫正执法中心建设严肃规范，目前社区矫正中心功能室严格按照“三区十八室”智慧矫正中心建设功能设置，均配备有报到登记、子监控、信息采集、教育矫正等功能室，并至少保障执法执勤用车。

（四）执法规范化实现新突破

社区矫正执法局职责明确、精力到位、职能到位。经过实践，实行“队建制”模式的县区社区矫正档案更加齐整健全，对社区矫正对象违反监管管理的处理更加及时规范，走访信息化核查、公益活动等工作也由原来难以落实到位，到现在保质保量完成。基层普遍反映，“队建制”建设不仅大大减轻了司法所工作量，还避免了司法所人情地熟带来的执法干扰。

四、推进社区矫正机构“队建制”改革存在的问题

虽然在社区矫正机构“队建制”方面各地做了大量的实践探索，但在实践中与社区矫正发展新形势、新要求有较大的差距，影响社区矫正“队建制”长远持续发展。

（一）社区矫正执法机构设置有待规范完善

与监狱管理和戒毒管理相比，《社区矫正法》实施后，各地尚没有真正意义上的社区矫正机构，大多通过建立社区矫正中心、执法大队等形式，其实质为司法行政机关内设科（股）室，尚不能对外独立行使国家刑事执行权。作为工作实体，人员编制未得到解决，现有“队建制”改革只是将局机关、司法所人员编制实现结构重组，并未实现社区矫正机构实质运行的突破。

（二）队建制缺乏统一标准

社区矫正“队建制”探索实践，各区县根据自身实际，探索出不同的“队建制”模式，如贡井区统一建立“区社区矫正执行局”由执行局直接统一管理，有的区县通过建立“中心司法所”模式和“大所带小所”，片区设置执法中队的模式。在执行文书和审批权限存在标准不统一，缺乏宏观指导性文件，在有关机关衔接配合、队伍力量配备、硬件设施保障等方面，缺乏政策支持，特别是争取编制部门的支持时困难较多。

（三）运行机制还有待完善

社区矫正监督管理实际属于不能完全脱离党委政府的一项综合性工作，社区矫正日常监督管理仍需依托于属地乡镇党委政府统筹协调，日常走访监管仍需村（社区）的协助，如何统筹好社区矫正机构与党委政府衔接仍有待于不断完善制度机制。社区矫正执行局工作人员承担了社区矫正执法工作较为繁重的工作任务和职业风险，在职业化保障方面仍然无实质性内容，对社区矫正工作人员激励机制不强，导致司法行政工作人员不愿意从事社区矫正工作。

五、推进社区矫正机构“队建制”建设的思考

推进社区矫正机构“队建制”建设，不仅需要做好顶层设计、强化政策支持，还需要在人员配备、场所建设、经费保障方面持续系统施策，这样才能保证有序推进并在改革创新中取得实际效果。

（一）实质明确社区矫正机构执法主体地位

借鉴监狱管理、戒毒管理做法，从机构、编制、人员方面明确社区矫正机构相对独立的工作实体，① 社区矫正机构应成为独立的法人，对外独立行使职权。由于机构、人员和编制方面政策限制，可考虑地方戒毒管理与社区矫正机构合并，成立“矫治与戒毒工作局”，一方面解决社区矫正机构、人员编制问题；另一方面解决社区矫正工作缺乏人民警察参与，对社区矫正对象缺乏震慑力的问题，既没有增加人员和机构编制，也有利于社区矫正工作开展。

（二）完善社区矫正运行机制

从顶层社区“队建制”建设工作路径，探索建立全省统一的县级社区矫正大队，乡镇一级中队，明确职责和义务，理顺工作关系，形成清单化、闭环式职责运行机制。② 在管理制度方面，建立社区矫正中队日常管理制度、岗位职责制度、工作流程制度、考核评价制度、学习培训制度、部门联动制度等，以适应新模式下工作新要求。

---

① 刘强：《依法加强县级社区矫正机构建设的前瞻性思考——以浙江省天台县为例》，载《中国司法》2021年第2期。

② 任少军、施文斌、郭琪：《社区矫正机构建设语境下“队建制”的实践探索与思考——以安徽省为例》，载《社区矫正理论与实践》2023年第1期。

（三）社区矫正执法身份和待遇问题有待完善

按照《中华人民共和国刑法》第94条的规定，司法工作人员，是指侦查、检察、审判、监管职责的工作人员。社区矫正机构执法人员是司法工作人员，严格意义上是刑法执行人员。但从现有工作实际来看，社区矫正执法人员缺乏执法标识和执法身份，省司法厅制作执法工作证并不被社会公众认可，实践中有行政执法工作证代替社区矫正执法工作证的情况，这明显不符合社区矫正执法规范。既然在解决社区矫正警察身份上存在较大阻力，那么在执法主体明确和执法标识上面，需要从国家层面进一步统一规范。在执法人员待遇方面，应当参照其他司法工作人员的标准，给予相应的职业保障，否则在推进社区机构"队建制"过程中社区矫正队伍稳定发展有较大的阻力。

宜宾市社区矫正执法队伍建设研究

杨　华　肖文星　唐志军*

社区矫正是国家行刑走向社会化的一个重要路径，也是刑事政策走向刑事一体化的重要表现。自2019年12月我国正式通过了社区矫正领域内第一部专有法律《中华人民共和国社区矫正法》（以下简称《社区矫正法》）以来，我国社区矫正工作进一步细化，对推动我国社区矫正工作的发展起到了重要作用。社区矫正制度的存在明确了我国社区矫正工作取得重大成效，让一大批社区矫正对象成功回归社会，充分体现了社会主义法治的优越性。

宜宾市以贯彻执行《社区矫正法》为重点，坚持以严监管、强规范、保稳定、促回归为目标，充分发挥社区矫正委员会牵头抓总、统筹协调作用，不断试点优化监管模式，着力构建“组织健全、制度完善、运行高效、协作配合”的社区矫正运行机制和探索打造“专职、专责、专业”的社区矫正执法队伍。宜宾市在社区矫正队伍建设中不断创新，取得良好成效，但仍存在司法所的社区矫正职责定位不当、社区矫正专业人员缺乏等问题，亟待完善解决。

一、宜宾市社区矫正执法队伍建设现状

截至2023年第二季度，宜宾市市级社区矫正机构工作人员3人，县级43人（含三江新区），县区选派监狱戒毒警察7人；累计接收社区矫正对象21395人，累计解除社区矫正对象18531人，在册社区矫正对象2864人，无影响社会稳定的重（特）大案（事）件发生。宜宾市社区矫正工作紧盯风险防控新形势、紧扣社会治理新要求、紧跟刑事执行新态势，引进有法律知识和心理咨询知识的专业人才，增强社区矫正工作力量，以适应新时期社区矫正工作高质量发展的要求。

（一）基层社区矫正管理结构不断优化

以《社区矫正法》的颁布为契机，宜宾市各区县司法局结合各地工作实际，为

---

* 杨华，宜宾学院法学与公共管理学部助教。肖文星，四川省宜宾市司法局党组成员、机关党委书记。唐志军，四川省宜宾市司法局社区矫正管理局副局长。

提高社区矫正工作队伍向专职化、专业化水平发展，采取有针对性、实效性的措施。

1. 设立社区矫正服务中心

筠连县司法局在保留社区矫正管理局和社区矫正执法大队不变的基础上，新成立了社区矫正服务中心。为县司法局下属事业单位，正股级，设主任1名，核定事业编制2名。社区矫正服务中心设立的主要目的是解决因公务员编制数少，参与开展社区矫正工作的专业人员少的问题。划定的事业编制有针对性地招录相关专业人员，专职专业开展社区矫正工作，极大提高了社区矫正工作的专业性和规范性。

2. 探索“队所联建”工作机制

司法所除承担司法行政9项业务工作外，还要参与乡镇中心工作，人员不足、精力分散，社区矫正工作很难落实到位。为进一步做实做强县级社区矫正机构，筠连县在县社区矫正大队（局）下设社区矫正执法中队司法所，由筠连镇司法所率先试点（筠连镇社区矫正对象占全县1/3以上），明确2名工作人员专职开展社区矫正工作，与开展司法所其他业务工作人员区分开来，推动社区矫正工作队伍向专职化、专业化转型，形成上下协同、运行顺畅的扁平化管理体系。

3. 成立县级社区矫正管理局

在长宁县、兴文县，开展“片区制”试点。一是在长宁县、兴文县推行“片区制”试点。由县编办正式行文将县司法局内设股室“社区矫正管理股”更名为“县社区矫正管理局”，加挂县社区矫正执法大队牌子，两块牌子一套人马，作为县级社区矫正机构，行使全县社区矫正刑事执行权。二是结合各地实际情况，优化调整乡镇司法所，探索整合力量实施司法所片区（社区矫正执法中队）联动机制，按照区域相邻、便于管理的原则，由县司法局出文，依托中心镇，设立社区矫正执法中队，每个中队辖3—4个镇作为大队下属机构，负责辖区内社区矫正工作。

成立县级社区矫正管理局，既能保持部、省、市、县四级社区矫正机构名称的同一性，又能赋予县级社区矫正机构相对独立的法律地位，也有利于在县级层面开展横向协调和监督管理，还有利于对下属社区矫正机构和社区矫正对象的统一管理。

（二）整合社区矫正执法队伍

以《社区矫正法》颁布实施为契机，2020年4月，在珙县创新实施社区矫正“队建制”改革。一是“片区化”组建矫正机构。积极争取县委编办，设立珙县社区矫正管理局，加挂珙县社区矫正执法大队牌子，根据“优化集中、方便管理、交通便捷、综合平衡”的原则，将全县乡镇划分为5个片区，组建5个社区矫正执法中队，实现了社区矫正“片区化”执法，“一体化”运行。二是“科学化”配备执法队伍。珙县社区矫正对象在册人数常年在300人左右，在保证各项司法行政工作正常运转下，按照1∶15的比例配置社区矫正执法队伍。其中社区矫正执法大队5人（3

专2辅)，设置大队长1名，副大队长1名，工作人员3名；社区矫正执法中队建制共16人（7专9辅)，设置中队负责人5名，工作人员11名。三是“专职化”开展执法工作。将社区矫正工作和司法所其他行政工作区分，即由社区矫正执法中队专人、专职、专业承担社区矫正对象日常管理和执法工作，不再从事司法所其他司法行政工作，司法所其他司法助理员专职从事除社区矫正执法外的其他司法行政工作。

二、社区矫正执法队伍建设存在的困境

虽然我国大力推进社区矫正建设，再加上《社区矫正法》的颁布，社区矫正工作和场所的条件较之前有了质的飞跃，但仍在机构设置、人员力量等方面存在不足。

（一）社区矫正机构设置尚需完善

1. 执法主体资格不明确

社区矫正机构设置的不完善，导致司法行政机关的主体地位不明确。随着我国社区矫正工作的不断深入推进，司法行政机关逐渐成为社区矫正的实际工作主体，且社区矫正工作占司法行政机关工作的大部分。《中华人民共和国刑事诉讼法》（以下简称《刑事诉讼法》）以及相关的法律法规并没有明确司法行政机关的社区矫正执法主体地位。另外，目前就宜宾市社区矫正工作的开展情况来看，实施“队建制”和“片区制”试点县的县委编办虽然批准设置了社区矫正管理局（县社区矫正执法大队)，但未批复下设执法中队，在执法上尚存在主体资格不明确的问题。

2. 执法主体职责权限模糊

在目前的基层社区矫正工作实务中，社区矫正机构的工作人员需要对被矫正对象进行思想教育、行为改造以及监督考核等，从事上述工作可能会涉及对被矫正对象的人身自由进行一定程度的限制，甚至涉及惩罚性质的内容。但与具有刑罚权的警察相比，社区矫正工作人员没有接受过相关的警务专业知识和技能训练，不具备基本的警察执法权限。因此，社区矫正工作人员在对被矫正人员进行约束时，其矫正工作难以进行，执法的安全得不到保证。①

同时，以司法所为代表的基层社区矫正机构的工作兼具法律工作和社会工作的特点，工作中以法律为切入点，以沟通、调解、宣传为主要手段，管理体制、人员编制带有明显地方差别。② 司法所的这些特质，与社区矫正执法的统一、规范、严格

---

① 但未丽：《当前中国社区矫正发展的困境及应对》，载《中国人民公安大学学报（社会科学版）》2015年第5期。

② 江西省司法厅课题组：《关于基层社区矫正队伍建设的探索与思考》，载《中国司法》2017年第2期。

等刚性需求格格不入，却与社区矫正的日常执法的社会化熟悉十分契合。

（二）人员力量不足

面对日益增多的社区矫正对象，大多数地区的社区矫正机构出现大量的人员短缺情况，社区矫正人员与被矫正对象的比例仍无法达到平衡。

1. 社区矫正工作者数量不足

目前宜宾市部分区县施行的“片区制”改革试点，仅是从缓解人员力量不足问题角度探索的权宜之计，没有从根本上实现专业、专职、专责预期，没有与司法所其他业务工作人员相剥离，均是司法行政部门内部调剂，一定程度上削弱了其他司法行政工作力量，专职专责进程不够。同时，在基层社区矫正机构还存在专职执法人员少，大多数工作人员身兼数职，人员流失过快、青年骨干留不住的问题。

2. 社区矫正工作者水平有待提升

社区矫正作为一种刑罚执行方式，具有强制性。社区矫正的这一性质其实对社区矫正工作人员提出了较高的要求，社区矫正工作者必须正确执行法律，维护社会的公平正义。同时，社区矫正对社区矫正工作者的综合能力有着极高的要求，不仅需要其在工作中协调事务，而且要具备和社区服刑人员进行良好的沟通交流的能力。[①] 社区矫正人员还应善于利用周围的社会资源，尤其是调动矫正对象的积极性，结合专业的矫正技术与方法，有效地开展工作，从而达到预期效果。[②]

目前，基层社区矫正机构的矫正人员存在文化素养参差不齐、法律素养不足、专业人才稀缺的情况。另外，基层社区矫正机构还存在司法所人员编制复杂、人员编制被挤占、司法所队伍不稳定的情况。

（三）社区矫正经费不足

社区矫正工作人员的薪资待遇普遍偏低，宜宾市各县（区）按照1400元/人/年的标准预算社区矫正工作经费，已多年未予动态调整。社区矫正经费不足，没有较好的福利待遇，社区矫正工作者的工作积极性会相应降低，影响社区矫正的实效。另外，社区矫正需要由掌握社区矫正技术的专业人才来进行，经费的不足无法吸引到相应的人才。社区矫正经费不足造成社区矫正的工作经费无法满足日常工作需要，目前我国的社区矫正工作标准仍然较低，只能维持社区矫正基本工作的开展，无法将社区矫正教育活动开展得更加多样化，更无法开展具有针对性的社区矫正教育

---

① 陈姻静：《以“刑”唤“行”——志愿服务队伍孵化在社区矫正社会工作中的运用》，载《中国社会工作》2018年第1期。

② 贾晓文：《社区服刑人员家庭成员参与社区矫正研究与思考》，载《犯罪与改造研究》2018年第11期。

工作。

（四）多元参与度不高

目前有关职能部门和群众对社区矫正工作还停留在知晓层面，缺乏必要而主动的支持，还未有效建立起社会广泛参与的制度机制，仍存在社区矫正机构单打独斗的局面。同时，社区矫正机构作为司法局下设的机构，与具有刑罚执行权的公安机关相比，自身职能相对较弱，其权威性稍显不足，影响社区矫正的效果。社区矫正机构工作人员在实际执行过程中，通常进行简单的批评教育，缺乏强制力约束，会导致社区矫正的威慑力不足，违规成本低；被矫正人员在平时的矫正过程中肆意妄为，也可能会造成社区矫正工作人员的可操作性空间大，不作为的情况发生。

三、加强社区矫正执法队伍建设的措施

社区矫正队伍建设的问题，是涉及我国现行刑罚执行体系和司法行政管理体制改革完善的深层次问题。只有通过从法律层面明确社区矫正机构执法主体地位，完善社区矫正队伍建设的保障机制等全面推进社区矫正的专业化建设，才能解决当前社区矫正面临的难题，实现刑罚目的和社会效果的统一，从而更好地维护社会公平正义。

（一）明确执法主体资格和权限

完善社区矫正执法的程序衔接。从法律层面明确社区矫正的性质，通过《刑事诉讼法》对执法主体资格进行确认，设置完善的法律制度进行保障。要从统一刑罚执行体制的层面，统筹建立社区矫正与监禁刑罚高效联动体系，实现二者的有效衔接。进一步明确司法行政机关的执法地位，参照《中华人民共和国监狱法》进一步明确县级司法行政机关是国家的非监禁刑罚执行机关，依法对管制、缓刑、假释、暂予监外执行罪犯在社区内执行刑罚。让司法行政机关独立行使社区矫正执法权，并承担相应的法律后果，使责、权、利三者相互匹配。①

宜宾市各区县在目前已设立社区矫正管理局（县社区矫正执法大队）的基础上，可成立社区矫正执法中队。根据各地区社区矫正对象数量、地域范围和工作开展情况，在执法大队下设若干个执法中队，承担社区矫正日常监管执法职责，主要负责办理定期走访、日常监管核查，组织个别谈话、学习教育、社区服务，依法对社区

---

① 江西省司法厅课题组：《关于基层社区矫正队伍建设的探索与思考》，载《中国司法》2017 年第 2 期。

服刑人员给予警告，建议提请治安处罚、撤销缓刑、撤销假释、收监执行、减刑和缩短考验期等刑罚执行事项等工作职能。[①] 社区矫正执法中队设立后，配备一定数量的社区矫正警察和社区矫正辅助人员，并明确其相应职责。明确执法主体的资格和权限，将有利于矫正经验的积累和矫正教育以及矫正方法的更新。

（二）健全完善社区矫正队伍保障机制

1. 加强经费保障

加强经费保障。制定出台社区矫正经费的最低保障标准，采取由中央、省、市、县四级按比例负担的保障方式，并建立与经济社会发展相适应的动态增长机制，确保社区矫正工作的正常开展。与所在地区财政部门配合，制定当地社区矫正的实际工作经费标准，将社区矫正经费纳入当年财政预算，并予以足额的保障，从而保证和推动社区矫正工作的顺利进行。

2. 增强执法队伍力量

第一，核准编制，扩充人员。从宏观方面，要增强社区矫正的队伍力量，需要增加社区矫正的专业工作人员。对于司法所的人员配备，尽量采取阶梯式结构，既要配备年轻的干部，又要配备经验丰富的干部，对基层社区矫正机构的人员构成进行合理优化。如果出现岗位空缺，及时报请县（市、区）组织、人事进行公开招录，保证人员的连续性和稳定性。以科学考核为有力抓手，量化考核指标，结合工作实际，协调县（区）编办，支持各县（区）成熟一县改制一县。

第二，提高执法队伍素质建设。工作人员必须在取得相应的资格证书后，才具备开展社区矫正工作的资格。建立业务培训机制，加大业务培训力度，实行年审注册制。社区矫正人员每年都必须参加一定课时的业务培训，并通过相关考核。要通过专题培训、以会代训、外出学习、网络培训等多种形式，不断提升执法人员的职业素养和执法水平。同时，打通职业晋升通道，根据社区矫正工作特点，为不同的人员设定不同的专业层级，建立职务晋升机制，提升执法队伍的稳定性。

---

① 江西省司法厅课题组：《关于基层社区矫正队伍建设的探索与思考》，载《中国司法》2017 年第 2 期。

（三）加强多元化教育帮扶

1. 扩大对辅助力量的招募

社区矫正的实质，是将犯罪人由“被动接受矫正”的角色转化为“自愿参加矫正”的过程，而基层组织作为完成转化过程的中坚力量，具有重要作用。在对被矫正人员进行矫正的工作中，其应当充分发挥基层组织的作用和影响力，由熟悉本地区具体情况的干部进行指导，发挥社区矫正工作中“社会性”的显著优势，为多元化帮扶工作提供支持。①

同时，引进和推动社会力量参与社区矫正工作，全市将继续统一采购社会服务，委托第三方为全市社区矫正对象开展心理辅导、危机干预、远程在线教育等，为各县（区）重教育、真帮扶解决后顾之忧。面向全社会进行招聘，建立社区矫正志愿者队伍。号召公、检、法、司有关退休干部参与到社区矫正工作中来，这部分人有着丰富的刑事司法经验，既可以弥补社区矫正人员数量不足的情况，还可以提升社区矫正水平和专业化程度。

2. 充分发挥高校的作用

目前，全国大部分高校均设置有社会工作专业，社区矫正工作的开展，可以充分利用好高校学生这一资源。将社区志愿服务的理念进行广泛传播，号召大学生参与到社区矫正工作中。社区矫正机构可以通过与设置有社会工作、法学专业的高校签订实习计划的方式，推动学生将理论与实践相结合，参与到基层社区矫正所举行的各类活动和培训中，弥补人员力量的不足，同时学生也能发挥专业所学，推动社区矫正机构的专业化。

通过多渠道进行多元化教育帮扶，号召全社会的力量，缓解社区矫正机构工作人员的工作压力，提高社区矫正工作的实效性。

（四）提高规范化执法监管水平

完善法院、检察院、公安机关、司法行政机关和监狱协作机制，定期开展巡检巡查；进一步明确司法行政机关、社区矫正机构和司法所的职责任务，切实做到各司其责、各尽其责。注重法治化保障推进，充分发挥社区矫正委员会的统筹协调作用，推动各成员单位多方发力分类指导、精准施策监管帮扶，实现工作成效最大化。

同时，建立完善的监督机制。因社区矫正管理监督涉及面广、任务繁重，需要建立完善的监督机制。完善的监督机制能够有效地加强各部门在社区矫正工作上的协作，同时也能起到制约法院、检察院、司法行政机关等国家公权力机关的作用，

---

① 黄思翰：《社区矫正工作者队伍建设研究》，载《就业与保障》2020 年第 13 期。

能够更好地保障社区矫正工作的有序开展。

（五）注重智能化提质增效

1. 优化智能矫正中心功能

持续高标准建设阵地，不断推进“智慧矫正中心”纵深发展，及时总结监管队伍试点成果并形成制度机制，以科学考核为有力抓手，量化考核指标，结合工作实际，协调县（区）编办，支持各县（区）成熟一县改制一县，打造具有宜宾特色的社区矫正管理队伍。

2. 制订有针对性的矫正方案

社区矫正的被矫正对象具有差异性，其生活的场所以及具有的技能往往不同。如果仅采取单一的社区矫正方法，社区矫正的效果将无法达到最大化。为了更大程度地利用社区矫正资源，更好地发挥被矫正对象的主观能动性，在原有的社区矫正教育的基础上，可以更多地融入文化知识教育和职业技能培训方面的内容。对被矫正人员进行教育评估，通过对其进行定期的问卷调查、谈话，了解其思想动态，评估其教育矫正效果，及时调整相应的矫正方案。

在当前全面推进社区矫正工作的社会大背景下，社区矫正工作者队伍建设势在必行，健全完善社区矫正队伍保障机制、提高规范化执法监管水平、加强多元化教育帮扶等是推进我国社区矫正工作队伍建设的有力举措。通过加强人员保障、经费保障、智能化助力社区矫正等方法可以弥补当前我国社区矫正工作的局限性，从而保障社区矫正工作的顺利进行；同时，也能使我国社区矫正工作更加专业化，社区矫正教育更加多元化，提高针对被矫正对象进行社区矫正的质量，打造一支高质量的社区矫正管理队伍。

浅谈构建社区矫正专门执法队伍

——以贵州省L市为例

翟　凯*

《中华人民共和国社区矫正法》（以下简称《社区矫正法》）的施行，标志着我国的社区矫正制度得到了法律的确认，正式迈入了高质量发展的法治化建设轨道。作为直接影响社区矫正工作落实力、政策执行力的社区矫正机构工作人员，事关社区矫正质量水平和目的实现。2020年以来，全国各地相继建立了社区矫正委员会和社区矫正工作机构，配备了工作人员，开始履行监督管理、教育帮扶等社区矫正工作职责，但社区矫正执法队伍的专职化、正规化建设不尽相同，各有特点。本文从相关概念入手，简要介绍国内社区矫正执法队伍研究现状，认真剖析贵州省L市社区矫正执法队伍建设现状，分析存在的问题及原因，提出构建社区矫正专门执法队伍的对策和设想，旨在促进社区矫正专门执法队伍专职化、正规化建设。

一、国内有关社区矫正专门执法队伍研究现状简述

（一）相关概念厘析

1. 社区矫正机构工作人员

根据《社区矫正法》第10条的规定，我们可以这样界定社区矫正机构工作人员，即在社区矫正机构中，履行监督管理、教育帮扶等社区矫正执法工作的专门国家工作人员。这里需要说明的是，社区矫正机构工作人员应该专属于社区矫正机构中具有国家公务员身份的工作人员，应与其他编制性质的工作人员区分开来。

2. 社区矫正执法队伍

社区矫正执法队伍作为一种组织形式，是由社区矫正机构工作人员、其他编制性质的工作人员以及社区矫正社会工作者、志愿者及辅助人员共同组成的。在社区

* 翟凯，贵州省六盘水市司法局四级警长。

矫正执法队伍中，应该明确的是只有社区矫正机构工作人员（国家工作人员）具有社区矫正执法权力，其他人员属于配合、辅助、协助开展社区矫正执法工作，不能单独执法。

（二）国内有关社区矫正执法队伍建设研究简述

社区矫正制度经过多年的发展，国内研究学者在社区矫正执法队伍的分类、人员培养、经费保障、激励体制、活力激发、现实问题等方面已有许多的观点和看法，有相关的论证。本文主要简述社区矫正执法人员是否应该具备警察身份。为方便理解，本文将社区矫正执法人员是否应该具有警察身份界分为肯定说和否定说。

1. 肯定说

肯定说认为，社区矫正执法人员应该具有警察身份，主要是基于社区矫正执法人员的工作性质和内容而言的。社区矫正作为刑罚执行的一种，具备法律严肃性是应然性要求，理应是刑罚执行一体化的一部分。社区矫正执法人员具有警察身份，可以更好地展现执法的权威性，保障社区矫正执法在社会中获得大众的普遍认可和社区矫正对象的一致认同，可以更好地提升社区矫正的效果，减少社区矫正对象不服管教、抗拒教育等情形，也有利于促进社区矫正工作的社会化，毕竟，就社会现状而言，穿着警察制服的工作人员当然享有国家和社会赋予的执法便利与执法威严，而穿着普通群众衣服的工作人员在开展执法工作时难免有些难堪，在执法效果上不足以获得社会普遍认可和社区矫正执法对象的信服。

2. 否定说

否定说认为，社区矫正执法人员不应该具有警察身份，主要是基于世界主要国家有关社区矫正的做法和国家通行惯例而言的，目前，我国并没有规定社区矫正执法人员应具有警察身份，可以推知采用的是否定说的相关观点。社区矫正作为一个新的警种，会增加法律、经济、社会负担和社会认知障碍，不利于轻刑化观念在社会的推进，还有就是对社区矫正对象增加心理负担，认为仍旧没有摆脱“监狱”束缚，仍处于“监禁状态”，不利于社区矫正对象融入正常的社会生产生活中。另外，根据《联合国囚犯待遇最低限度标准规则》，假释监督不可委之于警察。① 无论是英美法系国家，还是大陆法系国家，社区矫正工作都是作为一种刑事执行方式，有着较多的法律规定和完整的执行体系，社区矫正执法人员作为关键一环，有更严密的工作体系和保障机制。另外，否定说还认为应该参考国外有益实践，建立我国社区矫正的专业职业体系。比如，英国的缓刑官、缓刑服务官等职务体系，美国的缓刑

---

① 司绍寒：《我国社区矫正队伍建设研究》，载《河南司法警官职业学院学报》2014 年第 4 期。

官、假释官等职务体系。①

本文认为，从我国国情和刑事执行的实际出发，社区矫正机构工作人员不应该具有警察身份，但需要具有警察身份的工作人员参与到社区矫正工作中。一方面，社区矫正是非监禁刑，旨在促进社区矫正对象融入正常的社会生活，亦是轻刑化、宽严相济刑事政策的体现，警察固有的执法形象，会造成社区矫正对象融入社会生活的诸多障碍，如调查评估时，会被周边群众误认为其再犯错了。另一方面，选派具有警察身份的工作人员参与到社区矫正工作中，可以保证社区矫正执法的严肃性和权威性，防止社区矫正对象不服管教等阻碍情况，更好地帮助社区矫正机构工作人员开展相关工作。

二、贵州省L市社区矫正执法队伍建设现状

（一）贵州省L市社区矫正执法队伍概况

贵州省L市社区矫正工作由社区矫正科（对外称贵州省L市社区矫正管理局）承担，负责指导、协调、监督本系统内的社区矫正相关工作。贵州省L市司法局社区矫正科为正科级内设机构，现有工作人员4人，其中政法专项编制2人，强制隔离戒毒所派驻民警1人，辅助人员1人。

贵州省L市T区、P市、S区、Z区设立了县级司法局，4个县级司法局均设立了社区矫正科（股），对外称××市（区）社区矫正管理局，为司法局正股级内设机构。T区司法局社区矫正股现有工作人员3人，其中政法专项编制2人，强制隔离戒毒所派驻民警1人。P市司法局社区矫正管理科现有工作人员6人，其中政法专项编制2人，事业编制1人，强制隔离戒毒所派驻民警1人，聘用制社会工作者2人。S区司法局社区矫正股现有工作人员3人，其中政法专项编制1人，强制隔离戒毒所派驻民警1人，辅助人员1人。Z区司法局社区矫正管理股现有工作人员5人，其中政法专项编制1人，强制隔离戒毒所派驻民警1人，辅助人员3人。

根据司法所的工作职责，贵州省L市在全市92个乡、镇、街道以行政区划对应设置了92个司法所，司法所为所在县级司法局的派出机构，受所在县级司法局委托，指导乡（镇）人民调解工作、承担队伍建设、社区矫正、普法宣传、法律援助、依法治理、安置帮教及法律服务等工作。T区司法局辖18个正股级乡、镇、街道司法所，现有政法专项编制工作人员16人，每个司法所均由乡、镇、街道人民政府安排1名工作人员协助司法所开展相关工作。P市司法局辖27个正股级乡、镇、街道

① 司绍寒：《我国社区矫正队伍建设研究》，载《河南司法警官职业学院学报》2014年第4期。

司法所，现有工作人员 89 人，其中在职在编包括政法专项编制 41 人，聘用制社区矫正社会工作者 48 人。S 区司法局辖 30 个正股级乡、镇、街道司法所，现有工作人员 54 人，其中政法专项编制 34 人，工勤 17 人，聘用制辅助人员 3 人。Z 区司法局辖 17 个正股级乡、镇、街道司法所，现有工作人员 34 人，其中政法专项编制 17 人，聘用制辅助人员 17 人。

（二）贵州省 L 市社区矫正执法队伍情况

贵州省 L 市司法局社区矫正科作为市级层面的社区矫正工作机构，可以视为市级社区矫正执法力量，其工作人员自然组成社区矫正执法队伍。由此，现有工作人员 4 人，其中应该明确的是政法专项编制的 2 名工作人员具有社区矫正执法权，强制隔离戒毒所派驻民警在特殊情况下，可以履行执法权，但应当有政法专项编制的 1 名工作人员共同完成，辅助人员仅限完成辅助性的工作任务，不能执法。执法权的归属问题是由社区矫正制度的性质所决定的，亦是由《社区矫正法》的规定所决定的。

1. 学历层次

贵州省 L 市级层面执法队伍学历均为大学本科，没有大专及以下学历工作人员，表明市级层面执法队伍整体受教育程度较高，有一定智力支持，能够在一定程度上较好贯彻社区矫正方针，执行社区矫正工作。本文认为，高学历虽然不能代表工作的高效率，但高学历代表了工作人员的受教育水平，能够为贯彻执行工作和实现工作意图提供优于一般认知水准的执行力、理解力和思维力。

2. 编制性质

贵州省 L 市市级层面执法队伍按照核定编制数超额配备了工作人员，总人数为 4 人，其中，满额配备政法专项编制工作人员 2 人，额外配备派驻民警 1 人，聘用制辅助人员 1 人，满足了社区矫正执法人员应当是国家公务员的执法主体身份要求，执法主体合法性得到保障。

3. 专业

贵州省 L 市市级层面执法队伍中具有法学（法律）教育背景的工作人员有 2 名，其他专业工作人员 2 名，没有教育学、心理学、社会工作等专业工作人员，专业符合度一般。

4. 年龄结构

根据调研，贵州省 L 市市级层面社区矫正执法工作人员 30 岁以下 1 人，30 岁至 35 岁 2 人，36 岁至 40 岁 1 人，平均年龄为 32.7 岁，年龄结构合理，充满活力，可以较好地履行社区矫正相关执法工作。

5. 性别构成

贵州省L市市级层面社区矫正执法工作人员中男性3人，女性1人。女性工作人员主要从事辅助性工作，从性别出发，男性工作人员可以从事较为艰苦的出差、调研、检查等工作，为市级层面社区矫正工作的开展奠定了较好的工作人员基础。

6. 通过国家统一法律职业资格考试人数

贵州省L市市级层面社区矫正执法工作人员通过国家统一法律职业资格考试1人，占比25%，获得A证，有公职律师工作证，可以为社区矫正执法工作提供更好的法律支持。

综上所述，贵州省L市市级层面社区矫正执法队伍组织整体较为完善，编制、学历、专业、年龄、性别等组成结构较为合理，拥有法学（法律）专业知识的工作人员达到了2名，占比50%，能够满足市级层面的社区矫正执法工作需要。最为关键的是，在市级层面，执法队伍中有3名工作人员具有国家公务员身份，属于超额配置，可以肯定贵州省L市司法局对社区矫正工作的重视，以及作为执法主体，必须保证执法主体的合法性。贵州省L市司法局在机关编制和工作人员极为紧张的情况下，能够保证社区矫正科的工作人员数量，并且严格按照社区矫正执法需求配置在职在编人员，这点值得其他地区借鉴，特别是贵州省L市的4个县级司法局，应该秉持严格依法执法原则，对照配置工作人员，确保社区矫正执法人员的身份合法，即具有《社区矫正法》规定的身份属性，享有国家赋予的社区矫正执法权力。

（三）贵州省L市社区矫正一线执法队伍情况

贵州省L市社区矫正一线执法队伍主要由4个县级司法局社区矫正股（科）和92个乡、镇、街道司法所的工作人员组成，现有工作人员总数为210人，其中县级司法局社区矫正股（科）工作人员17人，乡、镇、街道司法所工作人员193人。T区社区矫正执法队伍中，经特区人民政府协调，每个乡、镇、街道人民政府均指派1名工作人员协助基层司法所开展社区矫正相关工作，因为这些工作人员属于协助性质，工作仍以所属部门为主，故不计入统计数据。P市社区矫正执法队伍中，由P市人民政府以招聘社会工作者的方式，招聘了一批社会工作者参与社区矫正工作，与聘用制辅助人员有一定区别，属于专职从事社区矫正工作但不占用编制的工作人员。S区社区矫正执法队伍中，较为特殊的是配备了工勤编制的工作人员。Z区社区矫正执法队伍中，每个基层司法所均有1名政法专项编制工作人员和1名聘用制辅助人员。

1. 学历层次

贵州省L市社区矫正一线执法队伍中，大学本科学历114人，占社区矫正一线执法队伍总人数的54.3%，大专及以下学历96人，占社区矫正一线执法队伍总人数的

45.7%，没有硕士及以上学历工作人员。通过调研，大专及以下学历工作人员多为社会工作者、聘用制辅助人员，大多数工作于偏远、条件艰苦的乡、镇司法所，且多为当地人或临近乡镇人员。在职在编工作人员基本具有本科学历，基本满足社区矫正一线执法的智力需要。从近年招录情况和聘用情况看，除偏远、条件艰苦乡镇司法所外，基本要求应招、应聘人员具有本科及以上学历。

2. 编制性质

贵州省L市社区矫正一线执法队伍中，政法专项编制119人（含事业编制1人），工勤编制17人（全部在S区司法局），社会工作者50人（全部在P市司法局），聘用制辅助人员24人。4个县级司法局社区矫正一线执法工作人员17人，其中政法专项编制（含事业编制）11人，社会工作者和聘用制辅助人员6人；92个乡、镇、街道司法所社区矫正一线执法工作人员193人，其中政法专项编制108人，工勤编制17人，社会工作者48人，聘用制辅助人员20人，能够保证每个基层司法所至少有1名政法专项编制（国家公务员）工作人员。但实际情况是，少数司法所没有专职的政法专项编制的工作人员，而是由乡镇（街道）人民政府的工作人员（可能是公务员，也可能是事业编制工作人员）协助处理相关工作。

3. 专业

贵州省L市社区矫正一线执法队伍中，具有法学（法律）教育背景的工作人员有76人，教育学专业8人（含心理学1人），社会工作专业10人，其他专业116人。总体而言，适合从事社区矫正工作的法学、教育、心理学、社区工作等专业的工作人员有94人，约占一线执法队伍总人数的44.8%，占比较低，对开展好社区矫正执法工作具有一定限制，给法律适用、程序适用等方面带来一定挑战。

4. 年龄

贵州省L市社区矫正一线执法队伍中，工作人员年龄在30岁及以下的有65人，31—40岁的有86人，41—50岁的有33人，51岁及以上的有26人。总体而言，40岁及以下工作人员有151人，占一线执法队伍总人数的71.9%，这部分工作人员属于中坚力量，是社区矫正执法工作得以有力推进、有力施行的坚强保障，换言之，贵州省L市社区矫正一线执法队伍是一支年轻的队伍，充满了干事创业的活力和动力，只要激励得当、保障有力，是完全有能力推动社区矫正工作高质量发展的。

5. 性别构成

贵州省L市社区矫正一线执法队伍中，男性工作人员有126人，女性工作人员有84人，男性略多于女性。通过调研，贵州省L市92个基层司法所中，有12个基层司法所工作人员全部为女性，给走访、调查、帮扶等工作带来挑战。

6. 通过国家统一法律职业资格考试人数

目前，贵州省L市社区矫正一线执法队伍中，通过国家统一法律职业资格考试的工作人员有 11 人，占一线执法队伍总人数的 5.2%。

综上所述，配备政法专项编制工作人员是社区矫正执法主体身份合法性、合规性的必然要求，但基层司法所基本只配备了 1 名，执法主体的数量不多，且社区矫正执法工作需求的法律、教育、心理、社会工作等专业工作人员占比少，数量少，部分基层司法所甚至没有上述 4 个专业的工作人员，另外，大量聘用社会工作者和聘用制辅助人员，少数司法所工作人员全部为女性，都给社区矫正一线执法工作的顺利、有效、有力实施带来了挑战和风险，基层执法力量仍然薄弱，“事多人少”局面仍然存在，限制了社区矫正一线执法工作的深入开展。

三、存在的问题及原因

（一）基层执法队伍力量薄弱

一是执法队伍配置不平均。基本上，每个县级司法局社区矫正股（科）均只核定了 1 个编制，完成实际工作是十分不现实的，需要多配工作人员才能完成。贵州省 L 市有 4 个县级司法局社区矫正股（科），T 区、S 区司法局社区矫正股均只有 3 名工作人员，均包括强制隔离戒毒所的派驻民警，而 P 市司法局社区矫正科配备了 6 名工作人员，是 T 区、S 区的两倍。以 T 区为例，T 区司法局派出 18 个基层司法所，在职在编仅 16 人，有 2 个基层司法所的工作由当地乡镇人民政府指定的工作人员协助处理。二是执法人员分配不均衡。为了实现上级有关司法所工作人员不得低于 2 人的要求，各地采取了不同的措施，以 P 市为例，向社会招聘了大量的社会工作者，充实基层司法所人员力量，在 P 市司法局派出的 27 个基层司法所中，有 1 个司法所配备了 6 名工作人员，有 2 个司法所配备了 5 名工作人员，所有司法所均配备了 2 名及以上工作人员。但 P 市部分乡镇司法所接收社区矫正对象数量少，2 名工作人员的配置有些“奢侈”，部分乡镇司法所接收社区矫正对象数量多，3 名工作人员的配置略显“疲惫”。

（二）社区矫正业务水平不一

自建立社区矫正科（股）以来，社区矫正工作人员流动性大、稳定性差，特别是基层司法所工作人员，部分工作人员甚至来不及开展规范、统一的岗位培训就调整岗位或自动离职。一是政策法规掌握不足。在实际工作中，部分社区矫正执法人员不能运用有效措施应对社区矫正对象不服管教、出言顶撞等情况，损害了社区矫正执法的严肃性和威严性，也使得部分社区矫正对象滋生对抗思想、抵触情绪。二是应对新问题、新挑战措施不足。在实践中，部分社区矫正对象受制于现实条件，难以定期完成集中教育或者其他定期活动，如暂予监外执行人员应每三个月到指定医院接受一次病情复查，部分暂予监外执行人员本身生活困难，加之身体条件不允许，疲于应对病情复查之路，社区矫正机构因受限于工作职责和权力范畴，在协调难度大、政策规定不足的情况下只能“见招拆招”，难以形成长效措施。

（三）基层社区矫正任务繁重

社区矫正属于刑事执行中的非监禁刑，执法权力应当专属于国家工作人员，即专属性。但实践中，除了县级及以上社区矫正科（股）能够实现工作人员专职从事社区矫正执法工作，基层司法所工作人员一般兼人民调解、普法宣传、法律援助、依法治理、安置帮教及法律服务、远程视频会见等司法行政工作，部分基层司法所工作人员还要从事所在乡（镇、街道）党委、政府安排的其他非司法行政工作，难以从繁重的乡镇工作或司法所工作中剥离出专职社区矫正工作人员来，在一定程度上限制了社区矫正工作的深入开展。基层司法所直接承担了社区矫正对象的监督管理、教育帮扶等工作，具体完成监督管理、走访调查、个别谈话、教育帮扶等工作，“跨界”作业现象层出不穷，这对人少事多的基层司法所来说是无力抗衡的巨大负担，且完成多项工作，限制了社区矫正工作的质量和效益，许多基层工作人员疲于应付，难以全身心投入社区矫正具体工作中。

（四）执法后勤保障有心无力

后勤保障是提升队伍战斗力的坚实后盾，有效解决后顾之忧是确保队伍一往无前战斗的关键一招。在调研中，县级及以下社区矫正机构及其工作人员均面临执法后勤保障有心无力的问题。一是工资待遇低。近年来，L市招聘社会工作者、聘用制辅助人员协助、辅助完成社区矫正工作是充实一线工作队伍有益实践，但待遇较低、报酬失衡，导致留不住人的情况长期发生。二是设备配置少。L市92个基层司法所，分布零散，间距较长，部分位置偏远，如S区最偏远乡往返区中心需要至少5个小时。与公安派出所、法院派出法庭相比，司法所办公设备落后，执法记录仪等设备配置少，基本没有配置交通工具，给社区矫正工作的及时、有效开展带来较大困难。

（五）执法权力运用势单力薄

《社区矫正法》《中华人民共和国社区矫正法实施办法》等法律法规，赋予社区矫正的执法权力太少，基本以监督、教育、帮扶为主，在一定程度上与刑事执行的强制性难以匹配。一是执法权力不足以形成震慑，惩罚性措施威慑性不足。社区矫正执法人员面对社区矫正对象的违规行为，如越界不报备、24小时不定位等，基本以电话联系、通知找人等方式处理，特别是找人，严重滞后于行为发生时间，处理难度较大。社区矫正警告、训诫等不是实体的惩罚性措施，很难对社区矫正对象形成强有力的威慑。在实践中，部分社区矫正对象对社区矫正执法人员出言不逊、抵触情绪较重情况时有发生，但目前除口头警告、说服教育、“一纸文书”外，很难有直接有效的现场处置措施。二是执法身份不明确，职权界限不明晰。社区矫正机构工作人员在执行职务过程中，缺乏必要的身份辨识，与社区矫正这一刑事执行很难相匹配，在工作中易被群众认为是化处矛盾纠纷、普法宣传等，在调查评估过程中亦增加了阻碍。社区矫正工作属刑事执行活动，但社区矫正工作基本由基层司法所工作人员承担，基层司法所工作人员的工作内容应属于实施行政权力，而不应是涉刑事的执法活动，权限不清、权责不明，导致基层司法所在执行社区矫正过程中，责任过大，权力过小。三是社区矫正工作人员的职业认同感低，侧面影响了社区矫正执法权力的运用。执法场所、执法设备、执法标识、执法装备等现实条件的限制，让社区矫正工作人员执法举步维艰，直接影响了社区矫正工作人员的职业认同。

四、构建社区矫正专门执法队伍的对策和设想

（一）探索建立社区矫正专门执法队伍

建立健全社区矫正专门执法队伍，是依法执法的必然要求，执法的首要前提是执法依据的前置性和执法主体资格的合法性。就 L 市的实际而言，每个县级司法局社区矫正执法队伍不尽相同。比如，Z 区探索创建社区矫正执法大队，整合司法所、公安派出所和其他社会工作者、志愿者资源，建立社区矫正执法大队；S 区实行司法行政工作证制度，执法人员统一佩戴司法行政徽章，严格落实亮证执法。

本文认为，探索建立社区矫正专门执法队伍是十分有必要的。一是以县级行政区域为界，探索建立跨乡、镇、街道的社区矫正执法队伍。基于各地编制数量和编制管理情况，在不改变县级司法局管理体制的前提下，仅对社区矫正职责范围的资源整合是可能实现的。比如，在 T 区，针对社区矫正对象较少，甚至没有在册社区矫正对象的乡镇配备社区矫正工作人员是浪费资源的，应将周边三个至四个乡镇的社区矫正工作人员整合在一起，建立社区矫正大队或社区矫正执法工作站，作为县级司法局的派出机构，专职负责社区矫正工作。二是在社区矫正大队或社区矫正执法工作站建立后，探索建立“1+P+N”工作模式。“1”即 1 名社区矫正机构工作人员，属于国家工作人员；“P”即 1 名具有警察身份的工作人员，可以是监狱或戒毒所的派驻民警，也可以是公安派出所的民警；“N”即 1 名社区矫正社会工作者、社会志愿者或聘用制辅助人员。“1+P+N”共同组成一个社区矫正工作组，负责至多 50 名社区矫正对象的工作，包括监督管理、教育帮扶、调查评估等工作。三是实行定

期轮换或随机调配。在职在编工作人员、社会工作者、志愿者或辅助人员入驻社区矫正大队或社区矫正执法工作站后，可以实行两年或三年换岗的模式，监狱或戒毒所派驻民警遵循“一年一换”的模式。同时在一个县级行政区域内，各大队（工作站）工作人员可以根据各自执法区域内社区矫正对象数量或社区矫正工作情况的变化，随即调配工作人员，以便合理配置人员，科学谋划工作开展。四是探索实施佩戴统一标识，加强社会认可。参照地方政府农业、城市管理、自然资源、文化市场等执法模式，探索实施佩戴统一的执法标识，可以是徽章、执法证件、服装等形式，曝光社会知名度的同时，实现社会认可，增强执法队伍的严肃性。五是探索建立大队（工作站）的轮训、培训等制度，提升建章立制水平。参照公安、法院、检察院等相关工作，加强工作人员社区矫正法律法规的学习，提升工作人员政策法规运用水平，根据管理权限，在法律法规允许的范围内，制定行业性规范，制定执法标准，同时赋予大队（工作站）工作人员一定范围的自由裁量权，强化执法监督检查机制，确保社区矫正严格依法执法。六是探索建立职业准则和纪律规定。社区矫正专门执法队伍作为一支执法队伍，应当建立自己的职业准则和纪律规定，可以参照军队、警察等建立相关条令条例，增强队伍职业感，激发荣誉感。

（二）探索扩充主体，实现社区矫正多元化治理

社区矫正是一项牵涉部门广、工作复杂度强、追求目标高的综合性刑事执行工作，需要社会多方的齐抓共管、共同参与，仅靠社区矫正专门执法队伍的力量显然不足，应该扩充参与主体，配合社区矫正专门执法队伍抓好相关工作。社区矫正委员会要充分发挥协调组织作用，动员政府部门、社会力量参与社区矫正治理工作。一是政府部门充分发挥职责。检察院、法院、公安局、司法局等政法单位聚力社区矫正工作，加强会商研判和信息共享，在社区矫正难点、困点问题上群策群力、汇聚力量，切实推动本区域内社区矫正工作高质量发展。同时，消除部门壁垒，实现人员互通交流，推动政府部门工作人员能够在必要时参与到社区矫正工作中，有效及时化解本区域内社区矫正重大影响案件，构建起坚强、高效、实干的社区矫正执法队伍。二是合理利用高等院校优势资源。采取合作模式，充分依托行政区域内高等院校的教育、心理、医疗等优势资源，向外拓展高校资源，建立实训基地，建立宣传阵地，实现“宣传+实训”双向推进，做深做实社区矫正工作。同时，可以利用高校资源开展业务培训、理论研讨等工作，提升社区矫正专门执法队伍的业务和理论水平。三是社会力量有效参与治理。充分依托本地资源，与当地社会工作、志愿工作组织建立合作，同时与企业、村居经济组织等加强沟通交流，为社区矫正对象融入社会、开展正常生产生活提供帮扶条件，助力社区矫正对象切实改过，推动社区矫正多元化治理。

（三）探索建立后勤保障机制，解决后顾之忧

兵者云：兵马未动，粮草先行。社区矫正的工作对象是特殊的，需要工作人员投入极大的精力和努力。基于此，建立后勤保障机制，是解决社区矫正专门执法队伍后顾之忧的必要之举。一是建立专门经费。拨付专门经费用于社区矫正宣传推广、调查评估、教育帮扶等工作，保障经费的专款专用。二是增加福利待遇，提高辅助人员待遇。社区矫正辅助人员是社区矫正专门执法队伍的重要组成部分，有着不可替代的重要作用。比如，S 区公安局通过提高辅警待遇，不仅激发了辅警干事创业的激情和活力，还建立了一支稳定、担当、作为的辅警队伍，有力促进辖区治安整体向好。

五、结语

我国社区矫正制度经过多年的发展，经历了理论到试点、试点到全国实施的过程，是我国刑事执行活动社会化、社区化的重大举措。虽然各地对社区矫正专门执法队伍的建设各有不同，但聚细沙成宝塔，通过各地不断的创新实践，加之理论研究方面的拓展，我们可以相信，社区矫正专门执法队伍专职化、正规化建设必将取得重大成就。

厦门市社区矫正专门执法队伍建设实践与启示

阙秋昌　黄永焕　许伟伟*

厦门市是福建省最早开展社区矫正工作的设区市，2006 年，思明区作为全省第一批 3 个试点单位之一正式启动，2008 年全市推开，长期以来，全市社区矫正工作人员紧紧跟随机构改革和职责使命的变化，勠力同心、勇毅前行、积极履职，队伍建设走过了一段从无到有、逐步规范的历程。2020 年 7 月《中华人民共和国社区矫正法》（以下简称《社区矫正法》）正式施行，社区矫正工作从此走上了有法可依、有法必依的法规之道。这期间，我们深入学习党的十九大、二十大会议精神和习近平法治思想，系统总结汲取司法行政队伍教育整顿成果，深入贯彻落实新时代党的组织路线，严格落实《社区矫正法》、《中华人民共和国社区矫正法实施办法》及《福建省贯彻〈社区矫正法〉实施细则》等法规，扎实推进全面从严管党治警，着力提升社区矫正执法队伍“四化”水平，为努力建设一支信念坚定、执法为民、敢于担当、清正廉洁的高素质社区矫正执法队伍提供了坚强组织保障。

一、专门执法队伍基本情况

（一）机构设置

根据《社区矫正法》第 2 章“机构、人员和职责”的规定要求，通过近 3 年的建设、完善，目前，全市共有社区矫正机构 52 个，其中：市级社区矫正管理局（处）1 个、区级社区矫正管理局（中心）6 个、受委托承担社区矫正相关工作的司法所 45 个。基本建成市、区两级社区矫正管理局和镇（街）司法所的三级司法行政工作体系。全市社区矫正工作在市社区矫正工作委员会的统一领导下有力、有序、有效开展。

---

* 阙秋昌，福建省厦门市司法局社区矫正管理局局长（处长）。黄永焕，福建省厦门市司法局社区矫正管理局二级调研员。许伟伟，福建省厦门市司法局社区矫正管理局副局长（副处长）。

（二）队伍建设

截至2023年4月底，厦门全市共有专门执法人员（公务员）103人。从年龄结构来看，30岁及以下的14人，31岁至40岁的27人，41岁至50岁的30人，51岁及以上的32人（占公务员队伍的31.07%）；从参加工作时间来看，从事社区矫正工作时间3年以下的有46人（占44.67%），4年至6年的22人，7年至10年的17人，10年以上的只有18人（占17.48%）；从学历结构来看，研究生以上的10人、本科87人（全日制本科及以上66人占68.04%）、大专及以下6人；从专业结构来看，社会学2人，法学44人（占42.72%），心理学3人，教育学0人，其他54人（占52.43%）；从获取资格证书来看，助理社会工作师0人，社会工作师3人，助理心理咨询师0人，心理咨询师8人，拥有双证资格1人，其他16人。

二、加强社区矫正专门执法队伍建设的主要做法

《社区矫正法》指出，社区矫正机构应当配备具有法律等专业知识的专门国家工作人员，履行监督管理、教育帮扶等执法职责。法律明确的执法职责，要求社区矫正专门执法队伍必须具备法律等专业知识、具有“忠诚、干净、担当”的国家工作人员政治品质。在队伍建设上，厦门市着重在三个“聚焦”上下功夫。

（一）聚焦筑牢政治忠诚，着力加强思想政治建设

坚持以习近平新时代中国特色社会主义思想为指导，深入学习贯彻党的十九大、二十大会议精神，全力做到“三个突出”。

1. 突出政治首位意识

坚持党对社矫工作的绝对领导，认真执行《中国共产党政法工作条例》和福建省实施办法、厦门市贯彻意见，深刻领悟“两个确立”的重大决定性意义，增强“四个意识”、坚定“四个自信”、做到“两个维护”，不断提高政治判断力、政治领悟力、政治执行力。严肃党内政治生活，通过“三会一课”等形式，教育党员干部严守政治纪律和政治规矩，始终做政治上的明白人。

2. 突出机关示范引领

严格执行新形势下党内政治生活若干准则，发挥市、区社区矫正局机关的“头雁效应”，把遵守政治纪律和政治规矩贯穿社区矫正各项工作始终，以机关示范带动基层规范。把贯彻落实中央办公厅《关于巩固全国政法队伍教育整顿成果推进全面从严管党治警的意见》作为一项重要政治任务，根据福建省司法厅和厦门市委政法委的部署安排，制订贯彻落实措施方案，明确责任部门、完成时限和年度工作重点，

确保各项任务落细落实。

3. 突出理论学习铸魂

厦门市、区社区矫正管理局以党支部为单位，认真学习贯彻党的十九大、二十大会议和习近平总书记到福建考察时的重要讲话精神，积极参加党支部书记培训、“习近平总书记致厦门经济特区建设40周年的贺信重要精神”大学习、大讨论，采取专题学习、聆听宣讲、个人研读、集中研学等方式，认真抓好党的最新理论和《习近平著作选读》《习近平新时代中国特色社会主义思想专题摘编》等的学习领会。所有党员干部都努力做到学思用贯通、知信行统一，始终保证在思想上、行动上同党中央保持高度一致。

（二）聚焦提高矫正质效，着力践行执法为民宗旨

突出在“三多”上下功夫。

1. 多手段提高社区矫正执法效能

通过政府购买服务等方式，增强社区矫正机构专业力量，加强社区矫正社会工作者队伍建设，夯实基层执法力量。联合检察官共同执法，特别是集美区邀请检察官，结合社区矫正巡回检察，开展有针对性的主题授课，扩大执法效果；同安区联合检察院、公安分局就刑事执行和社区矫正的突出问题，以同堂培训的形式开展授课，效果明显；翔安区举办第四届区社区矫正知识竞赛和操作实务培训班，有力、有效地提高了业务水平，增强了执法规范。

2. 多举措提升教育帮扶成效

湖里区以教育培训室、法治图书馆等“红色”教育筑牢思想根基；以心理健康讲座、团体辅导活动等“绿色”矫治强化行为引导；以人民法院、检察院、社工单位等“蓝色”教育帮扶作用，有力提升未成年矫正质效。集美区利用VR教育的体验式、沉浸式优势，开展交通肇事类警示教育，增强矫正对象的教育效果。海沧区组织女性社矫对象开展整理收纳等多种职业技能培训，提高她们的社会就业、创业能力。翔安区结合疫情防控，采用伴随式定期组织入矫、矫中、解矫等全过程教育，引导社矫对象学经典、正心德，促进社矫对象与他人和睦相处。

3. 多元化开展社矫法规宣传

《社区矫正法》实施以来，厦门全市以“筑牢法治观念，提高执法能力”为主题，通过线上构建媒体宣传矩阵，线下开展互动式宣讲，以及开展《社区矫正法》实施两周年宣传月活动等形式，大力开展全方位普法。湖里区通过平台增加《社区矫正法》教育课程，组织700多名社矫对象深入学习领会社区矫正法；同安区组织全体社矫对象和相关工作人员开展线上学习，通过“法治同安”微信公众号开展在线有奖答题活动；集美区组织工作人员通过“领学+自学”“线上+线下”等方式全

面了解《社区矫正法》的具体内容。同时，依托全市移动电视“万屏”终端、媒体矩阵和公益普法宣传阵地，制作宣传片滚动播放等，营造全社会学习、参与社区矫正工作的良好氛围。

（三）聚焦从严管党治警，着力打造过硬执法铁军

重点在“三个持续”上求实效。

1. 持续在提升能力上求实效

认真贯彻落实《2018—2022年厦门市干部教育培训规划》《福建省司法行政系统“大培训”工作方案》等要求。通过举办培训班、开展大练兵大比武、专项知识竞赛和积极参加“司法行政业务大讲堂”“青年干部新知讲坛”“厦门市干部云课堂”等活动，以训促学、以考促练，全面提升社区矫正队伍依法履职能力。《社区矫正法》实施以来，全市各级累计组织各类业务培训53次、近3000人接受了培训。

2. 持续在正风肃纪上求实效

坚持全面从严管党治警，巩固深化全国政法队伍教育整顿成果，全面彻底肃清流毒影响。严格落实《新时代政法干警“十个严禁”》、《福建省司法行政干警“八小时以外”监督管理规定（试行）》、《司法部社区矫正工作“六个严禁”》和《关于严格执行防止干预司法“三个规定”的实施细则》等各项制度规定。积极参与纠治违规吃喝专题学习教育、纠治不担当不作为、纠治违规配备和使用公车专题学习教育及酒驾醉驾和违规饮酒问题专项警示教育活动，以案为戒、严守底线，保持定力、锤炼党性，争做“忠诚、干净、担当”的新时代社区矫正执法干部。

3. 持续在提振精神上求实效

扎实开展“三提三效”行动，持续抓好“提高效率、提升效能、提增效益”行动工作推进会部署安排项目落实。以打造更优法治生态为主线，以推进市域社会治理现代化为抓手，大力弘扬“马上就办、真抓实干”优良传统作风，深入开展大练兵大比武活动，持之以恒加强作风建设，强化治庸问责工作要求，增强工作积极性、主动性、创造性，树牢“帮助社矫对象成为守法公民”主线底线意识，时刻保持“勇立潮头、勇毅前行”的精神状态，做到踔厉奋发、夙夜在公，全力推动社区矫正工作高质量发展。

三、社区矫正专门执法队伍建设存在的困难问题

从日常工作实际和调查摸底情况看，主要存在以下“三率”偏低问题。

（一）公务员在岗率偏低

通过调查，目前全市52个社区矫正机构共有公务员编制122名，实有103人

(在编率 84.43%)，在岗 63 人（在岗率 61.17%)，平均每个司法所在岗公务员不足 2 人，有 17 个司法所仅 1 名公务员在岗，占全市基层司法所总数的 37.78%。缺岗人员多数被抽调到拆迁指挥部、海域退养组、镇（街）等部门单位，其中时间最长的已被抽调达 6 年以上。

（二）法学专业率偏低

一方面，法律等相关专业人员较少，专业化水平不足，从统计情况看，全市现有的专业执法公务员 103 人中法学专业的有 44 人，占 42.72%，比例不到一半，偏低的问题十分明显；另一方面，从近 3 年来进入各区司法局的公务员中，具有法律专业背景的人员仅占 22%，调出人员中具有法学专业背景的又占去了相当一大部分，法律专业人才难以保留、流失比较严重的现象一定程度存在。

（三）队伍稳定率偏低

从统计情况看，103 名专门执法公务员中，从事社区矫正工作时间 3 年以下的有 46 人，占 44.67%将近一半；从事社区矫正工作时间 10 年以上的只有 18 人，占 17.48%，可以看出公务员有近一半的人员是刚刚进来的，而能够安心社区矫正工作且具有一定稳定性的人员不足 20%（指相对工作时间稳定在 10 年以上的人员)，这就说明，相当一部分人员，只是把社区矫正执法队伍当作“踏跳板”“中转站”，先进来再说，干几年后能转岗就想办法转走，情况不容乐观。

“三率”偏低问题的发生，会直接产生两个方面的后果。

1. 执法主体力量不足，执法风险大

随着《社区矫正法》的颁布实施和厦门市社区矫正对象的快速增长（3 年来每年以 300 多人的速度增长)，以及执法要求的严格规范，执法主体力量不足的矛盾日益凸显。例如，只有 1 名公务员的司法所，往往存在社区矫正工作人员 1 个人要管理一大批社区矫正对象的现象，范围宽、权力大，一个人说了算，容易滋生执法不规范及工作质量不高等问题。比较突出的有湖里区的金山、江头、禾山司法所，均只有 1 名公务员，要分别管理 101 名、152 名、182 名社区矫正对象，压力大、风险也大。

2. 队伍整体素质不高，工作问题多

由于社区矫正工作队伍的“三率”偏低，人才流失比较严重，直接影响着队伍的整体素质。特别是工作人员频繁的新旧更换，容易造成衔接不畅、业务不熟等问题。例如，对违反报告、会客、申请外出、迁居等规定的社区矫正对象，在给予训诫、警告等执法事项的提请方面，有的就因学习不到位或条文不熟悉而造成执法不公。日常检查和业务资料报送时，也时常有些“新手”出现差、错、漏、误等问题。

四、启示

近年来，我们在加强思想政治建设、践行执法为民宗旨、打造过硬执法铁军等方面做了一些工作，取得了一定成绩，但离《社区矫正法》第16条“国家推进高素质的社区矫正工作队伍建设”的目标要求还有不少差距，应当进一步在以下四点粗浅启示中下功夫、求突破、做文章、抓保障。

（一）社区矫正专门执法队伍建设要大力在“专”字上下功夫

所谓专，即专业、专门。《社区矫正法》规定“社区矫正机构应当配备具有法律等专业知识专门国家工作人员”的本质要求就是：专业是法学等相关专业毕业的，专门即专职履职于社区矫正工作的执法人员。“二专”的提出是贯彻落实《社区矫正法》、规范社区矫正监督管理教育帮扶工作的需要，也是加强社区矫正专门执法队伍建设的需要。

1. 组织实施刑事执行的主体需要

《社区矫正法》第2条第1款规定：“对被判处管制、宣告缓刑、假释和暂予监外执行的罪犯，依法实施社区矫正。”第11条规定：“社区矫正机构根据需要，组织具有法律、教育、心理、社会工作等专业知识或者实践经验的社会工作者开展社区矫正相关工作。”上述规定既明确了社区矫正作为一项刑事执行制度的法律地位，同时也明确了社区矫正工作必须由专门的国家机构负责执行。那么加强专门执法队伍建设，既是完善机构、健全制度，也是落实中央指示精神及贯彻执行法律规定的客观需要和现实举措。

2. 有效规范刑事执行的客观需要

社区矫正作为一项重要的非监禁刑事执行制度，法律性、政策性、独立性很强。日常工作中，需要与法院、检察院、公安局等沟通协调有关执法事项，如社区矫正审前调查评估、罪犯交接衔接、脱漏管追查、收监押送等工作，国家公务员可以体现身份对等和执法严肃。同时，市、区两级社区矫正工作机构还需要直接面对罪犯开展限制出境报备、入矫宣告、日常管控、禁止令执行等各类执法工作。为了体现刑事执行的严肃性、震慑性、权威性，也迫切需要进一步强化社区矫正专门执法队伍建设。

3. 深入推进刑事执行的现实需要

以厦门市为例。自2006年开展社区矫正工作试点以来，已累计接收各类社区矫正对象2.6万多人，解除矫正2.26万人，在矫3400多人。近年来随着刑事速裁、轻刑快审制度的推广、假释适用范围扩大，社区矫正对象持续增长，社区矫正工作任务愈加繁重，安全维稳压力不断增大。因此，我们感到：加强专门执法队伍建设，按照专人、专职、专责要求，规划保证每个司法所至少有2—3名公务员从事社区矫正工作，这既是推进刑事执行的客观需要，也是维护社会稳定、保证人民生活安宁的现实需要。

（二）社区矫正专门执法队伍建设要全力在“警”字上求突破

所谓警，即警察（监狱和戒毒警察），也就是要大力推进刑罚执行一体化工作，最大可能地让监狱和戒毒警察参与社区矫正工作。根据《司法部关于推进刑罚执行一体化建设工作的意见》（司发〔2018〕11号）、《福建省司法厅关于印发福建省推进刑罚执行一体化建设工作实施意见的通知》（闽司〔2019〕25号）要求，2019年，厦门市结合实际，制订了全市推进刑罚执行一体化建设工作实施方案，明确了目标要求、任务、措施和方法步骤及组织领导等工作。成立了由局长任组长的全市刑罚执行一体化建设工作领导小组及办公室（设在局社区矫正管理局），同时，按照司法部、省司法厅部署要求，在省司法厅的统一安排下，建立厦门市刑罚执行一体化建设执法支队，下辖6个大队，由翔安监狱、厦门司法强戒所选派18名警察（翔安监狱6人，厦门司法强戒所12人），以每个区3人为一个大队的建制形式，分别到区级社区矫正机构参与社区矫正工作。参与执法警察到位后，积极参加入矫教育、违规违纪训诫与警示教育、行为规范训练、司法所巡回教育、扫黑除恶专项斗争、重点人员个别谈话教育、收监执行等工作，充分发挥警察的改造优势和敢抓会管、业务、作风过硬的能力优势，赢得了各级领导的一致好评。当前，随着疫情的减弱、全国禁毒形势整体向好，吸毒人数、新发现吸毒人员、涉毒犯罪案件数量连续多年下降，戒毒警察“人多事少”的优势不断显现（据《南方周末》报道：安徽省内，强制隔离戒毒人员已经不足200人，全省强制隔离戒毒管理机关和8个强制隔离戒毒场所的干部和机构编制数量却高达1240名）。为此，我们在不改变警察人员身份和待遇的前提下，按照每个司法所编配1名戒毒警察的标准，扩大刑罚执行一体化队伍，将原来全市18名警察增加到52名，即市、区级社区矫正管理局（中心）和司法所各安排1人，并按照就近就便的原则相对固定，每两年一轮换，以最大限度地保证工作的稳定性和延续性。当然，如果能从司法部层面着手，搞好顶层设计，在保证警察总编制数不突破的前提下，拓宽思路、打破界限，把戒毒警察编制划入司法所或市、区（县）社区矫正机构，保证每个所和机构有1名在编警察，这样必将大大地推动社区矫正工作高质量、规范发展。

（三）社区矫正专门执法队伍建设要着力在“稳”字上做文章

所谓稳，即稳定，就是队伍稳定和待遇稳定。至于待遇稳定，自2017年每人每月 1200 元的“政法津贴”实施以来，整个司法行政队伍的公务员，大家总体比较知足，也从内心感激、感恩、感谢党中央和习主席的关心关怀，对激发大家的工作热情和昂扬干劲起到了积极作用。但队伍稳定，我们感到还有文章可做。

1. 要完善管理机制

各级要严格落实司法部“中央政法专项编制不得挪作他用”要求，政治专项编制实行单列，专编专用，未经市级以上司法行政机关同意，不得长期占用、借用司法所专项编制人员，确保司法所政法专项编制人员在编在岗。

2. 要大力培养干部

针对表现优秀、有潜力的年轻干部，建立“一人一策”订单式的培养计划，按照缺什么补什么的原则，通过给任务、压担子，不断提升能力素质，促进干部健康成长。同时，把干部培养与政法机关领导干部交流、充实基层和艰苦边远地区工作力量等结合起来，注重在重大活动、重点工作、重要时刻考察识别干部，让“能者上、优者奖、庸者下、劣者汰”成为时尚和追求，不断激发干部干事创业的热情和干劲。

3. 要加强工作统筹

通过转变职能、深化改革和创新管理，配强、配齐基层和一线工作力量，充分挖掘潜力实现人员有效作用的最大化，防止借调、帮工等问题的发生。

4. 严格人员管理

出现岗位空缺，必须通过公务员招录等方式及时安排补充，新招录的公务员可以明确“未满 5 周年原则上限制调出司法行政系统”等相关规定，杜绝一些“踏跳板”“中转站”的干部出现。

（四）社区矫正专业执法队伍建设要尽力在“装”字上抓保障

所谓装，即服装、装备。规范统一的执法服装和必要的警务装备是高质量抓好社区矫正工作的“倍增器”和“助推剂”。社区矫正工作面对的是罪犯，从事的是监管、教育和行为矫正，专业性、法律性很强，必须保证日常执法的权威性和令行禁止的统一性。

1. 全面提升形象

对社区矫正专业执法人员服装进行统一，明确着装标准、佩戴标志等规定要求，既保证了执法人员的统一性、规范性，又增强了辨识度、可信度，能有效改变当今五花八门、长短不一，甚至有的还没有社矫对象穿戴整齐的杂乱窘状。

2. 推进规范执法

服装是标识和信息，既威慑执法对象，也置身公众视野，当执法人员统一着装时，自然会下意识地记住自己的身份，对进入工作状态、强化执法规范、忠于职业操守起到积极的促进作用。

3. 有效强化自律

着装即身份、要求，社区矫正专业执法人员统一服装之后，也等于将自己置身于公众的监督之中，这样能更好地促使自己严以律己、谨言慎行、认真履职。对此，我们感到：在警察身份或警察数量难以到位或实现的情况下，可以根据工作实际，配备统一的执法服装，体现执法标识和身份信息，同时为了保障工作规范，也应加配一定必要的执法警务装备，使工作开展可以体现身份和权威，切实维护执法的神圣和尊严。

关于楚雄州社区矫正专门执法队伍建设的探索与思考

谢 京*

党的十八大以来，以习近平同志为核心的党中央从关系党和国家前途命运的战略全局出发，把全面依法治国纳入“四个全面”战略布局，作出一系列重大决策部署，为社区矫正制度的发展和社区矫正工作的创新提供了保障，特别是《社区矫正法》颁布以来，楚雄州的社区矫正工作取得很大成效。但随着社区矫正工作的深入推进，社区矫正机构的一些问题也逐步显现，影响并制约着社区矫正的发展。

一、社区矫正概述及楚雄州社区矫正专门执法队伍建设取得的成效

《社区矫正法》颁布以来，楚雄州社区矫正管理局在省司法厅、省社区矫正管理局和州司法局党委的正确领导下，始终坚持以习近平法治思想为指导，不断加强全州社区矫正安全稳定防线、执法基础、智慧矫正、机构队伍建设。

楚雄州社区矫正专门执法队伍按照《中华人民共和国社区矫正法实施办法》《云南省贯彻〈中华人民共和国社区矫正法实施办法〉实施细则》的规定，严格落实调查评估、接收登记、监督管理、教育帮扶、解除矫正等工作措施，结合本地实际，实施分类管理和个别化矫正，矫正对象脱管和重新犯罪率控制在0.08%以下。

截至目前，全州8个县市社区矫正机构“智慧矫正中心”已建设完成，剩余禄丰市、大姚县2个县市正积极筹建中。目前，全州平台五组数据录入与司法部数据一致率均保持四个100%和一个95%，在全省司法行政系统中名列前茅。同时，在全州范围内大力推进“在矫通”“矫务通”等信息化建设工作，目前，全州社区矫正机构根据各县市实际情况，在社区矫正对象中做到“在矫通”使用率达85%、“协矫通”使用率达90%；“矫务通”均已按照各县市从事社区矫正工作人员比例签订采购合同，综合采买率达到100%。

---

* 谢京，云南省第二强制隔离戒毒所选派驻楚雄州司法局民警，三级警长。

二、楚雄州社区矫正专门执法队伍建设中存在的问题

社区矫正作为一种非监禁刑罚制度，对于彰显我国宽严相济、保障人权的刑事理念以及提升刑罚执行的效果起着重要的作用。虽然楚雄州的社区矫正专门执法队伍在这些年的社区矫正工作中取得了一定的成效，但仍然面临着执法人员身份定位不明确、执法权限不足；执法人员力量薄弱、专业化程度低；跨部门之间的衔接配合不畅，社区矫正机构话语权弱、权责失衡等多方面的困境，这些都严重制约着楚雄州社区矫正的发展，是亟待解决的问题。

（一）执法人员身份定位不明确、执法权限不足

司法所作为社区矫正机构所委托的一线工作机构，它的机构性质与社区矫正的工作性质不尽相符。社区矫正作为一种非监禁刑罚执行制度，惩罚性和强制性是其主要特征之一，而司法所在承担社区矫正工作前主要承担的是人民调解、普法宣传、安置帮教、法律服务等八项工作，可以看出这些工作具有较强的服务性质，这与社区矫正的刑罚执行性质有着较大的冲突。[①] 对于基层司法所的社区矫正工作者而言，由于他们之前长期从事法律服务方面的工作，缺乏相关的刑事执法经验，加之法律没有明确地赋予其执法权和执法身份，身穿警服，却不属于警察编制，大大降低了执法工作的权威性和震慑性。在矫正阶段，社区矫正对象与普通罪犯一样依然具有犯罪的可能性。然而，社区矫正工作者因为不具有警察身份，没有被法律赋予刑事强制措施的权力，在进行一些集体教育及社会公益劳动时，缺乏相应的安全保障及震慑效应。一些司法所采取的办法是请当地派出所民警到场参与，但这很大程度上要看社矫工作人员与派出所民警的个人关系。对于矫正对象来说，由于司法所执法人员的权威无法得到保障，在工作中缺少必要的强制措施，部分社矫对象就会认为自己并不是在执行刑罚，而是在一个服务机构中被管理，甚至极个别还会出现冲撞辱骂、威胁执法人员的现象，这大大增加了基层司法所的管理难度。

（二）执法人员力量薄弱、专业化程度低

社区矫正机构人员不足的问题使得社区矫正工作乏力，难以保证社区矫正工作的质量和效率，这一问题在基层尤为严重。截至 2023 年 8 月，楚雄州共有 1600 余名矫正在册人员，而全州 10 个县市司法局加上 103 个乡镇司法所仅有社区矫正工作人

---

① 武玉红、赵杰：《论我国社区矫正基层管理机构的创新——基于对浙江省台州市天台县社区矫正执法中队的调研》，载《河南司法警官职业学院报》2013 年第 4 期。

员 246 人。其中，属于司法局正式编制的干部职工 146 人，临时聘请的编外人员 100 人。司法所是社区矫正的基石，是负责社区矫正工作的主要力量。但经过笔者的调研了解，全州除少部分基层司法所基本配备 3 个工作人员外，其余县市的司法所只有一个正式在编人员加一个编外人员。司法部发布的《关于加强司法所规范化建设的意见》特别强调了对司法所队伍建设的要求，即司法所应当配备 3 名以上工作人员，有条件的地方还应当配备 5 名以上工作人员。

社区矫正是一项技术性、专业性都很强的社会工作，社区矫正工作者既要当“保姆”（要对矫正对象进行心理咨询、辅导、生活咨询、教育引导等），又要当“严父”（对矫正对象发布必须遵守的指令、监督其遵守各种规定、要求其定期汇报思想工作、报告去向等）。因此，社区矫正工作者必须学习和了解与社区矫正相关的法律知识，熟悉了解对各类违法犯罪人员进行监管的规定，从理论和实践的结合上探索并积累社区矫正工作经验，并在此基础上开拓创新工作方式。同时，还要掌握一定的心理学方面的知识，具有一定的社会调查能力、组织协调能力、分析综合能力、社区服务与管理能力以及熟练应用智慧矫正平台的能力。但据笔者调研了解，大多数社区矫正临聘人员招考后直接从事相关的矫正工作，缺少对于刑罚执行监管管理的专业性；同时临聘人员大多为高中、大专学历，且非法律、心理等专业，缺乏专业心理思想矫治、行为矫治的知识能力和科学技术，往往只能把效果甚微的思想教育灌输作为唯一的心理矫治教育方法，即所谓的说服教育，很难对罪犯起到心理帮助、矫正的作用。① 且由于人员编制性质不一，同工不同酬，收入差距大，部分临聘人员存在较大心理落差。一些年纪较轻的司法所社区矫正临聘人员基本是“身在曹营心在汉”，工作得过且过，一旦找到收入更高发展更好的工作，或者考上研究生或体系内编制就立即离开，导致社矫工作处于“招人—走人”的循环怪圈，队伍不稳定，不利于人才队伍的正规化建设和专业化培养。

（三）社区矫正机构话语权弱、权责失衡

《社区矫正法》第 18 条规定：“社区矫正决定机关根据需要，可以委托社区矫正机构或者有关社会组织对被告人或者罪犯的社会危险性和对所居住社区的影响，进行调查评估，提出意见，供决定社区矫正时参考。居民委员会、村民委员会等组织应当提供必要的协助。”法律指出，社区矫正机构根据需要可以对被告人或者罪犯的人身危险性及其他相关情况进行调查，并且形成调查意见供社区矫正机构参考。调查评估关系着罪犯是否适合在当地监外执行的重大问题，是社区矫正中的重要环节。

① 刘强、武玉红、孙燕锋：《社区矫正专业队伍工作现状的调查与思考》，载《河南司法警官职业学院报》2019 年第 2 期。

但据笔者了解，楚雄州社区矫正机构作出的调查评估适用率并不高，原因在于社区矫正决定机关通常采用与其观点相同的评估意见，对其观点不同的评估意见则很少采纳。对于社区矫正机构调查评估后决定不适用社区矫正的罪犯，部分地区甚至存在多部门联合施压，迫使其接收的情况。这样一来，就有可能使社区矫正机构的一些前期工作失去意义。

《社区矫正法》第32条规定："社区矫正对象有被依法决定拘留、强制隔离戒毒、采取刑事强制措施等限制人身自由情形的，有关机关应当及时通知社区矫正机构。"但据笔者了解，有些社区矫正对象在矫正期间因重新犯罪或者是违反相关规定而被有关机关直接带走时，当地社矫机构并没有得到通知。直到社区矫正工作人员在日常监管工作中发现社区矫正对象失踪并寻找多日以后，才得知其已经被拘留。这些情况都反映了社区矫正机构话语权弱、权责失衡的尴尬处境。

三、楚雄州社区矫正专门执法队伍建设的对策思考

社区矫正专门执法队伍的建设是一项系统性工程，涵盖了社区矫正工作的各个层面，包括制度、身份、组织机构、招录、培训、保障、管理等方面。任何一个方面建设的短板，都会影响队伍建设的推进。针对楚雄州社区矫正专门执法队当前现状，笔者认为应该在以下几个方面下功夫。

（一）优化机构设置，明确社区矫正人员权责

随着社区矫正所体现的社会价值和作用越发明显，其刑罚适用范围必将扩大，社区矫正对职业化、专业化的要求只会越来越高。针对目前楚雄州社区矫正队伍建设现状，笔者建议应该在县级司法局设立社区矫正执法大队，分管社区矫正的副局长为大队长，原社区矫正股股长为副大队长，其余负责社区矫正的工作人员为队员，并在基层司法所设立垂直管理的执法中队，至少包含中队长1名，队员2名，以此为基础成立相应的社区矫正专门机构作为执法主体，直接对社区矫正对象开展监督管理、教育帮扶等一系列活动。

同时，从《社区矫正法》及《云南省贯彻〈中华人民共和国社区矫正法实施办法〉实施细则》的层面，应该在后续的修改中逐渐完善相关制度规定。对于队伍职业保障机制和执法身份明确等问题一定要在法律中明确规定，以使各地区有充足的法律依据开展工作。在社区矫正对象集中学习、集体公益劳动等集中活动的时候，从法律的层面规定必须有人民警察的参与，以达到安保和威慑的效果。

（二）着力打造专业化、职业化的社区矫正专门执法队伍

要改变目前社区矫正执法队伍力量薄弱、专业化程度低的问题，首先，要加大

政府财政的投入力度，以及专项的社区矫正经费。虽然相关法律中明确规定社区矫正有关经费应纳入同级财政预算，但社区矫正作为一种刑罚执行有效地维护了社会治安，各级政府应共同承担责任。由于目前楚雄州各县市财政收入相对薄弱，所以宜采取省级财政承担主要经费，州、县两级政府给予补助的形式来予以保证。

其次，要严格把控准入资格。在招录选定社区矫正专门执法人员时，要具备相应的专业素质。除法律背景外，要有一定的电脑操作能力以及社区矫正工作的实操经验，在从事社区矫正工作过程中能与社区矫正对象进行有效的沟通互动，熟练运用智慧矫正系统，加强矫正效果，真正做到一人一方案，满足不同矫正对象个性化矫正需求。基层执法中队可以通过公务员招录、退伍军人安置、大学生志愿者等方式选拔录用优秀的人才充实执法队伍。

最后，还要完善执法队伍的培训机制。社区矫正直属领导机构除了做好社区矫正专门执法队伍的福利待遇安排之外，还要为其提供专业的岗前培训及社会实践培训，并定期更新培训内容。同时，安排年度培训，介绍社区矫正工作中的优秀案例及智慧矫正平台的运用等相关内容，让每人每年都能有机会参与培训。建立一套行之有效的社区矫正专门执法队伍任职、培训、奖惩考核机制，确保社区矫正执法队伍的专业性，增加对其的职业保障。

（三）加大社会力量参与力度

社区矫正的工作性质决定了这项工作既需要官方的力量，也需要社会多方力量的参与来弥补专门机关的不足。《社区矫正法》第 13 条规定："国家鼓励、支持企业事业单位、社会组织、志愿者等社会力量依法参与社区矫正工作。"但据笔者了解，目前志愿者发挥的作用不是很充分，其参与的积极性也不高。因此，我们应该想办法加大志愿者参与力度，积极吸纳专家学者、高校老师、大学生、医生、律师、离退休人员等参与社区矫正。作为探索阶段，可以通过设定一定的津贴来提高参与的积极性，最大限度地发挥社会力量，这样一来可以提高社区矫正效果，二来也可以增加社会公众对社区矫正的认识，使社区矫正制度深入人心。

（四）完善衔接配合机制

首先，要完善居住地执行、审核原则。社区矫正决定机关委托社区矫正机构开展社会调查前应详细调查被调查人的实际居住地，公安、法院、检察院、监狱等部门在确定社区矫正对象管理执行地时要履行责任，严格调查社区矫正对象的居住地与户籍地是否一致，确保执行地与居住地统一。

其次，社区矫正决定机关应该在判决、裁决生效前告知执行地社区矫正机构；跨地区的社区矫正机构之间应形成争议协商处理机制，防止在工作中出现推诿扯皮的现象。公安机关、检察机关对社区矫正对象实施强制措施时，应及时告知管理地社区矫正机构。对于社区矫正机构提请的治安管理处罚、撤销缓刑、撤销假释、收监执行的建议，公安、法院、监狱等部门应及时受理，并通报处理结果。

目前，智慧矫正平台上政法跨部门大数据办案系统可以进行社区矫正案件的协同，但部分功能不完善，还需要进一步完善该系统的建设。

四、结语

社区矫正从产生到发展，经历了时间和实践的考验，西方发达国家的社区矫正如今已经迈向成熟阶段，而我国还处于相对初级阶段。要加快推进社区矫正工作在我国的深入发展，很大程度上取决于参与到这项工作运行中的各个参与者主观能动性的发挥情况。因此，大力加强社区矫正专门执法队伍的建设显得尤为重要。笔者作为一名从戒毒所选派参与社区矫正工作的基层工作人员，在对目前楚雄州社区矫正工作取得的成就感到自豪的同时，也对当前社区矫正工作者因制度、人力、保障等原因导致的各种困境而感到心情沉重。为此，笔者通过到县市司法局、基层司法所实地了解的方式，尽力了解目前我州社区矫正专门执法队伍建设中面临的困境，同时查阅大量资料，在本文中提出了一些不成熟的建议。但由于笔者水平有限，理论研究与实践经验仍不够扎实，狭隘和不足之处难以避免，恳请大家批评指正。

路漫漫其修远兮，吾将上下而求索。在社区矫正专门执法队伍的建设过程中必然无法一帆风顺，遇到各式各样的阻碍在所难免。但笔者仍然坚信，在党和政府的正确领导下，在司法行政部门的大力组织下，随着各项制度的完善，社会各界的积极参与，我国的社区矫正工作将会越来越成熟，社会也会越来越安全稳定。

基层社区矫正工作队伍专业化建设调查研究

——以C市b区为例

贡太雷　王美建　刘宏涛*

党的二十大报告强调，“在法治轨道上全面建设社会主义现代化国家”。基层治理现代化作为实现国家治理体系和治理能力现代化的重要基础和坚实底盘，需要在法治轨道上务实地加以推进和拓展。社区矫正工作是基层治理的重要环节，有利于提升基层治理能力和现代化水平。2020年《中华人民共和国社区矫正法》（以下简称《社区矫正法》）的颁布，为社区矫正工作提供了法律保障。社区矫正工作也是国家安全体系的重要环节，有助于贯彻国家安全观、创新社会治理、维护社会稳定。基层社区矫正工作队伍是社区矫正工作的主体力量，需要加强专业化建设，提高管理、监督、培训和职业保障水平，促进高素质社区矫正工作队伍建设。C市作为直辖市之一，2009年即开始全面试行社区矫正制度。b区是C直辖市的一个区，资源丰富，经济发达，但地形复杂，交通不便。b区有23个街道乡镇，社会治安复杂，刑事案件多，社区矫正工作难度大。b区从事社区矫正工作的人员共69人（公务员29名、社会工作者40名），全区参与社区矫正协助工作的党群专干共126人。社区矫正工作人员监管有力，使得矫正对象的重新犯罪率逐年下降，达到全市平均水平，展示了社会治理创新的成效。以C市b区为例，分析了基层社区矫正工作队伍专业化建设的现状和问题，并提出了可行的解决对策，旨在推动基层社区矫正工作队伍专业化建设的发展。

一、C市b区基层社区矫正工作队伍专业化建设调查分析

通过对b区基层社区矫正工作人员开展问卷调查与访谈，收集相关数据，并从制度层面与基层社区矫正工作人员层面深入分析b区基层社区矫正工作队伍专业化建设情况。问卷与访谈内容主要调查b区基层社区矫正工作队伍专业化建设进程中

---

* 贡太雷，法学博士，教育学博士后，中央司法警官学院教授，司法人权研究中心主任。王美建，重庆市涪陵监狱三监区民警。刘宏涛，中央司法警官学院司法人权研究中心法律硕士生。

管理制度、监督制度、培训制度与职业保障制度的完善情况，也包括对基层社区矫正工作人员的专业知识、专业技能以及职业价值观方面的调查。

（一）制度建设专业化方面

完善的制度支持是基层社区矫正工作队伍正规化、专业化发展的必然要求，应从管理制度、监督制度、培训制度与职业保障制度等多方面进行构建。

1. 管理制度

基层社区矫正工作队伍专业化建设的开展需要管理制度支持，以约束基层社区矫正工作人员的行为，加强社区矫正工作队伍的规范化管理。

（1）管理制度的完善需要制定完善的管理模式。b 区司法所属于区司法局派出机构，设置于街镇政府之中，受司法局业务领导的同时亦受基层政府管理。因此，b 区在社区矫正工作人员管理主体上还存在多头领导现象，需要进一步明确。

b 区基层社区矫正工作人员由各自所在单位管理，而整体管理各个单位的制度还未出台，对各个司法所的工作人员进行人事管理的主体还需进一步明确。

（2）考核评估体系是管理制度的重要组成部分，能够提高基层社区矫正工作人员的规范性和效率。b 区的考评制度存在不足，司法行政人员的考核主要依据公务员管理办法中的规定进行考核评估，没有对社区矫正工作成效的针对性。社会工作者没有专门的考评体系。b 区需要完善考核评估体系，加强对两类人员的管理，提高社区矫正工作的专业化水平。

2. 监督制度

基层社区矫正工作队伍专业化建设需要建立健全监督制度。监督形式主要包括内部监督与外部监督。

（1）内部监督。b 区的内部监督工作主要由区司法局开展，通过抽查社区矫正对象档案材料的形式进行。内部监督的对象包括社区矫正科、社区矫正帮教管理服务中心和基层司法所，包括对工作内容与人员两个方面的监督。

（2）外部监督。b 区的外部监督工作主要由检察院驻司法局检察小组负责，检查形式包括书面审查、实地考察和询问社区矫正对象。检察院每年对司法所的社区矫正工作监督一次到两次，开展频率较低，有时根据人大代表或政协委员提议会开展监督。b 区的检察小组只有一个，对 23 个司法所和帮教中心的监督力量不足，不利于社区矫正工作的规范化、法治化。

3. 培训制度

社区矫正工作人员的业务培训，既是社区矫正工作队伍建设的要求，也是社区矫正工作人员心理资本的储备过程。① 基层社区矫正工作人员的培训主要包括岗位培训与个人职业培训两个方面。

（1）岗位培训作为基层社区矫正工作开展的前提条件与基本保障，需要坚持开展。在访谈中了解到，b 区社区矫正工作人员中社会工作者群体经岗前培训后，统一安排工作岗位，主要到基层司法所从事社区矫正工作。b 区社区矫正工作人员中司法行政人员群体新招录人数较少，岗位培训的开展主要由组织部负责，培训内容与社区矫正工作关联度存在一定不足。

（2）个人职业发展培训主要包括知识和技能培训。基层社区矫正工作人员履行职责所需的专业知识、实践能力、思想素质和身心素质仅通过岗前培训无法完全具备，需要常态化的职业培训予以保证。② b 区的培训内容不平衡，偏重于档案管理和法律知识，而忽视了就业指导和矫治技能，这不利于提高社区矫正队伍的专业水平和工作效果。从社区矫正工作人员参与培训后的主观反馈来看，认为培训内容有很大帮助和提升专业技能的人数占比分别为 10.14% 和 44.93%，认为培训效果一般的人数占比为 42.03%，认为培训没有改变的人数占比为 2.9%（见图 1）。这说明培训内容还有改进的空间，需要更加贴合工作实际和需求。

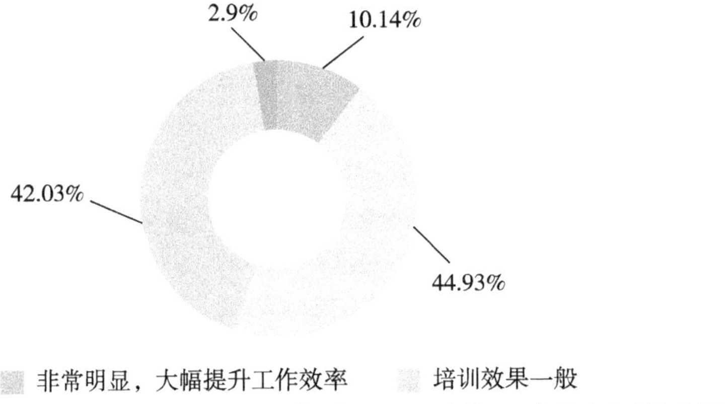

图 1　b 区社区矫正工作人员培训效果反馈

（3）基层社区矫正工作的培训需要具有专业知识与专业技能的人员进行讲授。b 社区矫正工作培训的讲授人员中，出现频率最高的为矫正中心聘请的专家，社区矫正中心工作人员与司法助理员次之，派驻民警和社区矫正科邀请的专家作为讲授人员的频率相对较少。具体次数为：社区矫正中心聘请的专家 8 次，社区矫正科邀请

① 连春亮：《河南省南阳市社区矫正官制度的实践探索》，载《中国司法》2022 年第 10 期。

② 林红：《论司法所社区矫正工作的困境及对策》，载《犯罪与改造研究》2023 年第 4 期。

的专家4次，司法助理员8次，社区矫正中心工作人员8次，派驻民警3次。

4. 职业保障制度

完善的职业保障制度是确保基层社区矫正工作人员依法履职和基层社区矫正工作健康发展的必要条件，能够增加基层社区矫正工作人员的职业忠诚度、职业认同感、职业荣誉感和职业责任感。① 基层社区矫正工作人员的职业保障制度具有较为丰富的内涵，包括职业收入、职业安全和职业晋升空间等方面。

（1）职业收入作为基层社区矫正工作人员最关心的方面，直接影响工作人员的工作态度。b区社区矫正工作人员的职业收入有差异，司法行政人员比社会工作者高。在职业收入满意度调研中发现，只有26.09%的人认为收入达到预期，13.04%的人认为完全未达到。访谈发现，社会工作者对收入和福利不满意，带编人员相对满意（见图2）。

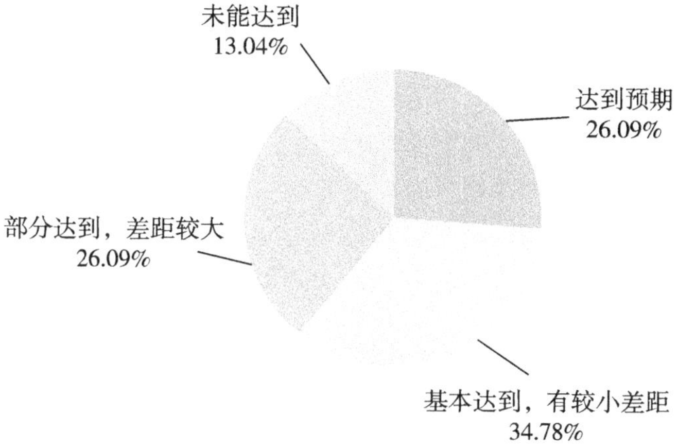

图2　b区社区矫正工作人员薪资满意度

（2）创造职务晋升机会可以激励工作人员在基层工作中保持工作积极性，努力创造工作成果。b区基层社区矫正工作开展过程中，工作人员的职业期待存在差别。b区基层社区矫正工作人员中，超过69%的人员期待能够提升薪资待遇水平，超过80%的工作人员希望减轻工作量（见图3）。根据实地调研，部分年轻社会工作者期待公务员招录考试或事业编招录有相应岗位可考，工资待遇有所提升。

① 吴艳华、李明宝：《社区矫正工作队伍职业化建设研究——以社会管理创新为视角》，载《河南司法警官职业学院学报》2016年第2期。

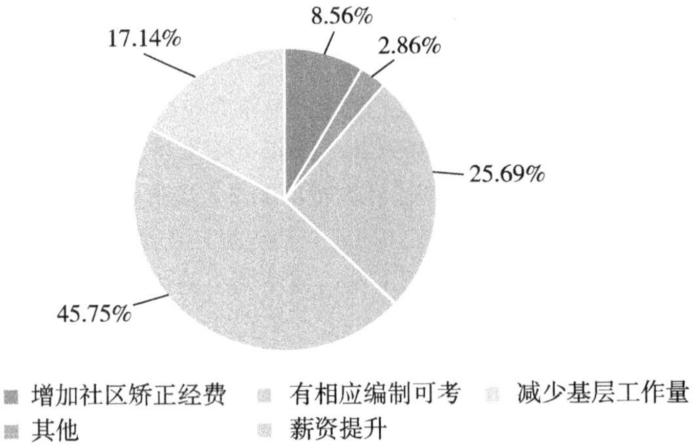

图3　b区社区矫正工作人员工作期待

（二）基层社区矫正工作人员专业化方面

工作人员的专业水平提升是基层社区矫正工作队伍专业化建设的关键环节之一。基层社区矫正队伍建设既要解决“量”的问题，也要解决“质”的问题，确保工作队伍向专业化、职业化方面可持续健康发展①。基层社区矫正工作专业化建设首先需要提升工作人员的专业化水平，主要从专业知识、专业技能以及专业价值观等方面进行。

1. 专业知识

构建基层专业化社区矫正工作队伍，需要具有相关专业知识的工作人员。分析基层社区矫正工作队伍是否具备相关专业知识，可从工作人员学历层次和专业背景两个方面入手。

（1）基层社区工作队伍的专业化建设需要提升队伍整体的学历层次，提升队伍研究能力与创新能力。b区基层社区矫正工作人员之中，研究生及以上学历的工作人员数量为零，本科学历的人数占比为50.72%，大专学历的人数占比为47.83%，高中学历的人数占比为1.45%。总体而言，b区基层社区矫正工作队伍的大专与本科学历层次的工作人员较多，有利于基层社区矫正工作的开展。

（2）基层社区矫正工作队伍专业化建设需要工作人员具备多学科知识。基层社区矫正工作的开展涉及多个方面的专业知识，如法学、心理学、社会学、教育学、管理学等方面的专业知识。b区基层社区矫正工作人员中，具有法学专业背景的人数占比为18.84%，具有社会学专业背景的人数占比为10.14%，具有教育学专业背景

① 林红：《论司法所社区矫正工作的困境及对策》，载《犯罪与改造研究》2023年第4期。

的人数占比为 13.04%，具有心理学专业背景的人数占比为 7.25%（见图 4）。

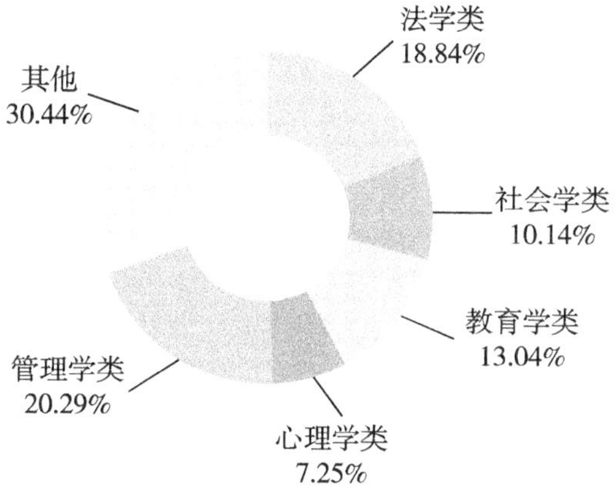

图 4　b 区社区矫正工作人员专业背景比例

数据统计结果显示，b 区基层社区矫正工作队伍专业背景较为丰富，但不具备相关专业背景的人员占比达到了 30.43%，其中带编人员的专业背景较为单一。因此，在推进基层社区矫正队伍专业化建设进程中，需要增加具有法学、心理学、教育学和社会学等学科专业知识的工作人员，提升队伍整体专业素养。

2. 专业技能

开展基层社区矫正工作队伍专业化建设需要工作人员具备相关专业技能。专业技能主要包括监管技能与矫正技能，监管技能主要应用于日常管理工作中，矫正技能主要应用于教育帮扶环节之中，包括行为矫治、心理矫治、教育帮扶、开展培训以及组织劳动等方面。

（1）基层社区矫正工作人员要熟练掌握监督管理技能。b 区的新人通过岗位培训和老带新的方式，初步掌握了矫正系统的操作、监督管理的流程和档案材料的制作。监管技能是基层社区矫正工作的重要技能之一，运用熟练后可提高基础工作的效率，为其他工作节省时间。

（2）基层社区矫正工作人员是否具备专业技能除通过专业背景进行辨析外，还可通过是否具有相关职业资格证书进行判断。b 区基层社区矫正工作人员中，具有法律职业资格证书的人员数量占比为 11.68%，具有助理社会工作师资格证书的人员数量占比为 27.26%，具有人力资源管理师资格证书的人员数量占比为 6.5%，具有心理咨询师资格证书的人员数量占比为 6.5%，不具有任何资格证书的人员数量占比达 48.06%（见图 5）。

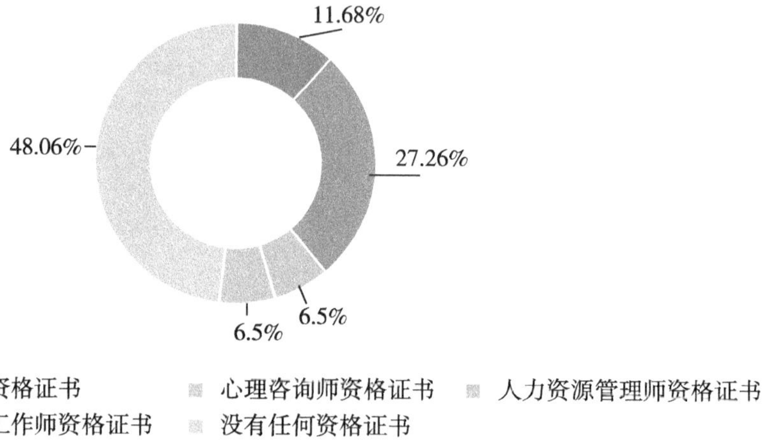

图 5　b 区社区矫正工作人员资格证书获取情况

b 区基层社区矫正工作队伍整体获取相关内容职业资格证书的比例不高，可通过相关激励制度鼓励基层社区矫正工作人员加强学习，进一步提升队伍整体专业化水平。

3. 职业价值观

基层社区矫正工作队伍专业化建设的开展，需要加强基层社区矫正工作人员的职业价值观培养。主要包括社区矫正工作人员的职业态度和职业认同两个方面。

（1）b 区社区矫正工作人员中，司法行政人员和社会工作者在职业态度上有差别。司法行政人员通过公务员招录进入队伍，对工作有期待，工资待遇好，工作态度积极。但近年来，b 区公务员招录少，社会工作者招聘多。社会工作者中有些人把社区矫正当作过渡性工作，或者因为离家近而选择社区矫正。在对 b 区社区矫正的社会工作者访谈时，4 名社会工作者想过转行，主要原因是工作重、工资低。所以，要培育良好价值观，转变工作态度，减少消极态度对专业化建设的影响。

（2）统计结果显示，基层社区矫正工作人员的职业认同感不足。b 区基层社区矫正工作人员中有 29.41%的人员因工作单位离家近而选择从事社区矫正工作，36.76%的工作人员因单位分工从事社区矫正工作，20.58%的工作人员将社区矫正工作作为过渡性工作，仅有 13.25%的工作人员因社区矫正工作有意义而从事该项工作。要构建专业化队伍，强化职业道德，要从爱岗敬业和办事公道两方面入手，促进 b 区社区矫正工作人员树立正确的职业价值观。

二、基层社区矫正工作队伍专业化建设面临的困境

结合前文调研数据的分析结果，运用比较分析法，对基层社区矫正工作队伍专

业建设面临的困境进行探讨。

（一）制度建设面临的困境

制度的完善对基层社区矫正工作队伍专业化建设具有重要作用。从管理制度、监督制度、培训制度以及职业保障制度出发，探究基层社区矫正工作队伍专业化建设面临的困境。

1. 队伍管理制度有待完善

基层社区矫正工作队伍专业化建设的推进需要完善管理制度。当前社区矫正队伍管理制度，存在管理主体不明确、管理对象范围不明确以及考核评估体系不完善的问题。

（1）管理主体不明确

基层社区矫正工作队伍专业化建设中，人事管理制度不完善。应该明确管理主体、对象、方法和考核奖惩机制等内容，但现在基层社区矫正工作队伍的管理主体不清楚，受司法局和基层政府的双重制约①。北京模式通过抽调司法干警补充社区矫正队伍，虽然一定程度上缓解了压力，但也存在该问题，抽调的司法干警力量难以统一管理。

（2）管理对象范围不明确

管理客体是管理制度的重要组成部分。基层社区矫正工作队伍专业化建设中，管理客体范围不清晰。例如，b 区的社区矫正工作人员有司法行政人员和社会工作者，他们分别按照不同的管理制度管理，没有统一的队伍管理制度。上海的社区矫正工作队伍也有类似问题②，该模式中社会工作者群体由新航服务总站进行人事管理。要专业化建设，就要明确管理客体范围，建立统一的队伍管理模式。

（3）考核评估体系不完善

要构建完善的基层社区矫正工作队伍管理制度，不仅要有明确的管理主体与管理对象，还需要有明确的工作人员考核评估体系。但是，针对基层社区矫正工作人员的考核评估体系还存在不完善情形。一是社会工作者考核机制不明确，C 市社会工作者人数少，没有统一招聘和管理，也就没有着手建立成熟的考核机制。二是司法行政人员考核内容缺少社区矫正方面的指标，不能全面评价工作效果。三是考核主体、流程、周期和奖惩办法等方面不完善，考核较少采用外聘第三方的方式开展影响结果客观性，考核周期间隔长开展次数少造成考核不及时，考核结果与绩效奖金关联程度较小缺乏激励影响工作态度。这些问题会导致队伍管理混乱，工作行为无

---

① 李国栋：《探索社区矫正队建制“江西模式”》，载《人民调解》2019 年第 3 期。

② 武玉红：《我国社区矫正队伍专业化建设探究》，载《北京联合大学学报（人文社会科学版）》2016 年第 3 期。.

约束，专业化建设缓慢。

2. 队伍监督制度有待健全

要构建一支专业化基层社区矫正工作队伍，不仅需要完善的管理制度，还需要健全监督制度予以支撑。但是，当下基层社区矫正工作队伍的监督制度还存在一定的不足，主要体现在内部监督与外部监督两个方面。

（1）内部监督制度有待健全

内部监督制度的问题主要有两个：一是监督主体不明确；二是监督频率不足。这些问题会影响社区矫正工作的效果和质量，也会损害矫正对象的权益和社会的稳定。目前，内部监督主要包括对社区矫正工作的实施和人员的行为规范进行检查。司法局负责实施环节的监督，但人员行为规范的监督却没有明确的主体。而且，由于基层社区矫正工作人员数量有限，如调研区域 b 区，社区矫正科作为统筹该区社区矫正工作的单位，工作人员仅有 3 人，辖区内司法所多且分散，导致每年只能开展一次到两次监督工作，实际监督效果未能达到预期。

（2）外部监督制度有待健全

根据《社区矫正法》第 62 条的规定，人民检察院在发现社区矫正工作中存在违反法律规定的情形时，应当依法提出纠正意见、检察建议。外部监督主要指检察院对基层社区矫正工作及人员的监督。但检察院的监督流程不够完善，存在以下问题：一是监督方式主要采用书面审查、实地考察、联合检查等，不能够及时预防，不能发挥外部监督的作用①；二是监督力量不足，检察小组人员少，检查频次低，如本文调研区域，开展检察监督的主体为检察院驻司法局检察小组，小组成员仅 5 人，需要对辖区内 23 个司法所开展检查工作；三是监督内容不够全面，对社区矫正对象的帮教、心理、就业等方面缺乏监督，工作规范性差。因此，应完善外部监督制度，加大检察监督力度，促进社区矫正人员专业化水平提升。

3. 队伍培训制度有待改进

大科学的培训制度能够有效地促进社区矫正工作队伍的专业化和规范化。但现有基层社区矫正工作队伍的培训制度存在一定问题，主要体现在岗位培训与职业发展培训两个方面。

（1）岗位培训有待改进

基层社区矫正工作人员要提高专业水平，需要加强岗位培训、技能培训。岗位培训可以增加专业知识，掌握工作技能，解决工作问题。但现在的岗位培训有三个问题：一是时间较短，效果有待提升。例如，c 区培训只有一周，新人只能了解流

① 郭树合、牛贵川、刘舒媛：《“信息共享+能动监督”，做实做细社区矫正检察监督》，https：//www.spp.gov.cn/spp/llyj/202301/t20230103_597554.shtml，最后访问时间：2023 年 4 月 26 日。

程，不能学会技能。二是受各种因素限制，难以组织大规模培训。部分地区只能对新人进行短期应急培训。[①] 三是培训内容还需系统化建设，缺少专业讲师，未能完全习得技能。所以，岗位培训要系统科学，为提高专业技能打基础。

（2）职业发展培训有待改进

基层社区矫正工作人员要提高专业水平，就需要加强岗位培训和职业发展培训。岗位培训是入职前的基础培训，要有系统性和科学性，让新人掌握工作流程和技能。且现在的岗位培训时间太短，内容不全面，受到各种因素的制约。职业发展培训是入职后的进阶培训，要不断更新专业知识和技能。且现在的职业发展培训次数不足，内容还需丰富，缺乏法学、社会学、心理学等多学科的知识，也缺乏矫正技能和职业价值观的培养。而且，职业发展培训没有有效的考核机制，难以保证培训效果。因此，要完善培训制度，提高培训质量，促进基层社区矫正工作队伍专业化建设。

4. 队伍职业保障制度有待改善

科学合理的职业保障制度，能够有效促进社区矫正工作队伍的专业化。但是，基层社区矫正工作人员的经费保障与职业发展保障制度都存在不合理之处。

（1）职业收入有待提高

社区矫正工作人员分为司法行政人员和社会工作者。司法行政人员是基层公务员，但工资收入不高。社会工作者的工资更低，扣除“五险一金”后，每月只有2000元到4000元不等[②]。低工资导致社会工作者流动性大，职业稳定性差，影响工作积极性。

（2）工作经费仍需增加

社区矫正工作经费主要用于培训、办公设备和公共服务等方面。但经费主要靠政府财政拨款，与当地财政收入有关。经费本来就紧张，还要用于社区矫正工作，所以用于队伍专业化建设的经费不足。而且经费来源渠道单一，街道和乡镇政府的补助很少。因此，需要提高财政预算标准，增加队伍人数，提高专业人才的积极性。

（3）职业晋升空间较小

个人职业发展对社区矫正工作人员很重要。职业晋升机制可以提升人力资源配置，使社区矫正工作人员的能力与职位匹配，提高其工作积极性。但基层工作人员受编制和职数限制，晋升空间小，影响主动性。这在司法行政人员群体中尤为明显。他们除社区矫正工作外，还要做其他事务。因此，需要完善职级晋升机制，避免消极情绪。同时，对社会工作者群体需要关联职级和工资待遇，提高工资上涨空间，

---

① 连春亮：《社区矫正工作者职业倦怠及其对策》，载《山东警察学院学报》2022年第1期。

② 参见熊贵彬：《社区矫正三大管理模式及社会工作介入效果分析——基于循证矫正视角》，载《浙江工商大学学报》2020年第2期；黄世钊：《提高薪酬待遇，让社矫社会工作者“招得来、留得住”》，http：//gxfzrb. pagx. cn/Html/2022-05-11/9771. html，最后访问时间：2023年4月29日。

避免消极怠工。

（二）工作人员专业化面临的困境

探究基层社区矫正工作队伍专业化建设面临的困境，需要对基层社区矫正工作人员专业化面临的困境进行分析。从专业知识、专业技能以及职业价值观等方面入手，对基层社区矫正工作人员面临的困境进行探讨。

1. 专业知识储备有待增强

基层社区矫正工作人员应当具有法律等专业知识，并将相关专业知识应用于社区矫正工作之中。因此，除提升法律知识储备外，还需加强基层社区人员教育、心理、社会工作等方面的专业知识储备。基层社区矫正工作人员储备的专业知识越充足，应对社区矫正工作过程中出现的问题就越从容。

（1）基层社区矫正工作人员需要掌握法律等专业知识，用于社区矫正工作。但目前，这些专业知识的储备不足，影响了矫正工作的效果。例如，法律、教育、心理和社会工作①等专业背景的人员占比较低②，会影响心理咨询、社会帮扶和教育工作。同时，司法行政人员和社会工作者群体对刑事司法和刑罚执行类法律知识了解不多③，缺乏相关专业经验。此外，基层社区矫正队伍中高学历人才数量不足，影响工作方法的创新和成效。

（2）基层社区矫正工作队伍学历水平的提高，可以提升认知能力和接受新事物的能力。党的二十大报告强调，必须坚持人才是第一资源。④ 基层社区矫正工作人员中，司法助理员经验多但学历低，司法行政人员和社会工作者本科和专科居多，研究生很少。以 b 区为例，没有研究生学历的本科占一半以上，社会工作者本科多，司法行政人员本科少。高学历人才缺乏影响工作创新和效果，如果不补充，工作创新可能会停滞。

2. 专业技能有待提升

基层社区矫正工作人员的专业技能建设是队伍专业化建设的重要内容之一，社区矫正工作专业技能主要包括监督管理技能与矫正技能两个方面。然而，基层社区矫正工作人员在监督管理技能与矫正技能方面存在一定的不足。

---

① 江西省司法厅课题组、沙闻麟：《关于基层社区矫正队伍建设的探索与思考》，载《中国司法》2017 年第 2 期。

② 郑艳、金越：《浙江省社区矫正社会工作者队伍建设调研报告》，载《中国司法》2020 年第 6 期。

③ 江西省司法厅课题组、沙闻麟：《关于基层社区矫正队伍建设的探索与思考》，载《中国司法》2017 年第 2 期。

④ 习近平强调坚持全面依法治国，推进法治中国建设，http：//www. news. cn/politics/cpc20/2022-10/16/c_1129066861. htm，最后访问时间：2023 年 3 月 6 日。

（1）监督管理技能有待提升

基层社区矫正工作人员主要做日常监管和档案管理。日常监管包括定位、报到核查，档案管理包括清点和更新资料。但社区矫正工作人员面临很多问题，如社区矫正对象经常忘记签到，有时还脱管、漏管，批评教育效果不佳。一定程度上反映了社区矫正工作人员的管理技能不够。他们上岗前虽然有培训，但培训时间不够，管理技能不足，影响了社区矫正工作质量。

（2）矫正技能有待提升

社区矫正工作人员要有管理和矫治技能，根据矫正对象的情况，进行心理和行为矫治，因人施教，[①] 对未成年矫正对象要用不同的方式。不同地区的矫治技能水平不一样，有些地方缺乏专业人员和条件。2017 年全国有 3000 多名司法警察参与社区矫正工作[②]，缓解了一些问题。按照相关要求，基层矫正教育的内容包括法治、道德等，对就业困难的社区矫正对象需依法开展职业技能培训和就业指导。[③] 然而，当下较多省市的基层社区矫正机构仍不具备组织社区矫正对象开展职业培训的条件，基层社区矫正工作人员亦缺乏相关专业技能，矫正教育工作难以达到整体预期效果。因此，基层社区矫正工作人员矫正技能方面的不足需要及时解决，基层社区矫正工作人员的矫治技能需要提高。

3. 职业价值观有待强化

要打造专业化基层社区矫正工作队伍，不仅要增强专业知识与技能的培训，还需增强职业价值观的培养。然而，基层社区矫正工作人员在职业价值观方面存在缺失。主要体现在职业态度和职业道德两个方面。

（1）职业态度有待转变

基层社区矫正工作人员学习不够，专业技能和知识更新慢。他们直接面对复杂的社区矫正对象，工作能力要求高，但参加培训的积极性低。培训效果不好，有 42.03%的人觉得培训帮助一般，只有 10.14%的人觉得帮助明显。工作任务多，时间紧，家庭因素等也影响了他们的学习积极性。虽然网络上有很多免费的教学资源，但主动学习的积极性不高。

（2）职业道德素养有待提升

基层社区矫正工作人员要爱岗敬业，勇于创新。基层工作是政策的落地环节，压力大，难度高。基层社区矫正工作人员要不断学习思考，提升工作效果。现在基层社区矫正工作人员的职业意识不够强，工作方法还停留在过去，创新能力较弱。

---

① 参见《中华人民共和国社区矫正法》第 36 条。

② 姜爱东：《关于我国社区矫正工作发展形势与今后的工作任务》，载《社区矫正理论与实践》2022 年第 1 期。

③ 参见《中华人民共和国社区矫正法》第 37 条。

市一级社区矫正机构有很多创新举措，基层社区矫正机构应该学习借鉴。社区矫正工作复杂多样，必须主动创新，防止无法应对新问题的情形发生。

三、基层社区矫正工作队伍专业化建设提升路径

基于前文所总结的基层社区矫正工作队伍专业化建设所面临的困境，结合实际情况，从制度建设专业化与工作人员专业水平提升两个方面提出相应具有针对性的完善途径。

（一）推进基层社区矫正工作队伍专业化的制度建设

提升基层社区矫正工作队伍专业化建设程度，需要完善相关制度构建，从管理、监督、培训以及职业保障等方面着手，形成完善的制度体系，推进基层矫正工作队伍专业化建设。

1. 完善基层社区矫正工作队伍管理制度

基层社区矫正工作队伍专业化建设工作的推进需要制定完善的管理制度。本文从管理主体、管理职责、管理对象以及考核评估等方面着手，推进基层社区矫正工作队伍管理制度的完善。

（1）完善队伍考核管理机制

要建立好的队伍管理体制，首先要考核工作人员。通过考核评估体系，保证社区矫正工作的任务完成。具体来说，要明确考核主体和对象，由司法局组织工作小组和单位负责，涵盖司法行政人员和社会工作者。要明确考核内容，主要有工作业务流程、制度执行和出勤培训三个方面。要完善考核流程，包括确定考核主体、制订考核计划、实施考核计划、反馈考核结果，并将考核结果用于工作人员的晋升、薪酬和调整等。基层社区矫正工作流程中的每个环节都要细分，制定量化评分表，赋分考核内容，实施评估工作。比如，对“做好社区矫正对象的衔接工作”的考核，有三个内容：调查评估、核实居住地和接收建档。考核办法为日常考核，设置分数。通过分类考核内容，监督工作完成情况，形成考核分数用于工作人员的调整、晋升和清退等，促进社区矫正工作人员提高专业水平。在考核中尝试第三方评估机制，保证客观性，达到目标。

（2）基层社区矫正工作队伍管理模式创新

当下我国大多省份的基层社区矫正工作环节由司法所完成，基层社区矫正工作人员在司法所开展工作，受所在单位以及所在基层政府的管理，管理方面存在混乱。市社区矫正管理局负责全市社区矫正工作的统筹指导。区县社区矫正执法大队负责辖区内的执法管理，设队长 1 名，副队长 1 名，均为政法编制。社区矫正执法中队负

责片区内的执法执行，设中队长1名，副中队长1名，中队长由司法所长担任，副中队长由民警担任。社区矫正帮教管理服务中心作为入矫教育单位。各级社区矫正工作人员的管理主体为其所在单位，考核工作由相应单位或部门负责。其中，司法行政人员的年终考核由市社区矫正管理局负责，社会工作者群体的考核由区县社区矫正执法大队负责（见图6）。通过上述管理模式的构建，形成较为完善的基层社区矫正工作队伍管理体系，推进基层社区矫正工作队伍专业化建设。

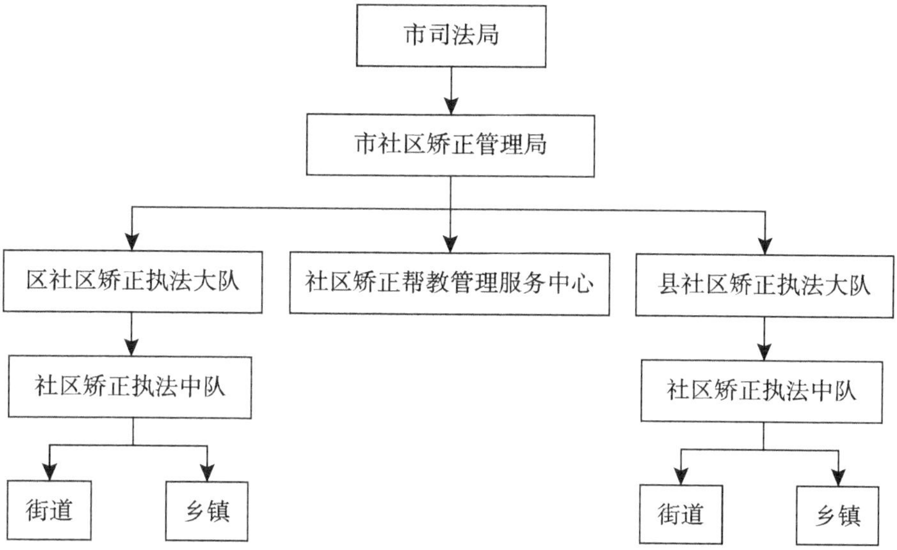

图6 基层社区矫正工作队伍管理模式

2. 健全基层社区矫正工作队伍监督制度

健全的监督制度是提升基层社区矫正工作队伍专业化水平的关键环节之一，应当从内部监督与外部监督两个方面进行完善。

（1）健全内部监督制度

要完善基层社区矫正工作队伍的监督制度，应当规范内部监督制度。具体措施有：一是明确监督主体，由司法局纪检小组负责监督，加入专业人员解答专业问题，提高监督效果。部分地区已经采用这种形式，如浙江省宁波市①、安徽省芜湖市②、四川省宜宾市江安县③等。纪检小组能够发现并纠正违规违纪行为，杜绝权力寻租和

① 《强化监督举措　助推社区矫正工作规范化》，http：//www. zjsjw. gov. cn/yixiankuaixun/202109/t20210929_4817294. shtml，最后访问时间：2023年3月28日。

② 《驻市司法局纪检监察组：督查社区矫正领域廉政风险防控工作》，http：//www. whjjw. gov. cn/article. php？MsgId=771354，最后访问时间：2023年3月28日。

③ 《江安县司法局强化社区矫正执法内部监督》，http：//www. scpf. org. cn/a/shehuiguanli/20170607/8406. html，最后访问时间：2023年3月28日。

滥用执法权力的现象。二是增加监督频次，形成常态化监督机制。目前每年一次到两次的监督频次不够，可调整为两个月一次，再年终总结。这样可以促进监督效果的提升。三是增强内部监督人员对矫正工作流程和专业知识的熟悉程度，提高监督工作效率，促进基层社区矫正工作队伍专业化建设。

（2）健全外部监督制度

外部监督制度是基层社区矫正工作队伍监督制度的重要组成部分。检察机关作为外部监督主体，需要转变工作理念，提高对社区矫正工作的思想认识，增强责任感和使命感。同时，需要增强检察监督力量，增加检察小组人员数量，邀请社会各界参与，培养专业干警，完善检察监督流程，规范监督工作的程序和方式，改变被动审查的监督模式，利用信息技术实现同步监控和动态监督。这样才能有效推进基层社区矫正工作的规范化和现代化。

3. 构建科学的基层社区矫正工作队伍培训制度

培训是增加社区矫正工作人员专业知识与专业技能的重要途径，应当根据基层社区矫正工作的特点，构建科学的培训制度，提升基层社区矫正工作队伍整体的专业素质。建立科学培训流程。随着基层治理现代化的不断推进，基层社区矫正工作对执法人员的专业知识与技能提出了更高的要求，需要专业化培训提升知识技能，以促进工作的开展。建立科学的岗位培训制度。岗位培训作为社区矫正工作队伍培训制度的重要一环，应当根据基层社区矫正工作的实践需求进行设计。完善职业发展培训制度。基层社区矫正工作是一项需要运用多学科知识与技能的工作，需要不断更新工作人员的知识与技能，以适应基层社区矫正工作中不断出现的情况。

4. 构建合理的基层社区矫正工作队伍职业保障制度

建立科学合理的职业保障制度，是基层社区矫正工作队伍建设专业化、正规化发展的必然要求。应从多方面完善基层社区矫正工作队伍的职业保障制度。优化薪酬结构，着手解决社会工作者人员流失问题，提高基本工资增加考核奖励，根据工作完成情况进行考核评估设立专项岗位补贴。扩宽职业晋升空间，加大对基层干部的培训，设置相关荣誉奖项，激励年轻干部在工作中开展创新。借鉴上海经验，通过建立职级考评机制，设定初级、中级和高级职称，对社会工作者群体定期开展职称评定和工作考核，考核结果与工作绩效相关联。多渠道保障基层社区矫正工作经费，积极联系企业进行捐赠，为捐赠企业争取政府税收政策的优惠，鼓励社会组织、企业与个人进行资金捐赠；司法局设立基层社区矫正工作队伍专业化建设专项补贴。

（二）提升基层社区矫正工作人员专业化水平

基层社区矫正工作人员专业素养的提升是推进工作队伍专业化建设的关键，应当从专业知识、专业技能和职业价值观等方面进行全方位提升。

1. 增强基层社区矫正工作人员专业知识储备

基层社区矫正工作人员要掌握法学、心理学、社会学和教育学等多方面的知识，以便为矫正对象提供法律咨询、心理辅导、教育引导等服务。但是，基层社区矫正工作队伍专业知识不足，需要采取措施提高。一是加强专业知识培训，制订培训计划，邀请或聘任专家进行定期培训。二是设定激励项目，鼓励基层社区矫正工作人员利用互联网资源自主学习，考取专业资格证书，并给予奖励。三是完善招录机制，增加具有专业背景的人员招录比例，提高社区矫正工作队伍的专业化水平。

2. 提升基层社区矫正工作人员的矫正专业技能

社区矫正工作人员的专业技能很重要，社区矫正工作越来越复杂，需要提高专业技能。提高监督管理技能，通过培训和经验交流，更好地提升监管技能掌握程度①。丰富培训内容，提高矫正技能，通过培训和经验分享，学习行为矫治和心理矫治的方法，可以和高校合作，利用高校的资源和师资。

3. 强化基层社区矫正工作人员的职业价值观

推进基层社区矫正工作队伍专业化建设进程中，需要强化基层社区矫正工作人员的职业价值观。完善职业保障和激励机制，加强人文关怀，解决后顾之忧，提高工作成就感和积极性。贯彻管理制度和监督制度，规范工作行为，提高工作效率和满意度。加强法治教育和职业道德测评，明确责任和后果，树立良好的职业形象。促进基层社区矫正工作队伍的整体素质和水平。

① 吴艳华、李明宝：《社区矫正工作队伍职业化建设研究——以社会管理创新为视角》，载《河南司法警官职业学院学报》2016年第2期。

社区矫正专门队伍建设问题及对策研究

——以山东省莒县为例

陈维杰*

社区矫正作为一种非监禁式的刑罚执行活动，其主要目标在于积极利用各种社会资源，整合社会各方力量，使矫正对象真心悔罪，改正恶习，顺利回归社会。自2003年社区矫正制度引入我国以来，社区矫正在刑罚轻缓化、行刑社会化的国际化刑罚趋势推动下蓬勃发展。2020年7月1日，《中华人民共和国社区矫正法》（以下简称（《社区矫正法》）正式实施，作为我国社区矫正领域的专门法，填补了中国刑罚执行法律体系的空白，使社区矫正工作有法可依、有规可循。同时，明确了以人民法院、监狱管理机关和公安机关为决定主体，司法行政机关为执行主体，村（居）民委员会、企事业单位、社会组织、志愿者及社区矫正对象监护人、家庭成员为辅助主体的模式，厘清了相关主体的法律责任，为社区矫正工作高质量开展打好了坚实基础。

习近平总书记在中央全面依法治国工作会议上的讲话中强调，“全面推进依法治国，建设一支德才兼备的高素质法治工作队伍至关重要”，社区矫正是一项专业化、系统化的刑罚执行活动，更需要建立一支高素质的社区矫正工作队伍。但是，目前来看，我国社区矫正工作队伍在专业化、专职化方面仍存在许多问题。本文以山东省莒县为例就当前社区矫正工作队伍现状进行了分析，并提出了有关思考。

一、社区矫正工作队伍现状分析

（一）司法所工作人员情况分析

莒县司法局目前共有中央政法专项编制70个，现有63人，事业编制35个，实有32人，退役士兵专项公益岗49人，政府购买服务人员3人，目前县局有社区矫正

* 陈维杰，山东省日照市莒县司法局干部。

专项工作人员 7 人（其中社区矫正中心 5 人）。下设 20 个乡镇（街道）司法所，共有 43 人，其中中央政法专项编 29 人，事业编 14 人。

经统计，年龄分析如图 1 所示，目前司法所的工作人员中，30—40 岁年龄区间的人员最多，共计 21 人，占比 48.8%；50 岁以上人员数量次之，共计 15 人，占比 34.9%；41—50 岁人员数量为 4 人，占比 9.3%；30 岁以下人员共 3 人，占比仅 7.0%。图 2 为学历分析，可以看到，司法所工作人员中，本科文凭的占比高达 74.4%，研究生文凭的占 7%，大专文凭的占比与高中及中专文凭的占比相同，均为 9.3%（以上数据包括在职函授教育）。另据统计，43 人中有法律专业背景的人为 26 人，占比 60%。

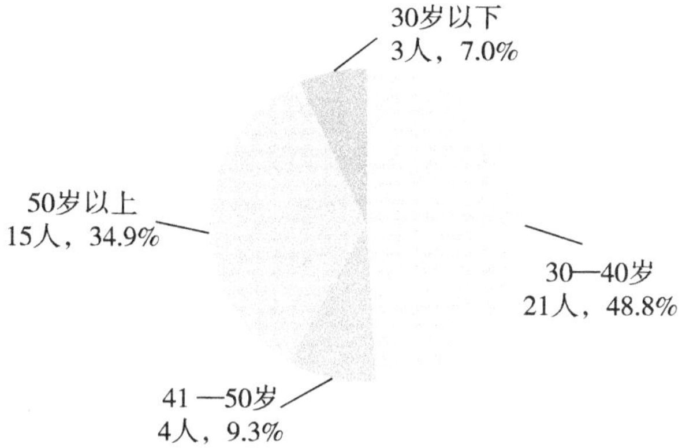

图 1　年龄结构比例分析

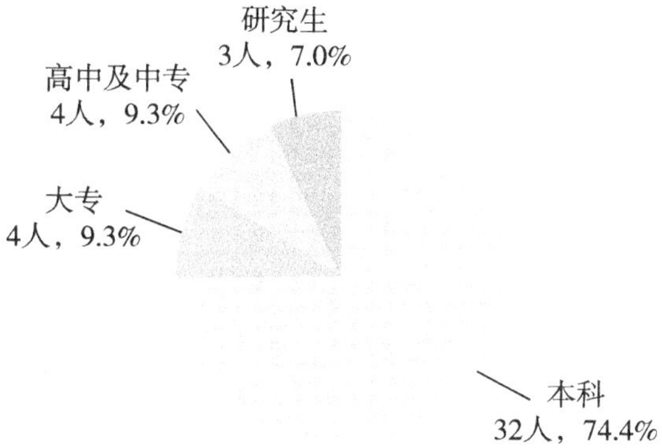

图 2　学历结构比例分析

（二）司法所开展社区矫正工作面临的问题

1. 人员编制不足，专职难以实现。

莒县 20 个司法所共有工作人员 43 人，以 2022 年为例，2022 年全县共计接收社区矫正对象 458 人，解除矫正 500 人，截至目前，全县现有社区矫正对象 506 名，由于各司法所社区矫正对象数量不一，部分司法所社区矫正对象与工作人员比例高达27.5：1。《中国法治建设年度报告（2021）》中也提到，“2021年全国共有司法所3.9万个，司法所工作人员15万人，全年列管社区矫正对象123.5万人，其中新接收社区矫正对象59万人”①。可见人员短缺现象并非个例。同时我们也要认识到，司法所工作人员在承担社区矫正工作的同时，还肩负着人民调解、安置帮教、法律服务和法治宣传等9项职能，这很大程度上减少了司法所工作人员分配到社区矫正工作上的时间和精力，出现疲于应付的情况，容易造成“重监管、轻矫正，重处罚、轻教育”的现象，严重制约了社区矫正工作向更高层次和水平发展。

2. 社区矫正队伍专业化程度不高。

社区矫正工作是一项严肃的刑罚执行活动，对从业人员的素质和能力有较高的要求。随着社区矫正工作的进一步发展，我国缓刑适用率也在不断提高，这更加对社区矫正工作人员的专业水平提出了挑战。根据统计结果分析，莒县司法所工作人员学历水平相对较高，本科以上占比达到了81.4%，虽然其中包含在职函授教育数据，但是也反映了莒县社区矫正工作人员都有较强的自我提升意识，能自觉通过学习弥补不足，提升能力；但法律专业占比仅达到60%，缺乏教育学、心理学专业人才，是值得注意的一点。

3. 社会力量发挥作用有限

（1）社会工作者人才流失严重。《社区矫正法》中明确规定，“社区矫正机构根据需要，组织具有法律、教育、心理、社会工作等专业知识或者实践经验的社会工作者开展社区矫正相关工作”，莒县司法局曾通过政府购买的方式招聘了20名社区矫正社会工作者充实到各司法所，但是由于工资待遇不高、缺乏晋升渠道等原因，人员流失严重，截至2023年，招聘的20名社区矫正社会工作者只剩下2名仍在岗工作。

（2）缺乏志愿资源。社区矫正的实质在于对“被判处管制、宣告缓刑、假释和暂予监外执行”的罪犯，通过监督管理、教育帮扶，促其在社会化环境下增强法治观念、提高悔罪意识，消除重新犯罪因素，达到预防和减少犯罪的目的，在“社会化环境”中对社区矫正对象进行教育帮扶，需要充分发挥社会方面的力量。《社区矫正法》中也明确规定，“国家鼓励、支持企业事业单位、社会组织、志愿者等社会力量依法参与社区矫正工作”。但是在实践中，参与社区矫正工作的志愿者资源十分有限，如莒县现有社区矫正志愿者数量为501名，但绝大多数为社区矫正对象家属及所在村（居）委会工作人员，其他社会力量参与社区矫正志愿工作十

① 《中国法治建设年度报告（2021）》，http：//fzzfyjy.cupl.edu.cn/info/1022/14373.htm，最后访问时间：2023年8月12日。

分有限。

4. 司法所社区矫正经费保障机制不健全

经费保障问题是当前社区矫正工作的面临的一个现实问题。《社区矫正法》第6条规定："各级人民政府应当将社区矫正经费列入本级政府预算。居民委员会、村民委员会和其他社会组织依法协助社区矫正机构开展工作所需的经费应当按照规定列入社区矫正机构本级政府预算。"尽管该规定从法律层面保证了社区矫正工作经费的落实，但是社区矫正经费不足仍是一个较为普遍的问题，究其原因主要有两点：一是社区矫正经费主要由省级以下财政负担，由各地政府自主拨款，目前全国各地没有统一的社区矫正对象人均成本预算标准，财力薄弱的地方，尤其是中西部地区的广大农村，社区矫正经费保障难以落实，也造成了全国各地社区矫正经费保障差距较大，不利于社区矫正工作的统一、协调发展。二是社区矫正经费单列问题。从司法部发布的《2023年政府收支分类科目》① 中我们可以看到，在"公共安全支出"这一大类支出功能分类科目中，"监狱""司法""强制隔离戒毒"属于平行的科类，而"社区矫正"只是"司法"科类下的一个分支。"监狱"科类中包括行政运行、一般行政管理事务、机关服务、罪犯生活及医疗卫生、监狱业务及罪犯改造、狱政设施建设、信息化建设、事业运行、其他监狱支出。"强制隔离戒毒"科类包括行政运行、一般行政管理事务、机关服务、强制隔离戒毒人员生活、强制隔离戒毒人员教育、所政设施建设、信息化建设、事业运行、其他强制隔离戒毒支出。可见，监狱和强制隔离经费不仅与司法经费并列，还设置有齐全而具体的支出科目。社区矫正经费保障受重视程度与监狱和强制隔离戒毒相差较大。

（三）莒县社区矫正工作的经验做法

1. 机构设置方面

为解决社区矫正工作力量有限、缺乏专门执法机构和专业队伍、司法所社区矫正工作量严重不平衡等问题，莒县司法局进行了充分调研，并结合其他区县经验做法，以"队建制"为抓手，为社区矫正工作提质增效。

莒县司法所局从2020年开始根据行政区划在全县20处司法所设立协作区，成立了五个联合党支部，联合党支部的成立极大地加强了党建引领效果。2022年，莒县司法局依托联合党支部，创新进行社区矫正"队建制"改革，在县级层面成立一个社区矫正执法大队；在五个联合党支部所在地——阎庄街道、陵阳街道、店子集街道、刘官庄镇、招贤镇成立社区矫正执法中队，由党支部书记任中队长，其他司法

---

① 《2023年政府收支分类科目》，http：//yss. mof. gov. cn/xiazaizhongxin/202211/t20221110_3850684. htm，最后访问时间：2023年8月18日。

所长任副中队长；20个司法所为执法分队。形成了大队业务指导，中队为执行主体，分队辅助配合的社区矫正执法新格局。

2. 人员配置方面

（1）设置司法协理员制度

上文我们已经分析，人员编制不足问题是基层社区矫正队伍专职化发展的重要阻碍。然而，党的十八大以来，党中央明确提出，财政供养人员编制只减不增。在此限制下，为解决社区矫正工作队伍人员缺口问题，各省市都进行了创新型尝试。2023年4月，山东省司法厅下达了《关于开展司法协理员制度试点工作的通知》，其中日照市被定为本次工作的试点城市之一。司法协理员作为辅助工作人员，能够帮助司法所社区矫正工作人员承担除社区矫正监督管理、教育矫正外的各类辅助性事务，将社区矫正工作人员从琐碎杂务之中解放出来，从而使其精力和时间全部应用于社区矫正教育和监管中，实现社区矫正工作专人专职化，极大地提高社区矫正工作质量。对此，莒县司法局高度重视，根据省厅、市局印发的关于开展司法协理员制度试点的有关方案通知要求，主要领导亲自牵头部署，积极争取县委县政府支持，与相关职能部门成立联合工作领导小组，联合财政局、人社局制定了《莒县关于开展司法协理员制度试点工作实施方案》，方案明确了司法协理员的岗位职责、员额配置、准入条件、招聘方式、待遇保障、日常管理、考核奖惩等相关内容，已提交县委县政府审核，待方案通过后立即实施。

（2）整合社会资源，增加社会力量

社会力量的参与是社区矫正的重要特征之一，是社区矫正的显著优势与鲜明特点。今年，莒县司法局出台了《关于组织律师、基层法律服务工作者参与社区矫正工作的实施方案》（以下简称《方案》），《方案》中提出，要充分依托村（居）法律顾问制度，整合法律顾问资源，为每个社区矫正对象配备专属法律帮扶员，并将其纳入矫正小组，协助开展社区矫正对象的日常管理和教育工作。律师作为法律行业的高素质人才，在法律专题教育、以案释法警示教育方面，存在天然的优势，吸收律师加入社区矫正工作，有效充实了社区矫正工作专业力量，极大地缓解了社区矫正队伍专业人才缺乏的难题。

二、社区矫正专门队伍建设的思考与建议

1. 提高准入门槛，强化专业培训

一是提高准入门槛。根据社区矫正工作需要，在招录时明确入职条件和要求，包括必须具有相关专业背景、良好的身体、心理和思想道德素质等。二是强化在职培训。建立常态化和系统化的职业培训制度，包括岗前培训和定期职业培训、业务

比武等培训活动，针对社区矫正工作人员履行职责所需要的专业知识、实践能力、思想素质和身心素质进行多层次、多内容、多方位、多手段的岗位培训，以优化社区矫正工作队伍，提升他们的工作能力，以保证社区矫正工作队伍的整体素质符合社区矫正工作要求。三是鼓励自主学习。鼓励、支持、引导社区矫正工作人员继续深造，积极报考国家统一法律职业资格考试、心理咨询师国家职业资格考试等与社区矫正相关的专业资格考试，提升自身专业素养。

2. 完善待遇保障，稳定社工队伍

一是提高工资待遇。社会工作者流失严重的最主要的问题就是工资待遇低，为此各级政府要结合当地经济社会发展水平，制定合理的工资待遇水平；同时要加强社区矫正工作的资金投入，并且列明专项经费开支的项目，特别是专门购买社会服务的经费。二是完善激励机制。可以参考事业单位工作人员职称晋升机制，建立社区矫正专业技术职称制度，通过日常表现考核和专业技能考试，通过物质奖励和等级评定，给予他们与工作相称的物质利益；同时建立表彰奖励机制，将社区矫正社会工作者表彰奖励纳入司法行政人才奖励体系和社会工作专业人才表彰奖励体系，对业绩突出的社区矫正社会工作者可采取多种形式予以表彰宣传，提升其职业的社会知晓度和认同度，营造尊重社工人才的良好氛围。三是拓宽社工职业上升空间。如有社区矫正国家机关工作人员岗位空缺，可拿出一定名额面向优秀社工，放宽条件予以录用，以增强社工的工作热情和积极性，稳定社工队伍。

3. 增强志愿者招募力度，壮大志愿者队伍

（1）拓宽志愿者的招募渠道。不应仅限于社区矫正对象所在村（居）委会成员及其亲属，根据社区矫正工作的特殊性和专业性，可以大力招募和重点发展以下三类人员：一是在职的志愿者，如法律、教育、心理领域的相关专家学者、司法系统的工作人员等；二是青年志愿者，如法学、心理学、教育学、社会工作等专业的大学生、各级团委、社会团体的年轻工作人员等；三是退休志愿者，特别是退休前在司法系统、教育行业等从事工作的人员。通过壮大志愿者队伍，充实社会力量参与社区矫正工作，做好社区矫正教育帮扶各项工作，预防和减少重新违法犯罪。

（2）加大社区矫正工作宣传力度。要提高社区矫正工作的质量水平，获得更好的矫治水平，离不开各部门单位的帮助支持和社会各界的广泛参与。因此要广泛利用媒体宣传途径加大对社区矫正工作的宣传力度，引导社会各界加强对社区矫正社会化工作的认识，从而给予积极支持。

关于社区矫正建立专门执法队伍的研究

朱莹雪*

“守天下之法者莫如吏”，倘若没有一支能推行新法并守法的良好的官吏队伍，最好的法律也将成为一纸空文，改革的事业不可能实现。① 王安石在北宋时期就提出了“吏不良，则有法而莫守”，强调了执法队伍建设的重要性，在后续的变法过程中整顿吏治，加强官吏队伍建设提升整体战斗力。随着《中华人民共和国社区矫正法》（以下简称《社区矫正法》）的出台，司法部推进社区矫正队伍建设，锻造政治过硬、本领高强、作风优良的精兵劲旅成为社区矫正队伍规范化、专业化的必然要求，加强社区矫正法治队伍建设，为社区矫正工作提供人员支持，推动社区矫正工作高质量发展。

一、沂源县社区矫正执法队伍现状

近年来，沂源县不断创新特殊人群社会管理方式，本着“精细化管理，人本化服务”的理念，按照“标准化、专业化、人性化、规范化”的要求，全面推进社区矫正工作，有效预防和减少了重新违法犯罪发生。截至 2023 年 6 月，全县累计接收社区矫正对象 3701 人，累计解除 3436 人，正在接受矫正 254 人，重新犯罪率控制在 0.2%以下，有力地促进了社会和谐与稳定，为构建“平安沂源”发挥了重要作用。

为进一步优化完善全县社区矫正工作管理体制与机制，沂源县司法局聚焦“队伍专业化、执法规范化、矫正精准化、监管智能化”工作目标，于 2022 年 5 月 20 日召开沂源县队建制改革动员部署会，创新推行社区矫正“队建制”改革，实行“一定五动 平战融合”工作机制，打造了指挥灵活、行动迅速、协同作战、工作有力的社区矫正工作运行体系，队建制成效初显。

---

* 朱莹雪，山东省淄博市沂源县司法局一级科员。

① 卓帆：《“守天下之法者莫如吏”——王安石的重要法律思想》，载《贵州民族学院学报（社会科学版）》1986 年第 4 期。

（一）“一定五动”织密“监管网”

根据工作需要，将局社区矫正工作科更名为“社区矫正执法大队”，同时结合镇办地域特点、社区矫正工作需要，在鲁村、西里和石桥下设3个中队，分片区承担全县12个镇办的社区矫正日常工作，全县实现“大队+中队”管理模式。镇办固定配置1名司法所长和所属中队的5名人员共同负责服务片区的社区矫正和安置帮教工作，实现1人定位5人机动的“一定五动”人员架构。片区内，6名人员统一行使社区矫正刑罚执行权，承担调查评估、接收、监督管理、教育帮扶、考核奖惩、训诫、警告、追查、收监和应急处置等职责。县社区矫正大队建立“周抽查、月调度、季通报、年考核”监督管理工作机制，定期对各中队监督管理、教育帮扶等重点工作进行部署，通过“定期+随机”相结合的方式对各中队社区矫正执法办案程序、法律文书规范、矫正方案、请销假制度、日常管理等全面评查，涵盖社区矫正工作的全部环节。针对评查出来的问题进行汇总研判，集中问题通报整改，进一步提升全县社区矫正执法规范化工作水平。

（二）“平战融合”用活“核心力”

在平时日常业务工作中，司法所和执法中队分别独立开展工作。当社区矫正有重要活动、遇到突发情况时，即进入“战时”状态，实行司法所与中队融合联动模式，由中队长负责统筹司法所配合中队开展相关工作，确保第一时间能够形成统一指挥、行动迅速、人员充足、工作有力的协同作战体系，及时有效完成社区矫正各项重要活动任务。县局分别明确细化司法所和执法中队平时工作清单和战时工作清单，厘清社区矫正大队、中队、司法所以及工作人员职责任务，建立工作制度，实行平时“专人专职”，战时“融合联动”的执法管理机制，实现社区矫正工作的精准化、精细化。

（三）“完善保障”开创“新格局”

司法局制定出台了《沂源县社区矫正大队、中队工作职责》《沂源县社区矫正工作流程》《社区矫正执法人员工作规范》等多项制度，进一步加强和规范全县社区矫正工作，形成了完整的制度体系；按《社区矫正法》规定，将社区矫正经费纳入县级财政预算，实现社区矫正经费的基础保障；为提升执法严肃性和权威性，司法局新配备执法车辆3辆、执法记录仪24台，给社区矫正工作人员统一配备执法服装，为全面提升社区矫正教育矫治的效果提供了全面保障。

我县社区矫正工作稳步推进，充分发挥好社区矫正委员会统筹协调作用，注重加强与上级部门及公安局、检察院、法院等部门的沟通协调，实现社区矫正对象管理工作由“点”成“线”。会同县检察院对入矫宣告、档案管理等工作进行回访监督，对辖区社区矫正工作中存在的问题及时整改，确保社区矫正工作规范有序开展。尤其是“队建制”改革模式运行以来，有效解决了镇街社区矫正对象数量不均衡、工作量有多有少的问题，成立专门的队伍专职干一件事情，提高了执法效率与水平，工作人员的职责权利更加明晰，使得监督管理、教育帮扶各项措施落实更加有力，对维护社会和谐稳定、打造共建共治共享的社会治理新格局发挥了积极作用，实现了社会效果与法治效果的有机统一。

二、存在的问题

正所谓河有两岸，事有两面，在社区矫正的运行过程中，我们不可避免地会发现队建制运行中暴露出来的一些问题，如办公地点设置、执法力量薄弱、队伍专业化不足等问题。

（一）没有解决执法机构设置的核心问题

社区矫正大队办公地点在社区矫正科，中队的办公地点一般在条件较好的司法所。所谓条件较好，即司法所所在的乡镇较大或经济较发达，利于接受来自乡镇党委政府提供更好的支持，同时中队所在的办公场所类似“中转站”的地方，即社区矫正对象去这个“中转站”相对较为方便，交通方式也较为便利。我县社区矫正执法有 3 个执法中队，每个中队皆负责 4 个乡镇的社区矫正工作，执法中队成员由专职人员担任，每个中队连同中队长共计 5 人，执法力量仅仅依靠专职的社区矫正工作人员，相对于其余地方的社会工作者和社会志愿者来说，社区矫正的力量相对比较薄弱。社区矫正是一项严肃的刑罚执行工作，社区矫正执法大队模式仍然依靠司法所作为管理和执法主体，这属于“旧马套新鞍”，没有解决执法机构设置这个核心问题，仍然难以体现刑罚执行的权威性和严肃性，也难以解决工作效率、风险管控的问题。

（二）没有解决执法监管力量的问题

在社区矫正执法中队的日常工作中，很难完全脱离司法所的工作，不仅要承担个人应承担的社区矫正职责，还要承担那些被抽调、借调的同志的职责，更要承担“无人所”的职责，相比以往，管辖的范围更大了，监管的社区矫正对象更多了，工作量更大了，相伴的风险也更大了，但相对应的人、财、物、权并没有增加。社区矫正对于司法所来说是互为依存的，社区矫正需要司法所提供场地支持，在日常的工作中，司法所工作人员与司法所的工作同样是无法分开的。所以，从这个层面上来说，社区矫正队建制模式并没有起到加强基层社区矫正监管力量的作用，反而越发加重此部分人的工作负担。同时，社区矫正工作人员执法权力和承担的任务不对等，责任大、权力小。社区矫正的对象又是服刑罪犯，具有一定的人身危险性，但由于目前社区矫正执法人员不具有警察身份，执法威慑力不强，社区矫正对象不服从监管教育的现象时有发生，甚至威胁到工作人员的人身安全。

（三）没有解决队伍专业化的问题

在日常工作中，一些社区矫正工作人员的教育、文化、管理经验等方面存在短板，对法律法规、政策掌握不充分，不能及时准确地理解矫正工作的重要性，尤其大多数的基层社区矫正部门的工作人员，自己所学习的专业不属于法律专业，因此对相关法律法规知识了解得不深，特别是对刑诉法中的相关知识更是知之甚少，影响了社区矫正工作的顺利开展。尤其近年来，在社区矫正工作实践中，发现部分社区矫正对象心理不够成熟，存在焦虑情绪，缺乏自控力，易出现偏激行为，给做好社区矫正工作带来一定难度，因此积极运用心理学方法，通过心理测试、心理教育、心理咨询及心理治疗等方式，矫治社区矫正对象不良心理，消除心理障碍，促其悔罪自新显得尤为重要。正因为部分社区矫正工作人员缺少具备一定的心理学、社会学、犯罪学等方面的专业知识，导致日常监管中缺乏专业素养，难以提供更多面向的服务和专业培训，容易引起部分工作人员的工作倦怠和创新意愿不高，影响队伍的参与度和质量。

三、原因分析

问渠那得清如许，为有源头活水来。凡事都应该从根本上着手，要解决问题，就必须找准病因，精准入手，才能焕发新的活力。前面暴露出的问题，主要存在以下几个方面的原因。

（一）社区矫正工作的分散性

社区矫正对象居住分散，即使执法机构设置完成，给社区矫正对象的工作依旧带来了很大难度。沂源县地处鲁中山区，东靠潍坊市临朐县，东南与沂水县毗邻，西依济南市莱芜区、钢城区，西南与泰安市新泰市接壤，南连临沂市蒙阴县，北与博山区、淄川区相望，下辖 2 个街道、10 个镇，1 个经济开发区，总面积 1636 平方千米，总人口约 57 万人。社区矫正对象多、活动范围广、偏远地区多，有些矫正对象没有离开过自己的村，更别说到镇办或者县城报到了，骑车路途远，坐公交时间长，导致日常的报到都难以正常维持，还有场所不固定，流动性较强的矫正对象，导致刑罚执行的权威性和严肃性受到影响。

（二）缺乏具备认可的执法身份和工作证件

司法行政机关中从事社区矫正的工作人员，毫无疑问其身份当属司法工作人员，行使的是刑罚执行权，执法对象是社区矫正对象。可司法实际中其身份定位都是行政工作人员，其执法依据一直处于十分尴尬的地位。社区矫正工作人员由于不具有警察身份，缺乏威慑力和严肃性。社区矫正工作人员普通公务员的身份与其刚性的执法权能不相符，缺乏足够的震慑作用和威严感，严重影响了社区矫正监督管理职能的发挥。同时，社区矫正工作人员缺乏统一的工作证件表明执法身份，面对社区矫正对象时不能做到亮证执法，难以维护社区矫正的严肃性、权威性。

（三）队伍的扩充和培训多样性不足

首先，社区矫正机构在招录时虽然充实了社区矫正工作队伍力量，但是招录的人员依旧停留在以法学为主要专业的人员，社区矫正工作不仅依靠法学，还需要依靠社会学、教育学、心理学等专业人才充实到社区矫正工作队伍中去，这样才能保证社区矫正队伍专业门类的丰富。其次，日常的培训工作以业务培训为主，忽略了对社会学、教育学、心理学等知识的培训，不利于提升社区矫正工作队伍的多样化水平，导致他们的专业程度、工作能力和职业素养还需再提高。

四、对策措施

正所谓善除害者察其本，善理疾者绝其源。社区矫正执法队伍建设及运行还需要多方合力，久久为功，不仅要解决好办公场所、队伍建设、经费保障和职业教育等问题，还需要画好同心圆才能打好组合拳。

（一）人员集中办公

建议在县社区矫正科设置副科社区矫正执法大队或社区矫正管理局，与社区矫正安置帮教合署一体采取集中办公形式，将社区矫正工作实现一站式完成，让矫正对象在第一次报到时就实现全部报到流程，防止出现因大队与中队衔接问题导致的脱漏管现象，对于安置帮教等信息数据实现线上与线下的结合，对监管等方面出现的新问题，进行快速的沟通和讨论，快速解决问题。同时建立健全科学考核机制，将考核内容明确细化，如将工作成效、职业素质、自身学习建设等方面列入日常的学习内容中，并将考核成绩与工作人员的职位晋升和福利待遇相挂钩，进一步健全和完善社区矫正工作人员的聘用、管理、考核等机制。提高社区矫正工作人员的业务水平，加强社区矫正工作人员队伍建设，规范和推动社区矫正工作的专业化水平。

（二）建立专业化的执法队伍

根据现有人员编制，科学调配使用。积极协调县委编办在原社区矫正工作科行政编制的基础上，从局机关调剂人员充实到社区矫正大队。作为补充，可以通过购买服务或面向社会招聘，按照与社区矫正对象不低于1：10的配置比例要求，建立一支热心社区矫正工作、有一定法律政策水平、文化素质和相关专业知识的社会工作者和志愿者队伍，协助大队及中队开展工作。

（三）积极与县级财政沟通社区矫正工作专项经费

健全社区矫正经费全额保障制度，将社区矫正执法大队及中队的管理经费、业务用房和必要装备费用纳入本级财政预算。基层社区矫正执法大队及中队应借鉴公安机关成熟的管理模式，设大队长及中队长、教导员等。刑事执法的权威性和严肃性往往是通过执行机构来彰显的，所以提高基层社区矫正执法大队及中队的级别很有必要，省级政法委应牵头，司法、人社、组织、编制等部门配合论证，多方努力，尽快提高基层社区矫正执法大队及中队的级别，应至少升格为副科级机构。

（四）加强职业教育，提高执法意识

深入开展“理论政策学习月”活动，教育引导社区矫正工作人员增强政治意识、大局意识、核心意识、看齐意识，端正执法为民的理念，养成信仰法治、鉴定法治的定力，打牢严格执法的思想根基。同时健全教育培训体系，加强法律知识学习和职业道德教育，全面提升执法人员的职业素质和专业水平。以镇（街道）为单位组织，定期对每一名社区矫正工作人员进行全方位培训，从政治、法律和业务知识等方面提高他们的综合素能和执法水平。同时针对社区矫正工作的特殊性，建立廉政风险谈话制度，由县局班子成员对各执法大队及中队进行廉政风险谈话，不定期发送廉政格言、通报典型案例等，有针对性地开展组织纪律性教育和警示性教育，筑牢廉洁自律、拒腐防变的思想防线。根据平时的业务学习进行业务能力培训考试，将考试结果作为日常考核以及提拔使用的重要依据，全面提高社区矫正工作人员的能力和水平。

甘孜州社区矫正专门执法队伍建设工作调研报告

秦书阳*

为全面了解全州社区矫正执法队伍现状，有针对性地研究解决在队伍建设中存在的问题，笔者对全州社区矫正专门执法队伍建设工作进行了调研，现将调研情况报告如下：

一、社区矫正专门执法队伍建设基本情况

全州社区矫正机构现有编制：市级 2 个，县级 30 个，实有人数 246 人（含受委托从事社区矫正工作的司法所工作人员 214 人），其中：男性 81 人，女性 165 人，大专及以下学历 51 人，本科 195 人，法律专业 168 人，心理学、教育、社会工作专业 10 人，其他专业 68 人，社区矫正一线执法人员数量：244 人。

二、加强社区矫正专门执法队伍建设的主要做法

（一）强化党的领导，确保正确的政治方向

甘孜州社区矫正机构始终坚持和加强党中央集中统一领导、落实新时代党的建设总要求，贯彻新时代党的组织路线，落实健全全面从严治党体系任务要求、党组织建设、落实党管干部原则、领导班子自身建设、重大事项请示报告。坚持以习近平新时代中国特色社会主义思想为指引，坚持贯彻党的领导核心作用，认真贯彻落实中央、省委省政府、州委州政府文件和会议精神，认真学习习近平法治思想、党的二十大精神及习总书记来川视察重要讲话精神、省第十二次党代会精神等重要精神。用理论武装头脑、积极学习理论和制度、开展理想信念教育、开展政法干警核心价值观教育、政治轮训制度、政治督察制度、紧抓意识形态建设、作风建设、党风廉政建设、坚持群众观念、政法队伍建设、政法职业荣誉制度。

---

* 秦书阳，甘孜藏族自治州司法局社区矫正管理局四级主任科员。

（二）建立相关机制，加强对队伍的监督管理

社区矫正是一项严肃的非监禁刑罚执行活动，社区矫正工作的开展离不开专业队伍的配置，而执法人员的素质直接决定了社区矫正对象的管理成效。一是定期召开社区矫正委员会联席会议，建立与公检法等部门的信息共享、研判分析、协调沟通的常态长效机制；与检察机关多次合作对全州社区矫正工作进行联合检查。二是通过每月视频督查及不定期派出督查小组对全州社区矫正工作进行督查，定期组织开展县（市）交叉评查并落实整改。以督查通报的形式对各县（市）社区矫正工作情况进行通报并督促整改。主动接受检察机关对社区矫正工作进行法律监督，联合检察机关开展职务犯罪预防活动，查找社区矫正管理工作中的薄弱环节；主动加强与法院、公安局等部门的联系协作，畅通信息渠道。三是实行矫务公开，主动接受社会公众监督，查处违纪违法行为。

（三）整合各类资源，壮大社区矫正工作力量

社区矫正工作是一项综合性很强的工作，且涉及面广，单靠司法行政部门难以实现社区矫正工作的目标和任务，需要在党委政府的统一领导下开展工作，需要人民法院、人民检察院、公安机关和司法行政机关的通力配合，需要财政、教育、卫生、民政、人力资源和社会保障等相关部门的积极支持。

加强自身建设，优化社区矫正干部选育管用工作。坚持严格把控资格准入制度、对调离社区矫正队伍的工作人员进行档案归档，刚进入的进行建档，对优秀的干部职工进行重用，对懈怠工作的进行思想教育以及按情节进行处理，打造一支高素质专业化且相对稳定的社区矫正社会工作者队伍以保障《中华人民共和国社区矫正法》（以下简称《社区矫正法》）严格贯彻实施。充分借助外部支持，进一步统筹整合政法系统资源力量，实质化推动综治中心与社区矫正机构的工作融合，深入推进社区矫正工作与网格化管理服务工作的有机结合，利用网格员常驻基层、贴近村居、熟悉情况、群众基础好等优势，发挥网格员在社区矫正工作中的作用。充分发挥社区矫正委员会各成员单位职责任务，紧扣总体国家安全观要求，坚决贯彻落实中央、省州决策部署，按照“谁主管谁负责、谁的人谁负责、谁出事追谁责”的原则，加强工作领导和组织部署，健全部门联动协作机制，分解工作任务清单，切实把工作责任和措施压实到最小单元，落实到最后一人。积极引进社会组织参与社区矫正工作，有效破解社矫工作面临的“人少、活重、专业力量薄弱”等瓶颈性问题。

（四）聚焦执法办案水平，提升社区矫正工作质效

从自身挖掘，整合优势力量，加强对执法队伍的管理、监督和培训，严格遵照

四川省司法厅“1+3+5+N”（1是《四川省社区矫正实施细则》，3是《四川省社区矫正档案管理办法》《四川省社区矫正执法文书格式》《四川省司法行政机关社区矫正权责清单》，5是《社区矫正调查评估规范》《社区矫正教育矫正规范》《社区矫正监督管理规范》《社区矫正社会服务规范》《未成年人社区矫正规范》，N是社会力量参与社区矫正工作，包括社会工作者、志愿者、家庭成员的亲情支持以及社区提供的环境资源和帮扶项目，企业提供的就业培训和岗位机会等诸多社会力量等。这一模式旨在构建一个多元化的社区矫正工作体系，以更加科学规范和专业高效的方式推进社区矫正工作的开展），进一步提升执法办案水平。

一是，18个县（市）已成立社区矫正委员会，办公室设在各县（市）司法局并加挂社区矫正管理局牌子，负责委员会日常工作，并及时调整社区矫正领导小组名单。二是，根据社区矫正对象的自身特点和危险性程度及其表现等因素，对不同的矫正对象采取分类管理措施，分为严管、普管和宽管三个级别，对同一名矫正对象，根据其日常表现，适时变更管理级别。各县（市）社区矫正机构以及乡镇司法所做好社区矫正对象一人一档的建档工作，将矫正对象报到、个别教育、集中教育、公益劳动、每周电话汇报、每月书面汇报、每月考核、请假审批等都记录在案，将矫正对象得到的表扬、处分和日常表现情况都记录清楚，使每个矫正对象的现实表现都有据可查。三是，定期召开公、检、法、司联席会议，解决社区矫正工作推进中遇到的具体问题。各地公安局派出所对违反管理规定的矫正对象，根据司法所建议，依法给予处罚；检察院对社区矫正监管各环节实施法律监督，对发现的问题以检察建议形式进行反馈通报，限期整改；法院与司法局联合开展审前调查，司法局对被告人进行风险评估；按照《社区矫正法》《四川省社区矫正实施细则》规定，落实社区矫正对象分类管理和报告制度；落实外出请假、居住地变更审批程序，组织开展矫正宣告和解除宣告，每月组织开展社区矫正对象教育学习和社区服务。四是，要求各县（市）社区矫正机构通过对执法人员日常工作中的绩效表现、职业道德、业务水平等方面进行全面评估，及时发现和解决存在的问题，并对优秀人员给予表彰奖励，对不符合标准的人员进行必要的纠正措施；此外，各县（市）通过定期组织各类培训会、研讨会、技能大比武等形式，对社区矫正工作人员在日常工作中所需的专业知识和技能进行能力提升。同时，鼓励执法人员参与学习交流活动，积极借鉴省内外兄弟市州先进经验和做法，不断提升自身的执法能力。五是，完善执法奖惩机制，激励执法人员履行职责、提高工作质量，通过设立表彰奖励制度，鼓励先进个人和集体。对于不履行职责、滥用职权等违规行为，依法予以惩处，并形成震慑效应，通过开展各类宣传教育活动，加强对执法人员的思想引导和精神激励，培养他们积极向上的工作态度和团队合作精神。六是，为了确保社区矫正工作得到有效监督，建立健全举报投诉渠道和处理机制，主动接受社会公众监督，对违法违纪行为进行严肃查处，并及时公开查处结果，维护社会公众的知情权和监督权。

（五）强化保障，确保措施落地见效

甘孜州对执法工作经费全额保障、配备执法装备、执法证持有者325人，执法服装统一警用服装标志为司法，个别县（市）正在积极完善执法场所，基层执法工作人员工资福利待遇皆按照司法助理员待遇全额发放、依法履职保护机制、纠错容错机制、抚恤优待政策等。深化绩效管理，加强队伍廉洁建设。实行责任管理，防止相互推诿、敷衍了事。要求今日事今日毕，不拖延不懈怠。同时，注重改进工作作风，结合社区矫正职能岗位和工作实际，排查社区矫正工作廉政风险点，制定相应的风险防范措施，有针对性地开展纪律警示教育，切实筑牢廉洁自律、拒腐防变的思想防线。

三、社区矫正专门执法队伍建设存在的困难与问题

（一）人员相对少

全州289个司法所一线执法力量244人，与司法部要求基层司法所3人以上编制还有很大差距。特别是开展社区矫正工作以来，人员紧缺更加明显化。一方面是工作量加大，导致人员紧张；另一方面是从去年缉枪治爆政策宣讲之后，社区矫正人数逐渐增加，如我州白玉县现有社区矫正对象75人，社区矫正机构只有2个编制，其余为司法所司法助理员，直接导致司法所工作人员工作量的增大，工作人员紧缺。

（二）兼职过多

我州各县（市）乡镇司法所工作人员都依托于乡镇人民政府开展工作，从而造成司法所工作人员兼职现象比较普遍，司法助理员都兼任信访、维稳、乡村振兴等各项工作。社区矫正工作需要工作人员投入一定的时间和精力进行深入细致的研究和思考，但是由于兼职现象的存在，导致大多数工作人员对社区矫正工作难以专注，分散了精力，这样势必会影响社区矫正工作的正常开展，也容易致使司法助理员监管不力受到法律监督处罚。

（三）素质偏低

多数一线执法人员是通过自学、函授等途径取得学历文凭。在社区矫正工作开展中，大多数工作人员是通过“速成班”培训上岗的，对于社区矫正的工作还很陌生，没有接触过刑罚执行工作，没有对矫正对象进行管理、矫正的经验。随着社区

矫正工作的深入开展，社区矫正对象数量不断增加在探索科学矫正方法上也面临重重困难：一方面，藏区受教育人数较少，大部分社区矫正对象听不懂汉语，不会写汉字；另一方面，司法助理员受文化水平、专业知识、语言沟通的限制，很难有所突破，特别是在信息化建设方面，无专门的经费及人才，导致我州信息化、智能化发展严重滞后。

（四）年龄偏低

30岁以下矫正工作人员就有124人，受年龄的影响，部分工作人员为刚走进社会的大学生，在实际工作中缺乏刑罚执行的工作经验，理论实际脱节，难以快速适应掌握司法行政工作，往往处于被动应付的境地。并且大多数受地域和教育资源的限制缺乏创新意识，仍习惯于按部就班工作的方式方法显得简单粗糙，如在与社区矫正对象接触和个别谈话时，虽有热情但缺乏推动互动的手段，感召力和亲和力不够。

（五）各部门配合有待加强

相关职能部门间的配合协作、信息互通、共享平台以及工作对接、反馈的长效工作机制还需进一步建立健全。存在司法行政部门完全不知情，既没有收到社区服刑人员的调查评估函，也没有接到任何通知的情况下直接判决，要求社区矫正机构开展矫正，有的社区服刑人员甚至是户籍在本县，人已经搬至其他县；有的部门直接以邮件的形式把相关材料寄往县司法局社区矫正机构，不责令服刑人员限期到社区矫正机构报到，也不留任何联系方式等情形，给司法行政部门开展社区矫正工作带来了极大的不便，影响了刑罚执行效果。

（六）监管难度大

甘孜州社区矫正工作点多面广、战线长，任务重、力量弱，敏感时段、重要节点多，矫正对象大多为文化较低的农牧区信教服刑人员，极易被西方反华势力、藏独分裂势力渗透操纵，参与分裂破坏、个人极端、暴力恐怖等案（事）件，风险系数极高，95%的社区服刑人员散居在15.3万平方千米的289个乡（镇），部分乡（镇）、村交通不便，通信不稳定，集中、走访、查寻都较困难，难以密切管控。受经济发展水平、社会认知程度等因素制约，缺乏专业的执法工作人员，社区矫正工作志愿者、社会工作者也相当匮乏。大多社区矫正对象生活在农牧区，语言不通，路途遥远，通信不畅，很难持续跟踪和全面落实对矫正对象的监管。日常管理中情绪抵触，态度轻慢，不听招呼、不服管理现象时有发生，加上绝大多数一线助理员为年轻女性，需要强制手段时只能等待法院的决定，等待公安机关出警，刚性执法管理手段弱，监管难度大。

（七）社会力量参与度低

实践中，按规定成立的社区矫正“4+X”矫正小组成员多为挂名，缺乏激励或补偿机制，仅存于文字材料中应付检查，没有实际发挥作用。政府购买服务组织社会工作者为零，以政府投入为主的过渡性安置基地为零，社会组织参与度为零，社区服刑人员就业难。社区矫正既有刑罚执行内容，也有教育矫正、社会帮扶的工作服务内容，而政府引导社会组织和志愿者积极参与社区矫正工作力度不够，发挥社会力量的作用不够。

四、加强社区矫正专门执法队伍建设的对策建议

（一）加强思想教育，不断提高干部队伍的政治素质

要不断加强司法行政干部的法治理念教育，树立正确的世界观、人生观、价值观和全心全意为人民服务的宗旨意识，从思想上解决好“为谁执法，为谁服务”的问题，增强事业心和工作责任感。自觉抵御“四风”等腐朽思想的侵蚀，做到爱岗敬业、无私奉献、遵纪守法、廉洁自律，努力提高司法行政队伍的社会公信度。

（二）加大教育培训，切实提高干部队伍的业务素质

一是，要从源头上提升司法行政干部文化层次，进一步研究深化司法队伍管理机制改革的措施。二是，努力培养高素质执法人才，鼓励干部参加各种形式的在职学历教育和司法考试，不断提高司法行政干部的整体素质。三是，要采取“走出去，请进来”的办法，组织相关工作人员，赴社区矫正工作开展好的省、市（州）、县考察学习，以加深对社区矫正工作的认识，借鉴兄弟省市的好的做法和经验，使工作的开展更充分、采取措施更有力。另外还可以邀请社区矫正工作开展好的省、市对甘孜州社区矫正工作人员进行培训，并交流经验，相互取长补短，达到互相触动，共同提高的目的。

（三）配置相当量的社区矫正警察

为了保证社区矫正这一刑罚执行活动的顺利开展，保证社会的安全稳定，体现刑罚意志打击罪犯，社区矫正工作者中应当配置相当量的社区矫正警察。在社区矫正机构中设立的警察，可以称为“矫正警察”。建议把这个名称作为司法行政系统所有警察的统称，用作与公安警察、司法警察等并列的警种名称。警察是国家强制力

的重要代表。我国的社区矫正是非监禁刑罚执行工作，其中蕴含的国家强制力是刑罚的本质特征之一，而警察是国家强制力的重要代表，与军队、法庭、监狱等共同构成国家强制力。虽然并非所有的社区矫正工作都要由警察去做，但是，必须有警察作为坚强的后盾，在需要时能够代表国家行使强制力，确保有效执行刑罚和保障社会安全。警察身份有利于开展社区矫正工作。警察身份必然通过警察服饰、警用器械等外部标识体现出来，而这有利于将社区矫正执法者与社区服刑人员、社会公众区分开来，特别是在涉藏地区，警察标识本身具有巨大威慑力，可以解决罪犯服刑意识淡薄等问题，从而在管束社区服刑人员中发挥显而易见的作用，在社区矫正管理等工作中产生事半功倍的效果。

（四）社会力量参与社区矫正工作

组织社会力量积极参与到社区矫正这个工作领域，光靠我们司法行政部门是杯水车薪，只有逐步形成政府引导社会力量和社会资源参与社区矫正的良好态势：如通过政府部分投入、签订合作协议、优惠政策回馈等方式，鼓励企业、教育培训机构、民间社团为矫正人员提供帮助与服务；充分发挥公益机构的作用，对社区服刑人员开展法律咨询和心理疏导，帮助矫正人员顺利融入社会，以提高社区矫正的社会公共参与度。政府向社会力量购买服务（教育学习、社区服务、心理矫正咨询、困难帮扶、就业指导等），推进社区矫正服务工作，根据构建公共服务型政府的要求，将市场机制引入。向社会力量购买服务对推进我州社区矫正工作有重要意义。

社区矫正专门执法队伍建设研究

——以内蒙古自治区X旗为例

张 晓*

自2003年，我国在6个地区设立了社区矫正试点，到2020年7月1日，《中华人民共和国社区矫正法》（以下简称《社区矫正法》）正式施行，社区矫正工作经过十几年的发展，积累了丰富的实践经验。对于发达地区来说，不论是机构建设还是工作机制，抑或是人员配备，已形成一定的模式。而对于欠发达的城市或旗县，社区矫正工作仍面临很多的问题，其中专门执法队伍建设问题尤为突出。本文以内蒙古自治区X旗县的队伍建设为研究对象，开展实证调研，总结当前X旗在社区矫正执法队伍建设方面的做法，分析面临的困境，在此基础上就社区矫正专业执法队伍建设提出有关对策和建议。

一、X旗社区矫正工作人员现状分析

（一）X旗社区矫正工作概况

X旗位于黄河北岸，内蒙古自治区中南部。下设6个镇2个乡，以及1个特殊的镇，有296个行政村，国土面积为2779平方千米。截至2020年11月，X旗常住人口263131人。X旗司法局设有社区矫正中心，其于2015年整合优化资源配置，筹资100余万元改造完善成标准化社区矫正中心，中心于2015年12月正式投入使用。社区矫正中心占地面积约3000平方米，建筑面积1200平方米。中心拥有办公场所面积800平方米。现有社矫工作人员3名（含1名临时工作人员），心理咨询师由社矫工作人员兼任。X旗社区矫正中心承担着社区矫正对象衔接入矫、日常监管教育、解除矫正及指导司法所社区矫正工作的工作职责。此外，X旗成立了社区矫正委员会，旗政府分管副旗长任组长、公检法司及相关单位领导为成员，司法局分管副局长兼

---

* 张晓，内蒙古自治区土默特左旗司法局科员。

任办公室主任。旗司法局的社区矫正执法股，具体负责对全旗社区矫正工作的管理指导，组织协调社区矫正工作的实施，负责社区矫正执法工作。

（二）X 旗社区矫正工作人员情况

X 旗共有 6 个镇 2 个乡，以及 1 个特殊的镇，每个乡或镇设立 1 个司法所，共有 9 个司法所。截至 2023 年 8 月 15 日，乡镇司法所共有 24 名社区矫正工作人员，加上旗社区矫正中心的 3 名工作人员（含 1 名临时工作人员），全旗共有 27 名社区矫正工作人员。通过发放调查问卷、调取数据库的方式，对 X 旗社区矫正工作人员配备情况（见表 1）、社区矫正工作人员年龄、性别情况（见表 2）和社区矫正专职工作人员学历、专业、心理咨询师情况（见表 3）进行了统计，以便做进一步分析。

表 1　X 旗社区矫正工作人员配备情况①

矫正单位	社区矫正工作人员数量/人	社会工作者数量/人	社会志愿者数量/人
X 旗司法局	3	0	0
A 镇	4	0	0
B 镇	2	0	0
C 镇	3	0	0
D 镇	3	0	0
E 镇	3	0	0
F 乡	3	0	0
G 镇	2	0	0
H 乡	2	0	0
I 镇	2	0	0
合计	27	0	0

① 数据来源：2023 年 X 旗司法局人员内部统计数据。

表 2　X 旗社区矫正工作人员性别、年龄情况①

矫正单位	不同性别人数/人		不同年龄段人数/人			
	社矫男性工作人员	社矫女性工作人员	20—30 岁	31—40 岁	41—50 岁	51—60 岁
X 旗司法局	2	1	0	0	3	0
A 镇	3	1	0	0	1	3
B 镇	2	0	0	0	2	0
C 镇	2	1	0	0	2	1
D 镇	2	1	0	0	2	1
E 镇	3	0	1	0	0	2
F 乡	3	0	0	0	2	1
G 镇	2	0	0	0	0	2
H 乡	2	0	0	0	1	1
I 镇	2	0	0	0	2	0
合计	23	4	1	0	15	11

表 3　X 旗社区矫正专职工作人员学历、专业、心理咨询师情况②

矫正单位	不同学历人数/人			不同专业人数/人		
	专科及以下	本科	研究生以上	法学专业	心理咨询师	社会工作师
X 旗司法局	2	1	0	3	0	0
A 镇	2	2	0	3	0	0
B 镇	0	2	0	1	0	0
C 镇	1	2	0	1	0	0
D 镇	0	3	0	0	0	0
E 镇	2	0	1	1	0	0
F 乡	2	1	0	1	0	0
G 镇	1	1	0	1	0	0
H 乡	0	2	0	1	0	0

① 数据来源：2023 年 X 旗司法局人员内部统计数据。
② 数据来源：调查问卷统计数据。

续表

矫正单位	不同学历人数/人			不同专业人数/人		
	专科及以下	本科	研究生以上	法学专业	心理咨询师	社会工作师
I镇	1	1	0	1	0	0
合计	11	15	1	13	0	0

从表1中可以看出，X的社区矫正工作全部由司法局社区矫正工作人员和各乡镇司法所的工作人员承担，没有社会工作者和社会志愿者参与其中，社区矫正工作人员任务繁重，社区矫正专门人员力量薄弱。近年来，随着司法所工作逐步走向完善，司法所力量也有所加强。尽管与过去相比，看似加强了司法所力量，实质上司法所的整体力量却有所削弱，因为司法所工作人员身上的担子越来越重，不仅担负着人民调解、法治宣传、社区矫正和帮教安置等本部门的基础工作，还要配合乡镇开展包村包干、征地拆迁、大环境整治、维护社会稳定等其他工作任务，能够分配到社区矫正工作上的精力也就很少。司法所工作人员形成了专职不专用、工作兼职多而杂的工作局面。

从性别角度分析，9个乡镇中，社矫工作人员以男性为主，这种情况利弊共存。一方面因社矫工作存在一定的危险性，男性居多有利于开展工作；另一方面就是各乡镇未配备至少一名的女性社矫工作人员，这就导致在面对女性社矫对象时，男性社矫工作人员开展工作存在不便。

从年龄上看，40—50岁和51—60岁的社矫工作人员占总社矫工作人员的95%以上，低于40岁的仅1人。年龄结构严重偏大，本身接受和学习新事物的能力较慢，面对这个信息化时代，很多工作处处受阻，不利于工作效率的提高。

从学历角度分析，27个社矫工作人员中只有1个研究生，占比不足4%，高等学历人员严重不足。从专业角度分析社矫工作人员，法学专业所占的比重不足50%，此外没有单独配备心理咨询师，都是由乡镇司法所的工作人员兼任，社区矫正工作队伍专业性建设严重不足。

（三）X旗社区矫正对象概况

截至2023年8月20日，X旗共接收1133名社区矫正对象，累计解除988人，正在接受社区矫正的有145人，其中缓刑144人，暂予监外执行为1人，暂时没有管制和假释。各乡镇矫正对象构成情况见表4。

表 4　各乡镇矫正对象构成情况①

乡镇	在矫对象数/人	在矫对象各类别人数/人				不同性别在矫对象人数/人	
		缓刑	管制	假释	暂予监外执行	男性在矫对象	女性在矫对象
A 镇	34	34	0	0	0	31	3
B 镇	12	11	0	0	1	11	1
C 镇	13	13	0	0	0	11	2
D 镇	59	59	0	0	0	46	13
E 镇	6	6	0	0	0	5	1
F 乡	5	5	0	0	0	1	4
G 镇	3	3	0	0	0	3	0
H 乡	6	6	0	0	0	6	0
I 镇	7	7	0	0	0	6	1
合计	145	144	0	0	1	120	25

从数据中能够看出，正在接受社区矫正的对象中缓刑人员所占的比重最大，达到了 99%以上；暂予监外执行不足 1%，无假释和管制人员；从性别上看，男性占总矫正对象的比重达 83%，而女性占的比重大约为 17%。

对数据进行更深入的分析可以得出结论：首先，绝大多数社矫对象是缓刑人员，因为他们符合犯罪情节较轻、有悔罪表现、没有再犯罪的危险、宣告缓刑对所居住社区没有重大不良影响等条件。缓刑人员具有较好的服从性，有利于社区矫正期间的管理。其次，9 个乡镇中，7 个乡镇有女性在矫对象。结合社矫工作人员性别情况（见表 2）来看，只有 3 个乡镇有女性社矫工作人员。相对于男性社矫工作人员，女性社矫工作人员情感更细腻，社区矫正对象在出现问题或内心迷茫时更易向她们敞开心扉，减少问题出现。因此各乡镇司法所有必要配备至少 1 名女性社矫工作人员，这既体现了对女性社矫对象身心的考虑，也有利于让司法的温度深入人心。最后，各乡镇在矫对象人数差别很大，最多人数的 D 镇约是最少人数 G 镇的 20 倍，而结合社区矫正工作人员配备情况（见表 1）来看，D 镇和 G 镇配备的社矫工作人员仅相差 1 人，所以合理分配人员和动态化调配人员，对于平衡工作人员的压力是十分重要的。值得我们注意的是，虽然社区矫正专门工作人员仍然不足，但是综观 9 个乡镇，不存在一人所的情况，这也反映了这些年社区矫正队伍建设取得的实效。

从上述数据可以看出，现有社区矫正专职工作人员 26 名（不含临时人员），正

① 数据来源：2023 年 X 旗公共法律一体化智能化一体平台统计数据。

在接受社区矫正的对象有 145 名，平均分配到各工作人员身上，监管比例为 1 ∶ 5。而就是这些所谓的专职工作人员日常还要负责承担人民调解、法治宣传、普法依法治理、法律服务和乡镇人民政府、街道办事处交办的其他工作，这些工作使得监管比例进一步扩大。① 社区专职工作人员力量明显不足，社会参与度急需进一步加强。

二、社区矫正专门执法队伍建设面临的困境

（一）队伍人员不足

X 旗社区矫正机构负责开展社区矫正工作，由于缺乏编制，社区矫正机构仅有 3 名社区矫正工作人员，其中还包含一名临时工作人员。人员不足导致只能开展接收和解除社区矫正对象的部分工作。对于具体承担社区矫正工作的司法所来说，9 个乡镇司法所共有 24 名人员，每个所平均下来的工作人员为 2.6 人，甚至不到 3 人，要想完成接收、集中教育学习、个别对象定期谈话、走访社矫对象以及帮扶教育等法律规定的各项工作，人员力量明显薄弱。加上司法所一般设在基层街道和乡镇，工作本身就很繁杂，一方面要配合乡镇或街道完成各项任务，另一方面还需完成部门的本职工作。总体来说，能够花在社区矫正工作的时间少之又少，任务十分繁重。此外，由于社区矫正工作本身具有一定的风险性，如果工作不到位，出现脱管、漏管的情况，就会被追究刑事责任，很难激发社矫工作人员的热情和创造力；加之晋升渠道不畅，基层司法所的工作人员和司法局难以形成人员交互机制，使得社区矫正工作留不住人才，这也是很多基层司法所人员变动大、人员不足的重要因素。

（二）工作人员年龄结构偏大，性别结构不合理

首先，工作人员年龄结构偏大，影响最大的就是他们虽有丰富的实践经验，但没有年轻人对待工作的冲劲和热情，对于不断变化的工作要求，很难及时作出更新和改革，缺乏工作灵活性。其次，社区矫正专门执法人员需要深入基层执法，良好的身体素质至关重要，而年龄偏大，身体各项机能已经走下坡路，遇到工作集中、工作量大的情况，容易出现身体跟不上的问题。再次，随着科技的不断进步，每个人都处在一个高度信息化的时代，电子办公已成为常态化，年龄偏大的工作人员，对电子设备经常出现不会操作的情况，使他们身心受挫，降低对工作的热爱，不利于提高工作效率。最后，在性别结构方面，缺乏女性社矫工作人员，不便于对女性社矫对象开展相关工作。

---

① 贾冰：《T 市 D 区社区矫正的困境与对策研究》，山东农业大学 2022 年硕士学位论文。

（三）工作人员专业性不足

社区矫正是一项对工作人员要求很高的工作，专门执法队伍的建设离不开高素质人才。社区矫正工作不仅包含对社区矫正对象实行日常生活监督管理和指导，而且提供技能培训、就业帮助、法律援助、心理矫正等多种帮助服务，这是对社区矫正工作人员提出更高要求的根本意义所在。① 因此在专业素养要求上，社区矫正工作人员最基本的是要有法律素养，然后是对心理学、社会学以及管理学有所涉猎，这样，在面对各种各样的社区矫正工作时，才能调动运用不同的知识。从 X 旗工作人员专业情况（见表3）中可以看出，多数社矫工作人员是法学专业，所学专业较为单一，不具备综合性的专业素养，这会导致社区矫正工作的质量大打折扣，加之基层工作任务较重，很难有大量时间对他们进行后期培训，专业素养易处在停滞不前的状态。

（四）工作人员身份不明确

社区矫正专门执法队伍的建设，最大的落脚点在“专门执法”四个字上。由于法律上没有明确规定社区矫正工作人员具有执法权和执法身份，导致在调查评估过程中，出现调查对象拒绝配合工作时，难以行使强制权，调查工作难以很好地开展；此外因为没有明确的身份界定，导致社区矫正工作人员既没有配备统一的制服，也无法穿着警服工作，在走访和调查的过程中，其身份常常被怀疑，工作严肃性和权威性受到挑战，社区矫正对象不重视工作人员，甚至出现辱骂恐吓工作人员的情形，增加了对社矫对象的管理难度。

（五）经费保障不足

虽然社区矫正工作的经费已列入财政预算，但是和社区矫正工作的实际需要仍存在差距。受各地政府财政收入多少的限制，能够用到社区矫正工作中的经费并不充足；再加上法律对于经费的使用范围、程序等未作明确规定，现实操作层层受限，甚至基本经费都难以保证。拿 X 旗来说，所有的办公电脑老化卡顿，无法满足正常的办公需求，申请更换进度缓慢，严重影响工作进程；公务用车不足，部分基层司法所在走访调查对象、开展调查评估时无车可用，自驾车增加了工作成本，既不符合规定，也不是长久之计。

（六）社会参与度低

社区矫正工作既具有惩罚属性，也具有社会属性，而社会属性这部分是需要社

---

① 薛泽鹏：《X 县社区矫正工作问题及对策研究》，山西财经大学 2023 年硕士学位论文。

会力量参与的。《社区矫正法》的颁布实施为社会力量参与社区矫正工作提供了法律依据，参与我国社区矫正工作的社会力量主要有社区矫正社会工作者、基层群众性自治组织、与矫正对象有密切联系的主体、企业事业单位、社会组织和社区矫正志愿者。① 目前我国社区矫正主体是国家公权力力量占据主导地位，非专业力量居于从属地位。社区矫正工作在利用社会资源方面不够充分，相关社会组织参与较少，社区矫正工作中未能重视社会志愿者这支主要社会力量。② 从X旗社区矫正工作人员配备情况来看，社会参与度未能体现出来，这也是社区矫正工作人员工作任务重的原因之一。

三、关于社区矫正专门执法队伍建设的对策与建议

（一）从招录条件上严格把关

在每年制订招录计划前期，由人事部门对社区矫正机构和司法所人员变动做全面的了解，根据调研结果对部分岗位的性别和专业进行限制，在招录结束之后，合理地将人员分派到社区矫正机构和各乡镇司法所，既能缓解人员不足的情况，也能保证人员结构走向合理化方向。

（二）加强培训考核

针对专业性不足的问题，通过线上线下相结合的学习方式，逐步提升社区矫正工作人员的专业素养。为避免流于形式，建议由市里牵头对考核内容建章立制，将培训考核作为长远工作开展。市里也可以委托各旗县区政府定期举行考核，不定期抽查。对积极学习并通过考核的人员或者考取与工作有关的资格证书的人员，以一年或者三年为节点，做好统计，作为职称评比和薪资提升的条件之一。通过这种方式，也间接打通了个人保障和晋升的渠道，有利于晋升机制的良性循环。

（三）加大财政投入

充足的经费保障有助于提高社区矫正工作人员的待遇和专业能力，进而提升他们工作的积极性和专业性，并吸引更多的专业人才加入。因此我们要从多维度增加相关经费的投入力度。一方面采取分级承担的方式，即省、市、旗县区三级皆设立专项资金，缓解基层政府财政上的压力，加强对基层社区矫正专业执法队伍建设的

① 贾冰：《T市D区社区矫正的困境与对策研究》，山东农业大学2022年硕士学位论文。

② 邓中文、肖乾利、雷安军：《社区矫正理论与实务研究》，中国政法大学出版社2015年第1版，第167页。

投入和帮扶，加大对软硬件基础设施的建设，通过打造良好的工作环境，配备齐全的办公设施，提高工作效率，留住人才。另一方面拓宽社区矫正经费的来源，通过宣传和政策支持等方式，让更多的企业关注这部分特殊群体并投入资金，对于这部分企业和组织给予减税降费等政策上的倾斜。

（四）引导社会力量参与

引导社区工作者和社区志愿者加入社区矫正工作中，并不是将他们打造成专业的执法队伍，而是通过他们的参与，既可以缓解社区矫正工作的繁重，也可以弥补专职人员不足的问题，将有限的资源和财政投入专业执法队伍建设中，形成一支政治坚定、结构合理、精干高效的专业队伍。各乡镇司法所可以加强宣传，引导人们参与到社区矫正工作当中，逐步为社区工作者和社区志愿者建立档案和交流群，在社区矫正对象开展集中式的教育、学习，心理咨询等活动时，在群里发布，让他们参与到志愿者服务中去。

（五）完善法律法规

《社区矫正法》于 2020 年 7 月 1 日正式开始施行，使得社区矫正工作进入了“有法可依”的新时代。但是该法规定得比较笼统，建议通过修改和补充细化法律，明确社区矫正工作人员的身份界定，赋予他们执法身份，并且统一配备相关的制服和装备，让法律成为社区矫正执法队伍开展工作的制度化保障。

基层视角下社区矫正专门执法队伍建设探析

——以兵团 A 市基层场、镇（街道）为例

张　强*

2020 年 7 月 1 日正式施行的《中华人民共和国社区矫正法》（以下简称《社区矫正法》），是我国第一部全面规范社区矫正工作的专门法律，为社区矫正工作依法开展提供了法律依据和保障。到 2023 年，《社区矫正法》已经实施了三年，根据司法部统计，全国省、市、县三级依法在人民政府设置社区矫正机构的建成率分别达到 78%、73%、68%，然而，社区矫正机构内专门执法队伍还存在很大差距。按照《中共中央关于全面推进依法治国若干重大问题的决定》加强法治队伍的正规化、专业化和职业化建设要求，部分地方陆续出现了“队建制”试点探索，以监狱、戒毒人民警察参与社区矫正工作为基础，设置专门矫正警官开展社区矫正刑罚执行一体化工作。《社区矫正法》的颁布与实施，为社区矫正机构专业化队伍建设带来重要的历史机遇。司法行政部门作为执行主体的法律地位正式确立（社区矫正机构是执法主体，司法行政部门是主管机关），公、检、法、司之间的关系得到合理调整，社会力量参与社区矫正得到充分的制度支持。我们需要在既有的工作起点上，进行不断的磨合和探索，兵团社区矫正工作队伍建设取得了明显进展和较大突破，有力地推动了兵团社区矫正工作的开展。随着社区矫正工作全面、深入推进，以兵团 A 市社区矫正对象迅速增长，工作要求越来越高为例，这无疑给基层社区矫正执法工作带来巨大挑战。为推动社区矫正制度绩效的实现，A 市社矫局充分运用各项资源。例如，委派监狱（戒毒）刑罚执行一体化干警下沉司法所身处基层一线开展社区矫正工作等，化解基层司法行政专门社区矫正执法力量不足的困境，其中社区矫正专职队伍建设就是构建社区矫正制度的重要内容，也是社区矫正工作顺利开展的关键之一。

一、A 市社区矫正队伍基本情况

A 市司法局主要职责为贯彻执行党和国家有关司法行政工作的方针、政策、法

* 张强，新疆生产建设兵团第八师石河子市司法局一级科员。

律、法规，并依法指导、监督、管理社区矫正工作。2018年以来兵团实施扁平化管理，A市司法局内设社区矫正局（正科级），直接委托基层团场、镇（街道）司法所开展社区矫正工作。截至目前，辖区直接委托的司法所20个，负责现有社区矫正对象250余人的社区矫正监督管理、教育帮扶工作。具体从事社区矫正工作人员59人，其中专职社区矫正工作人员39人［A市司法局社区矫正局4人，刑罚执行一体化民警（监狱、戒毒）15人，各司法所专职工作人员20人］，兼职社区矫正工作人员60人（各司法所协助开展社矫工作人员、社矫B岗20人，社矫工作志愿者40人）。2023年6月，兵团智慧矫正一体化平台上线启用，要求平台每日更新频率为不少于4次，必须专人操作维护和使用，矫正对象签到打卡率不少于90%，因为注重执行，A市社区矫正工作实现了对社区矫正对象监管率100%，脱管漏管率为零。

目前，在兵团A市探索推行的社区矫正专门执法队伍运行模式分为两大类。第一类是以司法所在编工作人员为主、社会帮扶力量为辅的社区矫正队伍，对在矫对象进行监督管理、教育帮扶；第二类是采取以司法所在编工作人员为主、监狱（戒毒）选派民警为辅，协调配合开展社区矫正工作。

二、队伍建设面临的主要问题与困境

（一）司法所工作人员紧缺

现阶段，社区矫正工作主要由基层司法所承担，在日常工作中缺乏专门从事社区矫正工作的人员，这导致了执法队伍中人员专业能力有所欠缺，无法满足社区矫正工作的需求。以A市为例，全市有20个司法所，部分司法所只有4名工作人员，个别司法所仅有3名工作人员。司法所人员除了承担社区矫正工作以外，还要承担人民调解、法治宣传、法律援助、安置帮教、公共法律服务、法制审查等日常工作。每天面对各种复杂的案件纠纷、络绎不绝的会议和繁杂的各类报表，没有足够精力全身心地投入社区矫正工作中去，严重制约了社区矫正工作的开展。基层司法所工作人员配置现状不能满足社区矫正专业化的工作要求，导致工作作风不深入，工作不细致，工作缺乏主动性，为后续工作的开展埋下隐患，容易产生问题。由于人员不足，教育形式单一，缺少具有个性化的矫正方案，无法实现对社区矫正对象高水平、专业化的教育和矫治，社区矫正工作仅仅做到基本的“监管”，矫正教育的效果并没有很好地体现出来，社区矫正真正刑罚执行的严肃性和教育帮扶性没有得到充分的彰显。

（二）基层现有社区矫正工作人员能力参差不齐

由于司法所工作人员的教育背景、工作经验、专业知识和个人能力等因素都会影响他们的工作表现。社区矫正工作人员需要有较高的专业素养和工作能力，必须具备相关法律、心理学、社会工作等专业知识，掌握矫正工作的基本理论和技能，能够评估社区矫正对象个体的风险和需求，并制定相应的矫正计划和干预措施，只有遵循公正、公平和客观的原则进行工作，才能够胜任各种工作任务，而部分工作人员能力相对较弱，需要进一步提升自己的能力。随着司法所人员新老更替，新进司法所干警较多，整体而言，新干警学习能力较弱，缺乏专业知识，责任心不强，工作经验不足；目前社区矫正工作要求和标准日益规范，工作方式调整较快，部分干警年龄偏大，对于电脑客户端“智慧矫正平台”办公及手机“在矫通”软件的使用掌握或操作情况不容乐观，并不能很好地适应新时代社区矫正工作的发展要求。

目前，关于社区矫正工作开展的专业培训和学习机会较少，导致社区矫正工作的开展不够全面和专业。社区矫正工作是一项严肃的执法工作，需要专门的人员负责，一旦出现执法不规范或重新违法犯罪，相关人员还需要承担各种通报、追责、问责，导致司法所干警不愿意承担社区矫正工作，这种权责不对等的工作格局，不利于社区矫正工作的深入开展，不利于对社区矫正对象的改造和社会的稳定。

（三）刑罚执行一体化干警专业程度不高，具有执法风险

随着《社区矫正法》和《中华人民共和国社区矫正法实施办法》的颁布，今后适用社区矫正的会越来越多。就以A市司法所为例，每年平均在册社区矫正对象30人左右，现有司法所工作人员配置情况无法满足社区矫正工作带来的巨大压力。基于社区矫正工作的特殊性，也存在一定的风险和挑战。社区矫正对象与工作人员处于同一片区，社区矫正工作者、执法干警的个人安全、社区的安全稳定等问题，这些风险和挑战急需得到有效的应对措施和解决方案。

A市司法局目前采取抽调监狱和戒毒所干警来缓解基层司法所执法人员不足的情况，但同时也存在以下几个方面的问题：一是人员抽调周期较短，变动频繁。每批次抽调执法干警每两年轮换一次，期满后必须进行调整更换，培养一名业务能力合格的社区矫正执法干警需要大半年的时间，工作流程熟悉时间较长，更换后的干警需要从零培训，严重影响了社区矫正工作的衔接及后续工作的开展。二是刑罚执行一体化干警属于临时负责社区矫正工作，法律法规知识不全面，工作责任心不强，缺乏专业化知识，对矫正对象情况不熟悉，致使社区矫正工作效果受限。许多抽调到司法所参与社区矫正工作的干警，认为只是临时性的工作，两年期满后就会返回原单位，缺乏工作责任心和使命感，只是应付性地完成工作，社区矫正工作质量不高。三是执法干警思想重视程度不够，普遍认为从监狱（戒毒）系统借调到司法所工作，能够跟社会密切接触，司法所没有监狱管理力度大，抱有到司法所享清闲的态度和思想加入执法队伍中来，思想松懈，工作不积极，不利于社区矫正工作的开展。

（四）经费保障不足

虽然《社区矫正法》第6条明确规定“各级人民政府应当将社区矫正经费列入本级政府预算”，但在社区矫正具体活动和执法过程中，需要工作人员在社区开展工作，但由于经费、场所等方面的限制，社区矫正队伍往往面临资源匮乏的问题，缺少必要的装备，没有足够的经费保障用以开展社区矫正工作，严重影响了社区矫正工作的健康发展。

（五）社会力量参与度不高，效果不明显

目前，参与社区矫正工作的社会力量较弱，社区矫正队伍的人员构成比较复杂，由社区（连队）负责人、派出所民警、社区矫正志愿者、社矫对象家属等不同类型的人员组成。社区矫正队伍中缺乏专业化、专职化的人员，大部分从事社区矫正工作的人员是兼职或者行政部门借调过来的，这导致了社区矫正队伍的整体素质和专业化水平较低，欠缺专业技能知识，没有专业的社区矫正工作技巧和工作能力；他们除时间不固定，自身不但要完成本职工作外，还需要抽出空闲时间参与社区矫正工作，工作压力大，矫正工作效果不显著；他们没有额外的补贴，工作积极性和工作热情都不是很高。

三、新形势下加强社区矫正队伍建设的必要性及其对策

（一）社区矫正队伍建设是《社区矫正法》的重要内容

《社区矫正法》的出台，在进一步规范社区矫正机构权力的同时，对社区矫正队伍建设也提出了新的要求。《社区矫正法》第10条规定，社区矫正机构应当配备具有法律等专业知识的专门国家工作人员，履行监督管理、教育帮扶等执法职责。第16条规定：“国家推进高素质的社区矫正工作队伍建设。社区矫正机构应当加强对社区矫正工作人员的管理、监督、培训和职业保障，不断提高社区矫正工作的规范化、专业化水平。”从专业能力、素质提升方面对工作人员提出了要求。第14条规定：“社区矫正机构工作人员应当严格遵守宪法和法律，忠于职守，严守纪律，清正廉洁。”第61条规定：“社区矫正机构工作人员和其他国家工作人员有下列行为之一的，应当给予处分……”从工作纪律方面对工作人员提出了要求。这些条文的设立都体现了国家对于社区矫正队伍建设的重视，将支持社区矫正队伍建设写入法律中，为我国的社区矫正事业的健康发展提供了制度保障。

（二）社矫队伍能力提升是执行《社区矫正法》的必然要求

为增强实务工作中的可操作性，《社区矫正法》细化了社区矫正的程序性规则，从规定的整个工作流程看，对社区矫正程序规范设计可以分为三个阶段：一是社区矫正前期。《社区矫正法》第17条至第22条，从矫正对象执行地的认定，到矫正对象的委托调查评估，再到法律文书的送达、报到移送，直到接收宣告，都进行了规范。二是社区矫正中期。《社区矫正法》第23条至第34条，规定了矫正小组的成立、分类教育、日常管理、执行地变更、考核奖惩的种类和条件、电子定位、脱管处理、禁制令执行、减刑等。三是社区矫正后期。《社区矫正法》第44条至第51条，规范了解除矫正、追逃、矫正终止和死亡处理，基本实现了各个程序和各个环节的无缝对接。《社区矫正法》不仅从目标、工作力量、工作程序和工作内容等方面作了全面规范，还特别从服务内容方面强调了个别化的教育和帮扶，尤其是强调了社区矫正机构专业化的要求，标志着专业化矫正时代的到来。对社区矫正工作发起了全新的挑战，提出了一系列的要求。所以为适应新形势的变化，社区矫正队伍必须在政治素养、业务能力、执法水平上狠下功夫，提升工作能力和矫治质量。

（三）以基层司法所为平台载体，建立专门执法人员为主体的社区矫正队伍

长期以来社区矫正工作被看成一种服务性质的工作，这也是2003年我国社区矫正工作试点以来将社区矫正工作交由司法所来承担的原因之一。司法所的工作职责主要是普法宣传、人民调解等服务性质方面的内容，社区矫正作为一项严肃的刑事执行活动，与司法所其他工作具有本质上的区别。《社区矫正法》第9条规定："县级以上地方人民政府根据需要设置社区矫正机构，负责社区矫正工作的具体实施。社区矫正机构的设置和撤销，由县级以上地方人民政府司法行政部门提出意见，按照规定的权限和程序审批。司法所根据社区矫正机构的委托，承担社区矫正相关工作。"《社区矫正法》把执法主体明确为县级以上社区矫正机构。虽然《社区矫正法》保留了"司法所根据社区矫正机构的委托，承担社区矫正相关工作"，但这里存在立法上模糊不清的盲点。一方面，没有明确司法所在社区矫正工作中承担什么职能。另一方面，委托和被委托是一个平等主体关系，被委托方可以因为条件不允许不能或者不接受委托。《中共中央关于全面推进依法治国若干重大问题的决定》强调要加强法治队伍的正规化、专业化和职业化建设，继续让司法所这样的非执法机构承担惩罚监管工作难以体现责权利的统一，不符合党中央关于法治队伍专业化、职业化的要求。社区矫正作为国家的一项刑事执行制度，应当由专门的、统一的刑事执行机构来组织实施。党的十八届四中全会《中共中央关于全面推进依法治国若干重大问题的决定》规定，要"推动健全检察机关与公安机关、审判机关、司法行政

机关各司其职，侦查权、检察权、审判权、执行权相互配合、相互制约的体制机制”，还提出“完善刑罚执行制度，统一刑罚执行体制”。从整个司法职权配置上来看，社区矫正作为刑事执行的组成部分，应当统一行使。社区矫正工作的内容包括监管、教育、帮扶三项任务，三者之间不可分割，不仅社区矫正的执行需要由统一的机构实施，组织社会力量参与社区矫正工作也应当由统一的机构去组织、协调、指导，才能进行整体把握，达到实现刑事执行的目的和效果。

（四）要配备专职社区矫正执法队伍，而不是借调的人民警察

目前，借调的监狱、戒毒民警大多被分派到县级，有少数地方派到司法所。借调民警参与管理的有优势，也存在一定的弊端。社区矫正机构行使国家的刑罚执行权，其工作人员同监狱监管罪犯的民警一样，列入民警系列负有执法权是完全必要的。戒毒对象不是罪犯尚且需要民警行使执法权对其进行管理教育，作为直接惩罚监管罪犯的工作人员没有理由不具有人民警察身份，这样有利于体现执法的严肃性和权威性，在工作中事半功倍。可以根据监禁与非监禁比例的变化在内部调控民警编制，争取在一段时间内总量不增甚至减少。

（五）减少司法所承担社区矫正工作比例

《社区矫正法》颁布实施后，仍然主要依靠司法所开展社区矫正工作，势必影响社区矫正工作向专业化、职业化方向发展。司法所的起源是基于在乡镇（街道）设置有司法助理员，主要承担人民调解工作，县级司法局设立后，希望在乡镇（街道）设立基层机构，承担司法行政机关的一些任务，逐渐建立起司法所这样的基层机构。从工作性质来说，社区矫正机构是刑罚执行机构，而司法所是基层法律服务机构。司法所承担刑罚执行在基本法中没有赋权，就没有相应的执法依据，工作人员也没有相应的执法保障。《社区矫正法》第 11 条规定：“社区矫正机构根据需要，组织具有法律、教育、心理、社会工作等专业知识或者实践经验的社会工作者开展社区矫正相关工作。”第 12 条第 1 款规定：“居民委员会、村民委员会依法协助社区矫正机构做好社区矫正工作。”社会工作者专业化程度高于司法所，配合对社区矫正对象的监管和帮扶，村（居）民委员会是社区最基层的组织，更有利于帮助社区矫正对象适应和融入社会。

（六）以管理矫正对象数量确定执法队伍编制

一直以来以司法所为单位管理社区矫正对象存在不平衡模式，制约专业化发展，以 A 市各司法所为例，多的司法所常年管理 40 名以上社区矫正对象，少的常年只有 1—2 名矫正对象，这种不平衡模式不能形成一套科学化管理模式，这也是司法所不

适合作为社区矫正工作为执法主体的原因。那么以每个县级以上社区矫正机构为单位来进行管理，以管理对象数量确定执法人员总数，明确每个执法人员管理一定的社区矫正对象的基本数量，通过系统内调剂，避免出现执法人员工作量差距过大的问题。

（七）夯实社区矫正执法力量

建议在社区矫正工作人员配备时，从社矫对象的数量及管理的难易程度确定相应的配备比例。应该增加专业背景及实践经验的条件，优先考虑具有法律、教育、心理、社会及社会工作管理等专业素质的人员。对新招录人员，除设定专业条件外，可将具有社区矫正志愿者活动工作经历作为优先考虑条件，一方面可以招聘到有一定实践经验的工作人员，另一方面可以促使社区矫正志愿活动的广泛开展。[①]

执法是社区矫正工作的根本。过去，公安机关作为社区矫正执法主体时，由于其本身就是负责维护治安稳定和打击犯罪的国家权力机构，工作人员是人民警察，天然具有法律赋予的强制执行力和执法权。而司法行政机关作为社区矫正的执法主体后，其工作人员只是一般的国家公务人员，并不具备强制执行权和执法权，在社区矫正执法中需要对社区矫正对象组织查找、追逃、押解等工作，应当具备强制执行权和执法权，但就目前而言存在的缺陷，只能请求公安机关予以配合、协助解决。《社区矫正法》的出台，明确了社区矫正工作的管理体制和工作机制，司法所根据社区矫正机构的委托，承担社区矫正相关工作，公安机关等部门要密切配合社区矫正工作，其中第30条规定：“社区矫正对象失去联系的，社区矫正机构应当立即组织查找，公安机关等有关单位和人员应当予以配合协助……”为了能够更高效地开展社区矫正工作，解决社区矫正工作中出现的各类紧急突发问题，最大限度地将社会风险降到最低，应当加强社区矫正机构同公、检、法各部门之间的协调沟通，建议公安机关可通过社区民警作为专职联络员的方式，负责社区矫正机构与公安机关之间的衔接工作，从而提高社区矫正应急处突效率[②]。

---

① 王顺安、马聪：《中国特色社区矫正基本制度问题研究》，中国政法大学出版社2022年版，第222—223页。

② 江西省司法厅课题组：《关于基层社区矫正队伍建设的探索与思考》，载《中国司法》2017年第2期。